Tatiana Scaranello

Advogada e consultora jurídica.

Autora da Editora Juspodivm.

Professora de Direito Tributário e Aduaneiro do Jusplay para concursos, Exame de Ordem e de cursos de pós-graduação.

Graduada em Direito pela Universidade Estadual Paulista "Júlio de Mesquita Filho"- UNESP.

Pós-graduada em Direito Marítimo, Portuário e Aduaneiro pela Universidade Católica de Santos - UNISANTOS.

Pós-graduada em Direito Tributário pelo IBET.

Pós-graduanda em Direito Médico e da Saúde pela Faculdade Legale.

Ex-bolsista pesquisadora da Fundação ao Amparo à Pesquisa do Estado de São Paulo – FAPESP.

www.editorajuspodivm.com.br

Diálogos sobre o Direito Tributário e Financeiro

TATIANA SCARANELLO

Diálogos sobre o Direito Tributário e Financeiro

2ª
Edição

2021

www.editorajuspodivm.com.br

Para acessar os vídeos:

Para quem usa **Android**, importante instalar um aplicativo com leitor de QRCodes, que pode ser o "QR Code Reader". Você encontrará no seguinte link:

▸ http://editoraj.us/baixar-qr-android

Para quem usa **IOS** (iPhone, iPad), basta instalar um aplicativo com leitor de QRCodes, que pode ser o "QR Code Reader and Scanner". Você o encontrará no seguinte link:

▸ http://editoraj.us/baixar-qr-ios

www.editorajuspodivm.com.br

Rua Território Rio Branco, 87 – Pituba – CEP: 41830-530 – Salvador – Bahia
Tel: (71) 3045.9051• Contato: https://www.editorajuspodivm.com.br/sac

Copyright: Edições *Jus*PODIVM

Conselho Editorial: Eduardo Viana Portela Neves, Dirley da Cunha Jr., Leonardo de Medeiros Garcia, Fredie Didier Jr., José Henrique Mouta, José Marcelo Vigliar, Marcos Ehrhardt Júnior, Nestor Távora, Robério Nunes Filho, Roberval Rocha Ferreira Filho, Rodolfo Pamplona Filho, Rodrigo Reis Mazzei e Rogério Sanches Cunha.

Diagramação e Capa: Maitê Coelho *(maitescoelho@yahoo.com.br)* e Cendi Coelho *(cendicoelho@gmail.com)*

D285	Diálogos sobre direito tributário e financeiro / Tatiana Scaranello. – 2. ed. – Salvador: Editora JusPodivm, 2021.
	976 p. (Diálogos / coordenador Mozart Borba)
	Bibliografia.
	ISBN: 978-65-5680-393-7.
	1. Direito tributário. 2. Didática. 3. Métodos de estudo. I. Scaranello, Tatiana. II. Título.
	CDD 341.39

Todos os direitos desta edição reservados a Edições *Jus*PODIVM.

É terminantemente proibida a reprodução total ou parcial desta obra, por qualquer meio ou processo, sem a expressa autorização do autor e das Edições *Jus*PODIVM. A violação dos direitos autorais caracteriza crime descrito na legislação em vigor, sem prejuízo das sanções civis cabíveis.

Esse livro eu dedico especialmente ao meu marido, Luciano, amor da minha vida, meu grande incentivador e médico atuante na linha de frente no combate à COVID-19. Por meio dele, presto minha homenagem e meu reconhecimento a todos os profissionais da saúde e aos trabalhadores essenciais, nossos verdadeiros heróis!

Agradecimento

Agradeço a Deus que, por intercessão de Nossa Senhora e de São Miguel, guia meus passos e faz com que
todos os meus sonhos se tornem possíveis.

Prefácio à 2ª edição

O ano era 2016. Lembro do espanto do editor quando falei da proposta.

- Você quer escrever um livro de Processo Civil em forma de diálogos entre o professor e um aluno imaginário?

- Exatamente isso. Esse formato de transmissão de conteúdo tem dado muito certo nas minhas redes sociais.

(Longo silêncio)

- Ok. Vamos apostar na ideia, Mozart. Mas olha... ou será o nosso maior sucesso ou o nosso maior fracasso editorial (rs).

Foi mais ou menos assim que surgiu "Diálogos Sobre o Novo CPC" e, desde o seu lançamento, ele está entre os livros mais vendidos/bem avaliados do meio jurídico.

Apesar da desconfiança inicial de alguns, nunca duvidei que esse "método" de transmissão do conteúdo gera maior atenção ao texto escrito e aumenta – naturalmente – a capacidade de absorção da matéria. Provavelmente por isso o sucesso de vendas e o mote para o "método" virar uma coleção.

O que mais me orgulhou durante toda essa caminhada?

Sem dúvidas o constante *feedback* positivo dos leitores. Ele propiciou que pessoas que nunca entenderam Processo Civil passassem a compreendê-lo de forma objetiva e sistemática.

Pois é, alguns anos se passaram e cá estou escrevendo um prefácio para mais um livro da coleção "Diálogos".

Todo prefácio é especial, mas esse tem algo a mais. Por um desses acasos do destino, quem primeiro comprou, recebeu e leu a 1ª edição de Diálogos foi justamente a Profª. Tatiana Scaranello. Lembro demais da postagem dela dando sua opinião sobre o livro e indicando para os seus milhares de seguidores. E olha só... alguns anos depois, ela se torna uma das autoras da coleção. Posição, inclusive, mais do que merecida. Acompanho há anos o trabalho da autora. Trata-se de uma professora extremamente qualificada e experiente, mas despida das vaidades acadêmicas. Amém.

Além disso, Tatiana é comprometida com a principal função de um verdadeiro professor: transmitir conteúdo ao seu aluno.

Por isso não tenho dúvidas de que "Diálogos Sobre o Direito Tributário" está nas mãos certas.

E por falar nele, o livro está dividido em duas partes. A primeira trata do Direito Tributário Material e a segunda se divide em dois capítulos sobre o contencioso tributário. No primeiro a autora trabalha o processo administrativo tributário e no segundo a execução fiscal.

Fiquei impressionado como Tatiana conseguiu associar uma perfeita harmonia entre o direito material e a prática tributária. Poucos são os livros que têm abordagem tão ampla e versátil. Além disso, a autora traz constantemente um paralelo entre doutrina e jurisprudência. Penso que isso é importantíssimo em todos os ramos do Direito... e ESSENCIAL em Tributário.

Sem dúvidas o livro transcenderá a preparação para concursos, exames da Ordem e afins... e se tornará leitura obrigatória sobre o tema.

Parabéns, professora! Tenho certeza que ele será um sucesso e ajudará seus leitores na concretização dos seus respectivos objetivos.

Recife, 07 de janeiro de 2021.

MOZART BORBA

Apresentação à 2ª edição

É com muita alegria que apresento a 2ª edição do meu livro!

Após o sucesso da 1ª edição de "Diálogos sobre o Direito Tributário", obra que foi considerada como uma das 20 (vinte) revelações da Editora Juspodivm, no ano de 2020, resolvi agregar a disciplina de Direito Financeiro, após vários pedidos dos meus leitores.

Essa é a grande novidade da obra!

Portanto, nessa 2ª edição, teremos a disciplina de Direito Financeiro sendo tratada de forma simples, mas sem perder a densidade para fins de prova de concurso público, e objetiva, a partir de uma linguagem clara, por meio de diálogos entre o professor, no caso, eu, e o aluno imaginário que criei, além de tabelas e esquemas, para facilitar a compreensão do leitor, e videoaulas.

Na parte de Direito Tributário, vários temas recentes foram abordados, como a Lei Complementar 175/2020, a qual estabelece novas regras para o Imposto Sobre Serviços de Qualquer Natureza (ISSQN); assim como a Lei 14.112/2020, mais conhecida como "Nova Lei de Falências", e os seus reflexos sobre o Direito Tributário; a Lei Complementar 176/2020, a qual trata sobre as transferências para fins de compensação prevista na Lei Kandir, da União para os Estados, Distrito Federal e Municípios, e os diversos entendimentos proferidos pelo Superior Tribunal de Justiça e pelo Supremo Tribunal Federal, em seus julgados, no ano de 2020.

Fora as novidades legislativas e jurisprudenciais, que foram muitas, durante o ano de 2020, também as repercussões que a pandemia da COVID-19 trouxe para o Direito Tributário e para o Direito Financeiro.

Um destaque que faço é para a análise das propostas de Reforma Tributária que estão em trâmite no Congresso Nacional. Além da já abordada PEC 45/2019, na 1ª edição de "Diálogos sobre o Direito

Tributário", nessa 2ª edição há a análise sobre a primeira fase da proposta de Reforma Tributária do governo federal, enviada ao Congresso Nacional, por meio do Projeto de Lei (PL) 3.887/2020.

Portanto, essa 2ª edição, elaborada com muita dedicação, está totalmente atualizada e, posso dizer, que se trata de um novo livro.

Espero que, a partir dessa nova obra, eu consiga cumprir com minha missão de ensinar o Direito Tributário e o Direito Financeiro da forma mais didática a cada leitor.

Santos, 06 de janeiro de 2021.

TATIANA SCARANELLO
A Autora

Prefácio à 1ª edição

Coube-me a honrosa oportunidade de apresentar o primeiro livro de Tatiana Scaranello, talentosa advogada e professora de Direito.

Intitulado "Diálogos sobre o Direito Tributário", o livro prima pela excelência e pelo zelo acadêmico.

Excelência e zelo que migram da academia para o exercício prático com a delicadeza e a destreza de uma bailarina experiente.

Talvez resida aí o grande trunfo do livro: agradar ambos os círculos, acadêmico e profissional (prático), sem que um se sobreponha ao outro ou o faça se sentir menos importante.

Um dos grandes males do Direito contemporâneo é a incompreensível divisão entre a academia e a operação, como se um fosse ao outro contraposto.

Isso é um mal e um erro.

As vidas acadêmica e profissional convergem e caminham juntas, de mãos dadas e almas unidas.

Tatiana brilha ao mostrar isso e expor com didatismo temas que são complexos e áridos.

Eis aí outra riqueza singular do trabalho: a boa didática!

Nota-se que Tatiana muito aproveitou sua experiência como habilidosa professora e escreveu com maestria.

O livro é simples sem ser simplista e eficaz na sua missão: dialogar sobre uma das principais disciplinas do Direito.

Mesmo quem não é especialista no assunto consegue entender com impressionante facilidade o conteúdo dos diálogos.

Parabéns, Tatiana.

Sobre Tatiana sou suspeito a comentar algo.

Eu a conheci anos atrás, por ocasião do curso de Direito Marítimo e Aduaneiro da Universidade Católica de Santos.

Tive a imerecida satisfação de ser seu professor.

Desde jovem demonstrou vocação para o curso que escolheu e aquele ar diferencial que bem caracteriza as pessoas vencedoras.

Esforçada, nunca se contentou com o básico, sempre buscando algo a mais em tudo, com fé e comprometimento.

Os valores familiares se fazem notar em sua trajetória profissional e a boa-vontade anela sua personalidade, destacando-a em um mundo confuso e tristemente orientado para o relativismo moral.

Sinto orgulho de Tatiana e a considero mais um feliz e abençoado caso de um aluno que supera seu professor.

Ela é, hoje, melhor professor do que fui e com este livro inicia um novo rumo em sua carreira que também a fará melhor, mais forte e qualificada.

Bom para a comunidade jurídica; bom para o país, bom para o mundo.

Nós já compartilhamos algumas coisas: o gosto pelo Direito, a mesma fé religiosa, católica, e o amor pela cidade de São Pedro, interior de São Paulo.

Agora, compartilharemos também a arte da elaboração de livros, deixando nossas modestas marcas na literatura do Direito.

A diferença é que Tatiana iniciou de uma forma que jamais ousei iniciar: brilhantemente.

Mais do que apresentar seu livro, cumpre-me parabenizá-la pelo edificante trabalho e agradecer a Deus pelo dom da amizade.

Santos, 09 de janeiro de 2020.

PAULO HENRIQUE CREMONEZE

Sumário

PARTE I
DIREITO TRIBUTÁRIO

Capítulo 1

O QUE É TRIBUTO? 27

1. Elementos definidores do tributo 28
   - 1.1. Prestação pecuniária, em moeda ou cujo valor nela se possa exprimir 28
   - 1.2. Prestação compulsória 30
   - 1.3. Não constitui sanção de ato ilícito 30
   - 1.4. Instituída em lei 32
   - 1.5. Atividade administrativa vinculada 35
2. O tributo em espécie 35
   - 2.1. Os impostos 37
     - 2.1.1. Impostos federais 44
       - 2.1.1.1. Imposto de importação 45
       - 2.1.1.2. Imposto de exportação 57
       - 2.1.1.3. Imposto sobre produtos industrializados (IPI) .. 59
       - 2.1.1.4. Imposto sobre Operações de Crédito, Câmbio, Seguros e sobre Operações relativas a Títulos e Valores Mobiliários (IOF) 70
       - 2.1.1.5. Imposto de renda (IR) 74
       - 2.1.1.6. Imposto sobre a Propriedade Territorial Rural (ITR) 85
       - 2.1.1.7. Imposto sobre Grandes Fortunas (IGF) 88
     - 2.1.2. Os impostos estaduais 89
       - 2.1.2.1. Imposto sobre operações relativas à circulação de mercadorias e sobre prestação de serviços de transporte interestadual e intermunicipal de comunicação (ICMS) 89

2.1.2.2. Imposto sobre a propriedade de veículos automotores (IPVA)	126
2.1.2.3. Imposto sobre a Transmissão *Causa Mortis* e Doação (ITCMD)	132
2.1.3. Impostos municipais	136
2.1.3.1. Imposto sobre Transmissão de Bens Imóveis (ITBI)	136
2.1.3.2. Imposto sobre Serviços de Qualquer Natureza (ISS)	142
2.1.3.3. Imposto sobre Propriedade Predial e Territorial Urbana (IPTU)	157
2.2. As taxas	166
2.3. Os empréstimos compulsórios	175
2.4. As contribuições de melhoria	178
2.5. As contribuições especiais	182
2.5.1. Contribuições à Seguridade Social	190
2.5.2. Contribuições de Intervenção no Domínio Econômico (CIDE)	206
2.5.2.1. CIDE – combustíveis	209
2.5.2.2. CIDE royalties	211
2.5.2.3. Adicional de Frete para Renovação da Marinha Mercante (AFRMM)	213
2.5.3. Contribuições corporativas	215
2.5.3.1. Contribuições corporativas para o custeio das atividades de fiscalização do exercício de profissões regulamentadas	215
2.5.3.2. Contribuições sindicais	217
2.5.4. Contribuições sociais gerais ou genéricas	219
2.5.4.1. Salário educação	219
2.5.4.2. Contribuições destinadas ao Sistema "S" ou contribuições para os serviços sociais autônomos	219
3. Competência e capacidade tributária	221
3.1. *Bis in idem* e bitributação	229

Capítulo 2

PRINCÍPIOS CONSTITUCIONAIS DO DIREITO TRIBUTÁRIO?

PRINCÍPIOS CONSTITUCIONAIS DO DIREITO TRIBUTÁRIO?	237
1. Princípio da legalidade	237
2. Princípio da isonomia	247

Sumário

3. Princípio da irretroatividade 253
4. Princípio da anterioridade do exercício financeiro e a noventena 268
5. Princípio da vedação ao confisco 278
6. Princípio da capacidade contributiva 285
7. Princípio da liberdade de tráfego de pessoas e bens 291
8. Princípio da uniformidade geográfica 293
9. Princípio da uniformidade da tributação da renda 296
10. Princípio da vedação às isenções heterônomas 298
11. Princípio da não discriminação em razão da procedência ou do destino ... 303

📁 Capítulo 3

IMUNIDADES TRIBUTÁRIAS 307

1. Classificação das imunidades 317
   1.1. Quanto aos valores constitucionais protegidos ou quanto ao grau de intensidade e de amplitude 317
   1.2. Quanto ao modo de incidência 318
   1.3. Quanto à origem 320
2. Imunidades específicas 321
   2.1. Imunidade recíproca 321
   2.2. Imunidade de templos religiosos 336
   2.3. Imunidade dos partidos políticos, sindicato dos trabalhadores, entidades educacionais e de assistência social 340
   2.4. Imunidade cultural ou de imprensa 349
   2.5. Imunidade musical 354

📁 Capítulo 4

O NASCIMENTO DA OBRIGAÇÃO TRIBUTÁRIA 359

1. Obrigação tributária principal e acessória 359
2. Regra matriz de incidência tributária 363
3. Sujeito passivo da obrigação tributária 368
4. Responsabilidade tributária 371
   4.1. Responsabilidade por substituição tributária 374
   4.2. Responsabilidade derivada ou por transferência 377
       4.2.1. Responsabilidade por solidariedade 378
       4.2.2. Responsabilidade por sucessão 380
   4.3. Responsabilidade de terceiros 393
   4.4. Responsabilidade por infrações 406
5. Denúncia espontânea 409
6. Domicílio tributário 415

17

Capítulo 5

NASCEU A OBRIGAÇÃO TRIBUTÁRIA, MAS JÁ EXISTE O CRÉDITO TRIBUTÁRIO? HORA DE CONHECER TUDO SOBRE O LANÇAMENTO TRIBUTÁRIO! ... 425

1. O crédito tributário ... 425
2. O lançamento tributário: ato administrativo ou procedimento? ... 428
   - 2.1. Competência para o lançamento ... 431
   - 2.2. Lei aplicável ... 434
   - 2.3. Alteração do lançamento ... 435
   - 2.4. Modalidades de lançamento tributário ... 440
     - 2.4.1. Lançamento de ofício ou direto ... 441
     - 2.4.2. Lançamento por declaração ou misto ... 443
     - 2.4.3. Lançamento por homologação ou autolançamento ... 443
     - 2.4.4. Lançamento por arbitramento ... 447

Capítulo 6

MO-DE-RE-CO-PA: HIPÓTESES DE SUSPENSÃO DA EXIGIBILIDADE DO CRÉDITO TRIBUTÁRIO ... 451

1. Moratória ... 458
   - 1.1. Moratória geral e individual ... 459
   - 1.2. Abrangência da moratória ... 462
   - 1.3. Os casos praticados com dolo e simulação ... 464
2. Depósito do montante integral ... 465
3. Reclamações e recursos administrativos ... 469
4. A concessão de medida liminar ou de tutela antecipada, em outras espécies de ação judicial ... 471
5. Parcelamento ... 475

Capítulo 7

TODO CRÉDITO TRIBUTÁRIO CHEGA AO SEU FIM! ... 485

1. O pagamento ... 488
   - 1.1. Formas de pagamento e as presunções do Direito Civil ... 488
   - 1.2. Local do pagamento ... 490
   - 1.3. Prazo para pagamento ... 491
   - 1.4. Imputação em pagamento ... 495

1.5. Em caso de pagamento a mais, ou indevido, vamos para a repetição de indébito tributário! 496

2. Compensação 510

3. Transação 517

4. Remissão 537

5. Conversão do depósito em renda 538

6. Pagamento antecipado 539

7. Consignação em pagamento 540

8. Decisão judicial com trânsito em julgado 543

9. Decisão administrativa irreformável 543

10. Dação em pagamento de bens imóveis 545

11. Decadência 547

12. Prescrição 560

Capítulo 8
AN-IS: EXCLUSÃO DO CRÉDITO TRIBUTÁRIO 575

1. Anistia 576

    1.1. Desvendando o art. 180 do CTN 578

    1.2. As modalidades de anistia 578

2. Isenção 580

    2.1. Isenção geral e isenção individual 582

    2.2. Isenção onerosa 583

    2.3. Revogação da isenção e o princípio da anterioridade 584

    2.4. Isenção e a questão da alíquota zero 586

    2.5. Proibição das isenções heterônomas 587

Capítulo 9
GARANTIAS E PRIVILÉGIOS DO CRÉDITO TRIBUTÁRIO 589

1. Os privilégios 589

    1.1. A falência e a recuperação judicial 589

    1.2. Processo de inventário e arrolamento 594

    1.3. Liquidação judicial ou voluntária 595

2. As garantias do crédito tributário 595

    2.1. Responsabilidade patrimonial 597

    2.2. Presunção de fraude 599

    2.3. Indisponibilidade de bens 600

📁 Capítulo 10

REFORMA TRIBUTÁRIA E O IBS 603
1. A proposta de Reforma Tributária da PEC 45/2019 604
2. A proposta de Reforma Tributária do governo federal 623

📁 Capítulo 11

PROCESSO ADMINISTRATIVO FISCAL (PAF) 629
1. Principais princípios 629
2. O ônus da prova 630
3. Renúncia à esfera administrativa 632
4. Impugnação administrativa 633
5. Julgamento de primeira instância 637
6. Os recursos administrativos 637
7. Decisão administrativa definitiva 640
8. Agravamento da exigência 641

📁 Capítulo 12

AÇÃO CAUTELAR FISCAL E EXECUÇÃO FISCAL 645
1. Ação cautelar fiscal 645
2. Execução fiscal 647
   2.1. Dívida ativa 649
   2.2. A Certidão de Dívida Ativa (CDA) 653
   2.3. Competência 661
   2.4. Polo passivo 674
   2.5. Redirecionamento da execução fiscal e incidente de desconsi-
       deração da personalidade jurídica 680
   2.6. Citação do executado 686
   2.7. Penhora e garantia 691
   2.8. Embargos à execução fiscal 699
   2.9. Exceção de pré-executividade 711
   2.10. Expropriação na execução fiscal 713
3. Negócio Jurídico Processual (NJP) 718

PARTE II

DIREITO FINANCEIRO

Capítulo 1

ATIVIDADE FINANCEIRA DO ESTADO E O DIREITO FINANCEIRO 727

1. Atividade Financeira do Estado (AFE) e Direito Financeiro 727
2. Competência legislativa 729
3. Principais normas e princípios 730

Capítulo 2

RECEITAS PÚBLICAS 735

1. Conceito 735
2. Classificações 736
   - 2.1. Quanto à periodicidade 737
   - 2.2. Quanto à origem da receita 738
   - 2.3. Quanto à categoria econômica 743
3. Estágios da receita pública 746
   - 3.1. Previsão 746
   - 3.2. Lançamento 749
      - 3.2.1. Lançamento tributário 750
   - 3.3. Arrecadação 755
   - 3.4. Recolhimento 756
4. Dívida ativa 756
   - 4.1. Conceito 757
   - 4.2. Procedimento 761
5. Repartição de receitas 764
6. Fundos 774
7. Receita Pública e a Lei de Responsabilidade Fiscal (LRF) 776
   - 7.1. Receita Corrente Líquida (RCL) 777
   - 7.2. Gestão fiscal 782
   - 7.3. Renúncia de receitas 785

21

Capítulo 3

DESPESA PÚBLICA 791
1. Conceito 791
2. Classificação 793
   2.1. Quanto à origem do recurso 793
   2.2. Competência quanto ao ente 794
   2.3. Quanto à regularidade 795
   2.4. Quanto à categoria econômica 795
      2.4.1. Despesas correntes 797
      2.4.2. Despesas de capital 800
3. Estágios da despesa 802
   3.1. Ciclo reduzido 804
      3.1.1. Empenho 804
      3.1.2. Liquidação 807
      3.1.3. Ordem de pagamento 808
      3.1.4. Pagamento 808
   3.2. Ciclo analítico 808
      3.2.1. Nota de autorização de despesa 809
      3.2.2. Licitação 810
      3.2.3. Contrato 811
      3.2.4. Relatório 812
   3.3. Suprimento de fundos 812
   3.4. Adiantamento 813
4. Regime contábil 813
5. Restos a pagar 815
6. Despesas de exercícios anteriores (DEA) 817
7. Anulação de despesas 818
8. Limitação de empenho 819
9. Aumento da despesa 821
10. Despesa obrigatória de caráter continuado (DOCC) 822
11. Despesas com pessoal 824
12. Despesas com seguridade social 833
13. Transferências voluntárias 834
14. Destinação de recursos ao setor privado 837
15. Precatórios 839
   15.1. Conceito 840
   15.2. Ordem de pagamento 841
   15.3. Procedimento 846

Capítulo 4

ORÇAMENTO PÚBLICO 853

1. O conceito de orçamento público 853
   - 1.1. Elementos do orçamento público 854
   - 1.2. Natureza jurídica do orçamento público 855
   - 1.3. Espécies de orçamentos 864
2. Princípios orçamentários 867
   - 2.1. Princípio da universalidade ou da totalidade 868
   - 2.2. Princípio da anualidade ou periodicidade orçamentária. 870
   - 2.3. Princípio da unidade ou da unicidade 871
   - 2.4. Princípio da exclusividade 871
   - 2.5. Princípio da legalidade ou reserva legal 872
   - 2.6. Princípio do orçamento bruto 874
   - 2.7. Princípio da precedência 875
   - 2.8. Princípio da especificação, especialização ou discriminação 876
   - 2.9. Princípio da não afetação da receita ou não vinculação da receita 876
   - 2.10. Princípio da proibição do estorno de verbas 880
   - 2.11. Princípio do equilíbrio orçamentário 881
   - 2.12. Princípio da programação 884
   - 2.13. Princípio da transparência 884
3. Vedações Constitucionais 887
4. Processo legislativo orçamentário 891
   - 4.1. Elaboração 892
   - 4.2. A iniciativa 893
   - 4.3. A apreciação 894
   - 4.4. A execução 896
   - 4.5. Plano Plurianual (PPA) 897
   - 4.6. Lei de Diretrizes Orçamentárias (LDO) 901
   - 4.7. Lei Orçamentária Anual (LOA) 907
   - 4.8. Créditos adicionais 912

Capítulo 5

CRÉDITO PÚBLICO 917

1. Conceito e natureza jurídica 917
2. Classificação 918
3. O crédito na CF/88 923
4. Operações de crédito e despesas de crédito – "regra de ouro" 924

23

DIÁLOGOS SOBRE O DIREITO TRIBUTÁRIO · TATIANA SCARANELLO

5. Operações de crédito 925
6. Competência do Senado Federal e do Congresso Nacional 927
7. Concessão de garantia 929
8. Limites para o endividamento público 932
9. Operações de crédito por antecipação de receita orçamentária (ARO) 934
10. O novo regime fiscal das Emendas à Constituição 95/2016 e 102/2019 935
11. O Direito Financeiro e a pandemia 938

Capítulo 6
FISCALIZAÇÃO E CONTROLE 947

1. Conceito e controle interno 947
2. Controle externo 950
3. Objeto 951
4. Competência constitucional, infraconstitucional e deliberações 954
5. Composição 964
6. Recursos 967
7. Sanções 969

Bibliografia 973

PARTE I

Direito Tributário

PARTE I

CAPÍTULO 1

O que é tributo?

– Professora Tatiana, quero iniciar meus estudos da disciplina de Direito Tributário para concurso público. Lá na faculdade de Direito, o professor da graduação sempre trazia a famosa frase na primeira aula: "O que é tributo?". Nunca compreendi corretamente...

De fato, o estudo do Direito Tributário sempre inicia com a famosa pergunta "O que é tributo?". Seu professor de graduação estava certinho quando começou a disciplina com essa frase clássica! Vamos detalhar o conceito para o estudo inicial da disciplina para você NUNCA errar uma questão numa prova de concurso, combinado?

– Combinado, professora! Senti firmeza! Mas, afinal, "o que é tributo?"

Para respondermos juntos a essa pergunta, precisamos estudar um pouquinho o pensamento dos grandes doutrinadores[1] de Direito

---

1. Regina Helena Costa (COSTA, Regina Helena. *Curso de Direito Tributário: Constituição e Código Tributário Nacional*. 7. ed. rev. e atual. São Paulo: Saraiva: 2017, p. 132) nos ensina que "A definição legal, conquanto algo redundante, pela ênfase dada ao caráter pecuniário da prestação, explicita a essência do tributo. Afinando-se ao conceito constitucional, estatui que se trata de uma relação jurídica mediante a qual o credor ou sujeito ativo – no caso, o Fisco – pode exigir do devedor – o sujeito passivo ou contribuinte – uma prestação em dinheiro, exigível mediante lei e inconfundível com uma sanção. É uma obrigação *ex lege*, vale dizer, nasce pela simples realização do fato descrito na hipótese de incidência prevista em lei, sendo, portanto, compulsória. Não possui caráter sancionatório – o que a distingue da multa, outra modalidade de prestação pecuniária compulsória. Por fim, a sua exigência se dá mediante atividade administrativa plenamente vinculada, significando que não há discricionariedade deferida ao administrador tributário no exercício da atividade estatal de exigir tributos".

Tributário, bem como o atual entendimento do Supremo Tribunal Federal. Portanto, vamos lá!

Primeiramente, é importante conhecermos o conceito constitucional de tributo extraído do capítulo da Constituição Federal de 1988 "Sistema Tributário Nacional" (arts. 145 a 156), o qual consiste em uma relação jurídica entre o Estado e o contribuinte, prevista em uma lei autorizadora, sendo seu objeto uma prestação pecuniária, não considerada como uma sanção. O mesmo conceito está previsto, também, no art. 3º do Código Tributário Nacional (CTN), que adota os seguintes elementos definidores. Veja:

> Art. 3º Tributo é toda prestação pecuniária compulsória, em moeda ou cujo valor nela se possa exprimir, que não constituía sanção de ato ilícito, instituída em lei e cobrada mediante atividade administrativa plenamente vinculada.

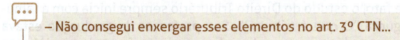
– Não consegui enxergar esses elementos no art. 3º CTN...

Vamos estudar juntos cada um deles, fique calmo! Vou dividir em 5 (cinco) elementos, combinado?

– Combinado, professora!

1. ELEMENTOS DEFINIDORES DO TRIBUTO

Pois bem, vamos aos 5 (cinco) elementos definidores do tributo. Tenho certeza de que, depois disso, você não vai mais errar! Qualquer dúvida, é só me perguntar!

1.1. Prestação pecuniária, em moeda ou cujo valor nela se possa exprimir

Toda obrigação tributária que surge por meio da prática do fato gerador aguarda sua extinção por meio do pagamento em dinheiro. Essa é a regra!

Portanto, se uma pessoa aufere renda, ela praticará o fato gerador do imposto de renda, surgindo a obrigação de adimplir o valor desse tributo por meio de pecúnia (dinheiro!).

– Então, professora, quando eu passar num concurso público e quiser comprar um carro novo, estarei praticando um fato gerador de um tributo e terei de pagar em dinheiro?

Sim, você, por se tornar proprietário de um veículo automotor, vai ter que pagar em DINHEIRO uma quantia a título de IPVA. E, depois, todo início de ano receberá um carnê, se o Estado for bonzinho, para você pagar em DINHEIRO! Carro é uma família.

– Ah, entendi. Melhor andar de carro de aplicativo, então!

Muito esperto você!

Mas fique calmo, porque, quando estudarmos as modalidades de extinção do crédito tributário, veremos a possibilidade de o contribuinte inadimplente dar um bem imóvel para extinguir sua obrigação de pagar o tributo devido, consistindo na hipótese de dação em pagamento de bem imóvel. Só que já alerto: ao permitir que seja extinto o crédito tributário por meio da dação de bem imóvel, previsto no art. 156, XI, do CTN, não significa dizer que houve uma derrogação do elemento do art. 3º do CTN "prestação pecuniária, em moeda ou cujo valor nela se possa exprimir".

Por ora, tais explicações sobre dação em pagamento de bens imóveis já estão de bom tamanho!

– Está ótimo então, professora! Vou guardar essa informação. Mas, nesta questão do carro novo, serei obrigado mesmo a pagar o valor a título de IPVA? Não tem um "jeitinho"?

"Jeitinho" perante a Fazenda Pública? É para rir mesmo! Rsrsrs. Você vai ver conforme o segundo elemento que NÃO!

29

1.2. Prestação compulsória

Essa característica, caro aluno, decorre do poder de império do Estado, ou seja, se o indivíduo pratica um fato gerador, deve pagar o valor correspondente ao tributo.

Por isso, não há como discutir: se o indivíduo pratica aquela situação que esteja descrita em uma lei, surgirá a obrigação tributária, devendo pagar o valor correspondente ao tributo!

TRADUZINDO: se você comprar um carro novo, não tem escapatória: vai ter que pagar o IPVA! Não tem "jeitinho".

– E se eu não pagar, professora? O Estado pode apreender meu veículo?

Nãããoo! Essa é uma prática ilegal e arbitrária que muitos Estados da Federação estão praticando. É uma afronta, inclusive, ao entendimento sumulado do Supremo Tribunal Federal,[2] que entende ser inconstitucional a prática do Estado que apreende bens com o intuito de cobrar tributos! Tem até um princípio do Direito Tributário que é o "princípio do não confisco" que veda isso, mas que mais adiante abordarei oportunamente!

– UFAA! Então tributo também não pode ser uma sanção, correto?

Exatamente! Vejamos o terceiro elemento.

1.3. Não constitui sanção de ato ilícito

Por esse elemento, o pagamento do tributo não pode ser considerado como uma sanção ao indivíduo que praticou a conduta descrita em lei, diferentemente do conceito de multa.

---

2. SÚMULA 323. É inadmissível a apreensão de mercadorias como meio coercitivo para pagamento de tributos.

> – Mas, Tati... e aqueles indivíduos que praticam condutas ilícitas, como o tráfico de entorpecentes?

Para responder essa sua pergunta, aprenda e leve para o resto da sua vida: TRIBUTO NÃO É SANÇÃO! Essa premissa é fundamental para qualquer questão de concurso, pois muitas vezes as bancas tentam induzir o candidato ao erro ao disporem que a tributação da renda auferida por meio da prática de um ato ilícito constitui uma sanção àquele que a praticou. Esse pensamento é totalmente ERRADO!

> – Por que, Tati???

Ora, para o Direito Tributário importa, apenas, se o indivíduo praticou o que estava disposto na norma geral abstrata, isto é, aquela conduta descrita (HIPÓTESE DE INCIDÊNCIA), sendo concretizada (FATO IMPONÍVEL),[3] sendo praticado o então conhecido "fato gerador", a ser abordado no ponto sobre obrigação tributária. Portanto, segura aí! Ah, recomendo que você leia a nota no rodapé sobre isso. Fica minha dica para que você sempre acompanhe o rodapé, pois sempre insiro várias posições doutrinárias, jurisprudenciais e minhas mesmo, ok?!

> – Poxa, esse livro é completo até no rodapé!

Essa é a ideia! Quero que você aproveite ao máximo. Mas, voltando ao que estávamos conversando...

Se o indivíduo praticou o descrito no art. 43 do CTN, adquirindo uma disponibilidade econômica ou jurídica de rendimentos, ele passa ser o devedor do imposto de renda, mesmo que esse acréscimo

---

3.. Essa distinção foi adotada pelo grande tributarista Geraldo Ataliba, autor da obra clássica de Direito Tributário *Hipótese de Incidência Tributária*, cuja leitura é obrigatória para qualquer estudioso que almeja o aprofundamento na disciplina. Para Geraldo Ataliba, a hipótese de incidência consiste na descrição hipotética e abstrata do fato em uma norma. Já o fato imponível consiste em um fato concreto ocorrido em um determinado espaço e tempo, ensejando o nascimento da obrigação tributária. ATALIBA, Geraldo. *Hipótese de Incidência Tributária*. 6. ed. São Paulo: Malheiros, 2016, p. 13.

patrimonial relatado seja oriundo de uma atividade ilícita, como o tráfico de entorpecentes! Logicamente que é uma atividade ilícita, a qual deverá ser punida na esfera do Direito Penal, por exemplo.

Um fundamento é que o art. 118, I, do CTN pressupõe que o fato gerador ocorrido deve ser interpretado abstraindo-se a validade jurídica dos atos praticados.

No mais, adota-se o princípio *pecunia no olet* (O DINHEIRO NÃO CHEIRA), cuja história é lá dos tempos do Império Romano, quando o imperador instituiu um tributo incidente sobre o uso dos mictórios públicos, não importando se a situação é "malcheirosa" (hoje, ilícita), mas se foi praticado o fato gerador, o dinheiro é devido ao Estado e ponto!

– Ah, entendi agora, Tati! Então, assim como aquele trabalhador que acorda todos os dias cedinho para ir trabalhar é tributado por auferir renda, também é tributado aquele que é pego praticando a conduta ilícita de tráfico de entorpecentes e que auferiu renda com sua conduta também, já que seria injusto tributar, apenas, quem tem um trabalho honesto?

Muito bem! Você compreendeu rápido! Nunca se esqueça: O DINHEIRO NÃO CHEIRA!

– Ok... e como o tributo é instituído? Lá em Direito Constitucional, aprendi algumas espécies normativas na parte de "processo legislativo". Qual seria aplicável à instituição do tributo?

Para responder à sua pergunta, vamos ao quarto elemento!

1.4. Instituída em lei

Mais um elemento previsto no art. 3º do CTN que não comporta exceções! O tributo somente poderá ser criado por meio de uma LEI ou um ato normativo que tenha igual força.

Portanto, somente LEI ORDINÁRIA, LEI COMPLEMENTAR e MEDIDA PROVISÓRIA podem criar tributos! Guarde isso. Lembrou da aula de processo legislativo de Direito Constitucional? Muito bem!

– E quanto à majoração das alíquotas dos tributos?

Embora somente possam ser criados a partir da edição de leis ou medida provisória, os tributos podem ser majorados mediante ato do Poder Executivo, como DECRETOS e RESOLUÇÕES, ou CONVÊNIOS, no âmbito do CONFAZ, consistindo em uma verdadeira exceção ao princípio da legalidade tributária.

Logo, não confunda instituição de tributos e majoração de suas alíquotas, OK?

Sobre esse assunto, gostaria de lhe passar uma informação importante acerca de um entendimento do Supremo Tribunal Federal (STF), proferido no finalzinho do ano passado, "O ANO DE 2020".

– Esse ano de 2020 foi complicado, hein?!

Pois é, inclusive esse entendimento que desagradou a muitos tributaristas.

O Supremo Tribunal Federal (STF) compreendeu que o Poder Executivo pode, através de decreto, reduzir e restabelecer as alíquotas do PIS e da COFINS incidentes sobre as receitas financeiras auferidas pelas pessoas jurídicas sujeitas ao regime não cumulativo.

– Mas isso não fere o princípio da legalidade tributária, professora?

O Supremo Tribunal Federal compreendeu que não. Na verdade, o entendimento do STF é quanto à constitucionalidade da flexibilização do princípio da legalidade tributária prevista no art. 27, §2º, da Lei 10.865/2004.

Esse assunto seria ideal aprofundarmos na parte de princípios do Direito Tributário, mas já que tocamos nesse ponto, penso que é melhor lhe passar as informações completas. Portanto, quando formos estudar esse princípio, irei, apenas, mencionar o julgado, ok?!

– Tá ótimo, professora! Também penso que é melhor estudar de forma completa.

Continuando a análise...

O STF entendeu dar interpretação conforme a Constituição e definir que as normas editadas pelo Executivo devem seguir a anterioridade nonagesimal, outro princípio que iremos estudar no capítulo oportuno. Quanto à inconstitucionalidade alegada, o relator, Ministro Dias Toffoli, compreendeu que deveria ser afastada, uma vez que esse regime especial da não cumulatividade das contribuições mencionadas, nada mais é do que uma faculdade do contribuinte. Ademais, essa possibilidade, de alteração das alíquotas dessas contribuições só será viável quando incidirem sobre receitas financeiras auferidas por pessoas jurídicas.

– Não achei um argumento plausível, professora!

Nem eu e, como mencionei, a maioria dos tributaristas não viu com bons olhos isso, pois esse entendimento dá abertura para que o Poder Executivo flexibilize mais ainda o princípio da legalidade tributária, alterando por meio de decretos outras alíquotas, quando, na verdade, caberia à lei, mas é o STF e, para fins de prova de concurso público, você tem que aceitar.

Ademais, foi fixada a seguinte tese de repercussão geral: "É constitucional a flexibilização da legalidade tributária constante do § 2º do art. 27 da Lei nº 10.865/04, no que permitiu ao Poder Executivo, prevendo as condições e fixando os tetos, reduzir e restabelecer as alíquotas da contribuição ao PIS e da COFINS incidentes sobre as receitas financeiras auferidas por pessoas jurídicas sujeitas ao regime não cumulativo, estando presente o desenvolvimento de função extrafiscal".[4]

 – Grandes chances de isso ser cobrado na minha prova!

---

4. Esse entendimento do Supremo Tribunal Federal foi proferido no julgamento da ADI 5.277 e do RE 1.043.313, no dia 10 de dezembro de 2020.

Com certeza!

Então, fica esperto quanto à isso, certo?!

– Certo, Tati! Você tinha me dito que eram 5 (cinco) elementos. Qual é o último?

Ah, você já vai descobrir! Vamos para o último tópico!

1.5. Atividade administrativa vinculada

Como o tributo decorre de uma LEI e configura-se como uma PRESTAÇÃO COMPULSÓRIA, a autoridade administrativa não estará autorizada a analisar de forma discricionária se é conveniente e oportuna a cobrança do referido tributo!

Se o vizinho de anos do auditor for devedor do tributo, não há o que fazer, já que o valor DEVERÁ ser cobrado. Compreende? É uma atividade VINCULADA.

Bom, já que você aprendeu quais são os elementos definidores do tributo, vamos para o estudo das espécies tributárias!

– Estou ansioso! Quero estudar os IMPOSTOS!

Não perde por esperar, querido! Rsrs

2. O TRIBUTO EM ESPÉCIE

Muito bem, hora de começar a estudar as espécies tributárias, em especial, os impostos! Mas antes de qualquer coisa, é importante conhecermos a classificação dos tributos e as principais correntes doutrinárias.

– Professora, disso eu me recordo das aulas de Direito Tributário da graduação de Direito! São 5 (cinco), não é mesmo?

Exato, a posição **pentapartida**! Esse é o entendimento do Supremo Tribunal Federal[5] e é o que você vai levar para uma prova de concurso público, combinado?

– Combinado!

E você sabe quais são os tributos para essa corrente?

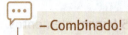
– Muito fácil... **impostos, taxas, contribuições de melhoria, empréstimos compulsórios e contribuições especiais!**

Aprendeu mesmo!

– Pois é, professora! Se bem que tenho muitas dúvidas sobre esse ponto, principalmente quanto à natureza jurídica do tributo.

Calma, vamos adentrar bem nesse assunto! Primeiramente, é fundamental a leitura do art. 4º do CTN. Vejamos:

> Art. 4º A natureza jurídica específica do tributo é determinada pelo fato gerador da respectiva obrigação, sendo irrelevantes para qualificá-la:
>
> I – a denominação e demais características formais adotadas pela lei;
>
> II – a destinação legal do produto da sua arrecadação.

Note que a tributação é determinada pelo fato gerador da obrigação, sendo o tributo vinculado ou não vinculado. Por tributo vinculado compreende-se aquele em que para que o Estado venha a cobrá-lo deverá realizar uma atividade específica voltada ao contribuinte, isto é, o sujeito passivo. Caso contrário, será considerado como não vinculado.

---

5. AI-AgR 658576/RS, rel. Min. Ricardo Lewandowski, 1ª Turma, j. em 27/11/2007.
   Interessante mencionar que, embora seja a posição majoritária e amplamente aceita nas provas de concurso público e Exame de Ordem, há outras correntes. A primeira é a posição bipartida, para a qual somente os impostos e as taxas podem ser considerados como tributos. O CTN adota a tripartida, em seu art. 5º, ao dispor que impostos, taxas e contribuições de melhoria são espécies tributárias. Há também a corrente tetrapartida, a qual não diferencia as contribuições, sendo todas de um mesmo grupo.

– E a minha questão do carro novo... se eu terei que pagar IPVA, por que tanta rua cheia de buraco?

Sabia que você me perguntaria sobre isso! Não é porque você paga IPVA que o Estado deverá manter o asfalto em ordem. Esse imposto estatal é não vinculado! Ou seja, o ente estatal não tem que realizar nenhuma atividade referida a você, proprietário do veículo automotor. Aprenda: **todos os impostos são não vinculados**! Há provas de concurso público que adotam a seguinte expressão: "o imposto não goza de referibilidade".

– Entendido, professora! Nunca mais associarei o IPVA às vias cheias de buraco, prometo! Mas quais tributos podem ser considerados como vinculados?

Um exemplo muito nítido de tributo vinculado é a taxa, como será visto mais adiante. É muito simples compreender: a cobrança de uma taxa está atrelada ao exercício do poder de polícia pelo Estado ou à prestação de um serviço público específico e divisível ao contribuinte. Logo, as taxas estão vinculadas a uma atividade estatal!

Feitas tais considerações iniciais, vamos estudar os tributos em espécie que você listou um pouco antes, iniciando pelos impostos!

2.1. Os impostos

– Tati, já sei que os impostos são tributos não vinculados,[6] como você própria disse, não havendo necessidade de que o Estado realize alguma atividade específica... mas eles (os impostos) incidem sobre o quê?

Ótima pergunta! Então, como expliquei, os impostos são não vinculados, diferentemente das taxas, por exemplo, mas quando falamos

---

6. A definição legal de imposto encontra-se estampada no art. 16 do CTN: "art. 16. Imposto é o tributo cuja obrigação tem por fato gerador uma situação estatal independente de qualquer atividade estatal específica, relativa ao contribuinte".

sobre tributos não vinculados isso significa, no caso dos impostos, que estes incidirão sobre manifestações de riquezas do sujeito passivo da obrigação tributária! Imagina que você tenha adquirido um veículo automotor, então, você manifestou riqueza. Logo, será contribuinte do IPVA! Ao passo que quem não possui um veículo automotor não será considerado como contribuinte desse imposto, entendeu?

– Ah, sim, professora, isso é em decorrência da chamada solidariedade social?

Exato! Uma característica própria dos impostos é essa essência da solidariedade social. Logo, aqueles que manifestam riquezas terão que contribuir para um bem comum, já que os sujeitos ativos, ou seja, os entes que possuem a competência tributária deverão utilizar as receitas oriundas da arrecadação tributária em benefício de toda a coletividade. Por isso, são tributos contributivos.

– Por isso que o valor que pago de ICMS, por exemplo, pode ser revertido para a educação?[7]

Isso mesmo!!

– Outra coisa, Tati: a receita arrecadada dos impostos também é não vinculada?

Exatamente! Os impostos, além de serem tributos não vinculados a uma atividade estatal específica, também não admitem que suas receitas sejam vinculadas, já que são destinadas ao financiamento de atividades estatais consideradas como gerais dos entes e aos serviços universais, isto é, aqueles não específicos, pois, caso contrário, seriam remunerados mediante taxas.

---

7. Na ADI 4.102/RJ, rel. Min. Carmen Lúcia, j. em 30.10.2014, o STF entendeu que é constitucional a determinação da Constituição Estadual de que 2% da receita tributária do exercício devem ser destinados à FAPERJ, já que está em consonância com o art. 218, § 5º, da CF/1988, que faculta aos estados e ao DF vincular parte da receita orçamentária a entidades públicas de fomento ao ensino e à pesquisa.

CAPÍTULO 1 → O que é tributo?

> – Verdade, professora! Por isso que é inconstitucional a cobrança de uma taxa de combate ao incêndio por parte dos municípios? Acho que li em algum informativo do Supremo Tribunal Federal sobre...

Isso mesmo! Muito bom ler informativos... continue assim! Nesse caso, o STF[8] entendeu ser inconstitucional uma lei paulistana (Lei Municipal 8.822/1978), a qual criou a Taxa de Combate a Sinistros, cujo objetivo era ressarcir o erário municipal do custo da manutenção do serviço de combate a incêndios.

> – E quanto à competência para instituir os impostos, professora?

Bom, essa é privativa de cada ente da Federação, conforme o que a Constituição Federal de 1988 atribui. Entretanto, é preciso ter certo cuidado: a Constituição não cria impostos; ela somente atribui competência para a criação deles. Mais à frente, estudaremos tudo sobre competência tributária em um ponto específico. Para você não se esquecer:

UNIÃO (art. 153, CF/1988)	ESTADOS/DF (art. 155, CF/1988)	MUNICÍPIOS/ DF
Imposto de importação (II)	Imposto sobre transmissão *causa mortis* e doações	Imposto predial territorial urbano (IPTU)
Imposto de exportação (IE)	Imposto sobre circulação de mercadorias e serviços (ICMS)	Imposto sobre transmissão de bens imóveis (ITBI)
Imposto de renda (IR)	Imposto sobre a propriedade de veículos automotores (IPVA)	Imposto sobre serviços (ISS)
Imposto sobre produtos importados (IPI)		
Imposto sobre operações financeiras (IOF)		
Imposto territorial rural (ITR)		
Imposto sobre grandes fortunas (IGF)		

---

8. STF, RE 643247/SP, rel. Min. Marco Aurélio, j. em 24.05.2017.

Lembrando que, quanto aos impostos, nos termos do art. 146, III, *a*, da CF/1988, é indispensável que uma lei complementar de caráter nacional[9] defina os fatos geradores, as bases de cálculo e os contribuintes.

– Adorei, professora! Acho incrível quando tem tabelinha, facilita muito o aprendizado! Mas são apenas esses impostos mesmo?

Não! Temos outros, mas que somente a União pode criar. Primeiramente, preciso que você guarde que, em regra, será uma lei ordinária o instrumento apropriado para a criação de tributos. No entanto, há alguns que estão reservados à lei complementar. Aqui, na parte dos impostos, a União possui uma **competência tributária residual** (art. 154, I, CF/1988) para criar impostos residuais, desde que estes, além de serem criados por meio de uma lei complementar, também não sejam cumulativos e não tenham fato gerador ou base de cálculo próprios previstos na Constituição Federal de 1988. Fora essa competência residual, também há a competência extraordinária, atribuída à União, possibilitando a criação de um **imposto extraordinário guerra** (IEG), utilizando como fato gerador, qualquer situação atribuída aos demais tributos, mesmo que de competência dos outros entes, como o famoso caso do ICMS extraordinário federal, consistindo em um caso de bitributação expressamente permitida pela Constituição!

– Nossa, quanta informação! Mas entendi tudo, só não sei o que é bitributação. É a mesma coisa que *bis in idem*?

A bitributação é quando dois entes da federação olhando para o mesmo fato gerador instituem e cobram o mesmo tributo! É o caso do ICMS, de competência dos Estados e do Distrito Federal, e do ICMS guerra, imposto extraordinário instituído pela União. Não confunda bitributação com *bis in idem*! Este último, na verdade, é quando o

---

9. Aqui, deve-se tomar um certo cuidado, pois quando a União é omissa à edição de uma lei complementar de caráter geral, caberá aos Estados o exercício da competência legislativa plena, nos termos do art. 24, § 3º, da CF/1988, como ocorre em relação ao IPVA, pois, até o presente momento, não há uma lei complementar de caráter geral dispondo sobre esse imposto. Nesse sentido, é o entendimento do Supremo Tribunal Federal proferido por ocasião do julgamento do RE 191703 – AgR/SP.

próprio ente da Federação tributa mais de uma vez o mesmo fato jurídico, mas isso é assunto para um outro ponto.

Uma outra informação relevante sobre os impostos é quanto à capacidade contributiva[10] de cada contribuinte.

– Não é um princípio do Direito Tributário, Tati?

É sim, e por conta da redação do art. 145, § 1º, da CF/1988, sempre que possível, os impostos terão caráter pessoal e serão graduados conforme a "capacidade econômica"[11] do contribuinte.

– E o que significa esse caráter pessoal dos impostos?

Na verdade, os impostos podem ser pessoais ou reais.[12] Primeiramente, os pessoais são aqueles dotados de caráter subjetivo, levando em consideração os aspectos pessoais do indivíduo, como, por exemplo, o imposto de renda. Ao passo que os impostos reais são aqueles que não levam em consideração as características dos sujeitos passivos, ou seja, dos contribuintes, incidindo objetivamente sobre uma base de cálculo, como, por exemplo, o ICMS. Entretanto, sempre que possível, os impostos reais deverão ter caráter pessoal, sempre que possível, como prevê a Constituição, viabilizando o princípio da isonomia tributária.

---

10. Regina Helena Costa (COSTA, Regina Helena. *Curso de Direito Tributário: Constituição e Código Tributário Nacional*. 7. ed. rev. e atual. São Paulo: Saraiva, 2017, p. 138) ensina que esse princípio "constitui a diretriz da modulação da carga tributária em matéria de impostos, porquanto sendo esses tributos não vinculados a uma atuação estatal, sua graduação deve levar em conta circunstância que diga respeito ao próprio sujeito passivo".
11. Na verdade, o correto seria o termo "capacidade contributiva", uma vez que são termos distintos. Muitas vezes, quem tem capacidade econômica, ou seja, manifesta uma riqueza, não tem seus rendimentos tributados. Logo, não detém capacidade contributiva.
12. Geraldo Ataliba (ATALIBA, Geraldo. *Hipótese de Incidência Tributária*. 6. ed. São Paulo: Malheiros, 2016, p. 125) ensina que são impostos reais "aqueles cujo aspecto material da hipótese de incidência limita-se a descrever um fato, acontecimento ou coisa independentemente do elemento pessoal, ou seja, indiferente ao eventual sujeito passivo e suas qualidades". Já os impostos pessoais são aqueles "cujo aspecto material da hipótese de incidência leva em consideração certas qualidades juridicamente qualificadas do sujeito passivo".

– Falando em ICMS, ouvi dizer que se trata de um imposto indireto...

Essa é uma outra classificação que você precisa aprender sobre os impostos! Existem, sim, impostos indiretos, como o ICMS, mas também temos os diretos.

– Tem lógica, professora! Se há indireto, também há o direto! Isso tem a ver com contribuinte de fato e de direito?

Tem, sim! Veja só: os impostos diretos são aqueles em que o contribuinte vai absorver o verdadeiro impacto econômico por conta da incidência do tributo. O imposto de renda é um grande exemplo. Já os impostos indiretos são repassados pelo contribuinte de direito, isto é, aquele que sujeito que realmente pratica o fato gerador, ao contribuinte de fato, aquele que não pratica o fato gerador, embora acabe arcando com a incidência do imposto. Como você mencionou, o ICMS é um grande exemplo de imposto indireto, dado que, quando você vai adquirir um *lap top*, além do valor do bem, além de outros encargos, você também pagará de forma embutida no preço final o que o comerciante pagou a título de ICMS, ou seja, quando falamos de impostos indiretos, quer dizer que o consumidor final (contribuinte de fato) é o real pagador do imposto!

– Poxa vida, professora! Então quer dizer que quando compro um *lap top* para estudar, pago um valor além do que realmente custa o produto por causa do ICMS?

Sim, mas não apenas por conta do ICMS, há outros fatores que corroboram para isso também.

– Entendi... a alta carga tributária!! Mas, voltando aqui, há outra classificação importante que eu precise saber?

Há sim! Os impostos também podem ser classificados como fiscais ou extrafiscais. Como você bem sabe, todos os impostos possuem uma essência fiscal, isto é, todos eles possuem uma finalidade arrecadatória, de ingresso de receitas nos cofres públicos, entretanto, os extrafiscais, embora também tenham tal finalidade, possuem outros objetivos preponderantes, como a regulação do comércio internacional, no caso do imposto de importação, e a implementação de políticas ambientais, como o IPTU ecológico,[13] influenciando no comportamento dos contribuintes.[14]

 – Que legal! Então o imposto deixa de ter aquele caráter meramente arrecadatório e passa a ser um instrumento para viabilizar a implementação de políticas?

Sim!!! E isso é muito legal, não acha? Vou lhe contar uma novidade sobre a extrafiscalidade num entendimento recente, no finalzinho de 2020, no âmbito do Supremo Tribunal Federal...

Um caso interessante envolvendo o imposto de importação é o entendimento Ministro Edson Fachin, em liminar, na Arguição de Descumprimento de Preceito Fundamental (ADPF) 772, na data de 14 de dezembro de 2020, ação proposta pelo Partido Socialista Brasileiro (PSB), em face da Resolução 126/2020 do Comitê Executivo de Gestão da Câmara do Comércio Exterior (Gecex), a qual teve seus efeitos suspensos. A referida normal prevê a redução da alíquota do imposto à 0%, no que tange à importação de armas. Vale destacar que antes da resolução, a alíquota do imposto de importação era de 20%. O Ministro Edson Fachin argumentou no sentido de que a redução à alíquota de 0% contradiz o direito à vida e à segurança. Embora haja a prerrogativa do Poder Executivo Federal de conceder um benefício fiscal ao

---

13. O município de Palmas/TO instituiu o programa "Palmas Solar", o qual visa a concessão de benefícios fiscais de redução de até 80% no valor do IPTU aos moradores que produzirem energia solar em seus imóveis urbanos.
14. Regina Helena Costa (COSTA, Regina Helena. *Curso de Direito Tributário: Constituição e Código Tributário Nacional*. 7. ed. rev. e atual. São Paulo: Saraiva, 2017, p. 141) explica a distinção: "Os impostos fiscais são aqueles cujo objetivo precípuo é a geração de receita. Os impostos extrafiscais, por seu turno, são assim denominados porque a sua finalidade principal não é arrecadatória; por meio deles, objetiva-se o alcance de uma finalidade outra, de caráter social, político ou econômico, mediante a modulação do comportamento dos contribuintes (...) todo imposto possui uma faceta fiscal – porque sempre gera arrecadação de recursos – e outra extrafiscal – na medida que influi no comportamento dos contribuintes. O que fundamenta a aludida distinção é a predominância de um aspecto ou outro, em relação a cada imposição".

imposto de competência federal, no âmbito das políticas tributárias e fiscais, deve-se ponderar em face de outros direitos e garantias constitucionalmente protegidos. Vale destacar que, até o fechamento dessa edição, prevalece o entendimento proferido em liminar, no sentido da suspensão dos efeitos da Resolução 126/2020, do Gecex, a qual foi publicada no Diário Oficial da União na data de 09 de dezembro de 2020, embora somente de 1º de janeiro de 2021 a referida medida entraria em vigor. Portanto, é indispensável acompanhar as próximas repercussões sobre o tema no Supremo Tribunal Federal (STF).

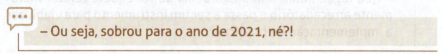

– Ou seja, sobrou para o ano de 2021, né?!

Sim! Tudo indica que teremos diversas decisões importantes, no âmbito do Direito Tributário, em 2021. Aguarde. Mas, já que você está tão entretido com os impostos, vamos estudá-los um por um, o que acha?

– Vamos, sim, professora!!

2.1.1. Impostos federais

Finalmente, chegamos aos impostos em espécies! Primeiramente, vamos estudar os impostos federais, os quais estão previstos no art. 153 da CF/1988.

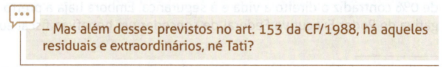

– Mas além desses previstos no art. 153 da CF/1988, há aqueles residuais e extraordinários, né Tati?

Isso mesmo! Esses estão dispostos no art. 154 da CF/1988, não se esqueça...

No art. 153 da CF/1988, temos que compete à União instituir impostos sobre: importação de produtos estrangeiros; exportação de produtos nacionais ou nacionalizados; renda e proventos de qualquer natureza; produtos industrializados; operações de crédito, câmbio e seguro, ou relativas a títulos ou valores mobiliários; propriedade territorial rural; e grandes fortunas.

CAPÍTULO 1 → O que é tributo?

– Ufa! Quanta coisa, professora!

Pois é, vamos estudar um por um.

2.1.1.1. Imposto de importação

– Já sei, esse é aquele exemplo clássico de imposto extrafiscal, não é mesmo?

Justamente! O imposto de importação está previsto no art. 153, I, da CF/1988, sendo um dos tributos que regulam o comércio exterior, incidindo sobre as importações de produtos estrangeiros,[15] nos

---

15. Vale destacar que o art. 70 do Regulamento Aduaneiro considera estrangeira, também, a mercadoria produzida no Brasil, isto é, nacional, que tenha sido exportada a título definitivo, em regra, embora haja exceções apresentadas pelo mesmo artigo. Vide:
"Art. 70. Considera-se estrangeira, para fins de incidência do imposto, a mercadoria nacional ou nacionalizada exportada, que retorne ao País, salvo se:
I – enviada em consignação e não vendida no prazo autorizado;
II – devolvida por motivo de defeito técnico, para reparo ou para substituição;
III – por motivo de modificações na sistemática de importação por parte do país importador;
IV – por motivo de guerra ou de calamidade pública; ou
V – por outros fatores alheios à vontade do exportador.
Parágrafo único. Serão ainda considerados estrangeiros, para os fins previstos no *caput*, os equipamentos, as máquinas, os veículos, os aparelhos e os instrumentos, bem como as partes, as peças, os acessórios e os componentes, de fabricação nacional, adquiridos no mercado interno pelas empresas nacionais de engenharia, e exportados para a execução de obras contratadas no exterior, na hipótese de retornarem ao País".
O STJ possui entendimento no sentido de que não incidirá o imposto de importação no caso de importação de bens equivocadamente enviados ao exterior e posteriormente devolvidos. Vide:
"TRIBUTÁRIO. IMPOSTO DE IMPORTAÇÃO. DEVOLUÇÃO DE MERCADORIAS EXPORTADAS POR EQUÍVOCO. RETORNO POR MOTIVO ALHEIO À VONTADE DO EXPORTADOR. ART. 1º, § 1º, ALÍNEA "E", DO DECRETO-LEI 37/1966. NÃO INCIDÊNCIA DA EXAÇÃO. 1. O fato gerador do imposto de importação é, consoante o art. 19 do CTN e o art. 1º do DL 37/1966, a entrada de produto estrangeiro em território nacional. O § 1º do art. 1º do DL 37/1966 também considera estrangeira, para fins de incidência do imposto de importação, a mercadoria nacional ou estrangeira exportada que retornar ao Brasil, salvo se tal retorno, dentre outras hipóteses, ocorrer por fatores alheios à vontade do exportador, consoante exceção prevista na alínea *e* do referido dispositivo, com reprodução no art. 70, V, do Decreto 4.345/2002 (Regulamento Aduaneiro de 2002). 2. A devolução das mercadorias na hipótese ocorreu por fator alheio à vontade do exportador, eis que não é razoável cogitar que este tenha dirigido sua vontade livre e consciente no envio equivocado de mercadorias para o exterior,

termos do art. 19 do CTN. Seu maior objetivo não é a arrecadação de receitas, mas sim regular o comércio, protegendo a indústria nacional ao onerar o produto estrangeiro e tornando-o menos competitivo em face do nacional.

Importante destacar que o art. 155, § 3º, da CF/1988 preceitua que incidirá, também, o imposto de importação sobre operações relativas à energia elétrica e serviços de telecomunicações. Nos termos do entendimento atual do Supremo Tribunal Federal (STF),[16] incidirá

---

sobretudo em razão dos incômodos suportados por ambos, importador e exportador, e as despesas que este terá de arcar no reenvio de mercadorias ao estrangeiro. Assim, o caso está albergado pela exceção prevista na alínea *e* do § 1º do art. 1º do Decreto-Lei 37/1966, não havendo que se falar em incidência de imposto de importação. 3. Recurso especial não provido." (STJ, Resp 1213245/RS, rel. Min. Mauro Campbell Marques, 2ª T, *DJe* 25/11/2010). Ademais, indispensável correlacionar este entendimento com o disposto no art. 71 do Regulamento Aduaneiro:

"Art. 71. O imposto não incide sobre:

I – mercadoria estrangeira que, corretamente descrita nos documentos de transporte, chegar ao País por erro inequívoco ou comprovado de expedição, e que for redestinada ou devolvida para o exterior;

II – mercadoria estrangeira idêntica, em igual quantidade e valor, e que se destine a reposição de outra anteriormente importada que se tenha revelado, após o desembaraço aduaneiro, defeituosa ou imprestável para o fim a que se destinava, desde que observada a regulamentação editada pelo Ministério da Fazenda;

III – mercadoria estrangeira que tenha sido objeto da pena de perdimento, exceto na hipótese em que não seja localizada, tenha sido consumida ou revendida;

IV – mercadoria estrangeira devolvida para o exterior antes do registro da declaração de importação, observada a regulamentação editada pelo Ministério da Fazenda;

V – embarcações construídas no Brasil e transferidas por matriz de empresa brasileira de navegação para subsidiária integral no exterior, que retornem ao registro brasileiro, como propriedade da mesma empresa nacional de origem;

VI – mercadoria estrangeira avariada ou que se revele imprestável para os fins a que se destinava, desde que seja destruída sob controle aduaneiro, antes do desembaraço aduaneiro, sem ônus para a Fazenda Nacional; e

VI – mercadoria estrangeira destruída, sob controle aduaneiro, sem ônus para a Fazenda Nacional, antes de desembaraçada;

VII – mercadoria estrangeira em trânsito aduaneiro de passagem, acidentalmente destruída."

Por fim, o Superior Tribunal de Justiça (STJ) entende que incidirá o referido imposto sobre mercadoria desembaraçada que venha a ser objeto de roubo.

"(...) O roubo de veículos e de carga sujeita a imposto de importação ocorrido no transporte de mercadorias já desembaraçada não ilide a responsabilidade de transportadora pelo pagamento do valor apurado em auto de infração, nos termos dos arts. 136 do CTN, 32 e 60 do Decreto-lei 37/1966." (STJ, REsp 1172027/RJ, rel. Min. Eliana Calmon, *DJe* 30/09/2010).

16. "(...) Recurso extraordinário em que se argumenta a não incidência do II e do IPI sobre operação de importação de sistema de tomografia computadorizada, amparada por contrato de arrendamento mercantil.

2. Alegada insubmissão do arrendamento mercantil, que seria um serviço ao fato gerador do imposto de importação (art. 153, I, da CF/1988). Inconsciência. Por se tratar de tributos diferentes, com hipóteses de incidência específicas (prestação de serviços e importação,

CAPÍTULO 1 → O que é tributo?

em relação à mercadoria importada mediante contrato de arrendamento mercantil.

Mas não é só isso que é importante estudar sobre o imposto de importação. Você sabe quais são os princípios aplicáveis e os não aplicáveis?

 – Sei, Tati, lembro que ao imposto de importação não se aplicam os princípios da anterioridade genérica e o da noventena, podendo ser cobrado de imediato acaso haja uma majoração de sua alíquota.[17] Acertei?

---

entendida como a entrada de bem em território nacional – art. 19, do CTN), a incidência concomitante do II e do ISS não implica tributação ou de violação de presença exclusivamente e preferência de cobrança do ISS.
3. Violação do princípio da isonomia (art. 150, II, da CF/1988), na medida em que o art. 17 da Lei 6.099/1974 proíbe a adoção do regime de admissão temporária para as operações amparadas por arrendamento mercantil. Improcedência. A exclusão do arrendamento mercantil do campo de aplicação do regime de admissão temporária atende aos valores e objetivos já antevistos no projeto de lei do arrendamento mercantil, para evitar que o *leasing* se torne opção por excelência devido às virtudes tributárias e não em razão da função social e do escopo empresarial que a avença tem." (STF, RE 429306, rel. Min. Joaquim Barbosa, 2ª T, *DJe* de 15/03/2011).

17. O art. 3º da Lei 3.244/1957 dispõe que a alteração da alíquota, em cada caso, não poderá ultrapassar 60% *ad valorem*, para mais ou para menos. Esse dispositivo causou muitas controvérsias entre os importadores, restando ao Superior Tribunal de Justiça (STJ) definir que a conta referente aos 60% deve ser realizada considerando o valor da mercadoria com a alíquota posterior e comparando-o com a nova alíquota. Será a diferença entre os dois valores que não poderá ser superior a 60% do valor anterior.
"TRIBUTÁRIO. IMPOSTO DE IMPORTAÇÃO. MAJORAÇÃO DE ALÍQUOTA. LEGALIDADE. 1. No caso da compra de veículos importados, a majoração da alíquota de imposto de importação de 32% (trinta e dois por cento) para 70% (setenta por cento), nos termos do Decreto 1.427/1995, não ofende o disposto no art. 3º da Lei 3.244/1957, visto que restou respeitado o limite de aumento estabelecido neste regramento. 2. Sendo *ad valorem* a natureza da alíquota aplicada para majoração da exação, a diferença de alíquota, a teor do art. 20, II, do CTN, deve ser relacionada ao preço normal da mercadoria, e não ao percentual das alíquotas anteriormente aplicadas. 3. Recurso não provido." (STJ, Resp. 174836/ CE, rel. Min. João Otávio de Noronha, 2ª T, j. em 03/02/2005).
Em algumas situações em que as alíquotas do imposto de importação são consideradas como excessivas pelos importadores, o Supremo Tribunal Federal (STF),compreende que não é toda situação de aumento da alíquota que fere o princípio do não confisco, mas deve-se averiguar cada situação de importação específica, considerando os custos da carga tributária global, assim como as margens de lucro, a conjuntura econômica e social, além das condições de mercado. Vide:
"TRIBUTÁRIO. IMPOSTO DE IMPORTAÇÃO. MAJORAÇÃO DE ALÍQUOTA. LEGALIDADE. 1. No caso da compra de veículos importados, a majoração da alíquota de imposto de importação de 32% (trinta e dois por cento) para 70% (setenta por cento), nos termos do Decreto 1.427/95, não ofende o disposto no art. 3º da Lei n. 3.244/57, visto que restou respeitado o limite de aumento estabelecido neste regramento. 2. Sendo *ad valorem* a natureza da

Acertou! Boa conclusão. Então, por exemplo, se uma Resolução da CAMEX aumentar a alíquota do imposto de importação em 23/06/2019, no dia seguinte o imposto já poderá ser cobrado conforme a mesma alíquota, não necessitando aguardar o lapso temporal de 90 dias e nem o próximo exercício financeiro. Essas exceções aos princípios é decorrência dessa função extrafiscal, pois o imposto de importação consiste em um instrumento ágil de regulação do comércio internacional.

> 💬 – Tudo bem, professora, mas não entendi: Resolução da CAMEX??? Sempre achei que seria o Chefe do Poder Executivo!

Fique calmo, Ok? O Chefe do Poder Executivo Federal, já que estamos falando de um imposto federal, possui competência, sim, para alterar as alíquotas do imposto de importação mediante a edição de um decreto, só que a Constituição Federal de 1988, em seu art. 153, § 1º, autoriza que o Poder Executivo altere as alíquotas por meio de um ato seu.[18] Entendeu aqui a pegadinha de uma prova de concurso?

> 💬 – Não, professora...

Bom, o dispositivo mencionado fala em Poder Executivo, sendo que o Chefe do Poder Executivo faz parte dele, mas a Câmara de Comércio Exterior (CAMEX), vinculada ao Ministério da Economia, também! O próprio Supremo Tribunal Federal, por ocasião do julgamento do RE 570.680/RS, entendeu ser constitucional, desde que observe os limites legais, não sendo uma atribuição exclusiva do Chefe do Poder Executivo Federal. Por isso, tome cuidado!

---

alíquota aplicada para majoração da exação, a diferença de alíquota, a teor do art. 20, II, do CTN, deve ser relacionada ao preço normal da mercadoria, e não ao percentual das alíquotas anteriormente aplicadas.

3. Recurso não provido." (STJ, REsp. 174836/CE, rel. Min. João Otávio de Noronha, 2ª T, j. 03/02/2005).

18. O art. 21 do CTN acompanha o texto Constitucional do art. 153, § 1º, da CF/1988. Vide: Art. 21, CTN. "O Poder Executivo pode, nas condições e nos limites estabelecidos em lei, alterar as alíquotas ou as bases de cálculo do imposto, a fim de ajustá-lo aos objetivos da política cambial e do comércio exterior".

CAPÍTULO 1 → O que é tributo?

– Valeu pela dica, professora! Isso eu não erro mais. Quando há menção que um decreto ou uma resolução pode alterar essas alíquotas, isso quer dizer que é exceção ao princípio da legalidade?

É, até porque, conforme mencionei, o imposto de importação é um instrumento importante de regulação do comércio internacional e dever ser ágil. Imagina se para realizar essa regulação quanto à proteção da indústria nacional, o Poder Executivo Federal tivesse que toda vez propor um projeto de lei, quanto tempo demoraria para o Poder Legislativo aprovar?

– Imagino, professora. Demoraria muito!

Eu tenho uma pergunta para você: já ouviu falar sobre a Tarifa Externa Comum (TEC) e a Nomenclatura Comum do Mercosul (NCM)?

– Só ouvi falar mesmo, mas não faço a menor ideia do que sejam...

Vou lhe explicar! O Brasil, por integrar a "união aduaneira incompleta", MERCOSUL, possui um regime atribuído às alíquotas do imposto de importação denominado de Tarifa Externa Comum (TEC), aplicada aos produtos oriundos de Estados de fora do bloco. Foi com o Tratado de Assunção, de 26/03/1991, por meio de seu art. 1º, que metas como a livre circulação de bens, serviços e fatores produtivos deveriam ser implementadas por meio da mencionada TEC, por ocasião da criação do bloco.

Para que tais metas fossem viabilizadas e para que todos os países integrantes do MERCOSUL cobrassem a mesma alíquota, foi indispensável a criação de uma nomenclatura comum. Em 1994, foi criada a Nomenclatura Comum do Mercosul (NCM),[19] internalizada pelo

---

19. A NCM é baseada na Nomenclatura do Sistema Harmonizado de Designação e de Codificação de Mercadorias e adotada para a formulação da Tarifa Externa Comum (TEC) e da Tabela de Incidência do IPI (TIPI). Consiste na relação completa de mercadorias e respectivos códigos que os membros do MERCOSUL adotam, conforme o Sistema Harmonizado. São oito dígitos que compõem a NCM, sendo que os seis primeiros são idênticos ao padrão

Decreto 1.343/1994, a qual tem como referência o Sistema Harmonizado de Designação e Codificação de Mercadorias (SH).

Outro ponto importante é sobre o fato gerador do imposto de importação...

– Ah sim, lembro que já assisti às suas aulas de Direito Aduaneiro e você havia citado o art. 19 do CTN, mas também um tal de regulamento aduaneiro...

É... o art. 19 do CTN dispõe que o fato gerador do imposto de importação consiste na entrada de produtos estrangeiros em território nacional; por sua vez, o art. 72 do Decreto 6.759/2009 (regulamento aduaneiro) menciona ser a entrada de mercadoria estrangeira no território aduaneiro.

– E em que consiste esse território aduaneiro? Lembro-me de que você explicou bem nas aulas, mas não me recordo.

Pelo art. 2º do regulamento aduaneiro, o território aduaneiro compreende todo o território nacional, ou seja, o mar territorial e o espaço aéreo subjacente também fazem parte do território aduaneiro, sendo imprescindível que bens e/ou mercadorias[20] ingressem, não apenas fisicamente, assim como economicamente para fins de incidência do imposto de importação.

– Como assim, professora?

Ora, sabe quando há o grande prêmio da Fórmula 1, em Interlagos? Então, acha que aqueles carrões são importados? Não! Eles ingressam no território aduaneiro, mas sem fins econômicos, ou seja, não serão alienados, por exemplo, pois somente serão utilizados para fins de evento desportivo. Assim como as obras de arte que são

---

internacional, já o sétimo e oitavo dígitos correspondem a desdobramentos específicos atribuídos no âmbito do MERCOSUL.
20. Conforme entendeu o Superior Tribunal de Justiça (STJ), por ocasião do julgamento do REsp 392/RS, embora sejam termos distintos, foram utilizados no mesmo sentido.

expostas no Masp. Esses bens ingressam no país acobertados por um regime aduaneiro especial denominado de admissão temporária, o qual afasta a incidência do imposto de importação sobre eles, desde que sejam preenchidos certos requisitos que estudamos na disciplina de Direito Aduaneiro. Portanto, após o GP do Brasil, esses carros saem do território aduaneiro brasileiro e seguem destino para um outro país.

– Que legal, professora! Não sabia que era assim. Sempre assistirei às corridas de Fórmula 1 com outro pensamento agora! Tenho outra dúvida sobre esse imposto: como vou saber quando o produto/ mercadoria entrar no território aduaneiro? Nosso país é imenso!

Boa pergunta! O art. 73 do regulamento aduaneiro considera como ocorrido o fato gerador para fins de cálculo do imposto de importação a data em que houver ocorrido o registro da declaração de importação (DI) da mercadoria que será submetida a despacho para consumo.

O Superior Tribunal de Justiça (STJ) compreende que:

> "(...) não obstante o fato gerador do imposto de importação se dê com a entrada de mercadoria estrangeira no território nacional, torna-se necessária a fixação de um critério temporal a que se atribua a exatidão e certeza para se considerar inteiro o desenho do fato gerador. Assim, embora o fato gerador do tributo se dê com a entrada da mercadoria estrangeira no território nacional, ele apenas se aperfeiçoa com o registro da Declaração de Importação no regime comum" (STJ, REsp 362910/PR, rel. Min. José Delgado, j. em 16/04/2002).

– Interessante isso! Imagina sobre a base de cálculo do imposto.

Para você entender sobre a base de cálculo do imposto de importação, é importante conhecer sobre suas alíquotas.

– Esse assunto sempre anda junto!

51

Pois é, você compreendendo sobre as alíquotas,[21] compreenderá sobre a base de cálculo. Vamos lá!

No art. 20 do CTN há a definição da base de cálculo do imposto de importação. Vide:

> Art. 20 do CTN. A base de cálculo do imposto é:
>
> I – quando a alíquota seja específica, a unidade de medida adotada pela lei tributária;
>
> II – quando a alíquota seja ad valorem, o preço normal que o produto, ou seu similar, alcançaria, ao tempo da importação, em uma venda em condições de livre concorrência, para entrega no porto ou lugar de entrada do produto no País;
>
> III – quando se trate de produto apreendido ou abandonado, levado a leilão, o preço da arrematação.

Os dois primeiros incisos, respectivamente, mencionam alíquota específica e alíquota *ad valorem*.

– Alíquota *ad valorem*?[22] Nunca ouvi falar sobre!

Essa alíquota é, na verdade, um percentual, incidindo sobre um valor, ou seja, multiplica-se por uma grandeza a ser especificada em moeda, obtendo-se, assim, o montante do tributo a ser pago. Logo, para o regulamento aduaneiro, ao se tratar desta alíquota, a base de cálculo será o valor aduaneiro.

O valor aduaneiro é apurado na forma prevista no Acordo Sobre a Implementação do artigo VII do GATT, aprovado pelo

---

21. Regina Helena Costa (COSTA, Regina Helena. *Curso de Direito Tributário: Constituição e Código Tributário Nacional*. 7. ed. rev. e atual. São Paulo: Saraiva, 2017, p. 361) alerta que "uma vez mais, que a alíquota desse imposto pode ser alterada pelo Poder Executivo, nos termos do art. 153, § 1º, da CF/88."
22. Misabel Derzi (BALEEIRO, Aliomar; DERZI, Misabel Abreu Machado. *Direito Tributário Brasileiro*. 13. ed. Rio de Janeiro: Forense 2015, p. 282), em nota de atualização de obra de Aliomar Baleeiro, menciona que "(...) a base de cálculo, sendo a alíquota *ad valorem*, é o preço normal da importação, não entendendo-se como tal o preço alcançado pelo produto no negócio privado do qual resultou a importação. Preço normal é aquele que o produto ou similar alcançaria, ao tempo da importação, em uma venda em condições de livre concorrência, para entrega no porto ou lugar de entrada do produto no país. É o que impõe o art. 20, II, do CTN".

CAPÍTULO 1 → O que é tributo?

Decreto Legislativo 30/1994 e promulgado pelo Decreto Executivo 1.355/1994, o qual possui status de lei e estabelece as normas fundamentais sobre valoração aduaneira no Brasil. Em regra, o valor aduaneiro da mercadoria é apurado por meio do seu valor FOB (*Free on Board*), *In-coterms* 2010, acrescido dos valores do frete e seguro internacionais, convertendo-se esses valores para a moeda local, por meio da taxa de câmbio do dia do registro da importação.

> – Muito simples! E a específica?[23]

Já a específica consiste em uma alíquota definida por uma quantia determinada por unidade de quantificação, seja por litro, metro, tonelada etc., sendo a base de cálculo, portanto, a quantidade da mercadoria expressa na unidade de medida.

> – Fantástico, professora! Nunca tinha ouvido sobre e já compreendi! Então, se eu importar um carro, estarei sujeito a uma alíquota dessas?

Estará, até porque você será considerado como contribuinte do imposto de importação! Está lá no art. 22, I, do CTN! Ah, e se você arrematar algum produto importado apreendido naqueles famosos leilões da Receita Federal do Brasil, também![24]

> – Ixi! Esses leilões são bem legais. Vou me recordar disso. E se alguém me enviar um produto por remessa postal?

Nos termos do art. 104 do regulamento aduaneiro, você, o destinatário, também será considerado como contribuinte do imposto de importação!

---

23. Regina Helena Costa (COSTA, Regina Helena. *Curso de Direito Tributário*: Constituição e Código Tributário Nacional. 7. ed. São Paulo: Saraiva, 2017, p. 361): "Ilustrando as hipóteses contempladas neste dispositivo, temos que, se a base de cálculo for fixada em unidade de medida, a alíquota será específica. Exemplo: se o produto importado é seda, a tributação será um valor em reais. Já se a base de cálculo for o preço do produto, a alíquota será *ad valorem*, isto é, um percentual aplicado a essa base de cálculo, um critério adotado atualmente pela lei."
24. Art. 22, II, do CTN.

53

— Nossa, professora! Sempre chegam algumas coisas lá em casa de alguns aplicativos.

Ah, sabia! Então, você já é *expert* em imposto de importação!

— Quase... quase... falta o lançamento tributário! Só sei um pouquinho sobre aquele limite de até 500 dólares norte-americanos e de alguns itens.

Então, quanto ao lançamento, em regra, será por homologação, já que o importador que vai calcular e realizar o pagamento, por ocasião do registro da declaração de importação no Sistema Integrado de Comércio Exterior (SISCOMEX). Você se recorda de um famoso imposto estadual sujeito a esse tipo de lançamento?

— Sim, o ICMS!!!

Perfeito! Mas, como você mesmo lembrou, tem essa questão da isenção de 500 (quinhentos) dólares norte-americanos quando você viaja ao exterior por via aérea. Na verdade, estamos diante de uma importação de bens que se enquadram dentro do conceito de bagagem acompanhada, como, por exemplo, o IOS que você comprou em Orlando, sabe?

— Sei, mas esse bem ultrapassa o limite de 500 (quinhentos) dólares norte-americanos.

Ah, sim, foi por isso mesmo que mencionei esse exemplo. Bom, se ultrapassa, tudo o que exceder você vai ter que declarar num documento denominado de Declaração Eletrônica de Bens de Viajante (e-DBV), sendo, então, de sua responsabilidade.

— E se eu não declarar?

Nesse caso, se um auditor da Receita Federal do Brasil pará-lo no aeroporto de Guarulhos, você estará sujeito a uma multa de 50% do valor excedente ao limite da isenção, além do valor do imposto de importação com 50% do excedente, além de poder aparecer em um programa de televisão muito legal que sempre assisto! Hahaha

Só toma cuidado com uma seguinte informação que pode ser cobrada em uma prova de concurso mais específica...

Esses 500 (quinhentos) dólares norte-americanos são quanto às compras que você faz no exterior, não contemplando as compras feitas no *freeshop*. Portanto, além desses 500 (quinhentos) dólares norte-americanos que você poderá gastar em produtos lá em Orlando, você também terá uma quantia de até 1.000 (mil) dólares norte-americanos para gastar no *freeshop*! Mas, isso, em viagens aéreas.

> – Isso significa que irei somar os 500 (quinhentos) dólares norte-americanos que posso gastar em compras lá em Orlando com os 1000 (mil) dólares norte-americanos que posso gastar no freeshop do aeroporto de Guarulhos?

Exatamente! Sei que 1.500 (mil e quinhentos) dólares norte-americanos não é algo tão significativo para compras lá fora, mas pensa que o dólar está valendo R$5,16. Um verdadeiro absurdo!

> – Verdade! Não sei onde isso vai parar com tantas incertezas que a pandemia da COVID-19 nos trouxe.

Pois é! Falando na pandemia, só por curiosidade, saiba que tivemos algumas novidades durante o ano de 2020 no que concerne aos produtos médico hospitalares e o imposto de importação.

Na verdade, consiste em mais um exemplo da sua extrafiscal sendo utilizada pelo Governo Federal.

Devido a todos os problemas que enfrentamos no início da pandemia, em março de 2020, principalmente quanto à falta de equipamentos de proteção individual (EPI) para os profissionais da saúde, como as máscaras N95, o Comitê Executivo de Gestão da Câmara de

Comércio Exterior (Camex) do Ministério da Economia, por meio da Resolução 17, de 17 de março de 2020, acabou alterando a alíquota do imposto de importação incidente sobre diversos produtos médico hospitalares indispensáveis ao combate à pandemia. Interessante mencionar que alguns destes produtos estavam sendo tributados por uma alíquota de 35% do imposto de importação!

> – Eu me recordo dessa época de escassez destes EPIs, principalmente das máscaras. Lembro-me que seu noivo, médico atuante da linha de frente, estava trabalhando sem máscara e de sua tentativa incansável de conseguir esse produto.

Foi bem complicado mesmo. A população desabasteceu o mercado interno de N95, impossibilitando o acesso aos profissionais da saúde. Consegui, depois de muito custo, esse EPI para o Luciano e para os demais colegas, mas meu noivo já tinha sido infectado pela COVID-19. Foi muito angustiante para mim, pois era uma incerteza do que iria ocorrer com ele, mesmo tendo contraído a forma menos agressiva da doença. Não o isolei em um cômodo, estivemos juntos o tempo todo, pois eu precisava cuidar dele e, mesmo assim, não fui infectada.

Só estou lhe contando isso, pois é importante que saiba como a falta de EPI apropriado aos profissionais da saúde foi algo muito prejudicial no início da pandemia. Muitos adoeceram, como o Luciano, e outros, infelizmente, vieram a óbito, como o Sr. Adelson, motorista socorrista de ambulância, no SAMU de Cubatão.

Ao zerar a alíquota do imposto de importação para mais de 50 (cinquenta) produtos médico hospitalares, tivemos a possibilidade de ter acesso aos EPIs fundamentais, uma vez que, além da desburocratização no desembaraço aduaneiro, tais produtos se tornaram mais acessíveis financeiramente.

Perceba como o imposto de importação, realmente, possui uma função extrafiscal importante.

> – Pelo seu relato, pode perceber!

Ótimo! Foi bem difícil, mas a vida é feita de superação.

Vamos avançar para um outro imposto, cuja característica, também, é extrafiscal.

2.1.1.2. Imposto de exportação

– Já sei, professora! O imposto de exportação é o contrário do imposto de importação, correto? Até porque, pelo próprio nome, ele incide sobre as exportações!

É... e por conta dessa sua conclusão, também temos que o imposto de exportação possui uma função meramente extrafiscal, assim como o imposto de importação.

– Ah, sim, então, aquelas exceções aos princípios da legalidade e da anterioridade anual e nonagesimal se aplicam também?

Sim!!! Por isso, quando as alíquotas são alteradas por meio de um ato do Poder Executivo, o tributo será cobrado de imediato conforme a nova alíquota!

– Entendi, mas esse imposto existe mesmo? Porque é meio estranho exportar um imposto, não é mesmo?

Esse imposto existe, sim, ele incide sobre as exportações para o exterior de produtos nacionais ou nacionalizados; ocorre que muitas vezes há uma desoneração do imposto de exportação, ou seja, sua alíquota será de 0%. Quando a alíquota for diferente de 0%, inclusive, será considerado como contribuinte do imposto em questão aquele que exporta tais produtos ao exterior.[25]

---

25. Art. 217, RA. É contribuinte do imposto o exportador, assim considerada qualquer pessoa que promova a saída de mercadoria do território aduaneiro.

– Ah sim! Quanto à alíquota, é mais ou menos a mesma explicação do imposto de importação?

No art. 24 do CTN,[26] há menção sobre alíquotas específicas e *ad valorem*, inclusive sobre a base de cálculo[27] do imposto de exportação. Mas, basicamente, é a mesma regra do imposto de importação.

– Beleza quanto à alíquota e à base de cálculo. Então, vai incidir o imposto de exportação quando a alíquota não for de 0% na saída desses produtos do território nacional, já que incide o imposto de importação com a entrada....

Basicamente, é isso. Assim como ocorre com o imposto de importação, precisamos definir um momento para que isso de fato aconteça, portanto, para o regulamento aduaneiro, em seu art. 213, o fato gerador do imposto de exportação, para fins de cálculo, é a data do registro da declaração de exportação (DE) no SISCOMEX!

– Isso quer dizer que será na data do registro da declaração de exportação no SISCOMEX que valerá a alíquota do imposto de exportação, mesmo que a saída tenha sido posterior, professor?

Exato! Mesmo que na data da saída a alíquota tenha sido alterada, essa alteração não será considerada para fins de cálculo.[28] Aí teremos a constituição do crédito tributário referente ao imposto de

---

26. Art. 24. A base de cálculo do imposto é:
    I – quando a alíquota seja específica, a unidade de medida adotada pela lei tributária;
    II – quando a alíquota seja ad valorem, o preço normal que o produto, ou seu similar, alcançaria, ao tempo da exportação, em uma venda em condições de livre concorrência.
    Parágrafo único. Para os efeitos do inciso II, considera-se entrega como efetuada no porto ou lugar da saída do produto, deduzidos os tributos diretamente incidentes sobre a operação de exportação e, nas vendas efetuadas a prazo superior aos correntes no mercado internacional o custo do financiamento.
27. O regulamento aduaneiro (Decreto 6.759/2009) também dispõe sobre a base de cálculo do imposto de exportação, em seu art. 214. Vide: Art. 214. A base de cálculo do imposto é o preço normal que a mercadoria, ou sua similar, alcançaria, ao tempo da exportação, em uma venda em condições de livre concorrência no mercado internacional, observadas as normas expedidas pela Câmara de Comércio Exterior.
28. STJ, RE AgR ED 234954/AL, rel. Min. Maurício Correta, j. em 03/06/2003.

exportação por meio do lançamento tributário por homologação, já que o exportador, ao registrar a declaração de exportação no SISCOMEX com todas as informações correlatas à operação, deve, posteriormente, recolher o valor à Fazenda Nacional, sendo o desembaraço aduaneiro na exportação o ato de homologação expressa. Mas, logicamente, há as possibilidades de lançamento de ofício, quando constatada ausência de pagamento ou pagamento a menor, por parte do contribuinte.

– Achei muito fácil o estudo sobre o imposto de exportação depois de estudar o imposto de importação.

É porque são muito parecidos! Outro imposto que estudaremos na sequência tem mais detalhes. Vamos ao IPI[29]!

2.1.1.3. Imposto sobre produtos industrializados (IPI)

– Já sei, professora, esse também tem uma função extrafiscal?

Então, a regra é que seja extrafiscal, até porque também constitui uma exceção ao princípio da legalidade tributária, podendo um ato do Poder Executivo Federal vir a alterar suas alíquotas...

– E aquela exceção ao princípio da anterioridade?

Ao IPI só cabe essa exceção ao princípio da anterioridade anual, ou seja, ele obedecerá ao princípio da anterioridade nonagesimal ou da noventena!

– Isso quer dizer que se um decreto do Poder Executivo for editado com a intenção de majorar a alíquota do IPI incidente no automóvel, somente daqui a 90 dias essa alíquota poderá ser cobrada?

---

29. O Supremo Tribunal Federal, no julgamento da ADO 30, decidiu por declarar a inconstitucionalidade por omissão da Lei 8989/95, a qual exclui deficientes auditivos da isenção de IPI na compra de automóveis.

Isso mesmo! Pois só respeita a noventena.

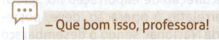
– Que bom isso, professora!

É mesmo! Uma outra característica importante sobre o IPI é que ele é necessariamente seletivo, diferentemente do ICMS!

– Por que, diferentemente do ICMS?

Esse princípio da seletividade é extensível às alíquotas dos tributos, sendo que as alíquotas deverão ser fixadas pelo ente competente levando em consideração a essencialidade do produto. Imagine que temos dois produtos industrializados: um essencial para o dia a dia e outro, não. A alíquota do IPI incidente sobre o produto essencial será menor comparada com a alíquota do que não é! A CF/1988, em seu art. 153, § 3º, I, prevê essa obrigatoriedade ao IPI. Quanto ao ICMS, guarde bem, essa obrigatoriedade não existe, sendo uma mera faculdade ao ente estatal. Essa é uma grande diferença que estudaremos quanto ao ICMS em ponto específico.

– Maravilha, professora. Não vou me esquecer, não. Até porque já vi essa pegadinha em questões de concurso. Só que me recordo bem que tanto o IPI quanto o ICMS são não cumulativos!

São mesmo! A ambos os impostos deve haver uma compensação do que for devido em cada operação com o cobrado anteriormente. Por isso, são não cumulativos.[30] A mesma sistemática é atribuída ao ISS.

– Em que consiste isso?

Na verdade, a não cumulatividade funciona da seguinte forma: em regra, temos que a cada aquisição de insumo passível da incidência do

---

30. Art. 153, § 3º, II, CF/1988 e art. 49, CTN. Nos termos do art. 49 do CTN, "o imposto é não cumulativo, dispondo a lei de forma que o montante devido resulte da diferença a maior, em determinado período, entre o imposto referente aos produtos saídos do estabelecimento e o pago relativamente aos produtos nele entrados".

CAPÍTULO 1 → O que é tributo?

IPI, o adquirente irá registrar um crédito a título do valor do tributo, sendo, também, um "IPI a recuperar". Já aquele que vender o produto tributado, irá registrar como débito o valor que incidir ("IPI a recolher").[31]

> 💬 – Certo. Então, serão compensados estes "IPI a recuperar" e "IPI a recolher"?

Sim! E, se houver mais a recolher do que a recuperar, a diferença será, após a compensação, devida aos cofres públicos.

> 💬 – E se a alíquota do IPI for igual a 0% quanto ao bem adquirido?

Nesse caso, sendo uma alíquota de 0% ou uma matéria-prima não tributada, em regra, não haveria direito à geração de crédito, o mesmo se estendendo às situações de isenção,[32] somente sendo possível ocorrer o direito a crédito aos insumos dispostos expressamente em lei.[33]

> 💬 – Interessante, mas um pouco complexo isso!

É... eu tinha lhe falado que esse imposto é um pouco cheio dos detalhes.

Um julgado recente, do ano de 2019, que tem de tudo para cair nas provas, é quanto à possibilidade da obtenção de crédito de IPI em

---

31. Sacha Calmon Navarro Coêlho (COÊLHO, Sacha Calmon Navarro. *Curso de Direito Tributário*. 15. ed. Rio de Janeiro: Forense, p. 447) ensina que "seu nome originário era Imposto de Consumo, porque os sujeitos passivos de direito (*de jure*) eram os industriais, importadores, arrematantes e, em certas hipóteses, os comerciantes atacadistas de produtos industrializados, mas os contribuintes de fato eram os consumidores, já que o imposto aderia ao preço do produto, por fora, acrescendo o valor da transação. Adota o princípio da não cumulatividade, ou seja, em cada operação o imposto incide sobre o valor adicionado pelo agente econômico que implementa a mesma. Mas o sistema não funciona por produto e nem por operação. Mensalmente, como o ICMS, o contribuinte soma o valor do imposto incluído no preço dos insumos e produtos que adquiriu carregados do imposto (conta de crédito) e, igualmente, soma o valor do imposto adicionado ao preço dos produtos que vendeu (conta de débito). Se o saldo apontar débito remanescente, haverá IPI a recolher. Se o saldo apontar crédito, este é transferido para o mês seguinte, quando será aproveitado".
32. STF, RE 372005 AgR rel. Min. Eros Grau, j. em 29/04/2008.
33. Lei 9.779/1999.

compras de insumos oriundos da Zona Franca de Manaus! De acordo com o STF,

> "(...) há direito ao creditamento de IPI na entrada de insumos, matéria prima e material de embalagem adquiridos junto à Zona Franca de Manaus sob o regime de isenção, considerada a previsão de incentivos regionais constante do artigo 43, parágrafo 2º, inciso III, da Constituição Federal, combinada com o comando do artigo 40 do Ato das Disposições Constitucionais Transitórias (ADCT)". STF, RE 592891, rel. Min. Rosa Weber, j. em 25/04/2019

Um outro ponto é quanto à nova súmula vinculante 58, do STF...

– Nova?!

Pois é! No dia 07 de maio de 2020 uma nova súmula vinculante do Supremo Tribunal Federal foi publicada, a SV 58. Esta súmula vinculante trata sobre o Imposto sobre Produtos Industrializados (IPI). Vide a sua redação: "Inexiste direito a crédito presumido de IPI relativamente à entrada de insumos isentos, sujeitos à alíquota zero ou não tributáveis, o que não contraria o princípio da não cumulatividade."

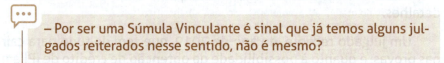

– Por ser uma Súmula Vinculante é sinal que já temos alguns julgados reiterados nesse sentido, não é mesmo?

É sim! Posso citar o RE 353.657 neste sentido. Interessante é o trecho deste julgado que destaco:

> "Os insumos adquiridos com alíquota zero não fazem jus ao crédito porque essa alíquota traduz incidência do tributo que, entretanto, por ter o legislador eleito zero como alíquota resulta em inexistência de conteúdo econômico/valorativo a beneficiar a pretensão deduzida pela Autora. Idêntico raciocínio é aplicável quanto à aquisição de insumos não tributados. A impossibilidade do creditamento de insumos isentos, imunes, não-creditados e com alíquota zero não causa o esvaziamento do benefício fiscal concedido na fase anterior da cadeia produtiva. Cabe à empresa transferir o valor que pagou a menor ao preço

CAPÍTULO 1 → O que é tributo?

de seu produto final. A não-transferência implica em um aumento de sua margem de lucro, fator este que varia conforme as condições de concorrência e oferta dos produtos. A concessão do creditamento nos moldes pretendidos pela ré – autora da ação rescindenda – pode causar, em determinadas funções da essencialidade do produto (CF, art. 153, §3º, I), bem como ao Princípio Fundamental da Isonomia Tributária. Desta forma, resta clara a ocorrência de violação a dispositivo de lei – art. 153, § 3º, inciso II, da Carta Magna de 1988 -, porquanto não pode a ré gozar dos créditos referentes às aquisições de insumos isentos, com alíquota zero, não tributados ou imunes do IPI, devendo ser julgada procedente a presente ação rescisória".

> 💬 – Professora, mas e no caso dos insumos que entram pela Zona Franca de Manaus?

Como você bem sabe, em 25 de abril de 2019, o Supremo Tribunal Federal (STF) negou provimento a dois recursos extraordinários, o RE 592891, com repercussão geral reconhecida, e o RE 596614, admitindo a utilização de créditos de Imposto sobre Produtos Industrializados (IPI) na entrada de matérias primas e insumos isentos oriundos da Zona Franca de Manaus.

Inclusive, os Ministros do Supremo Tribunal Federal (STF), aprovaram a seguinte tese para fins de repercussão geral: "Há direito ao creditamento de IPI na entrada de insumos, matéria prima e material de embalagem adquiridos junto à Zona Franca de Manaus sob o regime de isenção, considerada a previsão de incentivos regionais constante do artigo 43, parágrafo 2º, inciso III, da Constituição Federal, combinada com o comando do artigo 40 do Ato das Disposições Constitucionais Transitórias (ADCT)".

> 💬 – Então, professora, com esta nova Súmula Vinculante este entendimento do Supremo Tribunal Federal do ano passado, referente à Zona Franca de Manaus está superado?

A meu ver, não! Veja bem, a redação da Súmula Vinculante 58 não é específica quanto à Zona Franca de Manaus. Primeiramente, vale a pena conhecer o que eu, Tatiana Scaranello[34], trago na sinopse sobre este regime aduaneiro aplicado às áreas especiais,

> "Consiste em um regime aduaneiro, cujo objetivo é de incentivar o desenvolvimento regional de determinada área do Brasil, criada pelo Decreto-Lei nº 288/67, o qual estabeleceu incentivos fiscais para implantar na Amazônia um polo industrial, comercial e agropecuário. Está prevista no art. 504, do regulamento aduaneiro. É de suma importância conhecer o conceito e a natureza jurídica da Zona Franca de Manaus (ZFM), conforme o art. 504, do regulamento aduaneiro. Vide: 'Art. 504, do RA. A Zona Franca de Manaus é uma área de livre comércio de importação e de exportação e de incentivos fiscais especiais, estabelecida com a finalidade de criar no interior da Amazônia um centro industrial, comercial e agropecuário, dotado de condições econômicas que permitam seu desenvolvimento, em face dos fatores locais e da grande distância a que se encontram os centros consumidores de seus produtos".

Portanto, percebe-se que há legislação que prevê expressamente a concessão de incentivos fiscais especiais, cuja finalidade é de fomentar o desenvolvimento socioeconômico no interior da Amazônia, além do art. 40, do ADCT. Trata-se de isenção referente às importações de bens para a Zona Franca de Manaus, não sendo cobrados o Imposto de Importação (II) e o Imposto sobre Produtos Industrializados (IPI). Ainda, destaco[35]:

> "(...) a entrada de mercadorias estrangeiras na Zona Franca de Manaus, destinadas a seu consumo interno, industrialização em qualquer grau, inclusive beneficiamento, agropecuária, pesca, instalação e operação de indústrias e serviços de qualquer natureza, bem como a estocagem para reexportação, será isenta destes impostos. Vale destacar que as mercadorias ingressadas na Zona Franca de Manaus poderão ser posteriormente destinadas à exportação para o exterior, ainda que usadas, com a manutenção da isenção dos tributos incidentes na importação. A entrada das mercadorias a que se refere o caput

---

34. SCARANELLO, Tatiana. Sinopse de Direito Aduaneiro. Salvador: Juspodivm, 2021, p. 189.
35. Ibidem, p. 189 – 190.

do art. 505, do regulamento aduaneiro, será permitida somente em porto, aeroporto ou recinto alfandegados, na cidade de Manaus, indicadas e ao cumprimento das demais condições e requisitos estabelecidos pelo Decreto-Lei nº 288, de 1967, e pela legislação complementar. Lembrando que os bens que ingressam na ZFM ao amparo de isenção tributária sofrerão despacho para admissão, ao passo que os bens que ingressam na ZFM sem o amparo de isenção tributária sofrerão despacho para consumo".

-E qual seria o fundamento para fins de creditamento?

O Supremo Tribunal Federal (STF), no julgado que mencionei, entendeu que a questão envolvendo a isenção do IPI e a Zona Franca de Manaus consiste em uma exceção à impossibilidade do creditamento, uma vez que há previsão no art. 40, do ADCT, que promoveu o princípio da igualdade por meio da redução das desigualdades regionais, fora a previsão em legislação infraconstitucional, como é o caso do já citado Regulamento Aduaneiro.

Ainda há muito o que tratar sobre a Zona Franca de Manaus, mas em relação à Súmula Vinculante 58 e a isenção do IPI o que foi abordado já basta.

– Gostei de conhecer um pouco mais sobre a Zona Franca de Manaus, professora! Até fiquei interessado em Direito Aduaneiro.

Então, não perca a minha sinopse de Direito Aduaneiro, porque ela está imperdível e será lançada agora em 2021!!

– Pode deixar, professora!

Ótimo! Voltando ao IPI...você viu que é um imposto cheio dos detalhes, né?!

– Sim, professora. Por isso, já quero ir direto ao fato gerador dele!!! Rsrs

65

Lá vamos nós, então! Sobre o fato gerador do IPI, além do previsto no Código Tributário Nacional,[36] também temos o regulamento do IPI (RIPI – Decreto 7.212/2010). No RIPI, em seu art. 4º,[37] há discriminação sobre a incidência do IPI quanto ao que consiste de fato a industrialização, informação importante para fins de compreensão do IPI.

> – Professora, tenho uma dúvida: no art. 46 do CTN há uma situação que me aparenta dupla tributação. No inciso I há menção de que o fato gerador é "o desembaraço aduaneiro de produto de procedência estrangeira"; já no inciso II, há "a saída de produto do estabelecimento industrial, ou equiparado a industrial". Assim, pode o Fisco exigir o recolhimento do IPI tanto no desembaraço aduaneiro como também da saída do mesmo produto do estabelecimento industrial ou equiparado!

Você é rápido, hein? De fato, aparenta mesmo ser uma dupla tributação, mas a jurisprudência do STJ[38] é no sentido de que ocorrem

---

36. Art. 46. O imposto, de competência da União, sobre produtos industrializados tem como fato gerador:
I – o seu desembaraço aduaneiro, quando de procedência estrangeira;
II – a sua saída dos estabelecimentos a que se refere o parágrafo único do artigo 51;
III – a sua arrematação, quando apreendido ou abandonado e levado a leilão.
Parágrafo único. Para os efeitos deste imposto, considera-se industrializado o produto que tenha sido submetido a qualquer operação que lhe modifique a natureza ou a finalidade, ou o aperfeiçoe para o consumo.

37. Art. 4º Caracteriza industrialização qualquer operação que modifique a natureza, o funcionamento, o acabamento, a apresentação ou a finalidade do produto, ou o aperfeiçoe para consumo, tal como:
I – a que, exercida sobre matérias-primas ou produtos intermediários, importe na obtenção de espécie nova (transformação);
II – a que importe em modificar, aperfeiçoar ou, de qualquer forma, alterar o funcionamento, a utilização, o acabamento ou a aparência do produto (beneficiamento);
III – a que consista na reunião de produtos, peças ou partes e de que resulte um novo produto ou unidade autônoma, ainda que sob a mesma classificação fiscal (montagem);
IV – a que importe em alterar a apresentação do produto, pela colocação da embalagem, ainda que em substituição da original, salvo quando a embalagem colocada se destine apenas ao transporte da mercadoria (acondicionamento ou reacondicionamento); ou
V – a que, exercida sobre produto usado ou parte remanescente de produto deteriorado ou inutilizado, renove ou restaure o produto para utilização (renovação ou recondicionamento).
Parágrafo único. São irrelevantes, para caracterizar a operação como industrialização, o processo utilizado para obtenção do produto e a localização e condições das instalações ou equipamentos empregados.
Exclusões

38. O STJ entendeu por ocasião do julgamento do EREsp 1403532/SC neste sentido, sendo que compreende-se por preço de compra o qual inclui a margem de lucro da empresa

fatos geradores distintos, sendo que o primeiro incide sobre o preço de compra e o segundo, no preço de venda. Por isso, é constitucional a incidência do IPI nessas duas situações.

No mesmo sentido seguiu o STF, por ocasião do julgamento do RE 94664, que teve repercussão geral reconhecida (Tema 906), em agosto de 2020. Ademais, tivemos tese de repercussão geral fixada: "É constitucional a incidência do Imposto sobre Produtos Industrializados (IPI) no desembaraço aduaneiro de bem industrializado e na saída do estabelecimento importador para comercialização no mercado interno".

– Bem explicado, professora! Uma outra dúvida que tenho é se serei contribuinte do IPI por ocasião do desembaraço aduaneiro na importação de um bem industrializado, já que eu não industrializo nada?

Pois é, mesmo você não industrializando, mesmo não desempenhando uma atividade empresarial, você será contribuinte, sim, do IPI! O Supremo Tribunal Federal, no julgamento do RE 723651, compreendeu que uma pessoa natural que importe um veículo automotor será considerada como um contribuinte do IPI. O mesmo é aplicável ao ICMS,[39] mas isso é assunto para um outro ponto!

Até porque, no art. 51, I, do CTN,[40] temos que será contribuinte, entre outros, "o importador ou quem a lei a ele equiparar".

– No ponto sobre ICMS, vou me recordar dessa informação! E nesses casos apresentados sobre o fato gerador do IPI, como faço para verificar a base de cálculo correspondente? Porque cada operação é diferente...

---

estrangeira, ao passo que por preço de venda há a margem do lucro da empresa brasileira.
39. Art. 155, IX, *a*, da CF/1988.
40. O art. 51, do CTN, traz o rol de contribuintes do IPI: "Art. 51. Contribuinte do imposto é:
I – o importador ou quem a lei a ele equiparar;
II – o industrial ou quem a lei a ele equiparar;
III – o comerciante de produtos sujeitos ao imposto, que os forneça aos contribuintes definidos no inciso anterior;
IV – o arrematante de produtos apreendidos ou abandonados, levados a leilão.
Parágrafo único. Para os efeitos deste imposto, considera-se contribuinte autônomo qualquer estabelecimento de importador, industrial, comerciante ou arrematante".

Para lhe responder essa questão, é preciso conhecer o art. 47 do CTN. Em seu inciso I, se estivermos diante de um produto oriundo do exterior, será o preço normal que ele ou seu similar "alcançaria, ao tempo da importação, em uma venda em condições de livre concorrência, para entrega no porto ou lugar de entrada do produto no País" e, neste caso, seria acrescido o imposto de importação, as taxas que são exigíveis quando o produto ingressa no território aduaneiro pátrio e os encargos cambiais. Já quanto ao inciso II, será o valor da operação de que decorrer a saída do produto, ou, não sendo possível verificar, o preço do produto ou de seu similar no "mercado da praça do remetente".

– Por isso são dois fatos geradores diferentes e a jurisprudência não compreende ser dupla tributação, então!

Exato!

Sobre esse inciso II, do art. 47, do CTN, temos uma novidade. No julgamento do RE 602.917 (Tema 324), o Supremo Tribunal Federal, em 29 de junho de 2020, fixou a seguinte tese: "É constitucional o artigo 3º da Lei 7.798/1989, que estabelece valores pré-fixados para o IPI".

– Professora, mas não é necessário que haja uma lei complementar que disponha sobre base de cálculo?

Ótima pergunta! A resposta é SIM, em decorrência do art. 146, III, ´a´, da Constituição Federal de 1988, o qual exige a edição de uma lei complementar para tanto. Neste caso, a lei complementar é o próprio Código Tributário Nacional, o qual dispõe no já mencionado art. 47, II, ´a´, que a base de cálculo do IPI é "o valor da operação de que decorrer a saída da mercadoria".

A Lei 7.798/1989, apenas, regulamentou o que já estava disposto no Código Tributário Nacional, segundo o STF, ao detalhar o que seria "valor da operação" para fins de definição da base de cálculo do IPI, não ocorrendo nenhuma modificação da base de cálculo do referido imposto federal, "apenas se instituiu uma técnica de tributação que leva em consideração o próprio valor da operação comumente verificada no mercado, em respeito, portanto, ao que determina o CTN", afirmou o Ministro Alexandre de Moraes.

Mas há uma outra base de cálculo que está lá no inciso III do art. 47 do CTN: "no caso de arrematação de produto apreendido ou abandonado e levado a leilão, o preço da arrematação".

Por fim, sobre esse assunto, referente ao fato gerador, temos mais uma análise importante da jurisprudência...

– Estou vendo que esse livro está muito atualizado. Muito bom isso!

Estou caprichando, afinal, você merece!

Mas, voltando...

O Superior Tribunal de Justiça, no julgamento do REsp 1402138, compreendeu que o mero deslocamento de um produto de uma localidade para outra, ou entre estabelecimentos de uma empresa, não gera a cobrança de IPI. É basicamente o mesmo fundamento que iremos ver que se aplica ao caso do ICMS, no entanto, quanto ao IPI, preciso fazer algumas ponderações.

– Quais?

Para o ministro Gurgel de Faria, relator do recurso analisado,

> "(...) o mero deslocamento de bens, sem transferência de titularidade e riqueza, apresenta-se indiferente à hipótese de incidência do tributo em tela. A Constituição Federal, ao definir sua materialidade, exige que os fatos imponíveis revelem a exigência de capacidade contributiva em relação às pessoas envolvidas na ocorrência do fato gerador. Se não há riqueza, não há grandeza tributável".

– O que significa isso, professora?

Que há duas condições obrigatórias para a incidência do IPI:

69

1. A industrialização;
2. A transferência de propriedade ou posse do produto industrializado que deve ser onerosa.

No caso em questão, a Fazenda Nacional almejava a cobrança do IPI de uma empresa fabricante de explosivos que presta serviços de detonação de rochas, por conta da saída do material da fábrica para os locais onde prestava o serviço. Perceba que, nesse caso, trata-se de um mero deslocamento do produto de uma localidade para a outra. Portanto, não incide o IPI.

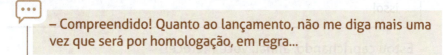

– Compreendido! Quanto ao lançamento, não me diga mais uma vez que será por homologação, em regra...

Essa está fácil, né? Sim, também por homologação, em regra, mas como já disse, sempre poderá ser por ofício.

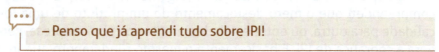

– Penso que já aprendi tudo sobre IPI!

Que ótimo! Então vou deixar que você escolha o próximo imposto...

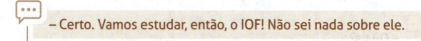

– Certo. Vamos estudar, então, o IOF! Não sei nada sobre ele.

2.1.1.4. Imposto sobre Operações de Crédito, Câmbio, Seguros e sobre Operações relativas a Títulos e Valores Mobiliários (IOF)

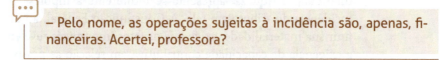

– Pelo nome, as operações sujeitas à incidência são, apenas, financeiras. Acertei, professora?

Isso mesmo! E adivinha? Também tem natureza predominantemente extrafiscal!

– Ah, já sei! Essa extrafiscalidade do imposto é para fins de regular o mercado financeiro. Acertei novamente?

Acertou!

Em decorrência da pandemia ocasionada pela COVID-19, o Presidente da República editou o Decreto 10.504/2020, o qual reduziu a 0% a alíquota do IOF incidente nas operações de crédito contratadas no período entre 3 de abril de 2020 e 31 de dezembro de 2020, com a finalidade de amenizar os impactos negativos provocados na economia brasileira.

Por conta dessa extrafiscalidade, podemos deduzir que o IOF também consiste em uma exceção aos princípios da legalidade, uma vez que poderá a União alterar as alíquotas sem a necessidade da edição de uma lei específica para tanto, como também, aos princípios da anterioridade anual e nonagesimal.

– Assim como os outros! E essas operações financeiras, como de fato constituem fato gerador?

Então, é importante conhecer a redação do art. 63 do CTN que dispõe sobre fato gerador[41] desse imposto federal:

> Art. 63. O imposto, de competência da União, sobre operações de crédito, câmbio e seguro, e sobre operações relativas a títulos e valores mobiliários tem como fato gerador:
>
> I – quanto às operações de crédito, a sua efetivação pela entrega total ou parcial do montante ou do valor que constitua o objeto da obrigação, ou sua colocação à disposição do interessado;
>
> II – quanto às operações de câmbio, a sua efetivação pela entrega de moeda nacional ou estrangeira, ou de documento que a represente, ou sua colocação à disposição do interessado em montante equivalente à moeda estrangeira ou nacional entregue ou posta à disposição por este;

---

41. Vale mencionar que a Súmula 664, do STF, expõe ser inconstitucional lei que atribua a incidência do IOF sobre saques efetuados em caderneta de poupança, uma vez que a Corte compreendeu que tal situação não é equiparável à operação de crédito enquadrada no art. 63, do CTN.

III - quanto às operações de seguro, a sua efetivação pela emissão da apólice ou do documento equivalente, ou recebimento do prêmio, na forma da lei aplicável;

IV - quanto às operações relativas a títulos e valores mobiliários, a emissão, transmissão, pagamento ou resgate destes, na forma da lei aplicável.

Parágrafo único. A incidência definida no inciso I exclui a definida no inciso IV, e reciprocamente, quanto à emissão, ao pagamento ou resgate do título representativo de uma mesma operação de crédito.

E somente para fins de complementação serão considerados como contribuinte do IOF, conforme o art. 66, do CTN, quaisquer das partes determinada em lei.

– Não me diga, professora, que esse imposto também é sujeito a lançamento por homologação, em regra, mas também passível de lançamento de ofício?!

Bingo! É incumbência do sujeito passivo antecipar o pagamento referente ao IOF, cabendo à autoridade competente, posteriormente, homologar, expressa ou tacitamente.

– Hum...vai ser fácil, fácil acertar na prova! Só falta a base de cálculo...

A base de cálculo do IOF dependerá da operação realizada. O art. 64 do CTN entende que:

I - quanto às operações de crédito, o montante da obrigação, compreendendo o principal e os juros;

II - quanto às operações de câmbio, o respectivo montante em moeda nacional, recebido, entregue ou posto à disposição;

III - quanto às operações de seguro, o montante do prêmio;

IV - quanto às operações relativas a títulos e valores mobiliários:

a) na emissão, o valor nominal mais o ágio, se houver;

b) na transmissão, o preço ou o valor nominal, ou o valor da cotação em Bolsa, como determinar a lei;

c) no pagamento ou resgate, o preço.

– Mas e o ouro? Lembro que você sempre dá um exemplo sobre a aliança de ouro em aula, diferenciando quanto à incidência do ICMS e do IOF.

Então, quando o ouro é considerado como mercadoria, não incidirá o IOF, pois para que o IOF incida sobre o ouro é indispensável que seja considerado como um meio de pagamento, ou seja, um ativo financeiro ou instrumento cambial (art. 153, § 5°, da CF/1988).

– Por isso que não incide IOF sobre o ouro da aliança?

Sim, porque é uma mercadoria, então, incidirá o ICMS e os demais tributos como IPI, II e IE.

– Agora, sim, compreendi! Mas, voltando ao IOF incidente sobre o ouro, neste caso, quanto que vai incidir?

A alíquota será de 1% e toda a receita arrecadada será destinada aos Estados, Distrito Federal e Municípios da operação de origem, sendo 30% aos Estados, Distrito Federal e 70% aos Municípios.

– Operação de origem?

É... a primeira operação! Quando o ouro considerado como ativo financeiro ou instrumento cambial é importado, o IOF incidirá por ocasião do desembaraço aduaneiro. Em uma operação interna, quando uma instituição autorizada o adquire, haverá a incidência. Mas ressalto que somente uma vez!

– Isso quer dizer que nas operações subsequentes, professora, não haverá tributação?

Sim! É o entendimento do STF, por ocasião do julgamento do recurso extraordinário (RE) 190363. Viu como é pouca coisa que você precisa saber sobre o IOF?

– Ainda bem! Rsrs

Chega de tanta moleza, então! Vamos ao imposto de renda (IR)!

2.1.1.5. Imposto de renda (IR)

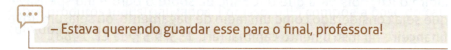
– Estava querendo guardar esse para o final, professora!

Estamos quase no final, fique calmo!

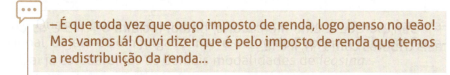
– É que toda vez que ouço imposto de renda, logo penso no leão! Mas vamos lá! Ouvi dizer que é pelo imposto de renda que temos a redistribuição da renda...

Sim! É uma das principais características desse imposto[42], pois incidirá de forma "mais agressiva" sobre os maiores rendimentos.

---

42. Importante conhecer o entendimento do Supremo Tribunal Federal, proferido no julgamento da ADI 6025:
EMENTA: CONSTITUCIONAL E TRIBUTÁRIO. ISENÇÃO DE IMPOSTO DE RENDA SOBRE PROVENTOS DE APOSENTADORIA OU REFORMA. REQUISITOS LEGAIS CUMULATIVOS E RAZOÁVEIS. IMPOSSIBILIDADE DE AMPLIAÇÃO DA ISENÇÃO POR DECISÃO JUDICIAL. RESPEITO AOS PRINCÍPIOS DA SEPARAÇÃO DE PODERES E LEGALIDADE ESTRITA (ARTS. 2º E 150, § 6º, DA CONSTITUIÇÃO). CONSTITUCIONALIDADE DO ART. 6º DA LEI 7.713/1988. IMPROCEDÊNCIA. 1. A concessão de isenção tributária configura ato discricionário do ente federativo competente para a instituição do tributo e deve estrito respeito ao princípio da reserva legal (art. 150, § 6º, da Constituição Federal). 2. A legislação optou por critérios cumulativos absolutamente razoáveis à concessão do benefício tributário, quais sejam, inatividade e enfermidade grave, ainda que contraída após a aposentadoria ou reforma. Respeito à dignidade da pessoa humana (art. 1º, III, da Constituição Federal), aos valores sociais do trabalho (art. 1º, IV, da CF) e ao princípio da igualdade (art. 5º, caput, da CF). 3. Impossibilidade de atuação do Poder Judiciário como legislador positivo, ampliando a incidência da concessão de benefício tributário, de modo a incluir contribuintes não expressamente abrangidos pela legislação pertinente. Respeito à Separação de Poderes. Precedentes. 4. Os poderes de Estado devem atuar de maneira harmônica, privilegiando a cooperação e a lealdade institucional e afastando as práticas de guerrilhas

– Por isso que suas alíquotas são progressivas,[43] professora?

Essa progressividade que você acaba de mencionar é um princípio aplicável ao imposto de renda, como você bem pontuou. Logo, se você ganha mais do que eu, você estará sujeito a uma alíquota maior do imposto de renda!

– Justo, professora!

Mas isso decorre, também, de outros princípios: o da isonomia e o da capacidade contributiva!

– Já sei! É aquela premissa que todo professor de Direito Tributário menciona de "tratar de maneira semelhante as pessoas que se encontrem em situação semelhante e tratar de forma desigual aqueles que estão em posições desiguais".

Isso mesmo! Você acabou de mencionar os critérios que o IR deve observar, conforme o art. 153, § 1º, I, da CF/1988: generalidade, universalidade e progressividade. O da progressividade você mesmo já me explicou; quanto ao critério da generalidade, temos que todas as pessoas estão sujeitas ao imposto de renda. Lógico que há pessoas que estão contempladas na faixa de isenção e não pagarão o referido imposto. Já pelo critério da universalidade, temos que todas as rendas e os proventos estão sujeitos à incidência do imposto de renda. Também, neste último caso, há exceções, como as verbas indenizatórias que recompõem o patrimônio jurídico, não gerando acréscimo.

---

institucionais, que acabam minando a coesão governamental e a confiança popular na condução dos negócios públicos pelos agentes políticos. 5.Ação Direta de Inconstitucionalidade julgada improcedente. (ADI 6025, Relator(a): ALEXANDRE DE MORAES, Tribunal Pleno, julgado em 20/04/2020, PROCESSO ELETRÔNICO DJe-161 DIVULG 25-06-2020 PUBLIC 26-06-2020) (STF. Plenário. ADI 6025, Rel. Alexandre de Moraes, julgado em 20/04/2020)

43. Por ocasião da Lei n. 11.945, de 2009, mais precisamente seu art. 23, as alíquotas do IRPF passaram a ser de 7,5%, 15%, 22,5% e 27,5%.

– Já vi isso sendo cobrado em questão de concurso. Bom saber! Mas o que seria esse acréscimo?

Para você compreender, é importante estudarmos o fato gerador do imposto de renda[44], previsto no art. 43 do CTN.[45] No *caput* desse artigo, temos a expressão "aquisição de disponibilidade econômica ou jurídica". Há uma grande diferença entre ambas: a disponibilidade econômica é a possibilidade de usar, gozar e dispor do dinheiro, como, por exemplo, comprar uma bolsa ou sapatos! Já a disponibilidade jurídica consiste na obtenção de um crédito, como o recebimento de um título de crédito. Portanto, quando verificada a disponibilidade, teremos o acréscimo ao patrimônio do contribuinte.

– Ah, sim! Então, a obtenção de renda é um acréscimo patrimonial?

Não apenas a obtenção da renda, mas também proventos de qualquer natureza (art. 153, III, da CF/1988). Para você compreender o que são esses proventos, é indispensável conhecer o conceito de renda.

---

44. A 1ª Turma do Superior Tribunal de Justiça reformou acórdão do TRF 3ª região que havia definido que a disponibilidade econômica ou jurídica a que se refere o art. 43, do CTN, para definir o momento do fato gerador do IRPF, ocorre quando da escrituração da dívida na contabilidade da empresa devedora, sob a rubrica "contas a pagar". Assim sendo, o STJ entendeu que o momento do fato gerador do imposto de renda retido na fonte a ser recolhido pela empresa brasileira em razão de pagamento feito a pessoa jurídica domiciliada no exterior se dá no vencimento ou no pagamento da dívida, o que ocorrer primeiro, nos termos do julgamento do REsp 1864227.
Por fim, importante mencionar que para o Superior Tribunal de Justiça, no julgamento do REsp 1805925/SP, a natureza jurídica da compensação de prejuízos fiscais do IRPJ e da base de cálculo negativa da CSLL é de benefício fiscal. Desta feita, é constitucional a lei que impôs o limite de 30% para que a compensação pudesse ser efetivada.
45. Art. 43. O imposto, de competência da União, sobre a renda e proventos de qualquer natureza tem como fato gerador a aquisição da disponibilidade econômica ou jurídica:
I – de renda, assim entendido o produto do capital, do trabalho ou da combinação de ambos;
II – de proventos de qualquer natureza, assim entendidos os acréscimos patrimoniais não compreendidos no inciso anterior.
§ 1º A incidência do imposto independe da denominação da receita ou do rendimento, da localização, condição jurídica ou nacionalidade da fonte, da origem e da forma de percepção.

CAPÍTULO 1 → O que é tributo?

– Isso eu já sei! A minha remuneração é uma renda!

Sim, mas não apenas. Quando você estiver ganhando bem, o correto é poupar para seu futuro. Se você inserir seu valor poupado em uma aplicação financeira, os rendimentos estarão sujeitos à incidência do IR, afinal, são considerados como renda! O lucro também. Já os proventos de qualquer natureza consistem em acréscimos patrimoniais não compreendidos no conceito de renda, portanto, são definidos por exclusão.[46]

Vale salientar que há os rendimentos tributáveis exclusivamente na fonte, ou seja, aqueles que o IR incidirá na própria fonte pagadora, a qual o reterá e o recolherá aos cofres públicos da União.

– Então, não há como escapar do leão mesmo...

É a vida! Mas veja: a conduta é "auferir renda e proventos de qualquer natureza"; se você não se enquadra nessa conduta, não será sujeito passivo do IR, assim como se auferir razoavelmente pouco que

---

§ 2º Na hipótese de receita ou de rendimento oriundos do exterior, a lei estabelecerá as condições e o momento em que se dará sua disponibilidade, para fins de incidência do imposto referido neste artigo.

46. Regina Helena Costa (COSTA, Regina Helena. *Curso de Direito Tributário: Constituição e Código Tributário Nacional*. 7. ed. São Paulo: Saraiva, 2017, p. 365-68) ensina que "(...) cabe lembrar que o conceito de renda encontra-se delimitado constitucionalmente. Traduz acréscimo patrimonial, riqueza nova, que vem se incorporar a patrimônio preexistente, num determinado período de tempo. Constitui sempre um plus, não apenas algo que venha substituir uma perda no patrimônio do contribuinte. Proventos, por seu turno, é a denominação dada aos rendimentos recebidos em função da inatividade. (...) Por primeiro, renda é o aumento de riqueza obtido num dado período de tempo, deduzidos os gastos necessários à sua aquisição e manutenção. A renda constitui acréscimo patrimonial, que não se confunde com o patrimônio de onde deriva – o capital, o trabalho ou a combinação de ambos. Distingue-se, juridicamente, de rendimento, que corresponde a qualquer ganho, isoladamente considerado, remuneração dos fatores patrimoniais (capital e trabalho), independentemente da ideia de período. Esclareça-se que renda é termo genérico que inclui a espécie lucro, remuneração de um fator de produção. Renda tributável é "sempre renda líquida ou lucro, isto é, o resultado de uma série de deduções e abatimentos feitos sobre os rendimentos brutos. Proventos, como visto, constituem os acréscimos patrimoniais referentes a remuneração da inatividade (aposentadoria e pensões). Portanto, a expressão renda e proventos de qualquer natureza corresponde, singelamente, aos ganhos econômicos do contribuinte gerados por seu capital, por seu trabalho ou pela combinação de ambos, num determinado período; é a variação patrimonial positiva apurada em certo lapso de tempo".

77

esteja contemplado na faixa de isenção, isto é, se forem rendimentos não tributáveis.[47]

– Se eu sou contribuinte, todo mês terei que recolher?

Quanto ao imposto de renda sobre a pessoa física (IRPF), temos o sistema de bases correntes que pressupõe essa situação de recolhimento mensal do imposto, consistindo em uma antecipação do imposto mensalmente e, posteriormente, a declaração de ajuste anual, a qual você conhece bem, sempre até o final do mês de abril do próximo exercício financeiro[48]...

– Ô, se conheço! Todo ano é a mesma correria, sempre deixando para a última hora.

Sei bem! Aposto que agora você vai mudar esse seu hábito e se planejar melhor. O importante é saber que nessa declaração de ajuste anual haverá a subtração do imposto recolhido em antecipação do imposto devido e, se houver saldo positivo, você ainda terá o que pagar a título de IRPF, ao passo que se o saldo for negativo, você será restituído pela Receita Federal do Brasil. Já imaginou ter aquele dinheirinho extra por conta da restituição? Mas tem que tomar cuidado para não cair na malha fina!

– Esse é o meu maior medo, professora!

Imagino! Por isso, é importante você saber que temos dois sistemas recolhimento do IRPF: o carnê leão e o recolhimento mensal complementar. Pelo primeiro, sistema de carnê leão, o contribuinte irá recolher o imposto obrigatoriamente quando constatados rendimentos

---

47. "Os rendimentos não tributáveis são os ingressos que não integram o conceito de renda, e podem ser: a) rendimentos isentos, tais como diárias de empregado que reside em um local e vai trabalhar em outro, e ajuda de custo, porquanto tais verbas visam compensar gastos, revestindo de caráter indenizatório, não traduzindo, portanto, acréscimo patrimonial; e b) rendimentos imunes (art. 150, VI, *a* a *c*)" (Ibidem, p. 371).
48. Excepcionalmente, por conta da pandemia ocasionada pela COVID-19, a declaração IR 2020, referente ao ano-base de 2019, teve termo final em 30 de junho.

e ganho de capital[49] que não tenham sido tributados na fonte, como, por exemplo, valores oriundos de alugueres. Já o segundo, o sistema de recolhimento mensal complementar, é aquele realizado com base no sistema de bases correntes que já expliquei, facultativo para quem possui mais de uma fonte pagadora, já que ela poderá realizar o recolhimento por ocasião da declaração do ajuste anual!

– Esse imposto é cheio dos detalhes mesmo... tenho dúvidas sobre a base de cálculo dele. Lá no art. 44 do CTN há menção de que é o montante real da renda que a pessoa auferiu em um determinado lapso temporal.

Exatamente, mas quanto ao IRPF há a possibilidade de serem realizadas deduções legais, como despesas médicas, despesas com instrução escolar, dentre outras, desde que observados os limites impostos pela legislação correlata, quando houver. Por isso, tem que tomar cuidado com a base de cálculo, já que muitas pessoas querem deduzir tudo e de forma equivocada, caindo na malha fina. Toma cuidado, hein?

– Pode deixar, professora! Também ouvi dizer que há o imposto sobre a renda de pessoa jurídica.

Sim, sobre o imposto sobre a renda de pessoa jurídica, o mais importante é o que dispõe o art. 44 do CTN quanto à base de cálculo, podendo ser lucro real, lucro presumido ou lucro arbitrado.

– Ixi! Lá vem mais detalhes. Aposto que o lucro real é o mais fácil.

Não é, não! Embora o lucro real seja a regra de adoção, é o mais complexo, pois consiste no lucro líquido auferido pela pessoa jurídica[50] com alguns ajustes e algumas adições previstos em legislação

---

49. Ganho de capital, basicamente, consiste na diferença de quando um bem ou direito é vendido por um valor acima do que foi adquirido.
50. Em importante julgado, a 1ª Turma do Supremo Tribunal Federal, no julgamento do ARE 1270361, considerou que as controladas e as coligadas no exterior devem recolher IRPJ e CSLL apenas sobre o lucro e não sobre todos os seus resultados positivos.

específica. Nesse regime há a possibilidade de a pessoa jurídica optar pelo pagamento do referido imposto a cada mês, mas também continuar com a periodicidade da apuração trimestral, cujos períodos serão encerrados em 31 de março, 30 de junho, 30 de setembro e 31 de dezembro de cada ano-calendário. Lembrando que determinadas pessoas jurídicas que obtiveram uma receita superior ao limite estabelecido na legislação no ano calendário, obrigatoriamente, deverão obrigatoriamente adotar esse regime, assim como as sociedades anônimas e as instituições financeiras.

> – Bom, se o lucro real é o lucro líquido, aposto que esse lucro presumido é algo fictício!

Digamos que sim! O lucro líquido, como mencionado, é um sistema de apuração que leva em consideração o lucro real da pessoa jurídica, ao passo que o lucro presumido consiste na aplicação de um percentual previsto na legislação específica sobre a receita bruta da pessoa jurídica, ou seja, 8% sobre a receita bruta total da empresa, facilitando a sua contabilidade, pois, nesse caso, não teremos ajustes e adições.

> – Esse sistema parece ser mais simples, mas aposto, professora, que o lucro arbitrado é muito mais fácil, já que me lembro que a autoridade competente arbitrará quando constatado um ilícito.

O lucro arbitrado, de fato, é o mais fácil dentre os demais para compreensão, uma vez que conhecida ou não a receita bruta da pessoa jurídica será apurada, remetendo ao lançamento de ofício pela autoridade competente, nos termos do art. 149 do CTN.

> – Bem complicadinha a base de cálculo do IRPJ! Espero que as alíquotas sejam mais tranquilas para estudar.

Bem lembrado! São sim, são tranquilas, até porque são apenas duas alíquotas: alíquota padrão de 15% e a de 10% como adicional quando ultrapassado determinado limite previsto em lei. Tanto que muitos tributaristas alegam que as alíquotas do IRPJ não podem ser consideradas como progressivas.

– Essa foi mais fácil, professora. Não é um monte de alíquotas como do IRPF, pelo menos. Minha última dúvida sobre o imposto de renda é quanto ao lançamento tributário...ah, e aquele princípio da anterioridade!

Ótimo! Pois bem, primeiramente, o imposto de renda não observa o princípio da noventena. Isso quer dizer que ocorrendo a majoração, por exemplo, das alíquotas do IRPF, deverá ser observado, apenas, o princípio da anterioridade do exercício financeiro. Por fim, quanto ao lançamento, como você já bem sabe, também estará sujeito ao lançamento de ofício, embora seja, em regra, sujeito a lançamento por homologação, até porque, no caso do IRPF, por exemplo, o contribuinte do imposto irá proceder à declaração e antecipar o pagamento!

Para finalizarmos, preciso lhe contar mais uma coisinha sobre o imposto de renda...

– Sobre o que?

Sobre o cancelamento da Súmula 584, do Supremo Tribunal Federal!

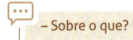
– Professora, já pelo título pude perceber que essa informação é realmente muito importante, principalmente para fins de prova de concurso público!

É MUITO IMPORTANTE! Mas antes de lhe explicar os motivos do cancelamento da Súmula 584, do Supremo Tribunal Federal, vamos relembrá-la, ok?

– Eu me lembro que a Súmula 584, do STF era sobre imposto de renda...

Exatamente! Na primeira edição do livro nós a estudamos no ponto sobre princípio da irretroatividade, mas, por questões mais didáticas, resolvi abordá-la aqui, neste ponto. Portanto, quando estudarmos o referido princípio, irei fazer, apenas, uma singela lembrança sobre esse assunto.

Primeiramente, vamos à sua redação: "Ao imposto de renda calculado sobre os rendimentos do ano- base, aplica-se a lei vigente no exercício financeiro em que deve ser apresentada a declaração."

Na primeira edição de "Diálogos sobre o Direito Tributário" eu havia explicado que, embora a Súmula 584, do STF, fosse objeto de várias críticas por parte da doutrina de Direito Tributário, bem como de vários Ministros da própria Corte, ela ainda era aplicada.

– Sim, eu me recordo. Inclusive, também me recordo que em um determinado julgado, da relatoria do Ministro Edson Fachin, a Súmula foi afastada[51].

Inclusive, o referido julgado que você mencionou resultou na tese definida pelo Supremo Tribunal Federal de que:

> "É inconstitucional a aplicação retroativa de lei que majora a alíquota incidente sobre o lucro proveniente de operações incentivadas ocorridas no passado, ainda que no mesmo ano-base, tendo em vista que o fato gerador se consolida no momento em que ocorre cada operação de exportação, à luz da extrafiscalidade da tributação na espécie."

---

51. "1. No RE 183.130, de relatoria para o acórdão do Ministro Teori Zavascki, o Plenário desta Corte assentou que a utilização do Imposto de Renda com conotação extrafiscal afasta a incidência da Súmula 584 do STF. 2. O fato gerador se consolida no momento em que ocorre cada operação de exportação incentivada pela redução da alíquota do imposto de renda, à luz da extrafiscalidade da tributação na espécie. 3. É inconstitucional a aplicação retroativa do art. 1º, I, da Lei 7.988/1989, que majorou a alíquota incidente sobre o lucro proveniente de operações incentivadas ocorridas no passado, ainda que no mesmo ano-base. Precedente: RE 183.130, de relatoria para o acórdão do Ministro Teori Zavascki, Tribunal Pleno, DJe 14.11.2014. 4. Recurso extraordinário a que se dá provimento, reafirmando a jurisprudência desta Corte, em sede de repercussão geral, para reformar o acórdão recorrido e declarar a inconstitucionalidade, incidental e com os efeitos da repercussão geral, do art. 1º, I, da Lei 7.988/1989, uma vez que a majoração de alíquota de 6% para 18% a qual se reflete na base de cálculo do Imposto de Renda pessoa jurídica incidente sobre o lucro das operações incentivadas no ano-base de 1989 ofende os princípios da irretroatividade e da segurança jurídica. [RE 592.396, rel. min. Edson Fachin, P, j. 3-12-2015, DJE 54 de 28-3-2016,Tema 108.]".

No caso específico do RE 592.396, o Supremo Tribunal Federal afastou a aplicação da Súmula 584 por compreender que o fato gerador do imposto de renda, quando esse fosse utilizado com finalidade extrafiscal de incentivo às atividades do comércio internacional, "se consolida no momento em que ocorre cada operação de exportação incentivada pela redução da alíquota do imposto de renda".

Embora o Supremo Tribunal Federal tenha afastado a aplicabilidade de sua Súmula 584 especificamente no caso da extrafiscalidade do imposto de renda quanto às exportações, o Superior Tribunal de Justiça compreendia pela sua inaplicabilidade, uma vez que a incidência do imposto de renda deverá decorrer a partir da concreta disponibilidade ou aquisição da renda.

Conforme o Superior Tribunal de Justiça[52] compreende, deve-se levar em consideração que o fato gerador do imposto de renda pressupõe a disponibilidade econômica ou jurídica do rendimento (art. 116, do CTN), algo que a Súmula 584, do STF desconsiderava, até porque sua redação é anterior à edição do Código Tributário Nacional (CTN). Ademais, para o Superior Tribunal de Justiça, admitir a aplicação de uma nova lei vigente após a prática do fato gerador seria malferir os princípios da irretroatividade e da anterioridade. Neste sentido também caminhou o Supremo Tribunal Federal. No dia 19 de Junho de 2020, o plenário do STF declarou inconstitucional a aplicação de adicional instituído pelo Decreto-Lei 2.462, de Agosto 1988, aos fatos ocorridos naquele ano-base[53].

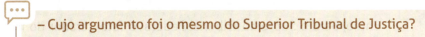

– Cujo argumento foi o mesmo do Superior Tribunal de Justiça?

Exatamente! De que admitir tal adicional seria compartilhar da violação aos princípios da anterioridade e da irretroatividade. Por conta disso, o relator do recurso extraordinário (RE) 159.180, Ministro Marco Aurélio, propôs o cancelamento da Súmula 584, do STF. Segundo o Ministro relator "o cerne do entendimento reside justamente no primado da não surpresa, calcado na confiança do contribuinte em relação aos critérios que serão adotados para apuração do débito tributário".

---

52. STJ, REsp 179966/RS.
53. Trata-se de um entendimento do Supremo Tribunal Federal proferido no julgamento do RE 159.180.

– Mesmo com o cancelamento da Súmula 584, do STF, pode-se afirmar que o imposto de renda continua a ser considerado como complexivo?

Mais adiante iremos estudar a diferença entre fato gerador instantâneo e fato gerador periódico e, já lhe adianto que os fatos geradores periódicos ainda podem ser divididos entre simples ou complexivos. Pois bem, o imposto de renda, como você mencionou, é considerado como complexivo, embora o Professor Paulo de Barros Carvalho[54] compreenda que relevante juridicamente, quanto ao imposto de renda, somente seria o momento em que o seu período de apuração finalizasse, pouco importando os fatos surgidos durante a sua formação. Portanto, para o nobre doutrinador, considera-se ocorrido o fato gerador do imposto de renda no primeiro minuto do dia 1º de janeiro de cada exercício financeiro, não sendo viável considerar seu fato gerador como complexivo, posição diversa do Supremo Tribunal Federal que possui o entendimento consolidado no sentido de que o referido imposto se materializa no último dia do ano-base, ou seja, em 31 de dezembro. Já a sua declaração, isto é, a apuração da aquisição de renda ou proventos durante todo o ano-base, será realizada, apenas, no ano subsequente, no mês de abril, sendo que, excepcionalmente, neste ano de 2020, por conta da pandemia da COVID-19, a Receita Federal do Brasil postergou a data final para o último dia do mês de junho.

 – Então, para o Supremo Tribunal Federal o fato gerador do imposto de renda é sim complexivo, dado que mensalmente a pessoa física pode auferir rendimentos ou proventos!

Sim! Embora eu também compartilhe da posição do Professor Paulo de Barros Carvalho, ainda a posição da jurisprudência de que o fato gerador do imposto de renda é complexivo deve ser levada em consideração nas provas de concurso público. O que precisamos ter em mente com o cancelamento da Súmula 584, do STF é que não pode a lei publicada no ano em que deva ser apresentada a declaração

---

54. CARVALHO, Paulo de Barros. Curso de direito tributário – 14. ed. São Paulo: Saraiva, 2002.p. 137-142.

retroagir para contemplar os rendimentos e proventos auferidos até a data de 31 de dezembro do ano anterior, ou seja, deve-se levar em consideração a lei vigente no ano-base, uma vez que o contribuinte não poderá ser surpreendido diante de mudanças referentes às alíquotas, principalmente, do imposto de renda, no ano do exercício da entrega da declaração.

– UFAAA, finalizamos imposto de renda!

Sim, mas ainda não finalizamos os impostos federais. Falta o imposto sobre a propriedade territorial rural (ITR), mas este é tranquilo, e um outro bem famoso: o Imposto sobre Grandes Fortunas (IGF).

– Ainda bem...

2.1.1.6. Imposto sobre a Propriedade Territorial Rural (ITR)

– Este eu já sei que é o contrário do IPTU!!!

Isso mesmo! Digamos que é um irmão gêmeo bivitelino, uma vez que, ao contrário do IPTU, cujo fato gerador é a propriedade, o domínio útil ou a posse de bem imóvel por natureza ou por acessão física, como definido na lei civil, localizado na zona urbana do Município, o do ITR é a propriedade, o domínio útil ou a posse de imóvel por natureza, definido na lei civil, localizado fora da zona urbana do Município, ou seja, localizado na zona rural!

– Então, o ITR incidirá sempre em imóvel localizado fora da zona urbana do Município?!

Não exatamente. Aqui há uma grande pegadinha de provas de concursos públicos que preciso que você compreenda. Primeiramente, em se tratando de IPTU, se formos ler o art. 32 do CTN, compreenderemos que para esse imposto municipal foi adotado o critério da localização do bem. Então, por exemplo, sou contribuinte do IPTU em

Santos, pois moro em um apartamento na zona urbana. Entretanto, quanto ao ITR, o art. 15 do Decreto-Lei 57/1966 dispõe ser possível adotar o critério da finalidade ou da destinação do bem imóvel.

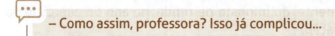
– Como assim, professora? Isso já complicou...

Calma! Isso quer dizer que se tivermos um imóvel no meio da avenida Paulista que tenha como finalidade a exploração extrativista vegetal, agrícola, agropecuária ou agroindustrial, será possível o pagamento do ITR, mesmo que esteja situado no coração da maior cidade do país.

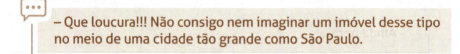
– Que loucura!!! Não consigo nem imaginar um imóvel desse tipo no meio de uma cidade tão grande como São Paulo.

Pois é, mas existe, tanto que o Superior Tribunal de Justiça[55] analisou um caso semelhante ao meu exemplo e compreendeu que o proprietário do bem imóvel era contribuinte do ITR.

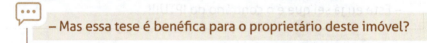
– Mas essa tese é benéfica para o proprietário deste imóvel?

É sim, porque esse imposto é predominantemente extrafiscal, já que suas alíquotas podem ser elevadas até 20%, em se tratando de latifúndios improdutivos, cuja área seja acima de cinco mil hectares e com grau de utilização da terra de até 30%, ao passo que para quem utiliza mesmo a terra, dando uma destinação ambiental compatível com o princípio do desenvolvimento sustentável, a alíquota poderá ser de, no mínimo, 0,03%, aplicável às pequenas propriedades consideravelmente produtivas, cuja área seja menor que 50 hectares de grau de utilização da terra acima de 80%.

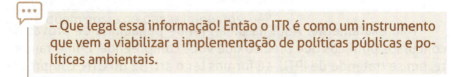
– Que legal essa informação! Então o ITR é como um instrumento que vem a viabilizar a implementação de políticas públicas e políticas ambientais.

---

55. REsp 1.112.646.

Isso é tão verdade, porque o ITR possui uma certa ligação com a política agrícola e, por conta dessa informação que temos, por ser a base de cálculo o valor da terra nua,[56] apenas. O que muda é a alíquota que é progressiva.

Interessante que, nesse sentido, pequenas glebas rurais[57] estão imunes do ITR (art. 153, § 4º, da CF/1988), excluindo desta imunidade aquele proprietário que tenha mais de um imóvel. Entretanto, a Lei 9.393/1996, em seu art. 3º, II, traz isenção do imposto se o proprietário possuir mais de um imóvel, cuja soma de ambos observe os limites dispostos para pequena gleba rural, sendo que o proprietário, cumulativamente, explore só ou com sua família, podendo admitir ajuda eventual de terceiro e não possua imóvel urbano.

> – Hum, muito interessante tudo isso. Muita informação que eu não sabia sobre o ITR. Só que uma eu tenho certeza de que sei: é sujeito a lançamento por homologação... Acertei?

Acertou, mas também, essa estava fácil. Até agora só vimos imposto sujeito a lançamento por homologação e, claro, de ofício.

> – Por isso que acertei!

É... porque se você fosse na mesma onda do IPTU, iria errar. Aqui, no caso do ITR, o contribuinte do imposto preenche uma declaração, calcula o montante devido e antecipa o pagamento, sendo que, posteriormente, a autoridade fazendária irá homologar expressamente, tacitamente ou não.

---

56. Art. 10, § 1º, I, da Lei 9.393/1996. Nos termos desse dispositivo, o valor da terra nua compreende o valor do imóvel excluídos os valores relativos: a) construções, instalações e benfeitorias; b) culturas permanentes e temporárias; c) pastagens cultivadas e melhoradas; d) florestas plantadas.
57. Glebas rurais, nos termos do art. 2º da Lei 9.393/1996 são os imóveis com área igual ou inferior a: "I.100 ha, se localizado em município compreendido na Amazônia Ocidental ou no Pantanal mato-grossense e sul mato-grossense; II. 50 ha, se localizado em município compreendido no Polígono das Secas ou na Amazônia Oriental; III. 30 ha, se localizado em qualquer outro município".

> – E por que eu iria errar?

Ora, porque o IPTU é um imposto sujeito a lançamento de ofício, lembra? Todo começo de mês, você, proprietário do seu imóvel urbano, recebe aquele lindo carnê na sua residência.

> – Verdade, professora! Nem me lembre disso, é igual ao IPVA.

Lembrou do IPVA! Logo, logo iremos estudá-lo, segura aí e guarda essa informação a respeito dele, por favor. Outro ponto de suma importância quanto ao ITR é que na hipótese de o imóvel rural for invadido por movimentos que reivindicam a reforma agrária, o imposto será inexigível, dado que invasão constitui um esvaziamento dos elementos da propriedade, desaparecendo, portanto, a base material jurídica que fundamenta o fato gerador do ITR.

Para finalizar o ITR, preciso que você saiba que embora seja um imposto federal, isto é, de competência da União, há a possibilidade de ocorrer a delegação quanto à fiscalização e à cobrança, nos termos do art. 158, II, da CF/1988, aos municípios, ficando o município que optar em fiscalizar e cobrar esse imposto, com o valor total da arrecadação, referente aos imóveis localizados em seu território.

> – Achei bem bacana estudar o ITR! Muita informação nova, principalmente comparando com o IPTU. Vamos finalizar logo esses impostos federais, professora!

2.1.1.7. Imposto sobre Grandes Fortunas (IGF)

Você está muito acelerado. Fique calmo que este é o último dessa leva dos impostos federais, pode acreditar!

> – Finalmente, até porque já sei que esse imposto não foi instituído e sempre dá muito o que falar por aí.

CAPÍTULO 1 → O que é tributo?

Muito o que falar mesmo! A Constituição Federal de 1988 atribuiu a competência à União para instituir esse imposto, nos termos do art. 153, VII, mas até agora, nada.

Somente temos um projeto de Lei Complementar 215/20, o qual está tramitando na Câmara dos Deputados, visando IGF, com alíquota de 2,5% sobre o valor dos bens de pessoas físicas ou jurídicas que tenham patrimônio líquido superior a 50 milhões de reais.

> – Li, no jornal, que a Argentina aprovou o imposto sobre grandes fortunas para poder financiar seus gastos com a pandemia...

Sim, e por conta disso ganha força, em nosso país, uma atitude semelhante. Na Argentina o imposto sobre grandes fortunas aprovado incidirá, uma única vez, sobre patrimônio que supere os 200 milhões de pesos, quantia equivalente a 13 milhões de reais, sendo que a alíquota será progressiva entre 2% a 3,5%.

Mas, era somente esse o comentário que eu gostaria de fazer sobre o IGF.

> – Finalmente! Agora, vamos aos estaduais....

Você quem manda! Só que eu escolho o primeiro...ICMS!!!

> – Ixiiiii....

2.1.2. Os impostos estaduais

2.1.2.1. Imposto sobre operações relativas à circulação de mercadorias e sobre prestação de serviços de transporte interestadual e intermunicipal de comunicação (ICMS)

> – Professora, esse para mim é o imposto mais difícil de ser estudado!

89

Acredito. Também tive muitas dificuldades em aprender sobre o ICMS quando comecei a me aventurar no Direito Tributário, mas tudo o que é desafiador é mais gostoso, não acha?

– Ah, é, ainda mais em tentar decifrar o art. 155, II, da Constituição Federal.

Ótimo! Vamos começar por ele então. Primeiramente, você precisa perceber que pela simples leitura desse dispositivo há três diferentes exações: a) ICMS sobre Operações Relativas à Circulação de Mercadorias;[58] b) ICMS sobre Serviços de Transporte Interestadual e Intermunicipal; e c) ICMS sobre Serviços de Comunicação.

– Mas, além desse dispositivo na Constituição Federal, há uma lei sobre o ICMS...

Sim, é a Lei Complementar 87/1996, também conhecida como Lei Kandir, por causa do nome do deputado federal Antônio Kandir, seu autor. Mas você sabe por que é uma lei complementar?

– Sei... é por causa da redação do art. 155, § 2º, XII, da Constituição Federal. Ele dispõe ser atribuição de uma lei complementar definir os contribuintes, assim como dispor sobre a substituição tributária e outras situações, orientando os Estados, não é mesmo?

Perfeito! Portanto, como você mesmo já disse que ela abarca todos estes assuntos muito importantes sobre o ICMS, vamos começar a estudá-la em conjunto com a Constituição, OK?

– Tá ótimo, professora. Essa parte de legislação é um pouco complicada. Nunca consegui compreender os Convênios do CONFAZ. É tão difícil...

---

58. Conforme ensina Kiyoshi Harada (HARADA, Kiyoshi. *ICMS: doutrina e prática*. São Paulo: Editora Atlas, 2017, p. 17) "(...) o conceito de "operações relativas à circulação de mercadorias", expressando sempre uma circulação jurídica, isto é, uma operação que implica transferência de propriedade ou de posse, como a compra e venda". No mesmo sentido é o entendimento de Hugo de Brito Machado (MACHADO, Hugo de Brito. *Curso de Direito Tributário*. 27. ed. São Paulo: Malheiros, 2006, p. 377).

Não se assuste! Você já me disse que uma lei complementar trata sobre todos aqueles assuntos referentes ao ICMS, mas também temos as leis ordinárias em âmbito estadual. São essas leis ordinárias estaduais as responsáveis pela instituição do imposto e pela majoração de suas alíquotas, por exemplo, desde que observem as disposições gerais previstas na Lei Kandir. Por sua vez, esses Convênios do Conselho Nacional de Política Fazendária (CONFAZ) possuem as funções de instituir ou revogar isenções, assim como os incentivos e os benefícios fiscais referentes ao imposto, nos termos da Lei Complementar 24/1975.

Um interessante entendimento do Supremo Tribunal Federal, no julgamento do RE 598677, apreciando o Tema 456 da repercussão geral, afastou a exigência contida em decreto estadual de recolhimento antecipado do ICMS quando da entrada de mercadorias em território gaúcho.

– Sob qual argumento?

A matéria analisada refere-se à exigência antecipada de ICMS, nas operações interestaduais, mesmo sem substituição tributária, algo que iremos estudar oportunamente.

– Lá vem mais um tema difícil!

Tal fato ocorre principalmente nas operações em que o comerciante adquire mercadorias em outros Estados, sem a retenção antecipada do ICMS, devido a inexistência de convênio ou protocolo interestadual que aplique ao remetente a condição de substituo tributário. Os Estados, em regra, obrigam o contribuinte a recolher o ICMS das operações subsequentes, quando a mercadoria entra no território do Estado do adquirente. No entanto, a exigência antecipada deve estar prevista em lei, não podendo estar prevista em decreto. Essa exigência é plausível, uma vez que quando se exige o ICMS antecipadamente, ainda não ocorreu o fato gerador do imposto, que é a circulação da mercadoria. Portanto, o regime de antecipação, mesmo quando não há substituição cria fato gerador do ICMS, por ficção legal, isto é, cria um fato gerador presumido e, conforme verificaremos no capítulo sobre obrigação

91

tributária, bem como no ponto referente ao princípio da reserva legal, somente a lei pode estabelecer o fato gerador da obrigação tributária.

– Interessante esse entendimento, professora! Fora essa questão referente às leis, também, aquelas Resoluções do Senado Federal me tiram o sono!

Acalme-se, OK? Sobre essas Resoluções, você tem que saber que são elas que fixam as alíquotas aplicáveis às operações interestaduais e de exportação,[59] além das alíquotas máximas e mínimas referentes às operações internas.[60]

– Nunca consegui compreender o porquê de tantas normas sobre o ICMS!

Na verdade, embora estejamos estudando um imposto estadual, o ICMS possui traços marcantes de um imposto nacional, isso porque, se determinado Estado da Federação conceder uma isenção ao seu respectivo ICMS sem obedecer às regras da Lei Complementar 24/1975[61], a qual dispõe sobre os Convênios no âmbito do CONFAZ, uma guerra fiscal[62] (inclusive, já existente) poderia ser agravada.

– Realmente, faz todo sentido. Mas ainda acho uma verdadeira confusão.

---

59. Art. 155, § 2º, IV, da CF/1988.
60. Art. 155, § 2º, V, *a* e *b*, da CF/1988.
61. O Supremo Tribunal Federal, no julgamento da ADPF 198, declarou ser constitucional a exigência de votação unânime no CONFAZ para permitir que os Estados concedam incentivos de ICMS.
62. Sobre a guerra fiscal, Kiyoshi Harada (HARADA, Kiyoshi. *ICMS: doutrina e prática*. São Paulo: Editora Atlas, 2017, p. 189) dispõe que "está de tal forma arraigada nos hábitos de nossos governantes que dificilmente terá um fim com os mecanismos como aquele previsto no art. 155, XIII, *g*, da CF, que prevê a celebração do Convênio entre os Estados para concessão de isenções e demais benefícios fiscais. A outorga unilateral de incentivos fiscais regionais, como forma de atrair investimentos em seus Estados, já faz parte da estratégia governamental de desenvolvimento econômico. Cada governante preocupa-se com o seu Estado, pouco importando com os malefícios que venham causar a outros Estados. Zelar pela harmonia dos Estados e combater as desigualdades socioeconômicas das diferentes regiões do País é uma incumbência do poder central (art. 151, I, da CF). Por isso, os governantes estaduais não se importem em aprofundar as diferenças regionais desenvolvendo políticas de concentração de riquezas nos Estados mais desenvolvidos economicamente".

Essa confusão seria sanada se fosse criado um IVA nacional...

— Tenho ouvido sobre esse IVA nacional quanto à reforma tributária e um tal de IBS.

Sim, primeiro, saiba que na maior parte dos sistemas tributários dos outros países, o imposto semelhante ao ICMS é contemplado por um imposto sobre o valor agregado, o IVA nacional. Entretanto, no Brasil, em vez de termos apenas um, temos três, de três diferentes competências: o ICMS (estadual), o ISS (municipal) e o IPI (federal).

Atualmente, tramita no Congresso Nacional uma proposta de emenda à Constituição Federal de 1988 para instituir o Imposto sobre Operações de Bens e Serviços (IBS), a PEC 45/2019, a qual dispõe sobre a tão esperada reforma tributária que o Brasil tanto precisa. A proposta tem como objetivo extinguir cinco tributos: IPI, PIS, COFINS, ICMS e ISS.

— Seria ótimo se fosse aprovada essa reforma, professora! O Brasil precisa tanto de uma simplificação tributária.

Também acho, mas a proposta de reforma tributária apresentada vem sendo bem questionada pelos tributaristas. Esse IBS incidirá sobre toda cadeia produtiva, cuja receita arrecadada seria repartida entre todos os entes da Federação.

Ademais, a cobrança do IBS, nos termos da atual redação da proposta de emenda à Constituição Federal de 1988, seria realizada no local do consumo, fator muito benéfico que contribuiria com o término da chamada "guerra fiscal" existente, principalmente, entre os Estados, por conta dos inúmeros benefícios fiscais estaduais no que concerne ao ICMS para atração de maiores investimentos. Por fim, vale a pena ressaltar que a previsão é de uma regra de transição por 10 (dez) anos. Nos dois primeiros anos desse lapso temporal, a alíquota do IBS seria de 1%, sendo diminuída a alíquota da COFINS para compensar. Posteriormente, nos próximos anos, os demais tributos (IPI, PIS, ICMS, ISS e a própria COFINS) teriam suas alíquotas reduzidas, ao passo que a alíquota do IBS seria majorada. Trata-se de uma substituição de forma progressiva.

— Muito bom aprender um pouquinho sobre a atual proposta de reforma tributária!

É necessário, mas vamos voltar ao que nos interessa: o ICMS!

— Tem um ponto que sempre me recordo de distinção entre o ICMS e o IPI que é a seletividade, decorrente da essencialidade do produto, não é mesmo?

O teor do art. 153, § 3º, I, da CF/1988 é no sentido de que essa essencialidade referente às alíquotas do IPI deverá ser fixada conforme a essencialidade do produto, sendo uma obrigação para esse imposto. Logo, produtos considerados essenciais terão uma exação menor do IPI em face dos produtos considerados como supérfluos, dado que as alíquotas daqueles serão inferiores às alíquotas destes!

— E qual a diferença entre o IPI e o ICMS no caso da seletividade, professora?

A diferença é que enquanto ao IPI há esta obrigação prevista na Constituição Federal, ao ICMS há apenas uma faculdade, nos termos do art. 155, § 2º, III, da CF/1988, uma vez que "poderá ser seletivo, em função da essencialidade das mercadorias e dos serviços". Logo, o legislador estadual poderá, não estando obrigado, atribuir alíquotas menores aos produtos essenciais em face dos supérfluos. Entretanto, há quem discorde, considerando uma obrigação, como, por exemplo, o professor Roque Antônio Carrazza.[63] Vide:

---

63. Conforme entende Roque Antônio Carrazza (CARRAZZA, Roque Antônio. *ICMS*. 17. ed. São Paulo: Malheiros, 2015, p. 537-38) "(...) este singelo 'poderá' equivale juridicamente a um peremptório 'deverá'. Não está, aqui, diante de mera faculdade do legislador, mas de norma cogente – de observância, pois, obrigatória (...) portanto, a seletividade no ICMS, tanto quanto no IPI, é obrigatória. Melhor elucidando, o ICMS deverá ser seletivo em função da essencialidade das mercadorias e dos serviços".

CAPÍTULO 1 → O que é tributo?

"(...) este singelo 'poderá' equivale juridicamente a um peremptório 'deverá'. Não está, aqui, diante de mera faculdade do legislador, mas de norma cogente – de observância, pois, obrigatória (...) portanto, a seletividade no ICMS, tanto quanto no IPI, é obrigatória. Melhor elucidando, o ICMS deverá ser seletivo em função da essencialidade das mercadorias e dos serviços".

> – Bom saber, professora! Essa posição da doutrina tão respeitada do professor Roque Antônio Carrazza pode ser cobrada em provas de segunda fase de concurso público. Um outro ponto sobre o ICMS que não consigo compreender muito bem é quanto a não cumulatividade... sei que é um imposto que vai sendo compensado no que for devido em cada operação com o que é cobrado nas anteriores com o intuito de não onerar a cadeia produtiva...

Essa sistemática da não cumulatividade,[64] um direito constitucional do contribuinte, é bem simples: a cada aquisição de mercadoria tributada, o adquirente irá registrar como crédito o valor incidente na operação em questão, sendo um "ICMS a recuperar". Posteriormente, a cada alienação tributada de produto, o alienante irá registrar como débito aquele valor incidente na operação, sendo um "ICMS a recolher". Posteriormente, teremos uma comparação entre créditos e débitos de ICMS, devendo ocorrer o recolhimento da diferença, caso fique constatado que ela exista por conta dos débitos serem superiores aos créditos, ao passo que se houver mais crédito do que débito,

---

64. "O princípio da não cumulatividade garante, ao contribuinte, o pleno aproveitamento dos créditos de ICMS e tem o escopo de evitar que a carga econômica do tributo (i) distorça as formações dos preços das mercadorias ou dos serviços de transporte transmunicipal e de comunicação, e (ii) afete a competitividade das empresas. Daí dizer-se que o ICMS é um tributo neutro. Melhor explicitando, graças a essa característica, que lhe é imprimida pelo princípio da não cumulatividade, o ônus econômico do imposto é sempre o mesmo, pouco importando o número de operações realizadas com a mercadoria ou de etapas para a prestação do serviço de transporte interestadual e intermunicipal e de comunicação. Essa neutralidade desestimula a verticalização, vale dizer, a união de empresas dedicadas a fases diferentes do processo de circulação da mercadoria (ou de prestação dos aludidos serviços), ao mesmo tempo em que evita que o consumidor final (ou o fruidor final) venha mais ou menos onerado com a carga econômica do ICMS, dependendo do maior ou menor número de elos de cada processo econômico (...) Adiantamos que o princípio da não cumulatividade do ICMS só é inteiramente observado quando todos os partícipes da cadeia econômica transfere, para o elo seguinte, o montante do tributo que foi suportado nas operações ou prestações anteriores". (CARRAZZA, Roque Antônio. *ICMS*. 17. ed. São Paulo: Malheiros, 2015, p. 417-18).

após a apuração periódica, essa diferença poderá ser compensada posteriormente ou ser objeto de restituição⁶⁵. Nesta parte há uma semelhança entre o IPI e o ICMS!

– Agora compreendi! Então, somente em casos em que ocorram a tributação?

Sim, pois caso estejamos diante de uma situação de isenção ou de não incidência do ICMS, tal como ocorre com o IPI, haverá a anulação dos créditos referentes às operações anteriores, exceto se houver disposição em sentido diverso em lei. Tome cuidado!

– Já sei! A Constituição Federal traz essa exceção no art. 155, § 2º, X, *a*, no caso das exportações de mercadorias sujeitas à imunidade do ICMS.

Nesse caso, a própria Constituição Federal garante a manutenção do crédito. Outro ponto que você precisa saber quanto a não cumulatividade é em relação à possibilidade ou não de "glosa de crédito", isto é, anulação dos créditos relativos às operações mercantis anteriormente realizadas", fruto de concessão de benefícios que não tenham sido concedidos conforme a legislação pertinente. No caso, parcela considerável da doutrina de Direito Tributário, como o Professor Paulo de Barros Carvalho, defende a ilegitimidade da glosa, requerida pelo Estado de destino de mercadorias, dos créditos de ICMS apropriados por empresa adquirente, com base em documento fiscal emitido por empresa sediada em Estado da Federação distinto, que goza de incentivos fiscais, previstos em normas não submetidas à aprovação do CONFAZ.⁶⁶⁻⁶⁷

---

65. Vale a pena mencionar que no julgamento do RE 1141756 (Tema 1052), o Supremo Tribunal Federal fixou a seguinte tese: "Observadas as balizas da Lei Complementar nº 87/1996, é constitucional o creditamento de Imposto sobre Operações relativas à Circulação de Mercadorias – ICMS cobrado na entrada, por prestadora de serviço de telefonia móvel, considerado aparelho celular posteriormente cedido, mediante comodato."
66. Nos termos do art. 8º da LC 24/1975: "A inobservância dos dispositivos desta Lei acarretará, cumulativamente: I – a nulidade do ato e a ineficácia do crédito fiscal atribuído ao estabelecimento recebedor da mercadoria; II – a exigibilidade do imposto não pago ou devolvido e a ineficácia da lei ou ato que conceda remissão do débito correspondente".
67. O plenário do Supremo Tribunal Federal, no julgamento da ADI 4634, suspendeu norma paulista que concede benefícios fiscais, quanto ao ICMS, sem que sejam precedidos da

CAPÍTULO 1 → O que é tributo?

– Ou seja, professora, essas "glosas de crédito" não subsistem?

Bom, na primeira edição do livro "Diálogos sobre o Direito Tributário", eu havia afirmado que não subsistem, porque o art. 8º da LC 24/1975, o qual prevê a ineficácia do crédito fiscal é conflitante com o texto Constitucional, sendo contrário ao princípio da não cumulatividade,[68] logo, concluía-se que somente a Constituição Federal poderia prever essas hipóteses, não sendo competência da legislação infraconstitucional para tanto.

E diante de uma situação como essa, em que um Estado da Federação concede benefícios fiscais sem observar a LC 24/1975 e sem autorização do CONFAZ, tínhamos solução de que cabia ao Estado lesado buscar junto ao Supremo Tribunal Federal, por meio de uma ação direta de inconstitucionalidade (ADI), declarar a inconstitucionalidade da lei que concedeu de forma irregular o benefício fiscal. Era nesse sentido o entendimento da Suprema Corte. De tão importante, vai o entendimento aqui para você:

> "TRIBUTÁRIO. MANDADO DE SEGURANÇA. ICMS. OPERAÇÃO INTERESTADUAL. CONCESSÃO DE CRÉDITO PRESUMIDO AO FORNECEDOR NA ORIGEM. PRETENSÃO DO ESTADO DE DESTINO DE LIMITAR O CREDITAMENTO DO IMPOSTO AO VALOR EFETIVAMENTE PAGO NA ORIGEM. DESCONSIDERAÇÃO DO

---

celebração de convênio interestadual no âmbito do CONFAZ. Trata-se de uma ação direta de inconstitucionalidade ajuizada pelo governador do Estado do Amazonas, contra os arts. 84-B, II e 112, da Lei paulista nº 6374/89 e os decretos estaduais nº 51624/02 (art. 1º, XXIII) e nº 45490/00 (art. 51). No caso concreto, os diplomas legais em destaque estabeleceram benefícios fiscais quanto a produção de tablets, através da redução da base de cálculo do ICMS, podendo ocasionar em uma alíquota efetiva do referido imposto estadual de 0%, acaso o produto seja produzido em território bandeirante. Vale destacar que o mesmo produto é fabricado na Zona de Manaus, estando sujeito à uma alíquota de 12%.

68. O Professor Paulo de Barros Carvalho nos ensina que "não podemos esquecer que o Texto Constitucional atribui ao legislador complementar a competência para fixar a forma de concessões das isenções, incentivos e benefícios fiscais, sem, no entanto, permitir a determinação de sanções à sua inobservância, muito menos quando a sanção estabelecida acarreta a anulação de créditos, em manifesta violação ao princípio da não cumulatividade, e possibilita a exigência de ICMS pelo Estado ou Distrito Federal de destino da mercadoria ou serviço, pessoa política que, nos termos da Constituição da República, não é competente para tanto" (CARVALHO, Paulo de Barros; MARTINS, Ives Gandra da Silva. *Guerra Fiscal: Reflexões Sobre a Concessão de Benefícios No Âmbito do ICMS*. São Paulo: Editora Noeses, 2012, p. 73).

BENEFÍCIO FISCAL CONCEDIDO. IMPOSSIBILIDADE. COMPENSAÇÃO. LEI. AUTORIZAÇÃO. AUSÊNCIA.

1.O mandamus foi impetrado contra ato do Secretário de Estado da Fazenda, com o objetivo de afastar a exigência do Fisco de, com base no Decreto Estadual 4.504/04, limitar o creditamento de ICMS, em decorrência de incentivos ou benefícios fiscais concedidos pelo Estado de origem da mercadoria. Deve-se destacar que a discussão travada na lide não diz respeito à regularidade do crédito concedido na origem, mas à possibilidade de o ente estatal de destino obstar diretamente esse creditamento, autuando o contribuinte que agiu de acordo com a legislação do outro ente federativo.

2.Admite-se o mandado de segurança quando a impugnação não se dirige contra a lei em tese, mas contra os efeitos concretos derivados do ato normativo, o qual restringe o direito do contribuinte de efetuar o creditamento do ICMS.

3.Na hipótese, o Secretário de Estado da Fazenda possui legitimidade para figurar no feito, porquanto, nos termos do art. 22 da Lei Complementar Estadual 14/1992, compete-lhe proceder à arrecadação e à fiscalização da receita tributária, atribuições que se relacionam diretamente com a finalidade buscada na ação mandamental.

4.O benefício de crédito presumido não impede o creditamento pela entrada nem impõe o estorno do crédito já escriturado quando da saída da mercadoria, pois tanto a CF/1988 (art. 155, § 2º, II) quanto a LC 87/1996 (art. 20, § 1º) somente restringem o direito de crédito quando há isenção ou não tributação na entrada ou na saída, o que deve ser interpretado restritivamente. Dessa feita, o creditamento do ICMS em regime de não cumulatividade prescinde do efetivo recolhimento na etapa anterior, bastando que haja a incidência tributária.

5.Se outro Estado da Federação concede benefícios fiscais de ICMS sem a observância das regras da LC 24/1975 e sem autorização do CONFAZ, cabe ao Estado lesado obter junto ao Supremo, por meio de ADIn, a declaração de inconstitucionalidade da lei ou ato normativo de outro Estado – como aliás foi feito pelos Estados de São Paulo e Amazonas nos precedentes citados pela Ministra Eliana Calmon – e não simplesmente

CAPÍTULO 1 → O que é tributo?

autuar os contribuintes sediados em seu território. Vide ainda: ADI 3312, Rel. Min. Eros Grau. DJ 09/03/07 e ADI 3389/MC, Rel. Min. Joaquim Barbosa, DJ 23/06/06).

6.A compensação tributária submete-se ao princípio da legalidade estrita. Dessa feita, não havendo lei autorizativa editada pelo ente tributante, revela-se incabível a utilização desse instituto. Precedentes.

Recurso ordinário em mandado de segurança provido em parte". (RMS 31.714/MT, Rel. Min. Castro Meira, Segunda Turma, julgado em 03/05/2011, DJe 19/09/2011).

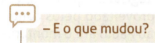
– E o que mudou?

Mudou o entendimento do Supremo Tribunal Federal sobre o assunto!

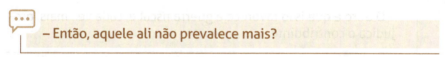
– Então, aquele ali não prevalece mais?

Não! Mas é bom você conhecê-lo, pois sabe como é a instabilidade jurídica que vivemos, fora que, para uma prova de segunda fase, você terá que demonstrar conhecimento sobre ambas as correntes.

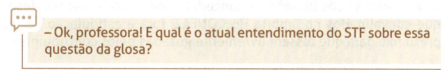
– Ok, professora! E qual é o atual entendimento do STF sobre essa questão da glosa?

O STF, por maioria, em sessão virtual realizada na data de 18 de agosto de 2020, considerou constitucional a legislação estadual paulista[69] que prevê a glosa do crédito de ICMS registrado pelos contribuintes estabelecidos em seu território decorrente de aquisições oriundas de outras unidades federativas.

– E como foi isso?

---

69. Foi questionado o Comunicado CAT nº 36/04, cuja validade é amparada pela Lei Estadual nº 6.374/89, mais precisamente em seu § 3º do art. 36.

99

No caso concreto era referente às aquisições oriundas do Distrito Federal.

Vale destacar que os créditos, mesmo que destacados integralmente no documento fiscal, ultrapassavam o valor de ICMS efetivamente recolhido no Estado de origem. Essa redução ocorreu em decorrência de regime especial concedido sem a aprovação do CONFAZ!

> – E qual foi o desfecho disso, professora?

Então, o Distrito Federal questionou a legislação paulista, por meio da ADI 3692, que restringe o crédito aproveitado pelos contribuintes localizados em território do Estado São Paulo até o montante que o imposto tenha sido efetivamente cobrado pelo Estado de origem, o qual concedeu o benefício fiscal.

> – O duro é que isso favorece a guerra fiscal e, cada vez mais, prejudica o contribuinte.

Pois é. No que tange à guerra fiscal, tivemos a publicação da Lei Complementar nº 160/17, por meio da qual os Estados resolveram decretar o fim a esse problema. Tal norma visa à concessão de uma certa "anistia" aos benefícios concedidos de forma irregular, desde que convalidados no âmbito do CONFAZ, fora a estipulação de um prazo fixo para que fossem livremente gozados pelos contribuintes.

No entanto, a partir desse entendimento do Supremo Tribunal Federal, ao declarar a lei paulista constitucional, podemos concluir que a Suprema Corte deu uma certa liberdade aos Estados insatisfeitos com os benefícios não autorizados ou convalidados. Com isso, esses Estados lesados, como no caso, o Estado de São Paulo, podem legislar quanto ao critério de aproveitamentos dos créditos fiscais de ICMS[70].

> – Mas isso não acarretaria uma certa interferência na autonomia das demais unidades federativas, professora?

---

70. Referente a essa questão, vale destacar que, por meio do Decreto nº 58.918/13, o Estado de São Paulo alterou o art. 426-C, do RICMS.

CAPÍTULO 1 → O que é tributo?

Não! Isso porque, consoante mencionou a ministra relatora da ação, a norma paulista em nada altera a condição do benefício fiscal concedido pelo Estado Distrito Federal, no caso, o Estado de origem da mercadoria. O que realmente ocorre é uma certa limitação da capacidade de aproveitamento do crédito, por parte dos contribuintes sediados em território paulista.

Ademais, saiba que o Supremo Tribunal Federal fixou a seguinte tese (Tema 490): "O estorno proporcional de crédito de ICMS efetuado pelo Estado de destino, em razão de crédito fiscal presumido concedido pelo Estado de origem sem autorização do Conselho Nacional de Política Fazendária (CONFAZ), não viola o princípio constitucional da não cumulatividade."

– Confesso que eu jamais teria pensado dessa forma. Mas, sempre achei tão difícil essa parte e agora entendi tudo, mesmo quanto ao recente entendimento do Supremo Tribunal Federal!

Ótimo, porque agora vamos começar a estudar o ICMS de forma mais detalhada. Já passamos pela parte da introdução, precisamos entender aquelas três exações distintas. Vamos iniciar pela circulação de mercadorias![71]

– Já sei que circular, para fins de incidência do ICMS, é a mudança da titularidade jurídica da mercadoria![72]

---

71. "Mercadoria, por sua vez, é coisa móvel destinada ao comércio. Estão fora do âmbito da incidência do ICMS a operação com bens que não se enquadram no conceito de mercadoria (p. ex.: venda eventual entre dois não comerciantes). Embora energia elétrica não seja, a rigor, um bem corpóreo, foi equiparada à mercadoria para fins de incidência do ICMS (art. 155, § 3º). Imóveis não são mercadorias, razão pela qual a transmissão onerosa desse tipo de bem se submete ao ITBI, e não ao ICMS." (MACHADO SEGUNDO, Hugo de brito. *Manual de Direito Tributário*. 9. ed. São Paulo: Atlas, 2017, p. 289). Esse conceito é de extrema importância, principalmente nos casos que devemos distinguir prestação de serviço e circulação de mercadorias, como, por exemplo, o licenciamento ou cessão do uso de um programa de computador ou *software* produzido em larga escala, o denominado *software* de prateleira. Quando se vislumbra o licenciamento, na verdade, consiste em uma prestação de serviço, incidindo o ISS, ao passo que a produção em larga escala corrobora para a caracterização de uma mercadoria, sendo passível da incidência do ICMS. Nesse sentido, inclusive, é o teor da Súmula 662 do STF: "É legítima a incidência do ICMS na comercialização de exemplares de obras cinematográficas, gravados em fitas de videocassete".
72. Conforme nos ensina Roque Antonio Carrazza, "(...) o fato imponível do ICMS só se completa com a transferência da titularidade da mercadoria. Sem ela, o dever de pagar o ICMS não nasce" (CARRAZZA, Roque Antônio. *ICMS*. 17. ed. São Paulo: Malheiros, 2015, p. 58).

101

Isso mesmo, tanto que vou lhe dar uma dica para aquelas provas mais elaboradas que adoram cobrar Direito Tributário e Direito Civil na mesma questão: já que o fato imponível do ICMS surge com essa mudança da titularidade jurídica da mercadoria, em um contrato de compra e venda para entrega futura, o ICMS somente incidirá com a efetiva entrega da mercadoria ao destinatário!

– Nunca tinha pensado nisso, professora! Já cantou uma questão complexa de prova, hein?!

É meu dever! A mesma coisa se o destinatário da mercadoria não for encontrado ou se recusar a recebê-la, por exemplo. Nesses casos, não haverá a incidência do ICMS, uma vez que não houve a circulação da mercadoria, não é mesmo?[73]

– Também é o fundamento para que não ocorra a incidência do ICMS quando a mercadoria sai do estabelecimento comercial e a ele regressa?

É o mesmo fundamento, assim como quando a mercadoria sai de um estabelecimento e vai até outro estabelecimento do mesmo proprietário. Não ocorreu a mudança da titularidade jurídica da mercadoria! Inclusive há súmula do Superior Tribunal de Justiça (STJ)[74] nesse sentido.

---

73. Mizabel Derzi e Sacha Calmon Navarro Coêlho explicam que "(...) operação, circulação e mercadorias são conceitos profundamente interligados e complementares, que não podem ser analisados em separado, sem que o intérprete se dê conta de suas profundas inter-relações. Não interessa para delimitação da hipótese tributária nem a operação que seja inábil à transferência do domínio (como locação, comodato, arrendamento mercantil, consignação mercantil etc.); nem tampouco o contrato de compra e venda em si, isoladamente, que, embora perfeito, não transfere o domínio, quer no direito civil, quer no direito comercial, sem a tradição; assim, a circulação de mercadoria é conceito complementar importante porque representa a tradição da coisa, execução de um contrato translativo, movimentação que faz a transferência do domínio e configura circulação jurídica, marcada pelo animus de alterar a titularidade" (DERZI, Misabel Machado, e COÊLHO, Sacha Calmon Navarro. *Direito Tributário Aplicado: Estudos e Pareceres*. Belo Horizonte: Del Rey, 1997, p. 168).
74. Súmula 166 do STJ. "Não constitui fato gerador do ICMS o simples deslocamento de mercadoria de um para outro estabelecimento do mesmo contribuinte". No mesmo sentido é o entendimento do Supremo Tribunal Federal (STF), o qual compreende que "(...) o mero deslocamento de mercadorias entre estabelecimentos comerciais do mesmo titular não

CAPÍTULO 1 → O que é tributo?

É o mesmo fundamento, assim como quando a mercadoria sai de um estabelecimento e vai até outro estabelecimento do mesmo proprietário. Não ocorreu a mudança da titularidade jurídica da mercadoria! Inclusive há súmula do Superior Tribunal de Justiça (STJ) que dispõe sobre o assunto: Súmula 166 do STJ. "Não constitui fato gerador do ICMS o simples deslocamento de mercadoria de um para outro estabelecimento do mesmo contribuinte".

No mesmo sentido é o entendimento do Supremo Tribunal Federal (STF), o qual compreende que "(...) o mero deslocamento de mercadorias entre estabelecimentos comerciais do mesmo titular não caracteriza fato gerador do ICMS, ainda que estejam localizados em diferentes unidades federativas" (STF, ARE 756636 AgR, rel. Min. Dias Toffoli, 1ª T, DJe 30/05/2014).

Em 25 de agosto de 2020, o plenário virtual do STF, julgou o ARE 1255885, repercussão geral reconhecida (Tema 1099), enfrentando o questionamento se haveria ou não incidência do ICMS "sobre o deslocamento de mercadorias de um estabelecimento para outro do mesmo contribuinte localizados em estados distintos".

Nessa oportunidade tivermos fixada a seguinte tese: "Não incide ICMS no deslocamento de bens de um estabelecimento para outro do mesmo contribuinte localizados em estados distintos, visto não haver a transferência da titularidade ou a realização de ato de mercancia".

---

caracteriza fato gerador do ICMS, ainda que estejam localizados em diferentes unidades federativas" (STF, ARE 756636 AgR, rel. Min. Dias Toffoli, 1ª T, *DJe* 30/05/2014). Deve-se ter cuidado, pois embora a jurisprudência compreenda neste sentido, o art. 12, I, da Lei Kandir dispõe que "considera-se ocorrido o fato gerador do imposto no momento da saída de mercadoria de estabelecimento de contribuinte, ainda que para outro estabelecimento do mesmo titular". No entanto, Roque Antonio Carrazza (CARRAZZA, Roque Antônio. *ICMS.* 17. ed. São Paulo: Malheiros, 2015, p. 70-71) explica que "Há, porém, ao nosso ver, uma exceção a esta regra: quando a mercadoria é transferida para estabelecimento do próprio remetente, mas situado no território de outra pessoa política (Estado ou Distrito Federal), nada impede, juridicamente, que a filial venha a ser considerada 'estabelecimento autônomo', para fins de tributação por via de ICMS. Assim é, para que não se prejudique o Estado (ou o Distrito Federal) de onde sai a mercadoria. Em outras palavras, cabe ICMS quando a transferência de mercadorias dá-se entre estabelecimentos da mesma empresa, mas localizados em territórios de pessoas políticas diferentes, desde que se destinem à venda, e, portanto, não sejam bens do ativo imobilizado. A razão disso é simples: a remessa deve, neste caso, ser tributada, já que reflete no equilíbrio da distribuição da receita do ICMS às pessoas políticas envolvidas no processo de transferência (a do estabelecimento de origem e a do destino)".

Deve-se ter cuidado, pois embora a jurisprudência compreenda dessa forma, o art. 12, I, da Lei Kandir dispõe que "considera-se ocorrido o fato gerador do imposto no momento da saída de mercadoria de estabelecimento de contribuinte, ainda que para outro estabelecimento do mesmo titular".

No entanto, Roque Antonio Carrazza[75] explica que:

> "Há, porém, ao nosso ver, uma exceção a esta regra: quando a mercadoria é transferida para estabelecimento do próprio remetente, mas situado no território de outra pessoa política (Estado ou Distrito Federal), nada impede, juridicamente, que a filial venha a ser considerada 'estabelecimento autônomo', para fins de tributação por via de ICMS. Assim é, para que não se prejudique o Estado (ou o Distrito Federal) de onde sai a mercadoria. Em outras palavras, cabe ICMS quando a transferência de mercadorias dá-se entre estabelecimentos da mesma empresa, mas localizados em territórios de pessoas políticas diferentes, desde que se destinem à venda, e, portanto, não sejam bens do ativo imobilizado. A razão disso é simples: a remessa deve, neste caso, ser tributada, já que reflete no equilíbrio da distribuição da receita do ICMS às pessoas políticas envolvidas no processo de transferência (a do estabelecimento de origem e a do destino)".

– Um outro ponto, Tati, com o qual eu fico um pouco confuso é sobre serviço e a incidência do ICMS. Sei que tem uma súmula famosa do STJ sobre esse ponto...

Essa súmula é a 163 do STJ...[76] ela dispõe que haverá a incidência do ICMS sobre a atividade realizada em bares e restaurantes. A Lei Kandir também possui dispositivo nesse sentido![77]

– Mas por que incide o ICMS? Quando vou ao restaurante ou ao bar até pago aqueles 10% de "taxa de serviço".

---

75. CARRAZZA, Roque Antônio. ICMS. 17. ed. São Paulo: Malheiros, 2015, p. 70-71.
76. Súmula 163 do STJ. "O fornecimento de mercadorias com a simultânea prestação de serviços em bares, restaurantes e estabelecimentos similares constitui fato gerador do ICMS a incidir sobre o valor total da operação".
77. Art. 2º, I, LC 87/1996.

Então, mas quando você vai a uma pizzaria, por exemplo, além do garçom atendê-lo, você vai consumir uma mercadoria: a pizza.

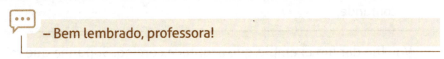
– Bem lembrado, professora!

Pois é. Logicamente que você usufrui de um serviço de qualidade, mas você também irá usufruir de uma mercadoria. Logo, o correto seria a incidência tanto do ISS, que iremos ver mais adiante, e também do ICMS! Mas não é a realidade[78].

Ainda nessa temática, tivemos um entendimento interessante do Supremo Tribunal Federal quanto aos manipulados, através do julgamento do recurso extraordinário com repercussão geral reconhecida (Tema 379), o RE n. 605552.

– A que se refere?

Por ocasião deste julgamento, o Supremo Tribunal Federal, analisou a discussão referente às operações mistas de manipulação e fornecimento de medicamentos por farmácias de manipulação, à luz dos artigos 155, II, §2º, IX, b e 156, III, da Constituição Federal de 1988.

– Já sei: se incidirá ISS ou ICMS?

Exatamente! O que você acha?

---

78. Aqui, sobre esse assunto, vale a pena mencionar que em 29 de outubro de 2020, o Supremo Tribunal Federal iniciou o julgamento da ADI 5659, na qual se discute a incidência do ICMS sobre suporte e programas de computador (*software*). Ocorre que o ministro Luiz Fux, pediu vista, suspendendo o julgamento tanto da ação direta de inconstitucionalidade já mencionada, como também da ADI 1945. Para o ministro Dias Toffoli, o licenciamento ou a cessão de direito de uso de *software*, padronizado ou por encomenda, enquadra-se no subitem 1.05 da lista de serviços anexa à Lei Complementar federal 116/2003, portanto, sendo tributável pelo ISS, independentemente de a transferência do uso ocorrer via *download* ou por meio de acesso à nuvem, explicou o relator da ADI 5659. Já a ministra Cármen Lúcia, relatora da ADI 1945, compreende que ocorrendo uma criação intelectual produzida em série, estaremos diante de uma mercadoria, sendo viável a incidência do ICMS. Ou seja, para a ministra só haveria a possibilidade da incidência do ISS acaso o serviço fosse contratado para desenvolver o *software*. Diante dos recentes entendimentos do Supremo Tribunal Federal, penso que a segunda corrente obterá êxito, conforme o julgado que explico nessa página. No entanto, é necessário que o leitor acompanhe o desfecho final desse embate.

— Não faço ideia! Esse lance de incidir ISS ou ICMS sempre me confunde.

Vou lhe dar um exemplo que acontece comigo. Suponha que minha nutricionista tenha me passado um plano alimentar individualizado com quatro fórmulas específicas para minha necessidade: emagrecimento! Estou no projeto noiva. Você não faz ideia quanto está sendo difícil emagrecer tudo o que engordei durante quarentena, mas estou conseguindo.

— Também estou nessa, professora!

Pois é, estamos todos no mesmo barco. Mas, voltando ao meu exemplo. Minha nutricionista me receitou quatro fórmulas para manipular em farmácia de confiança. Pois bem, solicitei a manipulação especificamente para minha situação, conforme receita. Neste caso, a farmácia de manipulação irá manipular e me entregar tais fórmulas, em caráter pessoal, para consumo, isto é, para que eu continue no meu projeto noiva desenvolvido pela minha própria nutricionista.

— Percebi que é algo bem específico, por encomenda...

Ou seja, não é feito em larga escala. Assim sendo, conforme o que você estará comigo no ponto referente aos impostos municipais, temos que ocorrerá a incidência do ISS!

— Verdade! Diferentemente se os medicamentos fossem dispostos em prateleiras na farmácia para qualquer pessoa adquirir.

Isso mesmo!! Neste caso que você mencionou, incidirá ICMS, pois estando, o medicamento, exposto na prateleira, ofertado ao público, não há um caráter pessoal.

A partir disso, o Supremo Tribunal Federal fixou a seguinte tese: "No tocante às farmácias de manipulação, incide o ISS sobre as operações envolvendo o preparo e o fornecimento de medicamentos encomendados para posterior entrega aos fregueses, em caráter pessoal, para consumo; incide o ICMS sobre os medicamentos de prateleira por elas produzidos, ofertados ao público consumidor."

– Adorei a explicação, professora! Tenho certeza que a operação vestido de noiva vai surtir efeitos.

Deus lhe ouça! rsrs

Ainda sobre prestação de serviços, não se esqueça de que haverá a incidência, também, do ICMS quando se tratar de transportes interestadual e intermunicipal, além de comunicação.

No primeiro caso, transportes, vale a pena mencionar que incidirá o ICMS quando a prestação do serviço for onerosa. Tome cuidado!

– Professora, sei que o transporte terrestre se enquadra nessas duas situações, mas meu questionamento é o transporte aéreo. Incidirá o ICMS também?

Boa pergunta. Já até imagino que sua dúvida seja por conta da redação do art. 2º, II, da Lei Kandir, uma vez que esse dispositivo menciona "por qualquer via". Esse assunto foi parar no Supremo Tribunal Federal, por conta do julgamento da ADI 1600/DF. Segundo compreendeu a Corte, seria inconstitucional a cobrança do ICMS sobre a prestação de transporte aéreo intermunicipal, interestadual e internacional, com exceção do transporte nacional aéreo de cargas. Ou seja, não incidirá o ICMS sobre o transporte aéreo de passageiros. Tome muito cuidado com isso!

– Não vou me esquecer, professora! Mas e quanto ao transporte aéreo internacional de cargas?

Nesse caso, as companhias aéreas gozam de isenções previstas em tratados internacionais de Direito Tributário, por isso, não haverá a incidência do ICMS.

– Maaas... isenções?

107

Isso! São isenções firmadas em tratados internacionais dos quais o Brasil é parte, firmados pelo Estado brasileiro, não pela União. Mas isso é assunto para outro ponto do livro. Vamos agora aos serviços de comunicação!

— Vamos lá!

Aqui também temos alguns pontos um pouco polêmicos... primeiro, você precisa saber que o ICMS incidirá quando se tratar de um serviço de comunicação oneroso, gratuito não. Ok? Isso é fundamental para compreender.

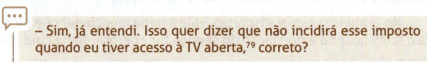
— Sim, já entendi. Isso quer dizer que não incidirá esse imposto quando eu tiver acesso à TV aberta,[79] correto?

Exato! Portanto, haverá a incidência do ICMS quando você tiver uma TV a cabo, por exemplo, já que é um serviço de comunicação oneroso. Tome cuidado, porque no caso da TV a cabo, os serviços preparatórios e acessórios não são passíveis de incidência do referido imposto.

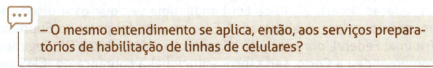
— O mesmo entendimento se aplica, então, aos serviços preparatórios de habilitação de linhas de celulares?

Afirmativo! É no mesmo sentido, segundo entendimento do STJ, por ocasião do julgamento do REsp 1176752/RJ. Só que...

— Ixi, lá vem!

Só que quando você firma uma assinatura básica mensal sem franquia de minutos, na verdade já estará diante de uma prestação de serviços, conforme entendeu o STF, no RE 912888/SP, até porque o cliente já estará pagando por algo. Ou seja, haverá a incidência do ICMS!

---

79. No caso, há uma situação considerada como uma imunidade prevista no art. 155, § 2º, X, da CF/1988, quanto aos serviços de radiodifusão sonora e de sons e imagens de recepção livre e gratuita.

CAPÍTULO 1 ➔ O que é tributo?

Por fim, no que tange aos serviços de comunicação, importante destacar a redação da Súmula 334 do STJ, a qual dispõe não incidir o referido imposto no serviço dos provedores de internet. Guarde isso!

Um outro entendimento firmado pelo STF, em repercussão geral, no ano de 2020, é o exaurido no julgamento do RE 1025986. Neste julgado, com repercussão geral (Tema 1012), uma determinada empresa locadora de automóveis pleiteou o afastamento do Convênio 64/2006, do Conselho Nacional de Política Fazendária (CONFAZ), o qual foi regulamentado pelo Decreto n. 29831/2006, no Estado de Pernambuco. Tal norma previu a exigência do recolhimento do ICMS, por parte das pessoas jurídicas, inclusive das locadoras, acaso vendessem os veículos de sua propriedade antes de completados 12 (doze) meses da aquisição.

> 💬 – A locadora obteve êxito?

Então, a locadora requereu a isenção do ICMS neste caso mencionado, pois tais veículos integram o seu ativo imobilizado e foram adquiridos diretamente das montadoras, devendo ser desconsiderado o prazo de 12 (doze) meses mencionado.

O Supremo Tribunal Federal entendeu que este pedido não deveria prevalecer, negando provimento ao recurso extraordinário da locadora.

> 💬 – Então, incidirá o ICMS?

Sim, tanto que o Supremo Tribunal Federal fixou a seguinte tese: "É constitucional a incidência do ICMS sobre a operação de venda, realizada por locadora de veículos, de automóvel, com menos de 12 (doze) meses de aquisição da montadora."

> 💬 – Parece que o assunto se torna cada vez mais complexo...

Vou facilitar um pouco... vamos estudar um ponto mais fácil, que é a incidência do ICMS nas importações, um tema de que gosto bastante, porque eu o leciono em Direito Aduaneiro. Combinado?!

109

— Parece ser bem difícil!

Não é, não... é um assunto para dar uma relaxada. A Emenda à Constituição 33/2001 veio com o intuito de alterar o art. 155, § 2º, IX, *a*, no sentido de que incidirá, o ICMS, "sobre a entrada de bem ou mercadoria importados do exterior por pessoa física ou jurídica, ainda que não seja contribuinte habitual do imposto, qualquer que seja a sua finalidade, assim como sobre o serviço prestado no exterior, cabendo o imposto ao Estado onde estiver situado o domicílio ou o estabelecimento do destinatário da mercadoria, bem ou serviço".

Inclusive, sobre esse tema, no ano de 2020, o Supremo Tribunal Federal, em repercussão geral, fixou a seguinte tese (Tema 520)[80]: "O

---

80. RECURSO EXTRAORDINÁRIO COM AGRAVO. REPERCUSSÃO GERAL RECONHECIDA. DIREITO TRIBUTÁRIO. IMPOSTO SOBRE CIRCULAÇÃO DE MERCADORIAS E SERVIÇOS – ICMS. IMPORTAÇÃO. ART. 155, §2º, IX, "A", DA CONSTITUIÇÃO DA REPÚBLICA. ART. 11, I, "D" E "E", DA LEI COMPLEMENTAR 87/96. AS PECTO PESSOAL DA HIPÓTESE DE INCIDÊNCIA. DESTINATÁRIO LEGAL DA MERCADORIA. DOMICÍLIO. ESTABELECIMENTO. TRANSFERÊNCIA DE DOMÍNIO. IMPORTAÇÃO POR CONTA PRÓPRIA. IMPORTAÇÃO POR CONTA E ORDEM DE TERCEIRO. IMPORTAÇÃO POR CONTA PRÓPRIA, SOB ENCOMENDA. 1. Fixação da seguinte tese jurídica ao Tema 520 da sistemática da repercussão geral: "O sujeito ativo da obrigação tributária de ICMS incidente sobre mercadoria importada é o Estado-membro no qual está domiciliado ou estabelecido o destinatário legal da operação que deu causa à circulação da mercadoria, com a transferência de domínio." 2. A jurisprudência desta Corte entende ser o sujeito ativo do ICMS-importação o Estado-membro no qual estiver localizado o destinatário final da operação, logo é irrelevante o desembaraço aduaneiro ocorrer na espacialidade de outro ente federativo. Precedentes. 3. Em relação ao significante "destinatário final", para efeitos tributários, a disponibilidade jurídica precede a econômica, isto é, o sujeito passivo do fato gerador é o destinatário legal da operação da qual resulta a transferência de propriedade da mercadoria. Nesse sentido, a forma não prevalece sobre o conteúdo, sendo o sujeito tributário quem dá causa à ocorrência da circulação de mercadoria, caracterizada pela transferência do domínio. Ademais, não ocorre a prevalência de eventuais pactos particulares entre as partes envolvidas na importação, quando da definição dos polos da relação tributária. 4. Pela tese fixada, são os destinatários legais das operações, em cada hipótese de importação, as seguintes pessoas jurídicas: a) na importação por conta própria, a destinatária econômica coincide com a jurídica, uma vez que a importadora utiliza a mercadoria em sua cadeia produtiva; b) na importação por conta e ordem de terceiro, a destinatária jurídica é quem dá causa efetiva à operação de importação, ou seja, a parte contratante de prestação de serviço consistente na realização de despacho aduaneiro de mercadoria, em nome próprio, por parte da importadora contratada; c) na importação por conta própria, sob encomenda, a destinatária jurídica é a sociedade empresária importadora (trading company), pois é quem incorre no fato gerador do ICMS com o fito de posterior revenda, ainda que mediante acerto prévio, após o processo de internalização. 5. Na aplicação da tese ao caso concreto, colhem-se equívocos na qualificação jurídica do conjunto fático-probatório, tal como estabelecido pelas instâncias ordinárias e sob as

CAPÍTULO 1 → O que é tributo?

sujeito ativo da obrigação tributária de ICMS incidente sobre mercadoria importada é o Estado-membro no qual está domiciliado ou estabelecido o destinatário legal da operação que deu causa à circulação da mercadoria, com a transferência de domínio."

> – Professora, mas não entendi... ainda que não seja contribuinte habitual? Isso quer dizer que se um dia eu importar algum bem também serei contribuinte do ICMS na importação?[81]

Exato! A pessoa física também será contribuinte, nesses casos. Mas saiba: não apenas o ICMS incidirá, mas também o IPI, conforme já entendeu o Supremo Tribunal Federal no julgamento do RE 723651, no ano de 2016.

No caso do ICMS, nosso objeto de estudo nesse ponto, em 16 de junho de 2020, o STF fixou a seguinte tese, por ocasião do julgamento do RE 1221330, com repercussão geral reconhecida: "I – Após a Emenda Constitucional 33/2001, é constitucional a incidência de ICMS sobre operações de importação efetuadas por pessoa, física ou

---

luzes da jurisprudência do Supremo Tribunal Federal, pelas seguintes razões: a) não se considerou a circulação simbólica da mercadoria como aspecto material do fato gerador; b) a destinação da mercadoria importada como matéria-prima para a produção de defensivos agrícolas em nada interfere a fixação do sujeito ativo do tributo, porque não cabe confundir o destinatário econômico com o jurídico; e c) não se verifica qualquer indício de "importação indireta", uma vez que, no caso, trata-se de filiais de uma mesma sociedade empresária. 6. Faz-se necessária a utilização de técnica de declaração de inconstitucionalidade parcial, sem redução de texto, ao art. 11, I, "d", da Lei Complementar federal 87/96, com o fito de afastar o entendimento de que o local da operação ou da prestação, para os efeitos de cobrança do imposto e definição do estabelecimento responsável pelo tributo, é apenas e necessariamente o da entrada física de importado. 7. Recurso extraordinário a que se nega provimento. (ARE 665134, Relator(a): EDSON FACHIN, Tribunal Pleno, julgado em 27/04/2020, PROCESSO ELETRÔNICO REPERCUSSÃO GERAL – MÉRITO DJe-123 DIVULG 18-05-2020 PUBLIC 19-05-2020) STF. Plenário. ARE 665134, Rel. Min. Edson Fachin, julgado em 27/04/2020 (Repercussão Geral – Tema 520) (Info 978).

81. A Lei Kandir dispõe sobre as seguintes possibilidades da ocorrência do fato gerador do ICMS na importação:
"Art. 12. Considera-se ocorrido o fato gerador do imposto no momento: (...)
IX – do desembaraço aduaneiro de mercadorias ou bens importados do exterior. (...)
XI – da aquisição em licitação pública de mercadorias ou bens importados do exterior e apreendidos ou abandonados;
§ 3º. Na hipótese de entrega de mercadoria ou bem importados do exterior antes do desembaraço aduaneiro, considera-se ocorrido o fato gerador neste momento, devendo a autoridade responsável, salvo disposição em contrário, exigir a comprovação do pagamento do imposto".

jurídica, que não se dedica habitualmente ao comércio ou à prestação de serviços, devendo tal tributação estar prevista em lei complementar federal. II – As leis estaduais editadas após a EC 33/2001 e antes da entrada em vigor da Lei Complementar 114/2002, com o propósito de impor o ICMS sobre a referida operação, são válidas, mas produzem efeitos somente a partir da vigência da LC 114/2002".

– Muito bom me lembrar disso! Mais um ponto em que há certa semelhança entre o ICMS e o IPI

Tem mais uma coisinha sobre o ICMS na importação... a súmula vinculante 48 dispõe que "na entrada de mercadoria importada do exterior, é legítima a cobrança do ICMS por ocasião do desembaraço aduaneiro". Minha pergunta: você sabe o que é o desembaraço aduaneiro?

– Eu não! Nunca tinha ouvido falar.

A grande maioria das pessoas também não. Fique tranquilo! Entretanto, é bom conhecer, pelo menos, o conceito. Nos termos do art. 571 do Decreto 6.759/2009, "desembaraço aduaneiro na importação é o ato pelo qual é registrada a conclusão da conferência aduaneira", sendo, posteriormente, desembaraçada a mercadoria e entregue ao seu destinatário. Então, depois de todos os trâmites para importar uma mercadoria ou um bem, objeto de estudo da disciplina de Direito Aduaneiro, passando pela fase de conferência aduaneira, realizada pela autoridade competente da Receita Federal do Brasil, que, ao ser concluída, inicia-se o desembaraço aduaneiro. Estando tudo correto, a mercadoria será liberada pela alfândega para o importador, em regra.

O interessante é que além da apresentação de documentos próprios, como o conhecimento de carga, bem como o comprovante do pagamento do Adicional de Frete para Renovação da Marinha Mercante (AFRMM), é indispensável que seja apresentado, também, o comprovante de recolhimento do ICMS na importação, salvo em casos em que haja a dispensa, em decorrência de uma isenção, por exemplo. Entretanto, quando exigido o ICMS na importação, o seu recolhimento é condição para que a mercadoria seja entregue ao importador![82]

– Nossa, nunca tinha aprendido sobre isso. Muito interessante! Quando achei que já tinha muito assunto sobre ICMS, aparece outro.

Ainda tem mais: é interessante que você conheça a base de cálculo do ICMS na importação. O art. 13 da Lei Kandir dispõe que a base de cálculo do ICMS nas importações é composta pela soma de sete parcelas:

BASE DE CÁLCULO ICMS
• Valor aduaneiro da mercadoria, incluindo o seguro e o frete internacionais;
• Imposto de Importação (II);
• Imposto sobre produtos industrializados (IPI);
• Imposto sobre operações financeiras (IOF);
• Impostos, taxas, contribuições e despesas aduaneiras, como o Adicional de Frete de Renovação da Marinha Mercante (AFRMM);
• Juros, assim como os descontos concedidos sob condição;
• ICMS.

– Como assim, professora, o próprio ICMS compõe sua base de cálculo?

O próprio valor do ICMS compõe sua base de cálculo, também conhecido como ICMS "por dentro", embora haja crítica expressiva

---

82. Caberá à Receita Federal do Brasil, após verificado o pagamento, por meio de informações prestadas pelo importador, ou da dispensa do recolhimento do ICMS na importação, repassar os dados para a respectiva Secretaria Estadual da Fazenda. Após, será a autoridade fazendária estadual competente para verificar se o procedimento realizado pelo contribuinte ou a dispensa estavam corretos. Nos termos do art. 52 da Resolução 680/2006, a entrega da mercadoria importada ao importador somente será autorizada após a prestação de informações por parte do contribuinte. Logo, não caberá ao Fisco Federal entrar no mérito sobre a exigibilidade ou não do ICMS, cabendo à autoridade fazendária estadual, devendo, apenas, atuar de forma formal.

113

por parte da doutrina,[83] corroborando para a aplicação duplicada da alíquota do ICMS. Tome cuidado com isso!

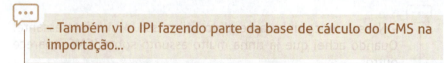
– Também vi o IPI fazendo parte da base de cálculo do ICMS na importação...

No caso do referido imposto federal, o art. 155, § 2º, XI, CF/1988 veda a inclusão do IPI quando a operação, realizada entre contribuintes e relativa a produto destinado à industrialização ou à comercialização, configure fato gerador dos dois impostos. Tal caso NÃO ocorre nas importações, pois não ocorrem entre contribuintes do imposto sobre produtos industrializados. Por isso, o IPI compõe a base de cálculo do ICMS na importação.

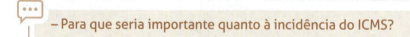
– Finalizamos o ICMS na importação, professora?

Quase... falta você aprender um pouco sobre o *leasing* internacional, objeto de um julgado interessante do Supremo Tribunal Federal, aí já estudaremos as demais modalidades de *leasing*...

Antes de estudarmos o *leasing* internacional, vamos ver as três modalidades: operacional, financeiro e o *lease back*.

– Para que seria importante quanto à incidência do ICMS?

Simples, pois, se houver a transferência da propriedade no momento da celebração do contrato, ocorreria a incidência do ICMS, já

---

83. Roque Antonio Carrazza (CARRAZZA, Roque Antonio. *ICMS*. 17. ed. São Paulo: Malheiros, 2015, p. 382 e 383) explica que "se a alíquota do ICMS é, por exemplo, de 18% sobre o valor da operação mercantil realizada e, feito este cálculo, aplica-se mais 18% sobre o valor apurado, o resultado é que não só a base de cálculo estará sendo indevidamente alargada como, sob outra perspectiva, a alíquota deixará de ser de 18%, transformando-se, como num passe de mágica, em 21,95%. Sob qualquer dos enfoques, tem-se uma situação totalmente divorciada dos princípios constitucionais tributários. Além de tudo, a legislação que autoriza o 'cálculo por dentro' do ICMS leva a um enriquecimento sem causa da Fazenda Pública. (...) As considerações até aqui feitas autorizam-nos a proclamar, com convicção, que a inclusão do valor do ICMS em sua própria base de cálculo não se sustenta, porque, adotando como fundamento um único e isolado preceito de legislação, atropela a estrutura e o perfil constitucional deste tributo".

que estaríamos diante de uma circulação jurídica da propriedade, não é mesmo?

– Verdade! Há alguma modalidade em que ocorrerá a incidência do ICMS? Pois sei que o art. 3º, VIII, da Lei Kandir dispõe não ocorrer a incidência do imposto sobre "operações de arrendamento mercantil, não compreendida a venda do bem ao arrendatário".

Então, quando estamos diante de um contrato de *lease back* (*leasing* de retorno), uma pessoa jurídica, proprietária de uma máquina, por exemplo, necessita de capital de giro, realiza uma alienação a uma instituição financeira que, por sua vez, arrenda este bem à mesma pessoa jurídica. Ou seja, o bem não sai do local, sendo o fornecedor e o arrendatário a mesma pessoa, não ocorrendo circulação. Logo, não haverá incidência do ICMS, nesse caso.

– Essa modalidade é a mais fácil de compreender!

As outras duas, operacional e financeiro, também! O *leasing* operacional consiste numa espécie de locação de um bem, sendo que a parte contratante paga um valor a título de sua utilização. Ao final do contrato, poderá adquirir esse bem pelo valor do mercado. Por fim, o financeiro consiste na possibilidade de uma instituição financeira de adquirir determinado bem pretendido pelo contratante, o qual será "alugado" por determinado lapso temporal à parte, sendo possível, ao final do contrato, que seja manifestada a vontade de aquisição do bem conforme o valor residual fixado no momento inicial da celebração do contrato.[84]

– Percebi que nessas duas situações apresentadas não haverá a incidência do ICMS, salvo se a parte manifestar seu interesse de adquirir o bem ao final do contrato, não é mesmo?

---

84. "Súmula 293, STJ: A cobrança antecipada do valor residual garantido (VRG) não descaracteriza o contrato de arrendamento mercantil".

Parabéns! Conseguiu compreender um assunto tão importante e considerado difícil a partir das premissas básicas do ICMS! Agora, em relação ao *leasing* internacional, quando temos a importação de um bem mediante esse contrato, não haverá a incidência do ICMS, em regra, exceto se ocorrer a opção de compra pelo arrendatário. Foi o que o STF entendeu no julgamento do RE 226899/SP.[85]

— Esse ponto sobre ICMS na importação é cheio de informações novas! Cada vez piora...

Verdade! (risos) Vou facilitar um pouco para você e vamos ver alguns pontos mais fáceis, por enquanto...

— Significa que no final do estudo do ICMS ainda teremos mais pontos difíceis, não é mesmo?

É... eu disse que não era um imposto fácil de ser estudado. Fique calmo que você vai tirar de letra!

No que concerne à base de cálculo, tínhamos visto que o próprio ICMS compõe sua própria base de cálculo, além daquela situação já explicada sobre o IPI. Isso basta para você saber sobre a base de cálculo do imposto[86]. Outro ponto importante é quanto aos contribuintes, disposto no art. 4º da Lei Kandir.

---

85. Interessante destacar que o Superior Tribunal de Justiça, utilizando-se do mesmo fundamento apresentado pelo julgado ora mencionado do Supremo Tribunal Federal, compreendeu pela não incidência do ICMS na importação nos casos de bens importados mediante contrato de comodato, já que se trata de um empréstimo gratuito de coisas não fungíveis (AgRg no Ag 988098/RJ, rel. p/ acórdão Min. Luiz Fux, j. em 04.11.2008).
86. Um ponto digno de nota é quanto ao ICMS não compor a base de cálculo do PIS e da COFINS. No julgamento do RE 574.706 (Tema 69), o Supremo Tribunal Federal fixou a seguinte tese: "O ICMS não compõe a base de cálculo do PIS e da COFINS". Ocorre que a Procuradoria Geral da Fazenda Nacional (PGFN) apresentou embargos de declaração em face dessa decisão proferida pela Suprema Corte. A PGFN alegou ausência de manifestação, por parte do STF, acerca de qual ICMS deve ser excluído da base de cálculo do PIS e da COFINS: se o destacado na nota fiscal ou o efetivamente recolhido pelo contribuinte. Fora isso, a questão referente à modulação dos efeitos do julgamento proferido pela Suprema Corte. Desde o final de 2019 estamos aguardando uma definição do caso, ainda sem data específica para o desfecho. Portanto, tenha atenção a esse ponto e acompanhe as decisões do Supremo Tribunal Federal, uma vez que se trata de um tema a ser cobrado por várias questões de provas de concurso público!

CAPÍTULO 1 → O que é tributo?

> 💬 – Para ser contribuinte do imposto tem que haver habitualidade ou volume que caracterize intuito comercial, não é mesmo?!

Em regra, sim! Essa situação que você acabou de me descrever é a que está no *caput* do artigo que mencionei, mas, se você ver o parágrafo único direitinho, há casos em que o contribuinte será aquele, pessoa física ou jurídica, que mesmo sem habitualidade ou intuito comercial importar bens ou mercadorias do exterior, conforme já estudamos, assim como o destinatário de serviço prestado no exterior ou que tenha sido iniciado no exterior, adquira mercadorias ou bens apreendidos ou abandonados em licitação e, por fim, quem venha adquirir lubrificantes líquidos e gasosos derivados de petróleo ou de energia elétrica, provenientes de outro Estado e que não sejam destinados à comercialização ou industrialização. Guarde essas exceções!

> 💬 – Pode deixar, estarei mais atento ao art. 4º da Lei Kandir. Tem mais algum assunto fácil?

Ah, sim, o lançamento tributário é bem tranquilo. Será lançado o ICMS, por homologação, isto é, o sujeito passivo que calcula o valor do imposto, declara e paga antecipadamente. Posteriormente, caberá à autoridade administrativa competente homologar ou não, podendo, inclusive, lançar de ofício determinadas diferenças constatadas. É um ponto que verificaremos mais adiante.

Por fim, cabe ressaltar que, em regra, o ICMS observará os princípios da legalidade e da noventena, entretanto, em relação ao primeiro há a exceção no caso da incidência monofásica sobre combustíveis, definido em lei complementar, sendo a alíquota fixada por convênio. Ademais, nesta mesma situação teremos exceção ao princípio da noventena no que concerne ao restabelecimento da alíquota. Mas isso tudo, com certeza, você já sabia!

> 💬 – Sabia, embora seja sempre bom recordar. Também sei sobre as imunidades, principalmente nas exportações.

Esse assunto é um pouco polêmico. O art. 155, § 2º, X, *a*, da CF/1988 prevê que não haverá a incidência do ICMS sobre as exportações de mercadorias ao exterior e a prestação de serviços, cujos destinatários se encontrem no exterior. Inclusive, já tratamos desse assunto anteriormente quanto à possibilidade da manutenção e o aproveitamento do crédito.

> – Eu me lembro... mas minha pergunta é quanto à imunidade nas exportações: os Estados não perdem muita receita?

Perdem e por conta disso propuseram uma Ação Direta de Inconstitucionalidade por Omissão (ADO) n. 25, sendo que o Supremo Tribunal Federal fixou um prazo de 12 meses, a partir da publicação da ata da sessão de julgamento (14/12/2016), para que o Congresso Nacional editasse uma lei complementar regulamentando os repasses de recursos da União para os Estados e o Distrito Federal em decorrência da desoneração das exportações.

> – E essa lei foi editada, professora?

Para você ver como esse livro está atualizado, vou lhe contar uma novidade...

> – Qual?

Em 29 de dezembro de 2020 foi sancionada a Lei Complementar 176/2020, publicada na mesma data no Diário Oficial da União. Tal norma "institui transferências obrigatórias da União para os Estados, o Distrito Federal e os Municípios, por prazo ou fato determinado; declara atendida a regra de cessação contida no § 2º do art. 91 do Ato das Disposições Constitucionais Transitórias (ADCT); e altera a Lei nº 13.885, de 17 de outubro de 2019".

Após décadas de disputa judicial, finalmente, a tão esperada lei foi sancionada!

> – Poxa vida, professora! Bem nas vésperas da virada do ano.

Pois é, esse conteúdo é fresquinho!

CAPÍTULO 1 → O que é tributo?

A LC 176/2020 prevê a transferência para os Estados, Distrito Federal e Municípios, a título de compensação por conta das perdas decorrente da imunidade tributária nas exportações.

As referidas transferências já começaram no finalzinho de 2020, estando previsto o ressarcimento de R$58 bilhões entre 2020 e 2037. Para tanto, foi incluída uma nova programação orçamentária da Lei Orçamentária de 2020, através da abertura de crédito adicional, conforme estudaremos em "Diálogos sobre o Direito Financeiro", para que os repasses vislumbrados na referida lei complementar sancionada sejam realizados.

Pense em um alívio para os Estados, Distrito Federal e Municípios com a sanção dessa lei, ainda mais nessa época tão sofrida que estamos vivendo por conta da pandemia da COVID-19!

> – Imagino... fora essa imunidade nas operações de exportação, há mais alguma?

Além das imunidades previstas no art. 150, VI, da CF/1988, também temos que não haverá a incidência do ICMS sobre o ouro, quando for considerado, por lei, como um ativo financeiro ou instrumento cambial, incidindo, nesses casos, o IOF, nos termos do art. 155, § 2º, X, c, da CF/1988 e a já tratada quanto à prestação de serviços de comunicação de radiodifusão e sonora de sons e imagens de recepção livre e gratuita.

> – Eu me recordo bem dessas situações já abordadas!

A próxima hipótese que iremos estudar é a imunidade tributária sobre combustíveis e lubrificantes derivados de petróleo, inclusive lubrificantes, combustíveis líquidos e gasosos dele derivados, além de energia elétrica. Na verdade, estamos diante de uma situação de **imunidade em relação às operações que destinem a outros Estados essas mercadorias**, nos termos do art. 155, § 2º, X, b, da CF/1988. Logo, nestas operações interestaduais, o produto oriundo da arrecadação do ICMS caberá ao Estado do consumo, não ao Estado de origem.

119

— Qual a lógica disso?

Muito simples: imagine o petróleo. São poucos os Estados da Federação que possuem jazidas desse minério. Se o total do ICMS arrecadado ficasse com eles, haveria uma desproporcionalidade. Por isso que houve uma decisão política em conceder a referida imunidade, beneficiando os Estados de destino, assim como o Distrito Federal. Para você compreender com mais facilidade, é importante a leitura do art. 2º, § 1º, III, da Lei Kandir, o qual dispõe sobre a incidência do ICMS "sobre a entrada, no território do Estado destinatário, de petróleo, inclusive lubrificantes e combustíveis líquidos e gasosos dele derivados, e de energia elétrica, quando não destinados à comercialização ou à industrialização, decorrentes de operações interestaduais, cabendo o imposto ao Estado onde estiver localizado o adquirente".[87-88]

— Faz todo sentido. Agora, pode piorar a matéria porque já achei bem mais fácil!

Você pediu, vamos lá, então! Aproveitando que mencionei um pouco sobre combustíveis e lubrificantes, que tal estudarmos sobre a incidência do ICMS sobre essas mercadorias?

— Vamos lá!

---

[87] O Supremo Tribunal Federal delimitou a imunidade, apenas, quanto aos combustíveis líquidos e gasosos e lubrificantes, excluindo os demais, nos termos do julgamento do AI 199516 – AgR, rel. Min. Moreira Alves.

[88] O Supremo Tribunal Federal, por ocasião do julgamento do RE 748543, com repercussão geral, fixou a seguinte tese (Tema 689): "Segundo o artigo 155, §2º, X, b, da CF/88, cabe ao Estado de destino, em sua totalidade, o ICMS sobre a operação interestadual de fornecimento de energia elétrica a consumidor final, para emprego em processo de industrialização, não podendo o Estado de origem cobrar o referido imposto."
Ainda, sobre a questão da energia elétrica, tivemos um entendimento do Supremo Tribunal Federal, no julgamento do RE 593824/SC, em repercussão geral, no sentido de que somente integram a base de cálculo do ICMS os valores referentes às operações em que haja o consumo efetivo de energia elétrica pelo consumidor, excluindo, dessa forma, a demanda de potência elétrica.

CAPÍTULO 1 → O que é tributo?

Como já havia mencionado, caberá a uma lei complementar definir quais os combustíveis e os lubrificantes passíveis de uma incidência monofásica do ICMS, isto é, uma incidência única, ocorrendo a antecipação do pagamento do referido imposto, implementando a sistemática da substituição tributária para a frente.[89]

– Sobre a substituição tributária eu entendo bem pouco e confesso que acho bem complicado!

O que você precisa compreender é que há duas possibilidades de substituição tributária: a) substituição tributária "para trás"; e b) substituição tributária "para a frente". Na "para trás", o fato gerador ocorreu lá atrás, mas quem vai recolher não será quem o praticou (substituído), e sim, o substituto.

– Essa substituição "para trás" aparenta ser mais justa, uma vez que o fato gerador do ICMS já ocorreu.

O problema é na substituição tributária "para a frente", pois o fato gerador estará "lá na frente", ou seja, primeiro o substituto vai recolher o tributo com base em uma base de cálculo e um fato gerador fictícios, podendo este último nem vir a ocorrer. Essa possibilidade de substituição foi inserida por ocasião da Emenda Constitucional 3/1993, a qual acrescentou o § 7 ao art. 150 da CF/1988,[90] prevista,

---

89. "Na substituição tributária 'para frente', parte-se do pressuposto de que o fato imponível ocorrerá no futuro e que, portanto, é válida a cobrança antecipada do tributo (ainda mais quando há fundados receios de que o realizador deste fato futuro praticará evasão fiscal). Para acautelar interesses fazendários tributa-se, na substituição tributária 'para a frente', fato que ainda não aconteceu (e que, portanto, ainda não existe e, em tese, poderá nunca vir a existir). Assim, a partir do advento da Emenda Constitucional 3/1993 é possível a tributação antecipada, desde que se garanta ao contribuinte originário (no caso, o substituído) a devolução do indébito tributário, na hipótese de, a final, inocorrer o fato imponível". Carrazza (CARRAZZA, Roque Antonio. *ICMS*, 17. ed. São Paulo: Malheiros, 2015, p. 389). Atualmente, o STF compreende, por conta do julgamento das ADIs 2675 e 2777, que o contribuinte tem direito à diferença entre o valor do tributo recolhido previamente e aquele realmente devido no momento da venda, e não apenas ao valor de pago referente ao fato gerador não ocorrido.
90. § 7 do art. 150 da CF/1988: "A lei poderá atribuir a sujeito passivo de obrigação tributária a condição de responsável pelo pagamento de imposto ou contribuição, cujo fato gerador deva ocorrer posteriormente, assegurada a imediata e preferencial restituição da quantia paga, caso não se realize o fato gerador presumido".

121

também, principalmente nos arts. 5º,[91] 6º,[92] 7º[93] e 8º[94] da Lei Kandir. A partir dessa permissão que a Constituição Federal de 1988 e a Lei Complementar 87/1996 garantem aos Estados e ao Distrito Federal, legislações estaduais e distrital podem disciplinar a matéria, como melhor lhes convier.

– Engraçado que essa possibilidade de os Estados e de o Distrito Federal disciplinarem a substituição tributária pode ensejar ainda mais o agravamento da guerra fiscal.

E agrava! Na aula sobre responsabilidade tributária veremos melhor a substituição tributária. Continuando sobre a incidência monofásica do ICMS no caso de combustíveis e lubrificantes derivados do petróleo, tem-se que a totalidade do valor arrecadado a título de imposto caberá ao Estado onde ocorrer o consumo, nos termos do art. 155, § 4º, I, da CF/1988.

---

91. Art. 5º Lei poderá atribuir a terceiros a responsabilidade pelo pagamento do imposto e acréscimos devidos pelo contribuinte ou responsável, quando os atos ou omissões daqueles concorrerem para o não recolhimento do tributo.
92. Art. 6º Lei estadual poderá atribuir a contribuinte do imposto ou a depositário a qualquer título a responsabilidade pelo seu pagamento, hipótese em que assumirá a condição de substituto tributário.
§ 1º A responsabilidade poderá ser atribuída em relação ao imposto incidente sobre uma ou mais operações ou prestações, sejam antecedentes, concomitantes ou subsequentes, inclusive ao valor decorrente da diferença entre alíquotas interna e interestadual nas operações e prestações que destinem bens e serviços a consumidor final localizado em outro Estado, que seja contribuinte do imposto.
§ 2º A atribuição de responsabilidade dar-se-á em relação a mercadorias, bens ou serviços previstos em lei de cada Estado.
93.. Art. 7º Para efeito de exigência do imposto por substituição tributária, inclui-se, também, como fato gerador do imposto, a entrada de mercadoria ou bem no estabelecimento do adquirente ou em outro por ele indicado.
94. Art. 8º A base de cálculo, para fins de substituição tributária, será:
I – em relação às operações ou prestações antecedentes ou concomitantes, o valor da operação ou prestação praticado pelo contribuinte substituído;
II – em relação às operações ou prestações subsequentes, obtida pelo somatório das parcelas seguintes:
a) o valor da operação ou prestação própria realizada pelo substituto tributário ou pelo substituído intermediário;
b) o montante dos valores de seguro, de frete e de outros encargos cobrados ou transferíveis aos adquirentes ou tomadores de serviço;
c) a margem de valor agregado, inclusive lucro, relativa às operações ou prestações subsequentes. (...)

— Também há os combustíveis que não são considerados como derivados do petróleo, não é mesmo? E quanto a esses?

Se o destinatário também for considerado contribuinte do imposto estadual, o montante arrecadado será objeto de repartição entre os Estados de origem e de destino. Ao passo que se o destinatário não for considerado contribuinte, caberá a totalidade ao Estado de origem. Mas tome cuidado, pois essa situação abarca as operações interestaduais com gás natural e seus derivados, lubrificantes e combustíveis não considerados como derivados do petróleo![95-96]

— O ICMS nas operações interestaduais é um ponto muito confuso. Nunca compreendi direito, porque é uma confusão quando o destinatário da mercadoria se encontra em outro Estado da Federação, para qual ente ficará o produto arrecadado e a alíquota a ser aplicada...

Tem razão! A primeira regra que preciso que você aprenda é a seguinte: EM REGRA, as alíquotas internas não poderão ser inferiores às dispostas para as operações interestaduais, exceto se houver deliberação do CONFAZ em sentido contrário. É uma grande pegadinha, isso porque as alíquotas internas devem ser maiores ou iguais às alíquotas interestaduais, as quais são definidas pelo Senado Federal, conforme já vimos anteriormente. Mas nem sempre será assim!

— Sempre caía nessa pegadinha...

Aqui neste tópico é imprescindível que você faça a leitura do art. 155, § 2º, VII, o qual dispõe que "nas operações e prestações que destinem bens e serviços a consumidor final, contribuinte ou não do

---

95. Art. 155, § 4º, II e III, da CF/1988.
96. Para o Superior Tribunal de Justiça, no julgamento do REsp 1884431/PB, não há novo fato gerador do ICMS ocorrido com a variação volumétrica de combustíveis líquidos, uma vez que não se está diante de uma nova entrada ou saída intermediária não considerada para o cálculo do imposto antecipado, mas de mera expansão física de uma mercadoria volátil por natureza.

imposto, localizado em outro Estado, adotar-se-á a alíquota interestadual e caberá ao Estado de localização do destinatário o imposto correspondente à diferença entre a alíquota interna do Estado destinatário e a alíquota interestadual".

Suponha que há a transação de uma mercadoria, cujo adquirente esteja domiciliado em Goiás e o vendedor, uma empresa, localizado em São Paulo. No caso, a alíquota interna de São Paulo é de 16%, sendo a mesma de Goiás. A alíquota interestadual entre os dois Estados é de 6%.

– Interessante, gosto de exemplos mais concretos.

Acompanhe, então! Não perca o raciocínio. O adquirente, localizado no Estado de Goiás, vai adquirir celulares para revender. Ou seja, o adquirente não é consumidor final. Nesse caso, o Estado de São Paulo (Estado de origem das mercadorias) receberá o equivalente à incidência da alíquota interestadual de 6% sobre o valor do produto vendido.

– Aplica-se o princípio da não cumulatividade nesse caso?

Aplica-se, sim, podendo o adquirente vir a compensar o valor recolhido a título de ICMS, com o valor fruto da incidência da alíquota interna do Estado de Goiás (16%) sobre o valor da venda do celular que terá que recolher, caso a venda seja realizada dentro do próprio Estado goiano.

– Quando o adquirente for consumidor final, como será?

Nesse caso, se a empresa adquiriu celulares para uso de seus funcionários, embora seja contribuinte do ICMS, será adotada a alíquota interestadual, cabendo ao Estado de localização do destinatário o valor do imposto arrecadado, correspondente à diferença entre a alíquota interna (16%) do Estado destinatário (Goiás) e a alíquota interestadual (6%). Conclui-se que o Estado de São Paulo (origem) receberá o equivalente à incidência de 6% e o Estado de Goiás (destino) o referente à incidência de 10% (16% – 6%), por ser o resultado entre as alíquotas interna e interestadual.

CAPÍTULO 1 → O que é tributo?

Essa situação apresentada ocorre quando o adquirente é considerado consumidor final e contribuinte do imposto estadual. Imagine que você seja considerado consumidor final, domiciliado no Estado de Goiás, mas não é o contribuinte do ICMS...

– Vivo comprando bens de outros Estados pela internet nesses *sites*.

Pois é, a Emenda à Constituição 87/2015 veio para regulamentar essa situação, ficando conhecida como "Emenda do Comércio Eletrônico". Segundo o seu teor, você, consumidor final não contribuinte do ICMS, terá o mesmo tratamento do consumidor final contribuinte.

– Confesso que achava essa parte muito confusa!

Que bom que descompliquei isso para você. Há mais um ponto que chove em provas de concurso, principalmente as de Procuradorias do Estado e as do Município que precisamos abordar aqui para fecharmos o ICMS.

– Qual é?

O ICMS e o ISS!

– Sobre isso eu havia aprendido que o ICMS incidirá na totalidade do valor da operação, quando as mercadorias forem fornecidas conjuntamente com os serviços prestados que não estejam compreendidos na competência dos entes municipais, por não haver previsão na Lei Complementar 116/2003, a legislação que dispõe sobre o ISS.

Você percebeu que já apresentou duas condições para que haja incidência somente do ICMS?

– Percebi: mercadorias e serviços ofertados conjuntamente E que os serviços não estejam previstos como de competência dos Municípios.

125

Ótimo! Já até tinha explicado sobre a Súmula 163 do STJ e o fornecimento de alimentos e bebidas e a prestação de serviços em bares e restaurantes. Contudo, quando a própria lei do ISS dispõe que os serviços devem ser tributados pelo ISS, mas o fornecimento das mercadorias fornecidas seja tributado pelo ICMS.

Por último, embora seja um assunto a ser estudado na parte de Direito Penal, para que eu possa dormir tranquila, saiba que o Superior Tribunal de Justiça, por ocasião do julgamento do REsp 1867109, compreendeu que a falta de recolhimento do ICMS em operações próprias, quando não é contumaz, não configura comportamento criminoso.

E assim acabamos o ICMS!

– Nem acredito!!!

Nem eu! Juro que foi um pouco cansativo repassar tudo isso aqui para você da forma mais didática que eu encontrei. Mesmo assim, o ICMS é complicado. Vamos a um outro imposto estadual? Pode escolher entre o IPVA e o ITCMD...

– IPVA!

Você é quem manda. Depois do ICMS, tudo fica mais fácil.

2.1.2.2. Imposto sobre a propriedade de veículos automotores (IPVA)

– Não gosto desse imposto. Tenho um carro e, toda vez que vira o ano, penso no IPVA!

E quem gosta de pagar impostos, né?

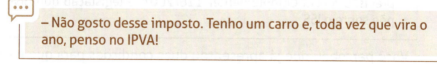

– Ninguém! Só espero que ele não ocupe tanto o nosso tempo.

Fique tranquilo, porque esse vai ser rápido. O pior já passou.

– O que sei, de início, é que ainda não foi editada uma norma geral sobre o IPVA por parte da União. Logo, os Estados possuem uma capacidade plena, editando suas respectivas normas, por conta do art. 24, § 3º, da CF/1988.

Perfeito! Saiba também que suas alíquotas MÍNIMAS serão fixadas pelo Senado Federal, nos termos do art. 155, § 6º, I, da CF/1988.

– É uma maneira de, também, evitar uma guerra fiscal?

Sim, evitando, dessa forma, que alguns Estados atraiam proprietários de veículos para seus respectivos territórios, embora residam em outros lugares.

– Ainda sobre as alíquotas, professora, sei que a depender do tipo e da utilização do veículo, elas serão diferenciadas, mas isso se aplica, também, aos veículos nacionais e importados?

Primeiro, você está coberto de razão ao mencionar que há essa possibilidade de termos alíquotas diferenciadas a depender do tipo e da utilização do veículo. Imagine, por exemplo, um micro-ônibus que transporte alunos para as escolas: no Estado de São Paulo, a alíquota do IPVA que incidirá é de 2%, conforme o art. 9º, II, *a*, da Lei Paulista 13.296/2008.

O outro ponto é que não poderá o Estado diferenciar as alíquotas do IPVA por ser um veículo nacional e outro importado, pois, caso contrário, estaríamos diante de uma violação direta ao princípio da não discriminação por conta da precedência ou do destino, previsto no art. 152 da CF/1988.

– Então, isso quer dizer que, após minha posse como juiz federal, se eu quiser adquirir um carro importado, a alíquota do IPVA que incidirá será a mesma alíquota que incidiria se eu adquirisse um carro nacional?

É por aí, mas tome cuidado, porque, adquirindo um carro importado, a base de cálculo será bem rechonchuda.

127

— O que isso quer dizer?

Ora, a base de cálculo do IPVA é, em regra, o valor venal do veículo. Aqui em São Paulo, por exemplo, a base de cálculo se baseia na tabela FIPE, a qual reflete no valor médio dos veículos automotores terrestres. Logo, acaso você venha a adquirir um veículo muito caro, embora a alíquota do IPVA seja a mesma em relação ao carro mais em conta, você pagará mais imposto, já que sua base de cálculo é mais onerosa.

— Entendi, professora!

Ainda sobre a base de cálculo do IPVA, saiba que nos termos do art. 150, § 1º, da CF/1988, as alterações não estão sujeitas ao princípio da noventena. Tome cuidado com isso! Ou seja, se tivermos uma alteração da base de cálculo a majoração do tributo somente será válido para o exercício financeiro seguinte, pois somente respeita o princípio da anterioridade, mas não o da noventena.

— Sobre o fato gerador do IPVA, sei que sempre que vira o ano ele acontece.

Essa é a regra para veículos automotores denominados de "usados", ocorrendo em 1º de janeiro. Entretanto, diversas legislações estaduais, dentro do razoável, dispõem sobre outras hipóteses de incidência do IPVA. Se for um veículo novo que você adquiriu, na data da aquisição que teremos concretizado o fato imponível, isto é, o conhecido fato gerador do IPVA. A lei paulista (Lei 13.296/2008) é firme nesse sentido em seu art. 3º, II.

— Então, recapitulando, eu por ser proprietário de um carro serei considerado como contribuinte do IPVA. Se eu comprar um barco também serei? Afinal, veículos automotores não abarcam, também, embarcações e aeronaves?

CAPÍTULO 1 → O que é tributo?

Não! Isso porque o IPVA surgiu como substituto da taxa rodoviária única, a qual incidia, apenas, sobre os veículos automotores terrestres. Logo, aeronaves e embarcações não são passíveis da incidência do IPVA, conforme decisão do Supremo Tribunal Federal nos julgamentos dos recursos extraordinários 134509/AM e 255111/SP.

> – Que beleza! Estou seriamente pensando em comprar um barco em vez de um carrão.

Mas você tem que levar em consideração que a manutenção do barco é muito mais cara, tem que contratar marinheiro, marina, combustível...

> – Ixi, verdade!

Só um ponto final sobre o IPVA: o lançamento será de ofício pela autoridade competente.

> – Que bom que foi rápido aprender sobre o IPVA. Pelas minhas contas, só falta o ITCMD. Só uma coisa... li uma notícia, no final de 2020, sobre uma decisão do Supremo Tribunal Federal que compreendeu ser inconstitucional uma lei estadual que concedia isenção do pagamento do IPVA aos portadores de doenças graves....

Essa decisão do Supremo Tribunal Federal, de declarar inconstitucional a lei estadual 1.293/18, do Estado de Roraima, é fruto do julgamento da ADI 6.074, mas o caso envolve a renúncia de receitas, afrontando o art. 113, do ADCT, segundo o qual a norma que criar ou alterar despesa obrigatória ou renúncia de receita, como é no caso em tela, deverá estar acompanhada da estimativa do seu impacto orçamentário e financeiro. Logo, para a relatora, Min. Rosa Weber, a norma padece de inconstitucionalidade formal, mas não de inconstitucionalidade material, dado que, conceder um benefício tributário a pessoas portadoras de doenças graves em nada ofende o princípio da isonomia tributária, consagrado no art. 150, II, da Constituição Federal de 1988.

129

Embora envolva a disciplina de Direito Financeiro, que será estuda oportunamente, foi bom você ter mencionado essa decisão, uma vez que ela é do finalzinho de 2020. Sinal que está antenado a tudo, hein?!

– Ô se estou! Sei que há outros entendimentos do Supremo Tribunal Federal sobre o IPVA, desse ano emblemático de 2020...

Bem lembrado!

Tem um entendimento interessante, proferido no julgamento de um recurso extraordinário com repercussão geral reconhecida (Tema 708), que é o RE 1016605, no sentido de que o imposto estadual em questão deverá ser recolhido no domicílio do proprietário do veículo, onde deve ser licenciado e registrado.

– Mas isso já não era certo, professora?!

Pois é, mas tivemos uma decisão do Tribunal de Justiça de Minas Gerais que reconheceu a legitimidade do seu Estado para a cobrança do referido imposto, com base na Lei estadual mineira 14.937/2003, a qual dispõe, em seu art. 1º, que desde que o proprietário do veículo automotor seja domiciliado no estado, independerá do local do registro do bem. No caso concreto, o veículo havia sido registrado e licenciado no Estado de Goiás, mas o seu proprietário, uma pessoa jurídica, era domiciliada no município de Uberlândia, no Estado de Minas Gerais.

– E qual seria o fundamento dessa decisão do Supremo Tribunal Federal?

O Ministro Alexandre de Moraes explicou que o IPVA, criado no ano de 1985[97], por meio de uma emenda constitucional, tinha a justificativa de remunerar a localidade onde o veículo automotor circulava. Algo que tem fundamento, não é mesmo?! Se o proprietário do

---

97. O IPVA é fruto da EC n 27/1985, que acrescentou o inciso III no art. 23 da Constituição de 1967.

veículo automotor é domiciliado no município mineiro de Uberlândia, será lá que ele utilizará mais das vias públicas, tanto é que 50% do valor arrecadado a título de IPVA é destinado ao Município.

– Mas, e a questão envolvendo o licenciamento?

Como você sabe, não temos uma lei complementar de caráter nacional dispondo sobre o IPVA. Desta forma, cabe aos Estados legislarem sobre o imposto. Fora que, para o STF, o domicílio do proprietário do veículo automotor e o local do licenciamento devem coincidir, caso contrário, está configurada uma fraude.

Também, entendeu o Supremo Tribunal Federal, no julgamento da ADI 4612 e do RE 1016605, que as locadoras de veículos devem pagar o IPVA ao Estado onde o carro circula, ou seja, no local onde é colocado à disposição do cliente e também que o locatário poderá ser responsabilizado pelo adimplemento do imposto, caso a locadora deixe de pagá-lo.

Por fim, para finalizarmos a análise jurisprudencial acerca do IPVA, saiba que o mero fato do contribuinte estar em mora quanto ao adimplemento do imposto não gera, por si só, a possibilidade da apreensão do veículo automotor. Isso porque, como já vimos, tributo não é sanção.

– Verdade, professora! É um dos elementos que vimos de forma detalhada no art. 3º, do Código Tributário Nacional.

Que bom que você se recordou disso.

Ocorre que o Código de Trânsito Brasileiro (CTB) prevê que só será possível proceder ao licenciamento do veículo quando comprado o pagamento dos tributos, encargos e multas vinculados ao bem. É desta forma que dispõem os arts. 124, VIII, 128, e 131, § 2º, do CTB. O Supremo Tribunal Federal compreende que esses dispositivos não limitam e nem ferem o direito de propriedade, fora que, não podem ser considerados como sanções políticas[98].

---

98. STF. Plenário. ADI 2998/DF, rel. Min. Marco Aurélio, red. p/ o ac. Min. Ricardo Lewan-dowski, julgado em 10/04/2019.

— Professora, compreendi essa lógica. No entanto, sem o estar licenciado, o veículo sofrerá restrições, sendo vedado, inclusive, que ele circule.

Aí é que está o problema. Acaso o veículo transite sem estar licenciado, estaremos diante da prática de uma infração gravíssima de trânsito, cuja medida administrativa é a remoção do veículo, consoante dispõe o art. 230, V, do CTB.

Importante que você fique atento a essa questão, principalmente em uma eventual prova de segunda fase de concurso público!

2.1.2.3. Imposto sobre a Transmissão Causa Mortis e Doação (ITCMD)

— Vai me dizer que referente a esse imposto o Senado Federal também fixa as alíquotas?

Diferentemente no que ocorre com o IPVA, em relação ao ITCMD, o Senado Federal é competente para estabelecer as alíquotas máximas, conforme dispõe o art. 155, § 1º, IV, da CF/1988.

— Isso quer dizer que a legislação estadual poderá prever a alíquota do ITCMD referente à máxima fixada pelo Senado Federal?

Não. O STF[99] compreendeu que a norma estadual não pode estabelecer a alíquota do seu ITCMD de forma genérica, devendo, a cada alteração, o Estado editar norma sobre a elevação da alíquota do seu referido imposto. Outro ponto importante a ser aprendido é quanto ao fato gerador...

---

99. STF, RE 218086-AgR, rel. Min. Sydney Sanches, *DJ* 17/03/2000.

CAPÍTULO 1 → O que é tributo?

– Depende, né?... transmissão, por causa *mortis* ou por doação, de quaisquer bens ou direitos. Li o art. 35 do CTN!

Excelente. Aqui é importante entendermos um pouco sobre a transmissão *causa mortis*. Lá no Código Civil temos o princípio da *saisine*, no art. 1784, o qual dispõe que a transmissão da herança ocorrerá com a abertura da sucessão aos herdeiros legítimos e testamentários. Será nesse momento, da morte, correspondente à abertura da sucessão,[100] que será identificada a lei a ser aplicada, isto é, a vigente nessa época, definindo, principalmente, qual a alíquota a ser aplicada, consoante o art. 114 do CTN.[101]

– No art. 35, parágrafo único, do CTN que li ocorrem diversos fatos geradores conforme a quantidade de herdeiros existentes ou legatários, surgindo diferentes sujeitos passivos do ITCMD.

Você está coberto de razão, sendo os sucessores e/ou legatários os contribuintes do imposto. Ainda sobre o ITCMD, as súmulas 113 e 114, ambas do Supremo Tribunal Federal que dispõem sobre o cálculo do imposto de transmissão *causa mortis* e a exigibilidade são de extrema importância.[102] Só para completar, temos que o Supremo Tribunal Federal, no julgamento do RE 562045/RS[103], compreendeu que as alíquotas do ITCMD poderão ser progressivas.

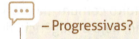
– Progressivas?

Pois é, conforme a capacidade contributiva. Portanto, quanto maior a base de cálculo, maior será a alíquota do ITCMD!

---

100. Súmula 331 do STF: "É legítima a incidência do imposto de transmissão *causa mortis* no inventário por morte presumida".
101. Súmula 112 do STF: "O imposto de transmissão *causa mortis* é devido pela alíquota vigente ao tempo da abertura da sucessão".
102. Súmula 113 do STF: "O imposto de transmissão *causa mortis* é calculado sobre o valor dos bens na data da avaliação". Súmula 114 do STF: "O imposto de transmissão *causa mortis* não é exigível antes da homologação do cálculo".
103. Rel. orig. Min. Ricardo Lewandowski, red. p/ o acórdão Min. Cármen Lúcia, 6/2/2013.

— Aqui há uma grande controvérsia. O § 1º do art. 145 da CF/1988 somente permite a progressividade para os impostos pessoais. O ITCMD não é um imposto real?

É um imposto real, sim, pois incide sobre algum elemento econômico de maneira objetiva, não levando em consideração a situação pessoal do contribuinte, todavia, o § 1º do art. 145 da CF/1988 não proíbe que os impostos reais tenham suas alíquotas progressivas, não havendo necessidade, inclusive, de que seja editada uma emenda à Constituição para que haja essa possibilidade.

Tome cuidado porque, como bem sabe, o ITCMD tem como fato gerador a transmissão gratuita de bens, ao passo que o ITBI, imposto municipal, possui como fato gerador a transmissão a título oneroso, abarcando, apenas, os bens imóveis. Sobre este último imposto, o Supremo Tribunal Federal[104] possui entendimento sumulado de que é inconstitucional lei que estabeleça que suas alíquotas sejam progressivas com base no valor venal do imóvel transmitido.

— Compreendi, em termos gerais, o ITCMD *causa mortis*. Acredito que o incidente sobre doações será bem mais tranquilo.

Mais ou menos... quando a doação é referente a um bem imóvel, a transmissão da propriedade ocorrerá mediante o registro do título no cartório de Registro de Imóveis, em regra. Muito comum, na prática, que, antes de realizado o registro no cartório, haja a exigência do recolhimento do valor a título de ITCMD pelo tabelião. Logo, conclui-se que, em regra, o referido imposto estará sujeito ao lançamento por declaração, uma vez que o próprio sujeito passivo prestará as informações à autoridade administrativa que efetuará a constituição do crédito tributário.

— Imagino que referente aos bens móveis é uma regra distinta, já que são transmitidos pelo instituto da tradição, previsto no art. 1267 do Código Civil de 2002.

---

104. Súmula 656 do STF.

Nesse caso, sim. Pois com a entrega do bem móvel é que teremos o fato gerador do ITCMD. Entretanto, é bastante comum na prática que haja o recolhimento do ITCMD antes da ocorrência da tradição do bem.

No mais, em ambos os casos de doação, quanto à definição de contribuintes do imposto, caberá ao legislador estadual dispor quem será: o doador ou o donatário.[105]

– Era só isso sobre o ITCMD? Achei bem fácil.

Falta um ponto ainda sobre as regras quanto à cobrança do imposto previstas no art. 155, § 1º, II, da CF/1988. Você deve guardar que, tratando-se de bens imóveis e seus respectivos direitos, o ITCMD caberá ao Estado onde se encontra o imóvel. Essa é a regra mais fácil. O problema é quando temos os bens móveis, títulos e créditos.

– Já está dificultando um pouco...

Quanto a esta segunda situação, temos que ela é subdividida em duas: a) *causa mortis*; e b) doação. Na primeira, a competência será do Estado em que for processado o arrolamento ou inventário, ao passo que na segunda, isto é, na doação, a competência é do estado onde estiver domiciliado o doador.

A terceira e última situação é referente ao art. 155, § 1º, III, da CF/1988,[106-107] sendo necessário que uma lei complementar seja editada para regular a competência.

---

105. Sobre os contribuintes, a Lei paulista sobre o ITCMD 10705/2000 dispõe: "Art. 7º São contribuintes do imposto: I – na transmissão *causa mortis*: o herdeiro ou o legatário; II – no fideicomisso: o fiduciário; III – na doação: o donatário; IV– na cessão de herança ou de bem ou direito a título não oneroso: o cessionário".
106. Art. 155, § 1º, III, da CF/1988: "terá competência para sua instituição regulada por lei complementar: a) se o doador tiver domicílio ou residência no exterior; b) se o de cujus possuía bens, era residente ou domiciliado ou teve o seu inventário processado no exterior".
107. Importante destacar que, até o fechamento dessa edição, encontra-se suspenso o julgamento do RE 851.108, devido ao pedido de vista do Ministro Alexandre de Moraes. Por meio desse julgamento, o Supremo Tribunal Federal passou a discutir acerca da constitucionalidade da criação de leis estaduais dispondo sobre a incidência do ITCMD nos casos em que o doador tiver domicílio ou residência no exterior. O julgamento estava previsto para ser encerrado, em Plenário virtual, no dia 03 de novembro de 2020, o que não

2.1.3. Impostos municipais

– Estou feliz porque já estamos terminando os impostos!

Ainda faltam os municipais, tenha paciência.

– Que tal começarmos nosso estudo pelo Imposto sobre a Transmissão de Bens Imóveis (ITBI), já que finalizamos o outro tópico referente aos impostos estaduais com o ITCMD?

Aqui quem manda é o aluno! Simbora.

2.1.3.1. Imposto sobre Transmissão de Bens Imóveis (ITBI)

– Como está tudo muito fresco ainda, recordo que o ITBI incidirá na transmissão *inter vivos* de um bem imóvel a título oneroso, à medida que o ITCMD, segundo estudado, nas transmissões *causa mortis* e doações de bens móveis ou imóveis a título gratuito.

Muito bem! Só não se esqueça de que o art. 156, II, da CF/1988 que dispõe sobre o ITBI consigna que os entes municipais possuem competência para instituir o referido imposto sobre a transmissão *inter vivos*, a qualquer título, por ato oneroso, de bens imóveis, por NATUREZA ou ACESSÃO FÍSICA, e de DIREITOS REAIS sobre eles, SALVO os de GARANTIA, assim como CESSÃO DE DIREITOS À SUA AQUISIÇÃO!

– É... eu me esqueci desse dispositivo. Bom me lembrar.

O mais importante é referente aos direitos reais, estes previstos no art. 1.225 do Código Civil de 2002.[108] Portanto, haverá a incidência

---

aconteceu. Sugere-se que o leitor acompanhe o andamento do julgamento, uma vez que seu desfecho será cobrado em diversas questões de provas de concurso público.

108. Art. 1.225 do CC/2002. São direitos reais: I – a propriedade; II – a superfície; III – as servidões; IV – o usufruto; V – o uso; VI – a habitação; VII – o direito do promitente comprador

do ITBI nesses casos elencados. Tome muito cuidado, porque, referente aos direitos reais de garantia, tais como hipoteca e anticrese, os quais recaem sobre os bens imóveis, não haverá a incidência do imposto. Não incidirá, também, sobre transmissões originárias, como usucapião, desapropriação e acessão.

Ademais, a 1ª Seção do Superior Tribunal de Justiça[109], por unanimidade, compreendeu ser devida a restituição dos valores pagos a título de ITBI quando o negócio jurídico de compra e venda for declarado nulo por decisão judicial transitada em julgado.

> – Como assim, professora?

Vou lhe explicar de forma detalhada, pois penso que esse entendimento do Superior Tribunal de Justiça tem tudo para ser cobrado numa eventual prova de concurso público.

Conforme disposto nos arts. 156, II da CF/88, e 35, I, II, e III, do CTN, temos que o fato gerador, no seu aspecto material e temporal, a partir da efetiva transmissão da propriedade do imóvel, a qualquer título.

No entanto, essa transmissão se perfectibiliza com a consumação do negócio jurídico, a partir do registro do título translativo no Cartório de Registro de Imóveis.

> – Até aí, ok!

No caso concreto analisado, o Superior Tribunal de Justiça verificou que o negócio jurídico, do qual decorreu a transferência de propriedade do imóvel e, consequentemente, a incidência do referido imposto municipal, não veio a se concretizar em caráter definitivo, dado que ocorreu a declaração de nulidade por força de sentença judicial transitada em julgado, superveniente.

---

do imóvel; VIII – o penhor; IX – a hipoteca; X – a anticrese; XI – a concessão de uso especial para fins de moradia; XII – a concessão de direito real de uso; e XIII – a laje.

109. É o entendimento do Superior Tribunal de Justiça proferido no julgamento do EREsp 1493162/DF, julgado em 14 de outubro de 2020.

Já que não houve a transmissão da propriedade, devido à nulidade do negócio jurídico de compra e venda de imóvel, não ocorreu, de fato, o fato gerador do ITBI.

> – HUM...

E, por consequência, deve-se proceder à restituição do correspondente valor recolhido pelo contribuinte a título do imposto municipal.

> – Compreendido! Outra coisa que já sei é sobre a inconstitucionalidade de lei municipal que venha a estabelecer alíquotas progressivas do ITBI, conforme a Súmula 656 do STF!

Fico contente que levou o estudo sobre o ITCMD a sério.

> – Um outro ponto sobre o ITBI fácil de deduzir é que será de competência do município onde se localizar o bem imóvel a cobrança do valor! Logicamente que também pertencerá ao Distrito Federal.

Outra coisa fácil de deduzir é que, na prática, assim como ocorre com o ITCMD de doação de bem imóvel, os cartórios de notas exigem a comprovação do pagamento do imposto antes da realização do registro da escritura referente ao contrato de compra e venda do imóvel. Diferentemente em relação ao compromisso de compra e venda, quando registrada, não haverá incidência do ITBI. Tome cuidado!

> – Professora, então o contribuinte, nesses casos de compra e venda de imóveis, será o adquirente?

Na verdade, embora essa seja a prática vislumbrada nas legislações municipais, o art. 42 do CTN dispõe ser o contribuinte qualquer das partes na operação tributada, tendo o legislador municipal autonomia para definir quem será de fato o contribuinte, obedecendo o artigo em comento do código.

> – Da mesma forma em relação ao ITCMD também o lançamento será por declaração?

Será, pois o sujeito passivo vai fornecer os dados à autoridade administrativa que, por sua vez, constituirá o crédito tributário referente ao ITBI. Logicamente que há a possibilidade de ser constituído mediante lançamento de ofício, assim como todos os demais tributos. Vamos avançar mais um pouquinho...

– Vamos, professora! A base de cálculo do ITBI consistirá no valor de mercado do bem?

No que toca à base de cálculo, esta consistirá no valor venal dos bens ou direitos transmitidos. Isso significa que se deve levar em consideração o valor pelo qual aqueles poderiam ser negociados no mercado, em condições normais. Mas tome cuidado, pois, como mencionei, o ITBI estará sujeito a lançamento por declaração, sendo o sujeito passivo quem fornece as informações. É muito contumaz, na prática, que haja o fornecimento de informações que levam a um valor inferior ao que realmente foi praticado. Constatado tal ato, o Fisco poderá arbitrar o valor do imposto, nos termos do art. 148 do Código Tributário Nacional.

– Certo! Sempre será o valor venal?

Não. Quando o bem for adquirido em hasta pública, a base de cálculo consistirá no valor da arrematação, nos termos do entendimento do Superior Tribunal de Justiça.[110] Um último ponto sobre o ITBI é com relação à imunidade. São duas situações!

– Uma eu sei que é a imunidade na transferência por conta de reforma agrária, lá no art. 184, § 5º, da CF/1998, embora a norma trate de isenção.

Ainda bem que você já sabe distinguir! Não obstante a norma, como você muito bem pontuou, empregue o termo "isentas", porque, na verdade, é uma isenção. Logo, os imóveis desapropriados para fins

---

110. STJ, 1ª T, REsp 1188655/RS, rel. Min. Luiz Fux, j. em 20/05/2010, *DJe* 08/06/2010.

de REFORMA AGRÁRIA, e só neste caso, estarão imunes de impostos federais, estaduais e municipais.

A outra imunidade envolvendo o ITBI está prevista no art. 156, § 2º, I, da CF/1988, já que o imposto não irá incidir sobre a transmissão de bens ou de direitos incorporados ao patrimônio de pessoa jurídica para fins de realização do capital, assim como não incidirá sobre a transmissão de bens ou de direitos oriundos de reorganizações societárias, como a fusão, incorporação, cisão ou extinção da pessoa jurídica. Essa é a regra!

– Meu Deus!!! Direito empresarial aqui não!!

É só um pouquinho! Pensa que não estamos falando sobre os títulos de crédito...

Continuando minha explicação... aquela é a regra, conquanto incidirá o imposto se a atividade preponderante[111] do adquirente for a compra e a venda de bens ou direitos, assim como a locação de imóveis ou arrendamento mercantil.

– Acho que entendi! Sendo assim, acaso uma pessoa tenha vontade de ingressar em uma relação societária, não sendo nenhuma situação dessas das exceções, e vir a integralizar o capital social referente à sua parcela com bens imóveis será uma situação em que não ocorrerá a incidência do ITBI, por ser uma operação imune, correto?

---

111. Art. 37. O disposto no artigo anterior não se aplica quando a pessoa jurídica adquirente tenha como atividade preponderante a venda ou locação de propriedade imobiliária ou a cessão de direitos relativos à sua aquisição.
§ 1º Considera-se caracterizada a atividade preponderante referida neste artigo quando mais de 50% (cinquenta por cento) da receita operacional da pessoa jurídica adquirente, nos 2 (dois) anos anteriores e nos 2 (dois) anos subsequentes à aquisição, decorrer de transações mencionadas neste artigo.
§ 2º Se a pessoa jurídica adquirente iniciar suas atividades após a aquisição, ou menos de 2 (dois) anos antes dela, apurar-se-á a preponderância referida no parágrafo anterior levando em conta os 3 (três) primeiros anos seguintes à data da aquisição.
§ 3º Verificada a preponderância referida neste artigo, tornar-se-á devido o imposto, nos termos da lei vigente à data da aquisição, sobre o valor do bem ou direito nessa data.
§ 4º O disposto neste artigo não se aplica à transmissão de bens ou direitos, quando realizada em conjunto com a da totalidade do patrimônio da pessoa jurídica alienante.

CAPÍTULO 1 → O que é tributo?

Para finalizarmos o ITBI, preciso que você analise comigo um entendimento do Supremo Tribunal Federal sobre outra situação envolvendo imunidade do ITBI. Trata-se do julgamento do RE 796376, com repercussão geral reconhecida (Tema 796), sendo fixada uma tese, após o encerramento da sessão virtual, na data de 04 de agosto de 2020.

– Mais um assunto que com certeza será cobrado por questões de provas de concurso público!

Com certeza! Ainda mais nas provas de procurador do município. Portanto, preste atenção!

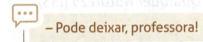
– Pode deixar, professora!

No caso concreto, uma empresa de participações pleiteou a imunidade tributária, com respaldo no já estudado art. 156, §2º, I, da Constituição Federal de 1988. Ocorre que o valor total dos imóveis superava o capital integralizado de forma considerável.

Logo, podemos dizer que o valor do imóvel, o qual era absurdamente superior, sendo desproporcional, ao capital social da empresa, o que geraria uma reserva de capital muito além do que seria aceitável.

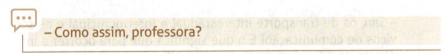
– Como assim, professora?

Ora, o capital social da empresa estava estipulado em torno de R$24.000,00 e, no caso concreto, analisado pelo Supremo Tribunal Federal, a diferença entre o valor do imóvel e o capital da empresa era de, aproximadamente, R$778.000,00! Percebeu como era algo desproporcional?

– Mas o empresário não pode dispor livremente do seu patrimônio pessoal para fins de alavancar seus negócios?

Claro que pode! Isso se chama livre iniciativa. No entanto, não pode ser um argumento, na visão do Supremo Tribunal Federal, para

141

fins de imunizar o valor do imóvel excedente às quotas subscritas, prejudicando o Fisco municipal. Foi essa a ideia que prevaleceu.

Tanto que tivemos a seguinte tese de repercussão geral fixada: "A imunidade em relação ITBI, prevista no inciso I do § 2º do art. 156 da Constituição Federal, não alcança o valor dos bens que exceder o limite do capital social a ser integralizado".

Vamos agora para um próximo imposto municipal: o imposto sobre serviços de qualquer natureza (ISS). Temos algumas modificações por conta da edição da Lei Complementar 175/2020!

2.1.3.2. Imposto sobre Serviços de Qualquer Natureza (ISS)

– Já sei que é um imposto que incide sobre serviços, salvo sobre aqueles já tributados pelo ICMS.

Essa afirmação decorre do art. 156, III, da CF/1988, o qual traz a possibilidade de os entes municipais instituírem o imposto sobre serviços de qualquer natureza, definidos em lei complementar,[112] desde que não compreendidos no art. 155, II, da CF/1988. Você se recorda quais são esses serviços, não é mesmo?

– Sim, os de transporte interestadual e intermunicipal e os serviços de comunicação! E o que significa que para ocorrer a incidência do ISS o serviço deve estar definido em uma lei complementar?

---

112. "À semelhança do ICMS, a lei complementar desempenha importante papel na disciplina desse imposto municipal, no intuito de imprimir-se-lhe uniformidade normativa. Atualmente, é a Lei Complementar n. 115, de 2003, que o exerce. Assim é que a Constituição atribui-lhe o regramento dos seguintes aspectos: a) definição dos serviços tributáveis; b) fixação de suas alíquotas máximas e mínimas; c) exclusão de sua incidência das exportações de serviços para o exterior; e d) regulação da forma e das condições como isenções, incentivos e benefícios fiscais serão concedidos e revogados" (COSTA, Regina Helena. *Curso de Direito Tributário: Constituição e Código Tributário Nacional*. 7. ed. São Paulo: Saraiva, 2017, p. 420).

CAPÍTULO 1 → O que é tributo?

Ora, o art. 156, III, da CF/1988 faz alusão à edição de uma lei complementar de caráter federal que venha a disciplinar o ISS, assim como ocorre em relação ao ICMS. Por isso, se o serviço se encontrar na lista anexa da Lei Complementar 116/2003 (Lei do ISS), haverá a tributação do ISS.

– E se não estiver no anexo da lista?

Bom, tínhamos a posição da jurisprudência no sentido que se o serviço não estivesse previsto na lista anexa da referida lei complementar, os entes municipais não poderiam cobrar ISS sobre ele, uma vez que a lista era considerada como exaustiva.[113]

– Ou seja, o Supremo Tribunal Federal também mudou seu entendimento sobre isso?

Digamos que sim!

Recentemente, em julho de 2020, o Supremo Tribunal Federal, no julgamento do RE 784439, entendeu que, embora a autonomia garantida pela própria Constituição Federal de 1988 aos Estados e Municípios para a instituição de seus tributos, bem como a delegação ao legislador a atribuição de editar uma lei complementar de caráter nacional para elaboração de uma lista de serviços taxativa para fins de tributação do ISS seja constitucional, também é a técnica legislativa para fins de interpretação de forma expansiva ou ampliativa.

---

[113]. "A doutrina divide-se em duas orientações quanto à natureza dessa lista – se taxativa ou exemplificativa. Os adeptos da taxatividade da lista de serviços sustentam seu entendimento ao argumento de que a Constituição estatui que a lei complementar, com fundamento no art. 146, I ("cabe à lei complementar dispor sobre conflitos de competência, em matéria tributária"), define os serviços tributáveis, o que equivale a dizer que o exercício da competência tributária pelos Municípios há de respeitar essa definição. Tal orientação é majoritária na doutrina e foi, há muito, acolhida pelo STF. Ademais, a Lei Complementar n. 116, de 2003, em seu art. 1º, o afirma expressamente. Outra corrente de pensamento considera ser a lista de serviços meramente exemplificativa, de forma a prestigiar os princípios federativos e da autonomia municipal. Assim, aos Municípios apresenta-se uma relação de serviços cuja prestação é tributável, sem afastar-se a possibilidade de que incluam outros em sua própria lista" (Ibidem, p. 420).

143

> **– O que isso significa, professora?**

Bom, o art. 156, III, da CF/88 prevê a existência desta lista de serviços. Ocorre que tal norma não define quais sejam estes serviços, mas, apenas, define que estejam previstos em lei complementar e, desde que não contemplados no art. 152, da CF/88, que estabelece a competência tributária estadual.

> **– Então, a lei complementar em questão, a Lei do ISS (LC 116/2003), no que tange à lista de serviços, pode ser interpretada de forma extensiva, havendo a possibilidade da incidência do ISS em relação a serviços que não se encontrem na lista?**

Na verdade, a Ministra Rosa Weber compreendeu que "embora a lei complementar não tenha plena liberdade de qualificar como serviço tudo aquilo que queira, a jurisprudência admite que ela o faça em relação a certas atividades econômicas que não se enquadram diretamente em outra categoria jurídica tributável". Isso significa que seria possível contemplar atividades meramente instrumentais ou vinculadas aos serviços listados.

Ademais, tal entendimento já tinha sido proferido no âmbito do Superior Tribunal de Justiça, por ocasião do julgamento do REsp n. 1.111.234/PR, fixando a seguinte tese: "A listagem de serviços que constituem fatos geradores do Imposto Sobre Serviços de Qualquer Natureza – ISSQN (anexa ao Decreto-lei n. 406/1968 e à Lei Complementar n. 116/03) comporta interpretação extensiva para abarcar os serviços congêneres àqueles previstos taxativamente".

A partir deste entendimento do Superior Tribunal de Justiça, teríamos que a lista de serviço do ISS comporta interpretação extensiva, contemplando serviços congêneres aos listados, isto é, atividades que possuem a mesma materialidade.

Portanto, você tem que saber que, analisando tais entendimentos, podemos chegar na seguinte conclusão, a qual você deverá levar para provas de concurso público: embora a lista de serviços seja taxativa, nada obsta que, quando as características da atividade que se pretende tributar não são distintas das características das atividades dos serviços previstos na lista de serviços prevista na lei, mas constituam mera variação do aspecto material da hipótese de incidência, nada impede que seja utilizada a técnica de interpretação extensiva.

– Entendi! Até porque, analisando o voto da relatora, vi que ela se refere aos termos "de qualquer natureza", "de qualquer espécie" e "entre outros", empregados pela própria lei complementar do ISS, ao definir os serviços tributários.

Exatamente isso. Mais um fundamento importante.

Uma atenção que faço aqui é que, se o serviço não se encontra na lista anexa da LC 116/2003, isso não significa que há uma isenção heterônoma, mas sim, apenas, que não há incidência do imposto. No entanto, nos termos do art. 156, § 3º, II, da CF/1988, a lei complementar pode excluir da incidência do imposto os serviços destinados ao exterior, consistindo em uma verdadeira exceção ao princípio da vedação da isenção heterônoma, já que o art. 2º, I, da LC 116/2003 dispõe nesse sentido.

– Ainda sobre os serviços, os de *streaming*, pelo que sei, agora são tributados pelo ISS...

Isso porque a Lei Complementar 157/2016, com o intuito de atualizar a Lei Complementar 116/2003, inseriu tais serviços na lista anexa. Fora isso, você sabe o que seria de fato uma prestação de um serviço?[114]

---

114. Hugo de Brito Machado Segundo (MACHADO SEGUNDO, Hugo de Brito. *Manual de Direito Tributário*. 9. ed. São Paulo: Atlas, 2017, p. 301): "É importante a delimitação de tais serviços em lei federal (nacional, para alguns autores), pois isso evita que surjam conflitos de competência entre Estados e Municípios, relativamente ao ISS e ao ICMS. Segundo o art. 1º da LC 116/2003 – que traça 'normas gerais' a serem observadas pelas leis municipais, na instituição do ISS –, o fato gerador do ISS é a prestação de serviços constantes da lista anexa à citada lei complementar, ainda que estes não constituam a atividade preponderante do prestador do serviço, e ainda que o serviço tenha se iniciado no exterior, ou seja

— Seria uma obrigação de fazer?

Exato! Isso explica o porquê de não incidir o ISS sobre a locação de bens[115], já que não podemos considerar como uma obrigação de fazer, nos termos da Súmula Vinculante 31. A obrigação de fazer é aquela correspondente à obrigação do contratado, como, por exemplo, um médico cirurgião plástico que é contratado para realização de um procedimento estético pelo seu paciente. Estamos diante de uma prestação de um serviço, de uma verdadeira obrigação de fazer! O Supremo Tribunal Federal define a prestação de serviços como "(...) o oferecimento de uma utilidade para outrem, a partir de um conjunto de atividades imateriais, prestado com habitualidade e intuito de lucro, podendo estar conjugado ou não à entrega de bens pelo tomador", na ocasião do julgamento do RE 651703/PR.

— Nesse sentido, pode-se deduzir que o ISS também não incidirá sobre a prestação de serviços de emprego, bem como os trabalhadores avulsos!

Complemento que também não incidirá sobre os serviços das operações financeiras, como depósitos bancários, pois, nestes casos, haverá a incidência do já estudado imposto federal incidente sobre crédito, câmbio e seguros (IOF). Mas tome cuidado aqui: o Superior Tribunal de Justiça, por ocasião do julgamento do REsp 1359570,

---

proveniente do exterior. Em regra, a prestação de um serviço se submete apenas ao ISS, mesmo quando efetuada juntamente com o fornecimento das mercadorias necessárias ao serviço. Exemplificando, se um dentista substitui peças de um 'aparelho ortodôntico' de um de seus clientes, o ISS não incidirá apenas sobre o valor do seu serviço (com a incidência do ICMS sobre o valor dos *brackets* ou das 'ligas' utilizadas). Não. O ISS incidirá sobre todo o valor cobrado, globalmente considerado. Isso, repita-se, em regra, ou seja, sempre que não houve disposição em contrário na 'lista de serviços'. Quando a lista de serviço expressamente diz o contrário, como acontece com o serviço de conserto de veículos, por exemplo, o fornecimento das peças e partes empregadas pelo prestador do serviço se submete ao ICMS, separadamente, incidindo o ISS apenas sobre o serviço em si mesmo (item 14.01 da lista anexa à LC n. 116/2003)".

115. No julgamento da ADI 3142, o Supremo Tribunal Federal reafirmou o seu entendimento quanto a não incidência de ISS sobre cessão de infraestrutura, como locação, sublocação e arrendamento.

compreendeu que haverá a incidência do ISS sobre a prestação de garantia bancária, como o aval e a fiança, dado que tais atividades são consideradas como operações financeiras, mas sim, uma prestação de um serviço.

Outro entendimento interessante é quanto à constitucionalidade da incidência do ISS sobre o valor das atividades das apostas, sendo, a base de cálculo, o valor a ser remunerado pela prestação de serviço, independentemente do valor total da aposta, conforme o julgamento do RE 634764, pelo Supremo Tribunal Federal. Da mesma forma, o Supremo Tribunal Federal, no julgamento do RE 603136, com repercussão geral, compreendeu ser constitucional a incidência do ISS sobre os contratos de franquia.

– Professora, e as alíquotas do ISS? A redação do art. 156, § 3º, I, da CF/1988 menciona que cabe à lei complementar fixar as alíquotas mínimas e máximas. Lá no art. 8º, II, da LC 116/2003, a alíquota máxima prevista é de 5%, mas e a alíquota mínima?

Boa pergunta! Até a edição da LC 157/2016 não havia qualquer previsão da alíquota mínima na Lei do ISS, cabendo esse papel ao art. 88 do Ato das Disposições Constitucionais Transitórias (ADCT). Com a edição da lei complementar de 2016, houve a inserção do art. 8º-A à LC 116/2003, dispondo que a alíquota mínima do ISS é de 2%, em regra.[116]

– Lá vêm as exceções...

Lá vêm! O § 1º do art. 8º dispõe que "o imposto não será objeto de concessão de isenções, incentivos ou benefícios tributários ou financeiros, inclusive de redução da base de cálculo ou de crédito presumido ou outorgado, ou sob qualquer outra forma que resulte,

---

116. "O propósito era o de evitar que Municípios concedessem benefícios, isenções ou outras espécies de desoneração tributária para assim atrair contribuintes para o seu território, replicando, no plano municipal, a 'guerra fiscal' verificada no âmbito estadual relativamente ao ICMS" (MACHADO SEGUNDO, Hugo de Brito. *Manual de Direito Tributário*. 9. ed. São Paulo: Atlas, 2017, p. 303).

direta ou indiretamente, em carga tributária menor que a decorrente da aplicação da alíquota mínima estabelecida no *caput*, exceto para os serviços a que se referem os subitens 7.02,[117] 7.05[118] e 16.01[119] da lista anexa a esta Lei Complementar".

Ou seja, em relação aos serviços previstos nesses subitens, a alíquota do ISS poderá ser inferior a 2%, isso porque, caso haja uma redução da base de cálculo do imposto, refletirá em uma redução da alíquota.

– Caso essa redução ocorra fora dos casos permitidos, ouvi dizer que estaria configurado um ato de improbidade administrativa!

A Lei Complementar 157/2016 também veio inovar na Lei 8.429/1992, acrescentando o art. 10-A à norma, tipificando como um ato de improbidade administrativa qualquer ato de ação ou omissão que venha a conceder, aplicar ou manter um benefício tributário ou financeiro que não se encaixe nos termos do art. 8º-A da Lei Complementar 116/2003.

– Encontrei o dispositivo! Agora, praticar esse ato corrobora para a punição da perda da função pública, suspensão dos direitos políticos de cinco a oito anos e multa civil de até três vezes o valor do benefício financeiro ou tributário concedido. Um ponto que também pode ser cobrado na disciplina de Direito Administrativo. Não posso me esquecer.

Não mesmo! Aposto que seu professor de Direito Administrativo também vai fazer essa recordação na aula. Fique atento! Ainda sobre

---

117. 7.02 – Execução, por administração, empreitada ou subempreitada, de obras de construção civil, hidráulica ou elétrica e de outras obras semelhantes, inclusive sondagem, perfuração de poços, escavação, drenagem e irrigação, terraplanagem, pavimentação, concretagem e a instalação e montagem de produtos, peças e equipamentos (exceto o fornecimento de mercadorias produzidas pelo prestador de serviços fora do local da prestação dos serviços, que fica sujeito ao ICMS).
118. 7.05 – Reparação, conservação e reforma de edifícios, estradas, pontes, portos e congêneres (exceto o fornecimento de mercadorias produzidas pelo prestador dos serviços, fora do local da prestação dos serviços, que fica sujeito ao ICMS).
119. 16.01 – Serviços de transporte coletivo municipal rodoviário, metroviário, ferroviário e aquaviário de passageiros.

o ISS, aqui, no DIREITO TRIBUTÁRIO, temos mais algumas considerações a serem feitas. Primeiro, sobre a base de cálculo...

– É o valor da prestação do serviço! Quanto ao lançamento tributário, também já sei que é por homologação.

A regra é que a base de cálculo seja o valor da prestação do serviço[120]. Você está correto, mas algumas legislações municipais acabam estabelecendo critérios de tributação fixa para profissionais autônomos[121] e, neste caso, o lançamento será de ofício por parte da autoridade administrativa tributária. Isso é uma grande pegadinha em provas de concursos que gostam de cobrar ISS, como as de procuradoria do município.[122]

– Disso eu realmente não sabia!

Outra coisa importante é sobre os contribuintes do ISS. Nos termos do art. 5º da Lei Complementar 116/2003, contribuinte é o prestador do serviço.

---

120. O Supremo Tribunal Federal, confirmando o entendimento do Superior Tribunal de Justiça, entendeu que as empresas de construção civil devem deduzir da base de cálculo do ISS, apenas os materiais de construção produzidos fora do local da prestação de serviço e que sofreram incidência do ICMS. Trata-se de entendimento proferido no julgamento do RE 603.497, em 29 de junho de 2020.
121. Sobre esse assunto, é de extrema importância tratar sobre o julgamento do RE 940769, com repercussão geral reconhecida, pelo Supremo Tribunal Federal, em abril de 2019. Por meio desse julgamento, a Suprema Corte compreendeu que é vedado aos municípios, através de lei local, impedir que sociedades uniprofissionais, como de advogados e médicos, tenham acesso a um regime diferenciado de recolhimento do ISS. Segundo o Ministro Edson Fachin, "(...) à luz da jurisprudência do Supremo, a única consequência lógica é a necessidade de diploma legal com mesmo status de lei complementar de índole nacional para fins de revogar ou dispor de maneira diversa sobre tributação dos serviços desenvolvidos pelas sociedades de profissionais em pauta. É incabível lei municipal que institui ISSQN dispor de modo divergente sobre base de cálculo do tributo por ofensa direta à alínea 'a', inciso III, do artigo 146, da Constituição Federal".
122. "Ordinariamente o ISS é submetido a lançamento por homologação. O próprio sujeito passivo apura e paga o montante considerado devido, aguardando posteriormente pela homologação da autoridade competente. Em alguns casos específicos, a exemplo do pagamento do imposto por quantia fixa, por parte de profissionais autônomos, o lançamento é de ofício. E, como qualquer tributo, lançado de ofício ou por qualquer outra modalidade, pode haver lançamento de ofício para corrigir insuficiências ou irregularidades em apurações anteriores (art. 149 do CTN)" (MACHADO SEGUNDO, Hugo de Brito. Manual *de Direito Tributário*. 9. ed. São Paulo: Atlas, 2017, p. 303).

– Acho bem importante a questão do fato gerador, pois sempre me confunde bastante.

Tem razão. O art. 3º da Lei do ISS considera o fato gerador ocorrido no local onde o prestador do serviço possui estabelecimento, ou na falta dele, onde possui domicílio. Essa é a premissa que devemos levar como regra para podermos resolver qualquer conflito de competência que venha a surgir.[123]

– Logicamente que há exceções a essa regra, não é mesmo?

Podemos destacar algumas das exceções elencadas nos incisos do art. 3º mais importantes para fins de provas, sendo o ISS devido no local da prestação efetiva do serviço: a) do reflorestamento, florestamento ou semeadura, no caso de serviços dessa natureza; b) da execução da decoração ou da jardinagem, no caso desse tipo de serviço; c) dos bens ou do domicílio das pessoas vigiadas, no caso de serviço de vigilância; d) do local da execução da obra, no caso de construção civil.

Além dessas exceções, já previstas na redação original do art. 3º, da Lei Complementar 116/2003, outras foram inseridas em decorrência do advento da Lei Complementar 175/2020[124], de 23 de setembro de 2020.

---

123. Importante salientar que, para o art. 4º da LC 116/2003, estabelecimento do prestador do serviço é o local onde o contribuinte, de fato, desenvolva a atividade fruto da prestação do serviço, seja de modo permanente ou temporário, configurando uma unidade econômica ou profissional.
124. Em seu artigo 1º, a Lei Complementar nº 175/20 é expressa no sentido de que será aplicável aos serviços previstos nos seguintes subitens da lista anexa à Lei Complementar nº 116/03:
"Serviços de plano de saúde e medicina:
4.22. Planos de medicina de grupo ou individual e convênios para prestação de assistência médica, hospitalar, odontológica e congêneres
4.23. Outros planos de saúde que se cumpram através de serviços de terceiros contratados, credenciados, cooperados ou apenas pagos pelo operador do plano mediante indicação do beneficiário.
5.09. Planos de atendimento e assistência médico-veterinária.
Serviços do setor bancário e financeiro:
15.01. Administração de fundos quaisquer, de consórcio, de cartão de crédito ou débito e congêneres, de carteira de clientes, de cheques pré-datados e congêneres.

> – Mais uma informação atual!

Sim, mas fique bem tranquilo que irei lhe explicar tudo detalhadamente.

> – Ok, professora!

Sempre houve uma tendência da maioria dos tributaristas em criticar a regra quanto à arrecadação. Ou seja, o ISS ser recolhido na origem acaba concentrando e aumentando as desigualdades sociais, contrariando a própria Constituição Federal de 1988, a qual possui como um dos objetivos a diminuição das desigualdades. Como eu lhe expliquei acima, a regra é que a tributação do ISS ocorrerá onde está sediado o prestador de serviços e a exceção onde está localizado o tomador.

Ocorre que o fato gerador do ISS, como vimos, é a prestação de serviços, sendo uma manifestação de riqueza. Portanto, seguindo essa lógica, teríamos que a tributação só poderia ocorrer no município onde é prestado o serviço.

> – Há uma certa lógica, pensando assim...

Interessante que, seguindo essa linha, acaso tenhamos uma pessoa jurídica sediada no município de São Paulo, localidade que concentra a grande parte das empresas do nosso país, mas que presta serviço em Santos, teríamos aqui a vigência da legislação paulistana, sendo um caso de extraterritorialidade.

> – E isso pode no Direito Tributário, professora? Não seria inconstitucional?

15.09. Arrendamento mercantil (leasing) de quaisquer bens, inclusive cessão de direitos e obrigações, substituição de garantia, alteração, cancelamento e registro de contrato, e demais serviços relacionados ao arrendamento mercantil (leasing)."

Boa pergunta! O art. 102, do CTN prevê dois casos em que a vigência extraterritorial é possível, sendo que um deles é quando há lei de norma geral expedida pela União:

> Art. 102. A legislação tributária dos Estados, do Distrito Federal e dos Municípios vigora, no País, fora dos respectivos territórios, nos limites em que lhe reconheçam extraterritorialidade os convênios de que participem, ou do que disponham esta ou outras leis de normas gerais expedidas pela União.

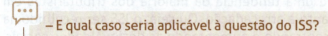

– E qual caso seria aplicável à questão do ISS?

A lei de norma geral expedida pela União!

Na verdade, são "leis de normas gerais expedidas pela União", porque temos o Código Tributário Nacional, uma lei geral que foi editada pela União e as leis complementares 116/2003 e a 157/2016. Lembrando que, por força do art. 146, I, da CF/88, temos que cabe à lei complementar "dispor sobre conflitos de competência, em matéria tributária, entre a União, os Estados, o Distrito Federal e os Municípios" e, exatamente isso que estamos vendo aqui nessa situação envolvendo o ISS: um conflito de competência entre os municípios! Um exemplo, no meu caso apresentado, é quanto aos dois municípios, São Paulo e Santos, achando que são competentes para tributar determinada prestação de serviço.

– Entendi, professora...

Aí, veio a Lei Complementar 157/2016, a qual tinha a premissa de propiciar uma maior arrecadação dos "pequenos municípios", proporcionando uma distribuição de recursos mais justa e, consequentemente, fortalecendo a Federação, ao inserir na Lei Complementar 116/2003 a exceção quanto à arrecadação do ISS, o qual seria devido no município do tomador do serviço, no caso dos planos de medicina em grupo ou individual, de administração de fundos e carteira de clientes, de administração de consórcios, de administração de cartão de crédito ou débito e de arrendamento mercantil (*leasing*).

CAPÍTULO 1 → O que é tributo?

Ocorre que, por meio de decisão em liminar, no julgamento da ADI 5835/DF, o ministro Alexandre de Moares suspendeu as modificações feitas pela Lei Complementar 157/2016, sob o argumento de que a lei não possuía densidade normativa para o seu cumprimento.

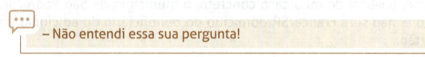
– E, na visão do ministro, o que seria essa densidade normativa, professora?

Nas palavras do ministro Alexandre de Moraes "(...) essa alteração exigiria que a nova disciplina normativa apontasse com clareza o conceito de 'tomador de serviços', sob pena de grave insegurança jurídica e eventual possibilidade de dupla tributação ou mesmo ausência de correta incidência tributária".

Por meio dessa explicação eu lhe pergunto: qual é o domicílio?

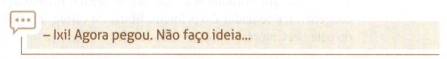
– Não entendi essa sua pergunta!

Vou exemplificar para que você compreenda.

A alteração realizada pela Lei Complementar 157/2016 trazia os serviços prestados de "administração de cartão de crédito ou débito". No caso, suponha que, na época da universidade (se essa regra já valesse), meu pai, titular do cartão de crédito, residente no município de São Pedro/SP, acabou me dando um adicional. Na época eu estava cursando Direito na UNESP, em Franca/SP. Nesse caso concreto, porque realmente ocorreu, qual seria o domicílio do tomador? São Pedro/SP ou Franca/SP?

– Ixi! Agora pegou. Não faço ideia...

Pois é! Na vigência da alteração realizada pela Lei Complementar 157/2016 também não sabíamos. Por isso, na visão do Supremo Tribunal Federal, a Lei Complementar em questão poderia vir a intensificar os problemas, ocasionando bitributação e insegurança jurídica. Por isso, ela deveria apontar com clareza o conceito de "tomador de serviço".

153

A liminar suspendeu o art. 1º, da Lei Complementar 157/2016 e, na parte que alterou o art. 3º, XXIII, XXIV e XXV, assim como os §§3º e 4º do art. 6º, da Lei Complementar 116/2003, fora as leis municipais, por arrastamento, que foram editadas.

– Diante disso, o qual foi o papel da Lei Complementar 175/2020?

Essa lei foi editada com a finalidade de conferir execução às alterações realizadas pela Lei Complementar 157/2016. O prestador do serviço continua sendo o contribuinte da relação jurídico-tributária, no entanto, o valor do ISS irá para a localidade do destino. Isto é, vários municípios receberão receitas oriundas da arrecadação do referido imposto municipal de diversas localidades.

Por exemplo, no caso do cartão de crédito, o domicílio do tomador é, analisando meu caso concreto, o município de São Pedro/SP. Isto é, não será Franca/SP, domicílio do beneficiário do adicional do cartão.

– Portanto, pude perceber que o tomador, nesse caso, é o primeiro titular do cartão de crédito!

Muito bem! É o que está previsto na atual redação do art. 3º, da Lei Complementar 116/2003:

> Art. 3º. § 8º No caso dos serviços de administração de cartão de crédito ou débito e congêneres, referidos no subitem 15.01 da lista de serviços anexa a esta Lei Complementar, prestados diretamente aos portadores de cartões de crédito ou débito e congêneres, o tomador é o primeiro titular do cartão. (Incluído pela Lei Complementar nº 175, de 2020)
>
> §9º O local do estabelecimento credenciado é considerado o domicílio do tomador dos demais serviços referidos no subitem 15.01 da lista de serviços anexa a esta Lei Complementar relativos às transferências realizadas por meio de cartão de crédito ou débito, ou a eles conexos, que sejam prestados ao tomador, direta ou indiretamente, por: (Incluído pela Lei Complementar nº 175, de 2020)

I – bandeiras; (Incluído pela Lei Complementar nº 175, de 2020)

II – credenciadoras; ou (Incluído pela Lei Complementar nº 175, de 2020)

III – emissoras de cartões de crédito e débito. (Incluído pela Lei Complementar nº 175, de 2020)

– E quanto aos demais serviços?

Quanto aos consórcios, tomador é o consorciado, por força do §11, do art. 3º, da Lei Complementar 116/2003.

Já em relação aos planos de saúde ou de medicina e congêneres, referidos nos subitens 4.22 e 4.23 da lista de serviços anexa Lei Complementar 116/2003, o tomador do serviço é a pessoa física beneficiária vinculada à operadora por meio de convênio ou contrato de plano de saúde individual, familiar, coletivo empresarial ou coletivo por adesão. Nos casos em que houver dependentes vinculados ao titular do plano, será considerado apenas o domicílio do titular, consoante disposto no §7º, do art. 3º, da Lei Complementar 116/2003.

– Professora, e a questão envolvendo o *leasing*?

Em relação ao *leasing*, tínhamos o entendimento da jurisprudência que a operação se concretizaria de fato, isto é, a concessão do crédito ocorreria no local onde a equipe responsável analisou a documentação e aprovou o contrato. Ou seja, não é na mesa do gerente, na agência bancária, onde o interessado manifesta sua vontade. Geralmente, a aprovação da documentação e a concessão do crédito acontece em outro município, como em São Paulo, localidade que concentra grande parte das sedes das instituições financeiras do nosso país!

Ocorre que com a nova Lei Complementar 175/2020 tivemos uma mudança. Agora, temos que será o domicílio do tomador, por força da redação dada ao inciso XXV, do art. 3º, da Lei Complementar 116/2003. Ou seja, o ISS será devido no local do domicílio do tomador, consistindo em uma das exceções previstas no *caput* do referido artigo.

– Essas mudanças já estão valendo, professora?

Essas modificações trazidas pela da Lei Complementar n 175/20 entrarão em vigor a partir de 2021, ocorrendo um período de transição até 2023.

Segundo o art. 15, da mencionada Lei Complementar, no ano de 2021, teremos que 33,5% do tributo será arrecadado na origem e 66,5% no destino. Já no ano 2022, ficarão 15% na origem e 85% no destino. Por fim, no ano de 2023, teremos que 100% do ISS ficará com o município onde está localizado o tomador do serviço.

 – Ufa, acabaram as novidades?!

Não!!

Ainda, preciso mencionar, apenas, que a Lei Complementar 175/2020 previu a criação do Comitê Gestor de Obrigações Acessórias. Caberá ao contribuinte elaborar um sistema padronizado, o qual os municípios terão acesso.

Eu, particularmente, não acho correto deixar às custas do contribuinte, onerando-o cada vez mais.

 – Eu também não, professora!

Nos termos do art. 2º, da Lei Complementar 175/2020, temos que o ISS será apurado pelo contribuinte e declarado por meio de sistema eletrônico de padrão unificado em todo o território nacional.

Como os contribuintes que deverão elaborar esse sistema, podem ocorrer atrasos e, devo lembrar que a regra de transição já começará a valer a partir de 2021. Desta forma, o art. 13, da Lei Complementar 175/2020, prevê que:

CAPÍTULO 1 → O que é tributo?

Art. 13. Em relação às competências de janeiro, fevereiro e março de 2021, é assegurada ao contribuinte a possibilidade de recolher o ISSQN e de declarar as informações objeto da obrigação acessória de que trata o art. 2º desta Lei Complementar até o 15º (décimo quinto) dia do mês de abril de 2021, sem a imposição de nenhuma penalidade.

– E sem juros?

Não! Ocorrendo a mora, o contribuinte estará livre da imposição de penalidade, no entanto, estará sujeito aos juros de 1% ao mês, além de atualização da SELIC, conforme dispõe o parágrafo único do art. 13, em destaque.

E aí, gostou do ISS?

– Acabou?

Sim, os pontos mais importantes para fins de provas você já sabe.

– Fantástico! Estamos quase terminando a parte de impostos. Confesso que não vejo a hora de partir para outro assunto mais tranquilo da disciplina.

Realmente, a parte sobre os impostos é bem mais "pesada" mesmo. São muitas informações. Pensa positivo que só falta o Imposto sobre a Propriedade Predial e Territorial Urbana (IPTU).

– Vamos com tudo, então!

2.1.3.3. *Imposto sobre Propriedade Predial e Territorial Urbana (IPTU)*

Como se sabe, tanto os Municípios como o Distrito Federal podem instituir o IPTU por meio de lei específica, cabendo ao próprio Código Tributário Nacional disciplinar as regras gerais.

– É o próprio CTN que faz as vezes de uma lei complementar de caráter nacional[125] sobre as normas aplicáveis ao IPTU?

O próprio, até porque, embora o CTN seja, na verdade, uma lei ordinária, editada no ano de 1966, foi recepcionado pela nossa Constituição Federal de 1988 com *status* de lei complementar, até por conta dos assuntos disciplinados por ele. Na época em que foi editado, não existia a figura da lei complementar na Constituição vigente, mas apenas com o advento da Constituição de 1967. Mais adiante, estudaremos a importância da lei complementar em nossa disciplina.

 – No mais, é muito comum certa confusão entre o já estudado ITR e o IPTU, não é mesmo?

Embora haja a semelhança no que se refere à riqueza a ser tributada – a propriedade –, o ITR é basicamente extrafiscal, uma vez que o art. 153, § 4º, I, da CF/1988 dispõe sobre a progressividade das suas alíquotas com o intuito de desestimular propriedades rurais improdutivas, forçando o proprietário a dar uma destinação adequada à terra em decorrência do princípio da função socioambiental da propriedade, prevista no art. 184 da CF/1988. Embora o IPTU também tenha esse viés extrafiscal, em decorrência do art. 182, § 4º, II, da CF/1988, sua natureza é de um tributo preponderantemente fiscal.

---

125. Art. 146 da CF/1988. "Cabe à lei complementar:
    I – dispor sobre conflitos de competência, em matéria tributária, entre a União, os Estados, o Distrito Federal e os Municípios;
    II – regular as limitações constitucionais ao poder de tributar;
    III – estabelecer normas gerais em matéria de legislação tributária, especialmente sobre:
    a) definição de tributos e de suas espécies, bem como, em relação aos impostos discriminados nesta Constituição, a dos respectivos fatos geradores, bases de cálculo e contribuintes;
    b) obrigação, lançamento, crédito, prescrição e decadência tributários;
    c) adequado tratamento tributário ao ato cooperativo praticado pelas sociedades cooperativas.
    d) definição de tratamento diferenciado e favorecido para as microempresas e para as empresas de pequeno porte, inclusive regimes especiais ou simplificados no caso do imposto previsto no art. 155, II, das contribuições previstas no art. 195, I e §§ 12 e 13, e da contribuição a que se refere o art. 239".

CAPÍTULO 1 → O que é tributo?

 – Não há apenas essa possibilidade de progressividade elencada no art. 182, § 4º, II, da CF/1988, não é mesmo?[126]

Não! Entretanto, vamos começar por ela. Essa extrafiscalidade prevista no art. 182, § 4º, II, da CF/1988 dispõe que o Poder Público poderá, em área incluída no plano diretor, mediante lei específica e respeitando o Estatuto da Cidade (Lei 10.251/2001), exigir que o proprietário do solo urbano não edificado, subutilizado ou não utilizado, promova seu adequado aproveitamento.[127]

---

126. Regina Helena Costa (COSTA, Regina Helena. *Curso de Direito Tributário: Constituição e Código Tributário Nacional.* 7. ed. São Paulo: Saraiva, 2017, p. 411) dispõe que "Tal dispositivo constitucional faculta ao Poder Público municipal, mediante lei específica para área incluída no plano diretor, exigir, nos termos de lei federal, do proprietário do solo urbano não edificado, subutilizado ou não utilizado, que promova seu adequado aproveitamento, sob pena, sucessivamente, de parcelamento ou de edificação compulsórios, IPTU progressivo no tempo e, se tais expedientes não forem suficientes para compelir o proprietário à realização daquele fim, desapropriação com pagamento mediante títulos da dívida pública de emissão previamente aprovada pelo Senado Federal, com prazo de resgate de até dez anos, em parcelas anuais, iguais e sucessivas, assegurados o valor real da indenização e os juros legais. A hipótese tem sido chamada, indevidamente, de progressividade sancionatória. Na verdade, trata-se da disciplina extrafiscal do IPTU, transformado em instrumento para compelir os administrados ao atendimento da função social da propriedade urbana. Essa progressividade extrafiscal, até então inédita no direito brasileiro, é objeto de regulamentação pelo Estatuto da Cidade, veiculado pela Lei n. 10.257, de 2011".
127. Art. 5º da Lei 10.251/2001: "Lei municipal específica para área incluída no plano diretor poderá determinar o parcelamento, a edificação ou a utilização compulsórios do solo urbano não edificado, subutilizado ou não utilizado, devendo fixar as condições e os prazos para implementação da referida obrigação.
§ 1º Considera-se subutilizado o imóvel:
I – cujo aproveitamento seja inferior ao mínimo definido no plano diretor ou em legislação dele decorrente;
§ 2º O proprietário será notificado pelo Poder Executivo municipal para o cumprimento da obrigação, devendo a notificação ser averbada no cartório de registro de imóveis.
§ 3º A notificação far-se-á:
I – por funcionário do órgão competente do Poder Público municipal, ao proprietário do imóvel ou, no caso de este ser pessoa jurídica, a quem tenha poderes de gerência geral ou administração;
II – por edital quando frustrada, por três vezes, a tentativa de notificação na forma prevista pelo inciso I.
§ 4º Os prazos a que se refere o *caput* não poderão ser inferiores a:
I – um ano, a partir da notificação, para que seja protocolado o projeto no órgão municipal competente;
II – dois anos, a partir da aprovação do projeto, para iniciar as obras do empreendimento.
§ 5º Em empreendimentos de grande porte, em caráter excepcional, a lei municipal específica a que se refere o *caput* poderá prever a conclusão em etapas, assegurando-se que o projeto aprovado compreenda o empreendimento como um todo".

> – Interessante. Então, antes da instituição do IPTU progressivo o Poder Público municipal notificará o proprietário para que ele dê uma destinação ao solo urbano.

Essa previsão encontra-se no art. 5º do Estatuto da Cidade. Logicamente que se o proprietário não cumprir tal determinação, aí sim o ente municipal, segundo você mesmo disse, irá adotar o IPTU progressivo no tempo, mediante a majoração da alíquota pelo prazo de cinco anos consecutivos. E mais: o valor da alíquota a ser aplicado a cada deverá ser fixado em lei específica, não podendo exceder duas vezes o valor referente ao ano anterior, tendo como limite máximo a alíquota de 15%.[128]

> – Professora, não seria uma afronta à vedação do tributo como confiscatório, previsto no art. 150, IV, da CF/1988?

Não, exatamente porque há essa alíquota máxima de 15% que o Estatuto da Cidade impõe, até para promover na prática o respeito ao princípio da função socioambiental da propriedade urbana. Inclusive, essa sua pergunta já foi objeto de prova. Parabéns por ser tão perspicaz!

Outra possibilidade de progressividade das alíquotas do IPTU é em razão do valor do imóvel, visto que a Emenda Constitucional 29/2000 alterou o art. 156, § 1º, I, da CF/1988 para permitir tal situação. Entretanto, muitas leis municipais anteriores à emenda ora mencionada dispunham sobre essa possibilidade da progressividade

---

128. Art. 7º da Lei 10.251/2001: "Em caso de descumprimento das condições e dos prazos previstos na forma do *caput* do art. 5º desta Lei, ou não sendo cumpridas as etapas previstas no § 5º do art. 5º desta Lei, o Município procederá à aplicação do imposto sobre a propriedade predial e territorial urbana (IPTU) progressivo no tempo, mediante a majoração da alíquota pelo prazo de cinco anos consecutivos.
§ 1º O valor da alíquota a ser aplicado a cada ano será fixado na lei específica a que se refere o *caput* do art. 5º desta Lei e não excederá a duas vezes o valor referente ao ano anterior, respeitada a alíquota máxima de quinze por cento.
§ 2º Caso a obrigação de parcelar, edificar ou utilizar não esteja atendida em cinco anos, o Município manterá a cobrança pela alíquota máxima, até que se cumpra a referida obrigação, garantida a prerrogativa prevista no art. 8º.
§ 3º É vedada a concessão de isenções ou de anistia relativas à tributação progressiva de que trata este artigo".

das alíquotas do IPTU. O Supremo Tribunal Federal em decisões reiteradas acabou sumulando a matéria no sentido de serem tais legislações inconstitucionais, salvo quanto à possibilidade já vista para o cumprimento da função social da propriedade urbana.[129]

– E como faz? Os municípios deixam de cobrar o imposto?

O plenário do Supremo Tribunal Federal, no julgamento do RE 602347/MG entendeu que, nesses casos, embora as legislações municipais sejam inconstitucionais no que concerne à progressividade da alíquota do IPTU, o referido imposto deveria ser cobrado no patamar mínimo, a partir da alíquota mínima prevista em lei, não sendo dispensada a cobrança.[130]

– Compreendi! Também há a possibilidade da progressividade por conta da localização do bem imóvel?

Na verdade, há a possibilidade da DIFERENCIAÇÃO das alíquotas do IPTU em razão da localização, assim como por conta do uso do bem imóvel.

– Isso quer dizer que pode haver alíquotas distintas do IPTU para imóveis localizados na região mais nobre da cidade de São Paulo e outros localizados na periferia?

Pode! Bem como a diferenciação de alíquotas quanto à destinação do imóvel. Se for um imóvel comercial, por exemplo, poderá ter uma alíquota diferenciada em face do imóvel residencial.[131]

Outro caso, digno de destaque, é quanto ao entendimento do Supremo Tribunal Federal, proferido no julgamento do RE 666156, em

---

129. Súmula 668 do STF. "É inconstitucional a lei municipal que tenha estabelecido, antes da Emenda Constitucional 29/2000, alíquotas progressivas para o IPTU, salvo se destinada a assegurar o cumprimento da função social da propriedade urbana".
130. Importante saber também que, nos termos da Súmula 589 do STF, "É inconstitucional a fixação de adicional progressivo do Imposto Predial e Territorial Urbano em função do número de imóveis do contribuinte".
131. Nos termos da Súmula 539 do STF, "é constitucional a lei do município que reduz o Imposto Predial Urbano sobre imóvel ocupado pela residência do proprietário, que não possua outro".

161

08 de maio de 2020, sendo que a repercussão geral foi reconhecida em 2012...

– Sobre o que essa decisão se refere, professora?

Também sobre a questão referente à diferenciação de alíquotas. O Supremo Tribunal Federal fixou a seguinte tese: "São constitucionais as leis municipais anteriores à Emenda Constitucional n° 29/2000, que instituíram alíquotas diferenciadas de IPTU para imóveis edificados e não edificados, residenciais e não residenciais."

Perceba que nesse caso foi analisada a legislação municipal, como por exemplo, o Código Tributário Municipal (CTM), que contempla a possibilidade de alíquotas diferenciadas do imposto municipal para imóveis edificados e não edificados.

– Bom saber disso tudo, pois sou contribuinte do IPTU!

Que bacana! Então você é um dos sujeitos descritos no art. 34 do CTN.

– Meu pai me doou um apartamento, onde moro agora, então sou proprietário, contribuinte do IPTU! Sei que além dos proprietários, também são considerados como contribuintes o titular do domínio útil do imóvel ou o seu possuidor a qualquer título.

Ótimo você ter lido o art. 34 do CTN. Só complemente com a informação que vou lhe passar agora. Nos termos do entendimento do Superior Tribunal de Justiça, no julgado do REsp 325489/SP, somente será considerado como contribuinte do imposto aquele possuidor por direito real que exerce a posse com *animus* definitivo, de dono, o *animus domini*. Por isso, a jurisprudência compreende que o locatário não poderá ser considerado contribuinte.

– Durante a faculdade, meu pai alugou um apartamento para mim lá em Franca e pagava um pacote referente ao aluguel, condomínio e o IPTU. Sempre achei que eu fosse um contribuinte do imposto, vi que me enganei!

CAPÍTULO 1 → O que é tributo?

Nem poderia ser considerado como contribuinte. Você não tinha o *animus* definitivo de possuir o apartamento. Somente o alugou para ter onde morar enquanto cursava Direito na universidade.

> – Pois é, tanto que me mudei de cidade assim que me formei.

Ainda sobre o contribuinte, o Superior Tribunal de Justiça editou a Súmula 399, a qual dispõe que a legislação municipal estabelecerá qual o contribuinte do IPTU. Essa súmula é muito aplicada nos casos das celebrações dos contratos de compromisso de compra e venda, sendo que o alienante possui a propriedade do bem imóvel e o adquirente, a posse, cabendo à lei municipal eleger qual deles será considerado o contribuinte do imposto.

Outro caso é quanto a incidência do imposto predial e territorial urbano em razão de contrato de concessão de uso de bem público por pessoa natural para exploração de atividade sem qualquer interesse público, nos termos do entendimento proferido pelo Supremo Tribunal Federal no julgamento do RE 1261908. Tome cuidado que, nesse caso, a pessoa natural, portanto, será o contribuinte, não configurando caso de imunidade tributária, conforme estudaremos detalhadamente em capítulo apropriado sobre o tema.

> – Depois dessas considerações sobre o contribuinte do IPTU, ficou fácil compreender sobre o fato gerador! Estou lendo o art. 32 do CTN que menciona a propriedade, o domínio útil ou a posse de bem imóvel, localizado em zona urbana. Eis que a definição de zona urbana às vezes é um pouco complicada...

Pelo contrário! Basta a leitura dos incisos do § 1º do art. 32 do CTN. São cinco melhoramentos, sendo que dois deles devem estar presentes para que seja considerada tal área como zona urbana e o imóvel ser passível da incidência do IPTU.[132] Vejamos:

---

132. Deve-se tomar cuidado com o § 2º do art. 32 do CTN, muito cobrado em provas de concurso público. Vide: "art. 32, § 2º. A lei municipal pode considerar urbanas as áreas urbanizáveis, ou de expansão urbana, constantes de loteamentos aprovados pelos órgãos competentes, destinados à habitação, à indústria ou ao comércio, mesmo que localizados fora das zonas

163

a)	Meio-fio ou calçamento, com canalização de águas pluviais;
b)	Abastecimento de água;
c)	Sistema de esgotos sanitários;
d)	Rede de iluminação pública, com ou sem posteamento para distribuição domiciliar;
e)	Escola primária ou posto de saúde a uma distância máxima de 3 (três) quilômetros do imóvel considerado.

Portanto, se presentes dois desses melhoramentos, já teremos um imóvel localizado em uma zona urbana e a possibilidade da incidência do IPTU. Esses melhoramentos poderão ser dispensados, caso estejamos diante das possibilidades previstas no § 2º do dispositivo ora em comento.

– Lembro-me, também, daquela possibilidade sobre a incidência do imposto territorial rural por conta da destinação do bem imóvel em vez do IPTU...

Essa possibilidade decorre da redação do art. 15 do Decreto-Lei 57/1966. Por ele, o imóvel que esteja destinado à exploração extrativista vegetal, agrícola, pecuária ou agroindustrial se sujeita à incidência do imposto territorial rural. Nesse caso, mesmo se o imóvel estiver localizado num centro de uma grande cidade brasileira, não haverá a incidência do IPTU, mas sim do ITR, não sendo aplicado o critério da localização, mas sim, como você mesmo se recordou da nossa aula sobre o referido imposto federal, o critério da destinação do bem imóvel.

– Eu me lembro bem dessa aula!

O que não contei é que toda vez que vou para São Pedro, minha cidade natal de 30 mil habitantes, do lado da minha casa tem um

---

definidas nos termos do parágrafo anterior". Portanto, mesmo que não presentes os dois melhoramentos, acaso o imóvel esteja localizado em uma área urbanizável ou de expansão urbana prevista em loteamentos aprovados pelos órgãos competentes, seguindo o sentido do § 2º, haverá a incidência do IPTU.

terreno onde o proprietário cria galinhas para vender seus ovos na feira aos sábados, assim como tem sua horta. A casa dos meus pais é bem na região central. Não consigo mais dormir lá, acredita? Todo dia os galos começam a cantar às 4h da madrugada...

> – Meu Deus! Imagino como seja.

Você não faz ideia. Descobri que esse meu vizinho paga ITR em vez de IPTU. E, olha, o IPTU daquela cidade subiu demais. Toda vez que ouço aqueles galos cantando de madrugada penso nisso, tudo culpa do critério da destinação do imóvel.

> – Jamais vou me esquecer sobre esse critério, professora, nem sobre a decisão do STJ, tudo por causa dos galos que acordam você! Rsrs

Vai rindo mesmo... Pelo menos, minhas noites em claro servem para alguma coisa.

Vamos deixar de conversa fiada, como minha vó dizia, porque agora temos que estudar a base de cálculo e o lançamento tributário para finalizarmos de uma vez essa parte sobre impostos.

> – Nem acredito! Estamos finalizando mesmo os impostos?

Estamos, finalmente!

Quanto à base de cálculo,[133] o art. 33 do Código Tributário Nacional entende ser o valor venal do imóvel urbano[134]. Bem simples. Só

---

133. "O conceito de valor venal do imóvel, consoante já exposto, pode ser singelamente definido como o valor de venda do bem para pagamento à vista, em condições normais de mercado. Os valores venais dos imóveis urbanos constam das chamadas Plantas Fiscais de Valores ou Plantas de Valores Genéricos, que consideram, para sua determinação, fatores como área, localização, padrão de construção e antiguidade. Tais plantas fiscais apontam presunções relativas de fixação da base de cálculo desse imposto, estabelecidas como valores prováveis, aproximados, dos imóveis, passíveis, consequentemente, de impugnação pelo contribuinte caso o valor do imóvel não corresponda à realidade" (COSTA, Regina Helena. *Curso de Direito Tributário: Constituição e Código Tributário Nacional*. 7. ed. São Paulo: Saraiva, 2017, p. 414).
134. Importante mencionar que em abril de 2020, o Supremo Tribunal Federal, por maioria, reconheceu a questão constitucional objeto do Recurso Extraordinário com Agravo (ARE) 1245097 (Tema 1.084). Caberá à Suprema Corte decidir se a lei que delega à esfera

não se esqueça de que as alterações da base de cálculo do IPTU, assim como ocorre com o IPVA, não se sujeitam ao princípio da noventena.

Por fim, o lançamento tributário é da modalidade de ofício, ou seja, a autoridade administrativa que irá constituir o crédito tributário por meio das informações previstas em bancos de dados do ente municipal.

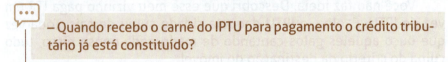
– Quando recebo o carnê do IPTU para pagamento o crédito tributário já está constituído?

Exato! Conforme dispõe o Superior Tribunal de Justiça em sua súmula 397, a simples remessa do carnê para pagamento do IPTU ao endereço do contribuinte configura notificação do lançamento tributário.

Finalizamos! Podemos estudar as demais espécies tributárias.

– EBAAA!!!

2.2. As taxas

Neste tópico, vamos inaugurar o estudo de uma outra espécie tributária: a taxa.

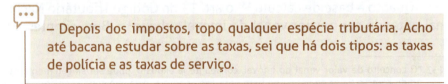
– Depois dos impostos, topo qualquer espécie tributária. Acho até bacana estudar sobre as taxas, sei que há dois tipos: as taxas de polícia e as taxas de serviço.

---

administrativa a avaliação individualizada de imóvel não previsto na Planta Genérica de Valores (PGV), para fins de cobrança do IPTU, na época do lançamento do tributo, é constitucional ou não. O caso concreto aborda a insatisfação de um contribuinte, do município paranaense de Londrina, o qual questionou dispositivo do Código Tributário do Município acerca da possibilidade dos critérios não previstos na PGV à época do lançamento tributário do referido imposto, poderão ser utilizados para fins de apuração do valor venal dos imóveis. O Tribunal de Justiça do Paraná declarou que os dispositivos questionados são inconstitucionais, uma vez que é indispensável a edição de uma lei específica, pois, caso contrário, estaríamos diante de uma afronta à legalidade tributária. Recomenda-se que o leitor acompanhe o desfecho final.

CAPÍTULO 1 → O que é tributo?

Muito bem! Começou bem este tópico.

Saiba que todos os entes da Federação possuem competência para instituírem taxas, nos termos do art. 145, II, da CF/1988 e do art. 77 do CTN, desde que possuam competência político-administrativa para prestar o serviço público ou para exercer o poder de polícia.

> – Pode-se entender que as taxas possuem uma natureza contraprestacional? Para serem cobradas, o Poder Público, pelo que entendi, deve prestar o serviço público e exercer o poder de polícia.

Não apenas isso. No caso dos serviços públicos e do exercício do poder de polícia, estes devem ser específicos e divisíveis.[135]

> – Lembro de quando estudei a parte sobre os serviços públicos na disciplina de Direito Administrativo...

Lá no Direito Administrativo há a classificação dos serviços públicos, ainda bem que você se recordou. Para nós, do Direito Tributário, é imprescindível a leitura do art. 79 do CTN.[136] Para o inciso I

---

135. "Em segundo lugar, o ato de polícia e o serviço público devem ser específicos e divisíveis. O ato de policiar uma praça onde se realiza uma manifestação qualquer, para evitar distúrbios, não se presta, já que se vê, para ser ato jurígeno no sentido de gerar uma cobrança de uma taxa. Nem os serviços gerais das forças armadas em defesa da democracia e das instituições políticas, v.g., serviriam para basear a cobrança de uma taxa. Tais serviços são indivisíveis. Não se pode atribuí-los individualmente a uma pessoa, deles especialmente fruidora. Os conceitos de poder de polícia, especificidade e divisibilidade, para fins impositivos, estão explicados pelo Código Tributário Nacional (Lei 5.172, de 25/10/1966). Quem solicita um passaporte e efetivamente o recebe, ou um alvará, ou uma licença, ou recebe, via medidor, água fornecida por serviço sustentado pelo Poder Público, sob regime jurídico-tributário, em verdade recebe parcelas individualizadas de serviço público (utilidade e manifestações concretas de poder de polícia). Não é, pois. Todo ato do poder de polícia ou toda prestação de serviço público que pode embasar a instituição de taxas, senão aquelas que, regulares, juridicamente falando, possam ser específicas e divisíveis, conforme predica o CTN. Em terceiro lugar, é preciso lei, em sentido formal e material, para instituir taxas. Não possui a Administração poder para, por ato administrativo, instituir tributo, nem mesmo por via de decreto regulamentar, entre nós, ente servo da lei. O nome pouco importa. Custas e emolumentos, v.g., são taxas e não preços. Dependem de lei" (COÊLHO, Sacha Calmon Navarro. *Curso de Direito Tributário Brasileiro*. 15. ed. Rio de Janeiro: Forense, 2016, p. 128).
136. Art. 79 do CTN. "Os serviços públicos a que se refere o artigo 77 consideram-se:
    I – utilizados pelo contribuinte:
    a) efetivamente, quando por ele usufruídos a qualquer título;

167

do artigo, serviços públicos específicos são aqueles que "possam ser destacados em unidades autônomas de intervenção, de utilidade, ou de necessidades públicas", ao passo que são considerados como divisíveis, "quando suscetíveis de utilização, separadamente, por parte de cada um dos seus usuários".

Isso deve estar bem definido e compreendido por você para saber se um determinado serviço público é passível da incidência da taxa ou não.

– Por específico o contribuinte sabe de fato por qual serviço está pagando, não é mesmo? E a divisibilidade?

No que concerne à divisibilidade, o Estado consegue identificar os usuários do serviço a ser financiado pela taxa instituída. Exemplo clássico é o da Súmula Vinculante 19, a qual dispõe que os serviços públicos de coleta, remoção e tratamento ou destinação do lixo ou resíduos oriundos dos imóveis são passíveis da cobrança de taxa, pois há a divisibilidade. Diferentemente dos serviços públicos de limpeza de logradouros públicos, os quais não são dotados de divisibilidade.

– E quanto à segurança pública?

O Supremo Tribunal Federal, no julgamento do RE 643.247, compreendeu ser inconstitucional a cobrança da Taxa de Combate a Sinistros (Lei Municipal paulistana 8.822/1978), instituída com o objetivo de ressarcir o erário municipal do custo da manutenção do serviço de combate a incêndios, por serem indivisíveis, os serviços de segurança pública, devendo ser remunerados mediante a arrecadação de impostos e não de taxas.

---

b) potencialmente, quando, sendo de utilização compulsória, sejam postos à sua disposição mediante atividade administrativa em efetivo funcionamento;
II – específicos, quando possam ser destacados em unidades autônomas de intervenção, de utilidade, ou de necessidades públicas;
III – divisíveis, quando suscetíveis de utilização, separadamente, por parte de cada um dos seus usuários".

No mesmo sentido, entendeu a Suprema Corte[137] que a atividade desenvolvida pelo Estado no âmbito da segurança pública é mantida ante impostos, sendo imprópria a substituição, para tal fim, de taxa. Guarde essa informação, pois se trata de um entendimento de abril de 2020, o qual será cobrado na sua prova, com certeza!

– Esse mesmo raciocínio vale para o serviço público de iluminação pública e a instituição da contribuição de iluminação pública (COSIP)? Tenho lido as súmulas de Direito Tributário e a Súmula Vinculante 41 do STF, menciona que esse serviço público não pode ser remunerado mediante taxa.

Aplica-se esse entendimento, sim, ao serviço de iluminação pública, pois não há como o Poder Público saber quem de fato utiliza-se desse serviço, uma vez que não é divisível. Por conta disso, as taxas municipais referentes ao serviço público de iluminação pública são inconstitucionais. Para evitar a perda de receita por parte das municipalidades a Emenda Constitucional 39/2002 instituiu a COSIP, inserindo o art. 149-A na Constituição Federal de 1988.

– Sanou minha dúvida sobre as taxas e a COSIP.

Ainda sobre essas taxas de serviços públicos, devemos ter em mente que a premissa é que sejam cobradas quando os serviços forem efetivamente utilizados. Conquanto, nos termos do art. 79, I, b, do CTN, as taxas também poderão ser cobradas quando os serviços forem postos à disposição mesmo sem serem utilizados, consistindo em uma utilização potencial. É o caso do serviço de coleta de lixo domiciliar. Tal situação ocorre porque há alguns serviços públicos dotados de compulsoriedade, mesmo sem serem utilizados estarão disponíveis aos usuários e haverá cobrança por eles.[138] Ressalte-se

---

137. STF. Plenário. ADI 4411, Rel. Marco Aurélio, julgado em 18/08/2020.
138. "As taxas pela prestação de serviços públicos de utilidades, tais como 'coleta de lixo' ou 'fornecimento de água' (quando a água é fornecida pelo regime tributário, pois frequentemente o é pelo regime de preços), podem ser cobradas por estarem à disposição do contribuinte os referidos serviços, desde que a lei os declare de utilização compulsória. A taxa pela disponibilidade do serviço é, em verdade, anômala. Somente os serviços efetivamente prestados deveriam originar a cobrança de taxa. A inclusão no conceito de taxa do

que esses serviços discriminados como compulsórios devem ser definidos em lei.

> – Cada vez, aprendo mais!

Fico feliz por você estar aprendendo o Direito Tributário, não é um bicho de sete cabeças como todo mundo acha, não.

> – Essa parte sobre as taxas eu tenho entendido sem nenhuma dificuldade.

Muito bem! Vamos, agora, ao estudo das taxas de polícia.

> – Pelo que sei, o fato gerador dessas taxas é o exercício regular do poder de polícia. Estudei na disciplina de Direito Administrativo que o poder de polícia é fundamentado na supremacia do interesse público sobre o interesse privado. Inclusive, nas aulas de Direito Administrativo, o professor utiliza o Código Tributário Nacional para conceituar o denominado poder de polícia.[139]

Exatamente! É o art. 78 do CTN que define o que é de fato o poder de polícia. Por esse dispositivo, para que a taxa de polícia seja

---

elemento 'disponibilidade', entre nós, deveu-se além da tradição, às exigências do Planasa (Plano Nacional de Águas e Saneamento). Os tecnoburocratas, ao se depararem com a grandiosidade da tarefa, imaginaram que poderiam o Poder Público e suas instrumentalidades manter o funcionamento dos serviços de água e esgoto, utilizando-se do regime jurídico das taxas (tributário) ou do regime jurídico dos preços (contratual, contratualismo de adesão)" (COÊLHO, Sacha Calmon Navarro. *Curso de Direito Tributário Brasileiro*. 15. ed. Rio de Janeiro: Forense, 2016, p. 132-33).

139. Art. 78 do CTN. "Considera-se poder de polícia atividade da administração pública que, limitando ou disciplinando direito, interesse ou liberdade, regula a prática de ato ou abstenção de fato, em razão de interesse público concernente à segurança, à higiene, à ordem, aos costumes, à disciplina da produção e do mercado, ao exercício de atividades econômicas dependentes de concessão ou autorização do Poder Público, à tranquilidade pública ou ao respeito à propriedade e aos direitos individuais ou coletivos.

Parágrafo único. Considera-se regular o exercício do poder de polícia quando desempenhado pelo órgão competente nos limites da lei aplicável, com observância do processo legal e, tratando-se de atividade que a lei tenha como discricionária, sem abuso ou desvio de poder".

CAPÍTULO 1 → O que é tributo?

efetivamente cobrada, é indispensável que o exercício desse poder de polícia seja regular, nos termos do seu parágrafo único, isto é, quando desempenhado pelo órgão competente, dentro dos limites da lei e com observância do processo legal e sem abuso ou desvio de poder.[140-141]

– Professora, isso quer dizer que a cobrança da taxa de polícia só será válida quando de fato houver a fiscalização?

Atualmente, o Supremo Tribunal Federal passou a compreender que mesmo que não haja a efetiva fiscalização individualizada no estabelecimento do contribuinte é viável a cobrança da referida taxa de fiscalização, nos termos do RE 416601, desde que haja uma estrutura do órgão de fiscalização para o exercício do poder de polícia.

– Quer dizer que o STF passou a aceitar a cobrança da taxa, embora não haja fiscalização?

Na verdade, a Corte entendeu quanto à possibilidade da presunção do exercício do poder de polícia pelo órgão administrativo.

– Como assim, "presunção do exercício do poder de polícia"? Não fiscaliza, então?

---

140. "A distinção entre 'taxas de polícia' e 'taxas de serviço' não possui legitimidade científica. É que o exercício do poder de polícia feito pela Administração é serviço público, exterioriza-se como tal. Inobstante a distinção, já cediça, apresenta importantes serventias. As ditas 'taxas de polícia' não podem ser cobradas pela mera disponibilidade do serviço público, só as de serviço, assim mesmo se a utilização do mesmo for compulsória por força de lei, como está prescrito no CTN. Não basta que o departamento da Polícia Federal que concede passaportes esteja em funcionamento para que o Poder Público Federal cobre 'taxa de expediente' de todos os que estiverem sob sua circunscrição, ao argumento de que o serviço está posto à disposição dos contribuintes. As 'taxas de polícia' se dão pela realização de atos administrativos com base no poder geral de polícia, diretamente relacionada à pessoa do contribuinte. Não se cuida de um 'benefício' ao contribuinte nem de recuperar o "custo do ato", mas de realizar atos de polícia" (COÊLHO, Sacha Calmon Navarro. *Curso de Direito Tributário Brasileiro*. 15. ed. Rio de Janeiro: Forense, 2016, p. 130).
141. A partir dessa explicação, o STF, por ocasião do julgamento do RE 222251, compreendeu que para que o ente municipal cobre uma taxa municipal de licença de localização e funcionamento é indispensável que exista órgão administrativo que fiscalize.

171

Essa presunção decorre da existência de um órgão de fiscalização, composto por uma estrutura típica, e por servidores capazes de exercer a atividade de fiscalizar. Com isso, presume-se que a fiscalização esteja sendo exercida. Esse entendimento sempre é cobrado nas provas de concurso e de exame da OAB.

– Outro assunto que sempre vejo cair em prova é a distinção entre taxas e preços públicos...

Esse é batata de ser cobrado. Alguns serviços públicos serão remunerados mediante o pagamento de preços públicos, também denominados de tarifa, conforme a doutrina.[142]

Primeiramente, indispensável conhecer o teor da Súmula 545 do STF: "Preços de serviços públicos e taxas não se confundem, porque estas, diferentemente daqueles, são compulsórias e têm sua cobrança condicionada à prévia autorização orçamentária, em relação à lei que as instituiu".[143]

Lembre-se de que se o serviço público definido em lei for compulsório, o contribuinte é obrigado a pagá-lo mediante o recolhimento do valor da taxa, mesmo que não venha a utilizá-lo.

– Diferentemente do preço público, pois é uma prestação facultativa?

Sim, até por conta da natureza do regime jurídico do preço público ou tarifa, que é contratual, isto é, de direito privado. Ao passo que as taxas possuem regime jurídico de direito público. Por conta desta distinção, temos que as taxas, em Direito Financeiro, são classificadas como receita derivada, ao passo que as tarifas, receitas originárias.

– Preciso entender um pouco mais sobre essa distinção. Em Direito Financeiro sou uma negação ao cubo! Rsrs

---

142. Nesse sentido: COSTA, Regina Helena. *Curso de Direito Tributário: Constituição e Código Tributário Nacional*. 7. ed. São Paulo: Saraiva, 2017, p. 148.
143. Não mais se aplica o princípio da anualidade tributária, devendo ser desconsiderada a última parte do texto da súmula em destaque.

CAPÍTULO 1 → O que é tributo?

A receita pública originária é proveniente do próprio patrimônio do Estado, isto é, da exploração patrimonial, atuando como se fosse um particular ao desempenhar atividades industriais, comerciais, financeiras, econômicas, entre outras, típicas de uma economia privada. Por isso, a essência da receita pública originária[144] é contratual, despida de coercibilidade, sujeita às normas do Direito Privado, uma vez que é dotada de rendas oriundas de bens e empresas do Estados, dos preços públicos, entre outros.

Já a receita pública derivada, diferentemente da receita pública originária, é oriunda do patrimônio do ente particular, havendo uma coercibilidade, isto é, o Estado obriga o particular a contribuir, havendo uma unilateralidade na relação. Um grande exemplo é a obrigação tributária, que é toda obrigação que surge quando se consuma um fato imponível previsto na legislação tributária. A própria definição de tributo, no art. 3º do Código Tributário Nacional (CTN), já configura sua receita como derivada, uma vez que na sua redação há o termo "compulsória".[145]

Para melhor fixar as diferenças entre receita pública originária e receita pública derivada, vale a pena sistematizar por meio de um quadro comparativo:

RECEITAS DERIVADAS	RECEITAS ORIGINÁRIAS
Oriundas do patrimônio do particular	Oriundas do patrimônio do Estado
Direito Público	Direito Privado
Provenientes da coercibilidade que o Estado exerce em face do particular	Provenientes da exploração do patrimônio estatal
Unilateralidade na relação	Bilateralidade na relação
Tributos	*Royalties* do petróleo

---

144. Um exemplo são os *royalties* do petróleo, considerados como compensações financeiras devidas à União, receitas originárias, em decorrência da exploração de seu patrimônio, conforme já entendeu o Supremo Tribunal Federal no julgado do RE 228800, Rel. Min. Sepúlveda Pertence, 1ª T., j. em 25/09/2001, embora sejam transferidas aos Estados e aos Municípios por força do § 1º do art. 20 da CF/1988. Mesmo diante dessa transferência, os *royalties* não perdem a natureza jurídica de receita originária, não podendo ser confundidos com tributos. Logo, quando transferidos aos Estados, por exemplo, passarão a consistir como receitas originárias dos Estados. Dessa feita, caberá ao Tribunal de Contas do Estado fiscalizar a aplicação dos recursos oriundos da exploração de derivados do petróleo.

145. Art. 3º do CTN: "Tributo é toda prestação pecuniária compulsória, em moeda ou cujo valor nela se possa exprimir, que não constitua sanção de ato ilícito, instituída em lei e cobrada mediante atividade administrativa plenamente vinculada".

173

— Perfeito, professora! Adorei essa tabela. Nunca entendi Direito Financeiro...

Ah, então, agora você vai começar a entender, não é mesmo?

— Estou ansioso pelo "Diálogos sobre o Direito Financeiro". Mas, pelo que percebi, nesse ponto da matéria que estamos estudando, só falta a base de cálculo das taxas.

Exatamente! Precisamos explorar um pouco esse ponto. Vamos lá.

— Já vi uma questão de concurso que falava que as taxas não poderiam ter a mesma base de cálculo dos impostos.

Essa questão está correta, por conta da redação do art. 145, § 2º, da CF/1988. Não apenas a base de cálculo é idêntica, mas também o fato gerador é idêntico, nos termos do art. 77, parágrafo único, do CTN.[146]

Não obstante, nada impede que a base de cálculo das taxas adote elementos presentes na base de cálculo dos impostos.[147]

— Ou seja, pode a taxa de coleta de lixo domiciliar adotar em sua base de cálculo o metro quadrado do imóvel, ainda que a base de cálculo do IPTU considere este como um dos elementos?

Pode, sim. Repito que a base de cálculo não poderá ser idêntica. Apenas isso! Não pode, por exemplo, a base de cálculo variar em função do patrimônio líquido dos contribuintes, ou seja, em razão do capital social da empresa, podendo ser considerado, como um fator

---

[146] Súmula 595 do STF: "É inconstitucional a taxa municipal de conservação de estradas de rodagem cuja base de cálculo seja idêntica a do imposto territorial rural".
[147] Súmula Vinculante 29 do STF: "É constitucional a adoção no cálculo do valor de taxa de um ou mais elementos da base de cálculo própria de determinado imposto, desde que não haja integral identidade entre uma base e outra".

de referência para definir o *quantum* a empresa deverá pagar, ou seja, um valor fixo.¹⁴⁸ Finalizamos as taxas.

– Tem um outro tributo que sei que gera um pouco de polêmica envolvendo o Direito Financeiro...

Hum, deixe-me pensar... o empréstimo compulsório. Adivinhei?

– É esse mesmo!

2.3. Os empréstimos compulsórios

– Estou doido para aprender sobre essa polêmica envolvendo os empréstimos compulsórios no Direito Financeiro.

Os empréstimos compulsórios¹⁴⁹, nos termos da Lei 4.320/1964, enquadram-se como operações de crédito, isto é, receitas de capital, e as contribuições sociais, como verificaremos no próximo ponto, como receitas de contribuições, isto é, receitas correntes.

Ademais, importante saber que a súmula 418 do STF, embora tenha sido superada, mencionava que não se tratava de tributos.

– Não compreendi muita coisa...

Veja um quadro comparativo entre as receitas corrente e de capital:

---

148. Trata-se da instituição da taxa de fiscalização dos mercados de títulos e valores mobiliários, instituída pela Lei 7.940/1989, considerada como constitucional pelo Supremo Tribunal Federal, assunto sumulado (Súmula 665, do STF).
149. Sobre esse assunto, vale a pena a lembrança do projeto de Lei Complementar 102/20, o qual visa instituir um empréstimo compulsório sobre parte dos fundos federais para fins de destinação do valor arrecadado a para a saúde, para a assistência social e para manutenção e geração de empregos e renda durante a pandemia da COVID-19.

RECEITA CORRENTE	RECEITA DE CAPITAL
Transferência corrente	Transferência de capital
Receita de serviços	Alienação de bens
Receita industrial	Amortização de empréstimos
Receita agropecuária	Operação de crédito
Receita patrimonial	Outras receitas de capital
Receita de contribuição	–
Receita tributária	–
Outras receitas correntes	–

– Já entendi que para o Direito Financeiro as contribuições são subclassificadas como "receita de contribuição", não se enquadrando como "receita tributária", embora ambas sejam compreendidas como receitas correntes. Mas onde estão compreendidos os empréstimos compulsórios?

Conforme mencionei, os empréstimos compulsórios são, de acordo com o Direito Financeiro, operações de crédito, previstos como receitas de capital. Compreende-se por operação de crédito o compromisso financeiro assumido em razão de mútuo, abertura de crédito, emissão e aceite de título, aquisição financiada de bens, recebimento antecipado de valores provenientes da venda a termo de bens e serviços, e arrendamento mercantil.

Por conta da natureza restituível, isto é, haverá a devolução do montante pago em moeda corrente e de forma integral, a Lei 4.320/1964 classificou os empréstimos compulsórios como receitas de capital, e não receitas tributárias.

– É o que devo levar para a prova de concurso?

Não! O Supremo Tribunal Federal, por ocasião do longínquo julgado RE 1487339/SP, do ano de 1992, determinou que, além dos impostos, das taxas e das contribuições de melhoria, também os empréstimos compulsórios e as contribuições sociais são considerados como tributos. Essa é a posição que você deve levar para sua prova de concurso público! Ademais, os empréstimos compulsórios atendem às cláusulas previstas no art. 3º do CTN, que definem o tributo.

– Confesso que nunca tinha entendido muito bem esse dilema sobre os empréstimos compulsórios.

Agora que já sabe, precisamos avançar no ponto. O art. 148 da CF/1988[150] dispõe sobre os empréstimos compulsórios:

> Art. 148. A União, mediante lei complementar, poderá instituir empréstimos compulsórios:
>
> I – para atender a despesas extraordinárias, decorrentes de calamidade pública, de guerra externa ou sua iminência;
>
> II – no caso de investimento público de caráter urgente e de relevante interesse nacional, observado o disposto no art. 150, III, *b*.
>
> Parágrafo único. A aplicação dos recursos provenientes de empréstimo compulsório será vinculada à despesa que fundamentou sua instituição.

– Percebi, pela leitura do dispositivo, que caberá à União instituir e mediante a edição de uma lei complementar!

Trata-se de uma competência exclusiva da União para instituir empréstimos compulsórios. No mais, como você bem sabe, onde cabe lei complementar, não cabe lei ordinária ou medida provisória, nos termos do art. 62, § 1º, III, da CF/1988.

Portanto, guarde: leis ordinárias e medidas provisórias não podem instituir ou regulamentar os empréstimos compulsórios!

– Essas duas situações previstas no art. 148 da CF/1988 parecem bem distintas.

---

150. Tome cuidado, pois o art. 15, III, do CTN não foi recepcionado pela Constituição Federal de 1988, dado que apenas as hipóteses elencadas no art. 148 da CF/1988 é que são aptas a ensejar a instituição de empréstimos compulsórios.

E são! Na primeira situação do inciso I ("para atender a despesas extraordinárias, decorrentes de calamidade pública, de guerra externa ou sua iminência"), está claro que há uma situação de urgência e relevância configurada, portanto, o empréstimo compulsório poderá ser cobrado de imediato, logo após a sua criação, o que significa que não observarão os princípios da anterioridade e da noventena, diferentemente dos empréstimos compulsórios previstos no inciso II.[151]

– Ainda sobre o art. 148 da CF/1988: entendi que a receita oriunda da arrecadação do empréstimo compulsório deverá estar vinculada à despesa que de fato fundamentou a instituição desse tributo.

De fato, e isso decorre da arrecadação vinculada dos empréstimos compulsórios. Sendo que há a necessidade da utilização da receita exclusivamente com as atividades que ensejaram sua instituição.

2.4. As contribuições de melhoria

– Desse tributo eu já ouvi falar um pouco em Direito Administrativo, por conta do tema desapropriação.

Nós vamos chegar lá e você vai entender tudo sobre quando é possível desapropriar e quanto a instituição da contribuição de melhoria. Aliás, trata-se de um tema complexo muito cobrado nas provas de nível mais elevado. Mas, vamos começar do início...

Primeiramente, a definição desse tributo é de extrema importância. Trata-se de um tributo vinculado a uma atuação estatal que esteja

---

[151]. "A segunda modalidade, por sua vez, refere-se a investimento público de caráter urgente e de relevante interesse nacional e, nesse caso, a Constituição impõe a observância do princípio da anterioridade da lei tributária. Observe-se ser de difícil compatibilização a noção de urgência com a de anterioridade: a primeira noção significa que não se pode esperar para a instituição do tributo; a segunda, no entanto, determina o aguardo do exercício financeiro seguinte para que a exigência fiscal torne-se eficaz. Portanto, forçoso reconhecer que o regramento estabelecido para essa modalidade de empréstimo compulsório torna sua instituição pouco viável" (COSTA, Regina Helena. *Curso de Direito Tributário: Constituição e Código Tributário Nacional*. 7. ed. São Paulo: Saraiva, 2017, p. 154).

CAPÍTULO 1 → O que é tributo?

de forma indireta referida ao sujeito passivo da obrigação tributária, a partir da realização de uma obra pública[152] de que decorra uma valorização imobiliária.

– Nos termos do art. 145, III, da CF/1988, não há menção a essa valorização imobiliária, mas apenas "obra pública"...

Tem razão! Todavia, o Supremo Tribunal Federal, no julgamento do RE 114069/SP, entendeu que seria fato gerador desse tributo não a realização da obra, mas sim a valorização imobiliária decorrente dela. Ademais, o termo "melhoria" significa o acréscimo à propriedade imobiliária dos sujeitos passivos da obrigação tributária.

– E como será encontrado o valor referente a essa melhoria?

Como bem pontuado, a melhoria significa a valorização do bem imóvel, apurada a partir da diferença entre os valores inicial e final do imóvel beneficiado pela realização da obra pública. O produto será a base de cálculo da contribuição de melhoria.[153-154]

---

152. Vale a pena destacar que o mero recapeamento da via não pode ensejar a instituição da contribuição de melhoria, conforme compreendeu o Supremo Tribunal Federal no julgamento do RE 116.148/SP, diferentemente de uma pavimentação nova. Esse entendimento já foi bem cobrado nas provas de concurso público. Tome cuidado!
153. "Sendo assim, os proprietários de imóveis valorizados em decorrência de obra pública, realizada com recursos advindos dos impostos pagos por todos devem ser chamados a contribuir aos cofres públicos em razão do especial benefício obtido com o sacrifício geral. Arcando os proprietários de imóveis valorizados com o custo da obra, total ou parcialmente, todos os particulares são recolocados em pé de igualdade perante o Poder Público. Noutro dizer, utilizando-se do instrumento da contribuição de melhoria, prestigia-se a ideia de isonomia, impedindo seja onerada toda a coletividade quando da obra pública resultar benefício especial para alguns. Outrossim, entendemos prestar-se a fundamentar a exigência de contribuição de melhoria o princípio, pertencente à teoria geral do direito, do enriquecimento sem causa. Com efeito, se a obra pública – realizada em atendimento ao interesse público – provoca, como efeito colateral, mais-valia imobiliária para alguns sujeitos, estes se beneficiam especialmente sem concorrer de modo algum para esse resultado. Portanto, podemos afirmar faltar 'justa causa' ao benefício por eles recebido, o que impõe a utilização de expediente que corrija essa situação. Percebe-se que, em última análise, tal fundamento também se encontra nas dobras do princípio da isonomia" (COSTA, Regina Helena. *Curso de Direito Tributário: Constituição e Código Tributário Nacional*. 7. ed. São Paulo: Saraiva, 2017, p. 151).
154. Art. 82 do CTN: "A lei relativa à contribuição de melhoria observará os seguintes requisitos mínimos:
I – publicação prévia dos seguintes elementos:

– Professora, então o tributo será instituído decorrente da realização de uma obra pública que repercuta em melhoria ao imóvel. Não pode ser o tributo instituído antes da realização dessa obra?

Não, pois não poderá ser instituído para o financiamento de uma obra pública. Ou seja, não pode o ente público que for realizar a obra pública – lembrando que todos os entes da Federação são competentes para a instituição da contribuição de melhoria – instituir, primeiramente, esse tributo e com a receita arrecadada ir pagando a consecução da obra.

Não obstante, nada impede que o tributo seja cobrado em face da realização de parcela da obra, desde que tenha resultado em valorização dos imóveis situados na área de influência.

– Como cada contribuinte pagará a título de contribuição de melhoria?

Pois bem! O art. 81 do CTN dispõe que haverá um limite total referente à despesa realizada para a construção da obra pública e, em contrapartida, um limite individual,[155] o qual consiste no acréscimo de valor que cada imóvel beneficiado obteve, isso porque, caso

---
a) memorial descritivo do projeto;
b) orçamento do custo da obra;
c) determinação da parcela do custo da obra a ser financiada pela contribuição;
d) delimitação da zona beneficiada;
e) determinação do fator de absorção do benefício da valorização para toda a zona ou para cada uma das áreas diferenciadas, nela contidas;
II – fixação de prazo não inferior a 30 (trinta) dias, para impugnação pelos interessados, de qualquer dos elementos referidos no inciso anterior;
III – regulamentação do processo administrativo de instrução e julgamento da impugnação a que se refere o inciso anterior, sem prejuízo da sua apreciação judicial.
§ 1º A contribuição relativa a cada imóvel será determinada pelo rateio da parcela do custo da obra a que se refere a alínea c, do inciso I, pelos imóveis situados na zona beneficiada em função dos respectivos fatores individuais de valorização.
§ 2º Por ocasião do respectivo lançamento, cada contribuinte deverá ser notificado do montante da contribuição, da forma e dos prazos de seu pagamento e dos elementos que integram o respectivo cálculo".

155. Esses limites estão previstos, apenas, no Código Tributário Nacional, portanto, a Constituição Federal de 1988 não os contempla expressamente.

CAPÍTULO 1 → O que é tributo?

seja cobrado do contribuinte um valor acima do que foi valorizado, estaríamos diante de um verdadeiro imposto.[156]

– E sobre aquele ponto interdisciplinar, envolvendo o Direito Administrativo?

Falta esse assunto para fecharmos as contribuições de melhoria, mais precisamente quando caberá a instituição desse tributo e quando a desapropriação por zona. Para tanto, precisamos analisar detalhadamente o entendimento do Superior Tribunal de Justiça no julgamento do REsp 1.092.010/SC.

Para o STJ há dois tipos de valorização em decorrência de obras públicas: a valorização geral, sendo subdividida em ordinária e a valorização geral extraordinária; e a valorização individual.

– Que interessante! Estou vendo que vou custar a compreender, pois o professor de Direito Administrativo não aprofundou esses pontos sobre a instituição ou não de contribuição de melhoria.

É porque se trata de uma matéria de Direito Tributário. Para facilitar a sua compreensão, vou sistematizar em quadros, OK?

Ocorrendo uma valorização imobiliária decorrente de uma obra pública, ela poderá ser considerada:

DE ORDEM GERAL	DE ORDEM INDIVIDUAL
Beneficia indistintamente um grupo considerável de administradores.	Apenas um ou alguns identificados ou identificáveis são beneficiados.

– Quando a valorização é de ordem individual e valoriza apenas um ou alguns identificados ou identificáveis, o que ocorre?

---

156. Isso porque, estaríamos diante de uma situação que a cobrança estaria desvinculada de qualquer atuação estatal, característica dos impostos, algo não aplicável às contribuições de melhoria.

181

Nesse caso, o Poder Público poderá abater a valorização do montante a ser pago a título de indenização ao indivíduo.

Continuando... Também, como mencionei, há a valorização de ordem geral, sendo subdividida em ordinária e em extraordinária. Nesse ponto que precisamos compreender bem, pois haverá a distinção para a instituição da contribuição de melhoria ou desapropriação por zona. Veja:

ORDINÁRIA	EXTRAORDINÁRIA
Todos os imóveis lindeiros à obra valorizam-se na mesma proporção.	Um ou alguns se valorizam mais do que os outros sujeitos à mais-valia ordinária.

Conforme dispõe o art. 4º do Decreto-Lei 3.365/1941, caberá o instituto da desapropriação por zona quando ocorrer a valorização geral extraordinária.

– Logo, a valorização geral ordinária, a qual compreende que todos os imóveis lindeiros à obra valorizam-se na mesma proporção, é passível da incidência de contribuição de melhoria!

Perfeito. Aprendeu rapidinho, viu?

2.5. As contribuições especiais

– Esse é outro ponto da matéria que me assusta um pouco por ser enorme.

Vamos estudar, neste ponto, quatro espécies de contribuições.

– Elas estão dispostas no art. 149 da CF/88, não é mesmo? São: a) contribuições sociais; b) contribuições de intervenção no domínio econômico (CIDE); c) contribuições de interesse de categorias profissionais ou econômicas (corporativas). Ainda temos o art. 149-A da CF/1988, que nos traz a contribuição social para o custeio do serviço de iluminação pública.

Muito bem! Vamos sistematizar?

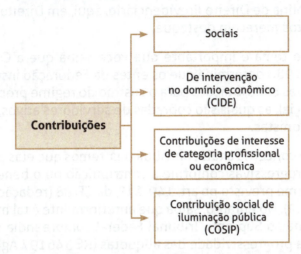

Lembrando que já expliquei a COSIP quando estudamos as taxas. Trata-se da contribuição social para o custeio do serviço de iluminação pública, inserida na Constituição Federal por meio da Emenda Constitucional 39/2002, por meio do art. 149-A.

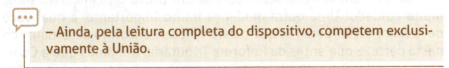

— Ainda, pela leitura completa do dispositivo, competem exclusivamente à União.

Em regra, sim! Não se esqueça da redação do § 1º do art. 149 da CF/1988, cuja redação foi alterada por conta da EC 103/2019, a famosa "Reforma da Previdência". Antes da alteração, o dispositivo constitucional dispunha que competia aos Estados, Distrito Federal e aos Municípios instituir contribuição cobrada de seus servidores para o custeio, em benefício destes para custeio do regime previdenciário, previsto no art. 40 da CF/1988. Era uma grande pegadinha de prova!

— Era mesmo!!

Mas não se anime muito, viu!? O negócio vai complicar a partir de agora...

— Ixi!

183

Embora seja um assunto que você irá estudar de forma detalhada na disciplina de Direito Previdenciário, aqui, em Direito Tributário, alguns pontos merecem destaque.

Sobre o tema é importante que você saiba que a Constituição Federal de 1988 determina que os entes da Federação instituam, por meio de lei, as contribuições para o custeio do regime próprio de previdência social, as quais são cobradas de servidores ativos, aposentados e pensionistas.

No que concerne à tais contribuições, temos que elas poderão ter alíquotas progressivas conforme a contribuição ou o benefício recebido, conforme previsto no art. 149, §1º, da CF/88 (redação dada pela EC 103/2019). No entanto, saiba que anteriormente à tal modificação constitucional, o Supremo Tribunal Federal compreendia que era incabível essa progressividade das alíquotas (RE 346197 AgR/DF).

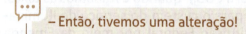
– Então, tivemos uma alteração!

Sim, e com certeza será cobrada em prova de concurso. Tome muito cuidado! Uma outra mudança muito importante, a qual você deve ter atenção, uma vez que o livro físico se encontra desatualizado nesta parte, é que antes da Reforma Tributária, tínhamos que a Constituição Federal de 1988 previa que as alíquotas das contribuições dos Estados, Distrito federal e Municípios não seriam inferiores à da contribuição dos servidores titulares de cargos efetivos da União. Inclusive, essa denominada alíquota mínima da União tinha sido reconhecida como constitucional pelo próprio Supremo Tribunal Federal, no julgamento da ADI 3138.

Antes da Reforma da Previdência tínhamos que as alíquotas das contribuições dos demais entes políticos não seriam inferiores à da contribuição no âmbito da União. Depois da Reforma temos que a alíquota da contribuição de um ente político poderá ser inferior à da contribuição no âmbito da União se o ente não possuir déficit atuarial no regime próprio, sendo que a alíquota não poderá ser inferior às aplicáveis ao RGPS.

– Interessante!

CAPÍTULO 1 → O que é tributo?

No regime próprio, em regra, incide a contribuição previdenciária dos inativos e pensionistas sobre os proventos de aposentadorias e pensões concedidas que superem o limite máximo estabelecido para os beneficiários do RGPS, nos termos do §18º, art. 40, da CF/88. Entretanto, havendo déficit atuarial, a contribuição ordinária dos aposentados e pensionistas poderá incidir sobre o valor do benefício recebido que venha a superar o salário-mínimo, conforme o atual art. 149, §1º-A, da CF/88.

– Isso significa que havendo déficit atuarial, teremos que a base de imunidade das contribuições será reduzida do teto do RGPS para um salário mínimo?

Exatamente isso! Ademais, para fins de equacionar o déficit atuarial, é facultada a instituição da contribuição extraordinária, no âmbito da União, dos servidores públicos ativos, dos aposentados e dos pensionistas, consoante disposto no art. 149, §1º- B, da CF/88, devendo ser instituída simultaneamente com outras medidas, devendo vigorar por período determinado, contato a partir da data de sua instituição, sendo um período máximo de 20 (vinte) anos, até que entre em vigor a lei complementar que discipline o art. 40, §22, da CF/88.

– Então, com o advento da Reforma da Previdência tivemos classificações de contribuições?

Sim, as ordinárias e as extraordinárias. A contribuição ordinária será paga pelos servidores filiados ao respectivo regime próprio. Ela poderá ser progressiva, conforme já mencionei acima, e passará a incidir a partir de um salário-mínimo.

Para fins de atualização em matéria de Direito Tributário tais informações já bastam. Lembre-se de estudar esse assunto na disciplina de Direito Previdenciário, até porque a EC 103/2019 trouxe várias novidades.

– Pode deixar, professora!

185

Outra pegadinha muito contumaz nas provas de concurso é em relação à imunidade das receitas oriundas das exportações e a tributação do lucro. Isso porque há uma clara distinção, consoante entendeu o Supremo Tribunal Federal, no julgamento do RE 474132, entre lucro e receita. Logo, é totalmente viável a incidência da contribuição sobre o lucro líquido (CSLL) sobre o lucro,[157] ao passo que não se pode admitir a incidência do Programa de Integração Social (PIS) e a Contribuição para Financiar a Seguridade Social (COFINS), dado que incidem sobre o faturamento ou a receita dos exportadores.

Nesse sentido é a Súmula do CARF n. 153: "As receitas decorrentes das vendas de produtos efetuadas para estabelecimentos situados na Zona Franca de Manaus (ZFM) equiparam-se às receitas de exportação, não se sujeitando, portanto, à incidência das contribuições para o PIS/PASEP e para a COFINS."

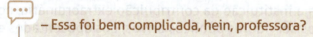
– Essa foi bem complicada, hein, professora?

Bem mais difícil mesmo. Logo vou facilitar para você, quando estudarmos essas contribuições.

Tem outra pegadinha aqui. Lá no art. 149, § 2º, II, da CF/1988 temos que as contribuições sociais e de intervenção no domínio econômico incidem sobre a importação de produtos estrangeiros ou de serviços.

---

157. "A configuração do lucro é obtida ao final de determinado período mediante a 'escrituração', que será mantida em registros permanentes, com obediência aos preceitos da legislação comercial e desta Lei e aos princípios da Contabilidade geralmente aceitos, devendo observar os critérios contábeis uniformes no tempo, segundo regime de competência (...) O lucro tributável compreende o lucro líquido do exercício (soma algébrica do lucro operacional, dos resultados não operacionais, do saldo da correção monetária e das participações nos lucros), ajustado pelas adições, exclusões ou compensações prescritas ou autorizadas legalmente. Referidos ajustes, para apuração do lucro sujeito à incidência do Imposto de Renda, constituem elementos estranhos e posteriores ao lucro societário (contábil), apurável para distribuição de resultados a sócios, acionistas, administradores etc. O lucro fiscal, que ocasiona o fato gerador do Imposto de Renda, toma como elemento básico o lucro contábil, mas não faz parte de sua íntima estrutura, de modo integral. O lucro contábil, que ocasiona o fato gerador da contribuição social prevista no art. 195, I, da CF, é propriamente a base imponível deste tributo; não constitui a base de cálculo do Imposto de Renda, pois para tal mister se fazem necessárias outras operações numéricas (adições, subtrações, compensações etc.). Em suma, os mencionados ajustes compreendem a própria formação e apuração do lucro tributável pelo Imposto de Renda, que nem sempre corresponde ao lucro tributável pela contribuição social" (MELO, José Eduardo Soares de. Contribuições Sociais no Sistema Tributário. 7. ed. São Paulo: Malheiros, 2018, p. 257-58).

– Professora, sobre a CSLL, sei que ela tem o mesmo fato gerador do IRPJ. Lembrei-me das suas explicações sobre imposto de renda. Como pode isso?

Na prática, o fato gerador do Imposto sobre a Renda de Pessoa Jurídica (IRPJ) é a obtenção de lucro, ganho ou acréscimo patrimonial das pessoas jurídicas, conforme já tínhamos estudado. O fato gerador da Contribuição Social sobre o Lucro Líquido (CSLL), instituída pela Lei 7.689/1988, também, conforme seus apontamentos.

– Seria um *bis in idem*?

Não! Não estamos diante de um *bis in idem*, uma vez que são espécies tributárias distintas, embora há quem entenda de forma contrária. É compreensível pensar dessa forma, até porque a disciplina da CSLL é semelhante ao do IRPJ, pois até a base de cálculo é a mesma do referido imposto, isto é, o valor total do lucro, sendo os contribuintes as pessoas jurídicas ou a elas equiparadas.

– Lembrando do ponto sobre os impostos, pode-se dizer que as contribuições são tributos com arrecadação vinculada?

Estou surpresa com você! Está mesmo prestando atenção às explicações. Exatamente... é esse o entendimento dispensado às contribuições, já que são destinadas ao financiamento de despesas estatais específicas. Basta a leitura do art. 149 da CF/1988 para compreender isso. As contribuições podem ser instituídas com a finalidade de: a) custear a seguridade social; b) atender a outras finalidades de natureza social; c) atender ao interesse de categorias profissionais ou econômicas; d) intervir no domínio econômico.

Ainda sobre as contribuições, saiba que há referibilidade, isto é, pressupõe uma correlação lógica entre o sujeito receptor e o sujeito passivo da obrigação tributária. Isso quer dizer que a finalidade em vista da qual é instituída a constituição deve se referir, mediata ou imediatamente, a uma especial característica do seu sujeito passivo. Os impostos não possuem referibilidade. Guarde isso.

– Isso sobre a referibilidade: confesso que não tinha nem ideia. Sei sobre o princípio da anterioridade que não é aplicável às contribuições, mas apenas o princípio da noventena, por conta do art. 195 da CF/1988.

Boa lembrança. Na verdade, essa exceção somente é aplicável às contribuições previstas no art. 195 da CF/88[158], sendo que as demais

---

158. Art. 195. A seguridade social será financiada por toda a sociedade, de forma direta e indireta, nos termos da lei, mediante recursos provenientes dos orçamentos da União, dos Estados, do Distrito Federal e dos Municípios e das seguintes contribuições sociais:
I – do empregador, da empresa e da entidade a ela equiparada na forma da lei, incidentes sobre:
a) a folha de salários e demais rendimentos do trabalho pagos ou creditados, a qualquer título, à pessoa física que lhe preste serviço, mesmo sem vínculo empregatício;
b) a receita ou o faturamento;
c) o lucro;
II – do trabalhador e dos demais segurados da previdência social, não incidindo contribuição sobre aposentadoria e pensão concedidas pelo regime geral de previdência social de que trata o art. 201;
III – sobre a receita de concursos de prognósticos.
IV – do importador de bens ou serviços do exterior, ou de quem a lei a ele equiparar.
§ 1º As receitas dos Estados, do Distrito Federal e dos Municípios destinadas à seguridade social constarão dos respectivos orçamentos, não integrando o orçamento da União.
§ 2º A proposta de orçamento da seguridade social será elaborada de forma integrada pelos órgãos responsáveis pela saúde, previdência social e assistência social, tendo em vista as metas e prioridades estabelecidas na lei de diretrizes orçamentárias, assegurada a cada área a gestão de seus recursos.
§ 3º A pessoa jurídica em débito com o sistema da seguridade social, como estabelecido em lei, não poderá contratar com o poder público nem dele receber benefícios ou incentivos fiscais ou creditícios.
§ 4º A lei poderá instituir outras fontes destinadas a garantir a manutenção ou expansão da seguridade social, obedecido o disposto no art. 154, I.
§ 5º Nenhum benefício ou serviço da seguridade social poderá ser criado, majorado ou estendido sem a correspondente fonte de custeio total.
§ 6º As contribuições sociais de que trata este artigo só poderão ser exigidas após decorridos noventa dias da data da publicação da lei que as houver instituído ou modificado, não se lhes aplicando o disposto no art. 150, III, b.
§ 7º São isentas de contribuição para a seguridade social as entidades beneficentes de assistência social que atendam às exigências estabelecidas em lei.
§ 8º O produtor, o parceiro, o meeiro e o arrendatário rurais e o pescador artesanal, bem como os respectivos cônjuges, que exerçam suas atividades em regime de economia familiar, sem empregados permanentes, contribuirão para a seguridade social mediante a aplicação de uma alíquota sobre o resultado da comercialização da produção e farão jus aos benefícios nos termos da lei.
§ 9º As contribuições sociais previstas no inciso I do caput deste artigo poderão ter alíquotas ou bases de cálculo diferenciadas, em razão da atividade econômica, da utilização

observam, sim, o princípio da anterioridade, previsto no art. 150, III, *b*, da CF/1988, assim como o da noventena, disposto na alínea *c* do mesmo dispositivo.

– Essa parte sobre as contribuições é cheia de pegadinhas mesmo...

Ainda sobre essas possíveis pegadinhas de prova, saiba que a regra é que as contribuições sejam instituídas mediante edição de lei ordinária. Entretanto, as contribuições para a seguridade social não abarcadas pela Constituição Federal de 1988, as denominadas residuais, dispostas no § 4º do art. 195 da CF/1988, é que deverão ser instituídas mediante lei complementar.

Ademais, para a criação dessas contribuições residuais, anote aí, é indispensável que sejam observados quatro requisitos:

a)	Sejam instituídas pela União;
b)	Criadas mediante a edição de uma lei complementar;
c)	Não cumulativas;
d)	Possuam fato gerador e base de cálculo diferentes das contribuições já existentes.

– Perfeito, professora. Essas tabelas facilitam bastante o meu aprendizado.

Fico muito contente por isso!

---

intensiva de mão de obra, do porte da empresa ou da condição estrutural do mercado de trabalho.
§ 10. A lei definirá os critérios de transferência de recursos para o sistema único de saúde e ações de assistência social da União para os Estados, o Distrito Federal e os Municípios, e dos Estados para os Municípios, observada a respectiva contrapartida de recursos.
§ 11. É vedada a concessão de remissão ou anistia das contribuições sociais de que tratam os incisos I, a, e II deste artigo, para débitos em montante superior ao fixado em lei complementar.
§ 12. A lei definirá os setores de atividade econômica para os quais as contribuições incidentes na forma dos incisos I, b; e IV do caput, serão não cumulativas.
§ 13. Aplica-se o disposto no § 12 inclusive na hipótese de substituição gradual, total ou parcial, da contribuição incidente na forma do inciso I, a, pela incidente sobre a receita ou o faturamento.

2.5.1. Contribuições à Seguridade Social

– E quanto ao PIS/PASEP e COFINS, dispostas neste dispositivo? Sei que, assim como a CSLL, são consideradas contribuições à seguridade social.

Sobre essas contribuições, primeiro precisamos compreender que o art. 195, I, *a*, traz o PIS-folha, cujo fato gerador é o pagamento de folha de salários, já na alínea *b* temos a COFINS incidentes sobre a receita e o faturamento da pessoa jurídica, sendo o fato gerador auferir receita, uma vez que na modalidade não cumulativa será o faturamento, assunto que veremos mais adiante.[159]

No art. 239 da CF/1988, temos o PIS/PASEP.[160]

– O PIS/PASEP terá o mesmo fato gerador da COFINS: o faturamento da pessoa jurídica de direito privado?

Sim, no caso da pessoa jurídica de direito privado, o fato gerador consistirá na obtenção de faturamento mensal, sendo a base de cálculo o faturamento.

No entanto, caso o contribuinte seja uma entidade sem fim lucrativo, o fato gerador não será o faturamento mensal, mas sim o pagamento de salário, sendo a base de cálculo, neste caso, o total da folha de salário.

Também há diferença quando o contribuinte for um ente da Federação ou uma autarquia, ou seja, pessoas jurídicas de direito público.

---

159. Conforme entendeu o Supremo Tribunal Federal, o fato gerador da obrigação tributária ocorre com o aperfeiçoamento do contrato de compra e venda, isto é, com a entrega do produto, e não com o recebimento do valor acordado. "O resultado da venda, na esteira da jurisprudência da Corte, apurado segundo o regime legal de competência, constitui o faturamento da pessoa jurídica, compondo o aspecto material da hipótese de incidência da contribuição ao PIS e da COFINS, consistindo situação hábil ao nascimento da obrigação tributária. O inadimplemento é evento posterior que não compõe o critério material da hipótese de incidência das referidas contribuições" (STF, plenário, RE 586482/RS, rel. Min. Dias Toffoli, *DJe* 19/06/2012).
160. Vide também: art. 239 da CF/1988. "A arrecadação decorrente das contribuições para o Programa de Integração Social, criado pela Lei Complementar 7, de 7 de setembro de 1970, e para o Programa de Formação do Patrimônio do Servidor Público, criado pela Lei Complementar 8, de 3 de dezembro de 1970, passa, a partir da promulgação desta Constituição, a financiar, nos termos que a lei dispuser, o programa do seguro-desemprego e o abono de que trata o § 3º deste artigo".

CAPÍTULO 1 → O que é tributo?

Nesses casos, o fato gerador não será o faturamento, nem o salário, mas sim a arrecadação ou transferência de receitas governamentais, sendo o valor correspondente à base de cálculo.

Para facilitar sua compreensão, veja a tabelinha que preparei sobre a base de cálculo do PIS/PASEP:

Pessoa jurídica de direito privado	Entidades sem fins lucrativos	Pessoa jurídica de direito público
Faturamento	O valor total da folha de salário	O total correspondente à arrecadação ou transferência de receitas governamentais

– Muito bom! Também há diferenças em relação às alíquotas do PIS/PASEP?

Conforme o que estabelece o art. 8º da Lei 9.715/1998,[161] a contribuição será calculada mediante a aplicação, conforme o caso, das seguintes alíquotas:

Pessoa jurídica de direito privado	Entidades sem fins lucrativos	Pessoa jurídica de direito público
0,75%	1%	1%

– No que concerne à base de cálculo[162] das contribuições da alínea *b* do inciso I do art. 195 da CF/1988, conforme você me disse, compreende, portanto, a receita e o faturamento. Mas no que consistem?

---

161. Art. 8º, da Lei n. 9715/98: "I– zero vírgula sessenta e cinco por cento sobre o faturamento; II– um por cento sobre a folha de salários;
III – um por cento sobre o valor das receitas correntes arrecadadas e das transferências correntes e de capital recebidas."
162. Para o Superior Tribunal de Justiça, no julgamento do REsp 1872529, as corretoras de títulos e valores mobiliários não podem deduzir da base de cálculo do PIS e da COFINS os valores das comissões que são repassadas aos agentes de investimentos.
Interessante mencionar, também, que o Supremo Tribunal Federal, no julgamento do RE 1049811, compreendeu ser constitucional a inclusão de valores retidos pelas administradoras de cartões na base de cálculo das contribuições ao PIS e da COFINS devidas por empresa que recebe pagamentos por meio de cartões de crédito e débito.

Para você compreender, preciso lhe contar uma história. A Lei 9.718/1998 dispôs que a base de cálculo da COFINS seria a receita bruta, compreendida como o faturamento, tentativa por parte do legislador em alargar a base de cálculo da contribuição, uma vez que, na verdade, por faturamento compreende-se a receita de vendas de mercadorias e prestação de serviços, ao passo que por receita bruta, o somatório de todas as receitas, abarcando as operacionais e as não operacionais. Na visão do Supremo Tribunal Federal, tratou-se de uma inconstitucionalidade material, consoante julgamento do RE 390840. Posteriormente, com a promulgação da Lei 10.637/2002, a base de cálculo seria o faturamento mensal, assim entendido o total das receitas auferidas.

Já a Lei 12.973/2014, alterando o art. 3º da Lei 9.718/1998, determinou que o conceito de receita seria o mesmo dispensado ao imposto de renda, previsto no art. 12 do Decreto-lei 1.598/1977.

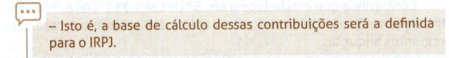

– Isto é, a base de cálculo dessas contribuições será a definida para o IRPJ.

Ótima constatação! Quanto à receita bruta, atualmente o art. 12 do Decreto-lei 1.598/1977, consoante redação dada pela Lei 12.973/2014, dispõe sobre o que a compõe:

a)	o produto da venda de bens nas operações de conta própria;
b)	o preço da prestação de serviços em geral;
c)	o resultado auferido nas operações de conta alheia e as receitas da atividade;
d)	o objeto principal da pessoa jurídica não compreendida nas hipóteses anteriores.

Interessante o teor da Súmula 423 do Superior Tribunal de Justiça, que determina que "A Contribuição para Financiamento da Seguridade Social – COFINS incide sobre as receitas provenientes das operações de locação de bens móveis". O fundamento consiste no fato de que tais valores compõem o faturamento da empresa. Muito cuidado!

– Tranquilo. A Lei 12.973/2014 veio para facilitar nossa vida.

Mais ou menos... A Receita Federal do Brasil começou a compreender que o ICMS, imposto estadual, compõe a base de cálculo dessas contribuições, algo que elevou os ânimos dos contribuintes e passaram a questionar tal inclusão.

O Supremo Tribunal Federal compreendeu que o imposto estadual em questão não pode compor o faturamento ou a receita bruta das empresas, devendo ser excluído da base de cálculo do PIS e da COFINS, por ocasião do julgamento do RE 574706/PR, em repercussão geral, dado que não é plausível ser considerado como receita, já que deverá ser repassado ao Estado, consistindo em uma afronta à Constituição Federal de 1988, mais precisamente ao seu art. 195, I, *b*, compreender de maneira diversa. No mesmo sentido é a doutrina respeitada de Roque Antônio Carrazza,[163] que nos ensina:

> Eis por que estamos sempre mais convencidos de que o ICMS recolhido pelo contribuinte não pode integrar a base de cálculo do PIS e da COFINS que lhe são exigidos. Do contrário a base de cálculo destes dois tributos passaria a ser o faturamento mais o montante que paga a título de ICMS. Haveria, aí, nítido aumento dos tributos, pela indevida majoração de suas bases de cálculo (...)

 – Essa tese é muito interessante. Pode-se dizer, diante desses argumentos, que o mesmo se aplica ao ISS?

Sim, até porque, assim como o ICMS, o valor do ISS não fica para o contribuinte, mas será repassado ao ente municipal.

Há vários entendimentos jurisprudenciais adotando tal argumento. Um exemplo é o entendimento do Superior Tribunal de Justiça[164] referente aos créditos presumidos, ou seja, os benefícios fiscais,

---

163. CARRAZZA, Roque Antônio. ICMS. 17. ed. São Paulo: Malheiros, 2015, p. 706.
164. STJ, AgRg no REsp 1329781/RS, rel. Min. Arnaldo Esteves Lima, Dje. 03/12/2012.

193

de IPI e ICMS, que não podem ser considerados como receitas das pessoas jurídicas para fins de incidência das contribuições.

– E no caso da energia elétrica?

Muito bem lembrado! Uma outra súmula que disciplina sobre a COFINS é a 659 do STF, segundo a qual "é legítima a cobrança de COFINS, do PIS e do FINSOCIAL sobre o faturamento das empresas que realizam operações relativas à energia elétrica, serviços de telecomunicações, derivados de petróleo, combustíveis e minerais do país".

Existe uma explicação para essa redação, fundamentada no art. 155, § 3º, da Constituição Federal de 1988,[165] pois este trata da não incidência de impostos.

Vale destacar que o referido artigo não estabelece que não incidirá nenhum outro tributo sobre operações relativas à energia elétrica, serviços de telecomunicações, derivados de petróleo, combustíveis e minerais, mas sim que não incidirá nenhum outro imposto. Essa é uma grande pegadinha de prova. Em razão disso, o STF compreendeu ser legítima a cobrança da COFINS, do PIS e do FINSOCIAL sobre o faturamento das empresas que realizam tais operações.

– Logo, além dessas contribuições, também há outros impostos que incidirão, conforme expresso na norma: o imposto de importação, o imposto de exportação e o imposto sobre circulação de mercadorias e prestação de serviços. Mudando de assunto, no caso das alíquotas,[166] haverá distinção por conta de atividades diversas?

---

165. Art. 155, § 3º, da CF/1988: "À exceção dos impostos de que tratam o inciso II do caput deste artigo e o art. 153, I e II, nenhum outro imposto poderá incidir sobre operações relativas a energia elétrica, serviços de telecomunicações, derivados de petróleo, combustíveis e minerais do País".
166. Art. 2º, da Lei 10.833/2003 "Para determinação do valor da COFINS aplicar-se-á, sobre a base de cálculo apurada conforme o disposto no art. 1º, a alíquota de 7,6% (sete inteiros e seis décimos por cento).
§ 1º Excetua-se do disposto no caput deste artigo a receita bruta auferida pelos produtores ou importadores, que devem aplicar as alíquotas previstas (...)"

CAPÍTULO 1 → O que é tributo?

Haverá. As receitas oriundas de algumas atividades possuirão alíquotas próprias, como no caso das instituições financeiras.

Vale a pena mencionar a decisão do Supremo Tribunal Federal no sentido de ser constitucional a diferenciação das alíquotas do PIS e da COFINS sobre a importação de autopeças, isso porque, para a Suprema Corte a diferenciação para determinados setores não afronta o princípio da isonomia, sendo viável a possibilidade de tratamento diverso no campo da política fiscal. Tal entendimento foi proferido no julgamento do RE 633345, com repercussão geral (Tema 744), na sessão virtual de 03 de novembro de 2020.

A tese de repercussão geral fixada foi a seguinte: "É constitucional o parágrafo 9º do artigo 8º da Lei 10.865/2004, a estabelecer alíquotas maiores, quanto à Contribuição ao PIS e à Cofins, consideradas empresas importadoras de autopeças não fabricantes de máquinas e veículos."

> 💬 – Professora, e quanto à modificação das alíquotas?

Interessante a sua pergunta, pois tivemos um entendimento[167] do Supremo Tribunal Federal, no finalzinho do ano de 2020, no sentido de ser constitucional a possibilidade da modificação das alíquotas, por meio de ato do Poder Executivo, da contribuição ao PIS/PASEP e da COFINS incidentes sobre as receitas financeiras auferidas por pessoas jurídicas sujeitas ao regime não-cumulativo, desde que seja respeitado o teto legal.

> 💬 – O que isso significa?

Esse assunto está correlacionado ao princípio da legalidade tributária, mais precisamente, princípio da reserva legal. No capítulo apropriado, iremos estudar a legalidade estrita, algo que vem sendo flexibilizado pelo Supremo Tribunal Federal.

---

167. Trata-se de uma decisão por ocasião do julgamento conjunto do RE 1043313, com repercussão geral reconhecida (Tema 939), e da ADI 5277, em 10 de dezembro de 2020.

💬 – Como assim?

A Suprema Corte entende que legalidade tributária imposta pelo texto constitucional não é considerada como estrita ou fechada, embora haja a necessidade de serem observador alguns requisitos, como no caso da alteração das alíquotas das referidas contribuições, o que dispõe a Lei 10.865/2004, o "teto legal", fixado por meio dos incisos I e II do artigo 8º da norma em destaque, o qual deve ser respeitado pelo Poder Executivo ao dispor sobre as alíquotas através de um decreto.

Além dessa situação questionada, temos a possibilidade, prevista na norma, da alteração das alíquotas das contribuições, por meio de ato do Poder Executivo, sobre receita bruta decorrente da venda de determinados produtos farmacêuticos.

💬 – Por que há essa possibilidade?

Quanto aos fármacos seria para que houvesse o exercício da função extrafiscal das contribuições, possibilitando ao Poder Executivo alterar as alíquotas para fins de garantir preços mais acessíveis desses bens essenciais a população.

Interessante mencionar que a alteração dessas alíquotas é no que concerne à redução a 0% e o reestabelecimento ao patamar anterior, devendo ser respeitado o princípio da anterioridade nonagesimal, nesse caso, especial, o qual será estudado de forma detalhada oportunamente.

Ademais, foi fixada a seguinte tese de repercussão geral: "É constitucional a flexibilização da legalidade tributária constante do § 2º do art. 27 da Lei nº 10.865/04, no que permitiu ao Poder Executivo, prevendo as condições e fixando os tetos, reduzir e restabelecer as alíquotas da contribuição ao PIS e da COFINS incidentes sobre as receitas financeiras auferidas por pessoas jurídicas sujeitas ao regime não cumulativo, estando presente o desenvolvimento de função extrafiscal".

CAPÍTULO 1 → O que é tributo?

– Ouvi dizer que aquela sistemática do IPI e do ICMS da não cumulatividade é aplicável, também, às contribuições PIS/PASEP e COFINS.

Ah, sim! De fato, ambas observam a não cumulatividade, embora seja um regime distinto do ICMS e do IPI,[168] uma vez que essa sistemática não abarca indistintamente a todos os contribuintes, mas apenas aqueles optantes do regime da tributação do IRPJ e da CSLL sobre o lucro líquido, isto é, do lucro real, em regra.

– Isso significa que o contribuinte optante pelo lucro presumido ou que não venha a se encaixar nos requisitos para aderir à tributação do regime do lucro real irá se submeter à COFINS e ao PIS/PASEP de forma cumulativa?

Exato! Essa sua constatação está prevista na Lei 10.637/2002[169] e também na Lei 10.833/2003. No mais, essa sistemática da não

---

168. "Há, porém, várias particularidades que fazem a não cumulatividade no âmbito da COFINS e do PIS bem diferente daquela verificada em relação ao IPI e ao ICMS. A primeira grande diferença é que, enquanto o IPI e ICMS são impostos que devem ser não cumulativos, a COFINS e o PIS são objeto apenas de uma autorização ao legislador, que poderá definir os setores da economia que se submeteram a tais contribuições de forma não cumulativa. (...) Importante distinção da não cumulatividade, na forma como implementada em relação ao PIS e à COFINS, comparativamente com o ICMS e principalmente com o IPI, diz respeito à amplitude do direito ao crédito, e à forma de calculá-lo. Em relação ao PIS e à COFINS, geram crédito todas as despesas que tenham sido oneradas pelas contribuições, a exemplo daquelas com aluguéis, bens destinados ao ativo permanente, energia elétrica etc. Trata-se de uma imposição da própria abrangência desses tributos, que oneram a generalidade das receitas do contribuinte, o que torna impossível cogitar-se de restrições como as que orientam a diferença entre crédito físico e crédito financeiro. Isso porque não são saídas que geram débito do tributo, mas receitas, sejam elas oriundas de saídas de mercadoria, ou de qualquer outra atividade. E como convivem contribuintes sujeitos à cumulatividade com aqueles submetidos à não cumulatividade, o crédito destes últimos há de ser calculado com a aplicação da alíquota incidente na saída sobre o valor das entradas, pouco importando se efetivamente incidiu uma alíquota menor sobre essas operações anteriores (v.g. submetidas à cumulatividade, ou ao SIMPLES). Adotou-se sistemática aproximada do regime de bases sobre bases, restringindo-se o crédito apenas no que tange às operações não submetidas à contribuição" (MACHADO SEGUNDO, Hugo de Brito. *Manual de Direito Tributário*. 9. ed. São Paulo: Atlas, 2017, p. 316-17).
169. O Supremo Tribunal Federal, no julgamento do RE 698531, declarou a constitucionalidade de dispositivo da Lei 10637/2002 que prevê a possibilidade de o contribuinte deduzir da base de cálculo do Programa de Integração Social (PIS) as despesas relacionadas à

cumulatividade é, na verdade, uma faculdade atribuída ao legislador pela Constituição Federal, não sendo, desta feita, uma obrigatoriedade.[170]

Importante foi o entendimento do Superior Tribunal de Justiça, no julgamento do REsp 1221170,[171] no qual ficou assentada a premissa de que "o conceito de insumo deve ser aferido à luz dos critérios de essencialidade ou relevância, vale dizer, considerando-se a imprescindibilidade ou a importância de determinado item, bem ou serviço para o desenvolvimento da atividade econômica desempenhada pelo contribuinte". Isto é, as despesas de que os bens ou serviços dependam, intrínseca e fundamentalmente. Esse entendimento é de suma importância para fins de apuração de créditos por parte do contribuinte no regime não cumulativo.[172]

---

aquisição de máquinas, equipamentos e financiamentos, desde que contratados com pessoas jurídicas domiciliadas no país.

170. "Pode-se questionar, nessa ordem de ideias, se o legislador poderia, em vez de definir setores da economia que se submeterão à não cumulatividade, associar, como fez, essa sistemática de tributação à forma de cálculo do imposto de renda (IRPJ) e da contribuição social sobre o lucro líquido (CSLL). Sim, porque as Leis 10.647/2002 e 10.833/2003 estabelecem que o contribuinte tributado, em relação a IRPJ e CSLL pela sistemática do lucro real, automaticamente submete-se, em regra, à tributação não cumulativa. Diversamente, o contribuinte sujeito à tributação pelo IRPJ e pela CSLL pela sistemática do lucro presumido, em regra, submeter-se-á à COFINS e ao PIS cumulativos. A ideia parece ter sido a de associar a não cumulatividade, que exige o cumprimento de obrigações acessórias mais complexas, à apuração do lucro real, que já exige uma contabilização mais complexa por conta da necessidade de se apurar o lucro contábil, o que por igual, geralmente se dá em empresas de maior porte. Por real, poderá, sem maiores problemas, absorver o trabalho de apuração da COFINS e do PIS não cumulativos. Embora compreensível, não é esse o critério previsto no §12 do art. 195 da CF/88" (Ibidem, p. 316).

171. No mesmo sentido o entendimento do CARF no PAF n. 19515.721360/2017, 1ª T., 2ª Câmara, 3ª Seção, j. em 21/08/2019, sobre gastos com *marketing* e autopropaganda por empresa administradora de arranjo de pagamento, uma vez que tais despesas são consideradas como essenciais e relevantes para o desenvolvimento da atividade econômica, constituindo insumos para fins de creditamento das contribuições.

172. Vale ressaltar que o regime não cumulativo, embora permita a apuração de créditos e compensação, a alíquota combinada de ambas as contribuições passou de 3,65% para 9,25%, mantendo a alíquota de 3,65% para o regime cumulativo. Por isso, é indispensável uma interpretação mais benéfica ao contribuinte, uma vez que uma interpretação mais restritiva, conforme defende a Receita Federal do Brasil, por meio de suas instruções normativas 247/2002 e 404/2004, por compreender que insumo consiste na inculação direta da despesa à receita tributada pelas contribuições para que o crédito seja admitido, na verdade, configuraria um verdadeiro confisco. No mais, o Superior Tribunal de Justiça no julgamento do REsp 1221170, entendeu que 'é ilegal a disciplina de creditamento prevista nas instruções normativas da Receita 247 e 404 porquanto compromete a eficiência do sistema de não cumulatividade da contribuição do PIS e da COFINS, tal como definida nas leis 10.637/2002 e 10.833/2003'".

Ademais, sobre essa questão do creditamento de PIS e da COFINS, o Superior Tribunal de Justiça, por ocasião do julgamento do REsp 1861190/RS, entendeu ser plenamente possível, quando não cumulativo, no regime monofásico em operações à alíquota de 0%.

— Como assim?

Segundo a ministra relatora e professora, Regina Helena Costa, a não cumulatividade representa a aplicação do princípio constitucional da capacidade contributiva, pois busca impedir que o tributo se torne cada vez mais oneroso nas várias operações de circulação de mercadorias, de prestação dos serviços e de industrialização de produtos. A ministra observou que, para os tributos de configuração diversa, cuja base de cálculo é a receita bruta ou o faturamento, como o PIS e a COFINS, embora a eles também seja aplicável o princípio da capacidade contributiva, a não cumulatividade deve observar a técnica "base sobre base", em que o valor do tributo é apurado mediante a aplicação da alíquota sobre a diferença entre as receitas auferidas e aquelas necessariamente consumidas pela fonte produtora, isto é, as despesas necessárias.

A partir da instituição do regime monofásico do PIS e da COFINS, os importadores e fabricantes de determinados produtos tornaram-se responsáveis pelo recolhimento dessas contribuições incidentes sobre toda a cadeia de produção e consumo, mediante a aplicação de uma alíquota de maior percentual global, reduzindo-se a zero, diferentemente quanto à alíquota de revendedores, atacadistas e varejistas nas operações subsequentes.

Importante destacar que as Leis 10637/2002 e 10833/2003, ao regularem o sistema não cumulativo do PIS e da COFINS, definiram as situações nas quais é possível a apropriação de créditos.

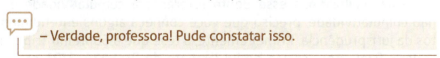

— Verdade, professora! Pude constatar isso.

De igual forma, observa-se que as normas excluem do direito ao crédito o valor da aquisição de bens ou serviços não sujeitos ao pagamento da contribuição, inclusive no caso de isenção, quando revendidos ou utilizados como insumo em produtos ou serviços sujeitos à alíquota de 0%, além dos isentos e daqueles não alcançados pela contribuição.

Contudo, a ministra e professora, Regina Helena Costa, destacou que o art. 17, da Lei 11033/2004 revogou tacitamente as disposições anteriores, ao disciplinar, entre outros temas, o Regime Tributário para Incentivo à Modernização e à Ampliação da Estrutura Portuária (Reporto), o qual estudaremos na sinopse de Direito Aduaneiro.

– Estou ansioso por essa sinopse, pois tenho muita curiosidade sobre essa disciplina!

Espero que você goste dela, pois é outro livro que escrevi com muito carinho. Voltando ao que eu estava explicando...

A partir do dispositivo da referida lei, que instituiu benefícios fiscais, como a suspensão da contribuição ao PIS e da COFINS, os contribuintes atacadistas ou varejistas de quaisquer produtos sujeitos à tributação monofásica passaram a fazer jus ao crédito relativo à aquisição destes.

– Professora, analisando tudo isso, surgiu uma dúvida: pode ser que sobre a mesma pessoa jurídica incidam ambos os regimes, cumulativo e não cumulativo?

Pode ocorrer, sim. Quando há a opção por parte da pessoa jurídica ao regime tributário do lucro real, embora a regra seja o regime da não cumulatividade, algumas de suas receitas estarão sob o manto do regime da cumulatividade. Chamamos de regime misto, devendo ser apurada de forma separada as contribuições para cada regime.

Para finalizarmos esse ponto referente à cumulatividade e a não cumulatividade, preciso que você conheça alguns entendimentos da jurisprudência. Primeiramente, a tese que o Supremo Tribunal Federal fixou, por ocasião do julgamento do RE 607642/RJ, em repercussão geral (Tema 337): "Não obstante as Leis nº 10637/2002 e nº 10833/2003 estejam em processo de inconstitucionalização, é ainda constitucional o modelo legal de coexistência dos regimes cumulativo e não-cumulativo, na apuração do PIS e da COFINS das empresas prestadoras de serviços."

Outro é quanto à constitucionalidade da vedação à concessão do benefício fiscal de alíquota de 0% previsto no art. 2º, parágrafo único, da Lei 10147/2000, à empresa optante pelo Simples Nacional. Trata-se de entendimento proferido no julgamento do RE 1199021, com repercussão geral (Tema 1050). A tese de repercussão geral firmada foi a seguinte: "É constitucional a restrição, imposta a empresa optante pelo Simples Nacional, ao benefício fiscal de alíquota zero previsto no parágrafo único do artigo 2º da Lei nº 10.147/2000, tendo em conta o regime próprio ao qual submetida".

Neste caso, a vedação prevista no dispositivo em comento não fere a cláusula voltada ao tratamento favorecido das empresas de pequeno porte, até porque, tais pessoas jurídicas já são contempladas por uma circunstância diferenciadora das demais, além do que, não há obrigatoriedade quanto à adesão ao regime do SIMPLES NACIONAL, consistindo, portanto, em uma faculdade de adesão às regras da Lei Complementar 123/2006.

– Professora, ainda no art. 149, § 2º, II, há menção de que o PIS/PASEP e a COFINS incidem sobre a importação de produtos estrangeiros ou serviços. Assisti às suas aulas naquele programa Saber Direito, da TV Justiça, sobre Direito Aduaneiro, e lembro-me de que você tinha falado sobre isso: PIS/PASEP-Importação e da COFINS-Importação.

Hum... está pronto para se aprofundar um pouco no Direito Aduaneiro aqui?

– Prontíssimo! Quero saber tudo sobre essas contribuições incidentes na importação.

As referidas contribuições incidem sobre a importação de produtos estrangeiros, conforme o art. 249 do regulamento aduaneiro (Decreto 6.759/2009). Sendo o fato gerador, conforme o art. 4º da Lei 10.865/2004, considerado ocorrido quando:

a)	Na data de registro da declaração de importação de bens submetidos a despacho para consumo;
b)	No dia do lançamento do correspondente crédito tributário, quando se tratar de bens constantes de manifesto ou de outras declarações de efeito equivalente, cujo extravio ou avaria for apurado pela autoridade aduaneira;
c)	Na data do vencimento do prazo de permanência dos bens em recinto alfandegado, se iniciado o respectivo despacho aduaneiro antes de aplicada a pena de perdimento;
d)	Na data do pagamento, do crédito, da entrega, do emprego ou da remessa de valores como contraprestação por serviço prestado por residentes no exterior.

– São termos bem técnicos do Direito Aduaneiro mesmo. Precisamos de um "Diálogos sobre o Direito Aduaneiro" urgente.

Concordo. Mas foi você quem me pediu para aprofundar um pouco mais... Outro aspecto muito importante é quanto à base de cálculo do PIS/PASEP importação e da COFINS importação. A Lei 12.865/2013 dispôs que a base de cálculo destas contribuições consiste no valor aduaneiro.

Ocorre que, anteriormente, havia previsão legal no sentido de que a base de cálculo era o valor aduaneiro acrescido do valor das próprias contribuições (cálculo "por dentro") e o ICMS, conforme o art. 7º da Lei 10.865/2004.

Tal entendimento legal foi considerado inconstitucional pelo Supremo Tribunal Federal (STF) no julgamento do Recurso Extraordinário 559937/RS,[173] uma vez que tal entendimento iria contrariamente ao que dispôs a Emenda Constitucional 42/2003, que modificou o art. 149 da CF/1988.[174]

---

173. "(...) 9. Inconstitucionalidade da seguinte parte do art. 7º, inciso I, da Lei 10.865/2004: 'acrescido do valor do Imposto sobre Operações Relativas à Circulação de Mercadorias e sobre Prestações de Serviços de Transporte Interestadual e Intermunicipal e de Comunicação – ICMS incidente no desembaraço aduaneiro e do valor das próprias contribuições, por violação do art. 149, § 2º, III, 'a', da CF, acrescido pela EC 33/1."

174. Art. 149, § 2º, CF/1988. "As contribuições sociais e de intervenção no domínio econômico de que trata o caput deste artigo. (...)

CAPÍTULO 1 → O que é tributo?

– Isso significa que na base de cálculo dessas contribuições sobre as importações não podemos admitir a inclusão do ICMS?

Correto! A base de cálculo do PIS/PASEP importação e da COFINS importação limita-se ao valor aduaneiro.[175]

Por fim, para você ter uma noção básica sobre essas contribuições incidentes nas importações, importante conhecer os contribuintes.

Conforme dispõe o regulamento aduaneiro, é contribuinte da contribuição para o PIS/PASEP-Importação e da COFINS-Importação o importador, assim considerada qualquer pessoa que promova a entrada de bens estrangeiros no território aduaneiro; o destinatário de remessa postal internacional indicado pelo respectivo remetente; e o adquirente de mercadoria entrepostada.

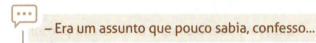
– Era um assunto que pouco sabia, confesso...

Mas ainda não terminou! Temos muito a explorar sobre PIS/PASEP e COFINS.

– Esse ponto vai longe igual ao ICMS, aposto!

Fazer o quê? Preciso que você saia um expert no assunto. Uma outra sistemática prevista na Constituição Federal de 1988 é quanto à possibilidade de a lei vir a definir as situações em que as contribuições

---

III – poderão ter alíquotas:
a) ad valorem, tendo por base o faturamento, a receita bruta ou o valor da operação e, no caso de importação, o valor aduaneiro."
175. O valor aduaneiro é apurado na forma prevista no Acordo Sobre a Implementação do Artigo VII do GATT, aprovado pelo Decreto Legislativo 30/1994 e promulgado pelo Decreto Executivo 1.355/1994, o qual possui *status* de lei e estabelece as normas fundamentais sobre valoração aduaneira no Brasil. Em regra, o valor aduaneiro da mercadoria é apurado por meio do seu valor FOB (*Free on Board*), Incoterms 2010, acrescido dos valores do frete e seguro internacionais, convertendo-se esses valores para a moeda local, por meio da taxa de câmbio do dia do registro da importação.

incidam de uma única vez, denominando-as de monofásicas, ou seja, que incidam em apenas uma única etapa da cadeia produtiva.

– Então, quando incide de uma vez, por exemplo, na fase de produção, haverá a possibilidade de o fabricante aproveitar os créditos oriundos dos insumos empregados?

Sim... há determinados produtos, como, por exemplo, os produtos farmacêuticos, que a indústria será passível da incidência monofásica dessas contribuições, podendo aproveitar os créditos provenientes dos insumos empregados para a produção do medicamento, desde que seja optante do lucro real, excluindo essa possibilidade quando for optante do lucro presumido, exceto disposição em lei no sentido contrário.

Diante disso, por conta da incidência monofásica, o comerciante que adquirir um medicamento não obterá direito a crédito.

– Quando pensei que não poderia complicar mais, complicou!

E vai complicar mais ainda! Rsrs

Essa parte sobre PIS/PASEP e COFINS é bem chatinha mesmo. Basta você acompanhar meu raciocínio e ir me ajudando. Combinado?

Olha só: nada impede que haja o regime da Substituição Tributária (ST) conferido às contribuições. Você se recorda sobre o que estudamos no ponto sobre o ICMS?

– E como!

Imagine um fabricante de automóvel. Ele será considerado um substituto tributário do comerciante, o substituído.

Ademais, tivemos a seguinte tese fixada, pelo Supremo Tribunal Federal, no Tema 228, tomando como *leading case* o RE 596832: "É devida a restituição da diferença das contribuições para o Programa de Integração Social – PIS e para o Financiamento da Seguridade Social – Cofins recolhidas a mais, no regime de substituição tributária, se a base de cálculo efetiva das operações for interior à presumida".

CAPÍTULO 1 → O que é tributo?

– Depois da aula sobre o ICMS, ficou fácil compreender ST.

Ótimo! Aqui, quanto às contribuições estudadas, o regime de substituição tributária não irá gerar direito a crédito no regime não cumulativo. Tome muito cuidado com isso, OK?! Por fim, a última coisa que você precisa saber é sobre a destinação das receitas arrecadadas.

– Ah, sim, até porque são tributos com arrecadação vinculada.

No caso do PIS, o valor será destinado ao seguro desemprego, ao abono anual e aos investimentos via BNDES. Quanto à COFINS, a receita arrecadada será destinada à seguridade social.

– Ufa, terminamos?

O estudo sobre o PIS/PASEP e a COFINS, sim! Vamos passar para o estudo do Seguro Acidente de Trabalho, mais conhecido como SAT, previsto na Lei 8.212/1991, mais precisamente no art. 22, II.[176]

– Combinado!

Pois bem, o SAT destina-se ao custeio dos benefícios acidentários e da aposentadoria especial, conforme se depreende do artigo em destaque.

– Pela leitura do artigo, pude perceber que as alíquotas do SAT variam de 1% a 3%, conforme o grau de risco da atividade.

---

176. Art. 22 da Lei 8.212/1991. "A contribuição a cargo da empresa, destinada à Seguridade Social, além do disposto no art. 23, é de:
II– para o financiamento do benefício previsto nos arts. 57 e 58 da Lei 8.213, de 24 de julho de 1991, e daqueles concedidos em razão do grau de incidência de incapacidade laborativa decorrente dos riscos ambientais do trabalho, sobre o total das remunerações pagas ou creditadas, no decorrer do mês, aos segurados empregados e trabalhadores avulsos:
a) 1% (um por cento) para as empresas em cuja atividade preponderante o risco de acidentes do trabalho seja considerado leve;
b) 2% (dois por cento) para as empresas em cuja atividade preponderante esse risco seja considerado médio;
c) 3% (três por cento) para as empresas em cuja atividade preponderante esse risco seja considerado grave."

205

Isso mesmo! Saiba que o grau de risco está previsto em uma tabela anexa à regulamentação do SAT. Importante destacar que se a empresa investe na prevenção do risco, a alíquota poderá ser menor. Ademais, o Fator Acidentário de Prevenção (FAP) poderá influenciar na definição da alíquota a ser empregada.

— E essas alíquotas incidirão sobre o quê?

Sobre a folha de pagamento! "Rapidinho esse ponto", não é mesmo? rsrs

Estas são as principais contribuições para a seguridade social.

— Bem extenso, isso sim! E cheio de detalhes.

Vamos avançar na matéria.

2.5.2. Contribuições de Intervenção no Domínio Econômico (CIDE)[177]

— Conforme aprendi contigo, estão previstas no art. 149 da CF/1988,[178] consistindo em um tributo federal, logo, somente a União possui competência para instituir.

---

177. "As contribuições interventivas têm por âmbito o domínio econômico, cujo conceito não é de fácil compreensão e delimitação, devendo ser examinadas na Constituição Federal as inúmeras ingerências do Estado na esfera econômica, abrangendo: a) serviços públicos; b) poder de polícia; c) obras públicas; d) atividade econômica; f) a regulação da atividade econômica – contrapostas às situações em que se outorga liberdade para a atuação dos particulares" (MELO, José Eduardo Soares de. *Contribuições Sociais no Sistema Tributário*. 7. ed. São Paulo: Malheiros, 2018, p. 143).

178. Destaque para o § 2º:
"§ 2º As contribuições sociais e de intervenção no domínio econômico de que trata o caput deste artigo:
I– não incidirão sobre as receitas decorrentes de exportação;
II– poderão incidir sobre a importação de petróleo e seus derivados, gás natural e seus derivados e álcool combustível;
II– incidirão também sobre a importação de produtos estrangeiros ou serviços;
III– poderão ter alíquotas:

Perfeito! No mais, pode ser instituído mediante a edição de uma lei ordinária ou de uma medida provisória. Guarde isso!

– Pelo que percebi pela mera leitura do nome por extenso, é considerado um tributo de característica extrafiscal, não é mesmo?

Boa constatação! Até porque o objetivo para a instituição é o fomento de uma certa atividade ou de desestimular uma determinada postura econômica,[179] característica típica dos tributos denominados extrafiscais. Ademais, possuem o intuito de promover interesses específicos, consoante entendimento do Supremo Tribunal Federal no julgamento da ADI 2925/DF.

– Professora, e quanto à imunidade relacionada à essas contribuições interventivas?

Boa pergunta! No art. 149, § 2º, I, da CF/88, temos que as contribuições sociais e as de intervenção no domínio econômico não incidirão sobre as receitas decorrentes de exportação. Iremos estudar em capítulo específico que se trata de imunidade tributária criada com o objetivo de incentivar as exportações[180], mesmo que por meio

---

a) ad valorem, tendo por base o faturamento, a receita bruta ou o valor da operação e, no caso de importação, o valor aduaneiro;
b) específica, tendo por base a unidade de medida adotada".

179. Conforme José Eduardo Soares de Melo (MELO, José Eduardo Soares de. *Contribuições Sociais no Sistema Tributário*. 7. ed. São Paulo: Malheiros, 2018, p. 144-45): "A intervenção não deverá ter natureza transitória (tempo indispensável para recompor o desarranjo do 'domínio econômico'); circunscrever-se à específico âmbito de atuação, mediante vinculação a determinados setores envolvidos no respectivo mercado; as respectivas contribuições devem ser exigidas unicamente das pessoas que tenham especial interesse na atividade estatal ou que dela aufiram benefício diferencial e deve respeitar a livre iniciativa (caput do art. 170, inciso II), a livre concorrência (inciso IV do art. 170) e o planejamento meramente indicativo para o setor privado (art. 174)".

180 "CONSTITUCIONAL E TRIBUTÁRIO. CONTRIBUIÇÕES SOCIAIS E DE INTERVENÇÃO NO DOMÍNIO ECONÔMICO. ART. 170, §§ 1º e 2º, DA INSTRUÇÃO NORMATIVA DA SECRETARIA DA RECEITA FEDERAL DO BRASIL (RFB) 971, DE 13 DE DEZEMBRO DE 2009, QUE AFASTA A IMUNIDADE TRIBUTÁRIA PREVISTA NO ARTIGO 149, § 2º, I, DA CF, ÀS RECEITAS DECORRENTES DA COMERCIALIZAÇÃO ENTRE O PRODUTOR E EMPRESAS COMERCIAIS EXPORTADORAS. PROCEDÊNCIA.
1.A discussão envolvendo a alegada equiparação no tratamento fiscal entre o exportador direto e o indireto, supostamente realizada pelo Decreto-Lei 1.248/1972, não traduz questão de estatura constitucional, porque depende do exame de

de *trading company*, isto é, operações indiretas de exportação caracterizadas por haver participação negocial de sociedade exportadora intermediária.

Guarde essas informações, pois foi objeto central de discussões, no âmbito do Supremo Tribunal Federal, no comecinho do ano de 2020!

legislação infraconstitucional anterior à norma questionada na ação, caracterizando ofensa meramente reflexa (ADI 1.419, Rel. Min. CELSO DE MELLO, Tribunal Pleno, julgado em 24/4/1996, DJ de 7/12/2006). 2. O art. 149, § 2º, I, da CF, restringe a competência tributária da União para instituir contribuições sociais e de intervenção no domínio econômico sobre as receitas decorrentes de exportação, sem nenhuma restrição quanto à sua incidência apenas nas exportações diretas, em que o produtor ou o fabricante nacional vende o seu produto, sem intermediação, para o comprador situado no exterior. 3. A imunidade visa a desonerar transações comerciais de venda de mercadorias para o exterior, de modo a tornar mais competitivos os produtos nacionais, contribuindo para geração de divisas, o fortalecimento da economia, a diminuição das desigualdades e o desenvolvimento nacional. 4. A imunidade também deve abarcar as exportações indiretas, em que aquisições domésticas de mercadorias são realizadas por sociedades comerciais com a finalidade específica de destiná-las à exportação, cenário em que se qualificam como operações-meio, integrando, em sua essência, a própria exportação. 5. Ação Direta de Inconstitucionalidade julgada procedente. (ADI 4735, Relator(a): ALEXANDRE DE MORAES, Tribunal Pleno, julgado em 12/02/2020, PROCESSO ELETRÔNICO DJe-071 DIVULG 24-03-2020 PUBLIC 25-03-2020) STF. Plenário. ADI 4735/DF, Rel. Min. Alexandre de Moraes, julgado em 12/2/2020 (Info 966).
RECURSO EXTRAORDINÁRIO. REPERCUSSÃO GERAL. DIREITO TRIBUTÁRIO. IMUNIDADE TRIBUTÁRIA DAS EXPORTAÇÕES. CONTRIBUIÇÕES PREVIDENCIÁRIAS. RECEITAS DECORRENTES DE EXPORTAÇÃO. EXPORTAÇÃO INDIRETA. TRADING COMPANIES. Art.22-A, Lei n.8.212/1991.
1. O melhor discernimento acerca do alcance da imunidade tributária nas exportações indiretas se realiza a partir da compreensão da natureza objetiva da imunidade, que está a indicar que imune não é o contribuinte, 'mas sim o bem quando exportado', portanto, irrelevante se promovida exportação direta ou indireta. 2. A imunidade tributária prevista no art.149, §2º, I, da Constituição, alcança a operação de exportação indireta realizada por trading companies, portanto, imune ao previsto no art.22-A, da Lei n.8.212/1991. 3. A jurisprudência deste STF (RE 627.815, Pleno, DJe1º/10/2013 e RE 606.107, DJE 25/11/2013, ambos rel. Min. Rosa Weber,) prestigia o fomento à exportação mediante uma série de desonerações tributárias que conduzem a conclusão da inconstitucionalidade dos §§1º e 2º, dos arts.245 da IN 3/2005 e 170 da IN 971/2009, haja vista que a restrição imposta pela Administração Tributária não ostenta guarida perante à linha jurisprudencial desta Suprema Corte em relação à imunidade tributária prevista no art.149, §2º, I, da Constituição. 4. Fixação de tese de julgamento para os fins da sistemática da repercussão geral: "A norma imunizante contida no inciso I do §2º do art.149 da Constituição da República alcança as receitas decorrentes de operações indiretas de exportação caracterizadas por haver participação de sociedade exportadora intermediária." 5. Recurso extraordinário a que se dá provimento". (RE 759244, Relator(a): EDSON FACHIN, Tribunal Pleno, julgado em 12/02/2020, PROCESSO ELETRÔNICO REPERCUSSÃO GERAL – MÉRITO DJe-071 DIVULG 24-03-2020 PUBLIC 25-03-2020) STF. Plenário. RE 759244/SP, Rel. Min. Edson Fachin, julgado em 12/2/2020 (repercussão geral – Tema 674).

– Pode deixar, professora!

2.5.2.1. CIDE – combustíveis

 – A CIDE que conheço é a chamada CIDE-combustíveis[181], prevista no art. 177, § 4º, da CF/1988.[182]

Ela é a mais comum para fins de estudos para concursos públicos e OAB, mas não existe apenas esta, conforme iremos verificar mais adiante. Entretanto, vamos iniciar nosso estudo a partir da CIDE-combustíveis[183] para você se familiarizar com o assunto.

Pela redação do § 4º, já conseguimos vislumbrar os fatos geradores, os quais consistem nas operações de importação e de comercialização no mercado doméstico de:

---

181. No julgamento da ADI 5628/DF, em 26 de novembro de 2020, o Supremo Tribunal Federal entendeu ser inconstitucional a dedução da desvinculação de receita da União (DRU) no repasse da parcela da arrecadação de CIDE- Combustível feito pela União aos Estados e ao Distrito Federal.
182. Art. 177, § 4º, da CF/1988. "A lei que instituir contribuição de intervenção no domínio econômico relativa às atividades de importação ou comercialização de petróleo e seus derivados, gás natural e seus derivados e álcool combustível deverá atender aos seguintes requisitos:
I– a alíquota da contribuição poderá ser: (Incluído pela Emenda Constitucional 33, de 2001)
a) diferenciada por produto ou uso; (Incluído pela Emenda Constitucional 33, de 2001)
b) reduzida e restabelecida por ato do Poder Executivo, não se lhe aplicando o disposto no art. 150, III, b; (Incluído pela Emenda Constitucional nº 33, de 2001)
II– os recursos arrecadados serão destinados: (Incluído pela Emenda Constitucional 33, de 2001)
a) ao pagamento de subsídios a preços ou transporte de álcool combustível, gás natural e seus derivados e derivados de petróleo; (Incluído pela Emenda Constitucional 33, de 2001)
b) ao financiamento de projetos ambientais relacionados com a indústria do petróleo e do gás; (Incluído pela Emenda Constitucional 33, de 2001)
c) ao financiamento de programas de infraestrutura de transportes. (Incluído pela Emenda Constitucional 33, de 2001)".
183. "A Lei Federal 10.336, de 19/12/2001 (alterada pela Lei 10.866, de 04/05/2004), trata da contribuição incidente sobre a importação e a comercialização de petróleo e demais combustíveis, tendo como contribuintes o produtor, o formulador e o importador (pessoa física ou jurídica) dos combustíveis líquidos. Como formulador é considerada a pessoa jurídica, conforme definido pela Agência Nacional do Petróleo (ANP), autorizada a exercer, em Plantas de Formulação de Combustíveis, determinadas atividades" (MELO, José Eduardo Soares de. Contribuições Sociais no Sistema Tributário. 7. ed. São Paulo: Malheiros, 2018, p. 162).

a)	Gasolina e suas correntes;
b)	Diesel e suas correntes;
c)	Querosene de aviação e outros querosenes;
d)	Óleos combustíveis;
e)	Gás liquefeito de petróleo, inclusive derivados de gás natural utilizados em mistura mecânica para a produção de gasolinas ou de diesel, de conformidade com as normas da ANP.

– Aposto que há uma certa ligação com a base de cálculo.

A CIDE irá incidir sobre o *quantum* pago na importação dos produtos descritos e no da aquisição por outro contribuinte.

Preste atenção quanto à possibilidade de o contribuinte, por ocasião da comercialização no mercado doméstico, vir a deduzir do valor do PIS/PASEP e da COFINS, observando certo limite, o *quantum* a título de CIDE pago na importação ou na comercialização, desde que as contribuições para a seguridade social em questão, incidam sobre aqueles produtos.[184]

Interessante mencionar que, nesse artigo que você destacou, no inciso I, alínea *b*, há uma exceção ao princípio da legalidade tributária, uma vez que as alíquotas poderão ser reduzidas e restabelecidas por decreto do Poder Executivo Federal, dispensando a edição de uma lei para tanto. Além disso, está dispensada a aplicação do princípio da anterioridade.

– Essa exceção é típica dos tributos extrafiscais, não é mesmo?

Sim! Ainda sobre § 4º, o inciso II dispõe sobre a destinação dos recursos[185] oriundos da arrecadação da CIDE-combustíveis, vale a pena a leitura do dispositivo. Veja:

---

[184] MELO, José Eduardo Soares de. *Contribuições Sociais no Sistema Tributário*. 7. ed. São Paulo: Malheiros, 2018, p. 163.
[185] Vale o destaque, também, para o art. 159 da CF/1988, o qual trata sobre a repartição das receitas oriundas da arrecadação:

CAPÍTULO 1 → O que é tributo?

a)	Ao pagamento de subsídios ou preços ou transporte de álcool combustível, gás natural e seus derivados e derivados do petróleo;
b)	Ao financiamento de projetos ambientais relacionados com a indústria do petróleo e do gás; e
c)	Ao financiamento de programas de infraestrutura de transportes.

2.5.2.2. CIDE royalties

Agora é hora de você começar a descobrir outras contribuições incidentes sobre o domínio econômico.

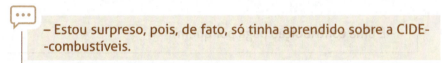
– Estou surpreso, pois, de fato, só tinha aprendido sobre a CIDE-combustíveis.

Está vendo: nosso livro é completo! Vai sair faixa preta em Direito Tributário.

– Vou mesmo!

Bom, como sei que você não tinha conhecimento sobre as demais contribuições incidentes sobre o domínio econômico, já imagino que estarei num monólogo... rsrs

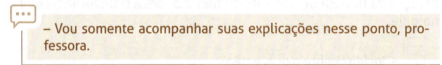
– Vou somente acompanhar suas explicações nesse ponto, professora.

Pois bem, essa contribuição, embora seja conhecida por CIDE *royalties*, consiste em um estímulo ao desenvolvimento tecnológico

---

Art. 159 da CF/1988. "A União entregará:
III– do produto da arrecadação da contribuição de intervenção no domínio econômico prevista no art. 177, § 4º, 29% (vinte e nove por cento) para os Estados e o Distrito Federal, distribuídos na forma da lei, observada a destinação a que se refere o inciso II, c, do referido parágrafo.
§ 4º Do montante de recursos de que trata o inciso III que cabe a cada Estado, vinte e cinco por cento serão destinados aos seus Municípios, na forma da lei a que se refere o mencionado inciso."

brasileiro, instituída pela Lei 10.168/2000, mediante programas de pesquisa científica e tecnológica cooperativa entre universidades, centros de pesquisa e o setor produtivo.

Nos termos do art. 2º da referida Lei:

> Art. 2º Para fins de atendimento ao Programa de que trata o artigo anterior, fica instituída contribuição de intervenção no domínio econômico, devida pela pessoa jurídica detentora de licença de uso ou adquirente de conhecimentos tecnológicos, bem como aquela signatária de contratos que impliquem transferência de tecnologia, firmados com residentes ou domiciliados no exterior.

– É uma contribuição paga por quem?

Conforme nos ensina José Eduardo Soares de Melo:[186]

> É devida pela pessoa jurídica detentora da licença de uso ou adquirente de conhecimentos tecnológicos, bem como a signatária de contratos que impliquem transferências de tecnologia, firmados com residentes ou domiciliados no exterior, relativos à exploração de patentes ou de uso de marcas e os de fornecimento de tecnologia e prestação de assistência técnica.

No entanto, não há a incidência da CIDE sobre a simples remuneração da licença de uso, mas somente sobre a transferência da tecnologia.

– Incidirá sobre o que, então?

Sobre os *royalties*! Consistem em uma remessa periódica mensal aos residentes ou domiciliados no exterior, estando sujeitos à alíquota de 10%, sem considerar o imposto de renda retido na fonte para remessa de recursos ao estrangeiro.

---

186. MELO, José Eduardo Soares de. *Contribuições Sociais no Sistema Tributário*. 7. ed. São Paulo: Malheiros, 2018, p. 158.

2.5.2.3. Adicional de Frete para Renovação da Marinha Mercante (AFRMM)[187]

– Tá aí mais uma contribuição de intervenção sobre o domínio econômico que nem imaginava que existia...

Embora seja considerada uma contribuição de intervenção sobre o domínio econômico, o AFRMM possui natureza parafiscal:

> Súmula n. 553 do STF. O Adicional ao Frete Para Renovação da Marinha Mercante (AFRMM) é contribuição parafiscal, não sendo abrangido pela imunidade prevista na letra *d*, inc. III do art. 19 da Constituição Federal.

– Trata-se, mais uma vez, de uma CIDE federal...

Sim, cujo destino do recurso arrecadado é o Fundo da Marinha Mercante.

– Estou curioso para saber, principalmente, sobre o fato gerador dessa contribuição.

O fato gerador dessa contribuição é o início do descarregamento da mercadoria importada da embarcação em um porto brasileiro.

Só para você ter uma ideia, por exemplo, estou, neste exato momento, escrevendo para você este livro da varanda do meu apartamento, com vista parcial ao Porto de Santos. Imagine a cena: estou vendo um navio, espécie de embarcação, atracado ao cais e um contêiner com mercadorias sendo desembarcado.

– Imaginei! É neste exato momento que está acontecendo o fato gerador do AFRMM...

---

187. Ibidem, p. 118, José Eduardo Soares de Melo explica que "O Adicional de Frete para Renovação da Marinha Mercante foi instituído para atender aos encargos da intervenção da União nas atividades de apoio ao desenvolvimento da Marinha Mercante e da indústria da construção e reparação naval brasileira".

Sim, mas perceba que a mercadoria importada está a bordo de uma embarcação, não de um trem ou de um caminhão.

– OK...

Saiba também que o AFRMM terá alíquotas distintas, a depender do tipo de navegação, podendo ser de longo curso, fluvial, cabotagem...

– E quanto à base de cálculo?

A base de cálculo não será o valor da mercadoria importada – tome cuidado para não cair nessa pegadinha –, mas sim o valor do frete.[188]

– Estou bem confuso quanto a quem pode ser de fato o contribuinte.

Ora, o contribuinte do AFRMM será o destinatário da mercadoria, em regra, ou seja, a pessoa mencionada no documento chamado de conhecimento de embarque. Ainda há o responsável solidário ao pagamento, o proprietário da carga transportada.

No entanto, há casos em que o conhecimento de embarque é dispensado, sendo o contribuinte considerado como proprietário da carga.

– Esta contribuição é típica do Direito Aduaneiro, aposto.

Acertou! Estudamos bastante o AFRMM no Direito Aduaneiro. Lembrando dele, olha que interessante: para que a mercadoria importada seja liberada ou que saia da zona primária ou seja incluída

---

[188]. "(...) considerado como a remuneração do transporte aquaviário mercante porto a porto, incluídas as despesas portuárias com a manipulação de carga constantes do conhecimento de embarque, anteriores e posteriores a este transporte, e outras despesas de qualquer natureza pertinente ao transporte. Na navegação de longo curso, quando o frete estiver expresso em moeda estrangeira, a conversão será feita à taxa de abertura para sua compra, fixada pelas autoridades monetárias brasileiras, e vigente na data de início efetivo da operação de descarregamento da embarcação" (MELO, José Eduardo Soares de. *Contribuições Sociais no Sistema Tributário*. 7. ed. São Paulo: Malheiros, 2018, p. 118-19).

em algum regime aduaneiro especial, é indispensável que seja comprovado o recolhimento do AFRMM, quando obrigatório.

– Achei bem interessante estudar o AFRMM. Quando for a Santos, vou me lembrar dessa contribuição ao ver um navio atracado ao Porto descarregando um contêiner!

Bom saber que consegui fixar esse cenário na sua mente! Rsrs

2.5.3. Contribuições corporativas

– Estas também são conhecidas como contribuições das categorias profissionais ou econômicas?

Elas próprias. Criadas pela União, consideradas parafiscais,[189] cujo intuito é a obtenção de recursos para o financiamento de atividades fiscalizatórias ou representativas de categorias profissionais ou econômicas.

– A Ordem dos Advogados do Brasil (OAB) pode ser enquadrada?

2.5.3.1. Contribuições corporativas para o custeio das atividades de fiscalização do exercício de profissões regulamentadas

Ótima pergunta sobre a OAB! O Supremo Tribunal Federal, no julgamento do MS 28469AgR/DF, que a OAB, além de promover a representação, a defesa, a seleção e a disciplina dos advogados, com exclusividade, possui atribuição de defender a Constituição de 1988, a ordem jurídica do Estado Democrático de Direito, entre outras atribuições previstas no art. 44, I, da Lei 8.906/1996.

Há entendimento da Corte (RE 138284/CE) que respalda a natureza jurídica das anuidades como de contribuições de interesse de

---

189. O conceito de parafiscalidade será abordado mais adiante.

categorias profissionais ou econômicas. No entanto, o entendimento atual, tanto do STF quanto do STJ, é no sentido de que a natureza jurídica da OAB é *sui generis*, isto é, de serviço público independente que não se enquadra no conceito de autarquia, não sendo considerada como Fazenda Pública, logo a cobrança das anuidades não seguirá o rito da Lei 6.830/1980, mas sim o que preceitua o Código de Processo Civil.

– Meu pai é médico, ele tem que contribuir para o Conselho Regional de Medicina (CRM) todos os anos...

Que coincidência! Meu marido também é médico e vive reclamando de ter que contribuir.

– No caso, o CRM é uma autarquia?

Sim, a qual exerce a atividade de polícia administrativa, uma vez que regulamenta a profissão e fiscaliza o seu exercício. Esta última atividade é considerada como uma atividade típica de Estado, logo, as anuidades que seu pai e meu marido pagam ao CRM são consideradas como contribuições corporativas!

– Por conta disso, da natureza tributária, essas contribuições devem respeito aos princípios...

Bacana você puxar esse assunto. O Supremo Tribunal Federal, no julgamento do RE 704292/PR, entendeu ser inconstitucional uma lei que delegue aos conselhos de fiscalização de profissões regulamentadas a competência de fixar ou majorar, sem parâmetro legal, o valor das contribuições cobradas, assim como a atualização dos valores em percentual superior aos índices legalmente previstos.

– E quanto ao fato gerador?

Imagine seu pai quando se formou em medicina: ele se inscreveu no CRM, não é mesmo? De acordo com o art. 5º da Lei 12.514/2011, é nesse momento que ocorre o fato gerador, ou seja, no momento da inscrição no conselho!

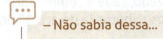

– Não sabia dessa...

Outra coisa que aposto que você não sabia é sobre o entendimento do Superior Tribunal de Justiça quanto à cobrança das anuidades não pagas. No REsp 1.524.930, j. em 02/02/2017, houve entendimento por parte do STJ de que o prazo prescricional para a cobrança das anuidades pagas aos conselhos profissionais tem início somente quando o total da dívida inscrita, acrescida dos respectivos consectários legais, atingir o patamar mínimo estabelecido pela Lei 12.514/2011, mais precisamente no seu art. 8º.[190]

2.5.3.2. Contribuições sindicais

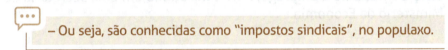

– Ou seja, são conhecidas como "impostos sindicais", no populaxo.

Hahaha! Muito bom "populaxo". É exatamente assim que as pessoas se referem às contribuições sindicais, objeto de uma vasta discussão após a reforma trabalhista de 2017.

– Por que, professora?

Com a reforma trabalhista,[191] a nova exigência para a cobrança dessa contribuição é a concordância do empregado...

---

190. Art. 8º da Lei 12.514/2011: "Os Conselhos não executarão judicialmente dívidas referentes a anuidades inferiores a 4 (quatro) vezes o valor cobrado anualmente da pessoa física ou jurídica inadimplente.
Parágrafo único. O disposto no caput não limitará a realização de medidas administrativas de cobrança, a aplicação de sanções por violação da ética ou a suspensão do exercício profissional".
191. Vide os principais dispositivos da CLT sobre essa contribuição:
"Art. 578. As contribuições devidas aos sindicatos pelos participantes das categorias econômicas ou profissionais ou das profissões liberais representadas pelas referidas entidades serão, sob a denominação de contribuição sindical, pagas, recolhidas e aplicadas na forma estabelecida neste Capítulo, desde que prévia e expressamente autorizadas. (Redação dada pela Lei 13.467, de 2017)

-Ué, se exige a concordância do empregado, cadê a compulsoriedade, que é um dos elementos principais dos tributos lá do art. 3º do CTN?

Muito bem colocado. Em razão disso, discute-se se ainda essa contribuição possui natureza jurídica tributária. O que você acha?

– Penso que se não há compulsoriedade, não pode ser enquadrada como tributo...

Também penso assim, mas, antes da reforma trabalhista, era considerada como tributo, diferentemente da contribuição confederativa de que trata o art. 8º, IV, da CF/1988.[192]

No mais, antes da reforma trabalhista, o sujeito ativo era o Ministério do Trabalho e Emprego, hoje consistindo em uma secretaria do Ministério da Economia.

– E os sindicatos?

São considerados como os destinatários finais, sendo que 2/3 do valor arrecadado eram repassados a eles, para fins da manutenção do sistema. Outra fração era destinada ao Fundo de Amparo ao Trabalhador.

– Percebi que é um tema controverso ainda.

Aguarde e verá as cenas dos próximos capítulos sobre essa contribuição!

Art. 579. O desconto da contribuição sindical está condicionado à autorização prévia e expressa dos que participarem de uma determinada categoria econômica ou profissional, ou de uma profissão liberal, em favor do sindicato representativo da mesma categoria ou profissão ou, inexistindo este, na conformidade do disposto no art. 591 desta Consolidação (Redação dada pela Lei 13.467, de 2017)".

192. Súmula Vinculante 40 do STF: "A contribuição confederativa de que trata o art. 8º, IV, da CF/1988, só é exigível dos filiados ao sindicato respectivo".

2.5.4. Contribuições sociais gerais ou genéricas

2.5.4.1. Salário educação

Primeiramente, mister o destaque ao art. 212, § 5º, o qual dispõe que "a educação básica pública terá como fonte adicional de financiamento a contribuição social do salário-educação, recolhida pelas empresas na forma da lei", cuja base legal são: Lei 9.424/1996 (art. 15); Lei 9.766/1998; e Decreto 6.003/2006.

– Já de cara identifiquei os contribuintes: as empresas.

Muito bem! Assim como são consideradas contribuintes as entidades públicas e as privadas vinculadas ao Regime Geral da Previdência Social. Não obstante, o Superior Tribunal de Justiça compreendeu no REsp 1514187/SE, j. em 18/06/2015, que os produtores rurais não estão obrigados ao recolhimento do salário-educação.

– Até agora, está bem tranquilo.

Essa contribuição não tem muito segredo, é bem fácil de aprendê-la. Sua base de cálculo será a folha de salários, sendo a alíquota de 2,5% sobre o valor total da remuneração paga ou creditadas aos segurados empregados (art. 12, I, da Lei 8.212/1991).

2.5.4.2. Contribuições destinadas ao Sistema "S" ou contribuições para os serviços sociais autônomos[193]

Tais contribuições estão dispostas no art. 240 da CF/1988:

> Art. 240. Ficam ressalvadas do disposto no art. 195 as atuais contribuições compulsórias dos empregadores sobre a folha de salários, destinadas às entidades privadas de serviço social e de formação profissional vinculadas ao sistema sindical.

---

193. Conforme entendimento jurisprudencial (STF, no RE 138.284, e STJ, no REsp 662.911), são consideradas como contribuições sociais gerais. Entretanto, o STF, no julgamento do RE 396.266, compreendeu que no que tange ao SEBRAE, as contribuições para a referida entidade são consideradas como contribuições de intervenção no domínio econômico (CIDE). Tome cuidado! E, sobre isso, saiba que o Supremo Tribunal Federal decidiu, no julgamento do RE 603624/SC, em 23.09.2020, que as contribuições devidas ao Sebrae, à Apex e à ABDI com fundamento na Lei nº 8.029/90 foram recepcionadas pela Emenda Constitucional 33/2001.

– A partir da simples leitura do artigo, eu já identifiquei alguns pontos muito importantes sobre essas contribuições:

a) Base de cálculo: folha de salários
b) Contribuinte: empregadores
c) Destinação da receita arrecadada: às entidades privadas de serviço social e de formação profissional vinculadas ao sistema sindical.

Já pegou o gosto pelas contribuições, pelo jeito. Popularmente falando, essas entidades, para as quais a receita arrecadada será destinada, são os conhecidos SENAI, SESC, SESI entre outras, integrantes do "Sistema S".

– São pessoas jurídicas de direito privado que não são consideradas como integrantes da Administração Pública.

E que realizam atividades consideradas de interesse público.

– As contribuições destinadas ao sistema "S" podem ser consideradas como parafiscais?

Sim, é um dos grandes exemplos de contribuições parafiscais. Mas você sabe o que é de fato a parafiscalidade?

– Estou contando que você me explique! Rsrs

Pois bem, quem vai lhe explicar é o Professor Paulo de Barros Carvalho:[194]

> (...) podemos definir "parafiscalidade" como o fenômeno jurídico que consiste na circunstância de a lei tributária nomear sujeito ativo diverso da pessoa que a expediu, atribuindo-lhe a disponibilidade dos recursos auferidos, tendo em vista o implemento dos seus objetivos peculiares.

---

194. CARVALHO, Paulo de Barros. *Direito Tributário: Linguagem e Método*. 6. ed. São Paulo: Noeses, 2015, p. 260.

Isso significa, caro aluno, que o sujeito ativo[195-196] é diferente daquele que de fato instituiu o referido tributo, cabendo o produto da arrecadação da contribuição, neste caso, a tais entidades.

– Compreendido! É aquela diferença entre competência tributária e capacidade tributária ativa que tem tudo a ver com esse assunto, não é mesmo?

Tudo a ver! Vamos adentrar agora nesse assunto?

3. COMPETÊNCIA E CAPACIDADE TRIBUTÁRIA

– Professora, a competência tributária que vamos estudar é a competência legislativa?[197]

Não. Aqui, nos interessa a competência para instituir os tributos, conforme já conversamos um pouquinho sobre em outro ponto.

---

195. Ibidem, p. 260. "Poderão ser sujeitos ativos de 'tributos parafiscais' as pessoas jurídicas de direito público, com ou sem personalidade política, e as entidades paraestatais, que são pessoas jurídicas de direito privado, mas que desenvolvem atividades de interesse público. Inúmeros são os casos de tributação parafiscal no direito positivo brasileiro. As contribuições previdenciárias (INSS – autarquia federal); as quantias exigidas pela OAB (Ordem dos Advogados do Brasil – autarquia federal) e muitos outros."
196. Paulo Ayres Barreto (BARRETO, Paulo Ayres. *Contribuições: regime jurídico, destinação e controle*. São Paulo: Noeses, 2006, p. 99) menciona que "a não coincidência entre a titularidade da competência impositiva e a indicação do sujeito ativo da relação jurídica não desnaturam o caráter tributário da exigência. Da mesma forma, a disponibilidade do recurso ao eleito para figurar no polo ativo dessa mesma relação jurídica, com o objetivo de aplicação nos propósitos que motivaram a sua exigência, não modifica a sua natureza tributária. A parafiscalidade harmoniza-se plenamente com o conceito de tributo".
197. Eduardo Marcial Ferreira Jardim explica que "como cediço, o direito pátrio compreende como pessoas constitucionais a União, o Distrito Federal, os Estados e os Municípios, os quais, a bem ver, são dotados da competência legislativa que lhes permite efetivar a instituição de tributos. A competência legislativa, por sua vez, significa a prerrogativa de editar normas gerais e abstratas de observância obrigatória em qualquer área do direito. Impende esclarecer que essa prerrogativa diz respeito não só às leis, senão também aos decretos e demais atos administrativos, máxime porque todos veiculam regras conjunto conteúdo reveste a mesma materialidade. Todavia, compre distinguir o âmbito das leis, enquanto exercício da função legislativa em relação à âmbitude dos decretos e atos administrativos, estes como forma de expressão da função administrativa. A afirmação não se circunscreve à tributação, ao direito público ou ao direito privado, mas abriga uma dimensão universal, porquanto diz respeito ao regime jurídico tipificador das funções do Estado" (JARDIM, Eduardo Marcial Ferreira. *Curso de Direito Tributário*. São Paulo: Noeses, 2013, p. 69-70).

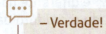
— Verdade!

Essa competência que iremos estudar é a possibilidade jurídica dos entes políticos de criar tributos, por meio de uma lei, na qual estarão descritos todos os elementos necessários. Professor Roque Antônio Carrazza explica que:

> Portanto, competência tributária é a possibilidade jurídica de criar, *in abstracto*, tributos, descrevendo, legislativamente, suas hipóteses de incidência, seus sujeitos ativos, seus sujeitos passivos, suas bases de cálculo e suas alíquotas. Como corolário disso, exercitar a competência é dar nascimento, no plano abstrato, a tributos.[198]

— Isso quer dizer que a competência tributária é exercida pelo ente competente ao criar o tributo mediante a edição de uma lei?

Exatamente! A competência tributária se esgota com a edição da lei. Após isso, não há mais no que se falar em competência tributária.

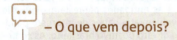
— O que vem depois?

A capacidade tributária. Mas antes de avançarmos para essa temática, é indispensável conhecermos as características da competência tributária, OK?

— Com certeza! Já sei que ela é privativa, conforme o que aprendi no início sobre as espécies tributárias.

Pois bem, além de ser privativa de cada ente político que a Constituição atribuiu, temos, também, que a competência tributária é indelegável.

---

198. CARRAZZA, Roque Antonio. *Curso de Direito Constitucional Tributário*. 32. ed. São Paulo: Malheiros, 2019, p. 426.

CAPÍTULO 1 → O que é tributo?

– Indelegável porque o ente político não pode delegar a outro a competência atribuída pela Constituição a ele?

Sim! Interessante que por conta de ser indelegável, não pode a pessoa política delegar a outra a atribuição do exercício de sua competência tributária. Claro que ela não precisa exercitar a competência, mas em decorrência de ser indelegável, sequer pode renunciar.[199] Um exemplo clássico é o imposto sobre grandes fortunas que a União ainda não instituiu, isto é, não exerceu a sua competência tributária. Mesmo assim, não se trata de uma renúncia.

– Ia mesmo tocar no assunto sobre o imposto sobre grandes fortunas. Mesmo sem ter exercido sua competência, a União não pode perder o direito de instituí-lo?

Não, pois temos mais uma característica importante da competência tributária que é aplicável ao caso do imposto sobre grandes fortunas: a incaducabilidade.[200]

– Logo, não há prazo para a instituição do referido imposto por conta da incaducabilidade?

Sim! A União pode vir a exercer a sua competência tributária a qualquer momento, instituindo o imposto sobre grandes fortunas. Uma outra característica muito marcante da competência tributária é a inalterabilidade...[201]

---

199. "A indelegabilidade reforça a noção de que a competência tributária não é patrimônio absoluto da pessoa política que a titulariza. Esta pode exercitá-la, ou seja, criar o tributo, mas não tem a total disponibilidade sobre ela. Melhor elucidando, não é senhora do poder tributário (é um dos atributos da soberania), mas titular da competência tributária, submetida, como demonstrado, às regras constitucionais" (CARRAZZA, Roque Antonio. *Curso de Direito Constitucional Tributário*. 32. ed. São Paulo: Malheiros, 2019, p. 562).
200. Ibid., p. 562. "A competência tributária é, também, incaducável, já que seu não exercício, ainda que prolongado no tempo, não tem o condão de impedir que a pessoa política, querendo, venha a criar, por meio de lei, os tributos que lhe forem constitucionalmente deferidos. Perdura, pois, no tempo, sendo juridicamente impossível dizermos que decaiu, por falta de aplicação ou exercício. Essa característica, diga-se de passo, é consequência lógica da incaducabilidade da função legislativa, da qual a função de criar tributos é parte."
201. Ibid., p. 565. "A competência tributária é improrrogável, vale dizer, não pode ter suas dimensões ampliadas pela própria pessoa política que a detém. Falta-lhe titulação jurídica

— Essa característica da competência tributária vem sendo muito discutida por conta da atual proposta de reforma tributária, não é mesmo? Sempre leio algo sobre.

Gostei da correlação com a reforma tributária. Para que haja a alteração da competência, é indispensável que seja pela edição de uma Emenda à Constituição, pois, caso um ente político deseje alterar suas competências tributárias por meio de uma lei ou um ato infralegal, tal norma será considerada inconstitucional.

 — Isso decorre da premissa de que somente a Constituição define as dimensões da competência tributária.

Por conta dessa premissa, as PECs 45 e 110 (proposta sobre a reforma tributária) são consideradas como instrumentos válidos para fins de alteração da competência tributária, embora haja muitas críticas por parte de grande parte dos tributaristas. Interessante é a ponderação de Roque Antonio Carrazza sobre o tema:

> O que se pode admitir, em tese, é que uma emenda constitucional venha a redefinir as fronteiras dos campos tributários das pessoas políticas. Para tanto, todavia, deve o constituinte derivado cercar-se de todas as cautelas para que, reduzindo a competência tributária de uma dada pessoa política, não lhe venha a retirar autonomia financeira, com o que estaria lanhando sua autonomia jurídica e, neste sentido, dando à estampa uma emenda "tendente a abolir a forma federativa de Estado" – inconstitucional, por afronta ao art. 60, § 4º, I, da Constituição da República. Tal ocorreria, por exemplo, se os Estados-membros fossem despidos, por uma emenda constitucional, da competência para tributar, por meio de

---

para isto. De fato, se é a própria Constituição que define as dimensões da competência tributária das várias pessoas políticas, estas não podem praticar atos que as ultrapassem. Nunca é demais lembrar que no Brasil a competência tributária traduz-se numa legitimação para criar exações (aspecto positivo) e num limite para fazê-lo (aspecto negativo). O que as pessoas políticas podem fazer, sim, é utilizar, em toda a latitude, as competências tributárias que receberam da Constituição. Só ela, porém, é que, eventualmente, pode ampliá-las (ou restringi-las). Esta é, pois, uma matéria sob reserva de emenda constitucional."

impostos, as operações mercantis, pois, como é sabido e consabido, é este tributo que lhes dá os meios financeiros para atingirem seus objetivos institucionais. Não nos parece, no entanto, que restaria afrontado o princípio federativo caso uma emenda constitucional transferisse, por exemplo, aos Municípios a competência, que a União detém, para instituir o imposto territorial rural. É que este tributo positivamente não amesquinha as finanças federais. Tanto não, que, com o advento da Emenda Constitucional 42, já é dado aos Municípios optar por sua arrecadação (art. 153, § 4º, III, da CF), hipótese em que ficam com a totalidade do produto assim obtido (cf. art. 158, III, *in fine*, da CF).[202]

– Adoro quando você cita esses doutrinadores clássicos do Direito Tributário! Ainda mais, o Roque Antonio Carrazza.

Ele é referência nessa parte sobre Direito Tributário na Constituição Federal de 1988.

– Excepcional! Mas e quanto à reforma tributária?

Vamos voltar ao estudo, então. Como já tinha explicado na parte sobre ICMS, as propostas visam instituir um novo tributo, o IBS, extinguindo outros, assim como o imposto seletivo. Entretanto, há algumas diferenças cruciais entre as propostas.

A PEC 110[203] tende a extinguir nove tributos federais: IPI, IOF, PIS, Pasep, COFINS, CIDE-Combustíveis, Salário-Educação, ICMS, ISS. No mais, esta PEC sugere a incorporação da CSLL pelo IRPJ.

– Que bacana extinguir as contribuições! Não teria mais que estudar a COFINS... Hahaha

---

202. CARRAZZA, Roque Antonio. *Curso de Direito Constitucional Tributário*. 32. ed. São Paulo: Malheiros, 2019, p. 566.
203. Por ela, durante um ano será cobrada uma contribuição de 1%, com a mesma base de incidência do IBS. Posteriormente, entraríamos na transição, cuja duração é de cinco anos, a qual consiste na substituição dos atuais tributos pelos novos à razão de um quinto ao ano, sendo vedado aos entes da Federação alterar as alíquotas dos tributos a serem substituídos.

Realmente, você ficou traumatizado com a COFINS! Rsrs

Saiba que a PEC 45[204] também extinguirá tributos, mas num número bem inferior, uma vez que somente IPI, PIS, COFINS, ICMS e ISS serão extintos, totalizando cinco.

– Bem complicada essa mudança brusca, não é mesmo?

Num primeiro momento, sim. Todavia, é indispensável que ocorra, pois necessitamos de uma simplificação tributária e de uma diminuição na carga tributária.

– Ou seja, ainda teremos muito o que debater sobre essas propostas de reforma tributária e a questão da inalterabilidade da competência tributária.

Boa constatação. Esse assunto vai render bastante discussão ainda. Vamos continuar as características da competência tributária? Você já conseguiu deduzir mais alguma?

– Facultatividade.[205] Já que as pessoas políticas são livres para utilizar das suas respectivas competências ou não. Até porque, até hoje, o imposto sobre grandes fortunas não foi criado, e criá-lo, na verdade, consiste em uma faculdade da União.

Bacana... mas e quanto ao art. 11 da Lei Complementar 101/2000 (Lei de Responsabilidade Fiscal)?

– Não tinha pensado nisso! Lá vem o Direito Financeiro...

---

204. Quanto à PEC 45, por um lapso temporal de dois anos será cobrada uma contribuição de 1%, com a mesma base de incidência do IBS, posteriormente, a fase de transição duraria oito anos, sendo os atuais tributos substituídos pelos novos tributos à razão de um oitavo ao ano. Diferentemente da PEC 110, na PEC 45 há permissão para que os entes da Federação possam alterar as alíquotas dos tributos a serem substituídos.
205. Roque Antonio Carrazza compreende que a única exceção à facultatividade é quanto ao ICMS, uma vez que os Estados e o Distrito Federal, por conta do disposto no art. 155, § 2º, XII, *g*, da CF/1988 (CARRAZZA, Roque Antonio. *Curso de Direito Constitucional Tributário*. 32. ed. São Paulo: Malheiros, 2019, p. 571).

CAPÍTULO 1 → O que é tributo?

É importante tocarmos nesse assunto, porque, inclusive, já foi objeto de decisão do Supremo Tribunal Federal. Interessante é a leitura do art. 11 da LRF:

> Art. 11. Constituem requisitos essenciais da responsabilidade na gestão fiscal a instituição, previsão e efetiva arrecadação de todos os tributos da competência constitucional do ente da Federação.
>
> Parágrafo único. É vedada a realização de transferências voluntárias para o ente que não observe o disposto no *caput*, no que se refere aos impostos.

Entendeu o dilema?

– Sim, pois enquanto o art. 145 da Constituição Federal de 1988 dispõe ser a instituição dos tributos, ou seja, o exercício da competência tributária, uma faculdade do ente político, a Lei de Responsabilidade Fiscal impõe que sejam instituídos todos os tributos. E agora? O art. 11 da LRF é inconstitucional?

Aqui temos um ponto um pouco controvertido. Conforme entendeu o Supremo Tribunal Federal[206] recentemente, o parágrafo único do art. 11 da LRF é constitucional. Isso porque, conforme o entendimento da Suprema Corte, o referido dispositivo enumera os requisitos essenciais da responsabilidade na gestão fiscal para arrecadação de tributos de competência constitucional do ente da Federação, não consistindo em um desrespeito ao sistema tributário nacional e muito menos à repartição de receitas, já que a própria Lei Complementar 101/2000 disciplina os requisitos essenciais para essa repartição.

– Eu compreendo que é inconstitucional, sim.

---

206. Recentemente, o Supremo Tribunal Federal retomou a discussão sobre a constitucionalidade ou não da Lei de Responsabilidade Fiscal. Em um julgamento conjunto das ADIs 2.238, 2.365, 2.241, 2.261, 2.250, 2.238 e 2.256 e da ADPF 24, em 21 de agosto de 2019, compreendeu, entre outros pontos, que o parágrafo único do art. 11 da LRF é constitucional.

227

Você já está pensando como o Professor Roque Antonio Carrazza.[207] Estou orgulhosa de você! É uma posição que você pode expor em uma prova de segunda fase de concurso, por exemplo. Mas tome muito cuidado, pois as provas objetivas de primeira fase tendem à posição jurisprudencial mais recente. Combinado?

> – Combinado, professora! Obrigado pelo alerta.

Por fim, temos a última característica que é a irrenunciabilidade, já que a competência tributária foi atribuída pela Constituição Federal por meio de um título originário conferido aos entes.

> – Acho que aprendi tudo sobre a competência tributária. Mas, afinal, em que ela se difere da capacidade tributária?

Diferentemente da competência tributária, a capacidade tributária é delegável. Está lá na segunda parte do art. 7º do CTN:

> Art. 7º A competência tributária é indelegável, salvo atribuição das funções de arrecadar ou fiscalizar tributos, ou de executar leis, serviços, atos ou decisões administrativas em matéria tributária, conferida por uma pessoa jurídica de direito público a outra, nos termos do § 3º do artigo 18 da Constituição.

> – Mas esse artigo fala em "competência tributária".

Sim, eu sei. Entretanto, a doutrina clássica[208] denomina de capacidade ativa, podendo recair sobre o ente titular competência ou sobre outra pessoa jurídica de direito público, uma vez que abarca as funções de arrecadar ou fiscalizar os tributos, sendo transferíveis.

Nada impede que a lei instituidora do tributo indique outro sujeito ativo para tais funções, executando as normas legais correspondentes, dotado das mesmas garantias e privilégios do ente político instituidor.

---

207. Nesse sentido: CARRAZZA, Roque Antonio. *Curso de Direito Constitucional Tributário*. 32. ed. São Paulo: Malheiros, 2019, p. 572.
208. Nesse sentido: CARVALHO, Paulo de Barros. *Direito Tributário: Linguagem e Método*. 6. ed. São Paulo: Noeses, 2015, p. 256.

CAPÍTULO 1 → O que é tributo?

– Então, a diferença principal entre a competência tributária e capacidade tributária é que na primeira não se admite a delegação da atribuição de instituir os tributos, ao passo que a segunda permite a delegação quanto à execução e fiscalização.[209]

Boa conclusão. Ainda sobre a capacidade tributária, pode ser que o sujeito ativo, diferente daquele que é o ente instituidor do tributo, fique com o valor arrecadado por ele.

– A esse fenômeno temos a parafiscalidade, conforme o que você me ensinou sobre as contribuições.

Que bom que você pegou bem essa parte!

3.1. *Bis in idem* e bitributação

Ainda sobre o tema competência tributária, temos esse assunto que sempre está presente no estudo da nossa disciplina e que os alunos confundem muito: qual a diferença entre bitributação e *bis in idem*?

– Boa pergunta! Só me recordo sobre a questão do *bis in idem* referente ao IRPJ e à CSLL.

Vamos, então, iniciar nosso estudo pelo *bis in idem*! Quero que você guarde que significa duas vezes sobre a mesma coisa. Ou seja, o mesmo ente da Federação vai olhar para o mesmo fato gerador e editar leis criando dois ou mais tributos.

Entretanto, no caso da CSLL, há permissão constitucional quanto à sua criação incidente sobre o lucro da empresa, a mesma situação ocorrendo em relação ao IRPJ. Vale salientar que são espécies

---

209. No mais, pode-se concluir que a competência tributária é indelegável por ter uma atribuição política: a instituição de tributos. Ao passo que a capacidade tributária, na verdade, possui uma natureza administrativa, cujas atribuições são de arrecadar tributos, fiscalizar e executar normas, passíveis de delegação a outra pessoa jurídica de direito público.

tributárias distintas e que não há vedação expressa na Constituição Federal de 1988 quanto ao *bis in idem*. Embora parte da doutrina compreenda ser sim um caso configurado como de *bis in idem*.

– Mas e quanto aos dispositivos constitucionais que dispõem sobre competência residual referente aos impostos e às contribuições?

Ótima pergunta! Nesse caso, recorde-se que a Constituição impede que a União institua novos impostos com fato gerador ou base de cálculo próprios dos discriminados na norma constitucional (art. 154, I, CF/1988). Isso vale para as contribuições para a seguridade social (art. 195, § 4º, CF/1988).[210]

– Isso significa que a Constituição Federal de 1988 não veda que seja criada uma contribuição que tenha a mesma base de cálculo e o mesmo fato gerador de um imposto, acertei?

Acertou! Até porque as restrições a serem observadas são exatamente as previstas nos arts. 154, I, e 195, § 4º, ambos da Constituição Federal de 1988.

– Se o *bis in idem* se refere ao mesmo ente político olhando para um único fato gerador e instituindo dois ou mais tributos distintos, a bitributação...

É quando dois entes tributantes distintos olham para o mesmo fato gerador e exigem do mesmo sujeito passivo tributos diferentes. Esta sim, por uma questão lógica, decorrente da repartição da competência tributária, é proibida pela nossa Constituição.

– Não consigo vislumbrar muito bem exemplos de bitributação.

Imagine que um proprietário de um imóvel seja cobrado, ao mesmo tempo, pelo ente municipal, que exigirá o pagamento do IPTU, e

---

210. Nesse sentido é o entendimento do Supremo Tribunal Federal no julgamento da ADI 2556/DF, j. em 13/06/2012.

CAPÍTULO 1 → O que é tributo?

pelo ente federal, exigindo o pagamento do ITR. Trata-se de um conflito entre os entes.

> – Coitado do contribuinte. O que ele faz para se livrar disso?

Eu, no lugar do proprietário desse imóvel, ajuizaria uma ação de consignação em pagamento, prevista lá no art. 164, III, do CTN,[211] para me livrar logo desse encargo. Aí, os dois entes que discutam na esfera judicial a quem cabe o valor consignado.

> – Mais à frente, veremos esse assunto?

Com certeza! Um outro exemplo que gostaria de lhe passar é quanto ao ICMS extraordinário de guerra. Esse exemplo é clássico, uma vez que se trata de uma bitributação legítima prevista na norma constitucional, mais precisamente no art. 154, II. Lembre-se que o ICMS "comum" é de competência dos Estados e do Distrito Federal. Já estudamos e você quase surtou! Rsrs

> – Ô, se lembro! Matéria bacana... #sqn!

HAHAHAHA

Acho o máximo o jeito como você se expressa. Quando a União institui o ICMS extraordinário, ela olha para o fato gerador do ICMS "comum" e pronto. Estamos diante de uma situação configurada como bitributação permitida, conforme mencionei. No entanto, nada obsta de a própria União olhar para o fato gerador do IPI, por exemplo, e instituir o IPI extraordinário guerra. Só que, neste caso, estaremos diante de uma hipótese de *bis in idem*, lembra? É o mesmo ente olhando para um fato gerador e instituindo tributos distintos.

> – Legal esse exemplo, eu já o vi sendo cobrado por várias bancas de concurso público.

---

211. Art. 164 do CTN. "A importância de crédito tributário pode ser consignada judicialmente pelo sujeito passivo, nos casos:
III – de exigência, por mais de uma pessoa jurídica de direito público, de tributo idêntico sobre um mesmo fato gerador."

Mas há outra situação de bitributação totalmente prevista no que tange à tributação da renda. Imagine que você vá ao Chile prestar um serviço jurídico. Você poderá ser tributado tanto pelo Brasil quanto pelo Chile[212] referente aos rendimentos recebidos, a menos que haja um tratado internacional para evitar a chamada dupla incidência.

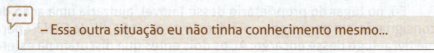

– Essa outra situação eu não tinha conhecimento mesmo...

É interessante estudarmos os Tratados Internacionais em matéria de Direito Tributário, um tema de que gosto bastante. Que tal começarmos um breve estudo sobre os princípios constitucionais tributários?

– Nessa parte veremos os Tratados?

Vamos, sim, na parte sobre a vedação à isenção heterônoma.

– Supercombinado, então!

**FIGURA PONTO 1:
ELEMENTOS DEFINIDORES DE TRIBUTO**

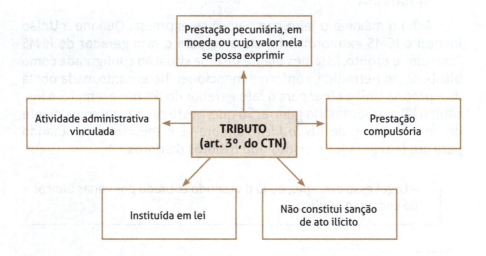

---

212. Neste caso, o Brasil celebrou com o Chile uma Convenção para evitar a dupla tributação, promulgado pelo Decreto 4.852/2003.

FIGURA PONTO 2: TRIBUTOS EM ESPÉCIE

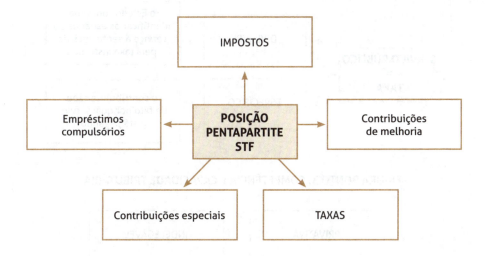

FIGURA PONTO 2.1.3.1. ICMS (PARTE 1)

FIGURA PONTO 2.1.3.1. ICMS (PARTE 2)

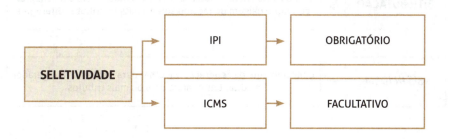

FIGURA PONTO 2.2. AS TAXAS

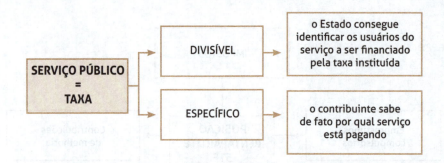

FIGURA PONTO 3. COMPETÊNCIA E CAPACIDADE TRIBUTÁRIA

FIGURA PONTO 3.1. *BIS IN IDEM* E BITRIBUTAÇÃO

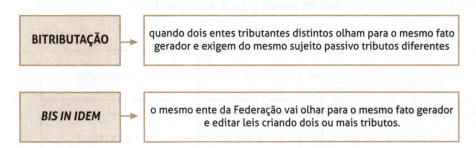

CAPÍTULO 1 → O que é tributo?

▷ PLAY

Material Exclusivo:
Assista ao vídeo sobre
O que é Tributo.

▷ PLAY

Material Exclusivo:
Assista ao vídeo sobre
Correção de Questões.

CAPÍTULO 2

Princípios constitucionais do Direito Tributário?

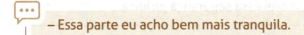

— Essa parte eu acho bem mais tranquila.

Também, depois de ter estudado tudo sobre os impostos e as contribuições, qualquer outro assunto do Direito Tributário é mais tranquilo.

Primeiro, saiba que a parte sobre os princípios do Direito Tributário na Constituição Federal de 1988 são, na verdade, parte da limitação ao poder de tributar.

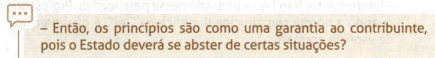

— Então, os princípios são como uma garantia ao contribuinte, pois o Estado deverá se abster de certas situações?

É essa a lógica, assim como em relação à lei complementar e as imunidades tributárias, as quais também consistem em limitações ao Estado no que concerne à tributação. Vamos começar a estudar um por um?

— Simbora!

1. PRINCÍPIO DA LEGALIDADE

Na Constituição Federal de 1988, o princípio da legalidade[1] encontra-se no art. 150, I. Veja:

---

1. Tal princípio é decorrente do princípio da legalidade em sentido amplo, do art. 5º, II, da CF/1988:
Art. 5º, CF/1988: "II – ninguém será obrigado a fazer ou deixar de fazer alguma coisa senão em virtude de lei". Esta legalidade é referente ao administrado, que será obrigado a fazer

237

Art. 150. Sem prejuízo de outras garantias asseguradas ao contribuinte, é vedado à União, aos Estados, ao Distrito Federal e aos Municípios:

I – exigir ou aumentar tributo sem lei que o estabeleça;

Perceba que estamos diante de uma segurança jurídica para o contribuinte.

– Ainda não vislumbrei essa segurança jurídica...

Somente se pode cobrar aquilo que está previsto e na forma da lei, por isso vislumbramos a segurança jurídica conferida ao contribuinte a partir do princípio da legalidade. Até porque, nos termos do entendimento do Supremo Tribunal Federal, no julgamento do RE 648245, o princípio da legalidade é o fundamento de todo o sistema tributário brasileiro, ligado à ideia de democracia.

– Interessante! Não havia pensado nessa perspectiva. Professora, quando a norma constitucional menciona "lei", é qualquer tipo de espécie normativa?

Na verdade, o correto não seria o nome "princípio da legalidade", mas sim "princípio da reserva legal", isso porque quando o inciso I do art. 150 da CF/1988 emprega o termo "lei", não está se referindo a todas espécies normativas, mas apenas às leis ordinárias, em regra, cabendo a edição de medidas provisórias, assim como as leis complementares, quando cabíveis, nos casos de empréstimos compulsórios, imposto sobre grandes fortunas, impostos residuais e contribuições residuais, os quais já estudamos.

– E quanto à concessão de benefícios fiscais? Também decorrem de uma lei, apenas?

---

ou deixar de fazer algo somente por imposição legal, diferentemente da legalidade atribuída à Administração Pública, a qual somente pode fazer aquilo que a lei lhe permite e comanda fazer, em sentido de certo modo oposto ao particular.

CAPÍTULO 2 → Princípios constitucionais do Direito Tributário?

A concessão de benefícios fiscais, para o Direito Financeiro, consiste em renúncia de receitas, algo que gera um impacto significativo no orçamento do ente. Portanto, é indispensável que haja previsão em lei, nos termos do art. 150, § 6º, da CF/1988. A mesma coisa para a multa tributária, a qual deve ser instituída por meio de uma lei, uma vez que gera uma obrigação, nos termos do art. 5º, II, da CF/1988.

Não apenas nessas situações, mas também em todas as previstas no art. 97 do Código Tributário Nacional (CTN), teremos matérias a serem submetidas ao princípio da legalidade.[2] Isso porque a obrigação tributária principal e seus aspectos precisam ser deduzidos por meio de lei, ao passo que a obrigação acessória prescinde de disposição legal.[3]

---

2. Art. 97 do CT: "Somente a lei pode estabelecer:
   I – a instituição de tributos, ou a sua extinção;
   II – a majoração de tributos, ou sua redução, ressalvado o disposto nos artigos 21, 26, 39, 57 e 65;
   III – a definição do fato gerador da obrigação tributária principal, ressalvado o disposto no inciso I do § 3º do artigo 52, e do seu sujeito passivo;
   IV – a fixação de alíquota do tributo e da sua base de cálculo, ressalvado o disposto nos artigos 21, 26, 39, 57 e 65;
   V – a cominação de penalidades para as ações ou omissões contrárias a seus dispositivos, ou para outras infrações nela definidas;
   VI – as hipóteses de exclusão, suspensão e extinção de créditos tributários, ou de dispensa ou redução de penalidades.
   § 1º Equipara-se à majoração do tributo a modificação da sua base de cálculo, que importe em torná-lo mais oneroso.
   § 2º Não constitui majoração de tributo, para os fins do disposto no inciso II deste artigo, a atualização do valor monetário da respectiva base de cálculo".
3. Por conta disso, denomina-se de legalidade estrita ou fechada ou tipicidade cerrada ou fechada ou regrada. Isso significa que não basta simplesmente instituir o tributo, mas é preciso estabelecer os aspectos material (fato gerador), espacial (local em que ocorre o fato gerador) e temporal (momento em que ocorre o fato gerador), que fazem parte do antecedente da regra matriz de incidência tributária, assim como os aspectos quantitativo (base de cálculo e alíquota) e pessoal (sujeitos ativo e passivo), os quais compõem o consequente. CARVALHO, Paulo de Barros. *Direito tributário: Linguagem e Método*. 6. ed. São Paulo: Noeses, 2015, p. 687-89). No mais, a lei deve, também, dispor sobre a incidência de juros de mora, exclusão, extinção e suspensão do crédito tributário (arts. 97 e 161, § 1º, do CTN).
   Ainda sobre esse assunto, vale destacar um entendimento do Supremo Tribunal Federal quanto à inconstitucionalidade da Lei 9.960/2000, a qual instituiu a Taxa de Serviços Administrativos. Tal norma não definiu o fato gerador da exação, mas somente a estabeleceu sobre qualquer serviço administrativo. Vide:
   "TRIBUTÁRIO. RECURSO EXTRAORDINÁRIO COM AGRAVO. SUPERINTENDÊNCIA DA ZONA FRANCA DE MANAUS (SUFRAMA). COBRANÇA DA TAXA DE SERVIÇOS ADMINISTRATIVOS, INSTITUÍDA PELO ART. 1º DA LEI 9.960/2000. INCONSTITUCIONALIDADE.

239

Vale destacar que o rol desse dispositivo é considerado pela jurisprudência do Superior Tribunal de Justiça como taxativo.

– Pela leitura do art. 97 do CTN, então, decretos, resoluções e outras espécies normativas não podem ser empregadas para instituir, atualizar base de cálculo e majorar os tributos?[4]

Em regra, não.

– Logicamente que toda regra possui uma exceção! Rsrs

E são essas exceções que são cobradas nas provas de concurso público e de OAB. Precisa ficar ligado! Só adianto que para a instituição dos tributos não há exceção ao princípio. Tome cuidado. Quanto para a atualização da base de cálculo e para a majoração das alíquotas...

– Já percebi uma na redação do § 2º do art. 97 do CTN: atualização do valor monetário da base de cálculo do tributo. É a mesma coisa que aumento do valor do tributo?

---

1. É inconstitucional o art. 1º da Lei 9.960/2000, que instituiu a Taxa de Serviços Administrativos (TSA), por não definir de forma específica o fato gerador da exação.
2. Agravo conhecido para negar provimento ao recurso extraordinário, com o reconhecimento da repercussão geral do tema e a reafirmação da jurisprudência sobre a matéria.
(STF, ARE 957650 RG, Rel. Min. Teori Zavascki, Pleno, maioria, j. em 05/05/2016, DJ 16/05/2016)"
4. "O princípio da legalidade é uma das mais importantes colunas sobre as quais se assenta o edifício do direito tributário. A raiz de todo o ato administrativo tributário deve encontrar-se numa norma legal, nos termos expressos do art. 5º, II, da Constituição da República (...) Ao contrário das demais normas jurídicas, que nem sempre estão diretamente atreladas ao princípio da legalidade, as normas tributárias têm sua incidência coligada à realização de um fato (ou estado de fato) minutenciosamente descrito em lei. Insistimos em que, no campo tributário, o princípio da legalidade, veiculado, em termos genéricos, no art. 5º, II, da CF, teve seu conteúdo reforçado pelo art. 150, I, do mesmo Diploma Magno. Este dispositivo, ao prescrever não ser dado às pessoas políticas "exigir ou aumentar tributo sem lei que o estabeleça", deixou claro que qualquer exação deve ser instituída ou aumentada não simplesmente com base em lei, mas pela própria lei. Noutras palavras, o tributo há de nascer diretamente da lei, não se admitindo, de forma alguma, a delegação ao Poder Executivo da faculdade de institui-lo, ou mesmo aumentá-lo. A lei, em suma, deve indicar todos os elementos da norma jurídica tributária, inclusive os quantitativos, isto é, aqueles que dizem respeito à base de cálculo e à alíquota da exação. Enfatizamos que somente a lei pode (i) criar o tributo e (ii) redimensionar, para mais, o *quantum debeatur*" (CARRAZZA, Roque Antonio. *Curso de Direito Constitucional Tributário*. 32. ed. São Paulo: Malheiros, 2019, p. 204-05).

CAPÍTULO 2 → Princípios constitucionais do Direito Tributário?

Não! É totalmente diferente, até porque, caso seja considerado um aumento do valor do tributo, é necessário que seja observado o princípio da legalidade.

Essa mera atualização do valor monetário da base de cálculo do tributo é quando o ente municipal, por meio de um decreto do chefe do Poder Executivo, atualiza os valores venais dos imóveis corroídos pela inflação, para que fiquem compatíveis com a realidade, no caso do IPTU.

– Então não haverá aumento do valor do referido imposto?

Se for observado o índice oficial de correção monetária, não. Todavia, caso o percentual seja superior a esse índice, estaremos diante de uma majoração do tributo, sendo defeso ao Município realizar essa determinada "atualização" por meio de decreto, sendo indispensável uma lei para tanto, conforme entendimento sumulado pelo Superior Tribunal de Justiça (Súmula 160 do STJ).

Mais alguma exceção que você já conheça?

– Os tributos aduaneiros!

Perfeito! Estou gostando, hein? Pegou tudo do capítulo 1.

– Também, foi um intensivão de espécies tributárias que valeu muito a pena. Lembro-me sobre o imposto de importação e a resolução da CAMEX...

Esse é um exemplo clássico de exceção ao princípio da legalidade tributária, como você bem sabe. Não se esqueça de que decreto presidencial também pode alterar as alíquotas do imposto de importação, até porque, conforme você aprendeu, a Constituição aborda que um ato do Poder Executivo altere as alíquotas.

Na prática, as alíquotas do imposto de importação e do imposto de exportação são, de fato, alteradas por Resolução da CAMEX, que compõe o Poder Executivo, já as alíquotas do IPI e do IOF, por meio de decreto do Presidente da República.

241

— Lembro-me da aula sobre CIDE-combustíveis que também a redução e o restabelecimento das alíquotas podem ser mediante decreto.

De fato, mais uma exceção ao princípio da legalidade. Entretanto, caso haja majoração da alíquota, deverá ocorrer por meio da edição de uma lei, OK? No mais, também há a exceção em relação ao ICMS monofásico, lembra?

— Ah, sim, aquele que incide sobre combustíveis definidos em lei complementar. Nesse caso, teremos uma alteração por meio de convênio no âmbito do CONFAZ, não é mesmo?

Exatamente! É mais uma exceção ao princípio da legalidade tributária. No entanto, no caso do ICMS monofásico, a exceção à legalidade tributária consiste tanto na redução quanto no aumento das alíquotas. Tome cuidado![5-6]

---

5. Ambos os casos estão previstos nos artigos 177, § 4º, I, b, e 155, IV, c, ambos da CF/1988.
6. Vale destacar que o Supremo Tribunal Federal, no ano de 2017, reconheceu a Repercussão Geral do seguinte tema (939): Possibilidade de as alíquotas da contribuição ao PIS e da COFINS serem reduzidas e restabelecidas por regulamento infralegal, nos termos do art. 27, § 2º, da Lei 10.865/2004. Trata-se de uma exceção ao princípio da legalidade, uma vez que o texto normativo dispõe acerca da possibilidade da redução e do restabelecimento de alíquota de PIS e COFINS que não são contempladas pelas exceções mencionadas na Constituição Federal de 1988. A discussão se faz presente em recurso extraordinário em que se debate, com base nos arts. 150, I, e art. 153 § 1º da CRFB/1988, a possibilidade de, pelo art. 27, § 2º, da Lei 10.865/2004, transferência por ato infralegal da competência para reduzir e restabelecer as alíquotas da contribuição ao PIS e da COFINS. Se faz importante a leitura do dispositivo ora comentado da referida Lei:
"Art. 27. O Poder Executivo poderá autorizar o desconto de crédito nos percentuais que estabelecer e para os fins referidos no art. 3º das Leis nos 10.637, de 30 de dezembro de 2002, e 10.833, de 29 de dezembro de 2003, relativamente às despesas financeiras decorrentes de empréstimos e financiamentos, inclusive pagos ou creditados a residentes ou domiciliados no exterior.
§ 2º O Poder Executivo poderá, também, reduzir e restabelecer, até os percentuais de que tratam os incisos I e II do caput do art. 8º desta Lei, as alíquotas da contribuição para o PIS/PASEP e da COFINS incidentes sobre as receitas financeiras auferidas pelas pessoas jurídicas sujeitas ao regime de não cumulatividade das referidas contribuições, nas hipóteses que fixar".
Como a previsão encontra-se em uma lei ordinária, foi questionada a constitucionalidade do dispositivo, o qual permite à União, inicialmente, a redução das alíquotas do PIS e da COFINS ao patamar de 0%, entretanto, diante das crises políticas e econômicas, as

CAPÍTULO 2 → Princípios constitucionais do Direito Tributário?

– Isso eu não tinha percebido ainda.

Só para complementar seu estudo, importante que além de serem exceções ao princípio da legalidade, tanto o ICMS monofásico incidente sobre combustíveis, assim como a CIDE combustíveis, consistem em exceções ao princípio da anterioridade tributária, apenas, em ambos os casos, tratando de redução e restabelecimento das alíquotas, ponto que estudaremos mais adiante, inclusive, com as tabelinhas de que você tanto gosta.

– Adoro! Uma outra lógica: se é indispensável uma lei para a instituição de tributos, também deve ser para a extinção, não é mesmo?

Sim, em decorrência do paralelismo das formas. Isso significa que se algo foi criado por meio de uma lei, somente um outro ato normativo da mesma hierarquia poderá extingui-lo, isto é, uma outra lei. O mesmo raciocínio é aplicável para a redução do tributo.

Só mais uma coisa: como você está percebendo, a regra é que para majorar tributos é necessário a edição de uma lei, salvo as exceções já mencionadas. Minha vez de lhe perguntar (e quero que você raciocine antes de me responder!): se um decreto for editado alterando a data do pagamento do tributo, padecerá de vício?

– Hum.... depende. Se antecipar a data do pagamento, penso que sim, pois prejudica o contribuinte, ferindo a sua segurança jurídica.

É um bom raciocínio o seu. Se fôssemos ver por esse ponto de vista, sua resposta estaria correta; todavia, a jurisprudência compreende

---

alíquotas foram aumentadas, dentro dos limites da referida lei ordinária. Deve-se aguardar o pronunciamento acerca do assunto pelo Supremo Tribunal Federal, embora o Superior Tribunal de Justiça, por ocasião do julgamento do REsp 1.586.950/RS possuir entendimento no sentido de que o Decreto que restabeleceu as alíquotas do PIS e da COFINS, nos limites do art. 27, § 2º, da Lei Federal 10.865/15, não ofendeu o princípio da legalidade tributária.

243

que por não ser um ponto previsto no art. 97 do CTN, aquele que dispõe quais as matérias que devem estar tratadas em uma lei, nada impede que o prazo de pagamento seja alterado por meio de um decreto.

– Professora, ainda sobre o princípio da legalidade, lembro-me de que na aula sobre as contribuições, você tinha falado sobre um entendimento do Supremo Tribunal Federal sobre uma situação referente aos conselhos de fiscalização de profissões.

Ah, sim! O Supremo Tribunal Federal, no julgamento do RE 704292/PR, entendeu ser inconstitucional uma lei que delegue aos conselhos de fiscalização de profissões regulamentadas a competência de fixar ou majorar, sem parâmetro legal, o valor das contribuições cobradas, assim como a atualização dos valores em percentual superior aos índices legalmente previstos.

No entanto, o próprio STF (RE 838284/SC) possui entendimento de ser constitucional um ato normativo infralegal determinando o valor da taxa de fiscalização, desde que seja observado o teto estipulado por lei e que corresponda em proporção razoável ao custo da atuação do Estado.[7]

– Esse entendimento do STF é em decorrência da corrente que prega a flexibilização da tipicidade fechada?

Exatamente! Foi o fundamento que o STF adotou na ocasião do citado RE 838284/SC. Logo, não se dispensa a lei, mas discute-se qual o tipo e o grau de legalidade que satisfazem o art. 150, I, da CF.

Esse mesmo argumento foi utilizado, pelo Supremo Tribunal Federal, no julgamento do RE 1043313 e da ADI 5277, sobre a alteração das alíquotas do PIS e da COFINS por meio de decreto ser constitucional. Eu lhe expliquei de forma bem detalhada esse entendimento

---

7. No mesmo sentido, o entendimento do Supremo Tribunal Federal na ocasião do julgamento da ADIN 4762, referente à Lei 12.514/2011, que dispõe sobre as anuidades cobradas pelos conselhos de classe. No o art. 6º da referida Lei há a definição quanto aos valores máximos e mínimos de anuidade, além da distinção de valores pelo grau de escolaridade, ou seja, se nível técnico ou superior, além de distinguir entre pessoas físicas e jurídicas. Neste caso, o STF entendeu ser constitucional determinada lei, pois não afronta o princípio da legalidade e obedece aos princípios da capacidade contributiva e da progressividade.

do Supremo Tribunal Federal no ponto, do capítulo anterior, sobre as contribuições para a seguridade social.

Inclusive, foi fixada a seguinte tese de repercussão geral: "É constitucional a flexibilização da legalidade tributária constante do § 2º do art. 27 da Lei nº 10.865/04, no que permitiu ao Poder Executivo, prevendo as condições e fixando os tetos, reduzir e restabelecer as alíquotas da contribuição ao PIS e da COFINS incidentes sobre as receitas financeiras auferidas por pessoas jurídicas sujeitas ao regime não cumulativo, estando presente o desenvolvimento de função extrafiscal".

Lembra?

– Opa! Eu me lembro sim, professora! Estou percebendo que é uma tendência de o Supremo Tribunal Federal compreender pela flexibilização da tipicidade fechada.

É o que tudo indica.

– Aposto que por conta desse fundamento também se admite a chamada norma em branco em Direito Tributário, semelhante à norma penal em branco no Direito Penal.

Tal situação é real, tanto que em relação ao SAT[8] cabe ao Poder Executivo complementar a norma em branco, dispondo sobre a classificação do risco que tem a atividade preponderante da empresa. A partir da classificação do risco da atividade preponderante, é possível verificar a alíquota a ser aplicada. Conforme o julgamento dos RE 343.446/SC e RE 684.261/PR, o Supremo Tribunal Federal compreendeu que os decretos regulamentares do Poder Executivo que tratam da atividade econômica preponderante e do grau de risco acidentário, delimitaram conceitos necessários à aplicação concreta da Lei 8.212/1991, não exorbitando o poder regulamentar conferido pela norma, nem ferindo princípios em matéria tributária.

---

8. Complementação que as pessoas jurídicas pagam, cujo fim é custear a aposentadoria especial, nos termos do art. 195, I, da CF/1988, prevista, também, no artigo 22, II, da Lei 8212/1991.

245

— Ficou mais fácil comparando com a norma penal em branco. E aquela história de onde cabe lei ordinária cabe medida provisória? Pois você disse, no começo do nosso estudo sobre o princípio da legalidade, que leis ordinárias e medidas provisórias, assim como as leis complementares, podem instituir e majorar tributos.

Bom, você deve se recordar muito bem daquela premissa de que "onde cabe lei ordinária, cabe medida provisória, mas onde cabe lei complementar, não cabe medida provisória".

— Sim, eu me recordo bem.

No art. 146, III, *a*, da Constituição Federal de 1988 temos que lei complementar deverá contemplar fato gerador, base de cálculo e os contribuintes dos tributos. Por isso, nossa primeira conclusão referente à medida provisória é de que ela não pode ser editada para disciplinar normas gerais de Direito Tributário.

— O mesmo raciocínio é aplicável quanto aos tributos que são instituídos mediante lei complementar.

Isso mesmo! Nos demais casos, é plenamente viável a edição de uma medida provisória,[9] inclusive para instituir tributos, desde que presentes os requisitos de relevância e urgência. Ocorre que o § 2º do art. 62 da CF/1988 dispõe que, salvo quanto ao II, IE, IPI, IOF e o imposto extraordinário de guerra, no caso de uma medida provisória vir a ser editada para majorar a alíquota de um IMPOSTO, somente produzirá efeitos no exercício financeiro seguinte se for convertida em lei até o último dia daquele em que foi editada.

— Bem bacana essa nossa conversa sobre o princípio da legalidade tributária.

---

9. No julgamento da ADI 1.667, o Supremo Tribunal Federal entendeu que é plenamente possível que a medida provisória trate sobre todas as espécies tributárias.

CAPÍTULO 2 → Princípios constitucionais do Direito Tributário?

Ainda não terminamos. Segura aí! Importante também destacar que as obrigações acessórias,[10] por não consistirem em instituição, majoração, redução ou extinção do tributo, são consideradas como deveres instrumentais para aferir a obrigação principal.

– Então essas obrigações acessórias, por não disporem sobre o pagamento de tributos, poderão estar previstas em atos infralegais, não é mesmo? Mas e se o sujeito passivo da obrigação principal descumprir a obrigação acessória?

Aí, neste caso, teremos que a obrigação acessória será convertida em obrigação principal relativamente à penalidade pecuniária, nos termos do art. 113, § 3º, do CTN. Nesse caso, teremos o surgimento da multa tributária, devendo observar o princípio da legalidade, uma vez que estaremos diante, portanto, de uma obrigação principal.

– Muito didática essa sua explicação sobre obrigação tributária principal e a acessória.

Fico contente que tenha gostado. Em um ponto mais adiante, estudaremos mais detalhadamente sobre ambas. Vamos passar para o princípio da isonomia?

2. PRINCÍPIO DA ISONOMIA

– Esse princípio está no art. 150, II, da CF/1988.[11]

Correto! Nesse dispositivo, encontra-se o princípio da isonomia tributária, o qual deriva do *caput* do art. 5º da CF/1988.[12]

---

10. Nos termos do art. 113, § 2º, do CTN, "a obrigação acessória decorre da legislação tributária e tem por objeto as prestações, positivas ou negativas, nela previstas no interesse da arrecadação ou da fiscalização dos tributos".
11. Art. 150 da CF/1988: "Sem prejuízo de outras garantias asseguradas ao contribuinte, é vedado à União, aos Estados, ao Distrito Federal e aos Municípios:
    II – instituir tratamento desigual entre contribuintes que se encontrem em situação equivalente, proibida qualquer distinção em razão de ocupação profissional ou função por eles exercida, independentemente da denominação jurídica dos rendimentos, títulos ou direitos".
12. Art. 5º da CF/1988: "Todos são iguais perante a lei, sem distinção de qualquer natureza, garantindo-se aos brasileiros e aos estrangeiros residentes no País a inviolabilidade do direito à vida, à liberdade, à igualdade, à segurança e à propriedade, nos termos seguintes (...)".

Pela leitura do art. 150, II, da CF/1988, encontramos uma acepção vertical e outra horizontal do princípio da isonomia tributária.

– O que são a acepção vertical e a horizontal?

A acepção horizontal é quando alguns indivíduos se encontram numa mesma situação, em um mesmo nível, devendo ser tratados de forma igual. Já a acepção vertical, a qual se encontra implícita no inciso II do art. 150 da CF/1988, pressupõe que indivíduos que se encontram em situações distintas deverão ser tratados de forma diferenciada na medida que se diferenciam.

– Pode-se afirmar que desse princípio decorre o da capacidade tributária?

Pode, sim. Até porque imagine o imposto de renda. Como você já sabe, uma das características marcantes desse imposto são as alíquotas progressivas por conta da capacidade tributária. Quanto mais o indivíduo receber como salário, mais ele irá contribuir.

Imagine que temos dois indivíduos, sendo que um recebe um salário mínimo por mês e o outro receba dez salários mínimos mensais. Estaremos diante de dois indivíduos em situações distintas. Logo, vislumbramos aqui uma acepção vertical, devendo ser tratadas de maneiras distintas, sendo que o primeiro indivíduo estará isento do imposto de renda e o outro pagará referente à incidência de uma alíquota de 27,5%.

– Logo, se ambos recebessem dez salários-mínimos, estaríamos diante de uma acepção horizontal.

Isso mesmo! Pois estariam no mesmo nível. Percebe-se, portanto, que o princípio da isonomia é intimamente ligado à justiça social.

– Pode haver diferenças entre os contribuintes em decorrência das funções por eles exercidas?

Não! Essa é outra situação clássica que estudamos e é decorrente do princípio da isonomia tributária. Não é possível admitir que um juiz, por exemplo, somente pelo fato do cargo que ocupa, ter um tratamento diferenciado na esfera tributária em face de um vendedor de uma loja de calçados. Desta feita, todos aqueles que estejam na mesma situação, descrita como hipótese de incidência de um tributo, estarão sujeitos à mesma exigência tributária, não podendo ser admitidas distinções baseadas em funções exercidas.

– Mas e a questão da isenção tributária a deficientes físicos, por exemplo?

Boa pergunta. Quanto à questão da concessão de isenção ou de redução de alíquotas de tributos, algo muito comum ultimamente, para deficientes que adquiram carros adaptados, uma vez que há discriminações a fim de que se alcance a justiça tributária por meio da concessão desses benefícios tributários. Logicamente que é necessário levar em consideração a proporcionalidade e a adequação para verificar se determinada discriminação é válida ou não.

O Supremo Tribunal Federal,[13] por exemplo, compreende que o motivo para admitir o tratamento diferenciado seria a capacidade contributiva de cada indivíduo e a extrafiscalidade.

– Em decorrência dessa constatação, pode o Poder Judiciário estender determinado benefício tributário para um outro grupo que não tenha sido contemplado pela lei?

Não pode. O Poder Judiciário deve se abster de estender a outras pessoas benefício fiscal concedido por lei, mesmo que fundamente no princípio da isonomia tributária, pois, caso contrário, estaria substituindo o juízo discricionário do legislador. Ou seja, estaríamos diante de um ativismo judicial, algo que é muito questionado em âmbito doutrinário.

---

13. STF, RE 640.905/SP. rel. Min. Luiz Fux, j. em 15/12/2016.

– Isso decorre, no caso das isenções tributárias, por conta da interpretação literal prevista no art. 111 do CTN?

Muito boa a sua constatação! É exatamente nesse sentido, uma vez que a isenção tributária deve ser interpretada na forma literal, isto é, o que está na lei é o que deve ser cumprido e ponto. Não significa que há uma interpretação restritiva, o que é totalmente diferente da interpretação literal. Mas não se pode admitir uma interpretação extensiva da norma. Um exemplo muito comum é quanto à concessão de isenção tributária referente a um determinado tributo abarcando deficientes visuais. Se está na lei que a isenção contempla esse determinado grupo de contribuintes, somente estes serão contemplados pelo benefício, não podendo ser estendido para os deficientes auditivos. Compreende?

– Agora eu compreendo, sim. Um outro ponto relevante, a meu ver, é quanto ao *pecunia non olet*, "o dinheiro não tem cheiro", e o princípio da isonomia tributária.

De fato, ele decorre do princípio da isonomia tributária, dado que tanto faz se o ato ou negócio jurídico que dá ensejo ao nascimento da obrigação tributária por meio da prática do fato gerador é considerada lícita ou não, assim como se válida ou não, anulável ou nula.

– Tanto faz, né?! Serão tributados de qualquer forma.

Exato, até porque, nos termos do art. 118 do CTN, o fato gerador deve ser verificado sob a ótica do viés econômico, sem que fatores externos influenciem, não sendo relevante a validade e a licitude da atividade que ensejou a prática do fato gerador do tributo e, assim sendo, o nascimento da obrigação tributária. Veja:

> Art. 118. A definição legal do fato gerador é interpretada abstraindo-se:
>
> I – da validade jurídica dos atos efetivamente praticados pelos contribuintes, responsáveis, ou terceiros, bem como da natureza do seu objeto ou dos seus efeitos;
>
> II – dos efeitos dos fatos efetivamente ocorridos.

CAPÍTULO 2 → Princípios constitucionais do Direito Tributário?

– Professora, então, caso seja praticado um ato que, posteriormente, é considerado nulo judicialmente, não poderá alegar que tal anulação poderá ensejar a repetição do indébito tributário, caso o valor referente ao tributo já tenha sido pago?

É isso aí, até porque, caso tenha sido realizado o ato que ensejou a prática do fato gerador, teremos o nascimento da obrigação tributária e o tributo deverá ser pago, uma vez que somente são interessantes os aspectos econômicos, não se analisando os requisitos civis do ato ou do negócio jurídico, pois não são levados em consideração pelo Direito Tributário, nos termos dos arts. 109 e 110, ambos do CTN:

> Art. 109. Os princípios gerais de direito privado utilizam-se para pesquisa da definição, do conteúdo e do alcance de seus institutos, conceitos e formas, mas não para definição dos respectivos efeitos tributários.
>
> Art. 110. A lei tributária não pode alterar a definição, o conteúdo e o alcance de institutos, conceitos e formas de direito privado, utilizados, expressa ou implicitamente, pela Constituição Federal, pelas Constituições dos Estados, ou pelas Leis Orgânicas do Distrito Federal ou dos Municípios, para definir ou limitar competências tributárias.

– Nunca tinha compreendido direito esses dois dispositivos do CTN. Com esses esclarecimentos, ficou bem mais fácil. O mesmo procedimento, portanto, é aplicável aos valores oriundos da prática do tráfico de entorpecente?

Sim, pois não interessa a origem. No caso, se houve a prática do fato gerador do imposto de renda, isto é, o indivíduo auferiu renda, ele, em regra, deverá pagar a quantia a título de imposto de renda. Inclusive, o Superior Tribunal de Justiça já se pronunciou nesse sentido por ocasião do julgamento do RESP 984.607.

– Já vi muitas questões de provas objetivas cobrando exatamente esse entendimento. Vou ficar mais esperto.

Você tem que ficar esperto, também, quanto ao SIMPLES NACIONAL. Sabe a que se refere, não é mesmo?

— Mais ou menos!

Então, o SIMPLES NACIONAL – Sistema Integrado de Pagamento de Impostos e Contribuições das microempresas e das empresas de pequeno porte –, foi instituído por meio da Lei Complementar 123/2006, com base no disposto nos arts. 146, III, *d*, e 179, da Constituição Federal de 1988.

— Professora, o SIMPLES NACIONAL, então, consiste em uma afronta ao princípio da isonomia tributária, porque só contempla microempresas e empresas de pequeno porte!

Você é muito precipitado! Não me deixou sequer terminar a explicação... rsrs

Não consiste em uma afronta ao princípio da isonomia tributária. Quem decidiu isso foi o Supremo Tribunal Federal!

— Mas, a princípio, a Lei do SIMPLES NACIONAL tinha excluído os profissionais liberais, mesmo que possuíssem o faturamento no limite estabelecido pela norma. Isso não é discriminação em razão do objeto social?

Então, esse seu questionamento foi levado ao Supremo Tribunal Federal por profissionais liberais. Todavia, no julgamento da ADIN 1.643/DF, a Corte entendeu que o tratamento diferenciado e favorecido que a própria Constituição Federal de 1988 determina às microempresas e às empresas de pequeno porte é para que consigam concorrer no mercado com as grandes empresas, bem como para diminuir a informalidade.

Logo, a exclusão dos profissionais liberais de profissões regulamentadas se dá pelo fato de que não há domínio de mercado por grandes empresas nesses ramos. Além disso, não estão incluídas no mercado informal, em razão do preparo dos seus sócios.

– Atualmente, sei que há a possibilidade de muitos profissionais liberais aderirem ao SIMPLES NACIONAL.

Isto porque com o advento da Lei Complementar 147/2014, boa parte do art. 17 da Lei Complementar 123/2006 foi revogada. Por exemplo, médicos puderam aderir ao SIMPLES NACIONAL, no entanto, a previsão estava no Anexo V, apenas, com alíquotas a partir de 16,93%. Com o advento da Lei Complementar 155/2016, houve alteração no art. 18, § 5º-B da LC 123/2006, modificando a previsão da profissão médica nos anexos da Lei. Algo um pouco complexo, que deve ser tratado num curso específico sobre o regime.

– Bom deixar para um próximo Diálogos sobre o SIMPLES NACIONAL, bem simples.

Não vai ser nada de SIMPLES essa sua sugestão. O assunto é bem complexo, até por conta disso eu me refiro ao SIMPLES NACIONAL de "SUPER COMPLEXO", ainda mais com o advento da Lei Complementar 155/2016.

– Melhor deixar para lá e continuarmos com a parte principiológica, pois está mais fácil.

3. PRINCÍPIO DA IRRETROATIVIDADE

Vamos continuar por meio do estudo do princípio da irretroatividade. Temos muito o que aprender sobre ele.

– Já sei! Ele está no art. 150, III, *a*, da CF/1988...

Muito bom que você já está localizando os princípios na Constituição Federal.

Primeiramente, na irretroatividade tributária temos que a lei nova não poderá retroagir e contemplar os fatos geradores passados. No entanto, poderá contemplar os fatos geradores futuros.

253

– Significa que a lei nova não poderá retroagir para fins de viabilizar a cobrança de tributos cujos fatos geradores são anteriores à vigência da lei que instituiu ou majorou o tributo?

Essa é a lógica, até porque há a segurança jurídica que respalda o princípio. Imagine que uma lei nova instituiu como fato gerador de determinado tributo "dar cinco passos". Essa lei nova não poderá retroagir para abarcar os cinco passos que você deu antes da sua edição, até porque, antes "dar cinco passos", sequer era considerado como fato gerador.

– Professora, tem lógica dizer que o princípio da irretroatividade tributária tem a ver com a vigência da norma?

Tem, sim. E concluo que a norma não terá vigência a fatos geradores que existiram antes de a norma ser vigente. Saiba que, então, no que tange ao princípio da irretroatividade tributária, temos a questão da vigência da lei, ao passo que em relação ao princípio da anterioridade, a ser estudado oportunamente, há correlação com o plano da eficácia da norma.

– Há a possibilidade da lei que vem a extinguir um tributo retroagir contemplando fato geradores passados?

Não! O princípio da irretroatividade é aplicável tanto para a instituição e majoração, assim como para a extinção do tributo ou a diminuição da alíquota. Lembra da CPMF?

– Lembro, sim. Inclusive, é assunto que sempre volta à tona...

Sempre mesmo. No nosso exemplo em relação ao princípio da irretroatividade tributária, quando foi extinta, não retroagiu e nem isentou de pagamento aqueles que não haviam pago na época de sua vigência. Também não possibilitou o ressarcimento para os contribuintes que já haviam pago.

– Mas em nenhuma situação será possível que uma lei tributária venha a retroagir?

Embora o art. 106 do CTN[14] não trate de causas de exceção ao princípio da irretroatividade tributária, traz algumas situações em que a lei tributária poderá retroagir, sim.

– Não compreendo. O art. 106 do CTN fala sobre a aplicação da lei a ato ou fato pretérito e elenca algumas situações em seus incisos e alíneas.

Sim, mas não constitui uma exceção, uma vez que o princípio da irretroatividade tributária é aplicável às normas que criem, majorem, diminuam ou venham a extinguir tributos. Já o artigo em comento é aplicável para as leis meramente interpretativas, assim como para as penalidades e infrações, não sendo aplicáveis aos tributos. Agora compreendeu a essência do princípio da irretroatividade tributária?

– Agora, sim! E quanto a essas hipóteses? O que seria essa lei interpretativa?[15]

---

14. Art. 106 do CT: "A lei aplica-se a ato ou fato pretérito:
I – em qualquer caso, quando seja expressamente interpretativa, excluída a aplicação de penalidade à infração dos dispositivos interpretados;
II – tratando-se de ato não definitivamente julgado:
a) quando deixe de defini-lo como infração;
b) quando deixe de tratá-lo como contrário a qualquer exigência de ação ou omissão, desde que não tenha sido fraudulento e não tenha implicado em falta de pagamento de tributo;
c) quando lhe comine penalidade menos severa que a prevista na lei vigente ao tempo da sua prática".
15. "As leis tributárias ditas "interpretativas", assim como qualquer outra lei que pretensamente assuma esse caráter, devem ser examinadas com particular cautela. Não pode o legislador, sob o pretexto de esclarecer pontos obscuros de uma lei ou de revelar seu verdadeiro sentido, utilizar-se de outros diplomas, supostamente interpretativos, para estabelecer aos destinatários os rigores de uma retroatividade ilimitada. Inicialmente, cumpre distinguir lei interpretativa de lei inovadora. As leis interpretativas, como já anotei, circunscrevem seus objetivos ao esclarecimento de dúvidas. A quase totalidade das legislações, todavia, mostra-se inovadora, introduzindo alterações nas regras prescritivas de condutas. A dificuldade de se produzir normas que nada altere no ordenamento é tão acentuada que torna quase impossível identificar-se preceito exclusivamente interpretativo, significando mera declaração do sentido e alcance de preceito já existente" (CARVALHO, Paulo de Barros. *Direito Tributário: Linguagem e Método*. 6. ed. São Paulo: Noeses, 2015, p. 320).

Essa questão da lei interpretativa, prevista no inciso I do art. 106 do CTN, não admite a aplicação de penalidade por expressa disposição legal, seja pecuniária, seja não pecuniária. No entanto, aplica-se à correção monetária, já que o texto do inciso é omisso nesse sentido, bem como os juros, por terem caráter compensatório e não punitivo.

No mais, saiba que a lei é interpretativa quando ela não inova no ordenamento jurídico, conforme entendeu o Supremo Tribunal Federal no julgamento do RE 566.621, em repercussão geral, que teve por objeto o art. 3º da Lei Complementar 118/2005.

– Então, a lei interpretativa é aquela que simplesmente "clareia" algo que estava obscuro, mas sem inovar!

É nesse sentido mesmo. Esse art. 3º da Lei Complementar 118/2005 veio a inovar no ordenamento jurídico, ao conferir uma "interpretação" ao art. 168, I, do CTN. Nesse caso, temos que o prazo para a propositura da ação de repetição de indébito é de cinco anos, contados da data da extinção do crédito tributário.

Pois bem, como será estudado mais adiante, o lançamento tributário possui três distintas modalidades previstas no CTN, dentre elas o lançamento por homologação. Você se recorda de um imposto famoso que estudamos sujeito ao lançamento por homologação?

– O ICMS! Nessa modalidade de lançamento, conforme sei, o contribuinte irá declarar e realizará o pagamento antecipado. Posteriormente, o Fisco verificará se está tudo OK e homologa expressa ou tacitamente. Isso, né?

Perfeito! Ocorre que, independentemente de como será feita a homologação, passados cinco anos, teremos a extinção do crédito tributário, conforme art. 156 do CTN! Já ouviu sobre a tese dos 5 + 5 do Superior Tribunal de Justiça?

– Eu não...

CAPÍTULO 2 → Princípios constitucionais do Direito Tributário?

Está na hora de conhecê-la! Diante dessa situação que acabei de lhe contar, o STJ criou a tese dos 5 + 5, segundo a qual, para fins de propositura da ação de repetição de indébito de lançamento por homologação, o contribuinte possuiria o prazo de dez anos, sendo que nos cinco primeiros o Fisco analisaria a apuração do contribuinte na declaração feita e, transcorrido esse prazo e extinto o crédito tributário, teríamos o início do prazo de cinco anos para repetir o tributo, a partir da extinção do crédito tributário, nos termos do art. 168 do CTN.

– Mas não é isso que a Lei Complementar 118/2005 quis dizer, não é mesmo?

A Lei Complementar 118/2005, de fato, não encampou essa tese do STJ. Logo, ela veio a inovar no ordenamento jurídico, conferindo uma outra sistemática à questão da repetição do indébito tributário. Segundo ela, o prazo de cinco anos para a propositura da ação de repetição do crédito tributário não seria contado a partir do momento em que o Fisco homologa, mas sim serão contados os cinco anos a partir da data do pagamento antecipado realizado pelo contribuinte, reduzindo, assim, o prazo para tanto.

– Essa inovação, inclusive, veio a prejudicar os contribuintes. E a segurança jurídica?

Por conta disso que o Supremo Tribunal Federal entendeu que o art. 3º da Lei Complementar 118/2005 não pode ser considerado interpretativo,[16] pois é contrário à jurisprudência consolidada do Superior Tribunal de Justiça, causando uma verdadeira insegurança

---

16. "Muitas vezes, porém, não obstante as leis ou dispositivos legais sejam denominados 'interpretativos', acabam por inovar as regras supostamente interpretadas, mundificando-lhes as disposições. Isso acontece, por exemplo, quando a interpretação da lei antiga é pacífica, ou quando, existente a controvérsia, venha a nova legislação indicar uma solução que jamais foi admitida em face do regramento pretérito. Reitero, portanto, que somente quando verificar-se o escopo de elucidar os termos de dispositivo legal cujo conteúdo gere controvérsia, pode falar-se em natureza interpretativa da norma. Ainda assim, é preciso ter cuidado com a significação conferida por esse veículo que não pode distanciar-se do foco das dúvidas existentes, quer dizer, é-lhe vedado alterar entendimentos já consolidados, restringir ou ampliar direitos" (CARVALHO, Paulo de Barros. *Direito Tributário: Linguagem e Método*. 6. ed. São Paulo: Noeses, 2015, p. 321).

jurídica aos contribuintes, sendo vedada a sua retroatividade por não ser interpretativa, não podendo retroagir contemplando fatos pretéritos, produzindo efeitos apenas futuros.

Isto é, somente seria cabível esse entendimento para os pagamentos indevidos realizados a partir da vigência da nova lei – Lei Complementar 118/2005, a qual teve 120 dias de *vacatio legis* e entrou em vigor em 09/06/2005. Para os pagamentos indevidos realizados antes da Lei Complementar 118/2005, o Supremo Tribunal Federal estabeleceu que, se ajuizada a ação após 09/06/2005, contam-se cinco anos para a repetição do indébito, conforme o que dispõe o art. 3º da referida norma e, se ajuizada a ação de repetição de indébito tributário até 08/06/2005, o contribuinte faria jus ao entendimento jurisprudencial da "tese dos 5 + 5" do Superior Tribunal de Justiça, conforme o entendimento proferido no julgamento do RE 566.621.

> – Fiquei bem entretido nessa história da "tese dos 5+5" e, também, na da Lei Complementar 118/2005. Retomando o art. 106 do CTN, o inciso II traz algumas situações previstas nas suas alíneas, tratando-se de uma lei benéfica ao contribuinte.

Interessante é a redação do inciso II que dispõe sobre "tratando-se de ato não definitivamente julgado". Por ato não definitivamente julgado, entendemos ser qualquer ato administrativo, assim como os atos judiciais em que não houve decisão de mérito com o trânsito em julgado. Assim, sendo passível a retroação de lei benéfica. Portanto, em relação a qualquer decisão administrativa, ainda que tenha ocorrido a "coisa julgada administrativa", passível de ser revista pelo Poder Judiciário, permite que a lei benéfica posterior possa retroagir e diminuir a penalidade anteriormente aplicada.

> – E quanto aos atos judiciais, professora?

Permite-se a aplicação de lei benéfica, salvo quando transitado em julgado, mesmo que já tenha ocorrido o julgamento dos embargos à execução fiscal.

> – O que seria essa "lei benéfica", professora?

Lei benéfica é fato novo, conforme disposto no art. 493 do CPC, consistindo em uma situação que permite ao juiz o reconhecimento de ofício, acaso a ação já tiver sido proposta. Vide:

> Art. 493 do CPC. Se, depois da propositura da ação, algum fato constitutivo, modificativo ou extintivo do direito influir no julgamento do mérito, caberá ao juiz tomá-lo em consideração, de ofício ou a requerimento da parte, no momento de proferir a decisão.
>
> Parágrafo único. Se constatar de ofício o fato novo, o juiz ouvirá as partes sobre ele antes de decidir.

– E, por que esse marco temporal no processo de execução?

Segundo o entendimento do Superior Tribunal de Justiça, no julgamento do REsp 184642, são consideradas decisões finais, no processo de execução fiscal, as fases de arrematação, adjudicação ou remição. Portanto, após a decisão em embargos, penhorado o bem e destinado ao leilão, somente nas fases de arrematação, adjudicação ou remição é que teremos configurado o ato definitivamente julgado.

– Hum, entendi. Pela leitura das alíneas *a* e *b*, entendi que caso exista uma conduta que deixa de ser considerada infração, conforme estabelecido em lei, irá retroagir para beneficiar o contribuinte.

É nesse sentido. Vale lembrar que estamos diante das situações referentes às penalidades, logo, uma lei que concede uma isenção tributária referente a um tributo em questão, não poderá retroagir, já que "pagar o tributo" consiste em uma obrigação principal, não sendo admitida a irretroatividade. É a mesma coisa referente à extinção, conforme o exemplo que dei sobre a CPMF, lembra?

– Sim, eu me recordo bem sobre essa questão da extinção da CPMF! Quanto à diminuição da penalidade, a alínea *c* também é aplicável aos juros e à correção monetária?

259

Não, pois não possuem caráter punitivo, conforme já expliquei. A diminuição da penalidade somente será aplicável às multas punitiva e moratória. Caso uma lei conceda uma diminuição referente às multas, ela irá retroagir contemplando casos pretéritos, ainda que estejam sendo cobrados administrativamente ou judicialmente. Tal situação ocorreu por ocasião da edição da Lei 9.430/1996, a qual previu a diminuição da multa moratória para o patamar de 20%.

– E quanto ao art. 144 do CTN? Não se pode dizer que consiste em uma verdadeira exceção ao princípio da irretroatividade tributária?

Claro que não! Vamos, primeiramente, fazer a leitura desse dispositivo:

> Art. 144. O lançamento reporta-se à data da ocorrência do fato gerador da obrigação e rege-se pela lei então vigente, ainda que posteriormente modificada ou revogada.

Conforme a redação do art. 144 do CTN, temos que a lei aplicável será aquela vigente no momento em que a obrigação tributária nasceu, isto é, quando o fato gerador ocorreu, ainda que posteriormente a norma tenha sido modificada ou revogada. Portanto, caso uma lei posterior venha a modificar um dos aspectos da obrigação tributária, a serem estudados mais adiante, como a alíquota, por exemplo, não retroagirá.

– Então, o lançamento tributário vai obedecer exatamente a lei vigente à época do nascimento da obrigação tributária, isto é, na data da prática do fato gerador, embora haja uma lei posterior que tenha modificado alguns aspectos?

Isso mesmo. O lançamento tributário possui duas funções, sendo uma quanto à declaração do nascimento da obrigação tributária, devendo se ater à lei vigente à época, até porque estamos tratando da obrigação tributária principal.

CAPÍTULO 2 → Princípios constitucionais do Direito Tributário?

– Pelo que li no § 1º do art. 144 do CTN, também é possível a lei nova retroagir, pois, segundo o dispositivo, "aplica-se ao lançamento a legislação que, posteriormente à ocorrência do fato gerador da obrigação, tenha instituído novos critérios de apuração ou processos de fiscalização, ampliados os poderes de investigação das autoridades administrativas, ou outorgado ao crédito maiores garantias ou privilégios, exceto, neste último caso, para o efeito de atribuir responsabilidade tributária a terceiros". Não é algo prejudicial ao contribuinte?

Esse parágrafo trata sobre a possibilidade de a lei nova vir atingir aspectos formais, como modalidades de lançamento tributário, por exemplo. Caso uma lei nova mencione que o IPTU será objeto de lançamento por homologação e não mais de lançamento de ofício, essa lei irá retroagir, abarcando situações pretéritas. Assim como se uma lei nova determina novos processos de fiscalização, como o cruzamento de dados.

Há, inclusive, súmula do CARF nesse sentido:

> Súmula CARF 35. O art. 11, § 3º, da Lei 9.311/1996, com a redação dada pela Lei 10.174/2001, que autoriza o uso de informações da CPMF para a constituição do crédito tributário de outros tributos, aplica-se retroativamente.

– Tem uma decisão recente do Supremo Tribunal Federal sobre esse tema.

Sim, referente ao art. 6º da Lei Complementar 105/2001, o qual estabeleceu que:

> Art. 6º As autoridades e os agentes fiscais tributários da União, dos Estados, do Distrito Federal e dos Municípios somente poderão examinar documentos, livros e registros de instituições financeiras, inclusive os referentes a contas de depósitos e aplicações financeiras, quando houver processo administrativo instaurado ou procedimento fiscal em curso e tais exames sejam considerados indispensáveis pela autoridade administrativa competente.

261

Parágrafo único. O resultado dos exames, as informações e os documentos a que se refere este artigo serão conservados em sigilo, observada a legislação tributária.

Perceba que a lei trouxe um novo processo de fiscalização, possibilitando às autoridades competentes procederem, quando indispensável, ao exame de documentos, livros e registros de instituições financeiras, inclusive os referentes a contas de depósitos e aplicações financeiras, quando houver processo administrativo instaurado ou procedimento fiscal em curso.

– Pera aí... isso não seria uma quebra de sigilo? Porque o artigo sequer menciona em autorização judicial para tanto, podendo a autoridade competente solicitar diretamente às instituições financeiras dados dos contribuintes.

Foi o que os contribuintes questionaram no Supremo Tribunal Federal. No entanto, o STF, no julgamento das ADI 2390/DF, ADI 2386/DF, ADI 2397/DF e ADI 2859/DF, de Rel. Min. Dias Toffoli, e no RE 601.314/SP, de Rel. Min. Edson Fachin, em repercussão geral, manifestou-se no sentido de que não é necessária autorização judicial. Ou seja, as autoridades competentes dos entes da Federação podem requisitar diretamente às instituições financeiras informações sobre as movimentações bancárias dos contribuintes, sendo tal procedimento constitucional, fundamentado no art. 145, § 1º, da CF/1988,[17] o qual permite que a administração tributária utilize métodos para apuração, conforme a capacidade contributiva.

– Para mim, é quebra de sigilo.

De acordo com o Supremo Tribunal Federal, não é. Na verdade, consiste numa transferência da dados para a Receita Federal, no

---

17. Art. 145, § 1º, da CF/1988: "Sempre que possível, os impostos terão caráter pessoal e serão graduados segundo a capacidade econômica do contribuinte, facultado à administração tributária, especialmente para conferir efetividade a esses objetivos, identificar, respeitados os direitos individuais e nos termos da lei, o patrimônio, os rendimentos e as atividades econômicas do contribuinte".

âmbito da União.[18] Por sua vez, a Receita não pode divulgar os dados do contribuinte.

Vale destacar que não configura hipótese de quebra de sigilo bancário quando as seguintes instituições solicitarem diretamente às instituições financeiras informações bancárias: a) Secretaria da Receita Federal do Brasil; b) Fisco estadual e municipal nessas condições; c) CPI federal ou estadual – art. 4º da Lei Complementar 105, entretanto, a CPI municipal não pode; d) TCU apenas para as operações de crédito originárias de recursos públicos, conforme entendeu o STF no julgamento do MS 33340/DF, em 2015) MP para contas de órgãos e instituições públicas com o fim de proteger o patrimônio público, conforme entendimento do Superior Tribunal de Justiça no julgamento do HC 308.493/CE, em 2015.

Ademais, para que o procedimento seja válido, alguns requisitos devem estar presentes:

a)	pertinência temática entre a obtenção das informações bancárias e o tributo objeto de cobrança no procedimento administrativo instaurado;
b)	prévia notificação do contribuinte quanto à instauração do processo e a todos os demais atos, garantindo o mais amplo acesso do contribuinte aos autos, permitindo-lhe tirar cópias não apenas de documentos, mas também de decisões;
c)	sujeição do pedido de acesso a um superior hierárquico;
d)	existência de sistemas eletrônicos de segurança que fossem certificados e com o registro de acesso;
e)	estabelecimento de mecanismos efetivos de apuração e correção de desvios.

– Bem polêmico esse ponto da matéria. Há outro desse nível sobre o princípio da irretroatividade?

Então, já ouviu falar sobre fato gerador complexivo?

---

18. Importante saber que os Estados e Municípios podem realizar tais procedimentos, entretanto, é indispensável que regulamentem. A União regulamentou tal procedimento por meio do Decreto Federal 3.724/2001.

263

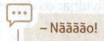

– Nããão!

Para você compreendê-lo, é importante conhecer o que são fato geradores instantâneos e periódicos. Os instantâneos são aqueles que ocorrem em um momento preciso e previsto na lei, como, por exemplo, o imposto de importação, cujo fato gerador é a entrada da mercadoria no território aduaneiro, como já estudado anteriormente. Ao passo que o fato gerador periódico é aquele em que os fatos se prolongam em um determinado lapso temporal. No entanto, a lei os considera ocorrido em um certo momento e, a cada período concluído, uma nova obrigação tributária irá surgir. Veja a tabelinha para facilitar:

FATO GERADOR INSTANTÂNEO	FATO GERADOR PERIÓDICO
Ocorre num momento preciso na linha do tempo e, em cada caso de ocorrência, ensejando uma nova obrigação tributária.	É o que se prolonga no tempo, sendo considerado ocorrido nos instantes determinados por lei, gerando uma nova obrigação tributária.

– O IPVA e o IPTU podem ser considerados como tributos de fato gerador periódico?

Podem, pois a propriedade se protrai no tempo, embora a lei venha a considerar que o fato gerador desses tributos tem ocorrência em 1º de janeiro de cada ano.

Vamos nos ater aos fatos geradores periódicos, pois aqui é que mora o ponto polêmico.

– Combinado!

Eles ainda podem ser divididos em simples ou compostos, também conhecidos como complexivos. Os tributos que remontam à propriedade, ou seja, que "ser proprietário" é algo que se protrai no tempo, são considerados como de fato geradores periódicos simples, uma vez que se constituem em um único evento que se estende no tempo e se considera como determinante para o fato gerador. O fato gerador periódico complexivo ou composto consiste em vários fatos ou eventos que irão compor o fato gerador do tributo, devendo ser considerados ao longo de um certo lapso temporal para que seja verificado o fato gerador. Um clássico exemplo de fato gerador periódico complexivo é o imposto de renda.

– Isso quer dizer que serão vários os fatores que irão compor o fato gerador "auferir renda", não é mesmo?

Exato! Dessa constatação, surge o fato gerador pendente, que é o conjunto de atos que formam o fato gerador. Muitos desses atos se iniciam em momentos distintos, inclusive, alguns podem acontecer sob a égide de uma lei e outros de uma nova lei.

– Entendi. Tomando, então, o imposto de renda como exemplo. Ele observa o princípio da anterioridade, não é mesmo? Penso que se uma lei é publicada em 03/09/2019, aumentando as alíquotas, somente no próximo exercício financeiro que poderá gerar efeitos.

Esse seu raciocínio está correto, tanto é que o Supremo Tribunal Federal, conforme mencionei no capítulo anterior, cancelou a sua Súmula 584, que tinha a seguinte redação:

> Súmula 584. Ao imposto de renda calculado sobre os rendimentos do ano base aplica-se a lei vigente no exercício financeiro em que deve ser apresentada a declaração.

– Ou seja, professora, esse entendimento previsto na súmula não mais subsiste?!

Não! Já havia uma forte pressão doutrinária para que essa súmula fosse cancelada, no entanto, por diversos anos a jurisprudência do Supremo Tribunal Federal foi relutante, até que em 2020, ela foi cancelada. Em um emblemático julgado, o Supremo Tribunal Federal somente tinha afastado a aplicação na ocasião do julgamento do RE 183130/PR,[19] por compreender que o imposto de renda foi utilizado com finalidade extrafiscal de incentivo às atividades do comércio internacional, isto é, às exportações.

Também há posição do Superior Tribunal de Justiça (REsp 179966/ RS) que previu que a redação da súmula do Supremo Tribunal Federal deveria ser afastada, sendo que a incidência do imposto de renda deveria decorrer a partir da concreta disponibilidade ou aquisição da renda.

– UFA!! Ainda bem que não preciso fazer aquela clássica pergunta: "e qual posição devo seguir em prova de concurso?"

Ainda bem mesmo, até porque, conforme já lhe expliquei, detalhadamente, no ponto sobre imposto de renda e, reafirmei aqui, essa súmula 584, do Supremo Tribunal Federal, foi cancelada. No entanto, se ela ainda estivesse em vigor, iria lhe aconselhar a seguir a posição do Superior Tribunal de Justiça! Até porque, conforme todo o estudo

---

19. Há outro precedente do Supremo Tribunal Federal no mesmo sentido:
"RECURSO EXTRAORDINÁRIO. REPERCUSSÃO GERAL. REAFIRMAÇÃO DE JURISPRUDÊNCIA. DIREITO TRIBUTÁRIO. OPERAÇÕES DE EXPORTAÇÃO INCENTIVADAS. IMPOSTO DE RENDA PESSOA JURÍDICA. FUNÇÃO EXTRAFISCAL. SÚMULA 584 DO STF. OCORRÊNCIA DO FATO GERADOR EM CADA OPERAÇÃO. APLICAÇÃO RETROATIVA. RE 183.130, DE RELATORIA PARA ACÓRDÃO DO MINISTRO TEORI ZAVASCKI. PRECEDENTE VINCULANTE.
1. No RE 183.130, de relatoria para o acórdão do Ministro Teori Zavascki, o Plenário desta Corte assentou que a utilização do Imposto de Renda com conotação extrafiscal afasta a incidência da Súmula 584 do STF.
2. O fato gerador se consolida no momento em que ocorre cada operação de exportação incentivada pela redução da alíquota do imposto de renda, à luz da extrafiscalidade da tributação na espécie.
3. É inconstitucional a aplicação retroativa do art. 1º, I, da Lei 7.988/1989, que majorou a alíquota incidente sobre o lucro proveniente de operações incentivadas ocorridas no passado, ainda que no mesmo ano-base. Precedente: RE 183.130, de relatoria para o acórdão do Ministro Teori Zavascki, Tribunal Pleno, DJe 14.11.2014.
4. Recurso extraordinário a que se dá provimento, reafirmando a jurisprudência desta Corte, em sede de repercussão geral, para reformar o acórdão recorrido e declarar a inconstitucionalidade, incidental e com os efeitos da repercussão geral, do art. 1º, I, da Lei 7.988/1989, uma vez que a majoração de alíquota de 6% para 18%, a qual se reflete na base de cálculo do Imposto de Renda pessoa jurídica incidente sobre o lucro das operações incentivadas no ano-base de 1989 ofende os princípios da irretroatividade e da segurança jurídica.
(STF, RE 592396, Rel. Min. Edson Fachin, Pleno, j. em 03/12/2015, DJ 28/03/2016)".

do princípio da irretroatividade tributária, este não comporta nenhuma exceção.

Quer mais uma situação polêmica de cara de prova?

– Opa! Quero desvendar todo o Direito Tributário e estar tinindo para uma prova bem difícil.

Pois bem, lembra da Contribuição sobre o Lucro Líquido?

– Novamente, as contribuições! Eu me lembro sim...

Como você deve se recordar, a CSLL observa o princípio da noventena, mas não o da anterioridade, certo? Imagina a seguinte situação: hoje, 03.09.2019, foi publicada uma lei que majora a alíquota da contribuição, como o fato gerador se verifica no dia 31 de dezembro de cada ano, como ocorre com o imposto de renda, a nova alíquota poderia contemplar os lucros auferidos desde o início do exercício financeiro?

– Pela lógica, claro. Pois é um fato gerador complexivo, estando pendente.

Você acertou! É o entendimento do Supremo Tribunal Federal no julgamento do RE 197.690. Por isso, caso uma lei majore a alíquota da CSLL no início de setembro, como somente serão observados os 90 dias para que entre em vigor, sendo que o fato gerador se aperfeiçoa sempre em 31.12 de cada ano, a nova alíquota da contribuição contemplará todas as situações quanto aos lucros auferidos desde 1º de janeiro de 2019. Trata-se de um ponto que causa muita controvérsia entre os tributaristas, por ferir a segurança jurídica. Mas, para fins de provas de concurso público e OAB, essa posição deverá ser adotada.

– São tantos pontos polêmicos, mas estou compreendendo tudo. Qual será o próximo princípio a ser estudado, professora?

267

4. PRINCÍPIO DA ANTERIORIDADE DO EXERCÍCIO FINANCEIRO E A NOVENTENA

Já descobriu, não é mesmo?

– Sim, esse princípio possui previsão no art. 150, III, *a* e *b*, da CF/1988:

> Art. 150. Sem prejuízo de outras garantias asseguradas ao contribuinte, é vedado à União, aos Estados, ao Distrito Federal e aos Municípios:
>
> III– cobrar tributos:
>
> b) no mesmo exercício financeiro em que haja sido publicada a lei que os instituiu ou aumentou;
>
> c) antes de decorridos noventa dias da data em que haja sido publicada a lei que os instituiu ou aumentou, observado o disposto na alínea *b*.

Como você já bem sabe, devemos ter em mente que esse princípio leva em consideração a data da publicação da lei, isto é, a sua eficácia, diferentemente do princípio da irretroatividade que conta com a vigência.

PRINCÍPIO DA ANTERIORIDADE	PRINCÍPIO DA IRRETROATIVIDADE
Eficácia da lei	Vigência da lei

– No caso do princípio da anterioridade, deve-se levar em consideração, portanto, a data da publicação da norma e não da vigência?

Isso mesmo. Até porque, segundo o art. 1º da LINDB, afirma-se que vigência da lei terá início em 45 (quarenta e cinco) dias após sua publicação. Não devemos levar em consideração esse lapso temporal, uma vez que o princípio da anterioridade do exercício financeiro, assim como o da noventena, são correlacionados com a data da publicação da norma.

CAPÍTULO 2 → Princípios constitucionais do Direito Tributário?

– Então, o próximo exercício financeiro, bem como os 90 dias são contados da data da publicação da norma que majora o tributo?

Pegou rápido. Lembre-se de que se trata de uma proteção ao contribuinte, de não ser pego de surpresa. Por isso, esses princípios – da noventena e o da anterioridade do exercício financeiro – serão apenas aplicáveis apenas quanto à instituição de novos tributos ou majoração.

– Logo, para diminuição das alíquotas não se deve aguardar os 90 dias ou o próximo exercício financeiro...

Ademais, esse princípio é tido como cláusula pétrea pelo Supremo Tribunal Federal,[20] não sendo possível sequer uma Emenda à Constituição tendente a abolir esse direito fundamental do contribuinte.

---

20. "EMENTA: – Direito Constitucional e Tributário. Ação Direta de Inconstitucionalidade de Emenda Constitucional e de Lei Complementar. I.P.M.F. Imposto Provisório sobre a Movimentação ou a Transmissão de Valores e de Créditos e Direitos de Natureza Financeira – I.P.M.F. Artigos 5º, par. 2., 60, par. 4., incisos I e IV, 150, incisos III, 'b', e VI, 'a', 'b', 'c' e 'd', da Constituição Federal. 1. Uma Emenda Constitucional, emanada, portanto, de Constituinte derivada, incidindo em violação a Constituição originaria, pode ser declarada inconstitucional, pelo Supremo Tribunal Federal, cuja função precípua e de guarda da Constituição (art. 102, I, 'a', da C.F). 2. A Emenda Constitucional 3, de 17.03.1993, que, no art. 2., autorizou a União a instituir o I.P.M.F., incidiu em vício de inconstitucionalidade, ao dispor, no paragrafo 2. desse dispositivo, que, quanto a tal tributo, não se aplica 'o art. 150, III, 'b' e VI', da Constituição, porque, desse modo, violou os seguintes princípios e normas imutáveis (somente eles, não outros): 1. – o princípio da anterioridade, que e garantia individual do contribuinte (art. 5., par. 2., art. 60, par. 4., inciso IV e art. 150, III, 'b' da Constituição); 2. – o princípio da imunidade tributaria reciproca (que veda a União, aos Estados, ao Distrito Federal e aos Municípios a instituição de impostos sobre o patrimônio, rendas ou serviços uns dos outros) e que e garantia da Federação (art. 60, par. 4., inciso I, e art. 150, VI, 'a', da C.F.); 3. – a norma que, estabelecendo outras imunidades impede a criação de impostos (art. 150, III) sobre: 'b'): templos de qualquer culto; 'c'): patrimônio, renda ou serviços dos partidos políticos, inclusive suas fundações, das entidades sindicais dos trabalhadores, das instituições de educação e de assistência social, sem fins lucrativos, atendidos os requisitos da lei; e 'd'): livros, jornais, periódicos e o papel destinado a sua impressão; 3. Em consequência, e inconstitucional, também, a Lei Complementar 77, de 13.07.1993, sem redução de textos, nos pontos em que determinou a incidência do tributo no mesmo ano (art. 28) e deixou de reconhecer as imunidades previstas no art. 150, VI, 'a', 'b', 'c' e 'd' da C.F. (arts. 3., 4. e 8. do mesmo diploma, L.C. 77/93). 4. Ação Direta de Inconstitucionalidade julgada procedente, em parte, para tais fins, por maioria, nos termos do voto do Relator, mantida, com relação a todos os contribuintes, em caráter definitivo, a medida cautelar, que suspendera a cobrança do tributo no ano de 1993.

Inclusive, trata-se de um assunto tão sensível que até mesmo uma Emenda à Constituição que institua ou majore um tributo terá que observar o princípio.

– Esse princípio da anterioridade é sinônimo do princípio da anualidade?

Aqui deve-se ter cautela. O princípio da anualidade era previsto na Constituição de 1946 e foi suprimido pela Emenda à Constituição 18/65, retornando na Constituição de 1967 e, novamente, suprimido pela Emenda à Constituição 1/69. Com isso, não voltou mais. No entanto, é encampado pela disciplina do Direito Financeiro. Para o Direito Tributário consistia na necessidade do tributo, para ser cobrado em determinado exercício financeiro, deveria estar previsto na lei orçamentária, assim como se, porventura, fosse objeto de majoração. Além disso, deveria estar previsto também seu aumento. Assim sendo, a criação do tributo, assim como a sua majoração, conforme previsão normativa à época, estaria condicionada à sua previsão na lei orçamentária.

– Muito bem, então. Melhor deixar para o "Diálogos sobre o Direito Financeiro" esse assunto.

Vamos passar a estudar os dois princípios, portanto. Primeiro, iniciaremos pelo princípio da anterioridade do exercício financeiro.

– Já conhecia esse princípio por outro nome: princípio da anterioridade genérica.

É um dos nomes atribuídos a esse princípio, podendo ser, também, princípio da anterioridade comum ou anual. Dependerá do gosto do examinador da banca. Há bancas, inclusive, que se referem a ele, apenas, como princípio da anterioridade. Tem que ficar atento.

(ADI 939, Relator(a): Min. Sydney Sanches, Tribunal Pleno, j. em 15/12/1993, *DJ* 18-03-1994)".

CAPÍTULO 2 → Princípios constitucionais do Direito Tributário?

– Por isso, conforme mencionado algumas vezes, não se pode cobrar o tributo no mesmo exercício financeiro em que foi instituído ou majorado. E, de acordo com que você me explicou, o prazo é contado a partir da publicação da lei.

Tanto que se uma lei for publicada no dia 31.12.2019, majorando a alíquota de um tributo que observe, apenas, o princípio da anterioridade genérica, no dia 1º.01.2020, quando você estiver vendo os fogos de artifício na praia, comemorando a entrada de mais um novo ano, o tributo com a nova alíquota já será cobrado. Acho que estraguei seu final de ano, não é mesmo? Rsrs

– Sem dúvidas. Toda entrada de ano irei pular as sete ondas para que isso não se torne uma realidade cada vez mais contumaz, professora.

Com o advento da Emenda à Constituição 42/2003, tivemos o surgimento do princípio da noventena.²¹ Tome cuidado, porque sei que você vai correlacionar os 90 dias a três meses. Isso está totalmente errado.

– Vou raciocinar: se uma lei é publicada em 31.12.2019 majorando as alíquotas de um tributo que observe os princípios da anterioridade genérica e o da noventena, com isso, a nova alíquota só poderá ser cobrada no próximo exercício financeiro, contados, juntamente, os 90 (noventa) dias. Acertei?

---

21. Vale destacar que esse princípio já existia no que concerne às contribuições previstas no § 6º do art. 195 da CF/1988. No entanto, somente com o advento da Emenda à Constituição 42/2003 que foi estendido a todas as demais espécies tributárias.
Ainda sobre esse princípio, importante saber que o Supremo Tribunal Federal, ao proferir seu entendimento no julgamento da ADI 5277 e do RE 1043713, o qual compreendeu ser constitucional a alteração das alíquotas do PIS/PASEP e da COFINS por meio de decreto do Poder Executivo, conforme já comentado anteriormente, embora tenha adotado a posição quanto à flexibilização do princípio da legalidade tributária, foi firme de que qualquer alteração das alíquotas dessas contribuições deverá observar a regra da anterioridade nonagesimal.

Parabéns! É esse tipo de raciocínio que quero estimular em você. Portanto, a regra geral é que todos os tributos observem ambos os princípios, isto é, o princípio da noventena, também conhecido como nonagesimal, mitigada, mínima ou da carência (dependerá da banca do seu concurso) será aplicado conjugado com o princípio da anterioridade genérica. Temos algumas situações a serem analisadas para facilitar sua compreensão:

a) Imagina que uma lei que majora a alíquota do tributo X, o qual observa ambos os princípios, é publicada em 03.09.2019. O tributo será cobrado com a nova alíquota quando? Precisamos conjugar ambos os princípios. Aplicando a noventena, teremos que 90 (noventa) dias terminarão em 02.12.2019. No entanto, o próximo exercício financeiro é mais benéfico ao contribuinte, logo, como ocorrerá posteriormente, a nova alíquota somente será possível de cobrança a partir de 1º de janeiro de 2020!

b) A lei majorou a alíquota do tributo que observa ambos os princípios em 30.11.2019. Concorda que seguindo o pensamento anterior, os 90 (noventa) dias são posteriores ao próximo exercício financeiro, o ano de 2020? Portanto, somente em 28 de fevereiro de 2020 que será possível a cobrança do tributo com a nova alíquota, isso porque a lei somente terá eficácia após os 90 (noventa) dias.

– Facilitou bastante o aprendizado com esses exemplos. O que vai pegar são as exceções.

Relaxa aí, pois preparei algumas tabelinhas esquematizadas para facilitar para você. Entretanto, primeiro fique atento às minhas explicações sobre o assunto, combinado?

Essas exceções estão previstas nos arts. 150, § 1º, 177, § 4º, I, b, 155, § 4º, IV, c, da CF/1988 e art. 195, § 6º, CF/1988, todos da Constituição Federal de 1988. Já identificou quais são?

– Já sim!

Bom, temos que o imposto de importação, o imposto de exportação, o imposto sobre operações financeiras, o imposto extraordinário

CAPÍTULO 2 → Princípios constitucionais do Direito Tributário?

de guerra e o empréstimo compulsório de **calamidade pública e guerra externa** não se sujeitam aos princípios, seja o da anterioridade genérica, seja o da noventena. Conclui-se, portanto, a sua cobrança ocorrer no dia seguinte à publicação de sua alteração que venha a majorá-lo.

> – Ou seja, esses tributos são cobrados de imediato, não respeitam nenhum prazo!

Isso mesmo. Mas há os tributos que respeitam, apenas, um dos princípios. O imposto de renda, por exemplo, respeita apenas o princípio da anterioridade genérica, assim como quando há alteração da base de cálculo do IPTU e do IPVA, não respeitando o princípio da noventena, mas apenas o da anterioridade genérica.

> – Quando você se refere à alteração da base de cálculo destes impostos, inclui a majoração das suas alíquotas também?

Nãããão!!! Em relação às alíquotas do IPTU e do IPVA, quando majoradas, devem ser respeitados os princípios da anterioridade genérica e da noventena. Isso é muito cara de pegadinha de prova. Tome cuidado.

> – Pode deixar, professora. Eu me recordo que o IPI vai observar somente o princípio da noventena. Não observará, portanto, o da anterioridade genérica...

Você se recorda da CIDE-combustíveis? Eu havia falado que quando há diminuição e restabelecimento das suas alíquotas, era dispensável lei para tanto, consistindo em uma verdadeira exceção ao princípio da legalidade tributária.

> – Lembro, sim!

Ótimo. Quando há essa diminuição e o restabelecimento, somente será observado o princípio da noventena. Logo, não respeitará o princípio da anterioridade genérica. Por outro lado, quando há majoração da alíquota da CIDE-combustíveis, além de ser indispensável

273

lei para tanto, consistindo em um verdadeiro respeito ao princípio da legalidade tributária, também deve-se observar ambos os princípios da anterioridade, isto é, tanto o da anterioridade genérica quanto o da noventena, conforme o art. 177 da CF/1988.

– Bem capaz que uma questão de prova misture todos esses princípios referentes à CIDE-combustíveis.

Provavelmente. Outra situação é em relação ao ICMS combustível monofásico, sendo que aquilo que é aplicável à CIDE-combustíveis deve ser observado. Há a exceção quanto à anterioridade anual na redução ou restabelecimento da alíquota, observando, apenas, a noventena. Quando da majoração da alíquota, deve-se respeitar a anterioridade genérica e a noventena.

– E, também, aquela exceção ao princípio da legalidade tributária, uma vez que compete ao convênio no âmbito do CONFAZ, não é mesmo?

Correto! Mais uma boa lembrança da aula sobre ICMS. hahaha

Como prometido, vamos às tabelinhas. Elas estão organizadas conforme as exceções. Primeiramente em relação às alíquotas e, posteriormente, quanto às bases de cálculo dos tributos, conforme as explicações acima. Quando você visualizar o tributo, significa que ele não vai observar o determinado princípio, OK?

Princípio da legalidade	II	IE	IPI		IOF			CIDE-Combustíveis	ICMS – Combustíveis
Princípio da anterioridade genérica	II	IE	IPI		IOF	IEG	EC calamidade e guerra	CIDE-Combustíveis	ICMS – Combustíveis
Princípio da noventena	II	IE		IR	IOF	IEG	EC calamidade e guerra		

274

CAPÍTULO 2 → Princípios constitucionais do Direito Tributário?

Princípio da legalidade		
Princípio da anterioridade genérica		
Princípio da noventena	IPTU	IPVA

Não se esqueça de que em relação à CIDE-combustíveis e ao ICMS combustíveis somente haverá a exceção quanto à anterioridade anual na redução ou restabelecimento da alíquota, observando, apenas, a noventena. Quando da majoração da alíquota, deve-se respeitar a anterioridade genérica e a noventena. Isso é muito sério! Não vá errar na prova, promete?

– Prometo. Uma outra pergunta que tenho é sobre aquela situação da possibilidade de a alteração da data do pagamento de um tributo ser por meio de um ato infralegal, conforme estudamos, consistindo em uma exceção ao princípio da legalidade tributária, já que não se trata de majoração de tributo. O mesmo raciocínio pode ser aplicado aqui?

Pode, sim, tanto que há súmula vinculante do Supremo Tribunal Federal nesse sentido:

> Súmula Vinculante 50 do STF. "Norma legal que altera o prazo de recolhimento de obrigação tributária não se sujeita ao princípio da anterioridade".

– Há outras hipóteses em que não haveria ofensa aos princípios da anterioridade genérica e da noventena?

Podemos elencar a questão da redução ou extinção de desconto para pagamento do tributo, não obedecendo os princípios, nos termos do entendimento proferido pelo Supremo Tribunal Federal na ADI 4016/PR. O mesmo quanto à atualização da base de cálculo, por meio da substituição do índice de atualização monetária, nos termos do entendimento no RE AgRg 200.844/PR.

Só preciso acrescentar uma observação muito importante ao seu estudo, por ser?

– Aí, depois, finalizamos este ponto do princípio da anterioridade?

Com certeza.

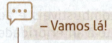
– Vamos lá!

Um ponto bem debatido é quanto à questão das isenções tributárias e o princípio da anterioridade.

Parte da doutrina compreende que a lei que afasta uma isenção assemelha-se a um aumento do tributo, não podendo, o tributo, o qual estava isento, ser cobrado de imediato, uma vez que esse pensamento seria contrário à segurança jurídica.

Representando a doutrina que compreende nesse sentido, o brilhante Professor Roque Antonio Carrazza[22]:

> Mais uma consideração: a lei ordinária que extingue ou reduz uma isenção somente poderá ser aplicada no exercício vindouro ao de sua entrada em vigor. A razão disso está em que a lei que afasta ou diminui uma isenção tributária assemelha-se, em tudo e por tudo, à que cria ou aumenta um tributo. Afinal, o encargo que acarreta para o contribuinte é o mesmo. Seu patrimônio será, por igual modo, atingido. Depois, a aptidão para tributar compreende a de isentar, como verso e anverso de idêntica medalha (...) A lei que revoga uma isenção revoga (no todo ou em parte) a lei anterior que mandava tributar (se e quando ocorrido determinado fato). Pois bem, revogada a lei isentante, nem por isto a primitiva lei tributária voltará a vigorar. Por quê? Simplesmente porque não há o efeito repristinatório no direito tributário brasileiro (...) de conseguinte, revogada a lei isentiva, e restabelecido o dever de pagar o

---

22. CARRAZZA, Roque Antonio. Curso de Direito Constitucional Tributário. 32. ed. São Paulo: Malheiros, 2019, p. 183-85.

tributo – pela nova lei, que o recria –, é inafastável a incidência do princípio da anterioridade, que encerra, para o contribuinte, uma garantia de estabilidade da ordem jurídica

O Supremo Tribunal Federal, no RE 204.062, possuía entendimento no sentido de que uma eventual revogação da isenção não seria semelhante à criação nem à majoração de tributo, consistindo, divergindo da doutrina majoritária.

– Penso que esse entendimento mudou, não é mesmo?

Mudou, sim. No RE 564.225 Ag/RS, o ministro Marco Aurélio explanou que o ato de reduzir ou extinguir benefício fiscal, tal como a isenção, na verdade consiste no aumento, indiretamente, do tributo dentro do mesmo exercício, devendo ser aplicável o princípio da anterioridade. Hugo de Brito Machado[23] explica que:

> A revogação de uma lei que concede isenção equivale à criação de tributo. Por isso deve ser observado o princípio da anterioridade da lei, assegurado pelo art. 150, inciso III, letra "b", da Constituição Federal (...) a irrevogabilidade da isenção passou a depender dos dois requisitos, isto é, de ser por prazo certo e em função de determinadas condições.

Por ocasião do julgamento do RE 1279461, DJ 09.11.2020, o Supremo Tribunal Federal compreendeu que os princípios da anterioridade anual e o nonagesimal são aplicáveis à redução dos percentuais de compensação relativos ao benefício fiscal do Reintegra, instituído pela Lei 13043/2014 e concretizado pelo Decreto 9393/2018. Portanto, podemos afirmar que no que concerne a redução ou extinção de benefícios fiscais, o entendimento da Suprema Corte é firme nesse sentido, abandonando de vez o entendimento anterior.

– Bem interessante essa nova posição do STF, é totalmente compatível com a doutrina majoritária.

---

23. MACHADO, Hugo de Brito. *Curso de direito tributário*. 31. ed. São Paulo: Malheiros, 2010.

5. PRINCÍPIO DA VEDAÇÃO AO CONFISCO

– Esse princípio abarca apenas os tributos?

Não, contempla as multas também, mas antes de adentrarmos nesse ponto, vamos começar pelo começo, tá bem?

– Eu sempre adiantando o assunto...

Acontece. Sinal de que você está super interessado na matéria e estou feliz por isso. Bom, vamos ao que interessa. O princípio do não confisco é decorrente do princípio da propriedade e da liberdade do exercício. Está disposto no art. 150, IV, CF/1988, o qual merece a leitura:

> Art. 150. Sem prejuízo de outras garantias asseguradas ao contribuinte, é vedado à União, aos Estados, ao Distrito Federal e aos Municípios:
>
> IV – utilizar tributo com efeito de confisco.

– Essa ideia que a Constituição Federal traz é totalmente compatível com o art. 3º do CTN, não é mesmo?

Faz todo o sentido. Pelo art. 3º do CTN, o tributo não pode ser considerado como uma sanção a um ato ilícito,[24] ao passo que o confisco consiste em punição, dado que corrobora para a perda de parcela do patrimônio do contribuinte. Logo, conclui-se que nenhum tributo pode ter efeito confiscatório sobre a propriedade do contribuinte.

---

24. "Ademais, se o tributo, na própria dicção legal, é prestação pecuniária compulsória 'que não constitua sanção de ato ilícito' (art. 3º, CTN), é lógica a conclusão segundo a qual não pode ser ele utilizado com efeito confiscatório. Embora o tributo traduza uma absorção compulsória da propriedade privada pelo Estado, sem indenização, tal absorção há de ser sempre parcial. Desse modo, pode-se afirmar que o tributo será confiscatório quando exceder a capacidade contributiva relativa ou subjetiva visada. Nem sempre é fácil, contudo, aquilatar até que ponto um tributo não é confiscatório e a partir de quando passa a sê-lo. Certo é que a resposta variará conforme o caso concreto e deverá apoiar-se na equidade e na razoabilidade" (COSTA, Regina Helena. *Curso de Direito Tributário*: Constituição e Código Tributário Nacional. 7. ed. Editora Saraiva: São Paulo, 2017, p. 103).

– Seria considerado como confiscatório o efeito exacerbado que uma carga tributária exerce sobre um contribuinte?

É nesse sentido que definimos o confisco no Direito Tributário. Imagine um tributo que tenha uma incidência totalmente exagerada sobre a propriedade ou a renda do contribuinte, causando uma sensação de punição, excedendo a capacidade contributiva.[25] Esta é a ideia de confisco para nós. Logicamente que deve ser amparado na proporcionalidade e na razoabilidade, consoante entendimento do Supremo Tribunal Federal na ADI 2551/ MG, j. 02.04.2003.

– Então, para que seja constatado se determinado tributo é ou não confiscatório, devem ser utilizados critérios subjetivos?

Basicamente. Deve-se realizar a análise do efeito confiscatório por meio da ponderação de alguns princípios, como o da capacidade contributiva, o da razoabilidade, o da proporcionalidade, assim como o da vedação do excesso, além de direitos consagrados, como à propriedade e à liberdade. Podemos dizer que onde termina a capacidade contributiva, começa o confisco, até porque, diante dessa situação, o mínimo existencial do contribuinte será afetado.

No julgamento da ADI 2010, o Supremo Tribunal Federal, com o intuito de estabelecer um parâmetro quanto ao que realmente pode ser considerado como confiscatório, entendeu que para configurar o confisco, deve-se analisar a carga tributária global, limitando-se a uma mesma pessoa política em um determinado período. Assim, verifica-se a capacidade contributiva do indivíduo.

---

25. Ibid., p. 102. "No que tange aos impostos, cuida-se de princípio derivado do princípio da capacidade contributiva, já examinado, pois constitui efeito deste, na medida em que preconiza que esses tributos serão graduados segundo a capacidade econômica do contribuinte (art. 145, § 1º). Consiste, portanto, num dos limites postos pela capacidade contributiva à progressão fiscal, ao lado do não cerceamento de outros direitos constitucionais. O confisco, em definição singela há muito por nós proposta, é a absorção total ou substancial da propriedade privada, pelo Poder Público, sem a correspondente indenização. Em nosso ordenamento jurídico, diante da grande proteção conferida ao direito de propriedade, o confisco é, portanto, medida de caráter sancionatório, sendo admitida apenas excepcionalmente".

279

– Diante desse entendimento do STF, seria correto afirmar que a análise é quanto aos tributos que recaem sobre o indivíduo em decorrência do poder de tributar de um único ente político? Ou seja, se a carga tributária total referente aos tributos federais pode ser considerada confiscatória em face do contribuinte?

Essa é a conclusão do Supremo Tribunal Federal. Deve-se analisar a carga tributária referente a cada ente político sobre o contribuinte separadamente. Além do que, essa análise deve persistir durante um certo lapso temporal.

– Professora, seria correto afirmar que o confisco é o ato de retirar o patrimônio do contribuinte?

Não, até porque o poder de tributar consiste na retirada de parte do patrimônio do contribuinte para que o Estado possa atuar nas suas atividades, empregando as receitas provenientes desse ato.

– Então, a retirada parcial é constitucional, mas a total, não.

Tome cuidado com essa constatação. Lembra do Direito Aduaneiro? Pois bem, temos a pena de perdimento, a qual consiste na retirada total da propriedade do contribuinte, ainda que ele tenha pagado o tributo. Isso ocorre porque há situações consideradas como uma afronta à legislação aduaneira, passíveis, portanto, de ensejar a aplicação da pena de perdimento, consoante entendimento do Superior Tribunal de Justiça no julgamento do REsp 1.385.366/ES.

– E o que seria essa pena de perdimento, professora?

A pena de perdimento está prevista nos arts. 688, quanto a veículos, 689 a 699, em relação as mercadorias e moeda, no art. 700, todos do regulamento aduaneiro. Sua natureza jurídica é de caráter repressivo condenatória por ser uma sanção decorrente da prática de um ato ilícito causando um dano ao erário, não necessariamente à tributação, visando à proteção dos interesses da Administração Pública no que se refere aos atos de importação (Decreto 6.759/2009).

Há, contudo, precedentes da jurisprudência que afastam a aplicação da pena de perdimento. Vide: "O erro culposo na classificação aduaneira de mercadorias importadas e devidamente declaradas ao fisco não se equipara à declaração falsa de conteúdo e, portanto, não legitima a imposição da pena de perdimento. STJ. 1ª Turma. REsp 1.316.269-SP, Rel. MiGurgel de Faria, j. em 6/4/2017."

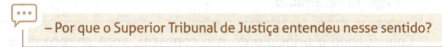
– Por que o Superior Tribunal de Justiça entendeu nesse sentido?

Neste caso analisado pelo Superior Tribunal de Justiça, temos que analisar o art. 105 do regulamento aduaneiro, que prevê ser aplicável a pena de perdimento à mercadoria "XII – estrangeira, chegada ao país com falsa declaração de conteúdo."

Tal falsa declaração de conteúdo pressupõe que o importador tenha agido com dolo, sendo apta a aplicação da pena de perdimento. Entretanto, se for um erro por parte do importador, isto é, não houve má-fé de sua parte no ato de indicação do produto em sua classificação, não há por que, neste caso, ser aplicada a pena de perdimento. Isso porque a declaração falsa é aquela prestada pelo importador com o intuito de iludir a fiscalização e pagar tributo menor do que seria devido, ensejando o perdimento. Ao passo que a declaração indevida consiste na informação prestada de forma incorreta em virtude de mero erro culposo, devendo ser aplicada uma penalidade pecuniária, no caso, a multa, mas não a pena de perdimento.

Outro julgado do Superior Tribunal de Justiça merece destaque sobre a pena de perdimento aplicável a veículos. No julgamento do REsp 1.498.870/PR, o STJ compreendeu que dá ensejo à pena de perda do veículo a conduta dolosa do transportador que utiliza veículo próprio para conduzir ao território aduaneiro brasileiro mercadoria estrangeira sujeita à pena de perdimento, independentemente de o valor do veículo ser desproporcional ao valor das mercadorias apreendidas. Ademais, tal possibilidade está pautada no art. 688, V, do Decreto 6.759/2009, o regulamento aduaneiro.

– Quero muito me aprofundar nesse ponto sobre a pena de perdimento.

Esse assunto é para um eventual "Diálogos sobre o Direito Aduaneiro". Prometo que eu lhe ensinarei tudo sobre pena de perdimento numa próxima oportunidade. Por ora, somente a título de exemplo aqui já basta.

– Aguardarei ansioso.

Continuando o princípio do não confisco... você se recorda de quando estudamos o imposto territorial rural? Eu havia mencionado que as alíquotas do ITR são progressivas, cuja mínima é 0,03% e a máxima 20%, conforme o grau de utilização da terra, por conta da sua função extrafiscal.[26]

– Essa alíquota de 20% não pode ser considerada como confiscatória?

Não, em decorrência da função extrafiscal do imposto a qual corrobora para que o princípio da função socioambiental da propriedade rural, previsto no art. 186 da CF/1988,[27] seja de fato cumprido. O mesmo fato podemos aplicar ao IPTU, conforme já abordado anteriormente.

---

26. Foi com o advento da Lei 9.393/1996, a qual leva em consideração, de maneira conjugada, o grau de utilização (GU) e a área do imóvel, que as alíquotas do imposto territorial passaram a ser consideradas como progressivas. No mais, tal progressividade é totalmente compatível com o art. 153, § 4º, I, da CF/1988. Inclusive, esse assunto foi objeto de julgado pela 1ª turma do Supremo Tribunal Federal, no RE 1038357 AgR/ SP, rel. Min Dias Tóffoli, j. em 6/2/2018.
27. Art. 186 da CF/1988. "A função social é cumprida quando a propriedade rural atende, simultaneamente, segundo critérios e graus de exigência estabelecidos em lei, aos seguintes requisitos:
I – aproveitamento racional e adequado;
II – utilização adequada dos recursos naturais disponíveis e preservação do meio ambiente;
III – observância das disposições que regulam as relações de trabalho;
IV – exploração que favoreça o bem-estar dos proprietários e dos trabalhadores".

CAPÍTULO 2 → Princípios constitucionais do Direito Tributário?

– E as alíquotas altíssimas do IPI e do II quanto à alguns produtos, como cigarros, por exemplo?

Em relação ao IPI, estamos diante de um imposto que obedece ao princípio da seletividade. Por conta disso, é perfeitamente aceitável que as suas alíquotas sejam elevadas quando se trata de algumas mercadorias, como no caso, os cigarros, já que estamos diante de um produto nocivo à saúde, por isso deve ser tributado ao máximo. Quanto ao imposto de importação (II), trata-se de um tributo aduaneiro, cuja função é regular o comércio internacional, ou seja, é notadamente extrafiscal. Com isso, nada impede que suas alíquotas sejam elevadas, obviamente, desde que a CAMEX respeite compromissos assumidos pelo Estado Brasileiro no âmbito do MERCOSUL e com outros países. Trata-se de uma barreira tarifária, muito estudada pela disciplina de Comércio Internacional, com o intuito de proteger o mercado doméstico.

– Somente quanto aos impostos há essa análise?

Não. Também é indispensável fazermos essa análise em relação aos empréstimos compulsórios, às contribuições, às contribuições de melhoria e às taxas. Muitas questões específicas sobre esses tributos podem ser cobradas em sua prova.

Primeiramente, quanto às taxas e às contribuições de melhoria, importante é nos atermos às respectivas bases de cálculo. Lembrando que ambas consistem em contraprestações a um serviço ou obra estatal, respectivamente. Portanto, não se pode admitir que o valor a ser cobrado seja superior ao custo da atividade, caso contrário, estaríamos diante de um efeito confiscatório por parte de tais tributos.

– E quanto ao empréstimo compulsório?

Ora, lembre-se que é um tributo restituível. Assim sendo, caso haja de fato a restituição ao contribuinte, não há em que se falar de efeito confiscatório. Quanto às contribuições, deve-se averiguar a proporção entre o valor cobrado e a atividade estatal desempenhada.

283

– Agora sim, podemos voltar ao início quanto à aplicação desse princípio às multas tributárias?

Podemos, sim. Como eu já tinha afirmado, o princípio da vedação ao confisco é aplicável, sim, às multas tributárias.

 – Esquisito isso, porque penso que a multa é por conta de um ato ilícito que o contribuinte praticou. Não teria que ser elevada?

E tem que ser elevada mesmo, entretanto, não pode ir além do grau da infração, caso contrário, é desproporcional.[28] Conforme entendeu o Supremo Tribunal Federal, o valor da obrigação tributária principal irá ser um patamar que limitará a norma sancionatória,

---

28. "Em relação às multas aplicadas no âmbito administrativo, aos que descumprem obrigações tributárias principais ou acessórias, os seus montantes são, não raro, proporcionais ao valor do tributo devido, ou da operação realizada. Parte-se da premissa de que não pagar tributo de valor mais expressivo é mais grave que não pagar tributo de valor reduzido, pelo que as sanções devem ser proporcionais ao valor não recolhido, o que, em princípio, é correto. Destaque-se, apenas, a circunstância de que o valor do tributo não recolhido é apenas um dos elementos a ser tomado em consideração, não sendo lícito deixar de lado aspectos como, por exemplo, o emprego de meios fraudulentos, a adulteração de documentos, o recurso e a interpostas pessoas etc. Nessa ordem de ideias, se um contribuinte atrasa o pagamento de um tributo, mas a operação correspondente foi contabilizada, e o débito foi declarado, a gravidade de sua conduta não é a mesma daquele que contabiliza a operação, mas não declara a dívida, que tampouco pode ser equiparado àquele que sequer contabiliza a operação, fazendo, para tanto, uso de documentos fraudulentos. E, em sendo diversos os graus de gravidade dos ilícitos (que impactam, como se vê, de maneira diversa os princípios constitucionais pertinentes), diversas deverão, por igual, ser as penalidades aplicáveis. O Supremo Tribunal Federal tem precedentes nos quais aplica às penalidades pecuniárias em matéria tributária essa exigência de proporcionalidade entre a pena e o ilícito praticado, eventualmente empregando a expressão 'confiscatória' para designar a penalidade que não a observa, por incorrer em excesso. Inobstante, não se trata, a rigor, de aplicação da vedação ao confisco, contida no art. 150, VI, da CF/1988, não só porque a disposição se reporta apenas a tributos, como porque estes, os tributos, não podem ser confiscatórios porque oneram situações que, em tese, são lícitas, tendo os contribuintes o direito de continuá-las praticando, direito que seria malferido por um tributo excessivo. Tanto que a vedação ao confisco, mesmo se não positivada, poderia ser considerada uma decorrência da proteção à propriedade e à livre iniciativa, as quais seriam obstaculizadas se aqueles que licitamente a elas fizessem jus fossem a tanto impedidos por um oneroso tributo. Não é o caso das multas, que têm como pressuposto não o exercício de um direito, mas a prática de um ilícito, sendo o seu propósito precisamente o de desestimular a sua prática (...)" (MACHADO SEGUNDO, Hugo de Brito. *Manual de Direito Tributário*. 9. ed. São Paulo: Atlas, 2017, p. 344-45).

sendo inviável que o montante ultrapasse 100% do valor do tributo (STF, AI no AgR 838302).

– Ótimo, professora. Não me esquecerei sobre este princípio na hora da prova.

Quero tratar contigo agora o princípio da capacidade contributiva, que tanto mencionei neste ponto. Vamos lá?

– Vamos em frente!

6. PRINCÍPIO DA CAPACIDADE CONTRIBUTIVA

Você se recorda do princípio da isonomia tributária?

– Claro que sim! Aquilo sobre acepção vertical e horizontal, jamais me esquecerei.

Pois bem, esse princípio da capacidade contributiva deriva do princípio da isonomia,[29] cuja previsão expressa encontra-se no art. 145, §1º, CF/1988.

A Ministra do Superior Tribunal de Justiça, Regina Helena Costa[30], entende que a capacidade contributiva pode ser dividida em absoluta (ou objetiva) e relativa (ou subjetiva):

> Fala-se em capacidade contributiva absoluta ou objetiva quando se está diante de um fato que se constitua numa manifestação de riqueza; refere-se o termo, nessa acepção, à atividade

---

29. "Insistimos que o princípio da capacidade contributiva, intimamente ligado ao princípio da igualdade, é um dos mecanismos mais eficazes para que se alcance, em matéria de impostos, a tão almejada Justiça Fiscal. Em resumo, é ele que concretiza, no âmbito dos impostos, a igualdade tributária e a Justiça Fiscal" (CARRAZZA, Roque Antonio. *Curso de Direito Constitucional Tributário*. 32. ed. São Paulo: Malheiros, 2019, p. 80).
30. COSTA, Regina Helena. *Curso de Direito Tributário: Constituição e Código Tributário Nacional*. 7. ed. São Paulo: Saraiva, 2017, p. 101.

de eleição, pelo legislador, de eventos que demonstrem aptidão para concorrer às despesas públicas. Tais eventos, assim escolhidos, apontam para a existência de um sujeito passivo em potencial, por exemplo, auferir renda, ser proprietário de veículo automotor, ser proprietário de imóvel urbano etc. Funciona, desse modo, como pressuposto ou fundamento jurídico do imposto, ao condicionar a atividade de eleição, pelo legislador, dos fatos que ensejarão o nascimento de obrigações tributárias. Representa sensível restrição à descrição legislativa, na medida em que não autoriza, como pressuposto de impostos, a escolha de fatos que não sejam reveladores de alguma riqueza. Diversamente, a capacidade contributiva relativa ou subjetiva – como a própria designação indica – reporta-se a um sujeito individualmente considerado. Expressa aquela aptidão de contribuir na medida das possibilidades econômicas de determinada pessoa. Nesse plano, presente a capacidade contributiva in concreto, aquele potencial sujeito passivo torna-se efetivo, apto, pois, a absorver o impacto tributário.

> – Professora, conforme as explicações em outros pontos, pode-se dizer que, por esse princípio, cada um deve contribuir na medida da sua capacidade contributiva?

Sim, mas o que seria essa capacidade contributiva? Roque Antonio Carrazza[31] explica que:

> (...) o princípio da capacidade contributiva hospeda-se nas dobras do princípio da igualdade e ajuda a realizar, no campo tributário, os ideais republicados. Realmente, é justo e jurídico que quem, em termos econômicos, tem muito pague, proporcionalmente, mais imposto do que quem tem pouco. Quem tem maior riqueza deve, em termos proporcionais, pagar mais imposto do que quem tem menor riqueza. As pessoas, pois, devem pagar impostos na proporção dos seus haveres, ou seja, de seus índices de riqueza.

---

31. COSTA, Regina Helena. Curso de Direito Tributário: Constituição e Código Tributário Nacional. 7. ed. São Paulo: Saraiva, 2017, p. 79.

– Então, podemos, inclusive, correlacionar esse princípio com o mínimo existencial.

Sim, pois como eu havia mencionado quando estudamos o princípio da vedação ao confisco, vimos que o mínimo existencial e o confisco são limites da capacidade contributiva. Até porque, conforme a Ministra Regina Helena Costa,[32] o princípio da capacidade contributiva é a "aptidão, da pessoa colocada na posição de destinatário legal tributário, para suportar a carga tributária, numa obrigação cujo objeto é o pagamento de impostos, sem perecimento da riqueza lastreadora da tributação."

– Isso quer dizer que o Estado não pode tributar as necessidades elementares da existência.

Exato! Não se pode tributar e deixar faltar o mínimo existencial do ser humano, assim como, também é vedado, ao Estado, tributar o contribuinte de maneira tal que o prejudique nas suas atividades econômicas e reduza seu o patrimônio sensivelmente.

– Muito interessante isso!

Outro ponto interessante é o entendimento do Supremo Tribunal Federal no julgamento do RE 562.045, o qual diferencia capacidade econômica de capacidade contributiva e financeira.

Vamos diferenciar por tabela?

CAPACIDADE CONTRIBUTIVA	CAPACIDADE ECONÔMICA	CAPACIDADE FINANCEIRA
Consiste na parcela da riqueza, a qual é passível de tributação. Conforme explicado, é aquilo que supera o mínimo necessário para a satisfação das necessidades básicas individuais.	É o total da renda e do patrimônio de uma pessoa.	Trata-se da liquidez, isto é, a aptidão para satisfazer os compromissos financeiros.

---

32. COSTA, Regina Helena. *Curso de Direito Tributário*: Constituição e Código Tributário Nacional. 7. ed. São Paulo: Saraiva, 2017, p. 101.

— Bem simples essa distinção que você fez. Pela mera leitura do julgado, não compreendi muita coisa. Por essa visão do Supremo Tribunal Federal, a capacidade tributária somente surge, portanto, após a garantia do mínimo existencial.

Boa constatação. Também, destaca-se que a capacidade tributária está presente nos tributos extrafiscais, cujo intuito é inibir ou estimular uma conduta.

— Tributos? Não seria, apenas, em relação aos impostos? E referente, apenas, aos impostos pessoais?

Embora a redação do § 1º do art. 145 da CF/1988 mencione "impostos", compreende-se que a capacidade tributária é algo destinado aos tributos como um todo. Ademais, o dispositivo se refere à expressão "sempre que possível", mas o que significa isso?

> Art. 145, § 1º, CF/1988. "Sempre que possível, os impostos terão caráter pessoal e serão graduados segundo a capacidade econômica do contribuinte, facultado à administração tributária, especialmente para conferir efetividade a esses objetivos, identificar, respeitados os direitos individuais e nos termos da lei, o patrimônio, os rendimentos e as atividades econômicas do contribuinte".

— Que "sempre que possível" os tributos, então, terão caráter pessoal, principalmente os impostos. Isso significa que nem sempre, não é mesmo?

Pois é. Há impostos, como no caso do ICMS, imposto real,[33] em que não há a possibilidade que se atenda ao princípio da capacidade contributiva, algo muito comum de ocorrer quando se fala em tributos

---

33. Por imposto real compreende-se aquele que incide sobre uma base econômica, sobre um objeto, uma mercadoria ou coisa, não sendo levado em consideração o sujeito passivo, como o ICMS, ao passo que por imposto pessoal é aquele que considera os aspectos pessoais do sujeito passivo, como, por exemplo, o imposto de renda.

indiretos.[34] No entanto, por conta do comando constitucional, toda vez que o legislador ordinário tiver oportunidade, deverá criar impostos atendendo o princípio da capacidade contributiva. Um exemplo é quanto à decisão do Supremo Tribunal Federal, no julgamento do RE 562045/RS, do ano de 2013, no qual a Corte compreendeu que as alíquotas do ITCMD, embora se trate de um imposto real, podem ser progressivas conforme o valor venal dos bens ou direitos transmitidos, até porque estamos diante de um tributo direto.

> – Para fins de prova, o que você recomenda adotar?

Ora, como você bem viu, há duas situações bem distintas. É preferível adotar a posição defendida pelo Supremo Tribunal Federal que compreende ser obrigatório que os tributos, principalmente os impostos,[35] estejam submetidos à capacidade contributiva. Interessante mencionar que por serem tributos não vinculados a uma contraprestação estatal, serão graduados conforme a capacidade contributiva do sujeito passivo.

> – Pera aí, então, quando estamos diante de tributos vinculados a uma contraprestação estatal, isso não seria possível?

Claro que pode. O próprio Supremo Tribunal Federal, no julgamento do RE 177.835, aplicou o princípio da capacidade contributiva

---

34. "É o caso do ICMS, que, positivamente, com ele não se coaduna. De fato, a carga econômica deste imposto é repassada para o preço da mercadoria. Quem a suporta não é o contribuinte (o comerciante, o industrial ou o produtor que praticou a operação mercantil ou o prestador de serviço de transporte intermunicipal ou de comunicação), mas o consumidor final da mercadoria ou o fruidor dos serviços. Este, ao adquirir a mercadoria ou ao fruir do serviço, vê repassada no preço a carga econômica do ICMS. Ora, tal carga é idêntica para todos os consumidores finais, sejam eles ricos ou pobres. Exemplificando, se um milionário e um mendigo comprarem, cada um para si, um maço de cigarros, da mesma marca, suportará a mesma carga econômica do imposto. Vemos, portanto, que não é da índole do ICMS ser graduado de acordo com a capacidade econômica dos contribuintes. Nem dos impostos que, como ele, são chamados pela Ciência Econômica, de indiretos" (CARRAZZA, Roque Antonio. *Curso de Direito Constitucional Tributário*. 32. ed. São Paulo: Malheiros, 2019, p. 96).
35. Lembre-se que é plenamente possível que o IPTU observe o princípio da capacidade contributiva, uma vez por meio da função do imóvel, ou seja, por conta da sua localização, as dimensões, a luxuosidade entre outros elementos, é possível que haja uma tributação do imposto muito mais considerável, possibilitando a existência de alíquotas diferenciadas conforme o valor do bem imóvel urbano, assunto já abordado na parte de impostos municipais.

no caso da taxa de fiscalização dos mercados de títulos e valores mobiliários, consistindo em uma taxa fixa, a qual aumenta conforme o patrimônio líquido da empresa. Veja que estamos diante de um tributo vinculado! Lembre-se de que o valor a se cobrar de taxa deve ter vinculação ao custo do serviço, logo, a capacidade contributiva está atrelada com esse custo.

— E quanto às contribuições previdenciárias?

Também é plenamente possível, conforme o § 9º do art. 195 da CF/1988. Vide:

> Art. 195, § 9º, da CF/1988. As contribuições sociais previstas no inciso I do *caput* deste artigo poderão ter alíquotas ou bases de cálculo diferenciadas, em razão da atividade econômica, da utilização intensiva de mão de obra, do porte da empresa ou da condição estrutural do mercado de trabalho.

O Supremo Tribunal Federal, no julgamento do RE 598.572, decidiu que:

> (...) quanto à constitucionalidade material, a redação do art. 22, § 1º, da Lei 8.212/1991 antecipa a densificação constitucional do princípio da igualdade que, no Direito Tributário, é consubstanciado nos subprincípios da capacidade contributiva, aplicável a todos os tributos, e da equidade no custeio da seguridade social. Esses princípios destinam-se preponderantemente ao legislador, pois nos termos do art. 5º, caput, da CRFB, apenas a lei pode criar distinções entre os cidadãos. Assim, a escolha legislativa em onerar as instituições financeiras e entidades equiparáveis com a alíquota diferenciada, para fins de custeio da seguridade social, revela-se compatível com a Constituição.

— Professora, pode-se dizer, portanto, que a partir da progressividade das alíquotas dos tributos, apenas, que é possível a implementação da capacidade contributiva?

Não apenas por meio da progressividade das alíquotas, mas também a partir da seletividade e da proporcionalidade. Esta última consiste em uma alíquota fixa, porém a base de cálculo será variável.

CAPÍTULO 2 → Princípios constitucionais do Direito Tributário?

– Eu me recordo sobre a seletividade, por conta das explicações sobre o IPI e o ICMS.

Muito bem. Lembre-se de que a seletividade consiste na verificação quanto à essencialidade do bem, portanto quanto mais essencial, menor será a sua alíquota, ao passo que, quanto mais supérfluo, maior será a sua alíquota. Compreende-se que nos impostos indiretos, como no caso do IPI, há a possibilidade de ser observada a capacidade contributiva por conta de a seletividade ser obrigatória.

– Obrigado por ter me recordado sobre isso, professora!

Passemos, portanto, a analisar outro princípio do Direito Tributário. Esse ponto está sendo bem rápido, não acha?

– Muito mais do que a parte de contribuições e impostos!!!

7. PRINCÍPIO DA LIBERDADE DE TRÁFEGO DE PESSOAS E BENS

Nos termos do art. 150, V, da CF/1988, temos que é vedado aos entes da Federação "estabelecer limitações ao tráfego de pessoas ou bens, por meio de tributos interestaduais ou intermunicipais, ressalvada a cobrança de pedágio pela utilização de vias conservadas pelo Poder Público".

– Pelo que já vi, há exceções.

Sim, temos exceções. Primeiramente, importante saber que esse princípio está correlacionado à liberdade de locomoção, bem como à liberdade de comércio e ao princípio federativo, sendo este último uma cláusula pétrea. O que, na verdade, está sendo vedado aos entes da Federação é a instituição de tributos cuja hipótese de incidência seja a entrada ou a saída de bens e pessoas de determinados territórios, como de municípios ou Estados.

– Então, na verdade, esse princípio tutela a liberdade de tráfego de pessoas e bens entre os entes da Federação.

Isso mesmo. Mas, como você mesmo percebeu, há exceções. A primeira é quanto ao ICMS interestadual. Lembra dele? hahaha

– Ô, se me lembro! Eu me recordo que se, por exemplo, um indivíduo do Estado de São Paulo venda a outro que é domiciliado no Estado de Goiás uma mercadoria, aquele deverá pagar ICMS, havendo uma repartição do valor referente ao imposto entre ambos os Estados.

Logo, por ser uma situação prevista na Constituição Federal de 1988 e haver essa divisão entre os Estados, não estamos diante de uma situação que afronte o princípio da liberdade do tráfego de bens e pessoas.

– Hum... aquela diferença entre pedágio e taxa com certeza é assunto desse ponto.

Você reparou que o final do inciso V traz "ressalvada a cobrança de pedágio pela utilização de vias conservadas pelo Poder Público". Por essa parte, poderíamos compreender que o pedágio é, na verdade, um tributo. No entanto, o Supremo Tribunal Federal compreendeu que os pedágios atuais são despidos de compulsoriedade, uma das características principais dos tributos, prevista no art. 3º do CTN.

– Ah, sim! Isso significa que os pedágios possuem natureza jurídica contratual e não tributária. Mesmo quando a via é conservada pelo Poder Público?

No julgamento da ADI 800/RS, o Supremo Tribunal Federal compreendeu que o pedágio é preço público. O simples fato de estar previsto no art. 150, V, da CF/1988 não um tributo, dado que não é compulsório, diferentemente das taxas. Ademais, não há um uso obrigatório das rodovias, consistindo em uma opção, sendo a cobrança ocorrida, apenas, quando houver o uso efetivo e não potencial das vias.

– Tá bem. Por conta disso, penso que só poderá, então, ser cobrado o pedágio se houver a possibilidade da utilização de outra via que não seja passível da cobrança do pedágio.

Até que é um pensamento plausível. Contudo, não assim que o Superior Tribunal de Justiça compreende.

– Essas posições jurisprudenciais sempre nos confundindo.

De acordo com o STJ, no julgamento do REsp 417804/PR, não é necessária via alternativa para que seja viável a cobrança do pedágio. Embora seja de fato uma restrição ao poder de se locomover, a CF/1988 o permite.

– E quanto àquelas denominadas "taxas de turismo"? Não sei ao certo se esta é a denominação mais correta. Já fui para Fernando de Noronha e paguei um valor consideravelmente salgado para visitar o arquipélago.

Sempre quis conhecer Noronha. Sorte a sua já ter ido. Meu sonho. Na verdade, consiste em uma taxa de preservação, a qual é cobrada conforme a quantidade de dias que você ficará na ilha. Ou seja, não estamos diante de uma taxa que incida sobre o tráfego de bens e pessoas, mas trata-se de uma taxa pautada na preservação do meio ambiente. Tome cuidado com essa informação.

8. PRINCÍPIO DA UNIFORMIDADE GEOGRÁFICA

– Esse princípio é dirigido unicamente à União, não é mesmo?

Isso porque o art. 151, I, da CF/1988 traz a vedação à União de:

> I – Instituir tributo que não seja uniforme em todo o território nacional ou que implique distinção ou preferência em relação a Estado, ao Distrito Federal ou a Município, em detrimento de outro, admitida a concessão de incentivos fiscais destinados a promover o equilíbrio do desenvolvimento socioeconômico entre as diferentes regiões do País.

Logo, não é aplicável aos Estados, Distrito Federal e Municípios. Essa é uma pegadinha de prova.

– É totalmente compatível com o pacto federativo, até porque, ainda de acordo com a redação do inciso, a União não pode distinguir ou criar preferências entre os demais entes por meio de um tributo.

Embora esta seja a regra, logicamente que há exceção. Lembra da Zona Franca de Manaus (ZFM)?

– Sei que existe, porém, não conheço muitas peculiaridades sobre ela, não.

A Zona Franca de Manaus consiste em um regime aduaneiro, cujo objetivo é de incentivar o desenvolvimento regional de determinada área do Brasil, criada pelo Decreto-Lei 288/1967, o qual estabeleceu incentivos fiscais para implantar na Amazônia um polo industrial, comercial e agropecuário.

Conforme prevê o art. 504 do regulamento aduaneiro,

> "(...) a Zona Franca de Manaus é uma área de livre comércio de importação e de exportação e de incentivos fiscais especiais, estabelecida com a finalidade de criar no interior da Amazônia um centro industrial, comercial e agropecuário, dotado de condições econômicas que permitam seu desenvolvimento, em face dos fatores locais e da grande distância a que se encontram os centros consumidores de seus produtos".

Vale destacar que o art. 40 do ADCT da CF/1988 manteve a ZFM, cuja validade foi objeto de diversas emendas constitucionais, sendo a última editada em 2014, prorrogando sua existência até 2073 (EC 83/2014).

– Pode-se dizer que a Zona Franca de Manaus é uma espécie de exceção a esse princípio?

Sim! Pois, em relação aos benefícios fiscais no que tange às importações de bens para a Zona Franca de Manaus, não são cobrados o

CAPÍTULO 2 → Princípios constitucionais do Direito Tributário?

imposto de importação e o imposto sobre produtos industrializados. Vide o art. 505 do Regulamento Aduaneiro:[36]

> Art. 505. A entrada de mercadorias estrangeiras na Zona Franca de Manaus, destinadas a seu consumo interno, industrialização em qualquer grau, inclusive beneficiamento, agropecuária, pesca, instalação e operação de indústrias e serviços de qualquer natureza, bem como a estocagem para reexportação, será isenta dos impostos de importação e sobre produtos industrializados.
>
> § 4º As mercadorias entradas na Zona Franca de Manaus nos termos do caput poderão ser posteriormente destinadas à exportação para o exterior, ainda que usadas, com a manutenção da isenção dos tributos incidentes na importação.

A isenção de que trata este artigo fica condicionada à efetiva aplicação das mercadorias nas finalidades indicadas e ao cumprimento das demais condições e requisitos estabelecidos pelo Decreto-Lei 288, de 1967, e pela legislação complementar. Lembrando que os bens que ingressam na ZFM ao amparo de isenção tributária sofrerão despacho para admissão, ao passo que os bens que ingressam na ZFM sem o amparo de isenção tributária sofrerão despacho para consumo. Cuidado!

Outro ponto importante é o abordado pelo art. 509, do regulamento aduaneiro, que prevê que em relação à saída de mercadorias estrangeiras da ZFM para o restante do território nacional, denominada de internação, corrobora para o recolhimento dos tributos incidentes na importação, embora haja exceção quanto à bagagem de viajantes; aos produtos industrializados com insumos estrangeiros; e para as mercadorias destinadas para as Áreas de Livre Comércio e algumas destinadas à Amazônia Ocidental.

---

36. Entretanto, o mesmo artigo prevê exceções, uma vez que nem todos os bens gozarão de benefícios fiscais:
    § 1º Excetuam-se da isenção de que trata este artigo as seguintes mercadorias:
    I – armas e munições;
    II – fumo;
    III – bebidas alcoólicas;
    IV – automóveis de passageiros; e
    V – produtos de perfumaria ou de toucador, e preparados e preparações cosméticas, salvo os classificados nas posições 3303 a 3307 da Nomenclatura Comum do Mercosul, se destinados, exclusivamente, a consumo interno na Zona Franca de Manaus ou quando produzidos com utilização de matérias-primas da fauna e da flora regionais, em conformidade com processo produtivo básico.

295

– Legal esses detalhes sobre a Zona Franca de Manaus. Nunca tinha estudado. Mas qual o fundamento para essa exceção ao princípio da uniformidade geográfica?

O fundamento é o art. 43, § 2º, III, da CF/1988,[37] o qual prega ações da União para fins de desenvolvimento e redução das desigualdades regionais, sendo possível conceder incentivos regionais compreendidos como isenções, reduções ou diferimento temporário de tributos federais. Ainda utilizando a Zona Franca de Manaus como meu exemplo principal, foi instituída na região Norte com o intuito de desenvolver aquela localidade, atraindo indústrias, a partir de uma diferenciação da carga tributária em comparação com outras regiões do país, consequentemente, gerando emprego e diminuindo as desigualdades.

– Bem simples esse princípio.

Um outro princípio que é destinado unicamente à União, o qual passaremos a estudar, é o Princípio da uniformidade da tributação da renda.

9. PRINCÍPIO DA UNIFORMIDADE DA TRIBUTAÇÃO DA RENDA

– Logo, é uma vedação, apenas, à União.

Também se encontra no art. 151 da CF/1988, mais precisamente, em seu inciso II.[38] Pela simples leitura, já dá para perceber que contempla o imposto de renda, não é mesmo?

---

37. Art. 43, CF/1988. "Para efeitos administrativos, a União poderá articular sua ação em um mesmo complexo geoeconômico e social, visando a seu desenvolvimento e à redução das desigualdades regionais.
§ 2º – Os incentivos regionais compreenderão, além de outros, na forma da lei:
III – Isenções, reduções ou diferimento temporário de tributos federais devidos por pessoas físicas ou jurídicas".
38. Art. 151 da CF/1988. "É vedado à União:
II – Tributar a renda das obrigações da dívida pública dos Estados, do Distrito Federal e dos Municípios, bem como a remuneração e os proventos dos respectivos agentes públicos, em níveis superiores aos que fixar para suas obrigações e para seus agentes".

CAPÍTULO 2 → Princípios constitucionais do Direito Tributário?

— Mas pelo que percebi, o dispositivo se refere a duas situações diferentes: dívida pública dos demais entes e a remuneração e os proventos dos respectivos agentes públicos, em níveis superiores aos que fixar para suas obrigações e para seus agentes.

Boa percepção. Na primeira situação, temos que a União deve cobrar o mesmo imposto de renda do seu título da dívida pública e dos demais entes da Federação para que todos sejam igualmente atraentes. Trata-se de uma tentativa de preservação do pacto federativo.

— Sempre achei que esse dispositivo se referia à vedação quanto à União tributar a renda dos demais entes políticos.

É uma confusão que a grande maioria dos alunos faz. Essa vedação já existe, até porque estamos diante de uma imunidade recíproca prevista no art. 150, VI, *a*, da CF/1988, situação que estudaremos oportunamente. O que esse artigo ora estudado está se referindo é quanto à tributação da renda em relação aos títulos da dívida pública dos entes políticos quando o contribuinte os adquire.

— Então, diante dessa sua explicação, é referente à incidência do IR sobre o lucro que o contribuinte obteve ao adquirir os títulos da dívida pública...

Fora essa primeira situação, a União está vedada de tributar os seus servidores, no que concerne à incidência do imposto de renda, distintamente quanto à tributação dos servidores dos demais entes federativos.

— Aqui vislumbro o princípio da isonomia.

Isso mesmo, até porque todos devem ser tributados da mesma maneira. Fácil esse princípio, não é mesmo?

— Aquele alerta de pegadinha valeu todo o estudo dele.

10. PRINCÍPIO DA VEDAÇÃO ÀS ISENÇÕES HETERÔNOMAS

Por esse princípio, temos a seguinte premissa, que deve ser seguida: "A União não pode instituir isenções sobre tributos que não sejam de sua competência".

– Muito se fala em isenção tributária, mas o que realmente ela é?

Não obstante seja um assunto que iremos estudar na parte sobre as imunidades tributárias e, claro, na de exclusão do crédito tributário, para fins didáticos, importante tecer alguns comentários nesse ponto da matéria.

Conforme o Código Tributário Nacional, a isenção é uma hipótese de exclusão do crédito tributário. Ocorre o fato gerador, assim como o nascimento da obrigação tributária.

No entanto, há doutrina em sentido contrário, cujo conhecimento é imprescindível, uma vez que se trata de um dos maiores tributaristas do país, Paulo de Barros Carvalho[39]:

> As normas de isenção pertencem à classe das regras de estrutura, que intrometem modificações no âmbito da regra da matriz de incidência tributária. Guardando sua autonomia normativa, a norma de isenção atua sobre a regra-matriz de incidência tributária, investindo contra um ou mais critérios de sua estrutura, mutilando-os, parcialmente. Com efeito, trata-se de encontro de duas normas jurídicas que tem por resultado a inibição da incidência da hipótese tributária sobre os eventos abstratamente qualificados pelo preceito isentivo, ou que lhes tolhe sua consequência, comprometendo-lhe os efeitos prescritivos da conduta. Se o fato é isento, sobre ele não se opera a incidência e, portanto, não há que falar em fato jurídico tributário, tampouco em obrigação tributária. E se a isenção se der pelo consequente, a ocorrência fáctica encontrar-se-á inibida juridicamente, já que sua eficácia não poderá irradiar-se.

– Esse pensamento doutrinário tem cara de prova de segunda fase...

---
39. CARVALHO, Paulo de Barros. Direito Tributário, Linguagem e Método. 6. ed. São Paulo: Noeses, 2015, p. 616.

CAPÍTULO 2 → Princípios constitucionais do Direito Tributário?

E já foi cobrado, por isso, fiz questão de lhe informar sobre. Mas, voltando à explicação, antes de me referir ao ilustríssimo Professor Paulo de Barros Carvalho...

Ocorre o fato gerador, assim como o nascimento da obrigação tributária, no entanto, para por aí.

> – Como "para por aí"?

Depois que a obrigação tributária nasce, segundo já expliquei brevemente, ela precisa ser declarada. E como será declarada?

> – Já sei. Por meio do lançamento tributário.

Ótimo! O lançamento tributário declara a existência da obrigação tributária, constituindo o crédito tributário. Ocorre que, quando estamos diante de uma norma isentiva, esta impedirá o lançamento tributário. Logo, não haverá o lançamento tributário, porque a norma isentiva o proíbe de existir.

> – Por isso, é considerada como uma exclusão do crédito tributário.

Ainda, resta saber que a isenção deve estar prevista em lei. Lembra do art. 97 do CTN, quando estudamos o princípio da legalidade tributária? Lá no inciso VI, temos que as hipóteses de exclusão do crédito tributário devem estar previstas em lei, consistindo em uma dispensa legal do pagamento do tributo. Ademais, em regra, somente o ente político que detém a competência tributária para instituir o seu respectivo tributo poderá conceder isenção em relação a ele.

> – Ou seja, as isenções são autônomas. Até porque o comando do art. 151, III, da CF/1988[40] é nesse sentido, não sendo heterônoma, em regra.

---

40. Art. 151 da CF/1988. "É vedado à União:
III – instituir isenções de tributos da competência dos Estados, do Distrito Federal ou dos Municípios."

299

Sendo assim, há casos excepcionais em que a União poderá conceder isenções heterônomas, desde que tais exceções estejam, também, contempladas na norma constitucional.

> – Quais são essas exceções, professora?

No art. 155, § 2º, XII, alínea *e*, da CF/1988, temos que a União poderá, por meio de uma lei complementar, conceder isenção ao ICMS incidente nas operações com serviços e outros produtos destinados ao exterior. No entanto, em termos técnicos, trata-se de uma imunidade tributária, então, não é possível que uma lei complementar editada pela União disponha sobre isenção, neste caso.

> – Esse ponto sobre a desoneração do ICMS nas exportações é bem complicado, né?

Embora, como mencionei, não se trata de uma verdadeira isenção, mas sim, de uma imunidade, vamos engatar esse assunto para você não perder o link da matéria. Com o advento da Emenda à Constituição 42/2003, o art. 155, §2º, X, *a*, da CF/1988, passou a ter a redação prevendo a imunidade do ICMS sobre operações que destinem mercadorias para o exterior, assim como sobre os serviços prestados a destinatários no exterior, assegurada a manutenção e o aproveitamento do montante do imposto cobrado nas operações e prestações anteriores. Essa imunidade acarretou um elevado custo aos Estados, devendo a União ressarci-los, nos termos do art. 91 do ADCT[41] e do art. 31 da LC 87/1996.[42]

---

41. Art. 91, ADCT. "A União entregará aos Estados e ao Distrito Federal o montante definido em lei complementar, de acordo com critérios, prazos e condições nela determinados, podendo considerar as exportações para o exterior de produtos primários e semielaborados, a relação entre as exportações e as importações, os créditos decorrentes de aquisições destinadas ao ativo permanente e a efetiva manutenção e aproveitamento do crédito do imposto a que se refere o art. 155, § 2º, X, *a*. (...) § 3º Enquanto não for editada a lei complementar de que trata o *caput*, em substituição ao sistema de entrega de recursos nele previsto, permanecerá vigente o sistema de entrega de recursos previsto no art. 31 e Anexo da Lei Complementar 87, de 13 de setembro de 1996, com a redação dada pela Lei Complementar 115, de 26 de dezembro de 2002."
42. Art. 31, LC 87/1996. "Nos exercícios financeiros de 2003 a 2006, a União entregará mensalmente recursos aos Estados e seus Municípios, obedecidos os montantes, os critérios, os prazos e as demais condições fixadas no Anexo desta Lei Complementar."

CAPÍTULO 2 → Princípios constitucionais do Direito Tributário?

– Ocorre que a referida compensação inexiste, não é mesmo?

Sim, tanto que a tal omissão demandou a propositura de uma ação direta de inconstitucionalidade por omissão 25, julgada em 30 de novembro de 2016, na qual o Supremo Tribunal federal fixou um prazo de 12 (doze) meses para que o Congresso Nacional editasse lei complementar regularizando tais pendências decorrentes da desoneração das exportações, cabendo ao Tribunal de Contas da União fixar as regras para os repasses, caso esgotado o prazo, o Poder Legislativo não tenha editado a referida lei. No mês de maio de 2018, a comissão mista do Congresso Nacional aprovou o relatório do projeto de lei para a compensação dos Estados, porém o texto ainda precisa tramitar nos plenários das duas Casas.

– Bem complicado mesmo. Pelo menos, já estou ciente sobre esse assunto. Podemos voltar às isenções heterônomas.

Outra exceção é quanto à possibilidade de a União conceder isenção heterônoma, por meio de lei complementar, nos termos do art. 156, § 3º, da CF/1988, ao ISS nas exportações de serviços.

– E quanto aquele exemplo clássico referente aos Tratados[43] e às Convenções em matéria de Direito Tributário?[44]

---

43. Conforme o art. 2º, I, *a*, da Convenção de Viena sobre Direito dos Tratados, de 1969, temos que o Tratado Internacional "significa um acordo internacional celebrado entre Estados em forma escrita e regido pelo Direito Internacional, que conste, ou de um instrumento único ou de dois ou mais instrumentos conexos, qualquer que seja sua denominação específica".

44. Roque Antonio Carrazza compreende que os Tratados internacionais de Direito Tributário consistem em fontes primárias. No mais, aqueles Tratados Internacionais que concedem isenções referentes aos tributos de competência dos Estados, do Distrito Federal e dos Municípios, na visão do respeitado tributarista, não podem obrigar tais entes da Federação a respeitá-los.
"(...) em face dos princípios federativo, da autonomia municipal e da autonomia do Distrito federal, nem esta supremacia pode ser inferida. A nosso juízo, pois o tratado internacional não pode obrigar os Estados, os Municípios e o Distrito Federal a abrirem mão de parte ou da totalidade de suas competências tributárias. Nem mesmo quando aprovado, retificado e promulgado. Temos por incontroverso que à União é vedado usurpar competências que a Leis das Leis outorgou aos Estados, ao Distrito Federal e aos Municípios" (CARRAZZA, Roque Antonio. *Curso de Direito Constitucional Tributário*. 32. ed. São Paulo: Malheiros, 2019, p. 782).

301

Nesse caso, não estamos diante de uma exceção ao princípio da isenção heterônoma, até porque, consoante entendimento no âmbito do Supremo Tribunal Federal, proferido na ADI 1600, j. 26.11.2001. Entende-se que o Presidente da República age como Chefe de Estado, ao firmar Tratados internacionais, em nome do Estado brasileiro e não do ente da Federação, União, portanto, o Presidente da República não atuará como Chefe de Governo.

– Interessante, sempre pensei que fosse caso de isenção heterônoma, mas se o Supremo Tribunal Federal está falando que não, quem sou eu para entender diferente, né?!

Melhor não mesmo para fins de prova objetiva, pelo menos. Outra coisa que gostaria de falar aqui é sobre a possibilidade de a União de conceder isenções sobre o IR e o IPI...

– Ué, mas não são tributos da competência dela? Logo, a União pode conceder isenções como bem entender!

Exatamente! Contudo, parte da receita arrecadada desses impostos é repassada a Fundo de Participação dos Estados e dos Municípios. Com isso, caso a União conceda isenção referente ao IPI e ao IR, na verdade, concederá uma isenção heterônoma, uma vez que afetaria a parcela a ser repassada a tais Fundos, segundo questionamento levado ao Supremo Tribunal Federal. Será que esse argumento prevaleceu? O que você acha?

– Eu acho que não, pois a União detém autonomia para instituir tais tributos e conceder isenções referentes a eles.

Foi o entendimento do Supremo Tribunal Federal, inclusive que não é caso de isenção heterônoma. Aliás, o STF foi além, ao compreender que as transferências aos Fundos sofreriam a redução da parcela referente à isenção concedida, já que como não foi arrecadado, não será repassado, conforme o RE 705423.

Resta salientar que, nos termos do RE 5727629/SC, o Supremo Tribunal Federal compreendeu de maneira distinta quanto às isenções a título de ICMS, devendo ser respeitada a parcela de 25% do valor arrecadado, a ser transferida aos entes municipais, uma vez que

CAPÍTULO 2 → Princípios constitucionais do Direito Tributário?

"(...) o repasse da quota constitucionalmente devida aos municípios não pode sujeitar-se à condição prevista em programa de benefício fiscal de âmbito estadual (...)".

– Gostei de estudar esse princípio.

Muito bem, vamos ao último...

11. PRINCÍPIO DA NÃO DISCRIMINAÇÃO EM RAZÃO DA PROCEDÊNCIA OU DO DESTINO

Percebe-se que esse princípio é dirigido aos Estados, ao Distrito Federal e aos Municípios, excluindo a União, por força do art. 152 da CF/1988:

> Art. 152 da CF/1988. É vedado aos Estados, ao Distrito Federal e aos Municípios estabelecer diferença tributária entre bens e serviços, de qualquer natureza, em razão de sua procedência ou destino.

– Professora, somente a União, portanto, poderá discriminar, por conta daquela exceção ao princípio da uniformidade geográfica?

Isso mesmo. Lembrando que a discriminação a qual você se referiu possui o objetivo de promover o desenvolvimento socioeconômico de determinada região, nos termos do art. 151, I, da CF/1988.

Fico feliz quando você associa pontos da matéria. Esse é o espírito da coisa! Mas vamos a um exemplo muito fácil sobre esse princípio da não discriminação em razão da procedência ou do destino. Você se recorda do IPVA, não é mesmo?

– Claro que sim.

Pois bem, o Supremo Tribunal Federal, no AgR no RE 367785, compreendeu que é vedado aos Estados estipular alíquotas diferentes do IPVA em razão de o carro ser importado ou nacional. Ademais, temos a denominada cláusula do tratamento nacional, prevista no

303

Acordo Geral sobre Tarifas e Comércio – GATT, do qual o Brasil é signatário, cuja essência é quanto à equivalência quanto ao tratamento dispensado ao produto importado e o nacional.

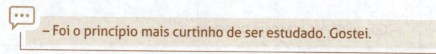
– Foi o princípio mais curtinho de ser estudado. Gostei.

Mas essa parte sobre limites ao poder de tributar ainda não terminou. Precisamos avançar no estudo sobre as imunidades tributárias. Preparado?

– Sempre!

FIGURA PONTO 1: PRINCÍPIO DA LEGALIDADE

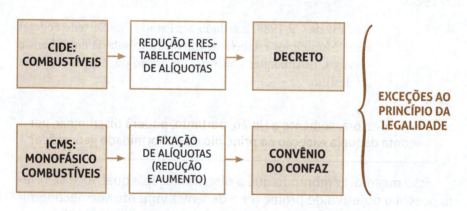

FIGURA PONTO 2: PRINCÍPIO DA ISONOMIA

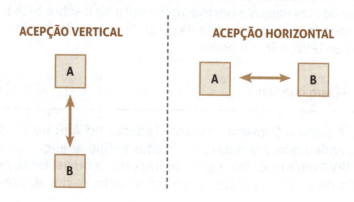

FIGURA PONTO 3: PRINCÍPIO DA IRRETROATIVIDADE

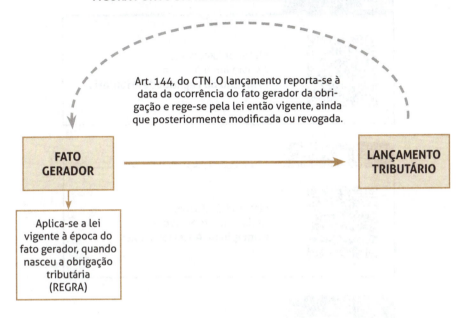

FIGURA PONTO 4: PRINCÍPIO DA ANTERIORIDADE DO EXERCÍCIO FINANCEIRO E A NOVENTENA

Material Exclusivo:
Assista ao vídeo sobre
Princípio da Legalidade Tributária.

Material Exclusivo:
Assista ao vídeo sobre
Princípio da Anterioridade.

Material Exclusivo:
Assista ao vídeo sobre
Correção de Questões.

CAPÍTULO 3

Imunidades Tributárias

Primeiramente, precisamos conhecer os aspectos gerais das imunidades tributárias, principalmente quanto à natureza jurídica.

– Sei que são limitações ao poder de tributar, até porque se encontram no capítulo próprio da Constituição Federal de 1988.

Pode-se dizer que imunidades tributárias são delimitações negativas da competência tributária. Como bem leciona Misabel Derzi:[1]

> (...) a imunidade é regra constitucional expressa (ou implicitamente necessária), que estabelece a não competência das pessoas políticas da federação para tributar certos fatos e situações, de forma amplamente determinada, delimitando negativamente, por meio de redução parcial, a norma de atribuição de poder tributário.

– Hum... interessante. Pode-se concluir que as imunidades tributárias são determinadas situações definidas pela Constituição Federal de 1988 que não podem ser atingidas por determinados tributos?

Esse é o raciocínio. A partir dessa definição adotada pela Professora Misabel Derzi, pode-se concluir, inclusive, que as imunidades tributárias são, na realidade, uma não incidência qualificada, pois atuam no exercício da competência tributária dos entes políticos.[2]

---

1. BALEEIRO, Aliomar. *Direito Tributário Brasileiro*. Atualizada por Misabel Abreu Machado Derzi. 13. ed. Rio de Janeiro: Forense, 2015, p. 115.
2. "O que é imunidade? É norma que estabelece a incompetência. Ora, estabelecer incompetência é negar competência ou denegar poder de instituir tributos, conjunto de normas

– E qual o intuito da existência dessas normas imunizantes?

Basicamente, a tutela de alguns valores entendidos como fundamentais para o Estado ou a sociedade, como a liberdade religiosa, por exemplo. Para que sejam preservados na sua inteireza, não podem ser tributados.

– Sei que as imunidades sempre deverão estar previstas na Constituição.

Isso mesmo, jamais em leis infraconstitucionais. O que significa que um ato ou lei que ofenda a imunidade tributária é considerado como inconstitucional.

Diante dessa sua constatação, de que a imunidades somente poderão ser contempladas pela Constituição, quero lhe fazer uma pergunta. Constituições estaduais podem prever hipóteses de imunidades tributárias?

– Pela lógica, sim. Pois as imunidades estariam providas em norma constitucional.

Não foi o que entendeu o Supremo Tribunal Federal no julgamento da ADI 773 referente a uma norma da Constituição do Estado do Rio de Janeiro que alargou a imunidade do art. 150, VI, *d*, da CF/1988 para contemplar os veículos de radiodifusão.

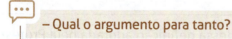
– Qual o argumento para tanto?

Segundo o STF, ao prever tal possibilidade, a Constituição do Estado do Rio de Janeiro estaria ofendendo o princípio da isonomia tributária, dado que estaria criando um tratamento diferenciado entre os contribuintes daquele ente da Federação e dos demais. Além do que,

---

que só adquire sentido em contraste com outro conjunto que atribui ou concede poder tributário" (Ibidem, p. 115).

ao estender tal imunidade, estaríamos diante de uma ofensa ao pacto federativo, uma vez que contemplaria os tributos municipais também.

– Então, as imunidades tributárias só podem existir na Constituição Federal de 1988, não cabendo às constituições estaduais, nem às leis orgânicas dos Municípios preverem hipóteses além das quais já existente.

Bem isso!

– Compreendi que as normas imunizantes são, apenas, normas constitucionais. No entanto, não consigo compreender o porquê de a própria Constituição Federal de 1988 adotar alguns termos como "não incidem", "estão isentas". Não hipóteses de não incidência e de isenção tributária?

Não! Essas expressões são utilizadas equivocadamente. Primeiro, não incidência é, conforme já mencionado, quando determinada situação não é abrangida pelo fato gerador do tributo, seja por falta de competência do ente político para tanto, seja por uma opção do ente tributante, determinada situação que poderia ser contemplada pelo tributo não é determinante para a prática do fato gerador, embora passível de ser tributada.

– Mas você disse que a imunidade é uma não incidência constitucionalmente qualificada.

Exato, conforme demonstrado. Há também a não incidência legalmente qualificada, isto é, quando uma lei dispõe que determinada situação não é apta para ensejar a prática do fato gerador de determinado tributo, como ocorre no caso do art. 36 do CTN[3].

---

3. Art. 36, do CTN. "Ressalvado o disposto no artigo seguinte, o imposto não incide sobre a transmissão dos bens ou direitos referidos no artigo anterior:
I – quando efetuada para sua incorporação ao patrimônio de pessoa jurídica em pagamento de capital nela subscrito;
II – quando decorrente da incorporação ou da fusão de uma pessoa jurídica por outra ou com outra."

– E quanto às isenções tributárias?

Como você bem sabe, a isenção é a dispensa legal de pagar tributo, sendo, conforme o Código Tributário Nacional, uma hipótese de exclusão do crédito tributário. Logo, diferentemente da imunidade, na isenção o ente tributante tem a opção de instituir o tributo, no entanto, por meio de uma lei, vem a dispensar o pagamento em algumas situações.

– Então, no caso da isenção tributária, há o nascimento da obrigação tributária, algo que não ocorre com a não incidência qualificada, isto é, a imunidade tributária, não é mesmo?

Sim, pois, de fato, nasce a obrigação tributária, entretanto, a norma isentiva, como inclusive já explicado anteriormente, impedirá o lançamento tributário, ou seja, a constituição do crédito tributário.[4] Isso significa que a isenção irá atuar no âmbito do exercício da competência tributária, encontrando-se, sempre, em normas infraconstitucionais, ao passo que a imunidade tributária atuará no plano da definição da competência tributária. Sempre que se tratar de limitação da competência e estiver na Constituição, estaremos diante de uma imunidade tributária.

– Outra diferença que percebo é quanto à interpretação. O art. 111 do CTN menciona que as isenções serão interpretadas literalmente.

---

4. Paulo de Barros Carvalho compreende que a norma isentiva, inclusive, não deixa, sequer, que ocorra o nascimento da obrigação tributária. "As normas de isenção pertencem à classe das regras de estrutura, que intrometem modificações no âmbito da regra matriz de incidência tributária. Guardando sua autonomia normativa, a norma de isenção atua sobre a regra matriz de incidência tributária, investindo contra um ou mais critérios de sua estrutura, mutilando-os parcialmente. Com efeito, trata-se de encontro de duas normas jurídicas que tem por resultado a inibição da incidência da hipótese tributária sobre os eventos abstratamente qualificados pelo preceito isentivo, ou que tolhe sua consequência, comprometendo-lhe os efeitos prescritivos da conduta. Se o fato é isento, sobre ele não se opera a incidência e, portanto, não há que se falar em fato jurídico tributário, tampouco em obrigação tributária. E se a isenção se der pelo consequente, a ocorrência fáctica encontrar-se-á inibida juridicamente, já que sua eficácia não poderá irradiar-se" (CARVALHO, Paulo de Barros. *Direito Tributário, Linguagem e Método*. 6. ed. São Paulo: Noeses, 2015, p. 616).

CAPÍTULO 3 → Imunidades Tributárias

Segundo a Ministra do Superior Tribunal de Justiça, Regina Helena Costa, a interpretação literal ou gramatical consiste na etapa inicial de um processo de interpretação, quando se refere ao art. 111 do CTN.

> Ao determinar, nesse dispositivo, que a interpretação de normas relativas à suspensão ou exclusão do crédito tributário, à outorga de isenção e à dispensa do cumprimento de obrigações acessórias seja "literal", o legislador provavelmente quis significar "não extensiva", vale dizer, sem alargamento de seus comandos, uma vez que o padrão em nosso sistema é a generalidade da tributação e, também, das obrigações acessórias, sendo taxativas as hipóteses de suspensão da exigibilidade do crédito tributário e de anistia. Em outras palavras, quis prestigiar os princípios da isonomia e da legalidade tributárias.[5]

> 💬 – Basicamente, é o que está na lei que concede a isenção e ponto, sem dar margens ao "alargamento de seus comandos", segundo a Ministra.

Sim. Já as imunidades serão interpretadas conforme os princípios constitucionais, conforme analisaremos alguns casos específicos julgados pelo Supremo Tribunal Federal.

Ultimamente, o Supremo Tribunal Federal tem entendido que quanto às imunidades, deve-se empregar uma interpretação teleológica da norma constitucional, conforme ensina Regina Helena Costa[6] , buscando a finalidade daquela.

> A interpretação teleológica, por seu turno, diz com o espírito e a finalidade da norma. Com efeito, a interpretação de norma jurídica deve considerar, antes de qualquer outro aspecto, sua finalidade, os objetivos que, por meio dela, pretende-se sejam alcançados. Trata-se do método interpretativo mais consentâneo com a eficácia social da norma, vale dizer, com a produção de efeitos in concreto, por ocasião da sua aplicação. Para tanto o intérprete e o aplicador da lei devem buscar a sensibilidade necessária para

---

5. COSTA, Regina Helena. *Curso de Direito Tributário*: Constituição e Código Tributário Nacional. 7. ed. São Paulo: Saraiva, 2017, p. 192.
6. Ibidem., p. 186-87.

captar a real finalidade da norma, visando à execução da vontade do Estado nela contida. Sempre oportuno lembrar, a propósito da interpretação teleológica, a primorosa dicção da Lei de Introdução às Normas do Direito Brasileiro, que, em seu art. 5º, estatui que o juiz, na aplicação da lei, atenderá aos fins sociais a que ela se dirige e às exigências do bem comum.

– Como se busca a finalidade da norma?

No Direito Tributário, por exemplo, o Supremo Tribunal Federal[7] compreendeu que, por meio desta busca pela finalidade da norma, *e-books* e *e-readers* fariam jus à imunidade tributária prevista no art. 150, VI, *d*, da CF/1988, uma vez que esse dispositivo visa tutelar a liberdade de imprensa e o acesso à cultura. No entanto, também compreendeu que a mesma imunidade não abarca as chapas e as tintas, mas somente os produtos assimiláveis aos papéis.[8] Veja uma tabelinha que preparei especialmente para você memorizar melhor essas diferenças:

IMUNIDADE	ISENÇÃO
Não incidência	Dispensa legal do tributo
Atua no âmbito da delimitação da competência tributária	Atua no âmbito do exercício da competência tributária
Não há formação da obrigação tributária	Há formação da obrigação tributária, no entanto, a isenção impede o lançamento tributário
Amparo constitucional	Amparo legal
Interpretação ampla	Interpretação literal
Heterônoma	Autônoma, em regra

---

7. STF. Plenário. RE 330817/RJ, Rel. Min. Dias Toffoli, j. em 8/3/2017.
   Vale destacar que o Supremo Tribunal Federal (STF), aprovou no dia 15.04.2020 a súmula vinculante 57, fruto da proposta de súmula vinculante 132, cujo teor é: "A imunidade tributária constante do art. 150, VI, d, da CF/88 aplica-se à importação e comercialização, no mercado interno, do livro eletrônico (*e-book*) e dos suportes exclusivamente utilizados para fixá-los, como leitores de livros eletrônicos (*e-readers*), ainda que possuam funcionalidades acessórias".
8. STF. 1ª Turma. ARE 930133 AgR-ED, Rel. Min. Edson Fachin, j. em 23/09/2016.

CAPÍTULO 3 → Imunidades Tributárias

– E quanto às obrigações acessórias, também serão abrangidas pela imunidade tributária?

Somente as obrigações tributárias principais são contempladas pela norma imunizante, sendo que as obrigações acessórias persistirão, devendo o ente imune cumprir suas obrigações de fazer e as de se abster (STF, RE 250.844/SP), assim como quanto aos demais deveres de colaboração, como atuar como substituto tributário e responsável tributário (STF, RE n. 202.987).

– Não entendi sobre esse negócio de continuar com seus deveres de colaboração como substituto e responsável tributário. Como funciona isso?

Um exemplo prático analisado pelo Superior Tribunal de Justiça, no REsp 1.480.918/RS, é quanto à retenção do imposto de renda por parte de uma entidade contemplada pela norma imunizante. Esta entidade estava remetendo ao exterior juros, fruto de uma compra e venda realizada a prazo, a uma empresa domiciliada no exterior.

– Professora, entendo que a entidade não é considerada como contribuinte do imposto de renda, nesse caso, mas sim a pessoa jurídica domiciliada no exterior, quem de fato estava auferindo renda.

Tudo bem. No entanto, o Superior Tribunal de Justiça entendeu que o simples fato de a entidade imunizante ser considerada imune não é apto a retira-lhe o seu papel de responsável tributário.

– Mesmo assim, não compreendo.

Ora, caso a entidade imune não realize a retenção do imposto de renda, quem, na realidade, seria também imune, é a empresa domiciliada no exterior, uma vez que acabaria não recolhendo o tributo.

313

— Hum, agora compreendi. Conclui-se, portanto, que por ser a entidade brasileira o responsável tributário, deveria reter o imposto de renda, nesse caso, embora a pessoa jurídica domiciliada no exterior quem auferiu de fato renda.

Já que você compreendeu esse assunto que considero difícil, vamos agora entender o que dispõe o art. 146, III, c, da CF/1988[9] sobre "ato cooperado".

— Agora piorou, professora. Nunca tinha ouvido falar sobre isso.

Nos termos do art. 79 da Lei 5.764/1971, trata-se da relação entre a cooperativa e seus associados, entre estes e a àquela e entre cooperativas associadas.

— Mas seria alguma forma de conceder uma imunidade?

Segundo o entendimento do Supremo Tribunal Federal, em repercussão geral, no julgamento do RE 599.362, não, pois significa que, desde que haja lei complementar, o ato cooperado deve ser tratado de modo mais benéfico quando comparado ao ato empresarial e essa lei complementar nem existe! No mais, em outro julgado, o Supremo Tribunal Federal (AI AgR n. 740.269/SP) compreendeu que as cooperativas detêm capacidade contributiva, além do que o "adequado tratamento cooperativo" pressupõe a tributação.

— Bom saber. Em provas de concurso público esses assuntos julgados em repercussão geral sempre despencam.

Estou percebendo o quanto você está animado em estudar as imunidades tributárias, por isso, vou presenteá-lo com mais umas tabelinhas legais, que tal?

---

9. Art. 146 da CF/1988. "Cabe à lei complementar:
III – estabelecer normas gerais em matéria de legislação tributária, especialmente sobre:
c) adequado tratamento tributário ao ato cooperativo praticado pelas sociedades cooperativas."

CAPÍTULO 3 → Imunidades Tributárias

– Show!

Vou separar em três tabelas, para facilitar sua vida: imunidades referentes aos impostos, imunidades referentes às taxas e imunidades referentes às contribuições. Vamos começar pelos impostos e seguir a ordem, OK?

IMUNIDADES DOS IMPOSTOS

Todos os impostos	Operações de imóveis desapropriados para a reforma agrária.	Art. 184, § 5º, CF/1988
Todos os impostos, salvo II, IE e ICMS	Operações relativas à energia elétrica, serviços de telecomunicações, derivados do petróleo, combustíveis e minerais.	Art. 155, § 3º, CF/1988
ITBI	Transmissão de bens ou de direitos incorporados ao patrimônio de pessoa jurídica em realização de capital; transmissão de bens ou de direitos decorrentes de fusão, incorporação, cisão ou extinção de pessoa jurídica, salvo se, nestes casos, a atividade preponderante do adquirente for a compra e venda de bens ou direitos de locação de bens imóveis ou arrendamento mercantil.	Art. 156, § 2º, I, CF/1988
ICMS	Exportações de mercadorias e serviços; operações que destinem a outros Estados petróleo, inclusive lubrificantes, combustíveis líquidos e gasosos dele derivados e energia elétrica; prestação de serviços de telecomunicação das modalidades de radiodifusão sonora e de sons e imagens de recepção livre e gratuita.	Art. 155, § 2º, X, CF/1988
IPI	Exportação de produtos industrializados.	Art. 153, § 3º, III, CF/1988
ITR	Pequenas glebas rurais, definidas em lei, exploradas pelo proprietário que não possua outro imóvel.	Art. 153, § 4º, II, CF/1988

315

IMUNIDADES DAS TAXAS

Taxas em geral	Obtenção de certidões, exercício do direito de petição; celebração do casamento civil.	Art. 5º, XXXIV, CF/1988; Art. 226, § 1º, CF/1988
Custas judiciais	Ação popular, salvo comprovada má-fé.	Art. 5º, LXXIII, CF/1988
Emolumentos	Registro civil de nascimentos e certidão de óbito, para os reconhecidamente carentes.	Art. 5º, LXXVI, CF/1988
Custas judiciais e emolumentos	*Habeas data, habeas corpus,* além dos atos necessários a cidadania, na forma da lei.	Art. 5º, LXXVII, CF/1988

IMUNIDADES DE CONTRIBUIÇÕES

Contribuições sociais e CIDE	Receita decorrente de exportação.	Art. 149, § 2º, CF/1988
Contribuição previdenciária	Rendimentos de aposentadorias e pensão concedida pelo regime geral.	Art. 195, II, CF/1988
Contribuição para financiamento da seguridade social	Entidades beneficentes de assistência social que atendam às exigências previstas em lei.	Art. 195, § 7º, CF/1988

– Presentão, professora! Agora sei onde estão localizadas todas as imunidades tributárias na Constituição.

Sabia que iria gostar.

Só peço que você se recorde de tudo o que já estudamos na parte de espécies tributárias, como, por exemplo, o entendimento do Supremo Tribunal Federal, em 2020, sobre o ITBI[10], bem como em relação aos demais impostos e, também, no que concerne às contribuições, ok!? Não deixe de voltar ao capítulo 01 e ler atentamente tudo o que lhe passei de informações preciosas.

---

10. No julgamento do RE 796376, com repercussão geral reconhecida (Tema 796), o Supremo Tribunal Federal entendeu que não há imunidade sobre a transmissão de bens imóveis, portanto, incidindo o ITBI, caso o valor do imóvel seja maior que o capital social da empresa.

Feito tal alerta, passemos a estudar as classificações das imunidades, já que essa parte finalizamos.

1. CLASSIFICAÇÃO DAS IMUNIDADES

Neste ponto, vamos estudar a classificação trazida pela Ministra Regina Helena Costa,[11] por ser mais didática para seu aprendizado.

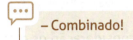
– Combinado!

1.1. Quanto aos valores constitucionais protegidos ou quanto ao grau de intensidade e de amplitude

Nessa classificação, temos as imunidades consideradas como genéricas ou gerais, as quais contemplam todos os entes tributantes ou diferentes tributos, contemplados pelo art. 150, VI, da CF/1988, protegendo ou promovendo valores constitucionais básicos.

Regina Helena Costa [12] explica que:

> As imunidades gerais ou genéricas, contempladas no art. 150, VI, dirigem vedações a todas as pessoas políticas e abrangem todo e qualquer imposto que recaia sobre o patrimônio, a renda ou os serviços das entidades mencionadas – daí a denominação que recebem. Protegem o promovem valores constitucionais básicos, têm como diretriz hermenêutica a salvaguarda da liberdade religiosa, política, de informação etc. São dotadas de intensa carga axiológica, uma vez que a Lei Maior as fundamenta em diversos valores.

– Imagino que o contrário de gerais sejam as específicas...

Também chamadas de tópicas ou especiais, as imunidades específicas são relativas a um único tributo, dirigidas a uma determinada pessoa política.[13]

---

11. COSTA, Regina Helena. *Curso de Direito Tributário*: Constituição e Código Tributário Nacional. 7. ed. São Paulo: Saraiva, 2017, p. 107.
12. Ibidem, p. 107.
13. COSTA, Regina Helena. Curso de Direito Tributário: Constituição e Código Tributário Nacional. 7. ed. São Paulo: Saraiva, 2017. p. 108: "É o caso, por exemplo, da imunidade ao IPI nas operações com produtos industrializados destinados ao exterior".

Bem fácil essa classificação, não é mesmo?

— Tranquila! Passemos à próxima.

1.2. Quanto ao modo de incidência

Trata-se de uma classificação que leva em consideração os efeitos da exoneração da norma constitucional, dividindo-se em objetivas e subjetivas.

— Subjetivas, presumo, por estarem correlacionadas aos sujeitos.

Isso mesmo. Essas imunidades são dirigidas a pessoas específicas, como no caso dos entes políticos.[14]

— Se leva em consideração aspectos do sujeito, por que há alguns elementos objetivos empregados, como, por exemplo, o patrimônio?

Nada impede que sejam empregados elementos objetivos com o intuito unicamente de limitar a imunidade dos sujeitos elencados no art. 150 da CF/1988.[15]

— Sei que também existem imunidades tributárias objetivas, as que recaem sobre o objeto...

---

14. Art. 150 da CF/1988. "Sem prejuízo de outras garantias asseguradas ao contribuinte, é vedado à União, aos Estados, ao Distrito Federal e aos Municípios:
VI – Instituir impostos sobre:
a) patrimônio, renda ou serviços, uns dos outros."
15. "As imunidades subjetivas ou pessoais são aquelas outorgadas em razão da condição de determinadas pessoas; recaem sobre sujeitos. Nestas impede registrar a presença de elementos objetivos – patrimônio, renda ou serviços relacionados com as finalidades essenciais das atividades beneficiárias ou delas decorrentes (art. 150, §§ 2º e 4º) –, mas tão somente como elementos balizadores da subjetividade considerada. São outorgadas em função da natureza jurídica da pessoa ou, mesmo, em consideração ao papel socialmente relevante que desempenha. A imunidade subjetiva é, assim, atributo da personalidade jurídica de certos entes" (COSTA, Regina Helena. *Curso de Direito Tributário*: Constituição e Código Tributário Nacional. 7. ed. São Paulo: Saraiva, 2017, p. 108).

CAPÍTULO 3 → Imunidades Tributárias

Um grande exemplo é o previsto no art. 150, VI, *d*, da CF/1988.¹⁶ Nesse dispositivo há vedação expressa quanto à incidência de impostos sobre livros, periódicos e o papel destinado a impressão destes.

– Bem simples!

Há ainda, contudo, as imunidades mistas.

– Nessas imunidades mistas conjugam-se elementos objetivos e os subjetivos?

Sim. Bem pontuado. Um exemplo clássico de imunidade mista é a referente ao imposto territorial rural, prevista no art. 153, § 4º, da CF/1988. Essa imunidade contempla pequenas glebas rurais, definidas em lei (elemento objetivo), quando exploradas pelo proprietário sozinho ou com sua família, desde que não possua outro imóvel (elemento subjetivo).

– Teria tabelinha para memorizar essas distinções, professora?

É pra já!

SUBJETIVA	OBJETIVA	MISTA
Art. 150, VI, *a, b, c*, CF/1988	Art. 150, VI, *d*, CF/1988	Art. 153, § 4º, II, CF/1988
Exemplo: Instituições de educação e de assistência sem fins lucrativos.	Exemplo: Livros, jornais, periódicos e seus papéis para impressão.	Exemplo: ITR "não incide" sobre pequenas glebas rurais, definidas em lei, quando as explore o proprietário que não possua outra.

---

16 Art. 150 da CF/1988. "Sem prejuízo de outras garantias asseguradas ao contribuinte, é vedado à União, aos Estados, ao Distrito Federal e aos Municípios:
VI – Instituir impostos sobre:
d) livros, jornais, periódicos e o papel destinado a sua impressão".

1.3. Quanto à origem

Regina Helena Costa compreende que as imunidades políticas e as ontológicas, objetos de estudo desta classificação, são oriundas da classificação da imunidade como subjetiva. Ademais, por meio desta, conclui-se que nem toda imunidade tributária consistirá em cláusula pétrea.

– Ixi... sobre essa classificação não consigo supor nada.

Bom, primeiramente, referente às imunidades ontológicas, temos que estas são fundamentadas em princípios constitucionais, como o da isonomia, o da capacidade contributiva e, também, do pacto federativo.[17] Basicamente, não precisam estar expressas em normas constitucionais.

– Consequentemente, a diferença básica entre as imunidades ontológicas e as políticas, presumo, é que as últimas não decorrem de princípios como os listados, não é mesmo?

Sim, uma vez que se trata de uma opção política do legislador, necessitando de previsão expressa em norma constitucional. Segundo a Ministra do Superior Tribunal de Justiça:

> As imunidades políticas, diversamente, sem constituírem consequência necessária de um princípio, são outorgadas para prestigiar outros princípios constitucionais. Beneficiam, eventualmente, pessoas que detêm capacidade de contribuir. Podem ser retiradas do Texto Fundamental – tão somente mediante o exercício do Poder Constituinte Originário –, não podendo ser

---

17. "No Direito Positivo o princípio que impõe o reconhecimento dessas imunidades é o princípio da isonomia, em suas diversas manifestações. Seja mediante o princípio da capacidade contributiva – expressão da igualdade tributária em matéria de impostos –, seja por intermédio do princípio da autonomia das pessoas políticas – resultado da igualdade existente entre elas na Federação brasileira -, é a isonomia que impõe a identificação das imunidades de natureza ontológica. Esses preceitos imunitórios sempre revestem-se de caráter subjetivo. A imunidade ontológica por excelência é a imunidade recíproca das pessoas políticas, visto não possuírem capacidade contributiva, pois seus recursos destinam-se ao custeio da prestação dos serviços públicos que lhes incumbem. Também, cuidando-se de um Estado Federal, tal imunidade é decorrência lógica dessa mesma igualdade, agora voltada às pessoas políticas. Indiferente, portanto, para essa espécie de imunidade, que sua previsão seja suprimida do texto constitucional, já que, por força dos princípios que a edificam, a exoneração tributária revela-se consequência necessária destes" (COSTA, Regina Helena. *Curso de Direito Tributário*: Constituição e Código Tributário Nacional. 7. ed. São Paulo: Saraiva, 2017, p. 109).

reconhecidas ante a ausência de preceito expresso que as escolha – o que equivale a dizer que a competência tributária pode voltar a ser exercida nessas situações.[18]

– Ou seja, nada impede que impostos sejam cobrados daqueles que são considerados imunes?

Perfeito! Mas não estamos nos referindo aqui a todos que estão contemplados por normas imunizantes, mas apenas aqueles objetos e sujeitos que estão contemplados por uma imunidade considerada política.

– E o que e quem são?

Exemplos de imunidades políticas são aquelas conferidas aos templos, aos jornais, livros, periódicos e ao papel destinado à sua impressão, assim como aos partidos políticos e suas fundações e entidades sindicais dos trabalhadores.

Bom, da parte geral já está de bom tamanho. Você já está apto a iniciar o estudo das imunidades específicas.

– Vamos iniciar com a imunidade recíproca?

Claro. Vamos seguir o art. 150, VI, da Constituição!

2. IMUNIDADES ESPECÍFICAS

2.1. Imunidade recíproca

– Professora, essa imunidade é aquela referente aos entes da Federação, não é mesmo?

Esse mesmo. É aquela que, segundo a norma constitucional,[19] é vedado aos entes políticos instituírem impostos sobre o patrimônio, renda ou serviços uns dos outros.

---

18. Ibid., p. 109.
19. Art. 150 da CF/1988. "Sem prejuízo de outras garantias asseguradas ao contribuinte, é vedado à União, aos Estados, ao Distrito Federal e aos Municípios:
    VI – instituir impostos sobre: patrimônio, renda ou serviços, uns dos outros".

321

O ilustre professor Roque Antonio Carrazza[20] nos ensina que:

> Decorre do princípio federativo porque, se uma pessoa política pudesse exigir impostos de outra, fatalmente acabaria por interferir em sua autonomia. Sim, porque, cobrando-lhe impostos, poderia levá-la a situação de grande dificuldade econômica, a ponto de impedi-la de realizar seus objetivos institucionais. Ora, isto a Constituição absolutamente não tolera, tanto que inscreveu nas cláusulas pétreas que não será sequer objeto de deliberação a proposta de emenda constitucional tendente a abolir "a forma federativa de Estado" (art. 60, § 4º, I). Se nem a emenda constitucional pode tender a abolir a forma federativa de Estado, muito menos poderá fazê-lo a lei tributária, exigindo imposto de uma pessoa política. Mas, conforme adiantamos, também o princípio da isonomia das pessoas políticas impede que se tributem, umas às outras, por meio de impostos.

– Gosto bastante quando grandes doutrinadores são mencionados, professora!

Fico feliz! Sou muito fã do professor Roque.

Mas, voltando... tenha muito cuidado, pois a norma se refere aos impostos, apenas, e, conforme entendimento jurisprudencial, abarcando a todos, inclusive aqueles incidentes no comércio exterior que não incidam sobre serviços, bens e renda dos entes políticos.

Esse entendimento ampliativo do Supremo Tribunal Federal é presente nos julgamentos do RE 196.415/PR, assim como do RE 203.755/ES. Nota-se que, também neste caso, a Suprema Corte resolveu adotar a interpretação teleológica da norma, por compreender o patrimônio em um sentido mais amplo, por isso é inviável gravar as finanças do ente político, assim como não se pode admitir atingir a economia dele.

– Isso significa que se a União for proprietária de um imóvel urbano na cidade de Santos, o ente municipal pode cobrar taxa de coleta de lixo?

---

20. CARRAZZA, Roque Antonio. Curso de Direito Constitucional Tributário. 32. ed. São Paulo: Malheiros, 2019, p. 619.

Pode, sim, pois taxas, como já vimos, são tributos, mas não impostos. O que o ente municipal não pode é cobrar IPTU da União referente a esse bem. Tome cuidado, pois essa constatação sempre é cobrada nas provas.

– Essa imunidade é fundamentada no pacto federativo, conforme você já mencionou...

E, por isso, estamos diante de uma cláusula pétrea, conforme já entendeu o Supremo Tribunal Federal, consistindo em um instrumento de calibragem do pacto federativo, pois veda que um ente da Federação utilize a carga tributária para pressionar um outro ente político ou que lhe conceda algum tipo de benesse. Ademais, esse fundamento é previsto no art. 18 da CF/1988, o qual dispõe que os entes da Federação são considerados autônomos, sendo que esta autonomia político-administrativa repercute na não sujeição à tributação de outro ente.

– Você também tinha se referido aos entes da Federação não possuírem capacidade contributiva.

E por conta disso, não há a possibilidade de sofrerem a incidência de imposto, uma vez que seus recursos são destinados à prestação de atividades essenciais, conforme disposto na Constituição Federal de 1988.

Conforme entendimento do Supremo Tribunal Federal, no RE 601.392, essa imunidade possui três funções básicas:

a)	salvaguardar o pacto federativo, uma vez que é evitada que a tributação seja coercitiva ou indutora de um ente em outro;
b)	proteger a atividade desprovida de capacidade contributiva, porque as atividades públicas não almejam o lucro;
c)	não beneficiar a atividade econômica, até porque deve ser preservada a livre-iniciativa e a livre concorrência, salvo quanto às situações expressas na Constituição Federal de 1988 de forma distinta.

– Não imaginava todas essas finalidades dessa imunidade.

Vamos classificá-la, então, conforme o que definimos anteriormente?

– Vamos! Já sei que é subjetiva, pois refere-se aos entes políticos. Também, é ontológica, uma vez que deriva de princípios, como o pacto federativo, sendo explícita na norma constitucional.

Muito bem! É sempre importante que você faça essa classificação das imunidades tributárias. Só faltou dizer que se trata de uma imunidade incondicionada, já que não é necessário que sejam preenchidos requisitos para que seja concedida.

– Mas essa imunidade sempre prevalecerá?

Então, o Supremo Tribunal Federal[21] passou a entender que mesmo que um ente da Federação seja o proprietário de um bem imóvel, embora não o ocupe, mas sim um arrendatário ou um delegatário, incidirá o IPTU sobre ele. O caso envolve a PETROBRAS, arrendatária de um imóvel da União no Porto de Santos.

– E a PETROBRAS é uma sociedade de economia mista.

Boa constatação. Por causa disso, a imunidade tributária recíproca não a contempla, uma vez que ela atua em regime concorrencial, conforme veremos mais adiante. Logo, a PETROBRAS como arrendatária do bem imóvel no Porto de Santos deveria pagar o IPTU ao Município de Santos, já que a propriedade perdeu o seu atributo social, passando para satisfação de objetivos meramente privados.

– Não entendi. A União não continua a ser considerada como proprietária do imóvel arrendado à PETROBRAS?

---

21. STF, RE 594.015/DF.

Continua, no entanto, conforme previsto no Código Tributário Nacional, o IPTU pode ser cobrado do proprietário, do possuidor ou quem detenha o domínio útil do bem.

– O arrendatário tem a posse do bem, não é mesmo?

Detém e essa posse não é precária, diferente, por exemplo, do inquilino de um imóvel. No entanto, mesmo que não fosse precária, o Supremo Tribunal Federal[22] compreendeu que incide o IPTU sobre o imóvel público cedido à empresa com personalidade jurídica de direito privado que desenvolva atividade econômica, caso contrário, se a imunidade tributária fosse concedida, haveria um grande desequilíbrio referente à livre concorrência.

– Não consegui compreender bem essa constatação do STF, professora. Uma hora é por conta de a posse não ser considerada precária, outra hora esse fato é dispensável...

O caso concreto analisado pelo Supremo Tribunal Federal refere-se a uma concessionária que ocupa um terreno de marinha, propriedade da União, não pagando o IPTU. Na mesma região, outras concessionárias ocupavam imóveis particulares e pagavam o referido imposto. Ora, ambas se encontravam em regime de concorrência.

Inclusive, o Supremo Tribunal Federal, no julgamento do RE 1261908, Dj. 04.11.2020, compreendeu que há incidência do imposto predial e territorial urbano em razão de contrato de concessão de uso de bem público por pessoa natural para exploração de atividade sem qualquer interesse público. Ou seja, seguiu a mesma linha do que acabei de mencionar, não sendo admitida a imunidade tributária, nesse caso.

O que você acha disso?

– Bem injusto uma não pagar o IPTU e as demais pagarem, sendo que todas exploravam o mesmo objeto econômico. Um verdadeiro desequilíbrio mesmo, professora.

---

22. STF, RE 601.720/RJ.

Pois é! E o argumento é que se até mesmo as empresas públicas e as sociedades de economia mista que exploram atividade econômica e se encontram em um regime concorrencial são contribuintes, isto é, não é admissível que lhes recaia a imunidade tributária referente aos impostos, por qual motivo uma concessionária, pessoa jurídica de direito privado, atuando em concorrência com as demais faria jus a essa benesse?

– Justo! Bom argumento. E quando se trata de uma empresa que era privada, com débitos tributários, e o ente público a sucede?

Nesse caso, trata-se de responsabilidade tributária. Sendo uma empresa privada, logo, ela é contribuinte de impostos, não estando sujeita à imunidade tributária. Caso tenha débitos tributários da época anterior à sucessão, a imunidade tributária não irá retroagir abarcando os fatos passados.

– Isso significa que se a União suceder uma empresa privada com débitos, terá que adimplir os valores referentes a ICMS que, porventura, essa pessoa jurídica devia ao Estado de São Paulo, por exemplo?

É isso aí. Um caso concreto nesse sentido foi analisado pelo Supremo Tribunal Federal, no julgamento do RE 693.122/MG, em sede repercussão geral. Ademais, decidiu que é válida a penhora de bens da pessoa jurídica de direito privado, realizada anteriormente à sucessão desta pela União, não sendo passível de pagamento por meio de precatório.

– E falando novamente sobre ICMS, ouvi dizer, uma vez, que por ser um imposto indireto há algumas peculiaridades quanto à essa imunidade recíproca...

Como você bem sabe, em se tratando de impostos indiretos, temos o conhecido fenômeno da repercussão tributária. Imagina que determinado comerciante é o contribuinte do ICMS, pois ao vendê-la, realizará a sua circulação, ou seja, a transferência da propriedade. Pois

CAPÍTULO 3 → Imunidades Tributárias

bem, o que ocorre é que esse contribuinte, determinado de contribuinte de direito, irá repassar, como praxe, o valor a título de ICMS ao consumidor, a partir do preço final do produto que está sendo vendido.

– Então, embora seja o comerciante o contribuinte de direito do ICMS, quem irá suportar o valor do imposto será o consumidor que adquirir a mercadoria?

Exatamente! A este, damos o nome de contribuinte de fato, quem de fato irá suportar o ônus da carga tributária. Feitos esses esclarecimentos, imagina que determinado ente político é, na realidade, o contribuinte de fato, conforme explicado nessa situação. Você acha que ele irá ser imune ao valor do ICMS?

– Acho que sim. Estamos falando de impostos, embora indiretos, e temos que garantir o pacto federativo.

Não é o que pensa o Supremo Tribunal Federal....

– Ixi, lá vem...

O Supremo Tribunal Federal tem entendido que os entes políticos só detêm imunidade quando são considerados como contribuintes de direito. Quando forem considerados como contribuintes de fato, suportarão a carga tributária repassada como qualquer consumidor. Um exemplo é o julgamento do RE 608.872/MG.

– Logo, caso o ente municipal tenha que adquirir um aparelho de ar-condicionado para o gabinete do prefeito, sem entrar no mérito quanto à licitação pública, não poderá requerer que seja descontado o valor do ICMS embutido, não é mesmo?

Sim, terá que suportar o valor referente ao ICMS e também, por exemplo, do IPI, pois estará na posição de contribuinte de fato.[23]

---

23. A partir desse entendimento, interessante a leitura da Súmula 591 do STF: "A imunidade ou a isenção do comprador não se estende ao produtor, contribuinte do imposto sobre produtos industrializados".

– Bem interessante esse ponto referente aos entes públicos. E, referente a entes públicos, essa imunidade também é extensível às autarquias e fundações públicas?

É sim, veja o dispositivo que menciona expressamente sobre:

> Art. 150, § 2º, da CF/1988. A vedação do inciso VI, "a", é extensiva às autarquias e às fundações instituídas e mantidas pelo Poder Público, no que se refere ao patrimônio, à renda e aos serviços, vinculados a suas finalidades essenciais ou às delas decorrentes.

O interessante é a última parte do parágrafo segundo o qual dispõe "vinculados a suas finalidades essenciais ou às delas decorrentes". Você reparou na diferença quanto aos entes políticos?[24]

 – Eu não.

Quanto aos bens, patrimônio e serviços dos entes políticos, não há qualquer condicionante ou finalidade. Desta feita, mesmo que a União não utilize do seu imóvel, a imunidade persistirá quanto aos impostos. Ao passo que, referente às autarquias e às fundações, o § 2º exige uma determinada finalidade.

 – Ou seja, para que a autarquia faça jus a essa imunidade, deve haver uma relação entre o objetivo instituidor da autarquia e o seu patrimônio, renda ou serviço.

Essa é a ideia. No entanto, o Supremo Tribunal Federal compreendeu no julgamento do AgRg no Ag RE 680.814 que, mesmo estando vago determinado imóvel de propriedade da autarquia, ainda assim, estaria imune quanto à incidência dos impostos que sobre ele recaem.

---

24. Embora o dispositivo se refira, apenas, ao patrimônio, serviços e renda, a jurisprudência do Supremo Tribunal Federal compreendeu que há a possibilidade de a imunidade tributária abarcar outras hipóteses, dando uma interpretação mais extensiva. Na ADI 1.758 compreendeu que as autarquias e as fundações estariam imunes à incidência do IOF.

– Professora, mas essa vinculação do bem à finalidade é a autarquia que deverá demonstrar para fazer jus à esta imunidade tributária?

No AgRg no ARESP 304.126/RJ, o Superior Tribunal de Justiça entendeu que o ônus de provar que o patrimônio, a renda ou o serviço não se destina à finalidade da autarquia ou da fundação é do ente político que pretende tributar. Isso significa que caso o ente municipal queira de fato cobrar IPTU da autarquia, proprietária de um bem imóvel urbano, caberá a ele demonstrar que o bem não está vinculado à finalidade do ente público em questão. Lembrando que essa situação é quanto às imunidades, diferentemente do que ocorre em relação à isenção.

– Referente à isenção é o contribuinte do tributo que deverá demonstrar que se enquadra na situação descrita pela norma para fazer jus ao benefício, não é mesmo?

É nesse sentido que o Supremo Tribunal Federal compreendeu no julgamento do RE 385.091.

– E sempre que essas autarquias e fundações possuírem renda, patrimônio e serviços vinculados às suas atividades farão jus à imunidade tributária referente aos impostos?

Nem sempre. Há casos em que a autarquia ou a fundação, embora componha a Administração Pública indireta, explore atividade econômica em regime de concorrência, sendo inviável que façam jus à imunidade tributária em questão, pois, caso contrário, seria uma afronta ao que dispõe o art. 173, da CF/1988. O mesmo raciocínio é aplicável às sociedades de economia mista que, em regra, não são acobertadas pela imunidade tributária, embora, logicamente, haja exceção.

– Então, significa que nem sempre as sociedades de economia mista pagarão impostos.

329

Tanto as sociedades de economia mista quanto as empresas públicas. No julgamento da ADPF 46 e do RE 407.099/RS, o Supremo Tribunal Federal entendeu que, analisando o caso da empresa pública de correios e telégrafos, a ECT, a qual presta serviço público de natureza obrigatória e exclusiva do Estado, em regime de exclusividade, ou monopólio, ou até mesmo, de privilégio, faria jus à imunidade recíproca no que tange aos impostos. Isso porque, quando as sociedades de economia mista e as empresas públicas atuam nesse sentido, não possuem intuito lucrativo.

> 💬 – No caso dos Correios, até entendo quanto às atividades exclusivas, de prestação obrigatória, no entanto, também prestam alguns serviços não considerados como postais. Nesses casos, também estarão imunes?

Sim! O Supremo Tribunal Federal, no RE 601.392, compreendeu que essa imunidade é extensível a todos os serviços prestados, mesmo que em concorrência com as empresas privadas.

> 💬 – Mas qual a explicação para que o Supremo Tribunal Federal compreenda nesse sentido, professora?

Muito simples: você envia cartas ou cartões de Natal pelos Correios?

> 💬 – Eu não, sou da geração do ICQ, *e-mail*, Messenger, WhatsApp e por aí vai...

Também sou dessa geração, mas meus pais sempre se correspondiam por cartas. Namoravam a distância e ligações DDD eram bem caras naquela época. Hoje, já não utilizamos tanto esses serviços postais, não é mesmo?

> 💬 – É verdade.

Imagine os Correios dependendo de nós, a geração ICQ em diante? Não teria recurso nenhum! Pensando nisso, o Supremo Tribunal

CAPÍTULO 3 → Imunidades Tributárias

Federal compreendeu que os serviços de postagem são, em verdade, deficitários. Logo, os serviços prestados em concorrência privada seriam superavitários, de modo que os recursos por eles gerados devem ser empregados nas atividades deficitárias, ou seja, no serviço postal, que é a sua atividade exercida em monopólio. Só que você tem que ter ciência de que esse entendimento é único e exclusivamente referente aos Correios.

– Conclui-se que referente aos Correios não importa se a atividade está ligada à sua finalidade essencial, estando todos os seus serviços acobertados pelo manto da imunidade recíproca, ao passo que às demais empresas públicas e sociedades de economia mista esse entendimento não se aplica.

É isso aí!

Neste sentido é o entendimento do Supremo Tribunal Federal ao reconhecer a imunidade referente ao ICMS incidente no serviço de transporte de bens e de mercadorias, aos Correios, uma vez que o recebimento, o transporte e a entrega de encomendas e correspondências são atividades indissociáveis do serviço postal, nos termos do RE 627.051/PE, com repercussão geral. O mesmo entendimento é referente ao IPVA, sendo que os Correios estão imunes quanto ao imposto incidente sobre seus veículos automotores.

Feitas essas considerações em relação aos Correios, precisamos conhecer mais alguns exemplos quanto à imunidade tributária conferida às empresas públicas e às sociedades de economia mista. O Supremo Tribunal Federal possui inúmeros entendimentos, contemplando a INFRAERO, a Casa da Moeda, assim como as sociedades de economia mista de abastecimento de água e de esgoto. No entanto, o mais questionável é o caso da Companhia de Docas do Estado de São Paulo (CODESP), a qual realiza a administração portuária do Porto de Santos.

– Quando o assunto é sociedade de economia mista aqui é porque envolve capital privado, não é mesmo?

E esse capital social deduz que a pessoa jurídica em questão atua em regime concorrencial, não fazendo jus à concessão da imunidade

331

tributária. Não obstante, no caso da CODESP, a participação privada é pífia, ou seja, irrelevante, até porque, quando analisado o caso pelo Supremo Tribunal Federal, a União possuía quase que todo capital social da sociedade de economia mista em questão. Essa constatação corroborou para que a CODESP também fizesse jus à imunidade tributária ora estudada.

> – Deduzo que para o Supremo Tribunal Federal essa questão envolvendo a constituição da pessoa jurídica, se é pública ou privada, não é muito importante, mas sim se a pessoa jurídica está em regime concorrencial ou não, e se objetiva lucro ou não.

Também se esses serviços são remunerados por meio de pagamento de tarifas, não sendo, portanto, pessoas jurídicas que fazem jus à imunidade tributária. Perceba que dessa sua constatação outra conclusão pode ser feita. Caso a pessoa jurídica atue em regime concorrencial, não fará jus ao regime de precatório, diferentemente se presta algum serviço público em regime concorrencial possuindo imunidade. Em sentido divergente, Luis Eduardo Schoueri ao entender que:[25]

> Conforme já exposto, a prestação de serviços públicos, ainda que remunerados por meio de tarifas, encontra-se fora do domínio da atividade econômica. É o que se depreende da correta interpretação do artigo 173 da Constituição Federal que, ao regular as hipóteses de atuação do Estado em atividades econômicas, refere-se apenas à atividade econômica em sentido estrito. Da mesma forma, o § 3º do artigo 150 da Constituição Federal estaria circunscrito à atividade econômica entendida em seu sentido estrito, que é a própria dos particulares. Assim, tal dispositivo excluiria da imunidade recíproca o patrimônio, renda e serviços estatais relacionados com a exploração de atividades econômicas, incluindo a circunstância em que essas sejam remuneradas através de preços ou tarifas pelo usuário. A prestação de serviços públicos, destarte, não se incluiria em tal hipótese, haja vista não se tratar de exploração de atividade econômica.

---

25. SCHOUERI, Luis Eduardo. *Direito Tributário*. 9. ed. São Paulo: Saraiva Educação, 2019, p. 460.

– Interessante esse argumento, professora!

Interessante, também, é o entendimento do Supremo Tribunal Federal, que fixou a seguinte tese de repercussão geral (Tema 508), no julgamento do RE 600867:

> "Sociedade de economia mista, cuja participação acionária é negociada em Bolsas de Valores, e que, inequivocadamente, está voltada à remuneração do capital de seus controladores ou acionistas, não está abrangida pela regra de imunidade tributária prevista no artigo 150, inciso VI, alínea "a", da Constituição, unicamente em razão das atividades desempenhadas."

No caso concreto, a Companhia de Saneamento Básico do Estado de São Paulo (Sabesp), alegou o direito à imunidade recíproca, com a intenção de não recolher o IPTU, cobrado pela Prefeitura do município de Ubatuba, referente aos exercícios financeiros de 2002 a 2004.

Tal entendimento do Supremo Tribunal Federal tem fundamento na Constituição:

> Art. 150, § 3º, da CF/1988. As vedações do inciso VI, "a", e do parágrafo anterior não se aplicam ao patrimônio, à renda e aos serviços, relacionados com exploração de atividades econômicas regidas pelas normas aplicáveis a empreendimentos privados, ou em que haja contraprestação ou pagamento de preços ou tarifas pelo usuário, nem exonera o promitente comprador da obrigação de pagar imposto relativamente ao bem imóvel.

– E quanto à parte final desse dispositivo?

Refere-se à Súmula 583 do Supremo Tribunal Federal, segundo a qual o "promitente comprador de imóvel residencial transcrito em nome de autarquia é contribuinte do imposto predial territorial urbano". Imagine um compromisso de compra e venda, segundo o qual o promitente-vendedor se compromete a vender ao promitente-comprador o imóvel, sendo passada a escritura após um certo prazo, desde que tenha sido realizado o pagamento integral do valor acordado.

— O promitente-comprador possui o direito real sobre o bem imóvel, ainda que não seja o proprietário.

E por conta disso, caso a legislação municipal preveja que o promitente comprador seja considerado como contribuinte do IPTU, arcará com o valor do imposto.[26]

Quero lhe fazer uma pergunta: já teve que utilizar serviços cartorários?

— Já sim e são bem caros.

Como você deve saber, os cartórios são delegatários de serviço público, nos termos do art. 236 da Constituição. No entanto, exercem essa função de maneira privada, auferindo lucro.

— Então, possuem capacidade contributiva, já que almejam o lucro.

Foi o que decidiu o Supremo Tribunal Federal no julgamento da ADI 3.089/DF, no qual restou configurada essa capacidade contributiva dos cartórios no que concerne ao ISS. Ou seja, os cartórios devem pagar ISS aos municípios por conta dos seus serviços prestados, uma vez que não são abarcados pela imunidade tributária recíproca.

— Professora, estava pensando: e quanto aos Estados estrangeiros... também possuem imunidade tributária?

Possuem, mas não apenas imunidades tributárias, assim como imunidade de jurisdição. Conforme entendeu o Superior Tribunal de Justiça no RO 139/RJ:

> Os Estados estrangeiros gozam de imunidade tributária; por isso, não pagam impostos nem taxas no Brasil. Essa imunidade

---

26. Súmula 399, STJ. Cabe à legislação municipal estabelecer o sujeito passivo do IPTU.

tributária não abrange taxas que são cobradas por conta de serviços individualizados e específicos que sejam prestados ao Estado estrangeiro. Desse modo, o país estrangeiro terá que pagar o valor da taxa, não gozando de isenção. Com base nesse entendimento, o Município não pode cobrar IPTU de Estado estrangeiro, mas poderá exigir o pagamento de taxa de coleta domiciliar de lixo.

No entanto, podem ser executados, tanto os Estados quanto as organizações internacionais, caso abram mão dessa imunidade, após cientificação por parte do magistrado.

– Os agentes diplomáticos também possuem imunidade?

De acordo com o art. 34 da Convenção de Viena de 1961, os agentes diplomáticos, na verdade, possuem "isenção fiscal", em regra, quanto ao pagamento de impostos e taxas.[27]

– Bem interessante unir o Direito Internacional Público e o Direito Tributário. Questão bacana de prova de magistratura federal.

---

27. Valério de Oliveira Mazzuoli explica que há exceções quanto à isenção fiscal concedida aos agentes diplomáticos: "a) os impostos indiretos que estejam normalmente incluídos no preço das mercadorias ou dos serviços; b) os impostos e taxas sobre bens imóveis privados, situados no território do Estado acreditando, a não ser que o agente diplomático os possua em nome do Estado acreditante e para fins de missão; c) os direitos de sucessão percebidos pelo Estado acreditando (salvo o disposto no § 4º do art. 39); d) os impostos e taxas sobre rendimentos privados que tenham a sua origem no Estado acreditado e os impostos sobre o capital, referente a investimentos em empresas comerciais no Estado acreditado; e) os impostos e taxas cobrados por serviços específicos prestados (como água, esgoto, iluminação pública etc., nos países em que tais serviços são prestados por empresas particulares contratadas) e; f) os direitos de registro, de hipoteca, custas judiciais e imposto de selo relativos a bens imóveis (salvo o disposto no art. 23). Assim, tudo o quanto importar em incidência direta não pode ser aplicado ao agente, que receberá apenas os ônus ficais indiretos, ou seja, aqueles contidos no preço da mercadoria. Naturalmente, tudo quanto se destine ao uso oficial e pessoal da missão, bem como de seus funcionários, está livre de quaisquer encargos. Além disso, o Estado acreditado permitirá, de acordo com leis e regulamentos que adote, a entrada livre do pagamento de direitos aduaneiros, taxas e gravames conexos, que não constituam despesas de armazenagem, transporte e outras relativas a serviços análogos: a) dos objetos destinados ao uso oficial da Missão; e b) dos objetos destinados ao uso pessoal do agente diplomático ou dos membros de sua família que com ele vivam, incluídos os bens destinados à sua instalação (art. 36, § 1º) (MAZZUOLI, Valério de Oliveira. Curso de Direito Internacional Público. 11. ed. Rio de Janeiro: Forense, 2018, p. 468-69)."

335

Viu só?! Estou lhe preparando em alto nível. Só resta saber agora sobre a OAB. Será que faz jus à imunidade tributária?

– Tem sim! E quanto à caixa de assistência aos advogados?

Aqui no Estado de São Paulo é a CAASP. Imagine a CAASP: ela presta vários serviços aos advogados, como serviços odontológicos, médicos, custos mais acessíveis dos medicamentos e livros, fora os cursos. Atualmente, o Supremo Tribunal Federal, no julgamento do RE 405.267/MG, compreendeu que a caixa da OAB é acobertada pela imunidade tributária recíproca. O argumento é que não se pode conceder tratamento diferenciado a órgãos integrantes da mesma estrutura da OAB, até porque, no nosso exemplo, a CAASP presta um serviço público delegado, possuindo *status* jurídico de ente público, além de não explorar atividade econômica em sentido estrito, auferindo lucro.

– Achei que a imunidade tributária recíproca apenas contemplasse a OAB.

Era o entendimento do Supremo Tribunal Federal desde o julgamento do RE 233.803, do ano de 2009, pois a caixa de assistência possui personalidade jurídica própria, realizando atividades distintas da OAB, não consideradas como finalidades essenciais. Logo, o Supremo Tribunal Federal, por esses motivos, entendia que não fazia jus à imunidade recíproca.

– Portanto, é uma mudança de entendimento do Supremo Tribunal Federal.

E você deve ficar atento, pois será cobrado na sua prova.

2.2. Imunidade de templos religiosos

Seguindo a disposição do art. 150, VI, *b*, da CF/1988, temos a imunidade tributária referente aos templos de qualquer culto, sendo vedado aos entes da Federação instituir impostos sobre o patrimônio,

CAPÍTULO 3 → Imunidades Tributárias

a renda e os serviços, relacionados com as finalidades essenciais das entidades nelas mencionadas.[28]

– Essa imunidade tributária é fundamentada na busca pela liberdade religiosa, não é mesmo?

Sim, a qual se encontra prevista no art. 5º, III, da Constituição Federal de 1988, assegurando a todos a liberdade de culto. Logo, a imunidade tributária de templos religiosos busca tutelar esse direito, consistindo em uma cláusula pétrea.

– E quanto aos templos: quais poderão fazer jus à essa imunidade tributária?

Qualquer entidade religiosa, independentemente da crença.[29] E lembre-se: essa imunidade contempla, apenas, os impostos, conforme o Supremo Tribunal Federal no julgamento do RE 129.930, isto é, nada impede que o município cobre a taxa de coleta de lixo.

– Mas o que de fato é um templo?[30]

---

28. "A imunidade religiosa tem raízes antigas. Já no Egito se relata que no tempo posterior ao Faraó Akhenaten, templos e sacerdotes conquistaram uma imunidade tributária, a qual alcançou um terço de todas as terras egípcias: todo sacerdote recebia o equivalente a cem cúbitos quadrados de terra livre, sem um cúbito correspondente a distância entre o cotovelo e a ponta dos dedos. Na Idade Média, boa parte das disputas entre papas e reis versava sobre a imunidade tributária da igreja" (SCHOUERI, Luis Eduardo. *Direito Tributário*. 9. ed. São Paulo: Saraiva Educação, 2019, p. 466-67).
29. "Tradicionalmente, a imunidade dos templos de qualquer culto é apresentada sob seu aspecto de proteção a direito fundamental (...) Esta liberdade tem raízes bastante fortes. Começou a ser pactuada em tratados bilaterais que revogavam a ideia de que deveria prevalecer a religião de quem governasse (*cuiús régio eius religio*). A ideia de tolerância religiosa foi também fornecida pelos Tratados de Augsburgo (de 1555), de Westphalia (de 1648) e de Viena (de 1815). Inicialmente concebida como um direito coletivo, após a Conferência de São Francisco de 1945 e o estabelecimento das Nações Unidas, a liberdade de religião passou a ser considerada como orientada para a defesa de direitos individuais, baseando-se na ideia da proibição da discriminação" (SCHOUERI, Luis Eduardo. *Direito Tributário*. 9. ed. São Paulo: Saraiva Educação, 2019, p. 467-68).
30. Ibid., p. 471. "Assegura-se a imunidade ao templo. Não significa isso que apenas o edifício onde se pratica o culto está imune. Afinal, o edifício, sem o culto, não se diferenciará de outros edifícios. O que caracteriza o templo é sua destinação para o culto. Daí que a atividade de culto não pode dissociar-se do templo e, consequentemente, toda a atividade religiosa estará imune."

Ótima pergunta! Esse ponto é tão complexo que o Supremo Tribunal Federal teve que decidir a que se refere o templo para fins de abrangência da imunidade tributária estudada.

No RE 325.822/SP, o Supremo entendeu que templo consiste em uma entidade, nos termos do art. 44, IV, do Código Civil de 2002. Já no RE 562.351, entendeu que templo de qualquer culto é, na verdade, a fé dos praticantes, devendo três características da religião estarem presentes para caracterizar o templo: a elevação espiritual; a profissão da fé; e a prática de virtudes. Presentes estas três características, teremos configurada a imunidade tributária.

– O Supremo, nesse caso, deu uma intepretação teleológica ao dispositivo.

Exatamente, até porque, se fôssemos compreender templo como algo físico, isto é, o prédio da igreja, somente seria possível a imunidade tributária referente ao IPTU ou ao ITR. No entanto, buscando a finalidade da norma, isto é, a tutela da liberdade religiosa, também se admite a imunidade tributária referente à casa do padre, o veículo utilizado para o atendimento, o local de estacionamento para os fiéis, desde que pertencente à entidade, como também o próprio Supremo já compreendeu que a imunidade tributária contempla o IOF. Lembrando que os bens, serviços e renda devem estar atrelados à finalidade principal.

– Hum, então, caso haja um estacionamento ao lado da igreja, no mesmo terreno, que seja pago pelos fiéis, o valor arrecadado, para que seja acobertado pela imunidade tributária, deverá ser revertido integralmente à finalidade específica?

Sim, assim como se a entidade possuir um bem imóvel que esteja alugado. Ainda assim, o imóvel estará imune à incidência do IPTU, por exemplo, desde que a renda oriunda dos alugueres seja totalmente revertida à finalidade específica.

Nesse sentido, entendeu o Supremo Tribunal Federal, no julgamento do STF, RE 325.822/SP e entendimento sumulado, sendo a Súmula Vinculante 52, do Supremo Tribunal Federal, de extrema importância para as provas: "Ainda quando alugado a terceiros, permanece imune ao IPTU o imóvel pertencente a qualquer das entidades referidas pelo art. 150, VI, 'c', da Constituição Federal, desde que o valor dos aluguéis seja aplicado nas atividades para as quais tais entidades foram constituídas".

– E se esse imóvel ficar desalugado por algum tempo?

Mesmo assim, estará imune quanto à incidência do IPTU. Outra situação interessante é referente aos cemitérios considerados como uma extensão da igreja. Um exemplo que sempre dou em aula é de uma cidade colonizada por imigrantes alemães, no interior do Estado do Rio Grande do Sul, chamada Nova Petrópolis. Lá tem uma aldeia do imigrante alemão, onde realmente alemães viveram naquele local.

Luis Eduardo Schoueri[31] diverge dessa posição ao dispor que:

> "(...) não parece acertado vincular a imunidade ao fato de ser anexo a uma capela; os cemitérios, enquanto local de acesso público para o exercício de uma prática religiosa, merecem a dignidade de templos como tais; a existência de uma capela, ou de uma ordem religiosa, não parece requisito para que se reconheça tal imunidade.

– Conheço este lugar! Típico passeio de quem vai às Serras Gaúchas.

E eu adoro aquela cidade. Pois bem, nessa aldeia do imigrante alemão há uma igreja e bem atrás dela, um cemitério. Trata-se, então, de uma extensão do prédio da igreja. Logo, esse cemitério estará acobertado pela imunidade tributária. Interessante, não é mesmo?

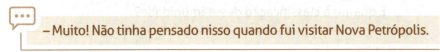
– Muito! Não tinha pensado nisso quando fui visitar Nova Petrópolis.

Falando sobre religião, a maçonaria também faz jus à imunidade tributária em questão?

---

31. SCHOUERI, Luis Eduardo. *Direito Tributário*. 9. ed. São Paulo: Saraiva Educação, 2019, p. 472.

De acordo como Supremo Tribunal Federal, a maçonaria consiste em uma filosofia de vida, e não em uma religião, até porque nos estatutos das lojas maçônicas está explicitamente escrito que não há profissão de uma religião.

– Logo, não faz jus à imunidade tributária.

2.3. Imunidade dos partidos políticos, sindicato dos trabalhadores, entidades educacionais e de assistência social

Mais precisamente, estudaremos as imunidades previstas no art. 150, VI, c, da CF/1988.[32] Com relação às entidades educacionais e as de assistência social, a finalidade da imunidade tributária é a promoção do desenvolvimento social, assim como a erradicação da pobreza e das desigualdades sociais, buscando incentivar a iniciativa privada em conjunto com o Estado no cumprimento dos seus deveres e funções sociais previstos nos arts. 6º, 196 e 203, todos da Constituição Federal de 1988.

– Professora, também se aplica a interpretação teleológica nesses casos?

De acordo com entendimento do Supremo Tribunal Federal, no julgamento do RE AgR 232.080, decidiu que a imunidade abrange o IOF, assim como no julgamento do RE 571809 AgR/RS, contemplando o ICMS na importação. Mas lembre-se: desde que os serviços, patrimônio e rendas das entidades estejam ligados à sua finalidade essencial.

– E quanto à classificação dessa imunidade?

---

32. Art. 150 da CF/1988. "Sem prejuízo de outras garantias asseguradas ao contribuinte, é vedado – à União, aos Estados, ao Distrito Federal e aos Municípios:
VI – instituir impostos sobre:
c) patrimônio, renda ou serviços dos partidos políticos, inclusive suas fundações, das entidades sindicais dos trabalhadores, das instituições de educação e de assistência social, sem fins lucrativos, atendidos os requisitos da lei;
§ 4º As vedações expressas no inciso VI, alíneas 'b' e 'c', compreendem somente o patrimônio, a renda e os serviços, relacionados com as finalidades essenciais das entidades nelas mencionadas."

CAPÍTULO 3 → Imunidades Tributárias

Então, essa imunidade é considerada subjetiva, geral e explícita. No entanto, quanto aos partidos políticos e sindicatos dos trabalhadores, é considerada como política, ao passo que em relação às entidades, a depender, poderá ser ontológica ou política.

> 💬 – Em relação aos sindicatos, somente o dos trabalhadores que estará acobertado por essa imunidade?

Somente. Primeiro porque essa imunidade compreende a proteção da liberdade de associação sindical, prevista no art. 8º da CF/1988. Ademais, os trabalhadores são tidos como hipossuficientes, devendo os sindicatos defender os interesses e direitos coletivos da categoria ou dos indivíduos afiliados. Interessante destacar que essa imunidade contemplará abarca as federações, as confederações e as centrais sindicais.

> 💬 – Um ponto que verifiquei é que na alínea *c* do inciso VI do art. 150 da CF/1988, a norma constitucional menciona a necessidade de lei que preveja requisitos a serem preenchidos.

Nesse caso, estamos diante de uma imunidade a qual está prevista em uma norma de eficácia limitada.

> 💬 – Seria, portanto, uma lei ordinária, já que a norma constitucional não menciona expressamente ser uma lei complementar...

Não! É uma lei complementar, tome cuidado. Embora o referido dispositivo não faça menção expressa à necessidade da edição de uma lei complementar, estamos diante de um limite ao poder de tributar. Lembrou de algo?

> 💬 – Ah, sim! O art. 146, II, da Constituição Federal de 1988[33] é explícito na necessidade de uma lei complementar para regular essa limitação ao poder de tributar.

---

33. Art. 146 da CF/1988 "Cabe à lei complementar:
II – regular as limitações constitucionais ao poder de tributar".

Muito bem! Inclusive, é o entendimento do Supremo Tribunal Federal quanto à necessidade de uma lei complementar para tanto. No entanto, não confunda, uma vez que as leis ordinárias servem para tratar da constituição e do funcionamento das entidades imunes, regular a certificação, a fiscalização e o controle administrativo das entidades, conforme julgado na ADI 1802/DF. Nesse julgado, o Supremo Tribunal Federal acabou entendendo pela inconstitucionalidade do art. 12 da Lei 9.532/1997 (lei ordinária), o qual previa que os ganhos de aplicações financeiras feitas pelas entidades de assistência social não seriam acobertados pela imunidade em questão. O mesmo entendimento no julgamento da ADI 2.028 referente ao art. 55 da Lei 8.212/1991, também ordinária, a qual regulamentava o art. 195, § 7º, da CF/1988.

– Então, é plausível que uma lei ordinária seja editada referente às entidades?

É... conforme expliquei, o que entendeu o Supremo. Um exemplo é o art. 55, II, da Lei 8.212/1991, o qual não foi considerado como inconstitucional, pois somente aborda aspectos referentes à obtenção do CEBAS, espécie de certificado, por meio do qual reconhece a entidade como beneficente.

– Compreendi! E esses requisitos estão previstos onde?

No próprio Código Tributário Nacional, mais precisamente no art. 14.[34] Lembrando que o CTN é uma lei recepcionada como complementar.

---

34. Art. 14 do CTN. "O disposto na alínea c do inciso IV do artigo 9º é subordinado à observância dos seguintes requisitos pelas entidades nele referidas:
I – não distribuírem qualquer parcela de seu patrimônio ou de suas rendas, a título de lucro ou participação no seu resultado;
I – não distribuírem qualquer parcela de seu patrimônio ou de suas rendas, a qualquer título;
II – aplicarem integralmente, no País, os seus recursos na manutenção dos seus objetivos institucionais;
III – manterem escrituração de suas receitas e despesas em livros revestidos de formalidades capazes de assegurar sua exatidão.
§ 1º Na falta de cumprimento do disposto neste artigo, ou no § 1º do artigo 9º, a autoridade competente pode suspender a aplicação do benefício.

Ademais, esse dispositivo é utilizado para regular a imunidade da contribuição da seguridade social do art. 195, § 7º, da CF/1988, dado que não há lei específica para tanto. Nunca se esqueça disso!

– Não me esquecerei!

Outro julgado importante sobre esse assunto, antes de adentrarmos nos requisitos do art. 14 do CTN, é do Superior Tribunal de Justiça, no REsp 1.345.462/RJ, referente à última parte do art. 55 da Lei 8.212. O dispositivo exigia a apresentação de um relatório anual circunstanciado no qual constasse as atividades beneficentes da entidade, o qual, conforme o Superior Tribunal de Justiça, não é relevante para o gozo da imunidade, mas sendo compreendido como uma obrigação acessória para fins de verificação do cumprimento da obrigação principal por parte da entidade quanto à aplicação dos recursos da entidade integralmente nos fins institucionais. Vale lembrar que o art. 55 da Lei 8.212/1991 foi revogado, sendo que as matérias contempladas passaram a ser reguladas pela Lei 12.101/2009.

– E quanto aos requisitos previstos no art. 14 do CTN?

Pois bem, vamos começar a analisá-los, então. No inciso I do art. 14 do CTN, verifica-se que é viável que os empregados destas entidades sejam remunerados, desde que seja compatível com os valores praticados no mercado. O que não é permitido é a distribuição de lucro, incluindo aos seus diretores e presidentes.[35]

Interessante é que você saiba o que significa essa distribuição de lucro, nas palavras do professor Luis Eduardo Schoueri:[36]

> Distribuir uma parcela do patrimônio não é o mesmo que empregar recursos da entidade na finalidade à qual ela se propôs.

---

§ 2º Os serviços a que se refere a alínea c do inciso IV do artigo 9º são exclusivamente, os diretamente relacionados com os objetivos institucionais das entidades de que trata este artigo, previstos nos respectivos estatutos ou atos constitutivos."
35. SCHOUERI, Luis Eduardo. *Direito Tributário*. 9. ed. São Paulo: Saraiva Educação, 2019, p. 486.
36. SCHOUERI, Luis Eduardo. *Direito Tributário*. 9. ed. São Paulo: Saraiva Educação, 2019, p. 486).

Um raciocínio tão absurdo levaria a crer que a associação arrecadaria recursos e os entesouraria, sem a possibilidade de empregá-los em sua finalidade. Ao contrário: pressupõe-se que a associação empregue os recursos que arrecadou em sua finalidade. Assim, por exemplo, não 'distribuir' uma parcela do patrimônio a associação que concede bolsas de estudos a pessoas carentes, quando esse é exatamente seu objetivo. Tampouco é 'distribuição' o pagamento de salários de seus empregados. Assim, o conceito de 'distribuição' deve ser entendido num sentido diverso: 'Distribuir' parcela do patrimônio é empregá-lo em finalidade diversa daquela à qual se propôs a associação.

> – Então, caso o valor seja configurado como acima do praticado do mercado, pode-se deduzir que há uma distribuição disfarçada de lucro?

Isso mesmo. Ademais, essa remuneração será viável, uma vez que em sede de medida cautelar no julgamento da ADI 1.802, o próprio Supremo Tribunal Federal compreendeu pela suspensão dos parágrafos 2º e 3º do art. 12, assim como do art. 13, ambos da Lei 9.532/1998, os quais proibiam a remuneração de diretores e dos presidentes dessas entidades. Tome cuidado com essa informação, porque vira e mexe ela é cobrada nas provas de concurso público.

> – Pode deixar, professora! No inciso II há a vedação quanto a remeter lucro para o exterior. Isso significa que os recursos devem ser empregados integralmente no país. Bem tranquilo!

No inciso III temos aquela situação que você já conhece: que o simples fato de ser imune não exime a entidade do cumprimento dos seus deveres instrumentais, ou seja, de ter que cumprir as suas obrigações acessórias.

> – Ah, sim. A imunidade recai, apenas, sobre a obrigação principal, mas não quanto às obrigações acessórias.

E mais: lembre-se de que a imunidade não pode ser empregada para prejudicar a livre concorrência.

Outra coisa é quanto ao CEBAS. Caso a entidade demonstre, por meio de prova pericial contábil, que esses requisitos do art. 14 do CTN foram preenchidos, terá direito à imunidade tributária em questão, ainda que não possua o documento emitido pelo Ministério Desenvolvimento Social e Combate à Fome (CEBAS),[37] segundo entendimento do Superior Tribunal de Justiça no julgamento do AgRg no AREsp 187.172/DF. Inclusive, há súmula nesse sentido. Vide:

> Súmula 612 do STJ: "O certificado de entidade beneficente de assistência social (CEBAS), no prazo de sua validade, possui natureza declaratória para fins tributários, retroagindo seus efeitos à data em que demonstrado o cumprimento dos requisitos estabelecidos por lei complementar para a fruição da imunidade".

– Então, o ato administrativo que concede o CEBAS pode ser considerado como declaratório?

Sim! Este certificado, conforme entende o Superior Tribunal de Justiça, possui eficácia retroativa para fins de concessão da imunidade tributária. Ademais, em recente julgado, o Supremo Tribunal Federal compreendeu que:

> (...) não é possível que o CEBAS seja negado em razão do descumprimento de requisitos que não estejam previstos em lei complementar. O certificado de entidade beneficente de assistência social é submetido à renovação periódica a partir da demonstração dos requisitos previstos em legislação complementar vigente em cada época (STF, RMS 24.065).

– Professora, diante desses apontamentos em relação aos requisitos a serem preenchidos, podemos concluir que essa imunidade tributária é condicionada e pode ser suspensa quando a entidade deixar de estar condizente com o requerido?

---

37. Súmula 352 do STJ. "A obtenção ou a renovação do Certificado de Entidade Beneficente de Assistência Social (Cebas) não exime a entidade do cumprimento dos requisitos legais supervenientes".

É o que dispõe o art. 32 da Lei 9.430/1996.[38]

— Sempre achei um pouco complexa essa parte referente ao CE-BAS. Mas, agora, consegui compreender bem. Tenho ainda algumas dúvidas sobre essa imunidade tributária.

Pois bem, quais são?

— Primeiramente, aquela situação quanto ao bem imóvel de uma entidade assistencial que é imune à incidência do IPTU, também prevalecerá caso o imóvel esteja alugado a terceiros?

---

38. Art. 32. A suspensão da imunidade tributária, em virtude de falta de observância de requisitos legais, deve ser procedida de conformidade com o disposto neste artigo.
§ 1º Constatado que entidade beneficiária de imunidade de tributos federais de que trata a alínea c do inciso VI do art. 150 da Constituição Federal não está observando requisito ou condição previsto nos arts. 9º, § 1º, e 14, da Lei 5.172, de 25 de outubro de 1966 – Código Tributário Nacional, a fiscalização tributária expedirá notificação fiscal, na qual relatará os fatos que determinam a suspensão do benefício, indicando inclusive a data da ocorrência da infração.
§ 2º A entidade poderá, no prazo de trinta dias da ciência da notificação, apresentar as alegações e provas que entender necessárias.
§ 3º O Delegado ou Inspetor da Receita Federal decidirá sobre a procedência das alegações, expedindo o ato declaratório suspensivo do benefício, no caso de improcedência, dando, de sua decisão, ciência à entidade.
§ 4º Será igualmente expedido o ato suspensivo se decorrido o prazo previsto no § 2º sem qualquer manifestação da parte interessada.
§ 5º A suspensão da imunidade terá como termo inicial a data da prática da infração.
§ 6º Efetivada a suspensão da imunidade:
I – a entidade interessada poderá, no prazo de trinta dias da ciência, apresentar impugnação ao ato declaratório, a qual será objeto de decisão pela Delegacia da Receita Federal de Julgamento competente;
II – a fiscalização de tributos federais lavrará auto de infração, se for o caso.
§ 7º A impugnação relativa à suspensão da imunidade obedecerá às demais normas reguladoras do processo administrativo fiscal.
§ 8º A impugnação e o recurso apresentados pela entidade não terão efeito suspensivo em relação ao ato declaratório contestado.
§ 9º Caso seja lavrado auto de infração, as impugnações contra o ato declaratório e contra a exigência de crédito tributário serão reunidas em um único processo, para serem decididas simultaneamente.
§ 10. Os procedimentos estabelecidos neste artigo aplicam-se, também, às hipóteses de suspensão de isenções condicionadas, quando a entidade beneficiária estiver descumprindo as condições ou requisitos impostos pela legislação de regência.
§ 12. A entidade interessada disporá de todos os meios legais para impugnar os fatos que determinam a suspensão do benefício.

É a mesma situação referente ao imóvel da igreja que esteja alugado a outrem. Temos até a Súmula Vinculante 52 do Supremo Tribunal Federal,[39] nesse sentido. Lembra?

– Lembrei! Desde que o valor do aluguel seja revertido para a finalidade da entidade. Também, nesse caso, há imunidade em relação ao imposto de renda?

Há, sim, conforme entendeu o Supremo Tribunal Federal no julgamento do AgR RE 390.451, até porque estamos falando de renda da entidade e, também, da não incidência de um imposto.

– Diante dessa crise que estamos vivenciando, caso o inquilino saia do imóvel e este fique desalugado, ainda sim estará imune quanto à incidência do IPTU?

Conforme entendimento do Supremo Tribunal Federal, se for uma situação momentânea, ainda assim o imóvel da entidade estará imune à incidência do IPTU. Nesse sentido é o entendimento proferido no julgamento do RE 767.332/MG. Também outra situação um pouco mais específica. Imagine que uma entidade adquira um terreno para, em breve, construir um imóvel. Estará imune à incidência do ITBI? E se for para a construção de um clube?

– Vamos por partes, pois penso que se for para adquirir um terreno para construir sua sede, OK. Está totalmente ligado à finalidade da entidade, mas para construção de um clube, acredito que não!

De acordo com o entendimento do Supremo Tribunal Federal, no julgamento do RE 470.520/SP, a primeira situação está acobertada pelo manto da imunidade referente à incidência do ITBI, portanto, você está correto. No entanto, quanto à segunda situação, você errou.

---

39. Súmula Vinculante 52. "Ainda quando alugado a terceiros, permanece imune ao IPTU o imóvel pertencente a qualquer das entidades referidas pelo art. 150, VI, c, da Constituição Federal, desde que o valor dos aluguéis seja aplicado nas atividades para as quais tais entidades foram constituídas."

Imagine que é um clube destinado ao lazer dos funcionários da entidade sem fins lucrativos, estamos diante de uma situação ligada à finalidade da entidade, sim, conforme entendeu o Supremo Tribunal Federal no julgamento do RE 236.174/SP.

> – Hum, interessante! E quanto à Súmula 730 do STF?

Vamos lê-la para compreendermos os pontos mais relevantes, OK?

> Súmula 730 do STF. A imunidade tributária conferida a instituições de assistência social sem fins lucrativos pelo art. 150, VI, "c", da Constituição, somente alcança as entidades fechadas de previdência social privada se não houver contribuição dos beneficiários.

Segundo o teor dessa súmula, para que a entidade de previdência privada faça jus à imunidade tributária, ela deverá ser fechada.

> – O que significa isso, professora?

A entidade deve ser limitada a uma empresa, por exemplo, diferentemente daqueles planos de previdência privada que os bancos lhe oferecem, sabe?

> – Sei, sim.

E o interessante é que não deve haver contribuição por parte do beneficiário, devendo o custeio ser, exclusivamente, às custas do empregador. É isso que a Súmula 730 do STF quis dizer. O argumento para que haja essa situação descrita no texto sumulado é que há uma distinção entre previdência e assistência, sendo que a primeira é contributiva, ao passo que a última pode ser usufruída independentemente de pagamento, nos termos dos arts. 201 e 203, ambos da CF/1988. Com isso, considerando que a imunidade contempla, apenas, as entidades de assistência social, isto é, as que não são consideradas como contributivas, e não de previdência social, somente as entidades de previdência privada que não contem com contribuição dos beneficiários é que são imunes, uma vez que são verdadeiramente assistenciais e não previdenciárias.

– Ainda bem que terminamos esse ponto. Vamos para a próxima imunidade?

2.4. Imunidade cultural ou de imprensa

– Eu acho bem bacana essa imunidade! Até porque faz com que os livros que compro para estudar para o concurso sejam mais baratos.

Eu, como professora, também adoro. Imagina a quantidade de livros que não tenho de Direito Tributário para poder transmitir todo meu conhecimento para você? Mas lembre-se de que essa imunidade também abarca, apenas, os impostos.⁴⁰

– E, assim como as demais, possui uma finalidade. Aqui estamos diante da busca da liberdade de expressão e a promoção cultural, previstas no art. 5º, XIV, CF/1988.

Muito bem. Além dessa sua constatação, temos que se trata de uma imunidade tributária objetiva, uma vez que recai sobre os livros, jornais, periódicos e o papel destinados à sua impressão.

– Verdade! Também penso que seja considerada uma imunidade incondicionada, pois a norma constitucional não se refere a nenhum requisito previsto em lei que deva ser preenchido.

Acertou! Além do que, é geral, explícita e política. No entanto, tome certo cuidado quanto à imunidade ser objetiva, pois não contempla a renda auferida pela editora a partir da comercialização dos livros. Significa que a imunidade recai, nesse caso, somente sobre eles e os papéis destinados à sua impressão.

---

40. Art. 150 da CF/1988. "Sem prejuízo de outras garantias asseguradas ao contribuinte, é vedado à União, aos Estados, ao Distrito Federal e aos Municípios:
    VI – instituir impostos sobre:
    d) livros, jornais, periódicos e o papel destinado a sua impressão."

— E qualquer livro que pode fazer jus a esta imunidade tributária?

Então, o livro, por exemplo, deve ter uma base física, seja em papel ou mídia eletrônica, além do que uma finalidade de difundir o conhecimento.

— Qualquer tipo de conhecimento?

Qualquer tipo de conhecimento, conteúdo ou ideia. Diferentemente dos livros fiscais, as agendas e os catálogos, os quais não serão contemplados pela imunidade tributária já que não difundem ideias e conhecimentos.

— Esse pensamento também se aplica às revistas?

Em relação às revistas, assim como aos periódicos, não importa o conteúdo, podendo ser, inclusive, revista pornográfica, revista de piada, revista infantil. O STF já decidiu pela imunidade de álbuns de figurinhas e das figurinhas (RE 221.239/SP e RE 179.893/SP) para estimular a leitura e o conhecimento, das listas telefônicas (RE 11.441/RS) e atlas geográfico.[41]

— Em relação aos livros eletrônicos sei que também são imunes, conforme o que você me ensinou.

---

41. "A regra ora sob exame vem tendo um entendimento amplo por parte da jurisprudência: tendo em vista ser odiosa qualquer forma de censura prévia em matéria de imprensa nossos tribunais vêm acatando a imunidade independentemente de qual o conteúdo da publicação. Assim, não cabe ao aplicador da lei condicionar a imunidade a que o conteúdo da publicação seja 'adequado'. Embora se pudesse acreditar que um livro escolar, por exemplo, deveria receber tratamento diverso de uma publicação pornográfica, o constituinte não admitiu qualquer diferenciação para efeitos tributários: tratando-se de livro, jornal ou periódico, está assegurada a imunidade, qualquer que seja seu conteúdo. Até mesmo os catálogos telefônicos já tiveram sua imunidade assegurada pelo Supremo Tribunal Federal, enquanto periódicos, com informações de interesse da coletividade. Alerte-se, por outro lado, que meros catálogos de produtos de empresas não se consideram livros, jornais ou periódicos" (SCHOUERI, Luis Eduardo. *Direito Tributário*. 9. ed. São Paulo: Saraiva Educação, 2019, p.492-93).

CAPÍTULO 3 → Imunidades Tributárias

Só para relembrar: esse é o entendimento do Supremo Tribunal Federal no julgamento do RE 330.817, com repercussão.[42] Nas

---

42. Pela importância desse entendimento, mister é a leitura do julgado. Vide: "EMENTA Recurso extraordinário. Repercussão geral. Tributário. Imunidade objetiva constante do art. 150, VI, *d*, da CF/1988. Teleologia multifacetada. Aplicabilidade. Livro eletrônico ou digital. Suportes. Interpretação evolutiva. Avanços tecnológicos, sociais e culturais. Projeção. Aparelhos leitores de livros eletrônicos (ou *e-readers*). 1. A teleologia da imunidade contida no art. 150, VI, *d*, da Constituição, aponta para a proteção de valores, princípios e ideias de elevada importância, tais como a liberdade de expressão, voltada à democratização e à difusão da cultura; a formação cultural do povo indene de manipulações; a neutralidade, de modo a não fazer distinção entre grupos economicamente fortes e fracos, entre grupos políticos etc.; a liberdade de informar e de ser informado; o barateamento do custo de produção dos livros, jornais e periódicos, de modo a facilitar e estimular a divulgação de ideias, conhecimentos e informações etc. Ao se invocar a interpretação finalística, se o livro não constituir veículo de ideias, de transmissão de pensamentos, ainda que formalmente possa ser considerado como tal, será descabida a aplicação da imunidade. 2. A imunidade dos livros, jornais e periódicos e do papel destinado a sua impressão não deve ser interpretada em seus extremos, sob pena de se subtrair da salvaguarda toda a racionalidade que inspira seu alcance prático, ou de transformar a imunidade em subjetiva, na medida em que acabaria por desonerar de todo a pessoa do contribuinte, numa imunidade a que a Constituição atribui desenganada feição objetiva. A delimitação negativa da competência tributária apenas abrange os impostos incidentes sobre materialidades próprias das operações com livros, jornais, periódicos e com o papel destinado a sua impressão. 3. A interpretação das imunidades tributárias deve se projetar no futuro e levar em conta os novos fenômenos sociais, culturais e tecnológicos. Com isso, evita-se o esvaziamento das normas imunizantes por mero lapso temporal, além de se propiciar a constante atualização do alcance de seus preceitos. 4. O art. 150, VI, d, da Constituição não se refere apenas ao método *gutenberguiano* de produção de livros, jornais e periódicos. O vocábulo 'papel' não é, do mesmo modo, essencial ao conceito desses bens finais. O suporte das publicações é apenas o continente (*corpus mechanicum*) que abrange o conteúdo (*corpus misticum*) das obras. O corpo mecânico não é o essencial ou o condicionante para o gozo da imunidade, pois a variedade de tipos de suporte (tangível ou intangível) que um livro pode ter aponta para a direção de que ele só pode ser considerado como elemento acidental no conceito de livro. A imunidade de que trata o art. 150, VI, d, da Constituição, portanto, alcança o livro digital (e– book). 5. É dispensável para o enquadramento do livro na imunidade em questão que seu destinatário (consumidor) tenha necessariamente que passar sua visão pelo texto e decifrar os signos da escrita. Quero dizer que a imunidade alcança o denominado 'audio book', ou audiolivro (livros gravados em áudio, seja no suporte CD-Rom, seja em qualquer outro). 6. A teleologia da regra de imunidade igualmente alcança os aparelhos leitores de livros eletrônicos (ou e-readers) confeccionados exclusivamente para esse fim, ainda que, eventualmente, estejam equipados com funcionalidades acessórias ou rudimentares que auxiliam a leitura digital, tais como dicionário de sinônimos, marcadores, escolha do tipo e do tamanho da fonte etc. Esse entendimento não é aplicável aos aparelhos multifuncionais, como tablets, smartphone e laptops, os quais vão muito além de meros equipamentos utilizados para a leitura de livros digitais. 7. O CD-Rom é apenas um corpo mecânico ou suporte. Aquilo que está nele fixado (seu conteúdo textual) é o livro. Tanto o suporte (o CD-Rom) quanto o livro (conteúdo) estão abarcados pela imunidade da alínea d do inciso VI do art. 150 da Constituição Federal. 8. Recurso extraordinário a que se nega provimento. TESE DA REPERCUSSÃO GERAL: 9. Em relação ao tema nº 593 da Gestão por Temas da Repercussão Geral do portal do STF na internet, foi aprovada a seguinte tese: 'A imunidade tributária constante do art. 150, VI, d, da CF/1988 aplica-se ao livro eletrônico (e-book),

351

palavras do Ministro Dias Toffoli, "o corpo mecânico não é o essencial ou o condicionante para o gozo da imunidade", o que significa que não importa se é o meio eletrônico, o *e-book*, ou o papel que contém as ideias organizadas que forma um livro para fazerem jus à imunidade tributária. Lembrando que aqueles aparelhos eletrônicos também fazem jus à imunidade tributária, conhecidos como *e-readers* e Kindle, desde que sejam utilizados unicamente para a leitura de livros. A mesma coisa quanto ao livro que estiver em um CD ou DVD, sendo que estes só serão contemplados pela imunidade tributária em questão acaso o suporte seja utilizado exclusivamente para leitura do livro. Igualmente, os audiolivros.

Lembre-se, inclusive, da atual Súmula Vinculante 57, aprovada em 15.04.2020, fruto da proposta de súmula vinculante 132, cujo teor é:

> A imunidade tributária constante do art. 150, VI, d, da CF/88 aplica-se à importação e comercialização, no mercado interno, do livro eletrônico (*e-book*) e dos suportes exclusivamente utilizados para fixá-los, como leitores de livros eletrônicos (*e-readers*), ainda que possuam funcionalidades acessórias.

– Agora a informação ficou até mais completa. E referente aos jornais, mais precisamente àqueles encartes de propaganda que são inseridos dentro do jornal?

Boa pergunta. Sempre dou o seguinte exemplo: na minha terra natal, São Pedro/SP, onde todo mundo se conhece por ser uma cidade pequena, temos um jornal gratuito muito requisitado que sempre é distribuído nas manhãs de sábado. Nele há até uma coluna social, além das informações e notícias da cidade e da região. O jornal, de distribuição gratuita, é bancado por propagandas do comércio local. Essas propagandas, em regra, são dispostas na primeira página do jornal, assim como em todo o corpo dele. Pois bem, como estão no corpo do jornal e o jornal possui imunidade tributária, conforme estamos

---

inclusive aos suportes exclusivamente utilizados para fixá-lo' (STF – RE 330817/RJ, Rel. Min. DIAS TOFFOLI, Data de Julgamento: 08/03/2017, Tribunal Pleno, Data de Publicação: 31/08/2017)".

CAPÍTULO 3 → Imunidades Tributárias

estudando, a página que contém esses anúncios também fará jus à imunidade tributária, é o entendimento do Supremo Tribunal Federal no julgamento do RE 87.049/SP.[43]

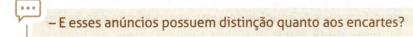

– E esses anúncios possuem distinção quanto aos encartes?

Sim, pois esses encartes são inseridos no jornal, mas não fazem parte do corpo textual dele. Percebeu a diferença? É um material à parte. Então, imagina que nessa minha antiga cidade tem um supermercado que todo sábado faz promoção, contrata o jornal, mas decide que o melhor é inserir o seu encarte dentro do jornal, não anunciando as promoções no corpo textual do jornal. Logo, esse encarte não fará jus à imunidade tributária, conforme entendeu o Supremo Tribunal Federal no julgamento do RE 213.094/ES.

Um outro ponto interessante decidido em repercussão geral, pelo Supremo Tribunal Federal, foi a questão dos fascículos e os componentes eletrônicos, considerados como material demonstrativo, desde que em conjunto, se faziam jus à imunidade tributária ou não. Caso os componentes eletrônicos permitam aplicar o conhecimento veiculado nos fascículos, estaríamos diante de uma certa distribuição de ideias, no entanto, conforme já mencionado, componentes e fascículos devem estar em conjunto, não podendo configurar uma venda casada e o produto final não pode ter um valor muito superior ao pago pelos fascículos, nos termos do RE 595.676/RJ.

– Interessante esse ponto sobre os fascículos e os componentes eletrônicos. Também, pode-se afirmar, adotando essa interpretação teleológica, de que as tintas e chapas para impressão de livros, jornais e periódicos são contempladas por essa imunidade tributária cultural?

---

43. "Quando se entende que a imunidade é objetiva, depreende-se que ela apenas atinge as operações, não quem as pratica. Assim, enquanto a imunidade impede que se tributem as vendas de livros (mercadorias) pelo ICMS, por exemplo, nada veda a tributação do lucro do livro pelo Imposto de Renda. Por outro lado, a jurisprudência aceitou que a imunidade se estende até mesmo aos impostos que se cobrariam sobre os anúncios que se inserem em jornais e periódicos" (SCHOUERI, Luis Eduardo. *Direito Tributário*. 9. ed. São Paulo: Saraiva Educação, 2019. p. 492).

Não. Nesse ponto, o Supremo Tribunal Federal adotou uma interpretação mais restritiva no que tange ao conceito sobre o que realmente é insumo. Para o Supremo Tribunal Federal, por ocasião do julgamento do ARE 930133 AgR – ED, j. 23/09/2016, chapas de impressão não podem fazer jus à imunidade, uma vez que não são assimiláveis ao papel, bem como tintas, insumos gráficos, além produtos à base de solução alcalina para acelerar a secagem, entre outros produtos. Inclusive, não é acobertado pelo manto da imunidade tributária em questão os serviços de composição gráfica, pois não integram o processo de edição de livro, conforme entendimento no RE 230.782/SP.

> – Então, somente o que é assimilável ao papel que está imune?

Sim. Veja o teor da Súmula 657 do Supremo Tribunal Federal:

> A imunidade prevista no art. 150, VI, *d*, da CF, abrange os filmes e papéis fotográficos necessários à publicação de jornais e periódicos". A imunidade prevista no artigo 150, inciso 6º, alínea D, da Constituição abrange os filmes e papéis fotográficos necessários à publicação de jornais e periódicos.

2.5. Imunidade musical

> – Achei bem tranquila a imunidade anterior, embora seja objeto de vários julgados do Supremo Tribunal Federal...

É... e vejo ser bem importante abordar os diversos julgados, dado que muitas bancas de concurso público gostam de cobrar jurisprudência.

> – Estou adorando essa contextualização da matéria com a jurisprudência do Supremo Tribunal Federal e do Superior Tribunal de Justiça.

Fico feliz com seu *feedback*. Está preparado para encarar a última imunidade tributária prevista no art. 150, VI, da CF/1988?

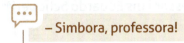
– Simbora, professora!

Pois bem, essa imunidade foi instituída por meio da Emenda Constitucional 75 de 2013. Vejamos:

> Art. 150 da CF/1988. Sem prejuízo de outras garantias asseguradas ao contribuinte, é vedado à União, aos Estados, ao Distrito Federal e aos Municípios:
>
> VI – instituir impostos sobre:
>
> e) fonogramas e videofonogramas musicais produzidos no Brasil contendo obras musicais ou literomusicais de autores brasileiros e/ou obras em geral interpretadas por artistas brasileiros bem como os suportes materiais ou arquivos digitais que os contenham, salvo na etapa de replicação industrial de mídias ópticas de leitura a laser.

– Pela redação, penso que seja uma imunidade tributária propícia a diminuir a pirataria.

Não apenas, mas também visa promover o acesso à cultura, a expressão artística e a liberdade de comunicação. Como é uma imunidade até que recente, não há discussão no Supremo Tribunal Federal sobre o assunto. Pela simples leitura do dispositivo, temos que pode ser considerada uma imunidade mista, dado que abarca obras musicais e literomusicais, de autores brasileiros ou interpretadas por artistas brasileiros. Percebe-se que há a conjugação de sujeitos e objetos.

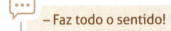
– Faz todo o sentido!

No mais, a imunidade tributária em questão não é extensível à etapa de replicação industrial de mídias ópticas de leitura a laser, pois busca a tutelar os benefícios fiscais referentes à Zona Franca de Manaus. Tome cuidado, pois caso a replicação não seja a laser, como, por exemplo, seja em vinil, haverá a imunidade tributária. No mais, vale a pena destacar o entendimento do Professor Luís Eduardo Schoueri[44] sobre essa imunidade:

> Difícil a missão de construir a norma de imunidade. Assim como se viu no caso dos livros, também aqui surgiria a tentação de uma proteção constitucional à cultura. Essa justificativa cairia por terra, entretanto, tendo em vista que são inúmeras as manifestações de cultura que se sujeitam à tributação. Tampouco se poderia invocar preocupação com o vetor Capacidade Contributiva a inspirar a presente imunidade. Trata-se de evidente atuação em pleno Direito Econômico, objeto de indústria cuja importância econômica não é desprezível. Resta como vetor a construir a norma da imunidade seu viés indutor: trata-se de decisão do constituinte derivado de incentivar a produção cultural.

Material Exclusivo: Assista ao vídeo sobre **Imunidades Tributárias**.

Material Exclusivo: Assista ao vídeo sobre **Imunidade Tributária Recíproca (Parte 1)**.

---

44. SCHOUERI, Luis Eduardo. Direito Tributário, 9ª ed. São Paulo: Saraiva Educação, 2019. p. 499.

CAPÍTULO 3 → Imunidades Tributárias

Material Exclusivo:
Assista ao vídeo sobre
Imunidade Tributária Recíproca (Parte 2).

Material Exclusivo:
Assista ao vídeo sobre
Resolução de Questões.

CAPÍTULO 4

O nascimento da obrigação tributária

1. OBRIGAÇÃO TRIBUTÁRIA PRINCIPAL E ACESSÓRIA

— Professora, já sei. Lá no art. 146 da CF/1988[1], mais precisamente no inciso III, alínea *b*, temos que caberá à lei complementar dispor sobre a obrigação. Seria a obrigação tributária?

Sim, esse dispositivo se refere à obrigação tributária, a qual está disposta no art. 113 do CTN. Conforme nos ensina Luís Eduardo Schoueri:[2]

> Nota-se, de início, que a obrigação tributária é algo que surge num determinado momento (o do "fato gerador") e extingue-se. Ou seja, a relação tributária, tendo natureza jurídica, surge a partir da concretização de um pressuposto legal.

— Então, pode-se dizer que essa obrigação consiste na relação jurídica existente entre dois indivíduos, sendo o credor, sujeito ativo; e o devedor, sujeito passivo.[3] Aliás, bem parecida com a obrigação privada. No entanto, a tributária é oriunda de uma manifestação do Estado.

---

1. Art. 146 da CF/1988. "Cabe à lei complementar:
   III – estabelecer normas gerais em matéria de legislação tributária, especialmente sobre:
   b) obrigação, lançamento, crédito, prescrição e decadência tributários."
2. SCHOUERI, Luis Eduardo. *Direito Tributário*. 9. ed. São Paulo: Saraiva Educação, 2019, p. 510.
3. Ibid., p. 559. "Segundo o Código Tributário Nacional, art. 113, a relação jurídica que se estabelece entre o Estado e o particular concernente ao pagamento do tributo (ou da penalidade pecuniária) tem a natureza de uma obrigação. Esta é uma garantia oferecida pelo sistema jurídico, que não pode passar desapercebida, já que se o vínculo estabelecido é obrigacional, então direitos e deveres se estabelecem e se extinguem na forma da lei."

Exatamente. Você acabou de me descrever o aspecto subjetivo da obrigação tributária.

Também temos o aspecto objetivo, isto é, o objeto que o credor tem direito e que o devedor deve prestar.

 – Hum... conforme o que você já me explicou, quando estudamos a parte das imunidades tributárias, na obrigação tributária principal, o objeto é o valor pecuniário; já na obrigação tributária acessória, consiste em uma conduta de fazer e de se abster, não é mesmo?[45]

É o que está no art. 113 do CTN. Vide:

> Art. 113. A obrigação tributária é principal ou acessória.
>
> § 1º A obrigação principal surge com a ocorrência do fato gerador, tem por objeto o pagamento de tributo ou penalidade pecuniária e extingue-se juntamente com o crédito dela decorrente.

---

4. "O reconhecimento de que existem deveres correlatos à obrigação dita principal (e que, portanto, integram a própria relação jurídico-tributária) não exclui possa o legislador prever outros deveres (também de 'fazer' ou 'não fazer') que surjam sem que se cogite uma obrigação 'principal'. Assim, é claro que o dever de preencher uma guia de recolhimento do tributo só existe se este é devido (e, nesse casso, o 'fazer' – preenchimento de guia é decorrência da própria obrigação 'principal'). Por outro lado, mesmo entidades imunes (que não devem qualquer imposto) podem estar sujeitas a uma série de deveres, também denominados 'obrigações acessórias'. Ou seja: algumas 'obrigações acessórias' só surgem se houver uma obrigação principal (integrando a própria relação jurídico-tributária) e outras independem daquela" (SCHOUERI, Luis Eduardo. *Direito Tributário*. 9. ed. São Paulo: Saraiva Educação, 2019. p. 511).

5. "Com isso, podemos concluir que, segundo o art. 113 do CTN, a diferença entre a chamada obrigação principal e a chamada obrigação acessória reside no fato de que a primeira tem como objeto um dar dinheiro ao Estado, ou prestação patrimonialmente avaliável; a segunda tem como objeto um fazer ou não fazer alguma coisa, despida a prestação em si estimabilidade patrimonial. É irrelevante, assim, como critério distintivo de uma ou de outra, a natureza do pressuposto fático que lhes dá origem, ato lícito ou ilícito, pois tanto o tributo propriamente dito e seus consectários (atualização monetária e juros), como as sanções pecuniárias (que decorrem de fato ilícito) são agrupados sob o título de obrigação principal. O caráter pecuniário da prestação, quer em relação ao tributo em sentido estrito, quer em relação à sanção, é o critério decisivo que estrema a obrigação principal da acessória. Segundo o art. 113 do CTN, o conceito de obrigação principal é, portanto, mais amplo do que o de tributo propriamente dito, pois tributo não se confunde com sanção de ato ilícito" (BALEEIRO, Aliomar. *Direito Tributário Brasileiro*. Atualizada por Misabel Abreu Machado Derzi. 13. ed. Rio de Janeiro: Forense, 2015, p. 1090-1091).

CAPÍTULO 4 → O nascimento da obrigação tributária

§ 2º A obrigação acessória decorre da legislação tributária e tem por objeto as prestações, positivas ou negativas, nela previstas no interesse da arrecadação ou da fiscalização dos tributos.

§ 3º A obrigação acessória, pelo simples fato da sua inobservância, converte-se em obrigação principal relativamente à penalidade pecuniária.

Percebe-se, portanto, que a obrigação tributária principal é caracterizada pela sua natureza pecuniária, podendo haver o pagamento de um tributo ou de uma sanção.

– Pensei que o simples fato de pagar uma multa seria uma obrigação acessória, até porque, não podemos considerar o tributo como uma sanção, ao passo que a penalidade pecuniária é.

Não! Nos termos do § 3º, caso o sujeito passivo descumpra a obrigação acessória, teremos que será convertida em obrigação principal relativamente ao pagamento da penalidade pecuniária, isto é, a multa![6]

– Compreendi. O que de fato é a obrigação tributária acessória?

Por obrigação tributária acessória você deve compreender os meios para o cumprimento da obrigação tributária principal.

A obrigação acessória caracteriza-se pela existência de deveres instrumentais, os quais servem para a arrecadação e a fiscalização tributária.

---

6. "Ocorre que o legislador complementar quis assegurar-se de que a instituição e cobrança de multas estaria sujeita à mesma rigidez dos tributos. Assim, ao incluir a penalidade pecuniária na obrigação tributária, nada mais houve que remissão da disciplina jurídica da obrigação tributária às penalidades pecuniárias. Igual efeito teria alcançado o legislador complementar se determinasse: 'a instituição e cobrança de multar pecuniárias reger-se--á segundo regime jurídico idêntico ao aplicável aos tributos'. Vê-se, daí, que a inclusão das penalidades pecuniárias na 'obrigação tributária' em nada compromete o conceito de tributo, revelando-se mera opção de técnica legislativa" (SCHOUERI, Luís Eduardo. *Direito Tributário*. 9. ed. São Paulo: Saraiva Educação, 2019, p. 513).

— E esses deveres instrumentais devem estar previstos em lei formal?

Nota-se que o §2º do art. 113 do CTN indica que a obrigação acessória "decorre da legislação tributária". Ademais, o art. 115 do CTN[7] igualmente se refere nesse sentido, sendo dispensável que lei formal disponha acerca do dever instrumental.[8]

— Pensei que somente lei formal, em respeito ao princípio da legalidade tributária, que pudesse prever tanto a obrigação tributária principal[9] quanto a acessória.

Segundo Misabel Derzi,[10] somente lei formal poderia prever tais deveres instrumentais, isto é, a obrigação acessória.

> Principal ou acessória a obrigação tributária é sempre uma *obligatio ex lege*. Nasce da lei e só dela. A lei é causa da obrigação fiscal (CF, arts. 19, I, e 153). Dela nasce a relação jurídica tributária.

Veja que há uma divergência doutrinária. Para fins de prova, leve em consideração que a obrigação acessória ainda que prevista rasamente em uma lei, será detalhada em atos infralegais. No que concerne à conversão da obrigação acessória em principal, isto é, quando ocorre o descumprimento de um dever instrumental, a imposição da multa deverá estar prevista em lei.

— Esse ponto é ótimo para uma prova discursiva!

---

7. Art. 115 do CTN. "Fato gerador da obrigação acessória é qualquer situação que, na forma da legislação aplicável, impõe a prática ou a abstenção de ato que não configure obrigação principal."
8. Nesse sentido: SCHOUERI, Luís Eduardo. *Direito Tributário*. 9. ed. São Paulo: Saraiva Educação, 2019, p. 517.
9. A obrigação tributária principal sempre deverá estar prevista em lei, nos termos do art. 114 do CTN, o qual dispõe que o "fato gerador da obrigação principal é a situação definida em lei como necessária e suficiente à sua ocorrência".
10. BALEEIRO, Aliomar. *Direito Tributário Brasileiro*. Atualizada por Misabel Abreu Machado Derzi. 13. ed. Rio de Janeiro: Forense, 2015, p. 1088.

CAPÍTULO 4 → O nascimento da obrigação tributária

2. REGRA MATRIZ DE INCIDÊNCIA TRIBUTÁRIA

Outro ponto que é típico de prova discursiva, mas também já foi cobrado em prova objetiva da magistratura do Paraná, no ano de 2019, assim como na prova da Receita Federal do Brasil é sobre essas palavrinhas "fato gerador",[11] a qual você encontra nos arts. 113, 114 e 115 do Código Tributário Nacional.

> – Eu me recordo sobre suas explicações sobre o fato gerador, citando, inclusive, o saudoso Geraldo Ataliba e o Professor Paulo de Barros Carvalho. Lembro-me que há uma diferença significativa entre hipótese de incidência e fato imponível, também conhecido como fato gerador ou jurígeno.

Já que você se recorda, defina o que é cada um.

> – Está certo! A hipótese tributária, basicamente, consiste na situação abstrata descrita pelo legislador, a qual ensejará a obrigação tributária, ao passo que o fato gerador consiste na concretização da hipótese de incidência no mundo real, diante da ocorrência da situação abstrata descrita na norma.

Fantástico! Você, simplesmente, já está apto a responder várias questões de alto nível da nossa disciplina de Direito Tributário.

No entanto, para fins do estudo sobre a obrigação tributária principal, precisamos aprofundar um pouco mais na doutrina do Professor Paulo de Barros Carvalho.[12]

---

11. "A relação jurídica tributária, que decorre imediatamente do fato jurídico tributário ("fato gerador"), requer, para sua existência e consequente exigibilidade, a formalização em linguagem própria, que podemos chamar de 'linguagem competente', identificada como aquela prevista em lei como a forma necessária para o relato jurídico dos acontecimentos que o legislador entendeu relevantes" (CARVALHO, Paulo de Barros. *Direito Tributário*: Linguagem e Método. 6. ed. São Paulo: Noeses, 2015. p.642-43).
12. Paulo de Barros Carvalho compreende que a obrigação tributária é fundamentada pela obrigação civil. Segundo o nobre Professor, "(...) recolhendo o vocábulo 'obrigação' como sinônimo de relação jurídica de índole economicamente apreciável, podemos defini-lo como vínculo abstrato, que surge pela imputação normativa, e, consoante o qual uma pessoa chamada de sujeito ativo, credor ou pretensor, tem o direito subjetivo de exigir de outra, denominada sujeito passivo ou devedor, o cumprimento de prestação de cunho patrimonial. Advertimos que o termo 'obrigação' costuma ser empregado com outras

363

– Vamos lá!

Segundo o nobre Professor,[13] ao detalhar a "regra matriz de incidência tributária", "o tipo tributário é definido pela integração lógico-semântica de dois fatores: hipótese de incidência e base de cálculo".

Logo, para Paulo de Barros Carvalho, a norma tributária possui um antecedente e um consequente. No antecedente, temos: a) aspecto material; b) aspecto espacial; c) aspecto temporal. Já no consequente: a) aspecto pessoal; e b) aspecto quantitativo. Vale salientar que também podemos nos referir a "critérios" em vez de "aspectos".

– A que se refere cada um desses aspectos?

Vamos simplificar, pois esse é um estudo de pós-graduação, embora seja muito cobrado nas provas mais específicas como já mencionei.

No antecedente, temos:

Aspecto material	Aspecto espacial	Aspecto temporal
Consiste em uma conduta ou um estado que enseja a obrigação, mais conhecido como o "fato gerador". Trata-se de um verbo mais um complemento.	É o local onde nasce a obrigação tributária.	É quando ocorre a obrigação e acarretando o consequente da norma tributária.

---

significações, representando o dever jurídico cometido ao sujeito passivo, no seio das relações de cunho econômico (obrigacionais) e, até, o próprio dever jurídico, nos liames não obrigacionais (...) em resumo, no conjunto de prescrições normativas que interessam ao direito tributário, como as chamadas relações jurídicas tributárias, vamos encontrar os dois tipos de relações: as de substância patrimonial e os vínculos que fazem irromper meros deveres administrativos. As primeiras, previstas no núcleo da norma que define o fenômeno da incidência – regra-matriz –, e as outras, circumpostas a ela, para tornar possível a operatividade da instituição tributária, são os deveres instrumentais ou formais" (CARVALHO, Paulo de Barros. *Direito tributário*: Linguagem e Método. 6. ed. São Paulo: Noeses, 2015, p. 641).

13. CARVALHO, Paulo de Barros. *Direito Tributário*: Linguagem e Método. 6. ed. São Paulo: Noeses, 2015, p. 644.

Um exemplo, referente ao imposto de importação, previsto no art. 19 do CTN:

a) Aspecto material: realizar importação;
b) Aspecto temporal: desembaraço aduaneiro;
c) Aspecto espacial: território nacional.

Já no consequente:

Aspecto quantitativo	Aspecto pessoal
Consiste na base de cálculo e na alíquota.	Consiste nos sujeitos ativo e passivo da obrigação tributária.

– Diante disso, pode-se concluir que o antecedente da norma tributária é, na verdade, a hipótese de incidência, já que há a descrição em uma norma geral e abstrata. E quando, de fato, a hipótese de incidência ocorre, teremos o consequente da norma tributária, ou seja, o surgimento do fato imponível.

Ótima constatação!

Só para fins de complementação, temos que o aspecto material, consoante o art. 114 do CTN, é a situação definida em lei como necessária e suficiente para a ocorrência da obrigação tributária. Quanto ao critério temporal, é de suma importância, uma vez que consiste no momento, definido em lei, a partir do qual é considerada constituída a obrigação tributária.

– E quanto ao art. 116 do CTN[14]? Ele é bem confuso!

---

14. Art. 116 do CTN. "Salvo disposição de lei em contrário, considera-se ocorrido o fato gerador e existentes os seus efeitos:
I – tratando-se de situação de fato, desde o momento em que se verifiquem as circunstâncias materiais necessárias a que produza os efeitos que normalmente lhe são próprios;
II – tratando-se de situação jurídica, desde o momento em que esteja definitivamente constituída, nos termos de direito aplicável."

O art. 116 do CTN, no inciso I, menciona o fato gerador o qual corresponde a situação de fato,[15] ao passo que no inciso II, o fato gerador é correlacionado a uma situação jurídica.

A situação eleita como fato gerador é que pode ser uma situação de fato ou uma situação jurídica. A situação de fato é aquela que não basta que aconteça o ato ou negócio jurídico para constatar a ocorrência do fato gerador, mas sim tem que ocorrer os atos de execução, como, por exemplo, é o caso do IPI que, para ocorrer, não somente deve ocorrer a industrialização do bem, mas também ocorrer a saída do bem do estabelecimento comercial.

Diversamente quanto à hipótese de incidência, a qual descreve uma situação jurídica, dado que basta ocorrer o ato ou o negócio jurídico. Um exemplo: ser proprietário de imóvel urbano. No entanto, para haver a incidência do IPTU, devem ser observados os aspectos espacial e temporal.

– Bem complicada essa parte.

Já foi cobrada, também, em prova de magistratura. Vide o que ensina Luís Eduardo Schoueri:[16]

> Cabe insistir que quando a hipótese tributária descreve uma "situação jurídica", quando a hipótese tributária exige, por exemplo, um negócio jurídico válido, somente se pode cogitar o consequente normativo (obrigação tributária) se o negócio é perfeito e completo. Se, por exemplo, a "situação jurídica"

---

15. "O art. 116 do Código Tributário Nacional cogita, ao lado do caso em que a hipótese tributária configura uma 'situação de fato', acima vista, outra hipótese: a 'situação jurídica'. A nomenclatura usada pelo Código não foi feliz, já que a 'situação de fato', uma vez contemplada pela hipótese tributária, tornar-se, ela também, jurídica. Por certo, o legislador quis contemplar os casos em que a hipótese tributária prevê a celebração de um negócio jurídico, ou um ato jurídico (de Direito Privado). Se com relação à 'situação de fato', esta representará, como visto, um fato jurídico e somente se dará por existente no 'momento em que se verifiquem as circunstâncias materiais necessárias a que produzam os efeitos que normalmente lhe são próprios', o mesmo art. 116 afirma considerar-se ocorrido o fato jurídico tributário tratando-se da situação jurídica, desde o momento em que esteja definitivamente constituída, nos termos de direito aplicável" (SCHOUERI, Luís Eduardo. *Direito Tributário*. 9. ed. São Paulo: Saraiva Educação, 2019, p. 544-45).
16. Ibid., p. 545.

vincula-se a uma condição, o artigo 117 do Código Tributário Nacional prescreve:

Art. 117. Para os efeitos do inciso II do artigo anterior e salvo disposição de lei em contrário, os atos ou negócios jurídicos condicionais reputam-se perfeitos e acabados:

I – sendo suspensiva a condição, desde o momento de seu implemento;

II – sendo resolutória a condição, desde o momento da prática do ato ou da celebração do negócio.

Isso significa que se estivermos diante de uma condição, é indispensável que ela venha a existir para que se concretize um ato ou negócio jurídico, sendo que se a obrigação tributária se vincula ao ato ou ao negócio jurídico, somente com a existência destes é que ela irá existir.

– Então, diante da condição suspensiva, por exemplo, quando o negócio jurídico se aperfeiçoar, a hipótese de incidência descrita na norma impositiva vai se concretizar e teremos o fato gerador do tributo?

Sim!

Já na condição resolutiva, enquanto não ocorrida a condição, o negócio jurídico estará produzindo efeitos, sendo que o fato gerador do tributo surgiu quando em que aquele passou a vigorar. Isso significa, portanto, que ainda que concretizada a condição resolutiva, essa não possui o condão de refletir no fato gerador.

– Essa constatação gera consequências?

Sim, por exemplo, imagine que o pai está doando um imóvel ao filho com a condição de que ele não se case. Se, porventura, o filho acabe se casando, o imóvel volta para o acervo do pai. Lembrando que na doação incide o ITCMD, o qual foi pago no momento da escritura da doação. No entanto, embora o imóvel volte ao acervo do pai, não há a possibilidade de propositura de ação de repetição do indébito tributário para reaver o valor pago a título do imposto estadual, até porque, dado que, nada obsta que os indivíduos decidam os efeitos civis referentes aos seus negócios jurídicos, no entanto, não lhes é permitido definir os efeitos tributários dos seus atos, até porque, como já estudado, o tributo é dotado de compulsoriedade.

– E quanto ao consequente?

Bom, feitas todas essas considerações acerca do antecedente, no consequente temos, conforme já visto, o aspecto quantitativo e o aspecto pessoal. O aspecto quantitativo já estudamos referente a cada espécie tributária no capítulo 1. Vamos ater, portanto, nossa atenção ao aspecto subjetivo, OK?

– Ok! No aspecto subjetivo temos o sujeito ativo, aquele que é titular da capacidade tributária, não é mesmo?

Esse mesmo. Você se recorda que, em regra, a capacidade tributária ativa recai sobre o sujeito que detém, também, a competência tributária de instituir tributos.

– Sim, no entanto, há situações em que pessoa jurídica de direito público distinta que irá exercer a capacidade tributária. Você até tinha me explicado sobre o fenômeno da parafiscalidade.

3. SUJEITO PASSIVO DA OBRIGAÇÃO TRIBUTÁRIA

Exatamente isso. Bom, já que você se recorda bem desse assunto, passemos a estudar o sujeito passivo da obrigação tributária, pois esse sim, neste ponto da matéria, requer uma atenção especial nossa. Primeiro, temos a importante leitura do art. 126 do CTN:

> Art. 126. A capacidade tributária passiva independe:
>
> I – da capacidade civil das pessoas naturais;
>
> II – de achar-se a pessoa natural sujeita a medidas que importem privação ou limitação do exercício de atividades civis, comerciais ou profissionais, ou da administração direta de seus bens ou negócios;

CAPÍTULO 4 → O nascimento da obrigação tributária

III – de estar a pessoa jurídica regularmente constituída, bastando que configure uma unidade econômica ou profissional.

– Pela leitura significa que a capacidade tributária passiva é irrelevante para fins tributários...

Isso porque não interessa se o sujeito passivo quer ou não realizar o fato gerador, assim como não interessa se o ato que realizou consistente no fato gerador é uma atividade lícita ou não, motivo pelo qual, ainda que haja um sujeito incapaz civilmente, este pode ser sujeito passivo.

– Seria o caso de um menor de idade que herdou um imóvel urbano de seus pais falecidos, sendo, portanto, considerado como sujeito passivo do IPTU?

Isso mesmo! Também, caso a pessoa jurídica esteja irregularmente constituída e pratique o fato gerador do ICMS, será considerada como contribuinte do referido imposto.

– O sujeito passivo é aquele que possui um vínculo obrigacional com o sujeito ativo, nos termos do art. 121 do CTN.[17]

Nesse dispositivo que você destacou, temos tanto a figura do contribuinte, aquele que possui uma relação pessoal e direta com o fato gerador, isto é, aquele que pratica o que está descrito na norma geral e abstrata, realizando o verbo do fato gerador, mas também o responsável tributário, aquele eleito pela lei como terceiro que, embora não pratique o descrito na norma, possui uma relação indireta com o fato gerador do tributo, sendo considerado um sujeito passivo indireto.

---

17. Art. 121 do CTN. "Sujeito passivo da obrigação principal é a pessoa obrigada ao pagamento de tributo ou penalidade pecuniária.
Parágrafo único. O sujeito passivo da obrigação principal diz-se:
I – contribuinte, quando tenha relação pessoal e direta com a situação que constitua o respectivo fato gerador;
II – responsável, quando, sem revestir a condição de contribuinte, sua obrigação decorra de disposição expressa de lei."

– Professora, então, o responsável tributário não está descrito na norma tributária, mas sim em uma lei?

Pode-se afirmar que a norma tributária que estabelece a obrigação tributária contempla, apenas, o contribuinte, aquele que possui uma relação pessoal e direta com o fato gerador, O responsável tributário, por sua vez, estará disposto em uma outra lei, a qual não faz parte da obrigação tributária.

– Entendi. Seguindo o Código Tributário Nacional, o art. 123 dispõe que o sujeito passivo do tributo é eleito pela lei e que "convenções particulares, relativas à responsabilidade pelo pagamento de tributos, não podem ser opostas à Fazenda Pública, para modificar a definição legal do sujeito passivo das obrigações tributárias correspondentes"...

Você se esqueceu do início da redação do *caput* do art. 123, que traz "salvo disposições de lei em contrário". Essa é uma grande pegadinha cobrada nas provas de concurso público e de Exame de Ordem!

– O que significa?

Bom... pela lei temos que os particulares não podem alterar o sujeito passivo por meio de convenções particulares. Imagine que em um contrato de locação o locador estabelece que o IPTU será arcado pelo locatário. O locador, então, entrega o carnê do imposto municipal ao inquilino para que realize o pagamento nos termos do acordado. No entanto, caso o inquilino deixe de pagar o IPTU, o locador é quem será executado pelo ente municipal.

– Mas esse contrato celebrado entre o locador e o locatário será nulo?

Não, mas a cláusula que estipula que o locatário pagará o IPTU não poderá ser oposta à Fazenda Pública municipal, valendo entre ambos.

Isso significa que o locador deverá pagar o montante a título de IPTU ao município, podendo cobrar do locatário o valor por haver um contrato particular entre ambos.

– Professora, o locatário não poderá ser considerado como contribuinte do IPTU?

Não, né?! Lembre-se de que o art. 34 do CTN dispõe que o contribuinte do IPTU é o proprietário do imóvel, o titular do domínio útil, ou o possuidor do bem a qualquer título...

– Esse final, "possuidor do bem a qualquer título", não poderia ensejar o entendimento de que o locatário é possuidor do bem, considerado como contribuinte do IPTU?

Não é o que entende o Superior Tribunal de Justiça. Para que seja contribuinte do IPTU, a posse deve ser dotada de *animus domni*, isto é, exercer a posse com a vontade de ser dono, característica que é despida do locatário, sendo, inclusive, a partir dessa constatação, parte ilegítima para a propositura de uma ação de repetição de indébito tributário, caso tenha pagado a maior o imposto. Vide a súmula do STJ sobre esse assunto:

> Súmula 614 do STJ. O locatário não possui legitimidade ativa para discutir a relação jurídico-tributária de IPTU e de taxas referentes ao imóvel alugado nem para repetir indébito desses tributos.

4. RESPONSABILIDADE TRIBUTÁRIA

– E pode, no polo passivo da relação jurídico-tributária, mais de uma pessoa ser contemplada?

Sim, pode-se admitir que haja simultaneamente mais de uma pessoa ocupando o polo passivo, sendo caso de solidariedade, nos termos do art. 124 do CTN.[18] No entanto, também há a relação de

---

18. Art. 124 do CTN. "São solidariamente obrigadas:
I – as pessoas que tenham interesse comum na situação que constitua o fato gerador da obrigação principal;

subsidiariedade, tratada pelo art. 128, do CTN[19], a qual traz a exclusão da responsabilidade do contribuinte ou a sua manutenção em caráter supletivo.

 – Como seria essa primeira hipótese de responsabilidade prevista no art. 124 do CTN?

Trata-se de uma responsabilidade pessoal, integral e exclusiva, ocorrendo a exclusão do contribuinte como sujeito passivo, ficando, apenas, o responsável tributário o apto ao cumprimento da obrigação tributária.

Um exemplo é o previsto no art. 131 do CTN:

> Art. 131 do CTN. São pessoalmente responsáveis:
>
> I – o adquirente ou remitente, pelos tributos relativos aos bens adquiridos ou remidos com inobservância do disposto no artigo 191;
>
> I – o adquirente ou remitente, pelos tributos relativos aos bens adquiridos ou remidos;
>
> II – o sucessor a qualquer título e o cônjuge meeiro, pelos tributos devidos pelo de cujus até a data da partilha ou adjudicação, limitada esta responsabilidade ao montante do quinhão do legado ou da meação;
>
> III – o espólio, pelos tributos devidos pelo de cujus até a data da abertura da sucessão.

Já a última hipótese, a prevista no art. 128 do CTN, não há o que falar em solidariedade tributária, pois caberá ao responsável tributário adimplir o tributo, nos termos do art. 134 do CTN, ao se referir aos indivíduos previstos no art. 131:

II – as pessoas expressamente designadas por lei."
Parágrafo único. A solidariedade referida neste artigo não comporta benefício de ordem.

19. Art. 128 do CTN. "Sem prejuízo do disposto neste capítulo, a lei pode atribuir de modo expresso a responsabilidade pelo crédito tributário a terceira pessoa, vinculada ao fato gerador da respectiva obrigação, excluindo a responsabilidade do contribuinte ou atribuindo-a a este em caráter supletivo do cumprimento total ou parcial da referida obrigação."

Art. 131. São pessoalmente responsáveis:

I – o adquirente ou remitente, pelos tributos relativos aos bens adquiridos ou remidos;

II – o sucessor a qualquer título e o cônjuge meeiro, pelos tributos devidos pelo de cujus até a data da partilha ou adjudicação, limitada esta responsabilidade ao montante do quinhão do legado ou da meação;

III – o espólio, pelos tributos devidos pelo de cujus até a data da abertura da sucessão.

Art. 134. Nos casos de impossibilidade de exigência do cumprimento da obrigação principal pelo contribuinte, respondem solidariamente com este nos atos em que intervierem ou pelas omissões de que forem responsáveis:

I – os pais, pelos tributos devidos por seus filhos menores;

II – os tutores e curadores, pelos tributos devidos por seus tutelados ou curatelados;

III – os administradores de bens de terceiros, pelos tributos devidos por estes;

IV – o inventariante, pelos tributos devidos pelo espólio;

V – o síndico e o comissário, pelos tributos devidos pela massa falida ou pelo concordatário;

VI – os tabeliães, escrivães e demais serventuários de ofício, pelos tributos devidos sobre os atos praticados por eles, ou perante eles, em razão do seu ofício;

VII – os sócios, no caso de liquidação de sociedade de pessoas.

Parágrafo único. O disposto neste artigo só se aplica, em matéria de penalidades, às de caráter moratório.

– Percebi que pela leitura do art. 134 do CTN, há um benefício de ordem, ou seja, acaso aqueles indivíduos elencados no art. 131 do CTN não adimplirem a obrigação tributária, aí sim os responsáveis serão cobrados. Essa não é uma característica da solidariedade, não é mesmo?

4.1. Responsabilidade por substituição tributária

Boa constatação!

Outra possibilidade do surgimento da responsabilidade tributária é por transferência, a qual surge após o nascimento da obrigação tributária. Diferentemente dessa, temos a responsabilidade tributária por substituição tributária, a qual ocorre antes mesmo da prática do fato gerador ou concomitantemente a esse.

– Já sei. Essa substituição tributária é aquela clássica do ICMS ST!

O Supremo Tribunal Federal, no julgamento da ADI 2777, definiu as vantagens da substituição tributária. Dentre elas, a Corte definiu: a maior segurança na arrecadação; o melhor desempenho da administração tributária; a eficiência na máquina estatal, evitando sua expansão; e a promoção da justiça fiscal com o maior combate à sonegação.

– Quer dizer, portanto, que a substituição tributária é interessante para a Administração Tributária porque os substitutos tributários estão em menor número do que os substituídos?

Isso mesmo!

Imagine no caso dos fármacos. É muito mais fácil a indústria farmacêutica recolher o total do ICMS, sendo, portanto, a substituta tributária deste imposto estadual, do que as diversas drogarias, consideradas como substituídas.

– Como você tinha explicado na aula sobre ICMS, há duas modalidades de substituição tributária: a para frente e a para trás.[20]

---

20. "Convencionou-se distinguir a substituição para trás da substituição para frente. Na primeira, segundo alguns, deu-se o evento tributado em todos os seus contornos jurídicos. Nada obstante, o legislador, por medidas de garantia e comodidade no procedimento arrecadatório, entende por bem passar à frente, estabelecendo a responsabilidade na

Também conhecidas como substituição regressiva (para trás, antecedente) e substituição progressiva (para frente, subsequente). A primeira, como você deve se recordar bem, fato gerador ocorre, no entanto, o tributo somente é recolhido depois, pelo substituto. Já na segunda modalidade, há, primeiramente, o recolhimento do tributo, antes mesmo da prática do fato gerador, ou seja, trabalha-se com uma presunção de que o fato gerador ocorrerá e qual será a base de cálculo do tributo.

Imagine na primeira situação o leiteiro que vende o leite cru ao laticínio. Pois bem, quem irá recolher o ICMS será o laticínio, embora já tenha ocorrido a prática do fato gerador do imposto estadual. Isso ocorre por conveniência da Administração Tributária para fins de fiscalização. Na segunda situação, o exemplo dos fármacos que já mencionei, sendo que a indústria farmacêutica que irá recolher o ICMS.

– Então, na substituição tributária para frente pode-se dizer que houve a antecipação do fato gerador?

Não. Isso é um grande equívoco e sempre é cobrado em prova para fins de induzir o candidato ao erro. Tome cuidado!

O correto é que na substituição tributária para frente ocorre a antecipação do pagamento pelo responsável tributário, sendo que o fato gerador ocorre no exato momento descrito na lei, não se antecipando, portanto, o fato gerador.

---

operação subsequente, como que prolongando o perfil da dívida tributária (...) De modo diverso, na chamada substituição para frente, nutrida pela suposição de que determinado sucesso tributário haverá de realizar-se no futuro, o que justificaria uma exigência presente, as dificuldades jurídicas se multiplicam em várias direções, atropelando importantes valores constitucionais. Para atenuar os efeitos aleatórios dessa concepção de incidência, acena-se com um expediente compensatório ágil, que possa, a qualquer momento, ser acionado para recompor a integridade econômico-financeira da pessoa atingida, falando-se até em lançamentos escriturais imediatamente lavrados nos livros próprios. Por esse modo se pretende legitimar, perante o ordenamento jurídico, a extravagante iniciativa de tributar eventos futuros, sobre os quais nada se pode adiantar" (CARVALHO, Paulo de Barros. *Direito Tributário*: Linguagem e Método. 6. ed. São Paulo: Noeses, 2015. p. 678-79).

— É muito esquisito antecipar o pagamento de uma coisa que sequer aconteceu, sequer sabe se irá acontecer e, se acontecer, como acontecerá.

Também acho e grande parte da doutrina de Direito Tributário repudia a substituição tributária para frente. No entanto, como você já bem sabe, a substituição tributária para frente é respaldada pela Constituição no art. 150, § 7º:

> Art. 150, § 7º, da CF/1988 A lei poderá atribuir a sujeito passivo de obrigação tributária a condição de responsável pelo pagamento de imposto ou contribuição, cujo fato gerador deva ocorrer posteriormente, assegurada a imediata e preferencial restituição da quantia paga, caso não se realize o fato gerador presumido.

— Embora os exemplos sejam sobre o ICMS ST, também há a possibilidade de as contribuições serem objeto de substituição tributária para frente, nos termos deste dispositivo em destaque! Outra situação que vi é que se o fato gerador não ocorrer, há a possibilidade da restituição da quantia paga, mas quem de fato é parte legítima para propositura da ação de repetição de indébito tributário?

Nos termos do art. 10 da Lei Complementar 87/1996, a tão conhecida Lei Kandir, será o substituído, e não o substituto. Isso porque quem arca com o valor do ICMS é o substituído, uma vez que o responsável apenas antecipa o pagamento. Vide:

> Art. 10 da LC 87/1996. É assegurado ao contribuinte substituído o direito à restituição do valor do imposto pago por força da substituição tributária, correspondente ao fato gerador presumido que não se realizar.
>
> § 1º Formulado o pedido de restituição e não havendo deliberação no prazo de noventa dias, o contribuinte substituído poderá se creditar, em sua escrita fiscal, do valor objeto do pedido, devidamente atualizado segundo os mesmos critérios aplicáveis ao tributo.

CAPÍTULO 4 → O nascimento da obrigação tributária

§ 2º Na hipótese do parágrafo anterior, sobrevindo decisão contrária irrecorrível, o contribuinte substituído, no prazo de quinze dias da respectiva notificação, procederá ao estorno dos créditos lançados, também devidamente atualizados, com o pagamento dos acréscimos legais cabíveis.

> – E se o fato gerador presumido de fato ocorrer, no entanto, caso a base de cálculo fictícia não for de fato aquela esperada, mesmo assim, haverá a possibilidade de restituição?

A partir dos julgamentos das ADI 2.675/PE, ADI 2.777/SP e do RE 593.849, em repercussão geral, o Supremo Tribunal Federal passou a compreender que, nesse caso, seria plenamente possível a restituição da diferença do ICMS pago a mais, no regime de substituição tributária para frente, caso a base de cálculo efetiva da operação for inferior a presumida, isso porque se trata de uma medida de praticidade.

No entanto, é vedado que sobressaia sobre os direitos e garantias do contribuinte, gerando um sentimento de injustiça, um enriquecimento ilícito por parte do Estado, não sendo possível que haja um abismo significativo entre a realidade dos fatos e a praticidade da Administração Tributária.

Logo, a partir desses julgados, pode-se afirmar que o Supremo Tribunal Federal modificou seu entendimento, uma vez que, anteriormente a eles, entendia não ser possível a restituição da diferença.

> – Bom saber, professora!

4.2. Responsabilidade derivada ou por transferência

A responsabilidade por transferência dá-se em momento posterior à prática do fato gerador, sendo deslocada a responsabilidade por conta de um fato ocorrido posteriormente, como, por exemplo, a sucessão da empresa por terceiro.

377

Nesse contexto, temos três hipóteses de transferência da responsabilidade: a) solidariedade; b) sucessão; c) terceiros.

– Vamos começar pela responsabilidade por solidariedade, então!

4.2.1. Responsabilidade por solidariedade

Para o estudo dessa responsabilidade[21-22] é indispensável a leitura dos arts. 124 e 125, ambos do Código Tributário Nacional:

> Art. 124 do CTN. São solidariamente obrigadas:
>
> I – as pessoas que tenham interesse comum na situação que constitua o fato gerador da obrigação principal;
>
> II – as pessoas expressamente designadas por lei.
>
> Parágrafo único. A solidariedade referida neste artigo não comporta benefício de ordem.
>
> Art. 125, do CTN. Salvo disposição de lei em contrário, são os seguintes os efeitos da solidariedade:
>
> I – o pagamento efetuado por um dos obrigados aproveita aos demais;
>
> II – a isenção ou remissão de crédito exonera todos os obrigados, salvo se outorgada pessoalmente a um deles, subsistindo, nesse caso, a solidariedade quanto aos demais pelo saldo;
>
> III – a interrupção da prescrição, em favor ou contra um dos obrigados, favorece ou prejudica aos demais.

---

21. "O interesse comum dos participantes na realização do fato jurídico tributário é o que define, segundo o inciso I, o aparecimento da solidariedade entre os devedores. A expressão empregada, além de vaga, não é roteiro seguro para a identificação do nexo que se estabelece entre os devedores da prestação tributária. Basta refletirmos na hipótese do imposto que onera as transmissões imobiliárias. No Estado de São Paulo, a lei indica o comprador como o sujeito passivo do gravame. Entretanto, tanto ele quanto o vendedor estão diretamente ligados à efetivação do negócio, havendo indiscutível interesse comum" (CARVALHO, Paulo de Barros. *Direito Tributário*: Linguagem e Método. 6. ed. São Paulo: Noeses, 2015, p.681-82).
22. Não apenas o Código Tributário Nacional trata sobre a responsabilidade tributária solidária, mas também outras legislações referentes à dívida tributária, como é o caso do art. 30, VI, da Lei 8.212 e o art. 9º, § 5º, da LC 123/2006, por exemplo.

CAPÍTULO 4 → O nascimento da obrigação tributária

– Professora, então essa responsabilidade solidária é presente quando dois ou mais devedores respondem integralmente pela dívida? Não há responsabilidade solidária ativa?

No Direito Tributário é incomum existir essa responsabilidade solidária ativa, no entanto, referente ao Simples Nacional, há a ocorrência, mas no que tangem à fiscalização por parte das Fazendas Públicas, nos termos do art. 33, LC 123/2006.

Mas o mais comum em provas de concurso e de Exame de Ordem é a cobrança referente à responsabilidade tributária solidária referente aos sujeitos passivos.

– Mesmo assim, bom saber essa situação referente ao Simples Nacional.

Referente ao inciso I do art. 124 do CTN, imagine que duas pessoas são proprietárias de um determinado imóvel, logo, são responsáveis solidárias pelo adimplemento do IPTU. No mais, o Fisco poderá exigir de um ou de outro, mesmo que a proporção da propriedade seja distinta entre ambos os proprietários do imóvel urbano. Caso um dos responsáveis solidários venha a pagar o valor a título de IPTU, teremos que aproveitará ao outro, nos termos do inciso I, do art. 125 do CTN.

– No art. 125 do CTN, inclusive, há outras consequências em decorrência da responsabilidade solidária, conforme o que pude constatar: a) a isenção ou remissão de crédito exonera todos os obrigados, salvo se outorgada pessoalmente a um deles, subsistindo, nesse caso, a solidariedade quanto aos demais pelo saldo; e b) a interrupção da prescrição, em favor ou contra um dos obrigados, favorece ou prejudica aos demais.

Esse art. 125 do CTN possui uma grande incidência nas provas de concurso! Um outro ponto de extrema importância para as provas é quanto ao entendimento do Supremo Tribunal Federal no julgamento do RE 562.276, em repercussão geral, segundo o qual o art. 124 do CTN não permite a criação de novas situações de solidariedade sem

379

que sejam observados os requisitos previstos no art. 128 do CTN[23], assim como as regras dos arts. 134[24] e 135[25], ambos do CTN.

> – Já sei tudo sobre responsabilidade solidária. Referente à responsabilidade por sucessão,[26] continuando a leitura dos artigos do Código Tributário Nacional, é aquela que contempla os créditos tributários já lançados, assim como aqueles que estão em vias de serem lançados e os que somente ocorreu a prática do fato gerador, embora não foram lançados?

4.2.2. Responsabilidade por sucessão

Essa é a ideia, conforme previsto no art. 129 do CTN:

> Art. 129 do CTN. O disposto nesta Seção aplica-se por igual aos créditos tributários definitivamente constituídos ou em curso de constituição à data dos atos nela referidos, e aos constituídos posteriormente aos mesmos atos, desde que relativos a obrigações tributárias surgidas até a referida data.

---

23. Art. 128 do CTN. "Sem prejuízo do disposto neste capítulo, a lei pode atribuir de modo expresso a responsabilidade pelo crédito tributário a terceira pessoa, vinculada ao fato gerador da respectiva obrigação, excluindo a responsabilidade do contribuinte ou atribuindo-a a este em caráter supletivo do cumprimento total ou parcial da referida obrigação."
24. Art. 134 do CTN. "Nos casos de impossibilidade de exigência do cumprimento da obrigação principal pelo contribuinte, respondem solidariamente com este nos atos em que intervierem ou pelas omissões de que forem responsáveis:
    I – os pais, pelos tributos devidos por seus filhos menores;
    II – os tutores e curadores, pelos tributos devidos por seus tutelados ou curatelados;
    III – os administradores de bens de terceiros, pelos tributos devidos por estes;
    IV – o inventariante, pelos tributos devidos pelo espólio;
    V – o síndico e o comissário, pelos tributos devidos pela massa falida ou pelo concordatário;
    VI – os tabeliães, escrivães e demais serventuários de ofício, pelos tributos devidos sobre os atos praticados por eles, ou perante eles, em razão do seu ofício;
    VII – os sócios, no caso de liquidação de sociedade de pessoas.
    Parágrafo único. O disposto neste artigo só se aplica, em matéria de penalidades, às de caráter moratório."
25. Art. 135 do CTN. "São pessoalmente responsáveis pelos créditos correspondentes a obrigações tributárias resultantes de atos praticados com excesso de poderes ou infração de lei, contrato social ou estatutos:
    I – as pessoas referidas no artigo anterior;
    II – os mandatários, prepostos e empregados;
    III – os diretores, gerentes ou representantes de pessoas jurídicas de direito privado."
26. "A sucessão é modalidade de sujeição passiva indireta ou responsabilidade por transferência. Aqui o terceiro responde pelo débito tributário do contribuinte diante da extinção deste" (COSTA, Regina Helena. *Curso de Direito Tributário: Constituição e Código Tributário Nacional*. 7. ed. São Paulo: Saraiva, 2017, p. 227).

Percebe-se que o marco temporal é a prática do fato gerador, sendo que este tenha ocorrido antes do evento que ensejou a responsabilidade por sucessão, as quais podem ser listadas em sucessão *causa mortis* e sucessão *inter vivos*.

– A sucessão *inter vivos* pode ser aquela referente à transmissão de um estabelecimento empresarial?

Pode, mas não apenas essa. Também é possível em decorrência de uma transmissão de um bem imóvel ou móvel, assim como quando há a transformação empresarial.

Em relação à transmissão de um bem imóvel, interessante a redação, muito cobrada, inclusive, nas provas de concurso público, do art. 130 do CTN:

> Art. 130 do CTN. Os créditos tributários relativos a impostos cujo fato gerador seja a propriedade, o domínio útil ou a posse de bens imóveis, e bem assim os relativos a taxas pela prestação de serviços referentes a tais bens, ou a contribuições de melhoria, sub-rogam-se na pessoa dos respectivos adquirentes, salvo quando conste do título a prova de sua quitação.
>
> Parágrafo único. No caso de arrematação em hasta pública, a sub-rogação ocorre sobre o respectivo preço.

– Entendo que, pela mera leitura do dispositivo, caso o débito tributário recaia sobre o imóvel, como no caso dos débitos referentes à taxa de coleta de lixo, por ser uma taxa de prestação de serviço, e o IPTU, a dívida seguirá com ele, mesmo que seja alienado a um terceiro, sendo este o responsável tributário. Correto?

Corretíssimo, trata-se de uma obrigação estabelecida em função de um direito real, isto é, *propter rem*.[27-28] No entanto, em regra, será

---

27. "Portanto, o adquirente de bem imóvel, diante da pendência de débito referente ao IPTU, sucederá o alienante na obrigação. E se a aquisição se der mediante arrematação em hasta pública, o valor do débito tributário será descontado do lanço efetuado" (COSTA, Regina Helena. *Curso de Direito Tributário:* Constituição e Código Tributário Nacional. 7. ed. São Paulo: Saraiva, 2017, p. 228).
28. Nada impede que a dívida seja cobrada tanto do adquirente do imóvel como também do antigo proprietário que o alienou, nos termos do entendimento do entendimento do Superior Tribunal de Justiça no julgamento do AREsp 942.940/RJ. Vale destacar um outro entendimento do Superior Tribunal de Justiça no sentido de que o ente que desapropria

feita uma escritura da venda do imóvel, caso o tabelião, verificando a existência de tais débitos tributários, não questione, nos termos do art. 134 do CTN[29]; se a dívida for cobrada do contribuinte e este não efetuar o pagamento, será o tabelião o responsável tributário. Assim, também ocorre em relação aos demais indivíduos elencados nesse dispositivo em comento.

Um fato interessante é que quando o adquirente solicita as certidões de débitos e nada consta, ou seja, são negativas, integrando o contrato, este não responderá pela dívida, de modo que, ainda que posteriormente surja uma dívida que seja anterior à compra do imóvel, o adquirente não será responsabilizado, devendo a dívida ser cobrada do antigo proprietário do imóvel.

 – E no caso de arrematação em hasta pública, conforme disposto no parágrafo único do art. 130 do CTN, o qual dispõe que "a sub--rogação ocorre sobre o respectivo preço"?

Estamos diante de uma sub-rogação real, uma vez que o valor da arrematação que servirá para o adimplemento da dívida referente ao imóvel, isso porque o arrematante receberá o bem livre de qualquer ônus, consistindo em uma aquisição originária. No entanto, caso o valor da arrematação seja abaixo do valor da dívida tributária, a diferença será cobrada do antigo proprietário.

---

um determinado imóvel não poderá ser considerado como responsável pelos tributos que incidem sobre ele relativos aos fatos geradores ocorridos antes da desapropriação. No entanto, responderá pelos tributos cujos fatos geradores tenham ocorridos após a desapropriação, pois este evento é considerado como uma forma de aquisição originária da propriedade e, portanto, o imóvel desapropriado é livre de qualquer ônus anterior. Desta feita, os tributos referentes aos fatos geradores anteriores à desapropriação deverão ser cobrados do antigo proprietário, conforme entendimento no julgamento do REsp 1.668.058/ES.

29. Art. 134 do CTN. "Nos casos de impossibilidade de exigência do cumprimento da obrigação principal pelo contribuinte, respondem solidariamente com este nos atos em que intervierem ou pelas omissões de que forem responsáveis:
I – os pais, pelos tributos devidos por seus filhos menores;
II – os tutores e curadores, pelos tributos devidos por seus tutelados ou curatelados;
III – os administradores de bens de terceiros, pelos tributos devidos por estes;
IV – o inventariante, pelos tributos devidos pelo espólio;
V – o síndico e o comissário, pelos tributos devidos pela massa falida ou pelo concordatário;
VI – os tabeliães, escrivães e demais serventuários de ofício, pelos tributos devidos sobre os atos praticados por eles, ou perante eles, em razão do seu ofício;
VII – os sócios, no caso de liquidação de sociedade de pessoas.
Parágrafo único. O disposto neste artigo só se aplica, em matéria de penalidades, às de caráter moratório."

CAPÍTULO 4 → O nascimento da obrigação tributária

> – Isso significa que se há uma dívida de IPTU de R$ 200.000,00 (duzentos mil reais), mas o imóvel foi arrematado por, apenas, R$ 50.000,00 (cinquenta mil reais), essa diferença de R$ 150.000,00 (cento e cinquenta mil reais) ainda subsistirá e o antigo proprietário quem irá, unicamente, responder por ela?

Pegou rápido! Embora o art. 130 do CTN traga à baila essa questão referente aos bens imóveis, o Superior Tribunal de Justiça, no julgamento do REsp 1.128.903, entendeu ser aplicável este dispositivo, por analogia, aos bens móveis.

> – Logo, caso haja débitos de IPVA referente a um determinado veículo, será aplicável a mesma sistemática estudada quanto aos bens imóveis! Inclusive, pela leitura do inciso I do art. 131 do CTN, há correlação com o abordado pelo art. 130.

Sim. É essa outra situação digna de ser cobrada em prova referente à responsabilidade prevista nos incisos II e III deste art. 131 do CTN, o qual você destacou.

Nesses dois incisos temos a responsabilidade do espólio, assim como do sucessor a qualquer título e do cônjuge meeiro, pelos tributos devidos pelo *de cujus*.

> – Lembro-me das aulas de Direito Civil que com o evento morte é que ocorre a abertura da sucessão, ocorrendo, nesta ocasião, a transferência do patrimônio da pessoa falecida.

É nesse sentido que o direito sucessório compreende. No entanto, a formalização da transferência da responsabilidade para os sucessores ocorrerá com a conclusão do processo de inventário ou arrolamento, por meio da partilha dos bens deixados pelo *de cujus*.

> – Então, durante o lapso temporal entre a abertura da sucessão, isto é, a partir da data da morte, até a partilha dos bens, momento em que é finalizado o inventário, a responsabilidade tributária referente aos tributos devidos pelo *de cujus* será de quem?

383

Do espólio! Lembrando que o espólio consiste numa universalidade de bens e de direitos deixados pelo *de cujus*, sendo representado pelo inventariante. Logo, será responsabilidade pessoal do espólio quanto ao adimplemento referente aos tributos deixados pelo falecido.

> – Professora, após a partilha, a responsabilidade continuará do espólio?

Não! A partir da sentença de partilha ou adjudicação, a responsabilidade, desde que observado o prazo decadencial, será dos sucessores a qualquer título e dos cônjuges meeiros, desde que, logicamente, respeitada as forças da herança, isto é, o montante do quinhão do legado ou da meação, nos termos do art. 131, III, do CTN.

> – Mas o espólio poderá ser considerado como contribuinte?

Poderá, no que tange às obrigações que surgirem durante o período entre a data da abertura da sucessão e a data da partilha ou adjudicação. Logo, podemos concluir que o espólio[30] será considerado responsável tributário quanto aos débitos do *de cujus* até a data da abertura da sucessão, no entanto, será contribuinte referente aos créditos tributários surgidos entre a abertura da sucessão e a partilha ou adjudicação.

> – Interessante!

Não para por aí. Quanto aos sucessores e o cônjuge meeiro,[31] estes serão contribuintes a partir da data da partilha ou adjudicação, no

---

30. No julgamento do REsp 295.222, o Superior Tribunal de Justiça entendeu que acaso uma execução fiscal já tenha sido ajuizada em face da pessoa que venha a falecer. "1. O sujeito ativo tributário não está obrigado a substituir a certidão da dívida para continuar a execução contra o espólio. 2. Ocorrendo a morte do devedor, o representante do espólio é chamado ao processo como sucessor da parte passiva, dando continuidade, com a sua presença, pela via da citação, a relação jurídico-processual."
31. Embora o Superior Tribunal de Justiça compreenda que não é caso de sucessão, reconheceu se tratar de um caso de responsabilidade tributária, devendo o cônjuge meeiro ser cobrado

entanto, serão considerados responsáveis, assim como ocorre com o espólio, quanto aos débitos tributários deixados pelo *de cujus*, mas também pelos créditos surgidos após a abertura da sucessão e antes da partilha ou adjudicação, isto é, serão responsáveis pelos tributos devidos pelo espólio.

– Até agora foi explicada a responsabilidade referente aos tributos. E quanto às multas?

Boa pergunta. Essa indagação sua sempre é questionada nas provas. Nos termos do entendimento do Superior Tribunal de Justiça no julgamento do REsp 295222, esta responsabilidade tributária até agora explanada contempla, também, as multas moratórias. Tome cuidado, pois para provas objetivas a melhor posição a ser levada é que em relação às multas de ofício, isto é, as punitivas, não há essa transferência de responsabilidade aos sucessores, uma vez que esta modalidade de punição, nos termos do art. 137 do CTN, é de responsabilidade pessoal do infrator.

– Muita informação sobre a responsabilidade *causa mortis*. E quanto à sucessão empresarial?

Este é um tema bem corriqueiro nas provas. Importante é a leitura do art. 132 do CTN:

> Art. 132 do CTN. A pessoa jurídica de direito privado que resultar de fusão, transformação ou incorporação de outra ou em outra é responsável pelos tributos devidos até à data do ato pelas pessoas jurídicas de direito privado fusionadas, transformadas ou incorporadas.
>
> Parágrafo único. O disposto neste artigo aplica-se aos casos de extinção de pessoas jurídicas de direito privado, quando a exploração da respectiva atividade seja continuada por qualquer sócio remanescente, ou seu espólio, sob a mesma ou outra razão social, ou sob firma individual.

---

na proporção de sua meação. Nesse sentido: STJ, REsp 212554. No entanto, quando concorre com os demais herdeiros, também responderá quanto à sua parcela da herança.

— Já estou tremendo com a possibilidade de estudarmos o direito societário por conta da redação do *caput* deste artigo.

Esse trauma do Direito Empresarial, principalmente no que concerne à Lei das Sociedades Anônimas é característica de quase todos os meus alunos. Deveria ter terapia para isso. Hahaha.

— Ah, professora, só de ler aqueles termos "fusão", "transformação" e "incorporação" já fico confuso mesmo...

De acordo com a Lei 6.404/1976 (Lei das Sociedades Anônimas), mais precisamente o art. 228 desta norma, temos que fusão é quando duas ou mais empresas que se unem para formar uma nova sociedade. Já a incorporação, conforme o art. 227, diz respeito a uma ou mais empresas que são absorvidas por outra sociedade. Por fim, a transformação é quando uma sociedade se transforma em um outro tipo societário, como é o caso de uma sociedade limitada que se transforma em uma sociedade anônima. Podemos concluir que são modalidades de operações societárias. Bem simples, não acha?

— Sim, tirei o fantasma criado em minha mente. Só senti falta da cisão. Não é uma outra modalidade de operação societária?

Sim, a cisão não se encontra prevista no art. 132 do CTN, já que somente surgiu com o advento da Lei das sociedades anônimas, norma posterior ao Código Tributário Nacional. Embora o CTN não contemple a cisão, tanto a doutrina quanto a jurisprudência compreendem que tudo o que é aplicável às demais operações societárias mencionadas acima também é aplicável à cisão,[32] referente à respon-

---

32. Ainda, a cisão poderá ser total ou parcial.
    Na cisão total, uma determinada empresa é extinta e seu patrimônio é transferido para uma ou outra ou para mais de uma empresa já constituída ou que se constitui naquele momento. Já a cisão parcial ocorre quando parte do patrimônio de uma empresa é retirado e vai integrar uma nova empresa que ou já existia, ou que será criada naquele momento. Nesta última situação, a dívida poderá ser exigida tanto da empresa originária ou das empresas que surgiram quando foi retirado parte do patrimônio e colocado na outra empresa.

sabilidade tributária. Nos termos do art. 229 da Lei das Sociedades Anônimas,

> Art. 229 da Lei das S/As. A cisão é a operação pela qual a companhia transfere parcelas do seu patrimônio para uma ou mais sociedades, constituídas para esse fim ou já existentes, extinguindo-se a companhia cindida, se houver versão de todo o seu patrimônio, ou dividindo-se o seu capital, se parcial a versão.

E é sobre a cisão que deveremos nos ater.

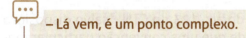
– Lá vem, é um ponto complexo.

Nem tanto, mas requer atenção, combinado?

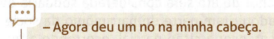
– Sempre que envolve o Direito Empresarial tento ter o máximo de atenção possível.

No parágrafo único do art. 233 da Lei das Sociedades Anônimas,[33] há a possibilidade de que as empresas envolvidas nesta operação societária convencionem acerca da responsabilidade quanto aos débitos, sendo possível que a responsabilidade seja afastada.

– Agora deu um nó na minha cabeça.

Vou lhe explicar melhor. Imagine que se parte do patrimônio da empresa Y está sendo retirado e sendo colocado no patrimônio das

---

33. Art. 233 da Lei de Sociedades Anônimas. "Na cisão com extinção da companhia cindida, as sociedades que absorverem parcelas do seu patrimônio responderão solidariamente pelas obrigações da companhia extinta. A companhia cindida que subsistir e as que absorverem parcelas do seu patrimônio responderão solidariamente pelas obrigações da primeira anteriores à cisão.
Parágrafo único. O ato de cisão parcial poderá estipular que as sociedades que absorverem parcelas do patrimônio da companhia cindida serão responsáveis apenas pelas obrigações que lhes forem transferidas, sem solidariedade entre si ou com a companhia cindida, mas, nesse caso, qualquer credor anterior poderá se opor à estipulação, em relação ao seu crédito, desde que notifique a sociedade no prazo de 90 (noventa) dias a contar da data da publicação dos atos da cisão."

empresas X e Z. Estas três empresas convencionaram que a empresa Z responderá por todas as dívidas dessa parte específica do patrimônio da empresa Y, de modo que qualquer credor, em até 90 (noventa) dias da publicação dessa deliberação, nos termos do art. 233 da Lei das Sociedades Anônimas, pode se opor a partir da notificação da empresa. Diante da oposição, haverá responsabilidade entre as três empresas quanto aos débitos específicos.

– E quanto aos débitos tributários? Também estão incluídos nessa situação?

Penso eu que, nos termos do art. 123 do CTN, "salvo disposição de lei ao contrário", nada impede que uma convenção particular modifique a sujeição passiva.

– Ah, faz todo o sentido! Essa possibilidade está prevista no art. 233 da Lei das Sociedades Anônimas. Então, nada impede que haja essa convenção.

É o que entendo, no entanto, há quem discorde. Esse assunto é propício de ser cobrado em uma questão dissertativa. Muito cuidado!

Vale destacar que referente à cisão, portanto, a responsabilidade da sociedade resultante do ato será considerada solidária de todos os indivíduos que adquiriram parte do patrimônio da sociedade cindida, podendo acontecer a cisão parcial, ocorrendo a responsabilidade apenas quanto às obrigações transferidas, isto é, sem solidariedade.

Já nas operações societárias de fusão, incorporação e transformação, a sociedade que resultar será considerada responsável pelos tributos devidos até a data do ato pelas pessoas fusionadas, transformadas ou incorporadas, a qual denominamos de responsabilidade integral.

– Ufa, ainda bem que terminou essa parte do direito societário.

Continuando o art. 132, parágrafo único, do Código Tributário Nacional, temos que quando a pessoa jurídica for extinta, entretanto se qualquer sócio ou o espólio venha a continuar a exercer a mesma atividade da empresa que foi extinta, independentemente da razão social da nova sociedade, podendo ser, inclusive, uma firma individual, estaremos diante do caso de responsabilidade tributária por sucessão.

> – Não é caso de dissolução irregular da pessoa jurídica?

Não, pois não há dissolução irregular da pessoa jurídica, mas sim a sua extinção, podendo ocorrer a continuidade da atividade empresarial, caso qualquer sócio continue a atividade, conforme o explicado acima.

> – Quanto à responsabilidade tributária, somente abarcará os tributos?

Nos termos do entendimento da jurisprudência, não. Além dos tributos, também teremos que a responsabilidade tributária prevista no art. 132 do CTN, isto é, de sucessão empresarial, contemplará as multas moratórias e punitivas, referentes a fatos geradores ocorridos até a data da sucessão. Vide o teor da Súmula 554 do Superior Tribunal de Justiça:[34]

> Súmula 554, STJ. Na hipótese de sucessão empresarial, a responsabilidade da sucessora abrange não apenas os tributos devidos pela sucedida, mas também as multas moratórias ou punitivas referentes a fatos geradores ocorridos até a data da sucessão.

---

34. Conforme explica Luís Eduardo Schoueri: "Por outro lado, percebe-se, mais uma vez, que o Código Tributário Nacional é consistente, quando trata da sucessão, ao dispor que esta se aplica aos 'tributos', dando a impressão de que estariam excluídas, daí, as penalidades pecuniárias. Tal entendimento confrontar-se-ia com a regra geral de que nas operações societárias, o sucesso sucede em direitos e obrigações, *ex vi* dos artigos 227, 228, 229 e 233 da Lei n. 6.404/76, além do que a esse respeito disciplinam os artigos 1113 a 1122 do Código Civil: conhecidos os débitos tributários e multas, não há como deixar de apontar a sucessão. Por tal razão, valem as considerações acima tecidas, no sentido de que as penalidades de caráter moratório integram o patrimônio transferido; as penalidades de caráter punitivo apenas serão transferidas se já impostas no momento da sucessão. Não se pode o sucessor" (SCHOUERI, Luís Eduardo. *Direito Tributário*. 9. ed. São Paulo: Saraiva Educação, 2019, p. 616).

– Referente à sucessão na aquisição de estabelecimento ou fundo de comércio, o Código Tributário Nacional traz algumas regras em seu art. 133:

> Art. 133 do CTN. A pessoa natural ou jurídica de direito privado que adquirir de outra, por qualquer título, fundo de comércio ou estabelecimento comercial, industrial ou profissional, e continuar a respectiva exploração, sob a mesma ou outra razão social ou sob firma ou nome individual, responde pelos tributos, relativos ao fundo ou estabelecimento adquirido, devidos até à data do ato:
>
> I – integralmente, se o alienante cessar a exploração do comércio, indústria ou atividade;
>
> II – subsidiariamente com o alienante, se este prosseguir na exploração ou iniciar dentro de seis meses a contar da data da alienação, nova atividade no mesmo ou em outro ramo de comércio, indústria ou profissão.

– Nesse ponto, caso o adquirente e o alienante convencionem sobre a responsabilidade, será válida tal convenção?

Você precisa compreender que se determinado indivíduo adquire um fundo de comércio ou estabelecimento, ele responderá pelas dívidas independentemente do que foi convencionado. Lembre-se do que dispõe o art. 123 do CTN.

Antes de mais nada, você sabe o que é estabelecimento?

– Sei, sim. O conceito está no art. 1.142 do Código Civil, consistindo em uma universalidade de fato, formado por bens materiais e imateriais:

> Art. 1.142 do CC. Considera-se estabelecimento todo complexo de bens organizado, para exercício da empresa, por empresário, ou por sociedade empresária.

CAPÍTULO 4 → O nascimento da obrigação tributária

Ótimo! Para fins de responsabilidade tributária, a divergência tratada pelo Direito Empresarial se estabelecimento e fundo de comércio consistem na mesma coisa ou não, não interessa. Importa se a responsabilidade tributária ocorre com a venda de todo o empreendimento ou com a venda de parte do empreendimento, bem como se o adquirente e o alienante do estabelecimento ou do fundo de comércio continuam ou não o exercício da atividade comercial.

> – Pode-se dizer que se determinada pessoa adquire o estabelecimento onde era uma drogaria e no local começa a explorar uma atividade no ramo alimentício, não responderá pelas dívidas tributárias, uma vez que nada lhe serviu daquele outro comércio?

Perfeito! Diferentemente, se a pessoa adquirisse o fundo de comércio da drogaria e continuasse a explorar a atividade, pois, nesse caso, exerceria a mesma atividade, não começando do zero e se beneficiando da clientela, inclusive, do estabelecimento adquirido.

> – Pelo art. 133 do CTN, compreendo que a responsabilidade girará em torno da postura a ser adotada pelo alienante do estabelecimento. Ora, se o alienante cessar a exploração da atividade comercial e não vir a explorar outra atividade comercial ou industrial dentro do período de seis meses, será o adquirente quem responderá integralmente pelas dívidas tributárias, isto é, de maneira pessoal, caso contrário, se o alienante retomar a mesma atividade comercial em até seis meses ou não a tiver cessado ou, até mesmo, dentro desse período, iniciar nova atividade no mesmo ou em outro ramo de comércio, indústria ou profissão, a responsabilidade do adquirente será considerada como subsidiária.

Boa constatação! Lembre-se de que nessa situação a responsabilidade tributária também contemplará as multas moratória e punitiva.

> – Continuando a leitura desse dispositivo, percebi que temos mais Direito Empresarial.

391

Os parágrafos 1º, 2º e 3º do art. 133 do CTN[35] abordam regras referentes à responsabilidade tributária, correlacionando com a falência e a recuperação judicial, cuja finalidade de viabilizar a aquisição de empresas ou de unidades produtivas. O mais importante é quanto ao § 1º, o qual viabiliza, principalmente, empresas que se encontram em processo de recuperação judicial, que alienem unidades autônomas, sendo que o adquirente não será onerado por conta das dívidas tributárias existentes.

– Interessante. Significa que quem adquirir uma unidade autônoma de uma empresa que esteja em recuperação judicial não arcará com os débitos tributários dela?

Exatamente isso! O Código Tributário Nacional, com base na Lei 11.101/2005 (Lei de Falências e Recuperação Judicial), estabelece que se um determinado indivíduo vir a adquirir um estabelecimento de uma pessoa jurídica que se encontre em recuperação judicial ou falência, aquele não irá suceder os débitos tributários desta, até porque, a finalidade deste parágrafo é a arrecadação de recursos financeiros com a venda da unidade para que os credores sejam pagos, conforme a ordem disposta na legislação falimentar dos créditos concursais e extraconcursais. Para que isso ocorra, deve ser concedido algum estímulo para que haja a aquisição de unidades da empresa.

---

35. Art. 133 do CTN. "§ 1º O disposto no caput deste artigo não se aplica na hipótese de alienação judicial:
I – em processo de falência;
II – de filial ou unidade produtiva isolada, em processo de recuperação judicial.
§ 2º Não se aplica o disposto no § 1º deste artigo quando o adquirente for:
I – sócio da sociedade falida ou em recuperação judicial, ou sociedade controlada pelo devedor falido ou em recuperação judicial;
II – parente, em linha reta ou colateral até o 4º (quarto) grau, consanguíneo ou afim, do devedor falido ou em recuperação judicial ou de qualquer de seus sócios; ou
III – identificado como agente do falido ou do devedor em recuperação judicial com o objetivo de fraudar a sucessão tributária.
§ 3º Em processo da falência, o produto da alienação judicial de empresa, filial ou unidade produtiva isolada permanecerá em conta de depósito à disposição do juízo de falência pelo prazo de 1 (um) ano, contado da data de alienação, somente podendo ser utilizado para o pagamento de créditos extraconcursais ou de créditos que preferem ao tributário."

CAPÍTULO 4 → O nascimento da obrigação tributária

 – Ocorre que o § 2º dispõe em sentido diverso.

Podemos dizer que consiste na exceção da exceção, pois visa a evitar fraudes. Por fim, vale destacar que o § 3º refere-se ao produto oriundo da venda dessas unidades. Lembre-se de que há uma ordem de pagamento dos créditos, previsto no art. 83 da Lei de Falências e Recuperação Judicial, além dos extraconcursais que antecedem estes. Portanto, isso quer dizer que o crédito tributário deverá observar a ordem da legislação específica, não podendo preferir aos demais.

 – Vamos deixar de lado essa parte um pouco do Direito Empresarial e vamos para a responsabilidade de terceiros, professora.

> Art. 50 do CC. "Em caso de abuso da personalidade jurídica, caracterizado pelo desvio de finalidade ou pela confusão patrimonial, pode o juiz, a requerimento da parte, ou do Ministério Público quando lhe couber intervir no processo, desconsiderá-la para que os efeitos de certas e determinadas relações de obrigações sejam estendidos aos bens particulares de administradores ou de sócios da pessoa jurídica beneficiados direta ou indiretamente pelo abuso. (Redação dada pela Medida Provisória 881, de 2019)
>
> § 1º Para fins do disposto neste artigo, desvio de finalidade é a utilização dolosa da pessoa jurídica com o propósito de lesar credores e para a prática de atos ilícitos de qualquer natureza. (Incluído pela Medida Provisória 881, de 2019)
>
> § 2º Entende-se por confusão patrimonial a ausência de separação de fato entre os patrimônios, caracterizada por: (Incluído pela Medida Provisória 881, de 2019)

4.3. Responsabilidade de terceiros

Percebi que o Direito Empresarial não é mesmo a sua praia... pois bem, essa responsabilidade de terceiros se encontra nos arts. 134 e 135 do CTN. O primeiro artigo dispõe sobre situações lícitas, ao passo que o último versa sobre o ilícito, quando o terceiro, quem tem um dever de zelo, decorrente da lei ou por previsão contratual, pratica uma infração à lei ou atua com excesso de poderes.

> – Professora, nesse art. 134 do CTN, compreendo que não se trata de uma responsabilidade solidária, mas sim de uma responsabilidade subsidiária, havendo um benefício de ordem.[36-37]

É o que compreende a doutrina. Entende-se que só haverá a possibilidade da cobrança do terceiro, caso não haja a possibilidade de cobrar o contribuinte. Desta feita, apenas quando for impossível a exigência do cumprimento da obrigação principal pelo contribuinte é que será exigida do terceiro. Embora este seja o entendimento, se a banca do seu concurso tenha preferência por cobrar letra seca da lei, tome cuidado, pois o art. 134 do CTN será cobrado na literalidade, atribuindo uma responsabilidade solidária ao terceiro.

Outro ponto sobre essa responsabilidade é que o terceiro não responderá por todo e qualquer ato.

---

36. Nesse sentido é o entendimento da Ministra Regina Helena Costa: "Observe-se que a norma do *caput* encerra uma impropriedade lógica: se se trata de responsabilidade solidária, não pode estar configurada apenas nos casos de 'impossibilidade de exigência do cumprimento da obrigação principal pelo contribuinte'. Ou seja, nas hipóteses apontadas, o terceiro somente será chamado a responder pelo débito tributário diante da impossibilidade de exigência de seu pagamento pelo contribuinte. Então, em relação ao contribuinte, por óbvio, a responsabilidade dessas pessoas é subsidiária. A responsabilidade somente será solidária em relação aos responsáveis entre si, no vínculo de natureza sancionatória que os une, não se tratando da solidariedade tributária propriamente dita, à qual alude o art. 124, I, CTN" (COSTA, Regina Helena. *Curso de Direito Tributário:* Constituição e Código Tributário Nacional. 7. ed. São Paulo: Saraiva, 2017, p. 232).
37. "Ora, o art. 134, ao contrário do art. 135, mantém no polo passivo da relação, em favor da Fazenda Pública, tanto o contribuinte como o responsável; o primeiro, em caráter preferencial, o segundo, subsidiariamente, bastando para isso o descumprimento do dever de pagar o tributo devido pelo contribuinte ou a negligência na fiscalização do pagamento. A infringência de tais deveres de fiscalização, de representação e de boa administração, que devem ser exercidos com diligência e zelo, desencadeia a responsabilidade do terceiro. Por isso, hipóteses de singelo não pagamento do tributo a cargo do terceiro se enquadram no art. 134, e não no art. 135" (BALEEIRO, Aliomar. *Direito Tributário Brasileiro*. Atualizada por Misabel Abreu Machado Derzi. 13. ed. Rio de Janeiro: Forense, 2015, p. 1160).

CAPÍTULO 4 → O nascimento da obrigação tributária

– Responderá por quais, então?

Apenas pelos atos em que intervir ou pelas omissões de que for responsável. Um exemplo é o caso do inventariante, que representa o espólio, conforme já estudamos. O *de cujus* faleceu no ano de 2019 e, no ano de 2020, deverá ser pago o IPTU incidente sobre o imóvel urbano deixado. Caso o espólio seja omisso quanto ao pagamento, caberá ao inventariante a responsabilidade tributária quanto ao adimplemento do valor referente ao imposto municipal. O mesmo referente aos sócios quanto aos débitos tributários deixados pela sociedade de pessoas quando liquidada.[38]

– Percebi que nessa modalidade de responsabilidade tributária, as multas punitivas estão excluídas, sendo que somente as multas moratórias serão contempladas, nos termos do parágrafo único do art. 134 do CTN.

Você deve tomar muito cuidado para não confundir as hipóteses em que a responsabilidade tributária contempla as multas moratórias, assim como as punitivas, das que não contemplam as multas punitivas. É questão de prova.

– Pode deixar, professora. Estou acompanhando todas as suas explicações sobre esse ponto.

---

38. "A responsabilidade dos sócios no caso de dissolução de sociedade não se estende a todo e qualquer tributo devido pela sociedade. Quem dita o limite da responsabilidade dos sócios é a lei societária que, no caso das sociedades limitadas, estabelece hipótese em que não há qualquer responsabilidade. A princípio, se o capital da sociedade foi integralizado e a dissolução foi regular, o sócio não responde. No entanto, se ocorre a dissolução irregular da sociedade, aqueles que a provocaram por omissão ou ação serão responsabilizados. A presunção é de que todos os sócios são responsáveis, mas trata-se de presunção relativa que admite prova em contrário. Além do mais, o redirecionamento da execução deve ser feito somente aos sócios que permaneciam na sociedade no momento da dissolução, não podendo ser responsabilizados os sócios que já tenham se desligado." (BALEEIRO, Aliomar. *Direito Tributário Brasileiro*. Atualizada por Misabel Abreu Machado Derzi. 13. ed. Rio de Janeiro: Forense, 2015, p. 1157).

Muito bem, diante disso, passemos para o estudo do art. 135 do CTN, cujas situações pressupõe que os indivíduos elencados tenham praticado atos ilícitos.[39-40] Misabel Derzi[41] ensina que:

> O ilícito é, assim, prévio ou concomitante ao surgimento da obrigação (mas exterior à norma tributária), e não posterior, como seria o caso do não pagamento do tributo. A lei que se infringe é a lei comercial ou civil, não a lei tributária, agindo o terceiro contra os interesses do contribuinte. Daí se explica que, no polo passivo, se mantenha apenas a figura do responsável, não mais a do contribuinte, que viu, em seu nome, surgir dívida não autorizada, quer pela lei, quer pelo contrato social ou estatuto (...) A peculiaridade do art. 135 está em que os atos ilícitos ali mencionados, que geram a responsabilidade do terceiro que os pratica, são causa (embora externa) do nascimento da obrigação tributária, contraída em nome do contribuinte, mas contrariamente a seus interesses. São, assim, do ponto de vista temporal, antes prévios ou concomitantes ao acontecimento do fato gerador da norma básica, que dá origem à obrigação. Por isso, o dispositivo menciona "obrigações resultantes de atos praticados com excesso de poderes, infração de lei, contrato social ou estatuto".

– Gosto bastante quando lemos doutrinas clássicas de Direito Tributário. Elas enriquecem bastante o meu estudo.

---

39. Ibid., p. 1160. "Muito se tem discutido a respeito da verdadeira inteligência e extensão da expressão 'resultante de atos praticados com excesso de poderes ou infração de lei, contrato social ou estatuto', constante do art. 135 do CTN. Certa doutrina entende que a responsabilidade pessoal e exclusiva de terceiros, arrolados no art. 135, se desencadearia com a simples ausência de recolhimento do tributo devido – sem dúvida um ilícito ou infração de lei. Todavia, se assim fosse, qual seria a diferença entre os arts. 134 e 135? Observe-se que as mesmas pessoas, mencionadas no art. 134, estão repetidas no art. 135. Por quê?"
40. Ibid., p. 1161. "A aplicação do art. 135 supõe assim: (1) a prática de ato ilícito, dolosamente, pelas pessoas mencionadas no dispositivo; (2) ato ilícito, como infração de lei, contrato social ou estatuto, normas que regem as relações entre contribuinte e terceiro-responsável, externamente à norma tributária básica ou matriz, da qual se origina o tributo; (3) a atuação tanto da norma básica (que disciplina a obrigação tributária em sentido restrito) quanto da norma secundária (constante do art. 135 que determina a responsabilidade do terceiro, pela prática do ilícito)".
41. Ibid., p. 1160-1161.

CAPÍTULO 4 → O nascimento da obrigação tributária

É importante a leitura, principalmente para uma prova de segunda fase de concurso público. Conforme o que nos ensina a nobre Professa, temos que excessos de poderes é quando o indivíduo, agindo fora dos limites dos seus poderes atribuídos pelo contrato social ou pelo estatuto ou pela lei e responderá de forma pessoal quanto aquilo que pratica fora dos poderes que detém. Já por infração à lei, contrato social ou estatuto é atuar de forma contrária ao que se referem.

– Não sabia desta distinção.

No mais, o Superior Tribunal de Justiça, ao analisar o art. 135 do CTN, entendeu no mesmo sentido da doutrina: de que se trata de uma responsabilidade solidária entre o contribuinte e o responsável, conforme os julgamentos do EREsp 174.532 e do REsp 1.455.490, devendo ambos responder pela dívida tributária. Também, vale salientar, que esta responsabilidade abarca tanto os tributos, como também as multas moratórias e punitivas. Fique atento!

– Percebi que no inciso I do art. 135 do CTN, as mesmas pessoas listadas no art. 134 do CTN são mencionadas. Qual a diferença?[42]

A diferença é que, conforme explicado, no art. 134 do CTN, os indivíduos agem de forma lícita, ao passo que no art. 135 do CTN, eles agem de maneira ilícita[43] e fora dos seus poderes ou por infração da lei. Bem simples essa distinção. Veja a redação da Súmula 430 do Superior Tribunal de Justiça, que traz uma situação considerada pelo art.

---

42. "Nesse contexto, entendemos que a simples inadimplência da obrigação tributária pela pessoa jurídica, embora constitua infração à lei tributária, não acarreta a responsabilidade dos diretores, gerentes ou representantes das pessoas jurídicas de direito privado. Será preciso demonstrar que tal inadimplemento decorreu da prática de ilícito pelos gestores da pessoa jurídica, que incorreram em excesso de poder ou em infração de lei, contrato social ou estatutos. A questão é importante e de grande aplicação prática, tendo em vista os requerimentos da Fazenda Pública solicitando o redirecionamento da execução fiscal aos sócios administradores da pessoa jurídica, o qual deve estar fundamentado na demonstração da prática de ato ilícito, como exposto" (COSTA, Regina Helena. *Curso de Direito Tributário*: Constituição e Código Tributário Nacional. 7. ed. São Paulo: Saraiva, 2017, p.233-234).
43. Interessante é o teor da Súmula 251 do Superior Tribunal de Justiça: "A meação só responde pelo ato ilícito quando o credor, na execução fiscal, provar que o enriquecimento dele resultante aproveitou ao casal".

397

134 do CTN, a qual não possui o condão de gerar a responsabilidade solidária do sócio gerente da sociedade:

> Súmula 430 do STJ. O inadimplemento da obrigação tributária pela sociedade não gera, por si só, a responsabilidade solidária do sócio-gerente.

– Por exemplo, caso um pai que represente seu filho menor, agir de forma irregular, sua responsabilidade pelos débitos do filho será pessoal, diferentemente se isso não ocorresse, isto é, se atuasse de forma regular, sendo a responsabilidade subsidiária, pautada no art. 134 do CTN?

É um ótimo exemplo. Outra situação é a disposta no inciso II do art. 135 do CTN quanto aos empregados, os quais poderão, também, responder pessoalmente, quando atuarem de forma ilícita. Contudo, a mais contumaz de ser cobrada nas provas de concurso é a prevista no inciso III do art. 135 do CTN: a responsabilidade pessoal de os diretores, gerentes ou representantes de pessoas jurídicas de direito privado quando atuam com excesso de poderes ou infração de lei, contrato social ou estatutos.

– Já percebi aqui uma peculiaridade. No art. 134 do CTN, há menção a qualquer sócio da sociedade, enquanto que no art. 135, III, do CTN há indivíduos específicos que compõem a pessoa jurídica. Ou seja, não é qualquer mero sócio quem irá responder pessoalmente.[44]

Essa diferença é crucial. Também, há uma diferença significativa entre o art. 135, III, e o previsto no art. 137. No primeiro dispositivo temos que estes indivíduos específicos praticam atos de infração

---

44. Vale salientar que a regra é que haja a separação dos bens da sociedade dos bens dos sócios. Por isso, a regra é que os bens do sócio respondem, apenas, pela dívida deste, enquanto pessoa física, e os bens da empresa respondem pelas dívidas da empresa enquanto pessoa jurídica, não havendo a comunicação de bens enquanto pessoa física e pessoa jurídica. Conclui-se que, se os bens da empresa acabaram e não há mais recursos para que ocorra o pagamento dos tributos, não estaremos diante de qualquer ato ilícito, não gerando, portanto, a responsabilização dos administradores.

ou com excesso de poderes contra a lei, estatuto ou contrato social, já no art. 137, do CTN[45], estamos diante de uma responsabilidade oriunda da prática de uma conduta lesiva contra a própria empresa. Ou melhor, o agente pratica a conduta com dolo específico de lesar a empresa! Aqui é um alerta para você não incorrer em erro na hora da prova.

– Situação bem distinta mesmo da prevista no art. 135, III, do CTN! No caso deste dispositivo, ainda que haja a responsabilidade pessoal dos diretores, administradores e representantes da empresa, esta configurará no polo passivo de uma ação de execução fiscal?

Sim, pois a empresa é a contribuinte. No mais, consoante entendimento do Superior Tribunal de Justiça no julgamento do REsp 1455490/PR, os administradores, representantes e diretores responderão de forma solidária e ilimitada, não ocorrendo a liberação da pessoa jurídica, isto é, a exclusão da sua responsabilidade.

– A Súmula 435 do Superior Tribunal de Justiça[46-47-48] possui uma redação interessante sobre uma hipótese de descumprimento da legislação.

---

45. Art. 137 do CTN. "A responsabilidade é pessoal ao agente:
III – quanto às infrações que decorram direta e exclusivamente de dolo específico:
c) dos diretores, gerentes ou representantes de pessoas jurídicas de direito privado, contra estas."
46. Súmula 435 do STJ. "Presume-se dissolvida irregularmente a empresa que deixar de funcionar no seu domicílio fiscal, sem comunicação aos órgãos competentes, legitimando o redirecionamento da execução fiscal para o sócio-gerente."
47. Compreende-se que a empresa possui o dever de manter sempre o endereço atualizado nos órgãos competentes. Ademais, acaso o oficial de justiça, servidor público que possui presunção de veracidade quanto aos seus atos, vir a constatar que a empresa não está mais localizada no endereço indicado, já é possível compreender que se dissolveu.
48. "A orientação dada pela Portaria PGFN 713/2011 pode tornar-se ainda mais preocupante quando se tem em conta que a dissolução irregular da pessoa jurídica é presumida quando a empresa deixa de funcionar em seu domicílio fiscal, sem comunicação aos órgãos competentes, a teor da Súmula 433 do Superior Tribunal de Justiça. 'Presume-se dissolvida irregularmente a empresa que deixar de funcionar no seu domicílio fiscal, sem comunicação aos órgãos competentes, legitimando o redirecionamento da execução fiscal para o sócio gerente.' É bem verdade que a referida Súmula não resiste a uma análise baseada em termos constitucionais, já que se vale de uma presunção simples (dissolução irregular por alteração de domicílio sem comunicação à Administração Tributária), enquanto o Supremo Tribunal

Essa súmula trata sobre a situação quanto à dissolução irregular da empresa.[49] Essa dissolução irregular, segundo o entendimento jurisprudencial, ocorre quando a empresa deixa de funcionar em seu domicílio fiscal, sem comunicação aos órgãos competentes, ensejando uma responsabilidade pessoal do sócio-gerente e o redirecionamento da execução fiscal em trâmite em face deste.

— E quem de fato será responsabilizado?

O sócio que exercer a gerência no momento da dissolução irregular da sociedade.

— Isso significa que, caso determinado sócio assume a gerência durante um determinado lapso temporal, mesmo que o inadimplemento dos tributos tenha ocorrido durante a gerência de outro sócio, será responsável pessoal aquele que é o gerente no momento da dissolução irregular?

Meio confuso isso, não? Deixe-me lhe explicar melhor. Lembre-se que a súmula 430, do Superior Tribunal de Justiça dispõe que o mero inadimplemento não é considerado um ilícito...

Federal inclina-se por rejeitar presunções que 'não revelem o esforço do aparato discal para identificar as circunstâncias legais'. O resultado da aplicação daquela Súmula, posto que absurdo, é que ao não ser encontra a empresa em seu domicílio haverá imediata inscrição dos nomes dos sócios-gerentes (algo que se encontra no Registro de Comércio), mesmo que estes tenham acabado de ingressar naquela posição, nada mais restando ao atingido, dada a presunção de certeza de que se reveste a CDA, à luz do artigo 204 do CTN, senão a produção de prova negativa, que evidencie não ter praticado atos com excesso de poder ou infração à lei. Censurável também é o fato de a Procuradoria satisfazer-se com 'declaração fundamentada', sem se referir a um processo administrativo. Afinal, muitas vezes o processo administrativo – quando ocorre – é movido em face da pessoa jurídica, sem o envolvimento dos potenciais responsáveis solidários; encerrado aquele processo, dá-se a inscrição na Dívida Ativa. A mera declaração da autoridade não pode suprir o direito ao contraditório e à ampla defesa daquele responsável. Ora, dadas as consequências já apontadas da inscrição, com a presunção da legalidade a ela vinculada, seria de esperar que se oferecesse, antes, a possibilidade de defesa do responsável apontado pela Autoridade Administrativa" (SCHOUERI, Luís Eduardo. *Direito Tributário*. 9. ed. São Paulo: Saraiva Educação, 2019, p. 634-635).

49. Vale destacar que a falência, por si só, não é apta a configurar a dissolução irregular da pessoa jurídica. No entanto, durante o curso do processo falimentar, caso sejam constatados crimes desta natureza, será admissível o redirecionamento da execução fiscal para a figura dos sócios administradores.

CAPÍTULO 4 → O nascimento da obrigação tributária

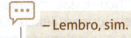
– Lembro, sim.

Pois bem, no REsp 1520257/SP, o Superior Tribunal de Justiça compreendeu ser irrelevante para que seja definida a responsabilidade acerca da dissolução irregular, a data do fato gerador da obrigação tributária, assim como o momento em que não foi pago o tributo. É a lógica da Súmula 430 do STJ! Por conta disso, o sócio que estiver exercendo a gerência no momento da dissolução irregular da sociedade é aquele quem será considerado responsável pessoal pelos tributos devidos, ensejando o redirecionamento da execução fiscal contra ele. Logo, não importa quem estava exercendo a gerência da sociedade no momento da prática do fato gerador dos tributos ou do inadimplemento. Embora seja o pensamento correto, há uma discussão no âmbito do Superior Tribunal de Justiça.

– Ou seja, é a discussão que tem tudo para ser cobrada na prova de concurso público.

No tema 962, o Superior Tribunal de Justiça afetou o REsp 1.787.156/RS, em 21/02/2019, representativo da controvérsia repetitiva quanto "a possibilidade de redirecionamento da execução fiscal contra o sócio que, apesar de exercer a gerência da empresa devedora à época do fato tributário, dela regularmente se afastou, sem dar causa, portanto, à posterior dissolução irregular da sociedade empresária".

– Professora, com base no teor da Súmula 430, do próprio Superior Tribunal de Justiça, discordo de uma possível mudança de entendimento. Até porque, lembrando o art. 134 do CTN, deixar de pagar o tributo não é ilícito apto a ensejar o redirecionamento da execução fiscal em face do sócio que, embora exercesse a gerência da empresa devedora à época do fato gerador e que, regularmente, afastou-se do cargo ou, até mesmo, da sociedade, sem dar causa à situação de dissolução irregular, não pode ter a responsabilidade pessoal decretada por conta desse ilícito.

401

Estou achando o máximo esse seu censo crítico! É isso mesmo. Ainda temos uma outra questão a ser decidida pela jurisprudência. O Superior Tribunal de Justiça julgou, no tema 981, para vir a decidir em repetitivo, o REsp 1.645.333/SP, no qual discute-se "a luz do art. 135, III, do CTN, o pedido de redirecionamento da Execução Fiscal, quando fundado na hipótese de dissolução irregular da sociedade empresária executada ou de presunção de sua ocorrência (Súmula 435 do STJ), pode ser autorizado contra: (i) o sócio com poderes de administração da sociedade, na data em que configurada a sua dissolução irregular ou a presunção de sua ocorrência (Súmula 435 do STJ), e que, concomitantemente, tenha exercido poderes de gerência, na data em que ocorrido o fato gerador da obrigação tributária não adimplida; ou (ii) o sócio com poderes de administração da sociedade, na data em que configurada a sua dissolução irregular ou a presunção de sua ocorrência (Súmula 435 do STJ), ainda que não tenha exercido poderes de gerência na data em que ocorrido o fato gerador do tributo não adimplido".

– Bem interessante isso. Conclui-se que a Fazenda Pública, portanto, somente conseguirá adentrar no patrimônio do sócio gerente por meio do redirecionamento da execução fiscal, sendo que, até então, é a posição jurisprudencial.[50]

Não é bem isso.

– Ué, achei que tivesse entendido tudo sobre esse assunto.

Seu raciocínio está corretíssimo, entretanto, a Lei Complementar 128/2008, mais precisamente seu art. 9º, § 5º, prevê a possibilidade da responsabilidade solidária dos titulares, dos sócios e dos

---

50. Logo, a Fazenda Pública, ao constatar a dissolução irregular da sociedade, promoverá o redirecionamento da execução fiscal em face da figura da pessoa do sócio gerente. Não é permitido que a Fazenda Pública, simplesmente, substitua a certidão de dívida ativa por outra com o intuito de incluir o sócio que não se encontrava originariamente. Nesse sentido é a redação da Súmula 392 do Superior Tribunal de Justiça: "A Fazenda Pública pode substituir a certidão de dívida ativa (CDA) até a prolação da sentença de embargos, quando se tratar da correção de erro material ou formal, vedada a modificação do sujeito passivo da execução".

CAPÍTULO 4 → O nascimento da obrigação tributária

administradores referente aos períodos da ocorrência dos fatos geradores dos tributos não adimplidos. Ou seja, caso a empresa de pequeno porte ou a microempresa que se encontre sem movimento há mais de 3 (três) anos, e seu administrador ou sócio venha a solicitar baixa nos registros dos órgãos públicos federais, estaduais e municipais, independentemente do pagamento dos tributos devidos ou das multas decorrentes do atraso na entrega das declarações referente a esses períodos, teremos configurada a responsabilidade pessoal daqueles indivíduos, embora não tenham praticado ilícitos.

Outra situação é quando estamos diante de sociedades cuja responsabilidade dos sócios é ilimitada, sendo, portanto, uma responsabilidade ilimitada pelos débitos da entidade.

> – Essas duas situações tidas como exceções são bem complicadas. Penso que as empresas de pequeno porte e as microempresas deveriam ser tuteladas, até porque são as que mais geram empregos e contribuem com a arrecadação tributária, fora que poucos incentivos fiscais são destinados a elas, assim como acesso facilitado às linhas de crédito, diferentemente do que ocorre em relação às grandes corporações.

Penso igualzinho a você, embora essa responsabilidade tenha respaldo constitucional, já que está prevista em uma lei complementar, conforme dispõe o art. 146, III, da CF/1988.

Continuando nosso estudo, ainda há a possibilidade toda da Fazenda Pública, para fins de satisfação do seu crédito tributário, utilizando-se do artifício do art. 204 do CTN, o qual dispõe que os créditos tributários inscritos em dívida ativa possuem presunção de certeza e de liquidez, acaba por inserir na certidão de dívida ativa qualquer sócio da sociedade e, não apenas, aquele que é exerce a gerência no momento da dissolução irregular. Ou, até mesmo, aquele que exerce a gerência, sem a necessidade de um eventual redirecionamento da execução fiscal contra ele, por meio da comprovação, por parte da Fazenda Pública, que o indivíduo tenha praticado os atos descritos no art. 135 do CTN.

— Nossa! Nada escapa mesmo da Fazenda Pública.

Pois é, e isso dá uma dor de cabeça ao sujeito que é inserido na certidão de dívida ativa, embora não tenha nada a ver com o débito. Não obstante, como acabei de mencionar, por conta do art. 204 do CTN, há uma presunção. Trata-se de uma presunção relativa (*juris tantum*), a qual pode ser afastada.

Imagine o sócio-gerente de uma sociedade que possui um débito tributário elevado, apesar disso, não ocorreu nenhuma situação prevista no art. 135 do CTN apta a ensejar a responsabilidade pessoal daquele. Mesmo assim, o nome do sócio-gerente, juntamente com a sociedade, consta inscrito na dívida ativa, consequentemente, na certidão da dívida ativa. O que esse sócio gerente pode fazer?

— Penso que como se trata de uma presunção relativa, o sócio-gerente poderá questionar por meio de exceção de pré-executividade ou opor embargos à execução fiscal.[51-52]

Poderá, sim. Só que resta ao sócio-gerente que se encontra indevidamente na certidão da dívida ativa comprovar que não ocorreu nenhuma situação prevista no art. 135 do CTN, em outras palavras, cabe a ele o ônus de demonstrar em juízo que não incorreu em práticas de atos com excesso de poderes ou infração de lei, contrato social ou de estatutos, conforme entendimento do Superior Tribunal de Justiça, no REsp 1104900/ES.

Eu tenho uma pergunta bem importante para você. Até então, falamos sobre o redirecionamento da execução fiscal em face da

---

51. "Se a matéria é meramente de presunção, fica aberta a possibilidade de se comprovar a inexistência de responsabilidade do administrador. Apesar de a jurisprudência inclinar-se pela presunção de validade da inscrição na dívida ativa, importa mencionar que a prova em contrário pode ser feita já com base nos atos societários. Assim é que se aceita que se a análise do contrato social da pessoa jurídica evidencia que determinado sócio jamais exerceu gerência ou poder de mando na sociedade, não cabe execução fiscal contra ele, 'em que pese o fato de constar da CDA' seu nome" (SCHOUERI, Luís Eduardo. *Direito Tributário*. 9. ed. São Paulo: Saraiva Educação, 2019, p. 632).
52. STJ, REsp 1104900/ES, 1ª seção, rel. Min. Denise Arruda, j. 25.03.2009.

figura do sócio-gerente, até então compreendido pela jurisprudência. Cabe incidente de desconsideração da personalidade jurídica em execução fiscal?

> – Penso que sim, professora!

No julgamento do REsp 1.786.311, no ano de 2019, a 2ª Turma do Superior Tribunal de Justiça entendeu que o incidente de desconsideração da personalidade jurídica não é compatível com a execução fiscal, uma vez que o redirecionamento da execução fiscal em face da figura dos sócios é fundamentado nos arts. 134 e 135 do Código Tributário Nacional, descabendo, portanto, o art. 50 do Código Civil, nesse caso. Além disso, o rito da desconsideração da personalidade jurídica é distinto do da execução fiscal. Para que o contribuinte possa apresentar defesa, é necessário, em regra, que preste garantia, nos termos do art. 16 da Lei 6.830/1980. Ademais, não ocorrerá a suspensão automática da execução, diferentemente do que ocorre com o incidente de desconsideração da personalidade jurídica, pois interposto, o processo principal será suspenso.

> – Então essa é a posição que devo levar para a prova.

Vai devagar! Em que pese o entendimento da 2ª Turma, a 1ª Turma do Superior Tribunal de Justiça compreende ser viável o incidente de desconsideração, mesmo que durante o trâmite da execução fiscal, nos termos do REsp 1.775.269, julgado no ano de 2019.

> – E quanto aos grupos econômicos?

Ah, sua pergunta deve ser por conta da Medida Provisória 881/2019, da liberdade econômica a qual foi convertida na Lei nº 13.874 de 20/09/2019. Como você deve estar ciente, essa Medida Provisória modificou o art. 50 do CC/2002.[53] O fato de as empresas estarem

---

53. "Art. 50. Em caso de abuso da personalidade jurídica, caracterizado pelo desvio de finalidade ou pela confusão patrimonial, pode o juiz, a requerimento da parte, ou do Ministério Público quando lhe couber intervir no processo, desconsiderá-la para que os efeitos de certas e

vinculadas, em um mesmo grupo econômico, é indiferente, inclusive para fins de desconsideração da personalidade jurídica, pautada no § 4º do art. 50 do Código Civil. Diante disso, é indispensável, para que as empresas que compõem um determinado grupo econômico sejam de fato responsáveis, que tenha ocorrido o cometimento de algum ilícito.

4.4. Responsabilidade por infrações

– Pela simples leitura do art. 136 do CTN,[54] já vi que a responsabilidade pela prática de infrações é objetiva, independentemente da culpa ou da intenção do agente.[55]

É o que dispõe o Código Tributário Nacional, salvo disposto em lei em contrário. Quem pratica uma infração, no Direito Tributário, é punido mediante a aplicação de uma multa, em regra, pecuniária.[56] Já no Direito Aduaneiro há a possibilidade de outra punição

---

determinadas relações de obrigações sejam estendidos aos bens particulares de administradores ou de sócios da pessoa jurídica beneficiados direta ou indiretamente pelo abuso.
§ 1º Para os fins do disposto neste artigo, desvio de finalidade é a utilização da pessoa jurídica com o propósito de lesar credores e para a prática de atos ilícitos de qualquer natureza.
§ 2º Entende-se por confusão patrimonial a ausência de separação de fato entre os patrimônios, caracterizada por:
I – cumprimento repetitivo pela sociedade de obrigações do sócio ou do administrador ou vice-versa;
II – transferência de ativos ou de passivos sem efetivas contraprestações, exceto os de valor proporcionalmente insignificante; e
III – outros atos de descumprimento da autonomia patrimonial.
§ 3º O disposto no *caput* e nos §§ 1º e 2º deste artigo também se aplica à extensão das obrigações de sócios ou de administradores à pessoa jurídica.
§ 4º A mera existência de grupo econômico sem a presença dos requisitos de que trata o caput deste artigo não autoriza a desconsideração da personalidade da pessoa jurídica."

54. Art. 136 do CTN. "Salvo disposição de lei em contrário, a responsabilidade por infrações da legislação tributária independe da intenção do agente ou do responsável e da efetividade, natureza e extensão dos efeitos do ato."
55. Em sentido diverso, é o entendimento de Hugo de Brito Machado, pois para ele "o art. 136 do CTN não estabelece a responsabilidade objetiva em matéria de penalidades tributárias, mas a responsabilidade por culpa presumida. A diferença é simples. Na responsabilidade objetiva não se pode questionar a respeito da intenção do agente. Já na responsabilidade por culpa presumida tem-se que há necessidade de se demonstrar a presença de dolo ou de culpa, mas o interessado não pode excluir a responsabilidade fazendo a prova de que, além de não ter a intenção de infringir a norma, teve a intenção de obedecer a ela, o que não lhe foi possível fazer por causa superiores à sua vontade" (MACHADO, Hugo de Brito. *Curso de Direito Tributário*. 40. ed. São Paulo: Malheiros, 2019, p. 166).
56. Seguindo a linha adotada pelo Código Tributário Nacional, podemos afirmar que se determinado indivíduo não paga o tributo no dia previsto, haverá a aplicação da multa, embora

CAPÍTULO 4 → O nascimento da obrigação tributária

ser aplicada, a qual é despida de caráter pecuniário: a pena de perdimento.

– Embora não importe a intenção do agente, é possível que, ocorrendo mediante dolo, este seja valorado quando a multa for aplicada?

É possível. Caso seja constatado que o indivíduo omitiu um pagamento ou não declarou, haverá a imposição de multa de ofício de 75% sobre a diferença do valor que foi omitido ou sobre a diferença não declarada.[57]

– Há a possibilidade de a responsabilidade ser considerada subjetiva?

Há, sim! Veja o que entende o Superior Tribunal de Justiça:

> Súmula 509 do STJ. É lícito ao comerciante de boa-fé aproveitar os créditos de ICMS decorrentes de nota fiscal posteriormente declarada inidônea, quando demonstrada a veracidade da compra e venda.

O terceiro, que na súmula consiste no comerciante de boa-fé, não poderá ser prejudicado pelo simples fato de uma nota fiscal do vendedor ou do contribuinte anterior da cadeia, ser declarada inidônea, desde que demonstre que ocorreu a compra e venda e que, portanto, não ocorreu a simulação.

– Seguindo o CTN, no art. 137[58] quem seria o "agente" mencionado no *caput*?

---

esta situação decorra de dificuldades financeiras que esteja passando. Isso significa que para a legislação tributária não importa o que ensejou o descumprimento da lei.
57. Caso haja dúvidas sobre a gravidade da situação, nos termos do art. 112 do CNT, esta sempre deverá favorecer o contribuinte.
58. Art. 137 do CTN. "A responsabilidade é pessoal ao agente:
I – quanto às infrações conceituadas por lei como crimes ou contravenções, salvo quando praticadas no exercício regular de administração, mandato, função, cargo ou emprego, ou no cumprimento de ordem expressa emitida por quem de direito;
II – quanto às infrações em cuja definição o dolo específico do agente seja elementar;

407

Segundo Luís Eduardo Schoueri,[59] essa responsabilidade prevista no dispositivo em comento em nada se assemelha com os casos abordados até então. E ainda explica:

> O agente, por sua vez, não atua "no exercício regular da administração, mandato, função, cargo ou emprego" nem tampouco cumpre "ordem expressa emitida por quem de direito". Age, em síntese, no seu interesse, contra as pessoas por quem responde, contra seus mandantes proponentes ou empregadores, contra, enfim, as pessoas jurídicas de direito privado que dirige, gerencia ou representa.

– Hum, então, por conta dessa definição, pode-se afirmar que haverá a punição pessoal desse agente que cometeu a infração, ou seja, a pessoa física, enquanto o sujeito passivo da obrigação tributária, o contribuinte, apenas responde pela obrigação tributária em si.

Exatamente isso. No inciso I, caso haja configurado o cometimento de um crime ou de uma contravenção, não será a pessoa jurídica quem irá responder, mas sim a pessoa física que cometeu, salvo quando praticado no exercício regular de administração, mandato, função, cargo ou emprego, ou no cumprimento de ordem expressa emitida por quem de direito.

– No inciso II do art. 137 do CTN, penso que estão presentes os ilícitos administrativos, praticados mediante dolo específico do agente.[60]

III – quanto às infrações que decorram direta e exclusivamente de dolo específico:
a) das pessoas referidas no artigo 134, contra aquelas por quem respondem;
b) dos mandatários, prepostos ou empregados, contra seus mandantes, preponentes ou empregadores;
c) dos diretores, gerentes ou representantes de pessoas jurídicas de direito privado, contra estas."

59. SCHOUERI, Luís Eduardo. *Direito Tributário*. 9. ed. São Paulo: Saraiva Educação, 2019, p. 637.
60. "Diz-se que o dolo específico é elementar quando esteja colocado como elemento essencial para a configuração da infração, vale dizer, quando a própria descrição da infração refere-se à conduta dolosa. A configuração da infração exige presença de vontade de praticar a conduta ilícita de que se cuida" (MACHADO, Hugo de Brito. *Curso de Direito Tributário*. 40. ed. São Paulo: Malheiros, 2019, p.168).

É o clássico exemplo do empresário que destrói livros comerciais e contábeis para evitar a fiscalização por parte da autoridade competente. Sua conduta estará tipificada nesse inciso. Por fim, o último inciso do art. 137 do CTN diz respeito às infrações que decorram diretamente do dolo específico.

5. DENÚNCIA ESPONTÂNEA

– No art. 138 do CTN,[61] temos que o contribuinte não pagará multas punitiva e moratória, desde que assuma a prática de uma infração, pague o tributo devido, se for o caso, acrescido de juros de mora e correção monetária, antes de qualquer ato de fiscalização por parte da Administração Tributária.[62] Não é mesmo?

Sim, no entanto, essa denominação é equivocada. O mais correto seria confissão espontânea, pois o contribuinte confessa seus ilícitos cometidos.

Como você bem pontuou, para que a denominada denúncia espontânea surta efeitos, é indispensável que o contribuinte assuma a infração antes de que qualquer providência por parte do Fisco tendente a lançar o tributo. Hugo de Brito Machado[63] traz um exemplo interessante sobre a prática da denúncia espontânea pelo contribuinte:

---

61. Art. 138 do CTN. "A responsabilidade é excluída pela denúncia espontânea da infração, acompanhada, se for o caso, do pagamento do tributo devido e dos juros de mora, ou do depósito da importância arbitrada pela autoridade administrativa, quando o montante do tributo dependa de apuração.
Parágrafo único. Não se considera espontânea a denúncia apresentada após o início de qualquer procedimento administrativo ou medida de fiscalização, relacionados com a infração"
62. "Pode ocorrer que o contribuinte tome a iniciativa de confessar o cometimento de infração e peça à autoridade para mandar apurar o montante do tributo devido. Neste caso a autoridade poderá arbitrar um valor a ser depositado pelo contribuinte. Se faz esse arbitramento, o depósito do valor correspondente é condição essencial para que a responsabilidade do infrator fique excluída. Na prática, porém, esse arbitramento geralmente não é feito. Se assim ocorre, o depósito, obviamente, não pode ser exigido. Determinado o montante do tributo, o contribuinte deve ser notificado para fazer o respectivo pagamento, sem acréscimo de qualquer penalidade. A denúncia espontânea da infração, nos termos do art. 138 do CTN, exclui qualquer penalidade, inclusive a multa de mora" (MACHADO, Hugo de Brito. *Curso de Direito Tributário*. 40. ed. São Paulo: Malheiros, 2019, p. 169).
63. MACHADO, Hugo de Brito. *Curso de Direito Tributário*. 40. ed. São Paulo: Malheiros, 2019, p. 169.

O cumprimento de uma obrigação acessória fora do prazo legal configura nitidamente uma forma de denúncia espontânea da infração, e afasta, portanto, a declaração do sujeito passivo. Assim, se alguém faz a sua declaração de rendimento fora do prazo legal, mas o faz espontaneamente, porque antes de qualquer procedimento fiscal, nenhuma penalidade é cabível.

— Então, pode ser considerada como uma técnica do contribuinte, pois se ele acha que será autuado e receberá a imposição de uma multa grave, a denúncia espontânea consiste em uma boa alternativa, logicamente, se o contribuinte possuir recursos financeiros para arcar com o valor do tributo, acrescido de juros e correção monetária. Mas como o contribuinte saberá em qual momento perderá a espontaneidade?

A Administração Tributária deverá notificar formalmente o sujeito passivo sobre o início do procedimento administrativo ou de medida de fiscalização relacionados com a infração. A partir desse momento, haverá a perda da espontaneidade.

— Isso quer dizer que mesmo que o Fisco realize uma investigação sobre a infração, ainda é possível que o contribuinte se beneficie da denúncia espontânea caso não tenha sido comunicado formalmente?

Exatamente! Essa notificação formal é indispensável, pois há a necessidade de que sejam identificados os períodos da apuração a ser feita, além dos tributos contemplados. Isso é importante, porque a perda da espontaneidade irá se referir, apenas, aos determinados tributos e aos respectivos períodos elencados. Portanto, caso a investigação seja sobre a COFINS, dentro dos parâmetros corretos, nada impede que o contribuinte apresente uma denúncia espontânea referente à CSLL.

— Achei que fosse referente a todos os tributos devidos pelo contribuinte e todos os períodos.

Tome cuidado, pois a grande maioria dos alunos pensa assim, de forma equivocada. Outrossim, na esfera federal, o art. 7º do Decreto

CAPÍTULO 4 → O nascimento da obrigação tributária

70.235/1972[64] dispõe que o procedimento de fiscalização terá por início, estando afastada a espontaneidade:[65]

a)	A partir do primeiro ato de ofício, escrito, praticado por servidor competente, cientificado o sujeito passivo da obrigação tributária ou seu preposto;
b)	Com a apreensão de mercadorias, documentos ou livros;
c)	Do começo de despacho aduaneiro de mercadoria importada.

Ainda segundo o referido Decreto, o início do procedimento exclui a espontaneidade do sujeito passivo em relação aos atos anteriores e independentemente de intimação dos demais envolvidos nas infrações verificadas.

> – E pode-se afirmar que o parcelamento do tributo devido em vez do pagamento integral é compatível com o instituto da denúncia espontânea?

Consoante entendimento do Superior Tribunal de Justiça, a denúncia espontânea exige o pagamento integral e imediato do tributo devido, juntamente com os juros e a correção monetária. Trata-se, portanto, o pagamento de uma das modalidades da extinção do crédito tributário, as quais estudaremos mais adiante, sendo que o parcelamento, na verdade, é uma modalidade de suspensão da exigibilidade

---

64. Art. 7º do Decreto 70.235/1972. "O procedimento fiscal tem início com:
   I – o primeiro ato de ofício, escrito, praticado por servidor competente, cientificado o sujeito passivo da obrigação tributária ou seu preposto;
   II – a apreensão de mercadorias, documentos ou livros;
   III – o começo de despacho aduaneiro de mercadoria importada.
   § 1º O início do procedimento exclui a espontaneidade do sujeito passivo em relação aos atos anteriores e, independentemente de intimação a dos demais envolvidos nas infrações verificadas.
   § 2º Para os efeitos do disposto no § 1º, os atos referidos nos incisos I e II valerão pelo prazo de sessenta dias, prorrogável, sucessivamente, por igual período, com qualquer outro ato escrito que indique o prosseguimento dos trabalhos."
65. Também, importante conhecer o art. 196 do CTN, o qual aborda sobre a perda da espontaneidade: Art. 196 do CTN. "A autoridade administrativa que proceder ou presidir a quaisquer diligências de fiscalização lavrará os termos necessários para que se documente o início do procedimento, na forma da legislação aplicável, que fixará prazo máximo para a conclusão daquelas.
   Parágrafo único. Os termos a que se refere este artigo serão lavrados, sempre que possível, em um dos livros fiscais exibidos; quando lavrados em separado deles se entregará, à pessoa sujeita à fiscalização, cópia autenticada pela autoridade a que se refere este artigo."

411

do crédito tributário. Esse entendimento foi consagrado no julgamento do REsp 284189/SP, embora haja doutrina em sentido contrário.[66]

Outra incompatibilidade entre o parcelamento e a denúncia espontânea é que aquele, conforme estipulado no art. 155-A do CTN,[67] irá contemplar, salvo lei em sentido contrário, as multas e os juros.

 — Espero conseguir entender tudo sobre o parcelamento na aula sobre a suspensão da exigibilidade do crédito tributário.

Ah, eu me esqueci de lhe dizer. Tome cuidado com outra situação bem diferente: o depósito do montante integral, incluindo juros e correção monetária, não tem o condão de beneficiar o contribuinte quanto à denúncia espontânea. Mais uma vez, estaremos diante de uma situação contemplada como suspensão da exigibilidade do crédito tributário, e não de extinção, segundo o Superior Tribunal de Justiça no EREsp 1.131.090/RJ. O depósito do montante integral visa à possibilidade do contribuinte de discutir a sua dívida tributária, algo

---

66. "Um argumento frequente utilizado pelos que sustentam a não aplicação do art. 138 do CTN aos casos de parcelamento reside em que o contribuinte poderia fazer a denúncia espontânea e pedir o parcelamento de má-fé, apenas para obter a exclusão das penalidades, e depois descumprir o acordo de parcelamento, deixando de pagar as parcelas respectivas. Tal argumento é inconsistente, porque, uma vez realizado o acordo de parcelamento, a Fazenda Pública tem o crédito líquido e certo, que pode ser objeto de cobrança executiva, e pode exigir, inclusive, a multa decorrente do inadimplemento de sua obrigação pelo contribuinte. Não a multa anterior ao parcelamento, pois a responsabilidade pela infração que a ensejou está definitivamente extinta pela denúncia espontânea da infração, mas a multa pelo descumprimento do acordo de parcelamento. Em síntese, a questão de ser de uma vez ou parcelado o pagamento do tributo apurado em face da denúncia espontânea da infração é apenas uma questão financeira. Como o parcelamento pode ser concedido mesmo aos que foram apanhados pela Fiscalização em situação irregular, há de ser concedido também aos que confessam espontaneamente a infração" (MACHADO, Hugo de Brito. *Curso de Direito Tributário*. 40. ed. São Paulo: Malheiros, 2019, p. 173).
67. Art. 155-A do CTN. "O parcelamento será concedido na forma e condição estabelecidas em lei específica.
§ 1º Salvo disposição de lei em contrário, o parcelamento do crédito tributário não exclui a incidência de juros e multas.
§ 2º Aplicam-se, subsidiariamente, ao parcelamento as disposições desta Lei, relativas à moratória.
§ 3º Lei específica disporá sobre as condições de parcelamento dos créditos tributários do devedor em recuperação judicial.
§ 4º A inexistência da lei específica a que se refere o § 3º deste artigo importa na aplicação das leis gerais de parcelamento do ente da Federação ao devedor em recuperação judicial, não podendo, neste caso, ser o prazo de parcelamento inferior ao concedido pela lei federal específica."

que será custoso para a Administração Tributária, indo na contramão do que pressupõe a denúncia espontânea.

– Ainda sobre a denúncia espontânea, ela poderá abarcar as obrigações acessórias?

Somente contemplará a obrigação principal, por isso, a resposta é negativa. Esse, inclusive, é o entendimento do Superior Tribunal de Justiça, proferido no julgamento do REsp 591.579.

– E quanto àquela súmula do Superior Tribunal de Justiça que prevê a impossibilidade de a denúncia espontânea contemplar os tributos sujeitos ao lançamento por homologação?

Você quis se referir à Súmula 360 do STJ,[68] cuja incidência nas provas de concurso público é altíssima. Como você já sabe, no lançamento por homologação, o contribuinte basicamente faz tudo: apura o valor devido e realiza o pagamento antecipado. A partir disso, há o conhecimento por parte da Administração Tributária do que é devido. Contudo, deve-se tomar muito cuidado, pois há exceções quanto à aplicabilidade desse entendimento, inclusive por conta da redação do entendimento sumulado pelo Superior Tribunal de Justiça.

– Sempre achei que essa regra fosse absoluta.

Suponha que determinado contribuinte apresente declaração de parte do débito referente ao tributo sujeito ao lançamento por homologação. Perceba bem que é referente a uma parte, apenas. Com isso, há uma parte que o contribuinte não declarou, havendo a necessidade de que o Fisco proceda ao lançamento de ofício referente a ela.

– Compreendi tudo. Referente à parte que foi declarada não cabe mais a denúncia espontânea, ao passo que quanto à parte que não foi declarada, caberá a denúncia espontânea por parte do contribuinte, até porque é a parte que a Administração Tributária desconhece. Tem lógica, né?

---

68. Súmula 360 do STJ. "O benefício da denúncia espontânea não se aplica aos tributos sujeitos a lançamento por homologação regularmente declarados, mas pagos a destempo."

Você pensou igual ao STJ. Parabéns! Foi o que entendeu no julgamento do REsp 1.149.022.[69]

– Já estou virando *expert* em jurisprudência.

---

69. "PROCESSUAL CIVIL. RECURSO ESPECIAL REPRESENTATIVO DE CONTROVÉRSIA. ARTIGO 543-C DO CPC. TRIBUTÁRIO. IRPJ E CSLL. TRIBUTOS SUJEITOS A LANÇAMENTO POR HOMOLOGAÇÃO. DECLARAÇÃO PARCIAL DE DÉBITO TRIBUTÁRIO ACOMPANHADO DO PAGAMENTO INTEGRAL. POSTERIOR RETIFICAÇÃO DA DIFERENÇA A MAIOR COM A RESPECTIVA QUITAÇÃO. DENÚNCIA ESPONTÂNEA. EXCLUSÃO DA MULTA MORATÓRIA. CABIMENTO. 1. A denúncia espontânea resta configurada na hipótese em que o contribuinte, após efetuar a declaração parcial do débito tributário (sujeito a lançamento por homologação) acompanhado do respectivo pagamento integral, retifica-a (antes de qualquer procedimento da Administração Tributária), noticiando a existência de diferença a maior, cuja quitação se dá concomitantemente. 2. Deveras, a denúncia espontânea não resta caracterizada, com a consequente exclusão da multa moratória, nos casos de tributos sujeitos a lançamento por homologação declarados pelo contribuinte e recolhidos fora do prazo de vencimento, à vista ou parceladamente, ainda que anteriormente a qualquer procedimento do Fisco (Súmula 360/STJ) (Precedentes da Primeira Seção submetidos ao rito do artigo 543-C do CPC: REsp 886.462/RS, Rel. Min. Teori Albino Zavascki, j. em 22.10.2008, *DJe* 28.10.2008; e REsp 962.379/RS, Rel. Min. Teori Albino Zavascki, j. em 22.10.2008, *DJe* 28.10.2008). 3. É que "a declaração do contribuinte elide a necessidade da constituição formal do crédito, podendo este ser imediatamente inscrito em dívida ativa, tornando-se exigível, independentemente de qualquer procedimento administrativo ou de notificação ao contribuinte" (REsp 850.423/SP, Rel. Min. Castro Meira, Primeira Seção, j. em 28.11.2007, *DJ* 07.02.2008). 4. Destarte, quando o contribuinte procede à retificação do valor declarado a menor (integralmente recolhido), elide a necessidade de o Fisco constituir o crédito tributário atinente à parte não declarada (e quitada à época da retificação), razão pela qual aplicável o benefício previsto no artigo 138 do CTN. 5. In casu, consoante consta da decisão que admitiu o recurso especial na origem (fls. 127/138): "No caso dos autos, a impetrante em 1996 apurou diferenças de recolhimento do Imposto de Renda Pessoa Jurídica e Contribuição Social sobre o Lucro, ano-base 1995 e prontamente recolheu esse montante devido, sendo que agora pretende ver reconhecida a denúncia espontânea em razão do recolhimento do tributo em atraso, antes da ocorrência de qualquer procedimento fiscalizatório. Assim, não houve a declaração prévia e pagamento em atraso, mas uma verdadeira confissão de dívida e pagamento integral, de forma que resta configurada a denúncia espontânea, nos termos do disposto no artigo 138 do Código Tributário Nacional". 6. Consequentemente, merece reforma o acórdão regional, tendo em vista a configuração da denúncia espontânea na hipótese sub examine. 7. Outrossim, forçoso consignar que a sanção premial contida no instituto da denúncia espontânea exclui as penalidades pecuniárias, ou seja, as multas de caráter eminentemente punitivo, nas quais se incluem as multas moratórias, decorrentes da impontualidade do contribuinte. 8. Recurso especial provido. Acórdão submetido ao regime do artigo 543-C do CPC, e da Resolução STJ 08/2008. Decisão Vistos, relatados e discutidos estes autos, os Ministros da PRIMEIRA SEÇÃO do Superior Tribunal de Justiça acordam, na conformidade dos votos e das notas taquigráficas a seguir, por unanimidade, dar provimento ao recurso especial, nos termos do voto do Sr. Ministro Relator. Os Srs. Ministros Castro Meira, Humberto Martins, Herman Benjamin, Mauro Campbell Marques, Benedito Gonçalves, Hamilton Carvalhido e Eliana Calmon votaram com o Sr. Ministro Relator. Compareceu à sessão, o Dr. LUIZ PAULO ROMANO, pelo recorrente."

6. DOMICÍLIO TRIBUTÁRIO

Feitas tais considerações sobre a responsabilidade tributária e a denúncia espontânea, importante que, também, estudemos os aspectos principais quanto ao domicílio tributário.

> – Acho muito confuso o art. 127 do CTN[70] que trata sobre esse assunto.

Vamos desvendá-lo, então! Primeiro, saiba que o domicílio tributário consiste no lugar onde as obrigações, principal e acessórias, são cumpridas.

A regra é que será eleito pelo contribuinte, conforme disposto no *caput* do art. 127 do CTN.

> – Mas vi que mesmo que seja eleito pelo contribuinte, a Administração Tributária poderá recusar, quando impossibilite ou dificulte a arrecadação ou a fiscalização do tributo.

É o que o § 2º do dispositivo dispõe. Caso isso ocorra, se o contribuinte for uma pessoa natural, o domicílio consistirá na residência, ao passo que se for uma pessoa jurídica de direito privado, será o local da sua sede ou, em relação aos atos ou fatos que derem origem à obrigação, o de cada estabelecimento; e, por fim, caso seja uma pessoa jurídica de direito pública, qualquer de suas repartições no território da entidade tributante.

---

70. Art. 127 do CTN. "Na falta de eleição, pelo contribuinte ou responsável, de domicílio tributário, na forma da legislação aplicável, considera-se como tal:
I – quanto às pessoas naturais, a sua residência habitual, ou, sendo esta incerta ou desconhecida, o centro habitual de sua atividade;
II – quanto às pessoas jurídicas de direito privado ou às firmas individuais, o lugar da sua sede, ou, em relação aos atos ou fatos que derem origem à obrigação, o de cada estabelecimento;
III – quanto às pessoas jurídicas de direito público, qualquer de suas repartições no território da entidade tributante.
§ 1º Quando não couber a aplicação das regras fixadas em qualquer dos incisos deste artigo, considerar-se-á como domicílio tributário do contribuinte ou responsável o lugar da situação dos bens ou da ocorrência dos atos ou fatos que deram origem à obrigação.
§ 2º A autoridade administrativa pode recusar o domicílio eleito, quando impossibilite ou dificulte a arrecadação ou a fiscalização do tributo, aplicando-se então a regra do parágrafo anterior."

Se nenhuma dessas situações forem possíveis, o domicílio tributário será o lugar dos bens ou da ocorrência dos atos ou fatos que deram origem à obrigação tributária.

– E se, porventura, o contribuinte não tenha eleito o domicílio tributário?

Aí, teremos as seguintes possibilidades:

a)	quanto às pessoas naturais, a sua residência habitual, ou, sendo esta incerta ou desconhecida, o centro habitual de sua atividade;
b)	quanto às pessoas jurídicas de direito privado ou às firmas individuais, o lugar da sua sede, ou, em relação aos atos ou fatos que derem origem à obrigação, o de cada estabelecimento;
c)	quanto às pessoas jurídicas de direito público, qualquer de suas repartições no território da entidade tributante.

No entanto, quando não couber a aplicação das regras fixadas, considerar-se-á como domicílio tributário do contribuinte ou responsável o lugar da situação dos bens ou da ocorrência dos atos ou fatos que deram origem à obrigação, nos termos do § 1º do art. 127 do CTN.

– Pode-se dizer que por conta disso uma determinada empresa poderá ter mais de um domicílio?

Em algumas situações, sim, como no caso dos tributos cujos fatos geradores ocorrem a partir de vendas em cada estabelecimento, como no caso do ICMS. Por isso, para empresas que possuem matriz e filiais, adotamos esse entendimento. Caso seja constatada uma determinada venda na filial "A" e outra na filial "B" de mercadorias distintas, quanto ao ICMS, teremos dois domicílios tributários. Isso porque, no inciso II do art. 127 do CTN, temos presente o princípio da autonomia dos estabelecimentos, por meio do qual o Superior Tribunal de Justiça vinha tratando que cada estabelecimento de uma mesma empresa deve ser considerado de forma distinta para concessão de certidão de regularidade fiscal (STJ, AgInt no REsp 1.569.491[71]). Todavia, aqui temos um probleminha...

---

71. "TRIBUTÁRIO. AGRAVO INTERNO NO RECURSO ESPECIAL. EXPEDIÇÃO DE CERTIDÃO NEGATIVA DE DÉBITO. MATRIZ E FILIAL. POSSIBILIDADE. AUTONOMIA JURÍDICO-ADMINISTRATIVA

– Aposto que é mais uma divergência no âmbito do Superior Tribunal de Justiça.

O Superior Tribunal de Justiça, mais precisamente a 1ª Turma, no AREsp 2386122, j. 28.08.2019, passou a compreender que só seria possível a expedição de certidões de regularidade fiscal se todos os estabelecimentos estiverem em situação regular. Com isso, caso uma filial possua débito tributário, nenhuma das outras filiais ou a matriz poderão obter certidão negativa de débito ou certidão positiva com efeitos negativos.

Até esse entendimento, o Superior Tribunal de Justiça entendia que filiais e matriz eram contribuintes autônomos, sendo viável a expedição das certidões de forma individualizada.

 – Uma mudança de entendimento.

É o entendimento da 1ª Turma!

Outra situação bem parecida, mas em termos processuais, é que se caso uma filial possua uma dívida tributária, nada impede que os bens da matriz venham a responder pelo débito, assim como os bens das demais filiais. Para a jurisprudência, deve-se ver sob uma visão global (STJ, REsp 1.355.812/RS[72]).

DOS ESTABELECIMENTOS. 1. Esta Corte firmou o entendimento de que '[...] é possível a concessão de certidões negativas de débitos tributários às empresas filiais, ainda que conste débito em nome da matriz e vice-versa, em razão de cada empresa possuir CNPJ próprio, a denotar sua autonomia jurídico-administrativa' (AgRg no REsp 1.114.696/AM, Rel. Min. Hamilton Carvalhido, Primeira Turma, *DJe* 20/10/09). 2. Esse entendimento decorre do princípio da autonomia de cada estabelecimento da empresa, consagrado no art. 127, I, do CTN, que tenha o respectivo CNPJ, o que justifica o direito à certidão positiva com efeitos de negativa em nome de filial de grupo econômico, ainda que fiquem pendências tributárias da matriz ou de outras filiais. 3. Agravo interno a que se nega provimento. Decisão Vistos, relatados e discutidos aos autos em que são partes as acima indicadas, acordam os Ministros da Segunda Turma do Superior Tribunal de Justiça, por unanimidade, negar provimento ao agravo interno, nos termos do voto do Sr. Ministro Relator. Os Srs. Ministros Mauro Campbell Marques, Assusete Magalhães (Presidente), Francisco Falcão e Herman Benjamin votaram com o Sr. Ministro Relator."

72. "PROCESSUAL CIVIL E TRIBUTÁRIO. EXECUÇÃO FISCAL. DÍVIDAS TRIBUTÁRIAS DA MATRIZ. PENHORA, PELO SISTEMA BACEN-JUD, DE VALORES DEPOSITADOS EM NOME DAS FILIAIS. POSSIBILIDADE. ESTABELECIMENTO EMPRESARIAL COMO OBJETO DE DIREITOS E NÃO COMO

– Vou ficar ligado nisso.

Muito bem! Sempre tem que ficar antenado na jurisprudência, não deixe de acompanhar os livros do Dizer o Direito, OK? São fundamentais para seu estudo. Assim, terminamos a parte sobre obrigação tributária. Eu espero você no próximo ponto para estudarmos tudo sobre a constituição do crédito tributário, ok?

– Combinado, professora!

SUJEITO DE DIREITOS. CNPJ PRÓPRIO DAS FILIAIS. IRRELEVÂNCIA NO QUE DIZ RESPEITO À UNIDADE PATRIMONIAL DA DEVEDORA. 1. No âmbito do direito privado, cujos princípios gerais, à luz do art. 109 do CTN, são informadores para a definição dos institutos de direito tributário, a filial é uma espécie de estabelecimento empresarial, fazendo parte do acervo patrimonial de uma única pessoa jurídica, partilhando dos mesmos sócios, contrato social e firma ou denominação da matriz. Nessa condição, consiste, conforme doutrina majoritária, em uma universalidade de fato, não ostentando personalidade jurídica própria, não sendo sujeito de direitos, tampouco uma pessoa distinta da sociedade empresária. Cuida-se de um instrumento de que se utiliza o empresário ou sócio para exercer suas atividades. 2. A discriminação do patrimônio da empresa, mediante a criação de filiais, não afasta a unidade patrimonial da pessoa jurídica, que, na condição de devedora, deve responder com todo o ativo do patrimônio social por suas dívidas, à luz de regra de direito processual prevista no art. 591 do Código de Processo Civil, segundo a qual 'o devedor responde, para o cumprimento de suas obrigações, com todos os seus bens presentes e futuros, salvo as restrições estabelecidas em lei'. 3. O princípio tributário da autonomia dos estabelecimentos, cujo conteúdo normativo preceitua que estes devem ser considerados, na forma da legislação específica de cada tributo, unidades autônomas e independentes nas relações jurídico-tributárias travadas com a Administração Fiscal, é um instituto de direito material, ligado à questão do nascimento da obrigação tributária de cada imposto especificamente considerado e não tem relação com a responsabilidade patrimonial dos devedores prevista em um regramento de direito processual, ou com os limites da responsabilidade dos bens da empresa e dos sócios definidos no direito empresarial. 4. A obrigação de que cada estabelecimento se inscreva com número próprio no CNPJ tem especial relevância para a atividade fiscalizatória da administração tributária, não afastando a unidade patrimonial da empresa, cabendo ressaltar que a inscrição da filial no CNPJ é derivada do CNPJ da matriz. 5. Nessa toada, limitar a satisfação do crédito público, notadamente do crédito tributário, a somente o patrimônio do estabelecimento que participou da situação caracterizada como fato gerador é adotar interpretação absurda e odiosa. Absurda porque não se concilia, por exemplo, com a cobrança dos créditos em uma situação de falência, onde todos os bens da pessoa jurídica (todos os estabelecimentos) são arrecadados para pagamento de todos os credores, ou com a possibilidade de responsabilidade contratual subsidiária dos sócios pelas obrigações da sociedade como um todo (*v.g.* arts. 1.023, 1.024, 1.039, 1.045, 1.052, 1.088 do CC/2002), ou com a administração de todos os estabelecimentos da sociedade pelos mesmos órgãos de deliberação, direção, gerência e fiscalização. Odiosa porque, por princípio, o credor privado não pode ter mais privilégios que o credor público, salvo exceções legalmente expressas e justificáveis (...)"

CAPÍTULO 4 → O nascimento da obrigação tributária

FIGURA PONTO 1: OBRIGAÇÃO TRIBUTÁRIA

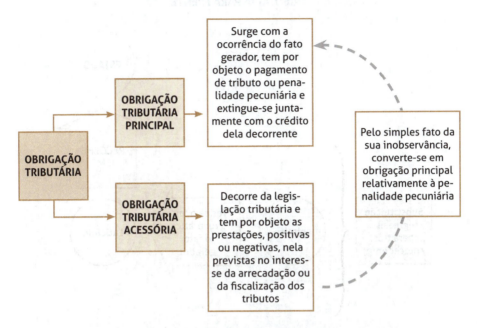

FIGURA PONTO 2: REGRA MATRIZ DE INCIDÊNCIA TRIBUTÁRIA DE PAULO DE BARROS CARVALHO

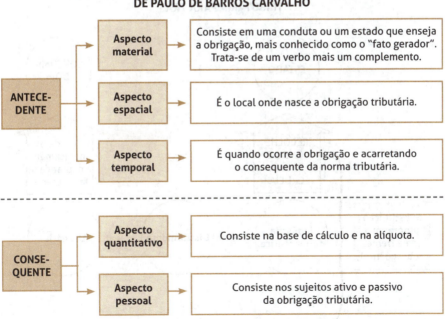

419

FIGURA PONTO 4.1: RESPONSABILIDADE POR SUBSTITUIÇÃO TRIBUTÁRIA PARA FRENTE

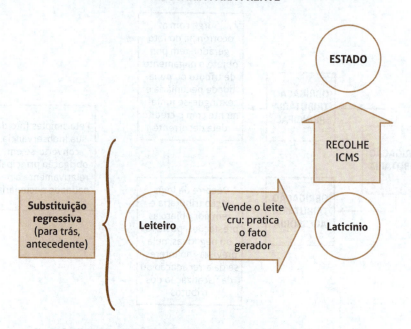

FIGURA PONTO 4.1: RESPONSABILIDADE POR SUBSTITUIÇÃO TRIBUTÁRIA PARA TRÁS

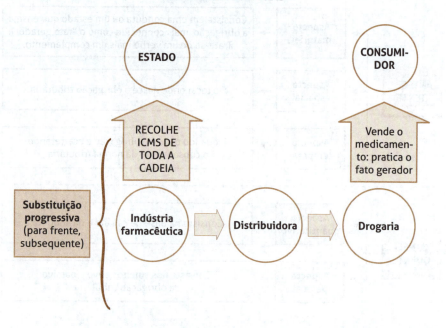

CAPÍTULO 4 → O nascimento da obrigação tributária

FIGURA PONTO 4.2.2. RESPONSABILIDADE POR SUC HERDEIROS E CÔNJUGE MEEIRO: RESPONSÁVEIS TRIBUTÁRIOS PELOS TRIBUTOS DEVIDOS PELO *DE CUJUS*

PROPRIETÁRIO DE BEM IMÓVEL URBANO: contribuinte de IPTU

MORTE: abertura da sucessão

HERDEIROS E CÔNJUGE MEEIRO: contribuintes do IPTU

de *cujus*

PARTILHA DE BENS / ADJUDICAÇÃO

ESPÓLIO RESPONSÁVEL TRIBUTÁRIO PELOS TRIBUTOS DEVIDOS PELO DE *CUJUS*

SURGIMENTO DO ESPÓLIO

ESPÓLIO como contribuinte quanto às obrigações que surgirem durante o período entre a data da abertura da sucessão

HERDEIROS E CÔNJUGE MEEIRO: responsáveis tributários pelos tributos devidos pelo de *cujus*

HERDEIROS E CÔNJUGE MEEIRO: responsáveis tributários pelos tributos devidos pelo espólio

FIGURA PONTO 5: DENÚNCIA ESPONTÂNEA

FIGURA PONTO 6: DOMICÍLIO TRIBUTÁRIO

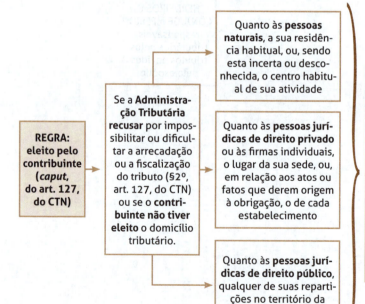

CAPÍTULO 4 → O nascimento da obrigação tributária

PLAY

Material Exclusivo:
Assista ao vídeo sobre
Obrigação Tributária.

PLAY

Material Exclusivo:
Assista ao vídeo sobre
Fato Gerador.

PLAY

Material Exclusivo:
Assista ao vídeo sobre
Correção de Questões.

CAPÍTULO 5

Nasceu a obrigação tributária, mas já existe o crédito tributário? Hora de conhecer tudo sobre o lançamento tributário!

> – Já aprendi como nasce a obrigação tributária, agora estou ansioso para compreender tudo sobre a constituição do crédito tributário.

Ótimo. Adoro esse seu entusiasmo. Vamos para o Código Tributário Nacional, então.

> – Vamos, professora!

1. O CRÉDITO TRIBUTÁRIO

Lá no art. 139 do CTN, temos que o crédito tributário decorre da obrigação tributária e tem a mesma natureza dela. O que você entendeu disso?

> – Nada! Está bem confuso...

A redação do CTN não é das melhores. Sacha Calmon Navarro Coelho[1] entende que o crédito tributário faz parte da obrigação

---
1. COÊLHO, Sacha Calmon Navarro. *Curso de Direito Tributário Brasileiro*. 15. ed. Rio de Janeiro: Forense, 2016, p. 666.

425

tributária e, de forma bem didática, explica no que consiste o crédito tributário:

> As obrigações são, por natureza, transitórias. Existem tão somente para viabilizar os intercâmbios de conteúdo econômico entre as pessoas. Assim sendo, não faria sentido algum a existência de um *vinculum juris* atando os polos ativo e passivo da obrigação sem a existência de um objeto, que, no caso da obrigação tributária, é uma prestação pecuniária, um dar dinheiro ao Estado, a esse dinheiro o CTN denomina crédito tributário. A obrigação tributária só existe para possibilitar o crédito. É instrumental.

Conclui-se que o crédito tributário decorre da obrigação tributária, sendo um reflexo desta. Ou seja, o crédito tributário é a obrigação tributária líquida e certa.

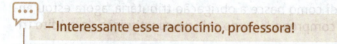

– Interessante esse raciocínio, professora!

Vamos aprofundar um pouco mais.

Conforme o disposto no art. 140 do CTN, para que exista o crédito tributário, é indispensável que tenha ocorrido o fato gerador e o nascimento da obrigação tributária, entretanto, deve-se ter em mente que caso ocorra alguma circunstância que venha a modificar "o crédito tributário, sua extensão ou seus efeitos, ou as garantias ou os privilégios a ele atribuídos, ou que excluem sua exigibilidade não afetam a obrigação tributária que lhe deu origem".

Portanto, o crédito deve estar fundamentado numa obrigação tributária, constituído por meio de um ato administrativo, denominado de lançamento tributário. Esse último é essencial para que o crédito seja constituído e, quando ocorrer indevidamente, o crédito tributário, apenas, possuirá existência meramente formal e, por conta disso, deverá ser extinto, seja por decisão administrativa ou formal. Um exemplo é a isenção, a qual irá alterar o crédito tributário, no entanto, quanto à obrigação tributária, não. A isenção impedirá o lançamento e, consequentemente, a constituição do crédito tributário.

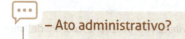

– Ato administrativo?

CAPÍTULO 5 → Nasceu a obrigação tributária, mas já existe o crédito tributário?...

Sim! Conforme entende a ministra Regina Helena Costa[2], embora o art. 142 do CTN atribua à denominação de procedimento, na verdade, o lançamento tributário consiste em um ato administrativo.

Em primeiro lugar, debate-se se o lançamento constitui procedimento ou ato administrativo. O CTN, em seu art. 142, caput, proclama ser o lançamento 'procedimento administrativo tendente a verificar a ocorrência do fato gerador da obrigação correspondente, determinar a matéria tributável, calcular o montante do tributo devido, identificar o sujeito passivo e, sendo caso, propor a aplicação da penalidade cabível'. Entenda-se por procedimento administrativo o conjunto de atos administrativos, lógica e cronologicamente ordenados, tendentes à prática de um ato final. Ato administrativo, por sua vez, é 'a declaração do Estado ou de quem o represente, que produz efeitos jurídicos imediatos, com observância da lei, sob regime jurídico de direito público e sujeita a controle do Poder Judiciário'. A questão está em saber, portanto, se o lançamento se traduz num conjunto de atos visando emprestar exigibilidade ao crédito tributário, ou se configura um único ato com esse propósito. Em nosso entender, o lançamento reveste a natureza de ato administrativo, pois nem sempre impor-se-á uma sequência de atos para que se possa apurar o montante devido e indicar o sujeito passivo da obrigação tributária principal. Com efeito, ainda que, em determinadas hipóteses, seja necessária a prática de uma série de atos para a indicação do sujeito passivo e a apuração do valor do tributo a pagar, por vezes, tal resultado é alcançado pela expedição de um único ato administrativo, se a autoridade fiscal dispuser dos elementos suficientes para tanto.

Caso sua prova seja objetiva, recomenda-se seguir a literalidade do art. 142 do CTN, o qual se refere à "procedimento".

---

2. COSTA, Regina Helena. Curso de Direito Tributário: Constituição e Código Tributário Nacional. 7. ed. São Paulo: Saraiva, 2017, p. 244 -45.

– Penso que após o nascimento da obrigação tributária, conforme o que dispõe o art. 142 do CTN,[3] é indispensável que um ato administrativo declare a ocorrência do fato gerador, defina qual será a alíquota e a base de cálculo do tributo, identifique o sujeito passivo da obrigação tributária e calcule o montante devido referente ao tributo ou a penalidade, assim, constituindo o crédito tributário.

2. O LANÇAMENTO TRIBUTÁRIO: ATO ADMINISTRATIVO OU PROCEDIMENTO?

Todo esse procedimento que você listou e está previsto no art. 142 do CTN, é denominado de lançamento tributário. Mas qual o conceito de lançamento tributário? Conforme Misabel Derzi:[4]

> Podemos dizer que o lançamento é ato jurídico administrativo vinculado e obrigatório, de individualização e concreção da norma tributária ao caso concreto (ato aplicativo), desencadeando efeitos confirmatórios – extintivos (no caso de homologação do pagamento) ou conferindo exigibilidade ao direito de crédito que lhe é preexistente para fixar-lhe os termos e possibilitar a formação do título executivo.

– Em que pese o art. 142 do CTN mencionar que se trate de um procedimento, na verdade, é um ato administrativo, conforme posição doutrinária...

---

3. Art. 142 do CTN. "Compete privativamente à autoridade administrativa constituir o crédito tributário pelo lançamento, assim entendido o procedimento administrativo tendente a verificar a ocorrência do fato gerador da obrigação correspondente, determinar a matéria tributável, calcular o montante do tributo devido, identificar o sujeito passivo e, sendo caso, propor a aplicação da penalidade cabível.
Parágrafo único. A atividade administrativa de lançamento é vinculada e obrigatória, sob pena de responsabilidade funcional."
4. BALEEIRO, Aliomar. *Direito Tributário Brasileiro*. Atualizada por Misabel Abreu Machado Derzi. 13. ed. Rio de Janeiro: Forense, 2015, p. 1188.

Exatamente! E estamos falando de um ato que não é autoexecutório[5] e despido de imperatividade, o que significa que são indispensáveis os trâmites legais para a cobrança do crédito tributário. Isto porque:

> Em relação à matéria tributária, os atos administrativos de cobrança, acertamento e formação do título executivo não são imperativos, nem são auto exequíveis, tampouco impõe quaisquer sanções ao contribuinte sem o devido processo judicial. O ordenamento jurídico brasileiro assegura à Fazenda Pública a via executiva judicial para a satisfação de seu crédito, para isso podendo constituir, em seu benefício, e de forma unilateral, título executivo extrajudicial. O lançamento, sendo um ato administrativo de aplicação da norma ao caso concreto, um ato de liquidação e acertamento do direito, configura o primeiro passo dentro do procedimento que culminará com a inscrição em dívida ativa, ato imprescindível à formação do título executivo extrajudicial.[6]

– Interessante, professora.

Só tome cuidado na hora da prova, pois há bancas que adotam esse entendimento doutrinário, embora as que adoram cobrar letra seca da lei irão cobrar na questão que o lançamento tributário consiste em um procedimento administrativo.

– O lançamento tributário pode ser considerado como um auto de infração?

---

5. Ibid., p. 1193 "O lançamento, como ato administrativo privativo da Administração, configura o acertamento da pretensão fazendária, apto a torná-lo líquido, certo e exigível. Uma vez notificado ao sujeito passivo, assume caráter definitivo, sendo incorreto designá-lo de provisório (art. 145). No entanto, após a notificação de lançamento, não satisfeita a pretensão, como veremos (art. 151), é princípio nuclear do sistema jurídico – como ressalta CUNHA CAMPOS – a oportunidade de impugnação ao lançamento, antes da formação do título executivo contra o sujeito passivo. Contudo, mantido o lançamento e constituído o título executivo contra o sujeito passivo, somente por meio do Poder Judiciário poderá a Fazenda Pública deduzir sua pretensão, despido que é o crédito de autoexecutoriedade".
6. BALEEIRO, Aliomar. *Direito Tributário Brasileiro*. Atualizada por Misabel Abreu Machado Derzi. 13. ed. Rio de Janeiro: Forense, 2015, p. 1192.

Não! Muitos alunos possuem essa dúvida.

Bem, o auto de infração sempre terá como pressuposto a prática de um ilícito, decorrendo da existência de uma relação jurídica sancionatória, diferentemente do lançamento tributário, como você pode perceber diante da explicação da Professora Misabel Derzi.

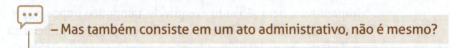

– Mas também consiste em um ato administrativo, não é mesmo?

Essa é a semelhança entre ambos.[7] E mais, o auto de infração, embora não seja o lançamento tributário, pode conter esse, assim como o ato de intimação do autuado e de aplicação das sanções.[8]

– Compreendi.

Vamos continuar, então! A partir da sua definição sobre o lançamento tributário, mencionando o art. 142 do CTN, você saberia me dizer qual é a natureza jurídica do lançamento tributário?

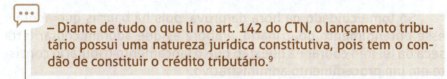

– Diante de tudo o que li no art. 142 do CTN, o lançamento tributário possui uma natureza jurídica constitutiva, pois tem o condão de constituir o crédito tributário.[9]

---

7. "Nele, como no lançamento, se efetiva, ato administrativo que aplica norma legal ao caso concreto, mas a norma a ser concretizada por meio do auto de infração é sempre aquela que pressupõe o descumprimento de um dever jurídico, cominado com sanção" (BALEEIRO, Aliomar. *Direito Tributário Brasileiro*. Atualizada por Misabel Abreu Machado Derzi. 13. ed. Rio de Janeiro: Forense, 2015, p. 1193).
8. Ibid., p. 1194. "Portanto, o auto de infração não é lançamento, mas pode conter lançamento de tributo. Não obstante, necessariamente, tal ato procedimental conterá ato de individualização e concreção de norma sancionatória, isoladamente (se o contribuinte descumpriu apenas um dever acessório) ou em conjugação com a aplicação da norma tributária que disciplina a cobrança de tributo (se o obrigado deixou de pagar o tributo devido)."
9. Sacha Calmon Navarro Coêlho tece críticas referente à possibilidade de o lançamento criar o crédito, uma vez que se trata de um ato administrativo e não de uma lei. "A nós soa estranha uma tal assertiva, porque o lançamento é ato administrativo, e a Constituição diz que ninguém está obrigado a fazer ou deixar de fazer alguma coisa a não ser em virtude de lei (ato legislativo). O lançamento aplica a lei, não é lei, não podendo, pois, criar o crédito a ser pago pelos sujeitos passivos da obrigação" (COÊLHO, Sacha Calmon Navarro. *Curso de Direito Tributário Brasileiro*. 15. ed. Rio de Janeiro: Forense, 2016, p. 666).

CAPÍTULO 5 → Nasceu a obrigação tributária, mas já existe o crédito tributário?...

Você está correto, mas além da natureza constitutiva, o lançamento tributário, também, possui uma natureza declaratória, dado que, nos termos do art. 142 do CTN, ele irá declarar a existência de uma obrigação tributária. Por conta disso, temos que o lançamento tributário possui uma natureza jurídica híbrida ou mista. Isso já foi cobrado em diversas provas de concurso público. Tome cuidado!

– Recapitulando... então, o lançamento tributário possui uma natureza jurídica mista, sendo constitutiva, pois constitui o crédito tributário, e declaratória, pois declara a existência da obrigação tributária.

Perfeito! Nunca se esqueça disso. Isso posto, possui tais finalidades:

FINALIDADES DO LANÇAMENTO TRIBUTÁRIO
Verificar a ocorrência do fato gerador;
Determinar a matéria tributária;
Calcular o montante do tributo devido;
Identificar o sujeito passivo;
Propor, se caso o for, a aplicação da penalidade cabível.

2.1. Competência para o lançamento

– Vi que no parágrafo único do art. 142, "a atividade administrativa de lançamento é vinculada e obrigatória, sob pena de responsabilidade funcional". Trata-se de uma competência privativa?

Podemos dizer que sim. O lançamento é um ato privativo da autoridade administrativa, consistindo em uma atividade vinculada. Essa atividade privativa vincula até mesmo o juiz, que não poderá, em regra, lançar, e nem mesmo corrigir o lançamento que a autoridade administrativa realizar.

– E caso o juiz constate algum vício no lançamento?

431

Deverá declarar a nulidade, devendo, novamente, a autoridade administrativa constituir o crédito, por meio de um novo lançamento tributário, desde que não tenha ocorrido a decadência, uma das formas de extinção do crédito tributário. Você gosta de penal, não é?

— Adoro!

Sabia. A maioria gosta, eu não! Hahaha

Cada um com seus gostos, há quem diga, inclusive, que "penal é mais legal", mas aqui vai uma informação para você se animar mais ainda com o Direito Tributário...

— Qual é?

Sabe aquela Súmula Vinculante 24, a qual dispõe que "não se tipifica crime material contra a ordem tributária, previsto no art. 1º, incisos I a IV, da Lei 8.137/1990, antes do lançamento definitivo do tributo"?

— Sim, ela trata sobre os crimes materiais contra a ordem tributária.

Pois bem, o entendimento do Supremo Tribunal Federal que se encontra sumulado é por conta do fundamento de que o juiz não possui competência para decidir sobre a existência ou não do crédito tributário, por isso, não se pode propor a ação penal por crime de sonegação fiscal antes do término do processo administrativo instaurado que conclua o lançamento definitivo do tributo. Ou seja, é indispensável que aguarde a conclusão para verificar a existência ou não do crédito tributário sonegado.

— Nunca tinha pensado dessa forma, professora.

Não sei se você está habituado a estudar Direito do Trabalho...

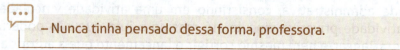

— Não. Para as provas que estudo não é cobrada essa disciplina.

Fique tranquilo que irei lhe explicar tudo. Lá no art. 114, VIII, da CF/1988, temos que a Justiça do Trabalho pode promover a execução das contribuições sociais previstas no art. 195, I, *a*, e II, da CF/1988, de ofício, decorrentes das sentenças que proferir. Esse dispositivo foi inserido pela Emenda Constitucional 45/2004.

– Mas isso é totalmente incompatível com o que dispõe o Código Tributário Nacional.

Então, indo um pouco para a Consolidação das Lei Trabalhistas, mais precisamente no art. 879, § 3º, temos que o juiz trabalhista procederá à intimação da União para manifestação, no prazo de 10 dias, sob pena de preclusão, no que tange à conta elaborada pela parte ou pelos órgãos auxiliares da Justiça do Trabalho. Logo, a manifestação da Fazenda Pública com a concordância é considerada como um ato de homologação, podendo, inclusive, ser tácito, respeitando o prazo estipulado no dispositivo em destaque da CLT. Ou seja, podemos encarar essa manifestação como um lançamento por homologação, constituindo, então, as contribuições. Logicamente, como o exposto, há a participação do juiz no procedimento em questão.

Ademais, é de suma importância conhecer o entendimento sumulado do Supremo Tribunal Federal sobre o assunto, referente à execução das contribuições previdenciárias:

> Súmula Vinculante 53 do STF. "A competência da Justiça do Trabalho prevista no artigo 114, inciso VIII, da Constituição Federal alcança a execução de ofício das contribuições previdenciárias relativas ao objeto da condenação constante das sentenças que proferir e acordos por ela homologados".

– Em que pese tudo isso, devo continuar a entender que o lançamento tributário é ato privativo da autoridade administrativa?

Sim, é a posição que você deve levar para a prova. Também, que o lançamento consiste em uma atividade vinculada, característica compatível com o art. 3º do CTN que dispõe sobre o que é tributo. Com isso, temos que a autoridade administrativa, não apenas possui o poder de lançar, mas também o dever, não havendo discricionariedade.

2.2. Lei aplicável

– Como você já havia me explicado, o lançamento reporta-se à data da prática do fato gerador para verificar qual a lei vigente à época, nos termos do art. 114 do CTN.

Sim, estudamos sobre esse assunto na parte sobre o princípio da irretroatividade. Então, se à época do fato gerador estava vigente uma lei que determinava ser a alíquota do ICMS de 18%, será essa alíquota a ser considerada quando do lançamento tributário, mesmo que a alíquota tenha diminuído para 16%, posteriormente. Por estarmos diante de uma lei material, que trata sobre os elementos da obrigação tributária, há esse entendimento.

– Diferentemente das multas, não é mesmo? Deve, nesse caso, desde que observados os requisitos que estudamos no ponto sobre princípio da irretroatividade, ser aplicável a lei mais benéfica ao contribuinte.

Exatamente. Portanto, caso a multa fosse na percentagem de 20% à época do fato gerador do ICMS, e, posteriormente, seja diminuída para 10%, será aplicável esta última, por ser mais benéfica ao contribuinte, embora não seja a vigente quando do nascimento da obrigação tributária.

Outra observação importante quanto à legislação a ser aplicada é referente às normas que tratam sobre formalidades, tais como a competência para proceder ao lançamento, o início do procedimento, os prazos para conclusão entre outras peculiaridades. Imagine que durante o denominado procedimento, pelo art. 142 do CTN, algumas dessas normas venham a ser modificadas. Ocorre que tais mudanças não possuem o condão de modificar a obrigação tributária, por isso, são aplicáveis ao procedimento que esteja tramitando, é o que dispõe o art. 142, § 1º, do CTN.

– Eu me lembro bem dessa parte. Inclusive, quanto àquela situação da ampliação dos poderes de investigação por parte das

CAPÍTULO 5 → Nasceu a obrigação tributária, mas já existe o crédito tributário?...

> autoridades administrativas, algo que ocorreu com a edição da Lei Complementar 105/2011. Lembro-me, também, sobre o fato de ser vedada a aplicação retroativa da lei para fins de atribuir responsabilidade tributária a terceiros.

Que bom que você se recorda bem disso. Vamos dar prosseguimento ao ponto, então. O art. 143 do CTN dispõe que:

> Art. 143 do CTN. Salvo disposição de lei em contrário, quando o valor tributário esteja expresso em moeda estrangeira, no lançamento far-se-á sua conversão em moeda nacional ao câmbio do dia da ocorrência do fato gerador da obrigação.

Esse dispositivo adota essa regra, pois, mais uma vez, estamos diante de um aspecto material da obrigação tributária. Conclui-se, desta feita, não interessa qual é a taxa de câmbio vigente na data do lançamento ou do pagamento ou, até mesmo, da celebração do contrato, mas sim a data da ocorrência do fato gerador.

– Não compreendi, professora.

Vou lhe dar um exemplo. Imagina que determinado indivíduo importou uma mercadoria no ano de 2017, o que significa que o fato gerador do imposto de importação ocorreu nesse ano. Caso, durante uma fiscalização da Receita Federal, no ano de 2019, vir a constatar declaração a menor do referido imposto, lançando de ofício a diferença, deverá ser verificada a taxa de câmbio vigente à época do fato gerador, isto é, no ano de 2017.

2.3. Alteração do lançamento

– Professora, você tinha mencionado que somente a autoridade administrativa tem competência para proceder ao lançamento tributário. Ela pode alterá-lo também?

Para responder essa sua indagação, temos que dividir em dois momentos: até a notificação do contribuinte; e após a notificação

435

do contribuinte. Na primeira situação, a autoridade administrativa pode rever o que quiser, referente ao lançamento tributário, conforme compreende-se a partir da leitura do art. 173 do CTN.[10] Já na segunda situação, o lançamento somente poderá ser modificado em virtude de:

a)	impugnação ou recurso administrativo do sujeito passivo;
b)	recurso de ofício, denominado de reexame necessário, nos termos do art. 34 do Decreto 70.235/1972;
c)	iniciativa de ofício da autoridade administrativa, por conta do princípio da autotutela da Administração Pública, desde que não haja decadência e, consequentemente, a extinção do crédito tributário.

– Mas por que há essa diferença quanto aos momentos?

Por conta do término da fase oficiosa e início do contraditório. Quando o contribuinte é notificado quanto à existência do lançamento tributário, fica ciente de que pode vir a impugnar esse "procedimento administrativo", assim, finalizando a fase conhecida como oficiosa. Caso proceda dessa forma, haverá o início da fase contenciosa, com a apresentação da impugnação, ocorrendo o contraditório.

– Isso sempre ocorrerá?

Não, somente nas modalidades de lançamento de ofício e misto, já que no lançamento por homologação, como estudaremos em breve, o contribuinte faz tudo.

---

10. Art. 173. "O direito de a Fazenda Pública constituir o crédito tributário extingue-se após 5 (cinco) anos, contados:
I – do primeiro dia do exercício seguinte àquele em que o lançamento poderia ter sido efetuado;
II – da data em que se tornar definitiva a decisão que houver anulado, por vício formal, o lançamento anteriormente efetuado.
Parágrafo único. O direito a que se refere este artigo extingue-se definitivamente com o decurso do prazo nele previsto, contado da data em que tenha sido iniciada a constituição do crédito tributário pela notificação, ao sujeito passivo, de qualquer medida preparatória indispensável ao lançamento."

CAPÍTULO 5 → Nasceu a obrigação tributária, mas já existe o crédito tributário?...

Nas duas primeiras modalidades de lançamento, em regra, haverá duas instâncias, sendo que o contribuinte apresentará uma impugnação, destinado à Delegacia da Receita Federal de Julgamento (DRJ), em se tratando de tributo federal, com o intuito de desconstituir ou alterar o lançamento. Dessa impugnação, será prolatada uma decisão.

> – E se o contribuinte não concordar com a decisão de manter o lançamento ou agravar a situação? Pode ocorrer mesmo esse agravamento?

Aí, ele poderá apresentar um recurso, denominado de recurso voluntário, o qual seguirá à segunda instância para apreciação pelo Conselho Administrativo de Recursos Fiscais (CARF), podendo vir a alterar o lançamento tributário. Quanto ao agravamento da situação, é plenamente possível que isso ocorra, até porque no processo administrativo fiscal temos a busca pela verdade material, prevista no art. 18, § 3º, do Decreto 70.235/1972, devendo proceder ao lançamento suplementar e à devolução do prazo para que o contribuinte se defenda.

Tenho uma pergunta para lhe fazer: e se na primeira instância, com a impugnação apresentada pelo contribuinte, houver modificação do lançamento favorável a ele?

> – Simples: teremos o chamado recurso de ofício, mais conhecido como reexame necessário.

Muito bem! Esse recurso de ofício será remetido à segunda instância. Tomando por base a esfera federal, caberá ao CARF apreciá-lo.

Outra situação é quando, embora notificado, o contribuinte opta por não tomar nenhuma providência. Caso assim seja, estará constituído em definitivo o crédito tributário, conforme será estudado oportunamente no ponto sobre a decadência.

> – Um artigo muito confuso, que não consegui compreender direito, é o art. 149 do CTN.[11]

---

11. Art. 149, do CTN. "O lançamento é efetuado e revisto de ofício pela autoridade administrativa nos seguintes casos:
I – quando a lei assim o determine;

437

Ele é um pouco confuso mesmo. Mas saiba que ele aborda todas as situações que ensejam a possibilidade de a Administração efetuar o lançamento de ofício e revê-lo igualmente. É indispensável que você faça a leitura dele para fins de prova, mas o mais importante é quanto à constatação de que o lançamento de ofício é subsidiário aos demais, sendo sempre viável para apurar eventuais diferenças.

– Está certo. Você já tinha me ensinado sobre isso na parte dos tributos em espécie. E quanto àquela discussão referente ao erro de direito e ao erro de fato?

Pela leitura do art. 149 do CTN, você pode constatar que há a possibilidade de o lançamento ser revisto de ofício, isso porque não são situações enquadradas como de erro de direito.[12]

– Em que consiste esse erro de direito, professora?

II – quando a declaração não seja prestada, por quem de direito, no prazo e na forma da legislação tributária;
III – quando a pessoa legalmente obrigada, embora tenha prestado declaração nos termos do inciso anterior, deixe de atender, no prazo e na forma da legislação tributária, a pedido de esclarecimento formulado pela autoridade administrativa, recuse-se a prestá-lo ou não o preste satisfatoriamente, a juízo daquela autoridade;
IV – quando se comprove falsidade, erro ou omissão quanto a qualquer elemento definido na legislação tributária como sendo de declaração obrigatória;
V – quando se comprove omissão ou inexatidão, por parte da pessoa legalmente obrigada, no exercício da atividade a que se refere o artigo seguinte;
VI – quando se comprove ação ou omissão do sujeito passivo, ou de terceiro legalmente obrigado, que dê lugar à aplicação de penalidade pecuniária;
VII – quando se comprove que o sujeito passivo, ou terceiro em benefício daquele, agiu com dolo, fraude ou simulação;
VIII – quando deva ser apreciado fato não conhecido ou não provado por ocasião do lançamento anterior;
IX – quando se comprove que, no lançamento anterior, ocorreu fraude ou falta funcional da autoridade que o efetuou, ou omissão, pela mesma autoridade, de ato ou formalidade especial
Parágrafo único. A revisão do lançamento só pode ser iniciada enquanto não extinto o direito da Fazenda Pública."
12. Embora a grande maioria da doutrina e da jurisprudência compreenda ser inadmissível a revisão do lançamento tributário no caso de constatado o erro de direito, Hugo de Brito Machado compreende de forma distinta, admitindo em ambos os casos, seja neste, assim como quando constatado o erro de fato (MACHADO, Hugo de Brito. *Curso de Direito Tributário*. 40. ed. São Paulo: Malheiros, 2019, p. 180).

CAPÍTULO 5 → Nascevu a obrigação tributária, mas já existe o crédito tributário?...

Trata-se da "inadequação verificada entre os aspectos do fato jurídico tributário e a norma legal a ela aplicada".[13] O Superior Tribunal de Justiça, ao analisar o REsp 412904/SC, analisando um caso envolvendo classificação fiscal de um produto para aplicação da alíquota do IPI, entendeu que "aceitando o Fisco a classificação feita pelo importador no momento do desembaraço alfandegário do produto importado, a alteração posterior constitui-se em mudança de critério jurídico vedado pelo CTN". Ainda, em casos como este, o STJ compreendeu ser incabível o lançamento suplementar por se tratar de um erro de direito.

No mesmo sentido, o STJ entendeu ser inaplicável de forma retroativa novos critérios adotados pelo Fisco municipal para fins de classificação das atividades dos imóveis com base no IPTU, por conta da segurança jurídica.[14]

– Isso significa que se o Fisco modificar a interpretação acerca de determinada situação, estipulando novos critérios jurídicos, essa nova posição só valerá para fatos futuros, isto é, *ex nunc*?

Exatamente isso!

---

13. COSTA, Regina Helena. *Curso de Direito Tributário*: Constituição e Código Tributário Nacional. 7. ed. São Paulo: Saraiva, 2017, p. 250.
14. Hugo de Brito Machado compreende ser distinto o conceito entre erro de direito e mudança de critério jurídico. Segundo o nobre doutrinador, "há erro de direito quando o lançamento é feito ilegalmente, em virtude de ignorância ou errada compreensão da lei. O lançamento, vale dizer, a decisão da autoridade administrativa, situa-se, neste caso, fora da moldura ou quadro de interpretação que a ciência do Direito oferece. Há mudança de critério jurídico quando a autoridade administrativa simplesmente muda de interpretação, substitui a interpretação por outra, sem que se possa dizer que qualquer das duas seja incorreta. Também há mudança de critério jurídico quando a autoridade administrativa, tendo adotado uma entre várias alternativas expressamente admitidas em lei, na feitura do lançamento, depois pretende alterar esse lançamento, mediante a escolha de outra das alternativas admitidas e que enseja a determinação de um critério tributário em valor diverso, geralmente mais elevado" (MACHADO, Hugo de Brito. *Curso de Direito Tributário*. 40. ed. São Paulo: Malheiros, 2019, p. 180). Regina Helena Costa também compreende haver uma distinção entre o erro de direito e a introdução de novo critério jurídico, sendo que este último pode vir acontecer em decorrência de decisão administrativa ou judicial. Para a nobre Professora, tanto nos casos caracterizados como erro de direito, quanto à introdução de novo critério jurídico, estaremos diante da inadmissibilidade da revisão do lançamento, "pois o novo critério, em relação ao mesmo sujeito passivo, somente poderá ser aplicado para futuros fatos jurídicos tributários." (COSTA, Regina Helena. *Curso de Direito Tributário*: Constituição e Código Tributário Nacional. 7. ed. São Paulo: Saraiva, 2017, p. 250).

439

Outra situação importante é quanto à ocorrência de um erro de fato, ensejando a revisão do lançamento tributário. Diferentemente do erro de direito, o erro de fato[15] ocorre ao incorreto enquadramento de circunstâncias objetivas que prescindem de interpretação normativa. Um exemplo, conforme analisado pelo STJ, no julgamento do REsp 1130545/RJ, é quanto à retificação de dados cadastrais do imóvel para fins de incidência do IPTU, no que concerne à metragem.

– Acho que depois de todas estas explicações sobre erro de direito e erro de fato, estou apto para estudarmos as modalidades de lançamento. Esse art. 146 do CTN também é um dispositivo com redação meio confusa, mas agora já entendi tudinho.

2.4. Modalidades de lançamento tributário

Para começarmos, importante é saber que as modalidades de lançamento tributário são classificadas de acordo com a intensidade da participação do sujeito passivo da obrigação tributária. Sendo que no lançamento por homologação – ou autolançamento –, o sujeito passivo realiza todos os atos; já no lançamento por declaração, também conhecido como misto, o sujeito passivo e o Fisco atuarão conjuntamente, conforme será visto oportunamente; e, por fim, no lançamento de ofício, o sujeito passivo não participa em nada, apenas, no caso do IPTU, recebe o carnê para efetuar o pagamento ou impugnar.

---

15. Luís Eduardo Schoueri entende que "situação que não caracteriza mudança de critério jurídico, também, é um erro de cálculo. Encontra-se quando a fiscalização indicou corretamente a operação matemática, mas errou na apuração. É erro, mas não quanto ao critério jurídico. Não está, destarte, na proibição do artigo 146. Tampouco é erro quanto aos fatos. O inciso IX refere-se à falta funcional da autoridade, o que não implica necessariamente dolo ou fraude. Sendo o cálculo uma formalidade essencial, poderia ali se encaixar a possibilidade de novo cálculo, mantidas as informações constantes no lançamento original. O STJ, em acórdão submetido ao regime de recursos repetitivos, manifestou-se no sentido de que a retificação dos dados cadastrais do imóvel objeto da tributação se enquadra no art. 149, VIII, do CTN, tratando-se de erro de fato e não de erro de direito, apto, portanto, a engendrar a revisão do lançamento tributário, em virtude de 'erro de fato' detectado no recadastramento predial, em que se identificou que a área suscetível de tributação correspondia a metragem em muito superior àquela que fora objeto de lançamento tributário. Deve-se ver, contudo, que a revisão fundada em erro de fato não se presta a corrigir erros decorrentes da displicência da administração tributária quando da realização do lançamento. O 'fato não conhecido ou não provado por ocasião do lançamento anterior' a que se refere o inciso VIII do artigo 149 do CTN certamente não diz respeito a fato existente provado à época do lançamento, mas sim a fato superveniente ou fato cuja ocorrência somente pôde ser comprovada posteriormente ao lançamento" (SCHOUERI, Luís Eduardo. *Direito Tributário*. 9. ed. São Paulo: Saraiva Educação, 2019, p. 661).

Lançamento por homologação ou autolançamento	Lançamento misto ou por declaração	Lançamento de ofício ou direto
Somente o sujeito passivo participa do ato.	Há a participação tanto do sujeito passivo quanto do sujeito ativo.	Não há participação do sujeito passivo.

– Nunca tinha pensado nesse sentido. Agora, vou analisar as modalidades de lançamento tributário com outra visão.

Só uma observação antes de adentrarmos no estudo das modalidades: nada impede que os entes disponham em sentido diverso do que a doutrina compreende, adotando, em suas respectivas legislações, o lançamento de seus tributos conforme a modalidade mais conveniente, uma vez que possuem autonomia para tanto. Um exemplo é a possibilidade de a lei estadual prever que o IPVA será sujeito ao lançamento por homologação, sendo que, conforme estudaremos, a doutrina entende ser objeto de lançamento por ofício.

Passemos, após essas breves considerações, ao estudo das modalidades.

– Vamos estudá-las, então!

2.4.1. *Lançamento de ofício ou direto*

É aquele em que o Fisco dispõe de dados suficientes para efetuar a lançamento do tributo, por meio de sua autoridade administrativa, dispensando o auxílio do contribuinte. Temos, como exemplo, a maioria das taxas, IPTU e o IPVA.

– É aquele previsto no art. 149 do CTN.

Esse mesmo! Aliás, já fez a leitura desse dispositivo que pedi para ser feita?

441

– Já sim!

Muito bem. Também, o lançamento de ofício é utilizado para fins de substituir lançamento não realizado pelo contribuinte e realizado incorretamente, sendo que é uma modalidade cabível a todos os tributos.

– Todos os tributos podem vir a ser lançados mediante essa modalidade?

Sim, seja porque é da essência do tributo estar sujeito ao lançamento de ofício, seja porque o Fisco procederá adotando essa modalidade para fins de corrigir vícios em lançamento realizado anteriormente ou para suprir eventual omissão. Quando se tratar dessas duas últimas situações, o crédito tributário será constituído mediante auto de infração, sendo aplicada, concomitantemente, a respectiva penalidade pecuniária, ou seja, a multa.

– E lançamento de ofício não é diferente de auto de infração?

É... tanto que a Professora Regina Helena Costa[16] assevera uma diferença importante entre lançamento de ofício e auto de infração:

> O auto de infração indica todos os aspectos da situação fática que configura a obrigação principal ou acessória, aponta a infração supostamente cometida e aplica a sanção correspondente, indicando o fundamento legal. O lançamento, por sua vez, visa à formalização do crédito tributário e pode ser efetuado na mesma oportunidade da lavratura do auto de infração, o que ocorre com frequência. Nesse caso, teremos dois atos administrativos, ainda que expedidos na mesma ocasião, integrantes de uma única manifestação da Administração Pública.

---

16. COSTA, Regina Helena. *Curso de Direito Tributário*: Constituição e Código Tributário Nacional. 7. ed. São Paulo: Saraiva, 2017, p. 252.

2.4.2. Lançamento por declaração ou misto

Por esse, compreende-se consistir em uma ação conjunta entre Fisco e contribuinte, nos termos do art. 147 do CTN.[17] O crédito tributário é constituído por meio das informações que o contribuinte presta ao Fisco sobre o fato gerador.

Enquanto no lançamento de ofício o Fisco possui todos os elementos, sendo viável proceder ao lançamento direto com a imediata notificação ao contribuinte, no lançamento por declaração, o Fisco não detém todos os elementos fáticos. Assim sendo, resta ao contribuinte apresentar a documentação por meio de uma declaração, restando ao Fisco realizar o lançamento. Um exemplo clássico de tributo sujeito ao lançamento por declaração ou misto é o ITBI.

– Há a possibilidade, nessa modalidade de lançamento, do contribuinte que prestar as informações retificar a sua declaração?

Pode sim, sendo uma opção para pagar menos tributo. No entanto, o contribuinte deverá comprovar o erro que cometeu somente até o lançamento, com a devida notificação. Também há a possibilidade de o contribuinte requerer a retificação de sua declaração para pagar a mais, em caso de constatar erro que poderá vir a comprometê-lo, sendo viável, neste caso, a retificação vir a ocorrer a qualquer tempo, ocorrendo o lançamento de ofício, nos termos do art. 149, VIII, do CTN, referente à eventual diferença.

2.4.3. Lançamento por homologação ou autolançamento

– Esse é o mais famoso por conta do ICMS.

---

17. Art. 147 do CTN. "O lançamento é efetuado com base na declaração do sujeito passivo ou de terceiro, quando um ou outro, na forma da legislação tributária, presta à autoridade administrativa informações sobre matéria de fato, indispensáveis à sua efetivação.
§ 1º A retificação da declaração por iniciativa do próprio declarante, quando vise a reduzir ou a excluir tributo, só é admissível mediante comprovação do erro em que se funde, e antes de notificado o lançamento.
§ 2º Os erros contidos na declaração e apuráveis pelo seu exame serão retificados de ofício pela autoridade administrativa a que competir a revisão daquela."

De fato, quando ouvimos sobre lançamento por homologação,[18] logo pensamos no ICMS. Mas não somente o ICMS é sujeito ao lançamento por homologação. O IPI, o IR, o empréstimo compulsório e o PIS/PASEP e a COFINS também são exemplos de tributos que se encaixam nessa modalidade de lançamento.

– Acho que já vi uma questão de Exame de Ordem que exigia conhecimento do candidato sobre a modalidade de lançamento tributário em que a COFINS se enquadrava. Acho que era uma questão envolvendo prescrição.

Boa recordação. De fato, já foi cobrada questão nesse sentido no Exame de Ordem.

Continuando nossa matéria, importante é conhecer a redação do art. 150 do CTN que explica a essência do lançamento por homologação:

> Art. 150 do CTN. O lançamento por homologação, que ocorre quanto aos tributos cuja legislação atribua ao sujeito passivo o dever de antecipar o pagamento sem prévio exame de autoridade administrativa, opera-se pelo ato em que a referida autoridade, tomando conhecimento da atividade assim exercida pelo obrigado, expressamente a homologa.
>
> § 1º O pagamento antecipado pelo obrigado nos termos deste artigo extingue o crédito, sob condição resolutória da ulterior homologação ao lançamento.
>
> § 2º Não influem sobre a obrigação tributária quaisquer atos anteriores à homologação, praticados pelo sujeito passivo ou por terceiro, visando à extinção total ou parcial do crédito.
>
> § 3º Os atos a que se refere o parágrafo anterior serão, porém, considerados na apuração do saldo porventura devido e, sendo o caso, na imposição de penalidade, ou sua graduação.

---

18. "(...) prescinde-se, nessa hipótese, de atuação administrativa em primeiro momento; o Fisco apenas aguarda a conduta do sujeito passivo, com o respectivo recolhimento do tributo devido, para aí sim, analisa-lo, procedendo ou não à homologação" (COSTA, Regina Helena. *Curso de Direito Tributário*: Constituição e Código Tributário Nacional. 7. ed. São Paulo: Saraiva, 2017, p. 254).

§ 4º Se a lei não fixar prazo a homologação, será ele de cinco anos, a contar da ocorrência do fato gerador; expirado esse prazo sem que a Fazenda Pública se tenha pronunciado, considera-se homologado o lançamento e definitivamente extinto o crédito, salvo se comprovada a ocorrência de dolo, fraude ou simulação.

– Pelo que percebi, a autoridade administrativa homologará o pagamento ou a atividade do passivo em apurar o valor da obrigação tributária.

Boa constatação. Isso significa que a autoridade não homologará o lançamento do contribuinte.

– Hum...

Como o contribuinte não lança, já que é uma atividade privativa da autoridade administrativa competente, é equivocado, embora seja usual no cotidiano, mencionar que aquele procede ao lançamento.

– Verdade! É toda aquela discussão de quem realmente tem competência para proceder ao lançamento tributário.

No mais, o pagamento será feito sob condição resolutória de ulterior homologação, ocorrendo a extinção do crédito tributário.

– Essa homologação ocorrerá somente mediante ato da autoridade administrativa?

Sim, dentro de um prazo decadencial de cinco anos, salvo disposição de lei em contrário. Esse prazo é decadencial para a Fazenda Pública vir a lançar de ofício eventuais diferenças apuradas. Ademais, essa homologação poderá ser tácita, quando superado esse prazo e a Fazenda Pública não se manifestar, constituindo o crédito tributário mediante lançamento de ofício, a partir de eventuais diferenças entre o que foi declarado e pago e o que corresponde à realidade ou,

445

mediante homologação expressa, quando há uma concordância por parte da Fazenda Pública e essa notifica o contribuinte de sua decisão, algo que é bem incomum de ocorrer.

– E nessa modalidade de lançamento tributário, presumo que não há notificação ao contribuinte, pois, partindo de uma lógica, o sujeito passivo quem faz tudo.

Tal situação ocorre porque, como você bem pontuou, o sujeito passivo apura o *quantum* devido do tributo e realiza o chamado pagamento antecipado, cabendo, à Fazenda Pública, proceder à homologação ou não. Nas demais modalidades, o sujeito passivo deverá ser notificado, sim. Tome cuidado!

Um outro ponto que vale sua atenção é que se a Fazenda Pública apurar eventual diferença, como mencionei, ela procederá ao lançamento de ofício e inscreverá em dívida ativa para fins de execução. Assim como, caso ela aceite o declarado pelo sujeito passivo, mas verifique que não ocorreu o pagamento, teremos a inscrição do *quantum* apurado na dívida ativa.

– Perfeito, professora!

Com o intuito de memorizar, segue o quadro sistematizado sobre o tema que acabamos de estudar:

Lançamento de ofício	Lançamento misto ou por declaração	Lançamento por homologação ou autolançamento
É aquele em que o Fisco dispõe de dados suficientes para efetuar a lançamento do tributo, por meio de sua autoridade administrativa, dispensando o auxílio do contribuinte.	Compreende-se que é uma ação conjunta entre Fisco e contribuinte. O crédito tributário é constituído por meio das informações que o contribuinte presta ao Fisco sobre o fato gerador.	O contribuinte informa ao Fisco todos os dados para a realização do lançamento, cabendo a este a conferência. O ICMS, IPI, PIS/PASEP e COFINS são exemplos de tributos que se encaixam nessa modalidade de lançamento.

2.4.4. Lançamento por arbitramento

Por fim, temos o lançamento por arbitramento...

> – Em que consiste?

Não se trata de uma modalidade de lançamento, tome cuidado! Na verdade, o lançamento por arbitramento é uma técnica de tributação do Fisco que se utiliza de indícios em situações excepcionais, nos termos do art. 148 do CTN.[19]

> – Então, por meio de indícios o Fisco acaba lançando?

Pois é! Mas lembre-se que são as situações excepcionais, as quais não permitem ter acesso aos fatos e aos elementos concretos. A partir desses indícios, o Fisco procede ao lançamento de ofício.

> – E aí o Fisco impõe um valor, isto é, um valor arbitrário?

Não é bem assim. Estamos diante de um valor arbitrado, tome muito cuidado! É diferente de valor arbitrário. Para você entender melhor, deixe-me lhe explicar... o contribuinte até declara, entretanto, a autoridade por considerar inidôneo ou constatada a omissão quanto à apresentação de documentos. Só quero que você tome cuidado, pois o mero atraso na entrega das declarações não ensejará, por si só, o lançamento por arbitramento.

> – Hum, então, se as informações prestadas pelo contribuinte não corresponderem com a realidade ou se faltarem documentos, o Fisco realizará o lançamento de ofício com base em indícios.

Exatamente! Claro que deve ser oportunizado o contraditório e a ampla defesa ao contribuinte, tratando-se de uma presunção relativa referente ao que o Fisco apurou.

---

19. Art. 148 do CTN. "Quando o cálculo do tributo tenha por base, ou tome em consideração, o valor ou o preço de bens, direitos, serviços ou atos jurídicos, a autoridade lançadora, mediante processo regular, arbitrará aquele valor ou preço, sempre que sejam omissos ou não mereçam fé as declarações ou os esclarecimentos prestados, ou os documentos expedidos pelo sujeito passivo ou pelo terceiro legalmente obrigado, ressalvada, em caso de contestação, avaliação contraditória, administrativa ou judicial."

— E aquela história de pautas fiscais, que, inclusive, a Súmula 431 do Superior Tribunal de Justiça aborda?

Boa pergunta! Pautas fiscais, também conhecidas como pautas de valores, correspondem aos valores estipulados para orientar a autoridade competente no lançamento de ofício. Tais valores presentes nas pautas fiscais permitem que seja realizado o confronto entre o valor que o contribuinte declare referente ao bem ou à mercadoria e o que a autoridade competente apura. É muito comum serem utilizadas nas áreas de desembarque de aeroportos internacionais.

Suponha que um indivíduo chegue dos Estados Unidos da América com vários itens sem estarem acompanhados das respectivas notas fiscais. Aí, caso a Aduana aborde esse indivíduo desacompanhado desses documentos, utilizará a pauta fiscal para atribuir o valor a cada item.

— Ah, acho que já sei. Tem um programa muito legal na televisão que mostra o dia a dia dos auditores e analistas da Receita Federal e da Polícia Federal no aeroporto de Guarulhos.

Adoro esse programa! Aliás, sou viciada nele e sempre, nas minhas aulas de Direito Aduaneiro, cito algum exemplo ocorrido durante o programa.

— E quanto ao entendimento do Superior Tribunal de Justiça?

Voltando à questão da Súmula 431 do STJ, temos que "é ilegal a cobrança de ICMS com base no valor da mercadoria submetido ao regime de pauta fiscal". Pela mera leitura da redação da súmula, seria possível compreender que a pauta fiscal é ilegal, no entanto, só podemos entender nesse sentido quando ela tem presunção absoluta ou que visa dar um valor mínimo sem que sejam oportunizados o contraditório e a ampla defesa, contrariando o art. 148 do CTN.

— Antes dessas suas explicações, sempre achei que a pauta fiscal fosse vedada.

É o que a grande maioria pensa! Somente serão consideradas ilegais as pautas fiscais de presunção absoluta, adotando valores absolutos, não permitindo o contraditório e a ampla defesa ao sujeito passivo.

CAPÍTULO 5 → Nasceu a obrigação tributária, mas já existe o crédito tributário?...

FIGURA PONTO 1: CRÉDITO TRIBUTÁRIO

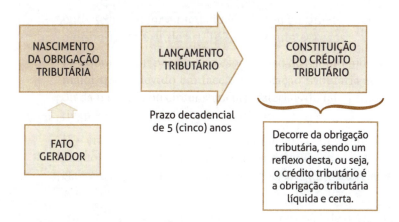

FIGURA PONTO 2.4.: MODALIDADES DE LANÇAMENTO TRIBUTÁRIO

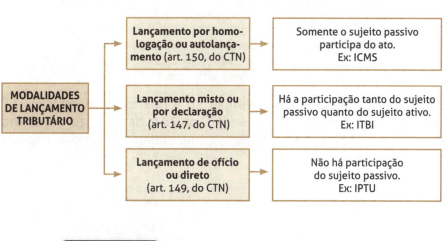

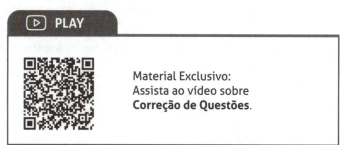

Material Exclusivo: Assista ao vídeo sobre **Correção de Questões**.

CAPÍTULO 6

MO-DE-RE-CO-PA:
Hipóteses de suspensão
da exigibilidade
do crédito tributário

Como você pôde perceber no último capítulo, estudamos que o crédito tributário tem como principal objetivo tornar a obrigação tributária líquida, certa e exigível, sendo que essa última finalidade pressupõe a possibilidade de a Administração Tributária promover a execução do crédito, inscrito na dívida ativa, quando não pago pelo contribuinte.

Entretanto, há situações em que a exigibilidade do crédito tributário é suspensa, ou seja, consistindo em verdadeiras hipóteses de suspensão da exigibilidade do crédito tributário, nos termos do art. 151 do CTN:

> Art. 151 do CTN. Suspendem a exigibilidade do crédito tributário:
>
> I – moratória;
>
> II – o depósito do seu montante integral;
>
> III – as reclamações e os recursos, nos termos das leis reguladoras do processo tributário administrativo;
>
> IV – a concessão de medida liminar em mandado de segurança.
>
> V – a concessão de medida liminar ou de tutela antecipada, em outras espécies de ação judicial;
>
> VI – o parcelamento.
>
> Parágrafo único. O disposto neste artigo não dispensa o cumprimento das obrigações assessórios dependentes da obrigação principal cujo crédito seja suspenso, ou dela consequentes.

E, cuidado, pois estamos nos referindo à suspensão da exigibilidade, não do crédito tributário!

– Vamos estudar cada uma destas hipóteses, então?!

Vamos, contudo, preciso lhe explicar alguns aspectos gerais sobre esse assunto... Muitos alunos acham que a suspensão da exigibilidade do crédito tributário possui o potencial de desconstituí-lo, algo que é inverídico. A verdade é que somente ocorrerá a impossibilidade da sua exigibilidade por meio de um "estado provisório",[1] sendo vedada a cobrança referente à tal dívida, proporcionando até mesmo a obtenção da certidão positiva com efeito de negativa, nos termos do art. 206 do CTN:

> Art. 206 do CTN. Tem os mesmos efeitos previstos no artigo anterior a certidão de que conste a existência de créditos não vencidos, em curso de cobrança executiva em que tenha sido efetivada a penhora, ou cuja exigibilidade esteja suspensa.

– Professora, sobre a certidão, ela poderá, portanto, ser expedida mesmo com a suspensão da exigibilidade do crédito tributário, então?

Exatamente isso!

– E essas hipóteses, elencadas no art. 151 do CTN, são taxativas?

---

1. "Portanto, a suspensão da exigibilidade da obrigação tributária é sempre um estado provisório, que dura um período de tempo. Em consequência, poderemos ter diferentes situações diante da cessação da suspensão da exigibilidade da obrigação: a) o pagamento pelo sujeito passivo, extinguindo-se a obrigação tributária; b) o advento de outra causa de extinção do pagamento – ex.: decisão judicial declaratória da inexistência da obrigação de pagar o tributo; ou, ainda, c) o restabelecimento da exigibilidade, com o prosseguimento da cobrança do crédito fiscal, inclusive mediante o ajuizamento de execução fiscal." (COSTA, Regina Helena. *Curso de Direito Tributário: Constituição e Código Tributário Nacional*. 7. ed. rev. e atual. Editora Saraiva: São Paulo, 2017. p. 259-60).

CAPÍTULO 6 → MO-DE-RE-CO-PA: Hipóteses de suspensão da exigibilidade do crédito tributário

Para fins de prova objetiva, sim! Isso por conta da redação dos artigos 141[2] e 111[3] do CTN.[4] Ademais, as causas de suspensão da exigibilidade do crédito tributário deverão constar em lei em sentido estrito, conforme disposto no inciso VI do art. 97 do CTN.[5]

No entanto, numa prova discursiva, interessante é o candidato demonstrar conhecimento acerca da legislação aduaneira que prevê outras hipóteses de suspensão da exigibilidade do crédito tributário, restando uma certa dúvida sobre a taxatividade do art. 151 do CTN, pois são situações previstas fora do Código Tributário Nacional. Dentre as hipóteses, podemos citar as contribuições para o PIS/PASEP-Importação e para a COFINS-Importação.

No que tange ao programa de suspensão dessas contribuições, o art. 260, do Regulamento Aduaneiro (RA), o Decreto 6759/2009, dispõe:

> Art. 260, RA. As normas relativas à suspensão do pagamento do imposto de importação ou do imposto sobre produtos industrializados vinculado à importação, referentes aos regimes aduaneiros especiais, aplicam-se também à contribuição para o PIS/PASEP-Importação e à COFINS-Importação.

> 💬 – Direito Aduaneiro, mais uma vez! Não sei nada sobre. Precisamos de um "Diálogos sobre o Direito Aduaneiro" urgente!

Fique tranquilo que irei explicar essa situação para você! Um exemplo de regime aduaneiro especial nessa situação é o regime aplicável à Zona Franca de Manaus, de importação de bens, cuja finalidade é a elaboração de matérias-primas, de produtos intermediários ou materiais de embalagem para o emprego em processo de industrialização por indústrias instaladas na ZFM e consoante a projetos

---

2. Art. 141 do CTN. "O crédito tributário regularmente constituído somente se modifica ou extingue, ou tem sua exigibilidade suspensa ou excluída, nos casos previstos nesta Lei, fora dos quais não podem ser dispensadas, sob pena de responsabilidade funcional na forma da lei, a sua efetivação ou as respectivas garantias."
3. Art. 111 do CTN. "Interpreta-se literalmente a legislação tributária que disponha sobre: I – suspensão ou exclusão do crédito tributário."
4. A Ministra do Superior Tribunal de Justiça, Regina Helena Costa, também compreende que tais hipóteses são taxativas. (COSTA, Regina Helena. *Curso de Direito Tributário: Constituição e Código Tributário Nacional*. 7. ed. rev. e atual. Editora Saraiva: São Paulo, 2017. p. 262).
5. Art. 97 do CTN. "Somente a lei pode estabelecer: VI – as hipóteses de exclusão, suspensão e extinção de créditos tributários, ou de dispensa ou redução de penalidades."

aprovados pelo Conselho de Administração da Superintendência da ZFM (SUFRAMA), conforme o art. 262 do RA.

No caso das mercadorias previstas no art. 263 do RA,[6] após decorridos 18 (dezoito) meses, a suspensão será convertida em alíquota de 0%, nos termos do § 1º, devendo ser recolhidas as contribuições, somadas a juros e multa de mora, incidentes desde o dia do registro da Declaração de Importação (DI).

Outro regime é o Regime Especial de Tributação para a Plataforma de Exportação de Serviços de Tecnologia da Informação – REPES (art. 264 a 270 da RA). Consiste na importação de bens novos destinados ao desenvolvimento no País, de software e de serviços de tecnologia da informação, quando importados diretamente pelo beneficiário do regime para incorporação ao seu ativo imobilizado. Ocorrerá a suspensão do pagamento da contribuição para o PIS/PASEP-Importação e da COFINS-Importação.

– Se estamos diante de situações que ensejam a suspensão da exigibilidade do crédito tributário, podemos concluir que somente ocorrerão após o lançamento tributário, não é mesmo?

Em regra, sim. Entretanto, há uma situação interessante que é a liminar em mandado de segurança, previsto no art. 151, IV, do CTN, tonando possível que determinado indivíduo questione uma lei que majore a alíquota de um tributo.

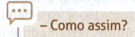
– Como assim?

Imagine que esse indivíduo questione a lei publicada, alegando que a majoração da alíquota é inconstitucional, pois não respeitou o princípio da anterioridade, já que constava expressamente que no dia posterior à publicação daquela, o tributo, que deverá observar os prazos legais, já seria cobrado observando a nova alíquota.

Caso o magistrado compreenda que a majoração é inconstitucional, em sede de liminar em mandado de segurança, estaremos diante

---

6. Art. 263 do RA. "A suspensão de que trata o art. 261 aplica-se também nas importações de máquinas, aparelhos, instrumentos e equipamentos, novos, para incorporação ao ativo imobilizado da pessoa jurídica importadora."

CAPÍTULO 6 → MO-DE-RE-CO-PA: Hipóteses de suspensão da exigibilidade do crédito tributário

de uma hipótese de suspensão da exigibilidade quanto à nova alíquota, mas não em relação ao tributo, uma vez que ele não foi declarado inconstitucional. Portanto, é uma circunstância que verificamos a possibilidade da suspensão da exigibilidade do crédito anterior à vigência da lei, referente à nova alíquota.

> – E, por conta disso, temos um impedimento quanto ao lançamento?

Não! A suspensão da exigibilidade do crédito tributário não impede o lançamento do tributo. Inclusive, caso o Fisco não proceda ao lançamento em tempo hábil, estaremos diante de uma situação que ensejará a decadência tributária. Guarde essa informação!

Vou lhe dar uma dica preciosa para fins de prova discursiva...

> – Oba!

Para fins de prova discursiva, recomenda-se a adoção deste termo – impedimento – em vez de suspensão. Segundo entende Hugo de Brito Machado[7],

> (...) as reclamações e os recursos, evidentemente, constituem modalidade de suspensão necessariamente prévia, pois o crédito tributário definitivamente constituído não mais comporta tais medidas. A rigor, o que aqui denominamos suspensão prévia não caracteriza suspensão, mas impedimento. As reclamações e os recursos na verdade não suspendem a exigibilidade do crédito tributário, pois, ao serem interpostos, o crédito ainda não está definitivamente constituído e, assim, não é exigível – e não se pode cogitar de suspender algo que ainda não existe. A exigibilidade nasce quando já não cabe reclamação nem recurso contra o lançamento respectivo, quer porque transcorreu o prazo legalmente estipulado para tanto, quer porque tenha sido proferida decisão de última instância administrativa.

---

7. MACHADO, Hugo de Brito. Curso de Direito Tributário. 40. ed. rev. e atual. São Paulo: Malheiros, 2019. p. 189.

Além disso, a suspensão da exigibilidade do crédito tributário ocorrida antes do lançamento, além de não ser um empecilho para que este ocorra, também não impede a notificação do contribuinte. Não obstante, feita a notificação, o contribuinte, mesmo assim, não pagará, obviamente, a sua dívida tributária, pois estará suspensa, não podendo ser exigida pelo Fisco.

Em que pese seja o entendimento da jurisprudência, há doutrina em sentido oposto, como Regina Helena Costa.[8]

> Entende-se, majoritariamente, que, enquanto pendente uma causa de suspensão da exigibilidade da obrigação, não fica a Fazenda Pública inibida de proceder ao lançamento do tributo. Ousamos divergir de tal orientação, uma vez que o lançamento, como sabido, visa, exatamente, aperfeiçoar o crédito tributário a fim de que se torne exigível, passível de cobrança, portanto. Ora, se a cobrança está vedada enquanto perdurar a causa de suspensão da exigibilidade, parece inadequado falar-se em lançamento, apenas para "evitar a decadência do direito de efetuar o lançamento". Mesmo porque a decadência é consequência da situação de inércia do titular do direito, que, na hipótese, não pode ser imputada à Fazenda Pública, impedida que está de cobrar seu crédito devido à presença de uma das circunstâncias aptas a suspender aquela exigibilidade.

Um ponto digno de destaque é no que concerne ao depósito do montante integral antes de ocorrido o lançamento. Referente a um tributo sujeito ao lançamento por homologação, sendo realizado o depósito do montante integral, como será estudado oportunamente, caberá à Fazenda Pública concordar ou não com o *quantum* depositado. Caso concorde de forma tácita ou expressa, já teremos configurado o lançamento tributário.

– Nessa situação, portanto, estará afastada a decadência tributária?

Sim, pois, segundo o entendimento do Superior Tribunal de Justiça no julgamento do EREsp 767.328/RS, não há a necessidade, nesse

---

8. COSTA, Regina Helena. *Curso de Direito Tributário: Constituição e Código Tributário Nacional*. 7. ed. rev. e atual. Editora Saraiva: São Paulo, 2017. p. 260-1.

caso, da realização do lançamento de ofício para fins da Fazenda Pública se prevenir da decadência tributária.

Interessante é destacar que o art. 63 da Lei 9.430/1996 dispõe que, nas situações de lançamento com exigibilidade suspensa, prescinde de lançamento de ofício:

> Art. 63. Na constituição de crédito tributário destinada a prevenir a decadência, relativo a tributo de competência da União, cuja exigibilidade houver sido suspensa na forma dos incisos IV e V do art. 151 da Lei 5.172, de 25 de outubro de 1966, não caberá lançamento de multa de ofício.

– Professora, e quanto ao prazo prescritivo?

Ora, se acaso a suspensão da exigibilidade do crédito tributário tiver ocorrido após efetivado o lançamento tributário e constituído o respectivo crédito, como não será possível realizar a cobrança, o prazo prescritivo para tanto estará suspenso, somente voltando a correr quando acabar a suspensão da exigibilidade do crédito tributário, conforme o entendimento do Superior Tribunal de Justiça, no julgamento do REsp 407.940/RS, referente à revogação de liminar que suspendeu a exigibilidade do crédito tributário, desde que inexistente qualquer outra medida constante do art. 151 do CTN ou recurso especial ou extraordinário com efeito suspensivo. Por ora, é isso que você precisa conhecer sobre prescrição no Direito Tributário.

– Aposto que, assim como ocorre com a imunidade tributária, a suspensão da exigibilidade do crédito tributário não contempla as obrigações acessórias, não é mesmo?

Sim, como nos ensina Hugo de Brito Machado:[9]

> A suspensão do crédito tributário não dispensa o cumprimento das obrigações acessórias, dependentes ou consequentes da obrigação principal respectiva (CTN, art. 151, parágrafo único). É razoável que seja assim porque as obrigações acessórias ligam-se, em princípio, à obrigação principal, e nada tem a ver

---

9. MACHADO, Hugo de Brito. *Curso de Direito Tributário*. 40. ed. rev. e atual. São Paulo: Malheiros, 2019. p. 189.

com a exigibilidade do crédito tributário. A exigibilidade de uma obrigação acessória se traduz, aliás, apenas, na possível aplicação da multa correspondente a seu inadimplemento e consequente constituição do crédito tributário, cujo conteúdo é, precisamente, aquela multa.

Pronto! Podemos passar a analisar as causas que ensejam a suspensão da exigibilidade do crédito tributário! Já sabe quais são?

– Acho que aquele mnemônico no título do capítulo, juntamente com a leitura do art. 151 do CTN, já dará para ter uma ideia.

Eu aprendi esse mnemônico estudando para o Exame de Ordem. Nem vou lhe contar quando foi isso, porque senão entregarei minha idade! Rsrs

Vamos lá, para você nunca se esquecer.

MO	Moratória;
DE	Depósito do seu montante integral;
RE	Reclamações e os recursos, nos termos das leis reguladoras do processo tributário administrativo;
CO	Concessão de medida liminar em mandado de segurança e a concessão de medida liminar ou de tutela antecipada, em outras espécies de ação judicial;
PA	Parcelamento.

– Adorei isso! MO-DE-RE-CO-PA! Nunca mais o art. 151 do CTN será igual para mim novamente.

1. MORATÓRIA

Vamos começar, portanto, com a primeira causa de suspensão da exigibilidade do crédito tributário: a moratória. Basicamente, temos que consistem uma prorrogação ou concessão de novo prazo para que a obrigação tributária seja cumprida, podendo, inclusive, o montante vir a ser pago em parcelas. Como você já pode perceber, está prevista no inciso I do art. 151 do Código Tributário Nacional.

CAPÍTULO 6 → MO-DE-RE-CO-PA: Hipóteses de suspensão da exigibilidade do crédito tributário

– Em qual acontecimento uma benesse dessa está fundamentada?

Casos como catástrofes, calamidade ou situação semelhante que possa gerar algum mal à comunidade. Assim, poderá a moratória ser concedida em caráter geral ou individual, nos termos do *caput* do art. 153 do CTN.[10] Interessante que essa causa de suspensão da exigibilidade do crédito tributário deverá estar prevista em uma lei ordinária, devendo conter o prazo de duração; as condições para concessão, em caso de moratória individual; e, sendo o caso, nos termos do inciso III do referido artigo, os tributos a que se aplica; o número de prestações e seus vencimentos, dentro do prazo estabelecido, podendo atribuir a fixação de uns e de outros à autoridade administrativa, para cada caso de concessão em caráter individual; as garantias que devem ser fornecidas pelo beneficiado no caso de concessão em caráter individual.

1.1. Moratória geral e individual

– Então, há duas espécies de moratória: a individual e a geral?

É o que dispõe o art. 152 do CTN:

> Art. 152 do CTN. A moratória somente pode ser concedida:
>
> I – em caráter geral:
>
> a) pela pessoa jurídica de direito público competente para instituir o tributo a que se refira;

---

10. Art. 153 do CTN. "A lei que conceda moratória em caráter geral ou autorize sua concessão em caráter individual especificará, sem prejuízo de outros requisitos:
I – o prazo de duração do favor;
II – as condições da concessão do favor em caráter individual;
III – sendo caso:
a) os tributos a que se aplica;
b) o número de prestações e seus vencimentos, dentro do prazo a que se refere o inciso I, podendo atribuir a fixação de uns e de outros à autoridade administrativa, para cada caso de concessão em caráter individual;
c) as garantias que devem ser fornecidas pelo beneficiado no caso de concessão em caráter individual."

b) pela União, quanto a tributos de competência dos Estados, do Distrito Federal ou dos Municípios, quando simultaneamente concedida quanto aos tributos de competência federal e às obrigações de direito privado;

II – em caráter individual, por despacho da autoridade administrativa, desde que autorizada por lei nas condições do inciso anterior.

Parágrafo único. A lei concessiva de moratória pode circunscrever expressamente a sua aplicabilidade à determinada região do território da pessoa jurídica de direito público que a expedir, ou a determinada classe ou categoria de sujeitos passivos.

Primeiramente, quanto à moratória concedida em caráter geral, a lei ordinária[11] que a concede abarca a generalidade dos sujeitos passivos, dispensando a comprovação por parte de qualquer um deles de qualquer característica especial. Diferentemente da moratória individual, sendo que para a concessão dessa, a lei exige que os indivíduos que visam a ser contemplados preencham certos requisitos e, posteriormente, solicitem à Administração Tributária a concessão, comprovando que cumpriram os pressupostos previstos na lei.[12]

– Então, na moratória individual o indivíduo que requer a concessão dessa suspensão da exigibilidade do crédito tributário deverá requerer à autoridade competente que, por meio de um ato administrativo, isto é, um despacho, poderá conceder?

---

11. "Sempre dependerá de lei para sua concessão, não somente porque a obrigação tributária é *ex lege*, mas também por força do princípio da disponibilidade do interesse público, já que a moratória implica o recebimento do crédito fiscal posteriormente ao prazo originalmente estabelecido." (COSTA, Regina Helena. *Curso de Direito Tributário: Constituição e Código Tributário Nacional*. 7. ed. rev. e atual. Editora Saraiva: São Paulo, 2017. p. 262).

12. "A moratória, legalmente prevista, pode ser geral ou individual. Sendo geral, mesmo assim pode circunscrever-se a certa região ou a certa categoria de pessoas (segundo o parágrafo único do art. 152), nem por isso deixando de ser geral, pois pode beneficiar somente aquela parte do território e o segmento de pessoas atingidas pela calamidade pública, enchente ou crise econômica setorial. No entanto, o que distingue a moratória geral da individual é o fato de a segunda depender do despacho concessivo da autoridade administrativa, que examinará – caso a caso – o preenchimento das condições e dos requisitos estabelecidos em lei." (DERZI, Misabel in: BALEEIRO, Aliomar. *Direito Tributário Brasileiro*. Atualizada por Misabel Abreu Machado Derzi. 13. ed., Rio de Janeiro: Forense, 2015. p. 1265).

CAPÍTULO 6 → MO-DE-RE-CO-PA: Hipóteses de suspensão da exigibilidade do crédito tributário

Sim, pois trata-se de um ato declaratório, denominado pelo Código Tributário Nacional de despacho proferido pela autoridade competente para tanto.

> – Percebi, também, que conforme o inciso I, alínea "a", do art. 152, do CTN, a moratória em caráter geral somente poderá ser concedida pela pessoa jurídica de direito público que detém a competência para instituir o respectivo tributo a ser objeto desta causa de suspensão.

Trata-se, neste caso, da moratória autônoma, pois o ente competente para a instituição, conforme estudamos no ponto sobre competência tributária, será o competente para dilatar o prazo nos termos da lei. Não obstante, a alínea "b", do mesmo dispositivo, prevê a possibilidade de a União conceder moratória referente aos tributos dos Estados, do Distrito Federal e dos Municípios, configurando um caso de moratória heterônoma, muito criticada por parte da doutrina, uma vez que se trata de um desrespeito a autonomia dos demais entes, balançando o pacto federativo, embora outra parte compreenda que tal comando é despido de inconstitucionalidade.

Neste sentido é a posição da Ministra Regina Helena Costa[13], compreendendo ser uma causa de inconstitucionalidade. Diversamente, é oposição de Luís Eduardo Schoueri[14], sob o argumento de que:

> (...) primeiramente porque, como visto, o constituinte veda a concessão de isenções, não de moratória. Aquelas implicam o afastamento da pretensão tributária. Concedida a isenção, o ente federativo já não mais receberá o crédito (ou melhor: não surgirá o crédito); a moratória, ao contrário, apenas implica uma dilação do prazo do tributo, o qual continua devido. A concessão do prazo permite, justamente, a recuperação do sujeito passivo em dificuldades. Em outras palavras: ao conceder uma moratória, o legislador federal possibilita que o sujeito passivo tenha condições de, no futuro, adimplir a obrigação que, no presente, implicaria sacrifício exagerado. E aqui se

---

13. COSTA, Regina Helena. Curso de Direito Tributário: Constituição e Código Tributário Nacional. 7. ed. rev. e atual. Editora Saraiva: São Paulo, 2017. p. 263.
14. SCHOUERI, Luís Eduardo. Direito Tributário. 9. ed. São Paulo: Editora Saraiva, 2019. p. 673.

encontra a segunda justificativa para que se defenda sua constitucionalidade: o referido dispositivo permite que a União conceda moratória de tributos estaduais e municipais quando, simultaneamente, concedida não só quanto aos tributos de competência federal, como também às obrigações de direito privado. Assim, durante o período do favor, nenhum credor, público ou privado, receberá o quanto lhe é devido. Assegura-se a recuperação da saúde financeira do sujeito passivo. Não seria aceitável que credores privados tivessem sua pretensão diferida no tempo, enquanto os Fiscos estaduais e municipais ficariam intocados em suas pretensões.

– Divergências doutrinárias também são bem complicadas, já não bastavam as jurisprudenciais!

Verdade! Ainda no art. 152 do CTN, temos o parágrafo único que divide a moratória em total e parcial. A moratória total consiste naquela que contempla todo o espaço territorial do ente político ou abrange todas as classes ou categorias de sujeitos passivos, ao passo que a moratória parcial, contemplará, apenas, parte do território do ente político ou apenas algumas classes de sujeitos passivos, sendo justificada, apenas, se houver uma catástrofe em certa localidade, vindo a ser restringida àquele determinado território, ou uma dificuldade singular de uma determinada categoria ou classe de sujeitos passivos, circunscrita, portanto, para aquela classe, somente.

– Como já estudamos o art. 153 do CTN, vamos para o próximo!

1.2. Abrangência da moratória

Vamos continuar com o art. 154 do CTN:

> Art. 154 do CTN. Salvo disposição de lei em contrário, a moratória somente abrange os créditos definitivamente constituídos à data da lei ou do despacho que a conceder, ou cujo lançamento já tenha sido iniciado àquela data por ato regularmente notificado ao sujeito passivo.

CAPÍTULO 6 → MO-DE-RE-CO-PA: Hipóteses de suspensão da exigibilidade do crédito tributário

Parágrafo único. A moratória não aproveita aos casos de dolo, fraude ou simulação do sujeito passivo ou do terceiro em benefício daquele.

> – Já vi o "salvo disposição de lei em contrário" e me recordei das suas aulas ensinando uma técnica para compreender melhor os dispositivos que começam assim.

Muito bem, vamos começar analisando a segunda parte do artigo, deixe de lado o "salvo disposição de lei em contrário" por enquanto. Note que, em regra, a moratória abrange apenas os créditos definitivamente constituídos ou cujo lançamento já tenha se iniciado por notificação ao sujeito passivo à data na qual fora editada a lei ou do despacho que vir a concedê-la. Contudo, nada impede que a moratória abranja, também, "salvo disposição de lei em contrário".

> – Como seria uma hipótese dessa exceção, professora?

Imagine que uma forte crise econômica[15], detectada pelo Governo brasileiro, esteja por vir e já seja sentida por alguns ramos do comércio e indústria. Por conta da situação de uma guerra comercial envolvendo duas grandes potências, com a finalidade de respaldar uma recuperação econômica, seja concedido moratória, por meio de uma lei ordinária, referente aos tributos que ainda sequer foram lançados.

Ainda referente ao art. 154, o seu parágrafo único é expresso ao mencionar que a moratória somente aproveitará os contribuintes de boa-fé, ou seja, não contempla os "casos de dolo, fraude ou simulação do sujeito passivo ou do terceiro em benefício daquele".

---

15. Devido à pandemia da COVID-19, a qual assola o mundo, estamos enfrentando uma grave crise econômica, em nosso país. Por conta disso, para dar um estímulo ao pequeno e médio empresário, temos, em tramitação no Congresso Nacional, um projeto de lei que visa à concessão de moratória aos tributos do Simples Nacional. Trata-se do projeto de Lei Complementar 254/2020 que contempla os débitos referentes aos tributos devidos de 1º de abril até 30 de dezembro de 2020. Segundo o projeto, as pessoas jurídicas que aderirem deverão pagar seus débitos até 30 de junho de 2021, sendo possível, também, parcelar o valor devido em até 90 (noventa) vezes.

1.3. Os casos praticados com dolo e simulação

– Eu vi que no art. 155 do CTN[16] há algumas situações em que seja possível a aplicabilidade de penalidade cabível.

São os casos de dolo ou simulação, previstos no inciso I do artigo. O interessante é que o mesmo referente à moratória é aplicável aos casos de remissão, isenção, anistia e parcelamento, a serem oportunamente estudados.

Primeiramente, o *caput* do art. 155 do CTN dispõe sobre a concessão da moratória em caráter individual, a qual não gera direito adquirido ao particular que a obteve. No entanto, a redação continua no sentido de que haverá revogação de ofício deste benefício quando o indivíduo deixar de satisfazer os requisitos.

– É caso de revogação mesmo?

Regina Helena Costa[17] compreende que o Código Tributário Nacional cometeu uma impropriedade, pois a concessão da moratória em caráter individual consiste em um ato administrativo despido de discricionariedade, ou seja, é vinculado, uma vez que preenchidos os requisitos legais, o interessado terá direito a esse benefício.

Logo, se estamos diante de um ato vinculado e não discricionário, esse deverá ser objeto de anulação e não de revogação. Caso o

---

16. Art. 155 do CTN. "A concessão da moratória em caráter individual não gera direito adquirido e será revogado de ofício, sempre que se apure que o beneficiado não satisfazia ou deixou de satisfazer as condições ou não cumprira ou deixou de cumprir os requisitos para a concessão do favor, cobrando-se o crédito acrescido de juros de mora:
I – com imposição da penalidade cabível, nos casos de dolo ou simulação do beneficiado, ou de terceiro em benefício daquele;
II – sem imposição de penalidade, nos demais casos.
Parágrafo único. No caso do inciso I deste artigo, o tempo decorrido entre a concessão da moratória e sua revogação não se computa para efeito da prescrição do direito à cobrança do crédito; no caso do inciso II deste artigo, a revogação só pode ocorrer antes de prescrito o referido direito."
17. COSTA, Regina Helena. *Curso de Direito Tributário: Constituição e Código Tributário Nacional*. 7. ed. rev. e atual. Editora Saraiva: São Paulo, 2017. p. 264.

interessado não tivesse preenchido os requisitos e tivesse conseguido a benesse da moratória, ao passo que se deixasse de preencher os requisitos, então, estaríamos diante de um caso de cassação da moratória. Todavia, para fins de prova de concurso, cuja banca cobra a literalidade da lei, assinale a assertiva que traz a possibilidade da moratória ser revogada. Ok?

– Ok, professora! Em ambas as situações que você acabou de me explicar, vi que o art. 155 do CTN estipula que o crédito tributário seja cobrado acrescido de juros de mora.

Exatamente. E, caso verificada a prática de um ilícito, nos termos do inciso I, é aplicável a sanção cabível correlata, não sendo computado o lapso temporal decorrido entre a concessão da moratória e sua revogação para fins de prescrição.

Por fim, para que seja revogada a moratória, é imprescindível que seja concedido o contraditório e a ampla defesa ao indivíduo, conforme entendimento do Superior Tribunal de Justiça no julgamento do AgRg no REsp 96.5251/PR.

– Pelo que decorei do mnemônico, agora é a vez de estudarmos o depósito do montante integral!

2. DEPÓSITO DO MONTANTE INTEGRAL

Exatamente como você me lembrou, o depósito do montante integral consiste na segunda hipótese de suspensão da exigibilidade do crédito tributário, prevista no art. 151, II, do CTN.

Trata-se de um ato voluntário do contribuinte, sendo dispensável qualquer autorização judicial para tanto, muito menos de autorização da autoridade administrativa.

– E onde pode ser realizado esse depósito?

Tanto perante a repartição tributária que exige o tributo, quanto perante um juiz. Na primeira situação, caso assim ocorra, estaremos diante de um depósito administrativo; já na segunda situação, um depósito judicial. Como bem pontua Luís Eduardo Schoueri,[18] é mais usual o depósito judicial, configurando a situação do inciso II, pois ocorrendo o depósito administrativo, a hipótese enquadrada seria a do inciso III.

Portanto, o contribuinte deverá ajuizar uma ação e concomitantemente realizar o depósito.

– Então, o depósito judicial tem o poder de suspender a exigibilidade do crédito tributário?

Tem, desde que seja aceito. Isso porque, o depósito deverá ser integral, referente ao valor exigido pela Fazenda Pública.

– Não pode ser parcial? Porque, imagine, o Fisco compreende ser devida uma quantia absurda, no entanto, o contribuinte compreende ser o valor menor.

Para fins de suspensão da exigibilidade do crédito tributário, é indispensável que o depósito seja referente ao montante integral do que a Fazenda Pública compreende ser o correto, caso contrário, ocorrendo um depósito parcial, tal finalidade não será atingida. Vide o entendimento do Superior Tribunal de Justiça sumulado:

> Súmula 112 do STJ. O depósito somente suspende a exigibilidade do crédito tributário se for integral e em dinheiro.

Por isso, o valor a ser depositado para fins de alcançar a suspensão da exigibilidade do crédito tributário é referente ao valor do tributo, acrescido de juros, correção monetária e multa.

---

18. SCHOUERI, Luis Eduardo. *Direito Tributário*. 9. ed. São Paulo: Editora Saraiva, 2019. p. 675.

CAPÍTULO 6 → MO-DE-RE-CO-PA: Hipóteses de suspensão da exigibilidade do crédito tributário

– Nessa súmula 112 do STJ há menção de que o valor deve ser em dinheiro. Não há uma incoerência com o que dispõe os arts. 9º e 11 da Lei 6.830/1980 (Lei de Execuções Fiscais), os quais mencionam que a fiança bancária e o seguro garantia são equiparáveis ao depósito?

Lembre-se que, de acordo com o que estudamos na parte geral sobre a suspensão da exigibilidade do crédito tributário, o rol do art. 151 do CTN é taxativo, posição que você deve levar para a prova objetiva. Consequentemente, não se admite a fiança bancária e o seguro garantia para fins de suspensão da exigibilidade do crédito tributário, sendo o depósito em dinheiro unicamente apto para tanto.

– Falando na parte geral, eu me recordo que você tinha me explicado que, na eventualidade de o lançamento tributário não ter ocorrido, o depósito do montante integral referente ao tributo sujeito ao lançamento por homologação dispensaria a realização do lançamento.

Boa recordação! Uma outra informação importante é que o valor depositado pelo contribuinte ao final do processo será levantado por ele, caso seja vencedor, sendo proferida uma decisão judicial ou administrativa de procedência, a qual transitará em julgado, e, consequentemente, ocorrerá a extinção do crédito tributário, conforme disposto no art. 156, IX e X, do CTN.

No entanto, acontecendo de o contribuinte perder a causa, o valor depositado será convertido em renda do ente político e, consequentemente, estaremos diante da extinção do crédito tributário, conforme previsto no art. 156, VI, do CTN.

– De um jeito ou de outro, o depósito do montante integral, para fins de suspensão da exigibilidade do crédito tributário, possibilitando que o contribuinte discuta crédito tributário, ensejará a extinção deste.

Sim! E olha que interessante, caso o contribuinte seja vencedor, conforme mencionei, levantará o valor depositado, o qual será

467

restituído sendo aplicáveis os mesmos índices de correção do crédito tributário. Por exemplo, no caso dos tributos federais, há a incidência da Taxa Selic, portanto, o valor a ser levantado também será corrigido pela Taxa Selic!

E mais, a correção monetária dos depósitos judiciais deve incluir os expurgos inflacionários, conforme entendimento do Superior Tribunal de Justiça, no REsp 1.131.360/RJ.

> – Professora, uma outra dúvida que tenho é se o depósito é condição para propositura de ação.

Não consiste em condição, caso contrário, estaríamos diante de uma afronta ao art. 5º, inciso XXXV, da CF/1988, o qual pressupõe que nenhuma lesão ou ameaça de lesão será afastada da apreciação do Poder Judiciário.

> – Mas e o art. 38 da Lei 6.830/1980, o qual dispõe que para ajuizamento de ações tributárias é indispensável ocorrer o depósito judicial?

Trata-se de um dispositivo não recepcionado pela atual Constituição Federal de 1988, tanto que o próprio Supremo Tribunal Federal editou súmula vinculante no sentir de que essa exigência é inconstitucional. Note:

> Súmula Vinculante 28 do STF. É inconstitucional a exigência de depósito prévio como requisito de admissibilidade de ação judicial na qual se pretenda discutir a exigibilidade de crédito tributário.

> – Faz todo o sentido, até porque você tinha esclarecido que o depósito consiste em uma faculdade do contribuinte!

Bem lembrado. Só não se esqueça que, para fins de suspensão da exigibilidade do crédito tributário, o depósito deverá ser integral e em dinheiro, ok?

> – Ok!

3. RECLAMAÇÕES E RECURSOS ADMINISTRATIVOS

Já de início quero lhe alertar que são reclamações e recursos administrativos. Não estão incluídos os recursos interpostos durante um processo judicial. Tome cuidado com isso!

– Já comecei gostando desse ponto. Mas por que somente durante um processo administrativo?

Tanto as reclamações quanto os recursos administrativos discutem o lançamento tributário. Por isso, possuem a prerrogativa de suspender a exigibilidade do crédito tributário, desde que esteja assim previsto em lei.

– Então, além de serem reclamações e recursos administrativos, a lei deve prever que suspenderão a exigibilidade do crédito tributário?

Sim, são requisitos cumulativos previstos no art. 151, III, do CTN! Na esfera federal, o Decreto 70.235/1972 prevê que a impugnação, apresentada pelo contribuinte notificado pela autoridade competente em decorrência do lançamento de ofício, suspenderá a exigibilidade do crédito tributário, não podendo ser cobrado o crédito tributário enquanto a impugnação não for decidida pela autoridade competente.

Após a decisão, estando o contribuinte ainda insatisfeito, poderá interpor outro recurso administrativo, denominado de recurso voluntário, a ser dirigido ao Conselho Administrativo de Recursos Fiscais (CARF).

– Esse recurso também suspenderá a exigibilidade do crédito tributário?

Sim, pois, assim como a impugnação, ele se refere ao lançamento tributário!

– E, para que esses recursos administrativos sejam aceitos, é necessário que haja o depósito em dinheiro?

469

Não, tanto que o Supremo Tribunal Federal possui súmula vinculante rechaçando qualquer exigência de depósito prévio de dinheiro ou arrolamento de bens para fins de admissibilidade de recursos administrativos. Faz-se necessária a leitura da redação da súmula vinculante, uma vez que possui grande incidência nas provas de concurso público e de Exame de Ordem:

> Súmula Vinculante 21 do STF. É inconstitucional a exigência de depósito ou arrolamento prévios de dinheiro ou bens para admissibilidade de recurso administrativo.

– Obrigado por me esclarecer esse ponto, professora. De fato, já vi várias questões de concurso público cobrando exatamente essa súmula vinculante. Ficarei atento!

Ótimo! Para irmos finalizando essa hipótese de suspensão da exigibilidade do crédito tributário, precisamos conversar sobre a manifestação de inconformidade do pedido de compensação não homologado, situação disposta no art. 74, § 9º, § 10 e § 11, da Lei 9.430/1996.[19]

Imagine que um contribuinte apresenta um pedido de compensação, o qual será analisado pelo Fisco. Caso não seja aceito parcial ou totalmente, o contribuinte será notificado de que seu pedido de compensação não foi homologado pelo Fisco, podendo vir a apresentar uma manifestação de inconformidade, cujo efeito será suspensivo, portanto, sendo defeso ao Fisco cobrar o crédito tributário.

– Interessante.

---

19. Art. 74, § 9º. "É facultado ao sujeito passivo, no prazo referido no § 7º, apresentar manifestação de inconformidade contra a não homologação da compensação.
§ 10. Da decisão que julgar improcedente a manifestação de inconformidade caberá recurso ao Conselho de Contribuintes.
§ 11. A manifestação de inconformidade e o recurso de que tratam os § 9º e § 10 obedecerão ao rito processual do Decreto 70.235, de 6 de março de 1972, e enquadram-se no disposto no inciso III do art. 151 da Lei 5.172, de 25 de outubro de 1966 – Código Tributário Nacional, relativamente ao débito objeto da compensação."

CAPÍTULO 6 → MO-DE-RE-CO-PA: Hipóteses de suspensão da exigibilidade do crédito tributário

Além dessa possibilidade da compensação não homologada, temos também a compensação não declarada,[20] conforme o § 12 do art. 74 da Lei 9.430/1996, referente às situações consideradas ilegais. Nesta última modalidade, não há efeito suspensivo, diferentemente da primeira, conforme explicado acima.

Outro ponto é referente à consulta fiscal formulada pelo contribuinte prevista no art. 161, § 2º, do CTN,[21] a qual também não suspenderá a exigibilidade do crédito tributário. Esse assunto, inclusive, já foi cobrado em provas!

4. A CONCESSÃO DE MEDIDA LIMINAR OU DE TUTELA ANTECIPADA, EM OUTRAS ESPÉCIES DE AÇÃO JUDICIAL

Nesse ponto temos, mais precisamente, a concessão de liminar em mandado de segurança, algo muito comum na prática do Direito Tributário, e a concessão de tutela antecipada em ações judiciais.

---

20. Art. 74, § 12. "Será considerada não declarada a compensação nas hipóteses:
I – previstas no § 3º deste artigo;
II – em que o crédito:
a) seja de terceiros;
b) refira-se a 'crédito-prêmio' instituído pela art. 1º do Decreto-Lei 491, de 5 de março de 1969;
c) refira-se a título público;
d) seja decorrente de decisão judicial não transitada em julgado; ou
e) não se refira a tributos e contribuições administrados pela Secretaria da Receita Federal – SRF.
f) tiver como fundamento a alegação de inconstitucionalidade de lei, exceto nos casos em que a lei:
1 – tenha sido declarada inconstitucional pela Supremo Tribunal Federal em ação direta de inconstitucionalidade ou em ação declaratória de constitucionalidade;
2 – tenha tido sua execução suspensa pela Senado Federal;
3 – tenha sido julgada inconstitucional em sentença judicial transitada em julgado a favor do contribuinte; ou
4 – seja objeto de súmula vinculante aprovada pela Supremo Tribunal Federal nos termos do art. 103-A da Constituição Federal."
21. Art. 161 do CTN. "O crédito não integralmente pago no vencimento é acrescido de juros de mora, seja qual for o motivo determinante da falta, sem prejuízo da imposição das penalidades cabíveis e da aplicação de quaisquer medidas de garantia previstas nesta Lei ou em lei tributária.
§ 2º. O disposto neste artigo não se aplica na pendência de consulta formulada pelo devedor dentro do prazo legal para pagamento do crédito."

– Então, já sei que iremos estudar um pouquinho o CPC/15 e a Lei 12.016/2009 (Lei do Mandado de Segurança), certo?![22]

Exatamente! O primeiro ponto a ser abordado aqui é que não basta o mero pedido de concessão de medida liminar em mandado de segurança ou o pedido de concessão de tutela antecipada em uma ação judicial para que haja a suspensão da exigibilidade do crédito tributário.

– Não?

Não! Além do pedido, obviamente, é indispensável que haja a concessão, nos termos do art. 151, IV e V, do CTN. Você se recorda daquele meu exemplo que determinado indivíduo impetrou mandado de segurança pleiteando a concessão de uma medida liminar, por compreender que a majoração da alíquota, prevista na lei, e a possível cobrança no dia seguinte seria uma afronta ao princípio da anterioridade?

– Sim, é uma situação em que há a suspensão da exigibilidade do crédito tributário antes mesmo do lançamento ser efetuado!

Nesse caso, ao ser concedida a liminar, implicitamente entende-se que o tributo não deverá ser recolhido, uma vez que estaremos diante de uma situação que enseja a suspensão da exigibilidade do crédito tributário. Logo, é prescindível que, na decisão que conceda

---

22. "O mandado de segurança pode ser impetrado em caráter preventivo, na iminência da ocorrência de um ato coator, ou no prazo de 120 (cento e vinte) dias depois de o ato supostamente ilegal haver ocorrido. Caso o juiz entenda ser possível que o impetrante tenha razão, que à primeira vista, pelo menos, tem cabimento jurídico o pedido (o que se chama a 'fumaça do bom direito') e, mais ainda, se ficar constatado que haverá danos irreparáveis caso o impetrante tenha que esperar até o fim do processo para ter seu direito reconhecido (e tais danos podem ser os prejuízos financeiros decorrentes de um pagamento de um tributo indevido), o juiz pode conceder uma ordem liminar, para que a autoridade abstenha-se de praticar o ato coator (no caso, tributário, a ordem será para que a autoridade não exija o tributo enquanto perdurar a ordem liminar)." (SCHOUERI, Luís Eduardo. *Direito Tributário*. 9. ed. São Paulo: Editora Saraiva, 2019. p. 678).

a liminar, o magistrado se pronuncie acerca do não recolhimento do tributo, já que se trata de uma consequência.²³

Ainda sobre o mandado de segurança, saiba que a denominada contracautela prevista no art. 7º, III, da Lei 12.016/2009, não é aplicável ao Direito Tributário, principalmente para fins de suspensão da exigibilidade do crédito tributário.

– Professora, e como funciona em relação à tutela?

Pois bem, imagine que houve o lançamento tributário. Para fins de desconstituição, o sujeito passivo da obrigação tributária poderá impetrar um mandado de segurança, conforme já verificamos, no prazo de 120 (cento e vinte) dias contados a partir do ato supostamente ilegal, ou propor uma ação anulatória com pedido de concessão de uma tutela antecipada.

– Outra coisa que me recordo da parte geral que estudamos sobre suspensão da exigibilidade do crédito tributário é quanto ao art. 38 da Lei 6.830/1980.

Muito bem, exatamente nesse ponto que gostaria de chegar! Lembre-se de que a súmula vinculante 28 dispõe que "é inconstitucional a exigência de depósito prévio como requisito de admissibilidade de ação judicial na qual se pretenda discutir a exigibilidade de crédito tributário". Por conta disso, temos que parte do art. 38 da Lei 6.830/1980 (LEF), o qual previa a exigência do depósito, foi declarado inconstitucional.

– E, em decorrência desse entendimento da jurisprudência, para a propositura de uma ação que vise à concessão de medida liminar ou tutela antecipada, é dispensável que seja realizado o depósito, sendo uma verdadeira faculdade do contribuinte.

---

23. Ibid., p. 678. "Vale notar que a ordem judicial apenas suspende a exigibilidade do crédito; não impede, outrossim, as atividades da fiscalização nem tampouco a atividade de lançamento. Em outras palavras: ainda que haja uma liminar suspendendo a exigibilidade do crédito, este continuará sujeito à atividade de lançamento para sua 'constituição'."

Não apenas a jurisprudência entende nesse sentido, mas também a doutrina.[24] Assim sendo, entre as ações previstas no *caput* do art. 38 da LEF, encontra-se a ação anulatória do "ato declarativo da dívida", a qual prescinde de depósito prévio para fins de sua procedibilidade.

Na prática do Direito Tributário é muito contumaz que os advogados, ao ajuizarem uma ação anulatória, peçam a concessão de uma tutela antecipada. Como lhe expliquei, somente haverá a suspensão da exigibilidade do crédito tributário caso essa tutela seja concedia. E se ela não for? Há algum outro artifício que pode ser utilizado para fins de suspensão?

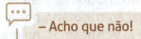

— Acho que não!

Errado! Dependerá muito do contribuinte. Suponha que o contribuinte tenha condições financeiras de realizar o depósito do montante integral em dinheiro — hipótese que, uma vez realizada, suspenderá a exigibilidade do crédito tributário, se for aceito. Então, o advogado, na inicial da ação anulatória, poderá pleitear a concessão da tutela antecipada e, caso o magistrado compreender que não seja situação apta para tanto, que aceite o depósito do montante integral, suspendendo, então, a exigibilidade do crédito tributário.

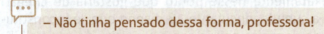

— Não tinha pensado dessa forma, professora!

Bem bacana, né? Em uma aula oportuna sobre as ações exacionalis e a antiexacionais abordarei melhor esse assunto. O importante é que, para fins de suspensão da exigibilidade do crédito tributário, por ora o que lhe passei já é o suficiente.

---

24. "Lembre-se, por derradeiro, de que a Lei 6830, de 1980 (Lei de Execução Fiscal), em seu art. 38, menciona ações judiciais admissíveis para a discussão da dívida ativa, entre as quais a ação anulatória, estabelecendo deva ela ser precedida do depósito do valor integral do débito tributário. O entendimento de que tal depósito constitui condição de procedibilidade há de ser afastado, por ser incompatível com o princípio da inafastabilidade do controle jurisdicional (art. 5º, XXXV, CR). Assim, a interpretação consentânea com tal diretriz é no sentido de que ação anulatória pode ser proposta sem a necessidade de depósito; mas o depósito do montante integral do débito em discussão, uma vez efetuado, impede a Fazenda Pública de ajuizar a execução fiscal." (COSTA, Regina Helena. *Curso de Direito Tributário: Constituição e Código Tributário Nacional*. 7. ed. rev. e atual. Editora Saraiva: São Paulo, 2017. p. 266-7).

CAPÍTULO 6 → MO-DE-RE-CO-PA: Hipóteses de suspensão da exigibilidade do crédito tributário

– Somente para fins de conclusão, continuando a leitura do art. 38 da LEF, no parágrafo único, consta que "a propositura, pelo contribuinte, da ação prevista neste artigo importa em renúncia ao poder de recorrer na esfera administrativa e desistência do recurso acaso interposto". Não compreendi muito bem essa redação...

Bom, você se recorda do que eu lhe expliquei sobre processo administrativo tributário quanto às reclamações e aos recursos, não é mesmo?

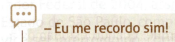
– Eu me recordo sim!

Pois bem. O contribuinte, para ajuizar uma ação judicial, não precisa aguardar o término do processo administrativo tributário ou, até mesmo, dispensa o início deste. O contribuinte possui a opção, assim que é notificado do lançamento de ofício, por exemplo, de não impugnar na esfera administrativa e já ajuizar uma ação anulatória na esfera judicial. Ou, mesmo que tenha impugnado na esfera administrativa e esteja aguardando a decisão da autoridade competente, de propor a ação anulatória. Não obstante existam tais possibilidades, caso o contribuinte recorra à esfera judicial, renunciará ao seu direito de se defender na seara administrativa.

Em razão disso, o parágrafo único do art. 38 da LEF, dispõe sobre a "renúncia ao poder de recorrer na esfera administrativa e desistência do recurso acaso interposto", prevalecendo a discussão em trâmite na esfera judicial.

5. PARCELAMENTO

– Pelo que já estudei superficialmente, o parcelamento tributário é bem parecido com a moratória, não é mesmo?[25]

---

25. "À semelhança da moratória, o parcelamento somente pode ser concedido mediante lei, uma vez mais em respeito ao princípio da indisponibilidade do interesse público, porquanto o Fisco receberá seu crédito em momento posterior ao originalmente estabelecido. A diferença entre moratória e parcelamento é sutil, porquanto este é espécie daquela, relação

475

Exatamente! Na moratória ocorre uma dilatação do prazo de pagamento do tributo, podendo o valor ser pago em uma única vez ou em várias parcelas. No parcelamento, o débito será adimplido em várias parcelas, sendo uma das principais diferenças entre essas duas causas de suspensão da exigibilidade do crédito tributário.

Outra diferença marcante entre o parcelamento e a moratória é que, conforme disposto no art. 155-A do Código Tributário Nacional, é indispensável que seja editada uma lei específica para que seja concedido o benefício, diferentemente da moratória, sendo que para esta somente será exigida lei ordinária para veiculá-la.

— Percebi essas semelhanças até porque, quando estudamos a moratória, você havia me dito que há regras referentes à moratória que são aplicadas ao parcelamento, e o § 2º do art. 155-A do CTN determina que sejam aplicadas, tais regras, subsidiariamente, ao parcelamento.

Outra questão interessante é que o § 1º do art. 155-A do CTN menciona que "salvo disposição de lei em contrário, o parcelamento do crédito não exclui a incidência de juros e de multa". O que significa que nas parcelas há a inclusão dos juros e da multa. No entanto, nada obsta que haja a exclusão, desde que previsto na lei do parcelamento do ente da Federação.

— E quando o contribuinte devedor adere a um parcelamento, ele acaba confessando sua dívida?

Sim, pois para a jurisprudência, no momento em que é feita a adesão ao parcelamento, é confessada a dívida de forma irrevogável e irretratável, isso porque seria incompatível o indivíduo aderir ao

---

que exsurge clara do preceito do § 2º do art. 155-A, que determina a aplicação subsidiária, ao parcelamento, das disposições do Código Tributário Nacional relativas à moratória. Pode-se dizer que os institutos se distinguem pelo fato de que, enquanto a moratória pode se dar mediante execução unitária ou parcelada – pagamento do débito em uma ou várias parcelas –, o parcelamento, somente desta última forma." (COSTA, Regina Helena. *Curso de Direito Tributário: Constituição e Código Tributário Nacional*. 7. ed. rev. e atual. Editora Saraiva: São Paulo, 2017. p. 266-70).

parcelamento e posteriormente alegar que não reconhece a dívida. O Superior Tribunal de Justiça no julgamento do REsp 1.133.027 entendeu que:

> [...] a confissão de dívida, feita com o objetivo de obter parcelamentos dos débitos tributários, não impede o contribuinte de questionar posteriormente a obrigação tributária, a qual pode vir a ser anulada em razão de informações equivocadas que o contribuinte tenha prestado ao fisco.

Conclui-se que, ainda que haja a adesão ao parcelamento, é plenamente possível que o contribuinte venha a questionar os aspectos jurídicos da sua dívida, por ocorrer defeito causador de nulidade do ato jurídico, como erro, dolo, simulação, fraude. Desse modo, o erro de fato é vício apto a ensejar a invalidade da confissão, haja vista que não é possível criar obrigação tributária para além do fato gerador efetivamente ocorrido.

Logo, a confissão da dívida, por exemplo, não convalida auto de infração viciado por erro, dolo, simulação ou fraude.

— Professora, e em caso de o contribuinte se encontrar em recuperação judicial?

Nos termos do art. 155-A, § 3º, do CTN, temos que "lei específica disporá sobre as condições de parcelamento dos créditos tributários do devedor em recuperação judicial". Pois bem, o parcelamento dos inadimplentes que estejam contemplados em uma recuperação judicial é previsto no art. 10-A da Lei 10.522/2002. Segundo a redação original do dispositivo em comento, o devedor em recuperação judicial poderá "parcelar seus débitos com a Fazenda Nacional, em 84 (oitenta e quatro) parcelas mensais e consecutivas."

No entanto, tome cuidado, pois em 24 de dezembro de 2020, foi sancionada, pelo Presidente da República, a Lei 14.112/2020 ("A Nova Lei de Falências"), a qual altera diversos dispositivos da Lei 11101/2005, além da Lei 10.522/2002.

— "A Nova Lei de Falências"?! Não consegui estudar nem a antiga direito!

No capítulo sobre execução fiscal você irá aprender tudo o que é importante sobre essa novel norma no que concerne ao Direito Tributário, prometo!

Para o ponto sobre parcelamento, especificamente, preciso que você tenha conhecimento de que "A Nova Lei de Falências" trouxe um novo prazo quanto às dívidas do devedor que se encontra em recuperação judicial para com a União.

– Qual seria esse prazo?

De até 120 prestações. Ou seja, deixa de ser 84 e passa para 120 prestações!

Portanto, atualmente, o art. 10-A, da Lei 10.522/2002[26], além de outras regras importantes, as quais foram modificadas com o advento da "Nova Lei de Falências", prevê esse lapso temporal mais ampliado para fins de adesão ao parcelamento tributário. Mas, lembre-se, pois é um caso específico ao inadimplente tributário que se encontra em situação de recuperação judicial.

---

26. Art. 10-A. O empresário ou a sociedade empresária que pleitear ou tiver deferido o processamento da recuperação judicial, nos termos dos arts. 51, 52 e 70 da Lei nº 11.101, de 9 de fevereiro de 2005, poderá liquidar os seus débitos para com a Fazenda Nacional existentes, ainda que não vencidos até a data do protocolo da petição inicial da recuperação judicial, de natureza tributária ou não tributária, constituídos ou não, inscritos ou não em dívida ativa, mediante a opção por uma das seguintes modalidades:
V – parcelamento da dívida consolidada em até 120 (cento e vinte) prestações mensais e sucessivas, calculadas de modo a observar os seguintes percentuais mínimos, aplicados sobre o valor da dívida consolidada no parcelamento
a) da primeira à décima segunda prestação: 0,5% (cinco décimos por cento);
b) da décima terceira à vigésima quarta prestação: 0,6% (seis décimos por cento);
c) da vigésima quinta prestação em diante: percentual correspondente ao saldo remanescente, em até 96 (noventa e seis) prestações mensais e sucessivas; ou
VI – em relação aos débitos administrados pela Secretaria Especial da Receita Federal do Brasil, liquidação de até 30% (trinta por cento) da dívida consolidada no parcelamento com a utilização de créditos decorrentes de prejuízo fiscal e de base de cálculo negativa da Contribuição Social sobre o Lucro Líquido (CSLL) ou com outros créditos próprios relativos aos tributos administrados pela Secretaria Especial da Receita Federal do Brasil, hipótese em que o restante poderá ser parcelado em até 84 (oitenta e quatro) parcelas, calculadas de modo a observar os seguintes percentuais mínimos, aplicados sobre o saldo da dívida consolidada:
a) da primeira à décima segunda prestação: 0,5% (cinco décimos por cento);
b) da décima terceira à vigésima quarta prestação: 0,6% (seis décimos por cento);
c) da vigésima quinta prestação em diante: percentual correspondente ao saldo remanescente, em até 60 (sessenta) prestações mensais e sucessivas.

Até porque, embora essa lei específica traga esse prazo mais razoável, o parcelamento geral da União é feito em 60 (sessenta) vezes.

– Essa quantidade de até 120 (cento e vinte) parcelas mensais e consecutivas é o que todos os demais entes da Federação deverão observar para seus respectivos parcelamos aos inadimplentes que se encontram em recuperação judicial?

Não! Nada impede que um determinado ente estipule um prazo maior do que o previsto em sua lei geral sobre parcelamento. Suponha que o Estado de São Paulo possua uma lei geral sobre parcelamento referente aos seus créditos tributários e preveja uma quantidade de 70 (setenta) parcelas mensais e consecutivas, entretanto, não possui lei específica dispondo sobre o parcelamento tributário no caso de o inadimplente estar em recuperação judicial.

O que você compreende que deve ser aplicado para sanar tal situação?

– Acredito que a lei geral do Estado de São Paulo sobre parcelamento tributário que deverá ser aplicada, isso é, conferindo ao inadimplente tributário que se encontre em recuperação judicial parcelar seus débitos em até 70 (setenta) parcelas mensais e consecutivas!

Até certo ponto, você tem razão. O § 4º do art. 155-A do CTN[27] dispõe que na ausência de lei específica acerca do parcelamento da recuperação judicial, aplica-se a lei geral de parcelamento, todavia deve ser observada a quantidade de parcelas mensais e consecutivas previstas na Lei Federal específica, isso é, a Lei 10.522/2002.

– Isso significa que tudo o que a lei geral de parcelamento do Estado de São Paulo dispuser terá que ser observado, exceto no que concerne à quantidade de parcelas mensais e consecutivas?!

---

27. Art. 155, § 4º, do CTN. "A inexistência da lei específica a que se refere o § 3º deste artigo importa na aplicação das leis gerais de parcelamento do ente da Federação ao devedor em recuperação judicial, não podendo, neste caso, ser o prazo de parcelamento inferior ao concedido pela lei federal específica."

Exatamente! Cuidado com essa informação que lhe passei, principalmente para fins de prova de Procuradorias!

Ainda sobre esse ponto referente ao parcelamento concedido a empresas em recuperação judicial, o art. 191-A do CTN[28] dispõe que, para a concessão da recuperação judicial, o indivíduo requerente deverá apresentar a certidão de regularidade fiscal, ou seja, a certidão negativa de débitos ou a certidão positiva com efeitos de negativo, caso os débitos estejam com a exigibilidade suspensa, nos termos do art. 206 do CTN[29] – isso porque os créditos tributários não são contemplados pela recuperação judicial.

Mas, quando você for estudar de forma mais detalhada o ponto referente a execução fiscal, você verificará que ocorreu um impasse interno no Supremo Tribunal Federal[30] referente a um entendimento do Superior Tribunal de Justiça, proferido no julgamento do REsp 1864625, quanto à dispensa da apresentação dessa certidão para fins de concessão de recuperação judicial.

– Bem interessante esse ponto referente ao Direito Empresarial e ao Direito Tributário. Tem tudo para ser cobrado em uma prova de concurso público, principalmente se o examinador quiser apelar com uma questão difícil.

Há outros pontos bem interessantes envolvendo a parte de falências e execução fiscal que veremos oportunamente em um outro capítulo apropriado. Aguarde!

– Opa! Já estou ansioso.

---

28. Art. 191-A do CTN. "A concessão de recuperação judicial depende da apresentação da prova de quitação de todos os tributos, observado o disposto nos arts. 151, 205 e 206 desta Lei."
29. Art. 206 do CTN. "Tem os mesmos efeitos previstos no artigo anterior a certidão de que conste a existência de créditos não vencidos, em curso de cobrança executiva em que tenha sido efetivada a penhora, ou cuja exigibilidade esteja suspensa."
30. Trata-se da RCL 43169, a qual será melhor detalhada no capítulo referente à execução fiscal.

CAPÍTULO 6 → MO-DE-RE-CO-PA: Hipóteses de suspensão da exigibilidade do crédito tributário

Mas, ainda sobre o parcelamento, deixando de lado um pouco a parte de falências e recuperação judicial, o Superior Tribunal de Justiça compreendeu que nada impede que o contribuinte migre de um parcelamento para o outro por ser mais vantajoso, conforme entendido no REsp 1.368.821/SP. Aliás, na prática, isso é bem comum de ocorrer!

E, para finalizar, vamos analisar uma divergência entre a 1ª e a 2ª Turmas do Superior Tribunal de Justiça sobre prazo prescricional.

– Não basta as divergências entre o STJ e o STF, temos agora as divergências entre as Turmas?

Pois é, né... é a vida!

A 2ª Turma do Superior Tribunal de Justiça, no julgamento do AgRg no REsp 1.524.984, entendeu que o prazo prescricional para a Fazenda Pública cobrar seus créditos tributários – até então com a exigibilidade suspensa por conta da adesão ao parcelamento – voltaria a correr a partir da data em que ocorresse a exclusão formal do beneficiário do parcelamento. Isso é algo ruim para o contribuinte.

– Por quê, professora?

Ora, porque, desde a inadimplência até o ato de formalização da exclusão do beneficiário do parcelamento, pode ter decorrido um lapso temporal bem considerável. Com a adesão ao parcelamento, ocorre a interrupção da prescrição,[31] já que se trata de um ato inequívoco que importe em reconhecimento do débito pelo devedor, ainda que extrajudicial, como será visto na parte sobre extinção do crédito tributário. E a partir desse entendimento da 2ª Turma do Superior Tribunal de Justiça, com a formalização da exclusão, o prazo prescricional voltaria a correr do início.

---

31. Art. 174 do CTN. "A ação para a cobrança do crédito tributário prescreve em 5 (cinco) anos, contados a partir da data da sua constituição definitiva.
Parágrafo único. A prescrição se interrompe:
IV – por qualquer ato inequívoco ainda que extrajudicial, que importe em reconhecimento do débito pelo devedor."

Já a 1ª Turma do Superior Tribunal de Justiça decidiu, por maioria, que o prazo prescricional, voltaria a fluir na data do próprio inadimplemento, e não na data da formalização da exclusão do contribuinte do parcelamento.

O argumento que a 2ª Turma utilizou para embasar seu entendimento é de que o termo inicial corre contra a Fazenda e não contra o contribuinte, sendo que, no momento que o beneficiário deixa de pagar três parcelas, o sistema já acusa, tornando dispensável o ato que venha a formalizar a exclusão do parcelamento, conforme entendimento proferido no AREsp 1.267.454/SP.

– Bem complexo isso, professora!

Pois é! E ainda temos o entendimento do Supremo Tribunal Federal acerca do assunto. No julgamento do RE 669196, em 23.10.2020, com repercussão geral (Tema 668), a Suprema Corte compreendeu que o contribuinte não pode ser excluído do Refis antes de intimação.

– Qual seria o fundamento desse entendimento, professora?

Segundo o ministro relator, Dias Toffoli "(...) a controvérsia está centrada na falta de intimação prévia do contribuinte sobre ao ato de exclusão, na ausência de observância dos princípios do devido processo legal, da ampla defesa e do contraditório, bem como nas garantias estabelecidas no art. 37 da Constituição."

A tese de repercussão geral fixada foi a seguinte: "É inconstitucional o artigo 1º da Resolução CG/REFIS nº 20/2001, no que suprimiu a notificação da pessoa jurídica optante do Refis, prévia ao ato de exclusão".

Um outro julgado interessante do Supremo Tribunal Federal, em 07 de agosto de 2020, é o do RE 917285, em repercussão geral (Tema 874). Para a Suprema Corte,

> (...) é inconstitucional por afronta ao art. 146, III, b, da CF/88, a expressão "ou parcelados sem garantia", constante do parágrafo único do art. 73, da Lei 9.430/06, incluído pela Lei 12.844/13, na medida em que retira os efeitos da suspensão da exigibilidade do crédito tributário prevista no CTN.

CAPÍTULO 6 → MO-DE-RE-CO-PA: Hipóteses de suspensão da exigibilidade do crédito tributário

 – Quanta coisa neste ponto sobre parcelamento tributário!

Para finalizarmos, um entendimento interessante do Superior Tribunal de Justiça no julgamento do REsp 1.523.555-PE, no sentido de que incidirão os juros moratórios no período entre o requerimento de adesão ao parcelamento pelo contribuinte e a consolidação do débito. Ou seja, o contribuinte inadimplente pode aderir ao parcelamento, no entanto, até a Fazenda Pública calcular o montante total da dívida e o valor das parcelas pode passar um tempo bem considerável. Suponha que o lapso temporal entre a adesão ao parcelamento e a consolidação é de seis meses.

 – Durante estes seis meses, portanto, incidirão juros moratórios?

Exatamente! No caso específico, a 1ª Turma do Superior Tribunal de Justiça entendeu que por haver ausência de previsão na Lei n. 11.941/09, a legislação do parcelamento analisado, quanto à dispensa destes juros moratórios, estes deverão incidir.

483

CAPÍTULO 7

Todo crédito tributário chega ao seu fim!

Como você sabe, tudo tem seu fim, não é mesmo?

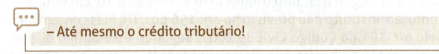
– Até mesmo o crédito tributário!

Ainda bem, não é mesmo? E, adivinha qual a maneira mais comum?

– O pagamento!

Muito bem! Essa é a mais comum, teoricamente. Contudo, o art. 156 do Código Tributário Nacional prevê outras possibilidades.

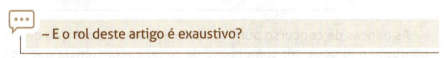
– E o rol deste artigo é exaustivo?

Seguindo o mesmo raciocínio quanto à suspensão da exigibilidade do crédito tributário, podemos afirmar que sim, por conta do art. 141 do CTN. Outrossim, o mesmo dispositivo faz referência que somente será admitida como situação apta a ensejar a extinção do crédito tributário àquelas previstas no próprio Código Tributário Nacional. Entretanto, por conta do art. 97, VI, do CTN, há quem compreenda que as hipóteses de extinção do crédito tributário poderão estar previstas em outras leis e não apenas no Código Tributário Nacional.

Nesse sentido, entende Hugo de Brito Machado[1]. Para o renomado tributarista, as normas do direito privado, como as dispostas no

---
1. MACHADO, Hugo de Brito. Curso de Direito Tributário. 40. ed., rev. e atual. São Paulo: Malheiros, 2019. p. 203.

485

Código Civil de 2002, também seriam aplicáveis em matéria tributária, embora não previstas no Código Tributário Nacional, isto porque estamos diante de uma relação obrigacional, a qual rege todo o instituto do crédito tributário.

– Há situações de extinção do crédito tributário que podem estar previstas em outras normas de outros ramos do Direito?

O Superior Tribunal de Justiça, no longínquo ano de 1996, entendeu por extinguir o crédito tributário referente ao IPTU, em virtude da confusão, instituto não previsto no art. 156 do CTN, mas contemplado pelo art. 381 do Código Civil de 2002. Segundo esse último dispositivo, a confusão ocorre quando se confundem, na mesma pessoa, as qualidades de credor e devedor.

No caso concreto, o Município procedeu à desapropriação indireta, ocorrendo a imissão na posse. Ocorre que o ente municipal se tornou devedor e credor, configurada a confusão.

– E qual posição devo levar para a prova, professora?

As bancas de concurso público estão adotando a posição de que a confusão não pode ser compreendida como circunstância que possibilite a extinção do crédito tributário.

Outra questão indispensável de conhecer é referente ao entendimento do Supremo Tribunal Federal no julgamento da ADI 2405-MC/RS quanto à possibilidade de uma lei local prever outras circunstâncias de extinção do crédito tributário. Os fundamentos que nortearam o entendimento do STF são no sentido do resguardo do pacto federativo, o qual permite que o ente estipule novas possibilidades para fins de satisfação de seu crédito tributário. Dessa forma, poderá vir a receber algo de seu interesse e, temos aquela premissa de "quem pode o mais, pode o menos".

Não obstante, o próprio Supremo Tribunal Federal no julgamento da ADI 1917, compreendeu que lei local não poderia prever a extinção do crédito tributário por meio de dação em pagamento de bens móveis. Leve esse último entendimento para a prova, ok?²

– Bem complexo esse debate quanto à taxatividade ou não.

Verdade. Todavia, o estudo se fazia necessário! Sem delongas, vamos iniciar os estudos acerca das causas que motivam a extinção do crédito tributário pelo mais comum, ainda que teoricamente: o pagamento!

---

2. Sobre a dação em pagamento, situação que enseja a extinção do crédito tributário, vale salientar que somente abarcará os bens imóveis, desde que sejam úteis à Administração Pública. Entende-se ser indispensável que lei ordinária seja editada para regulamentar tal situação. Na esfera federal temos a Lei 13.259/2016, a qual regulamenta a hipótese, assim como a Portaria PGFN 32/2018.
Vale destacar a redação do art. 4º da Lei:
"Art. 4º O crédito tributário inscrito em dívida ativa da União poderá ser extinto, nos termos do inciso XI do caput do art. 156 da Lei 5.172, de 25 de outubro de 1966 – Código Tributário Nacional, mediante dação em pagamento de bens imóveis, a critério do credor, na forma desta Lei, desde que atendidas as seguintes condições: (Redação dada pela Lei 13.313, de 2016)
I – a dação seja precedida de avaliação do bem ou dos bens ofertados, que devem estar livres e desembaraçados de quaisquer ônus, nos termos de ato do Ministério da Fazenda; e (Redação dada pela Lei 13.313, de 2016)
II – a dação abranja a totalidade do crédito ou créditos que se pretende liquidar com atualização, juros, multa e encargos legais, sem desconto de qualquer natureza, assegurando-se ao devedor a possibilidade de complementação em dinheiro de eventual diferença entre os valores da totalidade da dívida e o valor do bem ou dos bens ofertados em dação. (Redação dada pela Lei 13.313, de 2016)
§ 1º O disposto no caput não se aplica aos créditos tributários referentes ao Regime Especial Unificado de Arrecadação de Tributos e Contribuições devidos pelas Microempresas e Empresas de Pequeno Porte – Simples Nacional. (Redação dada pela Lei 13.313, de 2016.)
§ 2º Caso o crédito que se pretenda extinguir seja objeto de discussão judicial, a dação em pagamento somente produzirá efeitos após a desistência da referida ação pelo devedor ou corresponsável e a renúncia do direito sobre o qual se funda a ação, devendo o devedor ou o corresponsável arcar com o pagamento das custas judiciais e honorários advocatícios. (Redação dada pela Lei 13.313, de 2016.)
§ 3º A União observará a destinação específica dos créditos extintos por dação em pagamento, nos termos de ato do Ministério da Fazenda. (Redação dada pela Lei 13.313, de 2016.)"

1. O PAGAMENTO

– É a mais comum de ocorrer, não é mesmo?

Na teoria, sim. Mas como você sabe, estamos passando por uma crise das bravas, então, a maioria das pessoas tem deixado de pagar seus tributos. Acontece...

– Ainda mais com essa carga tributária elevadíssima! Não há quem consiga mesmo.

1.1. Formas de pagamento e as presunções do Direito Civil

Pois é! Voltando ao nosso estudo, temos que o pagamento é a primeira causa de extinção do crédito tributário. Está previsto no art. 156, I, do CTN.

No art. 162 do CTN,[3] temos a forma de pagamento do tributo, embora o mais comum seja por meio de dinheiro, o dispositivo mencionado pressupõe que o pagamento será efetuado em moeda corrente, cheque ou vale postal, por meio dos Correios, e, desde que nos casos previstos em lei, em estampilha, em papel selado, ou por processo mecânico.

– O que são estas hipóteses do inciso II do art. 162 do CTN?

Na verdade, são situações que comprovam o pagamento. Portanto, o contribuinte realiza o pagamento ao Fisco, e, com isso, obtém os selos ou as estampilhas. O processo mecânico se refere à autenticação mecânica bancária, servindo de prova de pagamento.

---

3. Art. 162 do CTN, "O pagamento é efetuado:
   I – em moeda corrente, cheque ou vale postal;
   II – nos casos previstos em lei, em estampilha, em papel selado, ou por processo mecânico".

CAPÍTULO 7 → Todo crédito tributário chega ao seu fim!

– Nunca vi uma situação referente aos selos ou estampilhas.

Vou dar um exemplo para você nunca mais esquecer! As bebidas devem portar selos, consistindo em um meio de controle do Fisco referente à produção daquele contribuinte. Este selo é adquirido pelo contribuinte, como uma mera restituição dos custos de impressão, sendo, sua natureza, de taxa, conforme entendimento jurisprudencial (STF, RE 662.113). Mais um exemplo para você fixar bem: o caso dos selos pedágio, que o proprietário do veículo tinha de adquirir para comprovar o pagamento do pedágio, o qual, também, foi considerado como taxa pelo STF, no julgamento do RE 1.814.746.

– Nossa, não tinha noção ao que se referia esse selo. Boa explicação, professora!

Temos outras situações interessantes no art. 162 do CTN, referente a estampinhas, selos e cheques:

Primeiro, o §2º, o qual aborda que o pagamento ocorrerá após a compensação bancária. Já no §3º, será considerado extinto o crédito tributário a partir da inutilização regular da estampilha, quando afixada e posteriormente vista.

No §4º, temos que tanto "a perda ou destruição da estampilha quanto o erro no pagamento por esta modalidade não dão direito a restituição, salvo nos casos expressamente previstos na legislação tributária, ou naquelas em que o erro seja imputável à autoridade administrativa". Por fim, "o pagamento em papel selado ou por processo mecânico equipara-se ao pagamento em estampilha", nos termos do §5º.

– Professora, pela redação do art. 157 do CTN, compreendi que a multa é cumulativa, pois sempre deverão ser pagos o montante referente ao tributo e a multa aplicável.

489

Boa constatação! É realmente isso que deve ser compreendido a partir da leitura do art. 157 do CTN.

Uma outra situação referente ao pagamento do tributo é que as normas do Direito Civil, em regra, não são aplicáveis ao Direito Tributário. Por exemplo, no art. 158 do CTN, temos que o pagamento parcial de determinado crédito tributário não pressupõe o pagamento das demais parcelas em que se decomponha (inciso I do art. 158 do CTN), assim como, quanto ao pagamento integral de determinado tributo, não gera a presunção de que outros créditos referentes ao mesmo estão extintos (inciso II do art. 158 do CTN).

– Por conta do art. 158 do CTN, podemos afirmar que o art. 322 do CC/2002 não é aplicável ao Direito Tributário?

Exatamente! De acordo com o Direito Civil, o pagamento da última parcela, em regra, presume o pagamento das demais, quando o adimplemento consistir em quotas periódicas. O que significa que o adimplemento da última quota do IPVA, desde que o contribuinte não tenha aderido ao pagamento em quota única, não gera a presunção de que as demais foram pagas.

1.2. Local do pagamento

– Onde necessariamente será o local eleito para o pagamento?

Lembre-se que estudamos, na parte sobre obrigação tributária, o domicílio tributário. Pois bem, o pagamento, conforme o art. 159 do CTN, ocorrerá, em regra, na repartição competente do domicílio do sujeito passivo, quando a legislação tributária não dispuser nada a respeito. Assim fica até mais fácil a compreensão do artigo, não é mesmo?

– Bem melhor!

1.3. Prazo para pagamento

– Quanto ao prazo, sei que, consoante o disposto no art. 160 do CTN,[4] será em 30 (trinta) dias após a notificação do contribuinte. Conforme o que estudamos na parte sobre lançamento tributário, acredito que essa regra somente seja aplicável aos casos de tributos sujeitos a lançamento de ofício e por declaração. Até porque, essa regra não deve ser aplicada aos casos dos tributos sujeitos a lançamento por homologação, uma vez que não há a notificação do contribuinte, não é mesmo?

Sim, pois no lançamento por homologação, como vimos, além de não haver a notificação, o contribuinte realiza o pagamento antecipado.

Esse prazo de 30 (trinta) dias, conforme o que já estudamos anteriormente, serve para o contribuinte pagar o tributo ou recorrer administrativamente ou não fazer nada.

Suponha que o contribuinte opte por não fazer nada. Decorridos esses 30 (trinta) dias, começará a correr o prazo prescritivo quinquenal para que a Fazenda Pública execute o crédito tributário.

O Superior Tribunal de Justiça compreendeu nesse sentido, no que concerne ao IPTU, por decisão unânime, em repetitivos, nos julgamentos do REsp 1.641.011 e do REsp 1.658.517. Isso porque, enquanto esse lapso temporal de 30 (trinta) dias permanecer, não há como o Fisco cobrar o contribuinte. Conforme o relator "a pretensão executória surge, portanto, somente a partir do dia seguinte ao vencimento estabelecido no carnê encaminhado ao endereço do contribuinte ou da data de vencimento fixada em lei local e amplamente divulgada através de calendário de pagamento."

– Significa que lei local poderá dispor de forma distinta, prevendo outro prazo?

---

4. Art. 160 do CTN: "Quando a legislação tributária não fixar o tempo do pagamento, o vencimento do crédito ocorre trinta (30) dias depois da data em que se considera o sujeito passivo notificado do lançamento.
Parágrafo único. A legislação tributária pode conceder desconto pela antecipação do pagamento, nas condições que estabeleça."

Pode, sim, como afirmou o Superior Tribunal de Justiça e conforme o *caput* do art. 160 do CTN. Prevalecendo este prazo de 30 (trinta) dias, apenas, quando legislação local não prever de forma distinta.

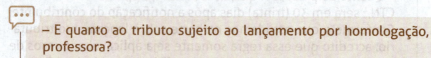
– E quanto ao tributo sujeito ao lançamento por homologação, professora?

Caberá à legislação tributária do respectivo tributo dispor sobre o prazo de pagamento, não sendo aplicável, portanto, o disposto no art. 160 do CTN.

Ainda, vale ressaltar que o parágrafo único do art. 160 do CTN prevê a possibilidade de lei conceder desconto pelo pagamento antecipado. Um exemplo é quando o ente municipal concede desconto pelo pagamento em quota única do valor total do IPTU.

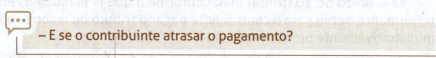
– E se o contribuinte atrasar o pagamento?

Basta o contribuinte não pagar que os efeitos da mora serão automáticos, ou seja, *ex re*, dispensando qualquer atitude do Fisco para tanto.

Ademais, incidem juros de mora, conforme disposto no art. 161 do CTN,[5] sem prejuízo da imposição de penalidade cabível, ou seja, a multa de mora, pouco importando a situação que motivou o não pagamento ou o pagamento a destempo. Por fim, o montante sofrerá atualização referente à inflação, sendo conhecido tal fato como correção monetária.

Vale mencionar que os juros incidem sobre o valor total, incluindo as multas. Ademais, nada impede que incidam, os juros moratórios e a multa, de forma cumulativa, dado que, apresentam fundamentos distintos. A multa referente ao atraso do cumprimento de uma obrigação e os juros pelo não recolhimento do dinheiro ao credor no seu tempo e modo adequado.

---

5. Art. 161 do CTN: "O crédito não integralmente pago no vencimento é acrescido de juros de mora, seja qual for o motivo determinante da falta, sem prejuízo da imposição das penalidades cabíveis e da aplicação de quaisquer medidas de garantia previstas nesta Lei ou em lei tributária".

CAPÍTULO 7 → Todo crédito tributário chega ao seu fim!

– Professora, e no caso do parcelamento? Minha mãe está tendo que pagar o valor a título de imposto de renda, conforme declarou em abril, totalizando R$1.800,00, em dez prestações, mas a cada mês o valor da prestação sobe.

Nesse caso, sua mãe está pagando com juros e correção monetária, pois ela basicamente está utilizando dinheiro estatal, por isso, pagará juros e o valor será corrigido. Não obstante, ela não está em atraso, por isso que não pagará multa de mora. Entendeu?

– Entendi!

Ainda sobre os juros de mora, ocorrendo o atraso do pagamento, haverá incidência de juros de mora de 1% ao mês, salvo se disposto em legislação tributária um outro percentual distinto. Percebe-se que o §1º do art. 161 do CTN possui aplicação subsidiária. Em âmbito federal, temos a Lei 9.065/1995, a qual, em seu art. 13, adota a taxa referencial do Sistema Especial de Liquidação e de Custódia (Selic). Digno de nota é o entendimento do Superior Tribunal de Justiça, no julgamento do REsp 447.690, no sentido de ser impossível a cumulação da Selic com qualquer outro índice de correção.

– A taxa de juros de mora na ação de repetição de indébito tributário é a mesma incidente sobre os tributos?

É o que diz a súmula 523 do Superior Tribunal de Justiça:

> Súmula 523 do STJ. A taxa de juros de mora incidente na repetição de indébito de tributos deve corresponder à utilizada para cobrança do tributo pago em atraso, sendo legítima a incidência da taxa Selic, em ambas as hipóteses, quando prevista na legislação local, vedada sua cumulação com quaisquer outros índices.

– E quando os juros começam a fluir?

Embora possam começar a fluir a partir do dia seguinte ao vencimento, muitas leis dispõem que o termo inicial é a partir do primeiro dia do mês seguinte à data do vencimento. Já a multa, é a partir do primeiro dia seguinte ao vencimento do tributo.

Uma situação que sempre é cobrada em prova de concurso diz respeito à formulação de consulta pelo contribuinte durante o prazo para pagamento do tributo. Se tal ato for realizado, não ocorrerá a fluência de juros e nem a incidência de multa. Hugo de Brito Machado[6] assevera que:

> Claro que a consulta, para produzir esse efeito, há de ser pertinente ao crédito em questão, e formulada dentro do prazo para pagamento. E há de ser eficaz, nos termos da legislação específica.

– A consulta[7] consiste em um processo administrativo?

Sim, disposto na esfera federal, no Decreto 70.235/1992 e na Lei 9.430/1996, sendo que cada ente federado pode dispor sobre o tema. O bacana da consulta é que o sujeito passivo poderá consultar a administração tributária sobre o que ela realmente pensa sobre determinado ponto, quando há dúvida razoável, em decorrência de omissão, obscuridade ou contradição na legislação tributária, que possa repercutir no adimplemento do tributo.

– Não poderíamos incluir a consulta como uma hipótese de suspensão da exigibilidade do crédito tributário?

---

6. MACHADO, Hugo de Brito. Curso de Direito Tributário. 40. ed., rev. e atual. São Paulo: Malheiros, 2019. p. 206.
7. Ibid., p. 467-8. "O processo de consulta tem por fim ensejar ao contribuinte oportunidade para eliminar dúvidas que tenha na interpretação da lei tributária. E, face da dúvida, formula consulta ao Fisco. A consulta pode ser formulada tanto diante de um fato concreto já consumado, quanto diante de uma simples hipótese formulada pelo contribuinte [...]. A diferença entre a consulta formulada em face de fato já ocorrido e a formulada em face de situação hipotética está nos efeitos que a resposta vai reproduzir. A resposta a uma consulta não é simples manifestação de um ponto de vista pela autoridade fiscal. Se contrária ao contribuinte, tem efeito de obrigá-lo a assumir, em face dos fatos concretizados, o entendimento nela contido, sob pena de sofrer a penalidade cabível, ensejando, por isto, a impetração de mandado de segurança contra a autoridade ou órgão por ela responsável. Se favorável ao contribuinte, vincula a Administração Tributária."

Não, pois, além de o rol do art. 151 do CTN ser considerado taxativo, temos que a consulta, realizada dentro do lapso temporal próprio para pagamento do tributo, irá impedir a fluência dos juros, mas não suspenderá a exigibilidade do crédito tributário. Tome cuidado com isso!

1.4. Imputação em pagamento

Verificada a situação de o sujeito passivo ter mais de um débito vencido referente ao mesmo sujeito ativo e não havendo este o valor total para pagamento da dívida, o art. 163 do CTN prevê a procedência à imputação em pagamento. Vide:

> Art. 163. Existindo simultaneamente dois ou mais débitos vencidos do mesmo sujeito passivo para com a mesma pessoa jurídica de direito público, relativos ao mesmo ou a diferentes tributos ou provenientes de penalidade pecuniária ou juros de mora, a autoridade administrativa competente para receber o pagamento determinará a respectiva imputação, obedecidas as seguintes regras, na ordem em que enumeradas:
>
> I – em primeiro lugar, aos débitos por obrigação própria, e em segundo lugar aos decorrentes;
>
> II – primeiramente, às contribuições de melhoria, depois às taxas e por fim aos impostos;
>
> III – na ordem crescente dos prazos de prescrição;
>
> IV – na ordem decrescente dos montantes.

– O inciso I refere-se aos débitos do contribuinte e aos do responsável tributário, não é?

Sim, nos termos do inciso I, primeiramente referem-se aos débitos do contribuinte e, em segundo lugar, aos oriundos de responsabilidade tributária. Todavia, caso todos os débitos tributários sejam do contribuinte, o inciso II traz outro critério a ser observado: o do grau de retributividade.

– Como assim?

495

Primeiramente, deve ser paga a contribuição de melhoria, por conta da retributividade quanto à valorização patrimonial individual que o sujeito passivo obteve a partir de uma obra pública. Por esse motivo que o tributo antecede as taxas, as quais ficam em segundo lugar em grau de retributividade, e, por fim, os impostos, os quais não possuem nenhum grau de retributividade.

– Interessante! Nunca tinha estudado esse artigo pensando assim...

Em caso de empate – ou seja, imagine que o mesmo devedor, o contribuinte, possua débitos próprios de impostos –, vamos para o inciso III.

– Já sei! Pelo teor do inciso III, terá preferência ao pagamento aquele tributo cujo prazo de prescrição já esteja expirando, para fins de evitar a extinção por decurso do prazo prescricional?

Muito bem! E, por fim, caso nenhum critério tenha resolvido, utilizaremos a regra do inciso IV, o qual menciona o montante dos débitos, em ordem decrescente. Ou seja, o pagamento será realizado, primeiramente, conforme o crédito tributário de valor mais elevado.

1.5. Em caso de pagamento a mais, ou indevido, vamos para a repetição de indébito tributário!

Nos casos em que o contribuinte verifica que pagou um tributo de forma errada, pelo fato de que não deveria ter sido pago ou por ter pagado mais do que devia, assim como pelo fundamento jurídico ter sido declarado inconstitucional, poderá requerer a repetição do indébito, uma vez que é vedado que o Fisco aproveite de um enriquecimento ilícito.

Os casos que possibilitam a repetição do indébito tributário estão previstos no art. 165 do CTN:[8]

---

8. "As duas primeiras hipóteses referem-se a tributos pagos sem que tenha havido litígio a respeito. A primeira, a rigor, abrange a segunda, pois, na verdade, se o indébito resultou de

CAPÍTULO 7 → Todo crédito tributário chega ao seu fim!

Muito bem, mas e se tiver repassado?

– Aí nesse caso, o contribuinte de direito necessitará de uma autorização de quem arcou de fato com o encargo.

Ótimo! Saiba que essa autorização deverá ser expressa e escrita, uma vez que possuirá finalidade de prova.

– E por que há necessidade dessa prova, professora?

Ora, porque caso não haja a comprovação e o contribuinte de direito seja permitido a repetir o indébito tributário, referente ao tributo que foi repassado ao contribuinte de fato como um encargo, embutido no custo do produto, estaríamos diante de uma causa que configuraria enriquecimento ilícito por parte do contribuinte de direito. É nesse sentido, inclusive, a redação da súmula 546, do Supremo Tribunal Federal:

> Súmula 546, STF. Cabe a restituição do tributo pago indevidamente, quando reconhecido por decisão, que o contribuinte de jure não recuperou do contribuinte, de fato, o quantum respectivo.

– E o contribuinte de fato, professora? Não poderá repetir o indébito tributário?

Não! A jurisprudência é firme no sentido de que apenas o contribuinte de direito, em regra, que é parte legítima para tanto, seja na esfera judicial, seja na administrativa. O tema foi analisado pelo Superior Tribunal de Justiça no julgamento, em repetitivo, do REsp 903.394/AL.

– Quando você menciona "em regra", significa que há exceções?!

---

referido encargo, ou, no caso de tê-lo transferido a terceiro, estar por este expressamente autorizado a recebê-la."

Há, sim. Você se recorda da súmula 166 do STJ,[11] a qual menciona que com o mero deslocamento da mercadoria de um estabelecimento para outro, do mesmo contribuinte, não há a prática do fato gerador do ICMS?

> – Eu me recordo, sim. Não há circulação!

Entretanto, mesmo não havendo a circulação, muitos Estados acabam tributando o contribuinte que acaba pagando o valor indevido a título de ICMS. O que ele faz posteriormente? Acaba pedindo uma restituição do indébito tributário! E o Superior Tribunal de Justiça, no julgamento do AREsp 581.679/RS, entendeu que nesse caso não é possível exigir a prova de que não houve o repasse do ônus, prevista no art. 166 do CTN.

> – Com certeza esse entendimento do STJ é porque sequer ocorreu o fato gerador do ICMS! Consequentemente, é indevido o pagamento.

Essa é uma situação. Há outra exceção muito contumaz de ser cobrada nas provas de concurso público e provas de Exame de Ordem. Em outro repetitivo (REsp 1.299.303/SC), o Superior Tribunal de Justiça, analisando casos de consumo de energia elétrica, compreendeu que o consumidor de fato será considerado como legitimado para propositura de uma ação declaratória cumulada com repetição de indébito tributário, com o intuito de afastar a incidência do ICMS sobre a demanda contratada e não utilizada, e sendo restituído quanto ao valor pago indevidamente.

> – Ué, não entendo! Qual o fundamento dessa posição adotada pela jurisprudência?

Como você sabe, o fornecimento de energia elétrica aos consumidores é feito por meio de concessionárias que possuem contrato

---

11. Súmula 166, STJ. "Não constitui fato gerador do ICMS o simples deslocamento de mercadoria de um para outro estabelecimento do mesmo contribuinte."

de concessão com o Poder Público. Logo, as chances dessas concessionárias virem a repetir o indébito são mínimas.

Outro argumento até mais plausível é que o ICMS incide no momento do consumo da energia elétrica. E, por motivos óbvios, quem consome é o consumidor. Por isso, se a energia elétrica é contratada, mas não consumida, como pode ocorrer a incidência do ICMS e, consequentemente, a sua cobrança?

– Faz todo o sentido! Por esses motivos, a jurisprudência passou a compreender que o contribuinte – ou seja, o consumidor – nos casos de energia elétrica, é parte legítima para repetição de indébito tributário.

Fora isso, temos a questão da substituição tributária, lembra?

– Ô, se me lembro!

Eu havia dito que no caso de repetição de indébito tributário o substituído seria a parte legitimada para a propositura da ação, e não o substituto, porque esse exerce apenas um papel de colaboração, inclusive para fins de compensação tributária, conforme entendimento do Superior Tribunal de Justiça, no MS 28.044.

– Eu me lembrei dessa sua explicação sobre o substituto e o substituído. Não me esquecerei mais.

Outro caso peculiar que quero lhe contar é envolvendo a repetição do indébito tributário e a imunidade tributária. Como você sabe, os Correios são imunes. Ocorre que, por um certo lapso temporal, muitos Municípios cobravam ISS referente aos serviços prestados pela ECT.

A empresa pública recolheu tais valores cobrados pelos Municípios a título de ISS. No entanto, depois de pacificado o entendimento de que a ECT é acobertada pela imunidade tributária e, consequentemente, que os pagamentos realizados foram indevidos, a empresa pública começou a pleitear a restituição do indébito tributário.

– Então a ECT teve de provar que não repassou o encargo do valor recolhido indevidamente de ISS aos consumidores, não é mesmo? Seguindo a lógica...

... Seguindo a lógica, você deveria ter comparado essa situação que acabei de lhe contar com a questão do ICMS cobrado indevidamente quando, na verdade, não havia o porquê de sua incidência.

– Poxa vida! Verdade, professora! Nessa, como você sempre diz em aula, "comi bronha". É a mesma situação do mero deslocamento de um estabelecimento para outro de mercadoria, cuja titularidade é do mesmo sujeito passivo.

Faz parte! HAHA

É a mesma situação. Como no caso dos Correios há imunidade, o referido imposto jamais poderia ter sido cobrado. Consequentemente, não há necessidade da realização da prova prevista no art. 166 do CTN! Fique ligado, hein?

– Pode deixar, professora! Já estou ligadão.

Para finalizarmos esta parte sobre legitimidade em ação de repetição de indébito tributário, como você já sabe, quando os Estados, Distrito Federal e os Municípios retêm na fonte o imposto de renda de seus servidores, serão considerados como partes legítimas para figurarem no polo passivo da referida ação.[12] Isso porque o valor retido, a título do imposto federal, fica com esses entes, não sendo repassado à União. Trata-se de um entendimento sumulado do Superior Tribunal de Justiça que sempre é cobrado em provas, principalmente de procuradorias. Tome muito cuidado!

---

12. Súmula 447 do STJ. "Os Estados e o Distrito Federal são partes legítimas na ação de restituição de imposto de renda retido na fonte proposta por seus servidores."

– Você já tinha me explicado na aula sobre imposto de renda. Valeu por relembrar.

Muito bem. Vamos dar continuidade. Você também se recorda de que eu tinha dito que o valor a ser devolvido será corrigido com juros de mora?

– Sim, no início da aula sobre pagamento. Esses juros são simples, não é? O parágrafo único do art. 167 do CTN veda a capitalização de juros, ou seja, juros sobre juros.

Também conhecido como anatocismo! Tais juros simples serão devidos desde o trânsito em julgado da decisão que concluir de que houve o pagamento indevido. Há também entendimento sumulado nesse sentido:

> Súmula 188 do STJ. Os juros moratórios, na repetição do indébito tributário, são devidos a partir do trânsito em julgado da sentença.

Mas, tome muito cuidado! Esse é o entendimento sobre os juros moratórios. Em relação à correção monetária, o entendimento é outro...

– Qual?

Conforme a Súmula 162 do Superior Tribunal de Justiça,[13] a correção monetária, na repetição de indébito tributário, incidirá a partir do pagamento indevido.

JUROS DE MORA	CORREÇÃO MONETÁRIA
Incidirá desde o trânsito em julgado da sentença (Súmula 188 do STJ)	Incidirá a partir do pagamento indevido (Súmula 162 do STJ)

---

13. Súmula 162 do STJ. "Na repetição de indébito tributário, a correção monetária incide a partir do pagamento indevido."

– Agora estou confuso! Você tinha me falado que na esfera federal haveria a incidência da Taxa Selic, que engloba juros moratórios e correção monetária referente ao tributo pago a destempo. Até aí, ok. Disse também que a própria Taxa Selic seria utilizada para fins de repetição do respectivo tributo pago indevidamente, isso na esfera federal, porque incide, como conclui, a Selic em caso de não ocorrência do pagamento. Minha pergunta é: pensando que a Selic engloba os juros moratórios e a correção monetária, qual o momento em que incidirá?[14]

Neste caso da repetição do indébito tributário, a incidência da Taxa Selic será a partir do pagamento indevido. Tome cuidado! Deve-se conjugar ambas as súmulas que tratam sobre juros de mora e correção monetária.

– Hum, minha dúvida foi sanada!

Só para esclarecer que, como você sabe, a sentença que proferir o valor a ser repetido, a depender da quantia, será paga mediante precatórios. Você estuda sobre os precatórios em Direito Constitucional e em Direito Financeiro, de forma mais aprofundada. Para nós o imprescindível é a polêmica envolvendo a Súmula 188 do STJ, que acabamos de ver sobre juros moratório e a Súmula Vinculante 17 do Supremo Tribunal Federal.[15]

– Essa é de lascar, hein, professora?

Minha função é lhe passar tudo o que o examinador da sua prova possa cogitar em lhe perguntar numa questão. Aguenta firme que serei a mais breve e didática possível! Como você bem sabe, após o trânsito em julgado da decisão, teremos o início da execução. Sendo o caso de pagamento via precatórios, o juiz, a requerimento do credor,

---

14. Recorde-se da redação da súmula 523 do STJ. "A taxa de juros de mora incidente na repetição de indébito de tributos estaduais deve corresponder à utilizada para cobrança do tributo pago em atraso, sendo legítima a incidência da taxa Selic, em ambas as hipóteses, quando prevista na legislação local, vedada sua cumulação com quaisquer outros índices."
15. Súmula Vinculante 17 do STF. "Durante o período previsto no parágrafo 1º do artigo 100 da Constituição, não incidem juros de mora sobre os precatórios que nele sejam pagos."

irá expedir o ofício requerendo ao presidente do Tribunal que inscreva o precatório, para fins de pagamento, conforme a ordem cronológica de apresentação das ordens expedidas.

Lembre-se de que o precatório apresentado até 1º de julho do exercício financeiro será acrescido de juros de mora e correção monetária, os quais incidirão até a presente data. Pois bem, posteriormente, será enviado ao Poder Executivo para que seja incluído no projeto de lei orçamentária do próximo exercício, para fins de adimplemento até o último dia.

– Então, caso o precatório tivesse sido apresentado até 1º de julho de 2019, deveria ser pago até 31/12/2020!

É esse o raciocínio. Note, no entanto, que, conforme a Súmula 188 do STJ, desde o trânsito em julgado da decisão, os juros moratórios já fluem. Entretanto, com a inscrição do precatório, conforme a Súmula Vinculante 17 do STF, cessa a fluência dos juros moratórios.

– Qual a razão disso, professora?

Ora, a Fazenda Pública terá até o final de 31/12/2020 para realizar o pagamento, portanto, durante esse lapso temporal, não estará em mora. Ocorre que, se o prazo for descumprindo, os juros moratórios voltarão a correr.

– Entendi que desde 1º/07/2019 até 31/12/2020 não haverá a fluência dos juros moratórios.

Exatamente isso! Vamos aprofundar um pouco mais sobre a repetição do indébito tributário. Nos termos do art. 168 do CTN,[16] o prazo prescritivo[17] é quinquenal.

---

16. Art. 168 do CTN. "O direito de pleitear a restituição extingue-se com o decurso do prazo de 5 (cinco) anos, contados:
I – na hipótese dos incisos I e II do artigo 165, da data da extinção do crédito tributário;
II – na hipótese do inciso III do artigo 165, da data em que se tornar definitiva a decisão administrativa ou passar em julgado a decisão judicial que tenha reformado, anulado, revogado ou rescindido a decisão condenatória."
17. "Pensamos tratar-se de prazo prescricional, porquanto a inércia do sujeito passivo, após o decurso de cinco anos, não atinge a titularidade do crédito que possui em relação ao Fisco,

O contribuinte que pagou tributo de forma indevida ou a maior, possui o prazo de 5 (cinco) anos prescritivos, a serem contados a partir da data de extinção do crédito tributário ou da data de decisão administrativa definitiva, ou da decisão judicial que tenha reformado, anulado, revogado ou rescindido a decisão condenatória.

– Sobre esse ponto eu me recordo sobre suas explicações sobre a inaplicabilidade da tese dos 5 + 5, do Superior Tribunal de Justiça, em casos de pagamento antecipado de tributos sujeitos a lançamento por homologação.

Essa parte sobre a legislação meramente interpretativa ou não, discutindo o art. 3º da Lei Complementar 118/2005, foi amplamente abordada na parte sobre princípios.

– Foi mesmo. Podemos seguir adiante!

Acalme-se! Só preciso que você saiba que os pagamentos indevidos realizados após a vigência da Lei Complementar 118/2005 obedecem ao disposto nela, tendo o contribuinte 5 (cinco) anos para repetir o indébito a partir do pagamento indevido do tributo, não sendo mais a partir da data de homologação pelo Fisco.

Portanto, as ações ajuizadas após 09/06/2005 observarão o disposto na nova legislação. Ocorre que às ações ajuizadas antes desta data, ou seja, até um dia anterior (08/06/2005), caberá o entendimento da tese dos 5 + 5 do Superior Tribunal de Justiça, ou seja, estarão sujeitas ao prazo de 10 (dez) anos.

– Levando em consideração esse prazo prescritivo quinquenal, ele pode ser interrompido com o pedido administrativo de restituição?

---

mas sim o direito de pleitear a devolução da quantia paga indevidamente." COSTA, Regina Helena. *Curso de Direito Tributário: Constituição e Código Tributário Nacional.* 7. ed. rev. e atual. Editora Saraiva: São Paulo, 2017. p. 284.

Não, pois as hipóteses que ensejam a interrupção da prescrição estão elencadas no art. 174 do CTN. Ademais, a jurisprudência veda que tanto o pedido de restituição quanto o de compensação venham a influenciar, não sendo interrompido o prazo prescritivo nestes casos. Vide a redação da súmula 625 do STJ:

> Súmula 625 do STJ. O pedido administrativo de compensação ou de restituição não interrompe o prazo prescricional para a ação de repetição de indébito tributário de que trata o art. 168 do CTN nem o da execução de título judicial contra a Fazenda Pública.

– No art. 169 do CTN, há um prazo de dois anos para propositura de uma ação anulatória, contados a partir da decisão administrativa que denegar a restituição. Seria uma negativa ao pleito do contribuinte de restituição em âmbito administrativo?

Nesse caso, em particular, o contribuinte pleiteou, como você bem pontuou, a repetição do indébito tributário na seara administrativa. Considere que a Administração Tributária tenha negado, em âmbito administrativo, a restituição do pagamento indevido ou a maior.

O contribuinte, a partir da decisão administrativa denegatória, terá o prazo prescritivo de dois anos para ajuizar a ação em âmbito judicial. No parágrafo único do art. 169 do CTN, temos que o prazo prescritivo será interrompido com o início da ação judicial, iniciando-se pela metade, "a partir da data da intimação validamente feita ao representante da Fazenda Pública interessada". Você deve se lembrar das aulas do Professor Mozart Borba e, claro, do *Diálogos sobre o Novo CPC*, que lá no art. 240 do CPC/2015 teremos conjugado com o art. 169 do CTN, que o prazo prescritivo será interrompido a partir da distribuição da ação, desde que a citação seja realizada nos termos do artigo do Código de Processo Civil em destaque.

– Adoro o livro do Mozart! É o melhor que tem para estudar o processo civil para concurso público.

Também adoro!

507

Voltando à minha explicação, embora o prazo prescricional seja interrompido com a distribuição da ação, o prazo somente voltará a fluir a partir da citação (termo mais correto) validamente realizada ao representante da Fazenda Pública. E mais: o prazo recomeçará pela metade!

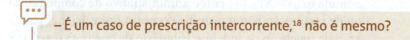

– É um caso de prescrição intercorrente,[18] não é mesmo?

É, sim! Vamos supor que o prazo seja interrompido na primeira metade dos dois anos, considerando que no momento da distribuição com a citação válida, somente decorreram seis meses, restando, ainda, um ano e seis meses, totalizando 18 meses. No entanto, lembre-se de que é a metade disso que deveremos considerar...

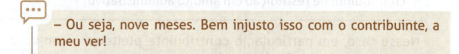

– Ou seja, nove meses. Bem injusto isso com o contribuinte, a meu ver!

Para mim também. Por isso, devemos levar em consideração a redação da súmula 383 do Supremo Tribunal Federal:

> Súmula 383 do STF. A prescrição em favor da Fazenda Pública recomeça a correr, por dois anos e meio, a partir do ato interruptivo, mas não fica reduzida aquém de cinco anos, embora o titular do direito a interrompa durante a primeira metade do prazo.

No meu exemplo, como o lapso temporal foi interrompido durante o transcorrer da primeira metade do prazo, deve-se deixar o que falta, isto é, ainda teremos os 18 meses, correspondentes a um ano e seis meses, para que a prescrição intercorrente ocorra de fato.

---

18. Ocorre quando o processo judicial não é concluído dentro do prazo legalmente designado. Entretanto, somente é caso de ocorrência quando verificada a inércia do autor, não sendo levada em consideração a morosidade do Poder Judiciário para configuração da prescrição intercorrente do processo.

CAPÍTULO 7 → Todo crédito tributário chega ao seu fim!

— Ah, professora, eu me lembrei de uma coisa. Quando eu lhe perguntei se o pedido administrativo de restituição interrompia o prazo prescricional de cinco anos e você disse que, segundo entendimento sumulado do STJ, não, mesmo que o contribuinte pleiteasse administrativamente a restituição nos últimos momentos, ou seja, restando apenas três meses para conclusão do prazo e a autoridade demorasse para responder, tudo estaria perdido?

Espere aí. Deixe-me entender. Você está me perguntando se o contribuinte, próximo de completar cinco anos, contados a partir da data do pagamento indevido, resolver pedir administrativamente a restituição e, caso a autoridade administrativa não se pronuncie em tempo hábil, ultrapassando os cinco anos prescritivos, não seria mais possível restituir o valor pago indevidamente. É isso?

— Exatamente isso que estou lhe questionando.

Bom, pense que a autoridade administrativa denegou o pleito de restituição, mesmo assim o contribuinte pode lançar mão da ação anulatória que acabamos de ver, desde que dentro do lapso temporal de dois anos. É bem comum ocorrer essas certas confusões envolvendo a ação anulatória e a de repetição de indébito tributário. Espero que tenha conseguido sanar sua dúvida!

— Sanou com sucesso! Nem acredito que terminamos a parte referente ao pagamento. São muitos detalhes e diversas pegadinhas propícias a serem cobradas em provas.

Muitas. Realmente, torço para que você tenha verdadeiramente aprendido tudo o que lhe passei sobre este ponto.

— Estou tão tranquilo quanto a isso que podemos dar continuidade no estudo.

Somente para finalizarmos esse ponto e introduzir o próximo, vide a redação da súmula 461 do STJ:

509

Súmula 461 do STJ. O contribuinte pode optar por receber, por meio de precatório ou por compensação, o indébito tributário certificado por sentença declaratória transitada em julgado.

2. COMPENSAÇÃO

Para emendar com o ponto anterior, vale dizer que caso o contribuinte, inicialmente na ação de repetição de indébito tributário, requeira a restituição e, durante a execução, venha a solicitar a compensação, em vez do recebimento via precatórios, nos termos da Súmula 461 do Superior Tribunal de Justiça, é plenamente possível que tal fato venha a ocorrer.

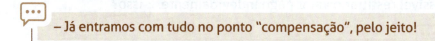

– Já entramos com tudo no ponto "compensação", pelo jeito!

Nosso estudo é bem dinâmico, acostume-se! A tendência é que na sua prova o examinador acabe cobrando assuntos correlatos. Vamos, depois desta informação preciosa que já lhe passei, "começar do começo".

Nesse ponto, precisaremos conhecer um pouco sobre o conceito atribuído pelo Código Civil de 2002. Segundo o Direito Civil, a compensação ocorre quando cada parte é credora e devedora uma da outra.

Por conta dessa identidade de partes é que não se admite a compensação entre entes distintos, conforme entendimento do Superior Tribunal de Justiça no julgamento do AgRg no AREsp 334.227/RS.

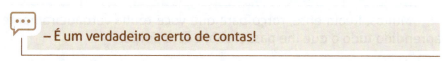

– É um verdadeiro acerto de contas!

Sim, que são extintas até onde se compensarem, conforme disposto no art. 368 do CTN.

No Direito Tributário, a compensação está prevista no art. 170 do CTN, o qual prevê que lei tributária disporá sobre a possibilidade para tanto, não sendo suficiente a mera existência de reciprocidade de dívidas entre as partes.

> Art. 170 do CTN. A lei pode, nas condições e sob as garantias que estipular, ou cuja estipulação em cada caso atribuir à autoridade administrativa, autorizar a compensação de créditos tributários com créditos líquidos e certos, vencidos ou vincendos, do sujeito passivo contra a Fazenda pública.

Em âmbito federal, temos a Lei 9.430/1996, cujo art. 74, § 2º, dispõe que "A compensação declarada à Secretaria da Receita Federal extingue o crédito tributário, sob condição resolutória de sua ulterior homologação."

Isso significa que quando é realizada a declaração de compensação (DCOMP), o contribuinte declara que possui um crédito e um débito "que nasce extinto". O Fisco, por sua vez, tem o prazo de 5 (cinco) anos para analisar essa declaração do contribuinte. Caso apure que a declaração do contribuinte referente ao seu crédito não se perfaz, sendo um *quantum* menor do que foi realmente declarado, abaixo do que possui de dívida, a diferença será inscrita em dívida ativa e cobrada, pois o que se considerava "extinto", no ato da declaração, não estava totalmente.

Outrossim, é o teor do § 6º do art. 74, o qual dispõe que "a declaração de compensação constitui confissão de dívida e instrumento hábil e suficiente para a exigência dos débitos indevidamente compensados". Não obstante, antes de inscrever em dívida ativa e promover a execução fiscal, a autoridade administrativa deverá cientificar o sujeito passivo e intimá-lo a efetuar, no prazo de 30 (trinta) dias, contados da ciência do ato que não homologou a compensação, o pagamento dos débitos indevidamente compensados, nos termos do § 7º do referido artigo.

Por fim, o Superior Tribunal de Justiça entendeu, no julgamento dos ED no AgRg no REsp 776.137 que, caso a compensação seja homologada pela autoridade competente, ocorrerá a extinção do crédito tributário, caso contrário, incidirá os encargos moratórios, pois não houve o pagamento do débito no seu tempo.

– No Código Civil há a figura da compensação parcial, sendo que o art. 354[19] prevê que a compensação será, primeiramente, quanto aos juros vencidos e, somente após, quanto ao valor do principal.

Mas no Direito Tributário não é aplicável este dispositivo do Código Civil.

Ocorrendo a compensação parcial, ocorrerá a amortização proporcionalmente ao valor do principal e dos juros.[20]

No mais, para que seja viável a compensação, o crédito tributário deverá ser líquido, certo e vencido, contudo o crédito do contribuinte para com a Fazenda Pública, ou seja, o que esta deve àquele, deverá ser líquido e certo, no entanto, nada impede que seja vincendo.

Por isso que o parágrafo único do art. 170 do CTN menciona que:

> Art. 170, parágrafo único. Sendo vincendo o crédito do sujeito passivo, a lei determinará, para os efeitos deste artigo, a apuração do seu montante, não podendo, porém, cominar redução maior que a correspondente ao juro de 1% (um por cento) ao mês pelo tempo a decorrer entre a data da compensação e a do vencimento.

– E quando essa compensação poderá vir a ocorrer?

De acordo com o art. 170-A do CTN,[21] somente poderá ocorrer a compensação quando houver o trânsito em julgado da decisão, não sendo cabível por meio de medida liminar.

---

19. Art. 354 do CTN. "Havendo capital e juros, o pagamento imputar-se-á primeiro nos juros vencidos, e depois no capital, salvo estipulação em contrário, ou se o credor passar a quitação por conta do capital."
20. Súmula 464 do STJ. "A regra de imputação de pagamentos estabelecida no art. 354 do Código Civil não se aplica às hipóteses de compensação tributária."
21. Art. 170-A do CTN. "É vedada a compensação mediante o aproveitamento de tributo, objeto de contestação judicial pelo sujeito passivo, antes do trânsito em julgado da respectiva decisão judicial."
Este dispositivo foi inserido no Código Tributário Nacional com a edição da Lei Complementar 104/2001. Para a jurisprudência do Superior Tribunal de Justiça, em sede de

CAPÍTULO 7 → Todo crédito tributário chega ao seu fim!

Regina Helena Costa[22] compreende que:

> Pensamos que a inteligência do dispositivo é prestigiar o atributo da certeza do crédito do contribuinte, objeto de impugnação judicial, de modo a qualificá-lo para efeito de compensação. Assim, se o direito de crédito do contribuinte não se revestir da certeza outorgada mediante a imutabilidade dos efeitos da decisão judicial (coisa julgada material), a compensação não será efetuada. Sustentamos, porém, que tal norma não se aplica às hipóteses em que o crédito do contribuinte resultar do reconhecimento da inconstitucionalidade da exigência fiscal pelo STF, seja em ação direta ou em sede de recurso extraordinário. Isso porque, neste caso, a almejada certeza do crédito está estampada no pronunciamento da mais alta Corte do País, sendo desnecessária a obtenção de cousa julgada em ação individual.

O mesmo entendimento é verificado na redação da Súmula 212, do Superior Tribunal de Justiça:

> Súmula 212 do STJ. A compensação de créditos tributários não pode ser deferida em ação cautelar ou por medida liminar cautelar ou antecipatória.

> 💬 – Tem outra súmula,[23] que já verifiquei, sendo cobrada em questão de prova de concurso, no qual aborda a possibilidade de, em mandado de segurança, declaração de direito de compensação tributária.

Ah, sim. Trata-se da Súmula 213 do Superior Tribunal de Justiça, em que o mandado de segurança é uma via adequada para fins de declaração do direito à compensação, não sendo apto para convalidar uma determinada compensação já realizada pelo contribuinte. Esse

---

repetitivo, no julgamento do REsp 1.164.453/MG, tal entendimento somente poderá ser aplicável às ações ajuizadas após a data de vigência da referida norma.

22. COSTA, Regina Helena. *Curso de Direito Tributário: Constituição e Código Tributário Nacional*. 7. ed. rev. e atual. Editora Saraiva: São Paulo, 2017. p. 291.

23. Súmula 213 do STJ. "O mandado de segurança constitui ação adequada para a declaração do direito à compensação tributária."

entendimento, inclusive, foi sumulado pelo Superior Tribunal de Justiça (Súmula 460 do STJ).²⁴

– E em qual fundamento o STJ se ampara para compreender dessa maneira?

A compensação, segundo o STJ, demandaria dilação probatória, algo incompatível com o mandado de segurança, dado que é necessário que, para sua impetração, é indispensável a presença da liquidez e da certeza do direito alegado pelo impetrante. No mais, se o contribuinte já tivesse realizado a compensação e impetrado o mandado de segurança, com o intuito de que o Poder Judiciário convalidasse tal prática, o Fisco estaria sendo impedido de analisar se os requisitos para a compensação estariam sendo respeitados. Por isso, o STJ entendeu que o Poder Judiciário não pode fazer as vezes da Administração Pública Tributária.

Ah, uma outra questão interessante que o decidiu o Superior Tribunal de Justiça, no julgamento do REsp 1.715.256-SP é que em sede de mandado de segurança impetrado para fins de declarar o direito à compensação tributária, por conta do reconhecimento da ilegalidade ou inconstitucionalidade da exigência da exação, é suficiente a demonstração de que o impetrante é o credor tributário, uma vez que os comprovantes de recolhimento indevido serão exigidos posteriormente, na esfera administrativa. Toma cuidado com essa observação para fins de prova!

– Mais complexo que isso, só o que estou lendo no rodapé sobre compensação em âmbito federal.

Nesse livro, tudo se aproveita! Fique ligadão.

– Estou tão ligado que já sei sobre a possibilidade de a autoridade administrativa proceder à compensação de ofício, isso é, sem que haja manifestação nesse sentido por parte do contribuinte.

---

24. Súmula 460 do STJ. "É incabível o mandado de segurança para convalidar a compensação tributária realizada pelo contribuinte."

CAPÍTULO 7 → Todo crédito tributário chega ao seu fim!

De fato, é plenamente viável. Embora seja um poder, deverá vincular a atuação administrativa tributária, consoante o entendimento do Superior Tribunal de Justiça no julgamento do REsp 1.213.082, não é possível quando o crédito tributário estiver com a exigibilidade suspensa.

– E em execução fiscal, poderá o contribuinte vir a compensar?

Esse é um tema um pouco controvertido. No §3º do art. 16 da Lei 6.830/1980,[25] há vedação quanto à compensação em sede de embargos à execução fiscal. Conquanto, o Superior Tribunal de Justiça entendeu que, no repetitivo, REsp 1.008.343/SP,

> [...] a compensação efetuada pelo contribuinte, antes do ajuizamento do feito executivo, pode figurar como fundamento de defesa dos embargos à execução fiscal, a fim de ilidir a presunção de liquidez e certeza da CDA, máxime quando, à época da compensação, restaram atendidos os requisitos da existência de crédito tributário compensável, da configuração do indébito tributário, e da existência de lei específica autorizativa da citada modalidade extintiva do crédito tributário.

– Entendi, pela leitura deste trecho do julgado, que se a compensação foi realizada antes do ajuizamento da execução fiscal, respeitando os requisitos à época, poderá ser objeto de discussão em âmbito de execução fiscal, porque estaríamos diante de uma situação apta a acabar com a presunção de liquidez e certeza da Certidão de Dívida Ativa!

Excelente conclusão. Dispensa meus comentários sobre o assunto!

Somente, para finalizarmos, tecerei alguns comentários sobre a limitação à compensação, conforme entendeu o Supremo Tribunal Federal no julgamento do RE 591.340, com repercussão geral.

---

25. Art. 16, § 3, da Lei 6.830/1980. "Não será admitida reconvenção, nem compensação, e as exceções, salvo as de suspeição, incompetência e impedimentos, serão arguidas como matéria preliminar e serão processadas e julgadas com os embargos."

Como você bem sabe, temos o lucro real, para fins de apuração do IRPJ, repercutindo na CSLL, lembra?

– Lembro-me, sim!

Pois bem, então, como você bem sabe, há empresas que apuram lucro e que apuram prejuízos. É algo normal.

O novo regulamento do imposto de renda, o Decreto 9.580/2018, prevê a possibilidade da compensação destes prejuízos apurados, nos próximos anos. Todavia, esse prejuízo é limitado a 30% ao ano. No julgado em destaque, o Supremo Tribunal Federal entendeu ser essa limitação constitucional. Para o STF "não há confisco ou ofensa ao direito adquirido, sendo certo que no sistema da livre concorrência não é obrigatório se admitir a compensação de prejuízo".

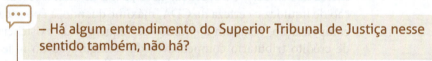
– Há algum entendimento do Superior Tribunal de Justiça nesse sentido também, não há?

Há sim! Estou gostando de ver que você está antenado aos informativos.

No caso, a 1ª Turma do Superior Tribunal de Justiça, em 22 de junho de 2020, no julgamento do REsp 1805925, entendeu no sentido de que a trava de 30% para que uma empresa extinta ou incorporada compense prejuízos fiscais de IRPJ e bases negativas da CSLL deve ser mantida.

Para o STJ, a trava dos 30% é considerada como um benefício fiscal concedido pela União, devendo, portanto, ser objeto de interpretação restritiva, por parte do Poder Judiciário, ao analisar uma questão envolvendo tal situação. Dessa forma, deve-se interpretar restritivamente norma[26] que dispõe nesse sentido. Portanto, a compensação integral encontra obstáculo, uma vez que a própria legislação proíbe que os prejuízos fiscais de uma empresa incorporada sejam aproveitados pela sociedade incorporadora.

---

26. No caso em questão, o Superior Tribunal de Justiça analisou os arts. 42 e 58 da Lei º 8.981/95, e nos arts. 15 e 16 da Lei nº 9.065/95, assim como o art.33 do Decreto-Lei nº 2.341/87.

3. TRANSAÇÃO

– Também sei que é instituto do Direito Civil, previsto no art. 840 do CC/2002,[27] o qual prevê que as partes, mediante concessões mútuas, acabem negociando, extinguindo, assim, obrigações.

Isso mesmo. No Direito Tributário, a transação é, como estamos estudando, uma situação que enseja a extinção do crédito tributário, prevista no art. 171[28] do CTN. Regina Helena Costa,[29] compreende que a transação no âmbito do Direito Tributário possui natureza judicial ou administrativa.

– E é indispensável lei para tratar sobre a transação, não é mesmo?

Sim, por conta da indisponibilidade do interesse público.[30]

– E existe esta lei?

Então, você tem sorte! Porque até pouco tempo atrás não tinha nada regulamentando a transação em âmbito federal. No entanto, tivemos a edição da Medida Provisória 899/2019, mais conhecida como "MP do Contribuinte Legal", em 16 de outubro de 2019, a qual

---

27. Art. 840 do CC. "É lícito aos interessados prevenirem ou terminarem o litígio mediante concessões mútuas."
28. Art. 171 do CTN. "A lei pode facultar, nas condições que estabeleça, aos sujeitos ativo e passivo da obrigação tributária, celebrar transação que, mediante concessões mútuas, importe em determinação de litígio e consequente extinção de crédito tributário.
    Parágrafo único. A lei indicará a autoridade competente para autorizar a transação em cada caso".
29. COSTA, Regina Helena. *Curso de Direito Tributário: Constituição e Código Tributário Nacional*. 7. ed. rev. e atual. Editora Saraiva: São Paulo, 2017. p. 292.
30. Ibid., p. 292. "O emprego da transação em relação a obrigações tributárias sempre deu margem à polêmica, diante do entendimento, algo generalizado, de que, a princípio de maior importância, a indisponibilidade do interesse público, que predicaria a impossibilidade da transação. Entretanto, a objeção não nos parece válida, uma vez que a transação, nesse contexto, somente poderá ser efetuada observados os parâmetros fixados na Constituição e na lei, em consonância com o aludido princípio. Autêntico instrumento de praticabilidade tributária, por vezes a transação revelar-se-á mais vantajosa ao interesse público do que o prolongamento ou a eternização do conflito."

veio a regulamentar a transação tributária, prevista no art. 171 do CTN. Essa Medida Provisória tem o propósito de estabelecer requisitos e condições para fins de regularizar e resolver os conflitos entre a Administração Pública Federal e os contribuintes.[31]

Essa "MP do Contribuinte Legal" foi convertida em Lei, em plena quarentena. Hoje temos a Lei 13.988, de 14 de abril de 2020.

– Que interessante, professora! Mas como isso será?

Como você bem sabe, a transação, na verdade, é um acordo celebrado entre as partes. Perceba bem que não se trata daquele instituto do art. 840 do Código Civil de 2002, porque a transação no âmbito tributário prevê, necessariamente, que sejam preenchidos requisitos próprios previstos na lei, no caso, a MP 899/2019, convertida na Lei 13.988/2020.

Algumas alterações foram feitas no ato de conversão da medida provisória em lei, portanto, iremos estudar a transação, em sua essência, isto é, conforme a famosa "MP do Contribuinte Legal" e eu irei apontar as mudanças substanciais, ok!?

Temos, inclusive, alguns pilares que embasam a referida transação tributária:

• Pilares da MP 899/2019:
• Interesse Público;
• Moralidade;
• Isonomia;
• Capacidade contributiva;
• Razoável duração do processo;
• Eficiência;
• Transparência;
• Publicidade.

---

31. Vale destacar que uma das práticas dos países membros da OCDE é exatamente a instituição de procedimentos compatíveis para a remissão de débitos considerados irrecuperáveis, fora a implementação de arranjos que forneçam condições para que os inadimplentes, sejam pessoas físicas ou jurídicas, regularizem suas dívidas tributárias.

CAPÍTULO 7 → Todo crédito tributário chega ao seu fim!

Ao longo das explicações, comentarei todos estes pilares!

– Essa transação pode ser celebrada apenas durante o trâmite de uma execução fiscal?

Não apenas no âmbito do Poder Judiciário – como no caso da execução fiscal –, mas também aquelas transações que se encontram no âmbito do contencioso tributário, litígios administrativos e judiciais, considerados como relevantes e de disseminada controvérsia jurídica, e as inscritas em dívida ativa da União, isto é, antes da ação de execução fiscal ter sido ajuizada, classificadas como irrecuperáveis ou de difícil recuperação.

– Isso é um grande avanço!

Sem dúvidas, até porque, além de diminuir os litígios tributários, principalmente na esfera do contencioso, observando o pilar da razoável duração dos processos, a MP do Contribuinte Legal visa uma arrecadação mais eficaz, uma vez que aqueles contribuintes que não conseguem adimplir com suas obrigações, poderão transacionar com a Administração Pública Federal!

Isso porque a referida norma prevê descontos de 50% sobre juros, multa e encargos, não contemplando, no entanto, o valor do principal, podendo chegar em até 70%, no caso de pessoas físicas, micro ou pequenas empresas. Além disso, o pagamento poderá ser deferido em até 84 meses, podendo aumentar para até 145 (cento e quarenta e cinco)[32] meses, no caso de pessoas físicas, micro ou pequenas empresas. Ambos os prazos contados a partir da data da formalização da transação.[33] Tais prazos, inclusive, são fundamentados pelo pilar da capacidade de pagamento do contribuinte.

---

32. Antes a MP 899/2019 previa um limite de até 100 (cem) parcelas, no entanto, a Lei 13.988/2020 previu uma ampliação do prazo para até 145 (cento e quarenta e cinco) meses quando se tratar de pessoa natural, microempresa ou empresa de pequeno porte (art. 11, §3º).
33. Art. 5º, § 3º, da MP 899/2019. "A proposta de transação observará os seguintes limites:
I – quitação em até 84 (oitenta e quatro) meses, contados a partir da data da formalização da transação; e
II – redução de até 50% (cinquenta por cento) do valor total dos créditos a serem transacionados.

Ainda sobre descontos e prazos, a Lei 13988/2020 previu a possibilidade de transacionar débitos tributários de baixo valor, cujo patamar será de até 60 (sessenta) salários mínimos, por meio da transação por adesão no contencioso administrativo, conforme o art. 23, I. Quanto à esta possibilidade, temos uma *vacatio legis* de 120 (cento e vinte), nos termos do art. 30, I, Lei nº 13.988/2020, sendo possível a concessão de desconto de até 50% do total do valor do crédito, obedecido o prazo máximo de quitação de 60 (sessenta) meses (art. 25, I e II).

Quer mais uma surpresa?

– Já estou muito surpreendido, embora um pouco desapontado, pois a MP do Contribuinte Legal (nem a Lei 13.988/2020) não prevê o desconto no valor do principal.

Pois é, nem tudo são flores, mas já estamos vivenciando um grande avanço no Direito Tributário.

Uma outra possibilidade é a concessão da moratória, ou seja, uma carência para o início dos pagamentos acordados no âmbito da transação. Bacana, não?

– Essa transação contemplará os débitos tributários do Simples Nacional também?

Para dispor sobre o Simples Nacional é indispensável edição de uma lei complementar, sendo uma vedação prevista, inclusive, no art. 5º, § 2º, III, a, da MP 899/2019, bem como na lei conversora.[34]

Na 1ª edição do livro "Diálogos sobre o Direito Tributário" mencionei que teríamos, em breve, uma lei complementar dispondo sobre

---

§ 4º. Na hipótese de transação que envolva pessoa natural, microempresa ou empresa de pequeno porte, o prazo de que trata o inciso I do § 3º será de até 100 (cem) meses e a redução de que trata o inciso II do § 3º será de até 70% (setenta por cento)".

34. Art. 5º, § 2º, da MP 899/2019. "É vedada a transação que envolva:
I – a redução do montante principal do crédito inscrito em dívida ativa da União;
II – as multas previstas no § 1º do art. 44 da Lei 9.430, de 27 de dezembro de 1996, e no § 6º do art. 80 da Lei 4.502, de 30 de novembro de 1964, e as de natureza penal; e
III – os créditos:
a) do Regime Especial Unificado de Arrecadação de Tributos e Contribuições devidos pelas Microempresas e Empresas de Pequeno Porte – Simples Nacional;
b) do Fundo de Garantia do Tempo de Serviço – FGTS; e
c) não inscritos em dívida ativa da União."

o referido instituto no âmbito do Simples Nacional, algo que realmente ocorreu.

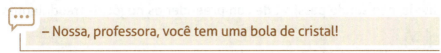
– Nossa, professora, você tem uma bola de cristal!

Não tenho não! É que estava na cara que, em breve, uma lei complementar, dispondo sobre o assunto, seria editada e aprovada, até porque já estávamos vivenciando uma crise econômica grave. Hoje, por causa da pandemia da COVID-19, nem se fala...

E, como você sabe, quando temos uma forte crise econômica, a arrecadação tributária despenca, sendo que a tendência é o aumento de tributos e a tentativa de recuperação de crédito tributário. Por isso, tivemos a edição da Lei Complementar 174, de 05 de agosto de 2020, a qual dispõe sobre a transação referente aos débitos tributários dos contribuintes do SIMPLES NACIONAL.

Também, não contempla os débitos do FGTS, tome cuidado! Fora que não abarcará as multas qualificadas e as criminais.

– Ixi, eu me perdi agora...

Segue uma tabelinha para que você possa compreender melhor:

É vedada a transação que:
a) reduza multas de natureza penal;
b) conceda descontos a créditos relativos ao: • Regime Especial Unificado de Arrecadação de Tributos e Contribuições devidos pelas Microempresas e Empresas de Pequeno Porte (Simples Nacional), enquanto não editada lei complementar autorizativa; • Fundo de Garantia do Tempo de Serviço (FGTS), enquanto não autorizado pelo seu Conselho Curador;
c) envolva devedor contumaz, conforme definido em lei específica.

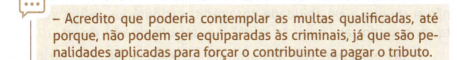
– Acredito que poderia contemplar as multas qualificadas, até porque, não podem ser equiparadas às criminais, já que são penalidades aplicadas para forçar o contribuinte a pagar o tributo.

Também penso desta forma, até porque o instituto da transação proposto pela MP do Contribuinte Legal é pautado na boa-fé do contribuinte, ou seja, estaremos diante de um verdadeiro acordo entre as partes, no qual o inadimplente esteja disposto, de fato, a negociar sua dívida, não sendo passível de compreender os negócios fraudulentos.

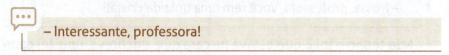
— Interessante, professora!

Como eu lhe falei, a transação contemplará três possibilidades:

Objeto:
• Dívidas inscritas, sejam tributárias ou não;
• Dívidas que estão sendo disputadas no contencioso administrativo ou judicial;
• Dívidas consideradas de pequeno valor, conforme já mencionado.

— Obrigado, professora!

Imagina!

Outra observação é quanto a uma redação de artigo que aposto que será objeto de várias questões de prova de concurso público é a do art. 7º:

> Art. 7º A proposta de transação e a sua eventual adesão por parte do sujeito passivo ou devedor não autorizam a restituição ou a compensação de importâncias pagas, compensadas ou incluídas em parcelamentos pelos quais tenham optado antes da celebração do respectivo termo.

Também, destaco que "a apresentação da solicitação de adesão não suspende a exigibilidade dos créditos tributários definitivamente constituídos aos quais se refira", nos termos do §5º, do art. 19.

Fora esse ponto, vale destacar que no texto da MP do Contribuinte Legal havia a previsão da possibilidade de transacionar a partir da utilização de precatórios, algo que foi excluído pela Lei 13.988/2020, infelizmente.

– Poxa, professora! Tinha achado excelente essa possibilidade da transação a partir de precatórios.

Eu também, por isso, considero um grande ponto negativo da nova Lei! Fora esta supressão, eu tinha grandes expectativas que a conversão da MP do Contribuinte Legal trouxesse outras formas para fins de solução do litígio entre o contribuinte e a União, ainda mais por conta da forte crise econômica que estamos vivenciando que irá se agravar cada vez mais!

– E há mais alguma surpresa?

Em relação à transação tributária estas foram as principais novidades que a Lei 13.988/2020 trouxe...

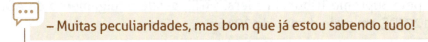
– Muitas peculiaridades, mas bom que já estou sabendo tudo!

Quanto à transação sim, no entanto, falta o ponto referente ao fim do voto de qualidade no CARF.

– E o que seria isso, professora?

O art. 28 da Lei 13988/2020 incluiu o art. 19-E à Lei 10.522/02, o qual dispõe que, em caso de empate no julgamento de processo administrativo de determinação e exigência do crédito tributário, a decisão será favorável ao contribuinte, sem necessidade do voto de desempate:

> Art. 19-E. Em caso de empate no julgamento do processo administrativo de determinação e exigência do crédito tributário, não se aplica o voto de qualidade a que se refere o § 9º do art. 25 do Decreto nº 70.235, de 6 de março de 1972, resolvendo-se favoravelmente ao contribuinte.

Esse assunto vem causando controvérsias no mundo jurídico. Há tributaristas que comemoram, pois seria algo benéfico ao contribuinte e há quem questione, isto porque o Decreto 70.235/72, previa que o voto de qualidade deve ser dado pelo representante do Fisco em caso de empate, sendo que tal modificação acarretaria uma diminuição da arrecadação federal, ainda mais sob a égide do estado de calamidade pública por conta da pandemia da COVID-19.

Tal assunto dará tanto o que falar, pois o Ministério Público Federal (MPF), em 28 de abril de 2020, apresentou ao Supremo Tribunal Federal (STF), Ação Direta de Inconstitucionalidade (ADI), com pedido de medida cautelar, para suspender imediatamente o art. 28, da Lei 13.988/2020, apontando a existência de inconstitucionalidade formal, por vício no processo legislativo.

Segundo o Procurador Geral da República, questiona-se, por meio de emenda parlamentar, a inserção de matéria de iniciativa reservada e sem pertinência temática com o texto originário da MP 899/2019 (MP do Contribuinte Legal), na lei conversora, consistindo em um verdadeiro "contrabando legislativo", algo totalmente vedado pelo Supremo Tribunal Federal (STF), desde o julgamento da ADI 5.127/DF, em maio do ano de 2016.

> – Com certeza, teremos uma nota de atualização no link do livro, no site da editora...

Com certeza! Precisamos aguardar o desfecho da ADI 6399, cujo relator é o Ministro Marco Aurélio. Não deixe de acompanhar sua caixa de e-mails, hein!? Assim que tivermos um desfecho desse assunto controvertido, já enviarei uma nota de atualização para a editora que, por sua vez, irá lhe enviar uma notificação.

> – Pode deixar, professora!

Passemos a estudar a já regulamentada pela Portaria PGFN 11.956, de 27 de novembro de 2019, a qual dispõe sobre o instituto da transação referente às dívidas inscritas em Dívida Ativa da União (DAU), consideradas como irrecuperáveis ou de difícil recuperação.

> – Vamos lá!

CAPÍTULO 7 → Todo crédito tributário chega ao seu fim!

Primeiramente, importante conhecer os nove princípios que regem a transação da DAU, nos termos do art. 2º da referida Portaria:

PRINCÍPIOS QUE REGEM A TRANSAÇÃO DA DAU:
• presunção de boa-fé do contribuinte;
• estímulo à regularização e conformidade fiscal;
• concorrência leal entre os contribuintes;
• redução de litigiosidade;
• menor onerosidade dos instrumentos de cobrança;
• adequação dos meios de cobrança à capacidade de pagamento dos devedores inscritos em dívida ativa da União;
• autonomia de vontade das partes na celebração do acordo de transação;
• atendimento ao interesse público;
• publicidade e transparência ativa, ressalvada a divulgação de informações protegidas por sigilo, nos termos da lei.

– Professora, tenho uma dúvida: quando saberei que se trata de uma dívida de difícil recuperação ou irrecuperável?

O art. 24[35] da referida Portaria traz as hipóteses de dívidas tributárias, consideradas como irrecuperáveis, inscritas como DAU.

---

35. Art. 24 da Portaria PGFN 11956/2019. "Para os fins do disposto nesta Portaria, são considerados irrecuperáveis os créditos inscritos em dívida ativa da União, quando:
I – inscritos há mais de 15 (quinze) anos e sem anotação de garantia ou suspensão de exigibilidade;
II – suspensos por decisão judicial há mais de 10 (dez) anos;
III – de titularidade de devedores:
a) com falência decretada;
b) em processo de recuperação judicial ou extrajudicial;
c) em liquidação judicial;
d) em intervenção ou liquidação extrajudicial.
IV – de titularidade de devedores, em condição de pessoa jurídica, cuja situação cadastral no CNPJ seja:
a) baixada por inaptidão;
b) baixada por inexistência, de fato;
c) baixada por omissão contumaz;
d) baixada por encerramento da falência;
e) baixada pelo encerramento da liquidação judicial;

525

Dentre elas, destaca-se a dívida inscrita há mais de 15 (quinze) anos e sem anotação de garantia ou suspensão de exigibilidade, assim como a de titularidade de devedores em caráter de pessoa jurídica, cuja situação cadastral no CNPJ esteja baixada por inexistência de fato; e a de titularidade de devedores cuja falência foi decretada ou estejam em processo de recuperação judicial, ou extrajudicial, por exemplo.

Ademais, a própria Portaria, no art. 23, prevê a distinção entre os inadimplentes, classificados em ordem de recuperabilidade. Vide:

ORDEM DE RECUPERABILIDADE DE CRÉDITOS EM ORDEM DECRESCENTE:
• créditos tipo A: inscrições com alta perspectiva de recuperação;
• créditos tipo B: inscrições com média perspectiva de recuperação;
• créditos tipo C: inscrições consideradas de difícil recuperação;
• créditos tipo D: inscrições consideradas irrecuperáveis.

Percebe-se que aqui utilizamos, também, a capacidade contributiva para verificar a possibilidade de recuperação de créditos, um dos pilares da MP 899/2019, também mencionada pela Portaria PGFN, nos artigos mencionados, como capacidade de pagamento.[36]

---

f) baixada pelo encerramento da liquidação;
g) inapta por localização desconhecida;
h) inapta por inexistência de fato;
i) inapta por omissão e não localização;
j) inapta por omissão contumaz;
k) inapta por omissão de declarações;
l) suspensa por inexistência, de fato.
V – de titularidade de devedores, em condição de pessoa física, com indicativo de óbito.
VI – os respectivos processos de execução fiscal estiverem arquivados com fundamento no art. 40 da Lei 6.830, de 22 de setembro de 1980, há mais de 3 (três) anos.
Parágrafo único. As situações descritas nos incisos III, IV e V do *caput* deste artigo devem constar, respectivamente, nas bases do CNPJ e do CPF perante a Secretaria Especial da Receita Federal do Brasil do Ministério da Economia até a data da proposta de transação, cabendo ao devedor as medidas necessárias à efetivação dos registros."

36. Consiste num instituto criado para graduar os prazos e descontos a serem deferidos às inscrições em dívida ativa elegíveis para a transação, decorrendo da situação econômica do inadimplente, a qual será constatada por meio da análise conjunta de informações patrimoniais, cadastrais prestadas por ele próprio ou por terceiros. Assim sendo, será possível conhecer uma capacidade de pagamento estimada do devedor. Quando positiva, estima-se que o inadimplente possui condições de liquidar a dívida integralmente em até 60 (sessenta) meses, caso contrário, sendo uma capacidade de pagamento estimada insuficiente,

– Então, o objeto desta Portaria são os débitos/créditos classificados como tipos C e D?!

A estes débitos, exclusivamente, podem ser concedidos descontos, nos termos do art. 8º, I, da Portaria, os qual deverão incidir de forma proporcional sobre os acréscimos legais.

– Esse desconto é a única possibilidade de concessão por parte da PGFN, além da possibilidade da concessão da moratória e do prazo para pagamento?

Não, há outras concessões que a Portaria da PGFN prevê no art. 8º:

CONCESSÕES:
a) oferecimento de descontos aos débitos considerados irrecuperáveis ou de difícil recuperação pela Procuradoria-Geral da Fazenda Nacional;
b) possibilidade de parcelamento;
c) possibilidade de diferimento ou moratória;
d) flexibilização das regras para aceitação, avaliação, substituição e liberação de garantias;
e) flexibilização das regras para constrição ou alienação de bens.

---

prazos superiores àquele mencionado, descontos poderão ser deferidos. Um exemplo é referente ao empresário individual, microempresas e empresas de pequeno porte, os quais suportam, praticamente, todo o ônus da carga tributária deste país, sendo os mais afetados. Em regra, esse grupo possui uma capacidade de pagamento inferior ao seu montante da dívida tributária, por isso, maiores descontos e um maior prazo deverão ser concedidos. Ademais, nos termos dos arts. 22 e 62 ao 68 da Portaria PGFN 11.956/2019, o devedor terá conhecimento da sua capacidade de pagamento, bem como a metodologia de cálculo, podendo impugná-la, pedindo eventual revisão. Nos termos do art. 64, o pedido de revisão será apresentado no prazo de 15 (quinze) dias, contados: "I – no caso de inconformidade quanto à capacidade de pagamento, da data em que o contribuinte tomar conhecimento de sua situação na plataforma REGULARIZE da Procuradoria Geral da Fazenda Nacional; II – no caso de inconformidade quanto às situações impeditivas à celebração da transação, a partir da data em que a transação for rejeitada".

Antes de adentrarmos nas modalidades de transação quanto à Dívida Ativa da União (DAU), preciso lhe passar alguns aspectos gerais sobre.

Primeiro, o art. 13[37] da Portaria PGFN 11.956/2019 menciona a possibilidade da desistência da execução fiscal de débito, objeto da transação, desde que inexista, nos autos, garantia útil à satisfação dos débitos executados no processo.

Outro ponto importante é que a PGFN irá eleger inscrições passíveis de serem objeto da celebração da transação, sendo que o art. 15[38] da mesma Portaria prevê a impossibilidade de adesão parcial, no entanto, nada impede que na transação o contribuinte, em conjunto com a Fazenda Nacional, deixe de incluir uma ou mais inscrições, desde que estejam garantidas, parceladas ou suspensas por decisão judicial ou, ainda, que seja demonstrada que a situação econômica do devedor impeça o equacionamento de todo o passivo que possui.

Por último, saiba que os devedores que celebraram a transação, mas, em caso de descumprimento dos requisitos, forem penalizados com a rescisão, nos termos do art. 17 da Portaria, não poderão aderir a outra transação antes do decurso do lapso temporal de 2 (dois) anos, mesmo referente a débitos distintos.

– Seria porque o devedor feriu a boa-fé que a Fazenda Nacional lhe depositou?

---

37. Art. 13 da Portaria PGFN 11.956/2019. "O Procurador da Fazenda Nacional poderá requerer, observados critérios de conveniência e oportunidade e desde que não acarrete ônus para União, a desistência da execução fiscal de débito transacionado, quando inexistentes, nos autos, garantia útil à satisfação, parcial ou integral, dos débitos executados."
38. Art. 15 da Portaria PGFN 11956/2019. "A transação deverá abranger todas as inscrições elegíveis do sujeito passivo, sendo vedada a adesão parcial.
§ 1º. Na transação por adesão à proposta da Procuradoria-Geral da Fazenda Nacional, o sujeito passivo poderá combinar um ou mais tipos disponíveis, de forma a equacionar todo o passivo fiscal elegível.
§ 2º. Em quaisquer das modalidades de transação previstas nesta Portaria, é lícito ao sujeito passivo deixar de incluir uma ou mais inscrições no acordo, desde que garantidas, parceladas ou suspensas por decisão judicial.
§ 3º. Na transação individual, é lícito ao sujeito passivo deixar de incluir uma ou mais inscrições no acordo, caso demonstre que sua situação econômica impede o equacionamento de todo o passivo elegível."

CAPÍTULO 7 → Todo crédito tributário chega ao seu fim!

Muito bem, essa é a constatação correta! Lembrando que a boa-fé do devedor é um dos pilares da MP do Contribuinte Legal.

Ademais, no âmbito da PGFN, no que concerne à DAU, são três modalidades de transação admissíveis, quanto concerne aos débitos inscritos em dívida ativa:

MODALIDADES DE TRANSAÇÃO QUANTO À DAU:

- transação por adesão à proposta da Procuradoria-Geral da Fazenda Nacional;
- transação individual proposta pela Procuradoria-Geral da Fazenda Nacional;
- transação individual proposta pelo devedor inscrito em dívida ativa da União.

– Cada vez mais essa Portaria me surpreende pela quantidade de novidades que ela trouxe.

Compartilho da mesma surpresa que você manifesta!

– Como funciona essa transação por adesão?

Essa primeira modalidade de transação quanto à DAU é destinada aos devedores, cujas dívidas sejam de até R$ 15 milhões, após a publicação do edital[39] da PGFN, o qual dará a oportunidade[40] ao inadimplente se regularizar mediante à adesão à transação.

---

39. Art. 27 da Portaria PGFN 11956/19. "A proposta de transação por adesão será realizada mediante publicação de edital pela Procuradoria-Geral da Fazenda Nacional.
§ 1º. O edital deverá conter:
I – o prazo para adesão à proposta;
II – os critérios para elegibilidade dos débitos inscritos em dívida ativa da União à transação por adesão;
III – os critérios impeditivos à transação por adesão, quando for o caso;
IV – os tipos de transação por adesão à proposta da Procuradoria-Geral da Fazenda Nacional, podendo estipular tipos distintos para débitos relativos às contribuições sociais de que tratam a alínea "a" do inciso I e o inciso II do *caput* do art. 195 da Constituição Federal;
V – os compromissos e obrigações adicionais a serem exigidos dos devedores;
VI – a descrição do procedimento para adesão à transação proposta pela Procuradoria-Geral da Fazenda Nacional;
VII – a descrição dos procedimentos para apresentação de manifestação de inconformidade em relação à capacidade de pagamento do sujeito passivo e às situações impeditivas à transação;

529

– Que valor exorbitante!

Pois é, mas tem muita gente que, inclusive, supera esse montante. Nessa modalidade, inclusive, temos alguns tipos de devedores que se encaixam:

TIPOS DE DEVEDORES NA TRANSAÇÃO POR ADESÃO:
Devedor com capacidade de pagamento insuficiente;
Dívidas antigas em cobrança, as quais são consideradas como débitos inscritos há mais de quinze anos e sem anotação de garantia ou suspensão de exigibilidade;
Dívidas antigas suspensas, cujos débitos estejam suspensos por decisão judicial há mais de dez anos;
Pessoas jurídicas inadimplentes consideradas como extintas, inaptas ou baixadas, a depender da situação cadastral verificada no respectivo CNPJ;
Devedor pessoa física falecida, consoante a situação cadastral verificada no respectivo CPF.

VIII – a relação de devedores com inscrições elegíveis à transação nos tipos que especificar;
IX – as hipóteses de rescisão do acordo e a descrição do procedimento para apresentação de impugnação.
§ 2º. O Edital será publicado no sítio da Procuradoria-Geral da Fazenda Nacional, disponível na internet (www.pgfn.gov.br).
§ 3º. Os procedimentos para adesão devem ser realizados exclusivamente na plataforma REGULARIZE da Procuradoria-Geral da Fazenda Nacional (www.regularize.pgfn.gov.br)."
40. Art. 28 da Portaria PGFN 11956/2019. "Ao aderir à proposta de transação formulada pela Procuradoria-Geral da Fazenda Nacional, o devedor deverá:
I – declarar que não utiliza pessoa natural ou jurídica interposta para ocultar ou dissimular a origem ou a destinação de bens, de direitos e de valores, seus reais interesses ou a identidade dos beneficiários de seus atos, em prejuízo da Fazenda Pública Federal;
II – declarar que não alienou ou onerou bens ou direitos com o propósito de frustrar a recuperação dos créditos inscritos;
III – efetuar o compromisso de cumprir as exigências e obrigações adicionais previstas nesta Portaria, no Edital ou na proposta;
IV – declarar, quando a transação envolver a capacidade de pagamento, que as informações cadastrais, patrimoniais e econômico-fiscais prestadas à administração tributária são verdadeiras e que não omitiu informações quanto à propriedade de bens, direitos e valores;

CAPÍTULO 7 → Todo crédito tributário chega ao seu fim!

 – E a transação individual?

Antes de adentrarmos nesta modalidade, vejamos os pontos em comum. Tanto na transação por adesão quanto na individual, temos que serão observados, de forma isolada ou cumulativamente, alguns parâmetros, por parte da PGFN:

PARÂMETROS A SEREM OBSERVADOS:
tempo em cobrança;
a suficiência e liquidez das garantias associadas aos débitos inscritos;
a existência de parcelamentos ativos;
a perspectiva de êxito das estratégias administrativas e judiciais de cobrança;
o custo da cobrança judicial;
o tempo de suspensão de exigibilidade por decisão judicial;
o histórico de parcelamentos dos débitos inscritos;
a situação econômica e a capacidade de pagamento do sujeito passivo.

Ademais, em ambas as modalidades, enquanto não concretizada pelo devedor e aceita pela Procuradoria-Geral da Fazenda Nacional, a proposta de transação não suspende a exigibilidade dos créditos nela abrangidos nem o andamento das respectivas execuções fiscais.

E mais, referente à transação, em ambas as modalidades, quando há oferecimento de descontos, parcelamento deferido e moratória

---

V – renunciar a quaisquer alegações de direito, atuais ou futuras, sobre as quais se fundem ações judiciais, incluídas as coletivas, ou recursos que tenham por objeto os créditos incluídos na transação, por meio de requerimento de extinção do respectivo processo com resolução de mérito, nos termos da alínea "c" do inciso III do *caput* do art. 487 da Lei 13.105, de 16 de março de 2015 – Código de Processo Civil.
Parágrafo único. A cópia do requerimento de que trata o inciso V do *caput*, protocolado perante o juízo, deverá ser apresentada exclusivamente pela plataforma REGULARIZE da Procuradoria-Geral da Fazenda Nacional no prazo máximo de 60 (sessenta) dias contados a partir da data da adesão à transação."

531

concedida, a formalização do acordo de transação constitui ato inequívoco de reconhecimento, pelo devedor, dos débitos transacionados.

Após a formalização do acordo de transação, teremos que ocorrerá a suspensão da exigibilidade dos créditos transacionados enquanto o acordo perdurar.

Por fim, nada impede que ocorra a rescisão da transação, igualmente em ambas as modalidades, nos termos do art. 48 da referida Portaria:

RESCISÃO DA TRANSAÇÃO:
a) o descumprimento das condições, das cláusulas, das obrigações ou dos compromissos assumidos;
b) a comprovação de que o devedor se utiliza de pessoa natural ou jurídica interposta para ocultar ou dissimular a origem ou a destinação de bens, de direitos e de valores, seus reais interesses ou a identidade dos beneficiários de seus atos, em prejuízo da Fazenda Pública Federal;
c) a comprovação de que o devedor incorreu em fraude à execução, nos termos do art. 185 da Lei 5.172, de 25 de outubro de 1966 (Código Tributário Nacional), e não reservou bens ou rendas suficientes ao total pagamento da dívida inscrita;
d) a decretação de falência ou de extinção, pela liquidação, da pessoa jurídica transigente;
e) a ocorrência de alguma das hipóteses rescisórias adicionalmente previstas no respectivo termo de transação.

 – Bem esclarecedor. Mas quais são as diferenças?

Pois bem, na transação individual,[41] temos que grandes devedores serão contemplados, cujos débitos superem o montante "pífio" de, apenas, R$ 15 milhões!

---

41. Vale destacar o teor do art. 38 da Portaria PGFN 11956/2019. "Art. 38. Recebida a proposta, a unidade da Procuradoria-Geral da Fazenda Nacional deverá:
I – analisar o atual estágio das execuções fiscais movidas contra o devedor e a existência de exceção, embargos ou qualquer outra ação proposta contra o crédito;
II – verificar a existência de garantias já penhoradas em execuções fiscais movidas pela Procuradoria-Geral da Fazenda Nacional, o valor e a data da avaliação oficial e se houve tentativa de alienação judicial dos bens penhorados;

CAPÍTULO 7 → Todo crédito tributário chega ao seu fim!

Você não viu nada, meu bem! Lembrando que são devedores deste montante cuja capacidade de pagamento seja insuficiente.

Fora esse valor surreal, essa transação também será considerada para contribuintes determinados, a depender do requerimento pessoal.

Vamos ao quadro:

TIPOS DE DEVEDORES NA TRANSAÇÃO INDIVIDUAL:
Devedores cuja dívida supere os R$ 15 milhões e capacidade de pagamento insuficiente;
Devedor falido ou que se encontre em processo de liquidação judicial, ou de intervenção, ou de liquidação extrajudicial, ou em recuperação judicial ou extrajudicial, independentemente do montante da dívida;
Entes públicos, independentemente do valor da dívida, considerando como os Estados, o Distrito Federal, os Municípios e suas respectivas entidades de direito público da administração indireta;
Dívidas que se encontrem suspensas por decisão judicial, cujo valor seja superior a R$ 1 milhão e que se encontrem devidamente garantidas por meio de penhora, fiança ou seguro, independentemente do prazo de suspensão.

III – verificar a existência de garantias ofertadas em parcelamentos administrados pela Procuradoria-Geral da Fazenda Nacional, ainda que já extintos por pagamento ou rescindidos por descumprimento das obrigações;
IV – verificar a existência de débitos não ajuizados ou pendentes de inscrição em dívida ativa da União;
V – verificar a existência de débitos inscritos ou ajuizados por outra unidade da Procuradoria-Geral da Fazenda Nacional;
VI – analisar o histórico fiscal do devedor, especialmente a concessão de parcelamentos anteriores, ordinários ou especiais, eventuais ocorrências de fraude, inclusive à execução fiscal, ou quaisquer outras hipóteses de infração à legislação com o propósito de frustrar a recuperação dos créditos devidos;
VII – analisar a aderência da proposta apresentada à atual situação econômico-fiscal e à capacidade de pagamento do devedor e suas projeções de geração de resultados, podendo, se for o caso, solicitar documentos e informações complementares, inclusive laudo técnico firmado por profissional habilitado, ou apresentar contraproposta."

533

– Achei interessante o devedor falido e o que esteja passando pela recuperação judicial poderem fazer jus ao instituto.

Isso é muito benéfico, inclusive. Até porque essa modalidade de transação individual possui alguns aspectos da Lei 11.101/2001, a qual dispõe sobre falência e recuperação judicial e extrajudicial, estudada na disciplina de Direito Empresarial, bem como a "Nova Lei de Falências" (Lei 14.112, de 24 de dezembro de 2020).

– Mesmo?

Sim, pois na transação individual, deve-se apresentar um Plano de Recuperação Fiscal à PGFN.

Inclusive, esse referido Plano de Recuperação Fiscal deverá ser apresentado após a juntada aos autos, no caso da recuperação judicial, do plano aprovado pela assembleia geral de credores, conforme disposto no art. 57, da Lei 11.101/2005[42] e art. 41 da Portaria PGFN 11.956, de 27 de novembro de 2019,[43] ou em até 60 (sessenta) dias após a publicação da referida Portaria, a qual foi publicada em 29 de

---

42. Art. 57 da Lei 11.101/2005. "Após a juntada aos autos do plano aprovado pela assembleia-geral de credores ou decorrido o prazo previsto no art. 55 desta Lei sem objeção de credores, o devedor apresentará certidões negativas de débitos tributários nos termos dos arts. 151, 205, 206 da Lei 5.172, de 25 de outubro de 1966 – Código Tributário Nacional".
43. Art. 41 da Portaria PGFN 11956/2019. "Sem prejuízo da possibilidade de adesão à proposta de transação formulada pela Procuradoria-Geral da Fazenda Nacional, nos termos do respectivo edital, os sujeitos passivos em recuperação judicial poderão apresentar, até o momento referido no art. 57 da Lei 11.101, de 9 de fevereiro de 2005, proposta de transação individual, observadas as seguintes condições:
I – o prazo máximo para quitação será de até 84 (oitenta e quatro) meses, sendo de até 100 (cem) meses na hipótese de empresário individual, microempresa ou empresa de pequeno porte em recuperação judicial;
II – o limite máximo para reduções será de até 50% (cinquenta por cento), sendo de até 70% (setenta por cento) na hipótese de empresário individual, microempresa ou empresa de pequeno porte em recuperação judicial;
III – a transação também terá como limites os percentuais medianos de alongamento de prazos e de descontos oferecidos no plano de recuperação judicial em relação aos créditos a ele sujeitos, sendo autorizada, para fins de observância desse limite, a modificação unilateral do termo de transação por parte da Procuradoria-Geral da Fazenda Nacional na hipótese de alteração superveniente do plano de recuperação judicial ofertado aos credores ou por estes aprovados nos termos da Lei 11.101, de 9 de fevereiro de 2005;

CAPÍTULO 7 → Todo crédito tributário chega ao seu fim!

novembro do mesmo ano, no Diário Oficial da União (DOU), quando o processo de recuperação judicial estiver em fase posterior ao referido momento tratado pela legislação falimentar.

– O que deve estar contemplado neste Plano de Recuperação Fiscal?

Elaborei um quadrinho especialmente sobre isso para você:

CONTEÚDO DO PLANO DE RECUPERAÇÃO FISCAL:
Exposição das causas concretas da situação patrimonial do devedor;
Demonstrações contábeis, isso é, balanço patrimonial, demonstração dos resultados, fluxo de caixa e a descrição do grupo societário;
Relação nominal dos credores;
Extratos atualizados das contas bancárias do devedor;
Relação dos bens particulares dos sócios controladores e dos administradores do devedor.

– Professora, e como ficará o caso da transação no contencioso tributário?

Como já mencionei, há algumas premissas para fins de transação no âmbito do contencioso tributário. Primeiramente, que existam controvérsias jurídicas relevantes e disseminadas, além de concessões recíprocas entre as partes.

– Será possível ambas as modalidades?

IV – possibilidade de concessão de diferimento, pelo prazo máximo de 180 (cento e oitenta) dias, contados a partir da formalização do acordo de transação e do pagamento da entrada convencionada.
Parágrafo único. Além das obrigações e exigências previstas, respectivamente, nos arts. 5º e 7º desta Portaria, o sujeito passivo em recuperação judicial se obriga a demonstrar a ausência de prejuízo ao cumprimento das obrigações contraídas com a celebração da transação em caso de alienação ou oneração de bens ou direitos integrantes do respectivo ativo não circulante."

535

Pelo texto da MP 899/2019, apenas a modalidade por adesão será possível, nesse caso, nos termos do art. 11. Vide:

> Art. 11. O Ministro de Estado da Economia poderá propor aos sujeitos passivos transação resolutiva de litígios tributários ou aduaneiros que versem sobre relevante e disseminada controvérsia jurídica, com base em manifestação da Procuradoria-Geral da Fazenda Nacional e da Secretaria Especial da Receita Federal do Brasil do Ministério da Economia.
>
> Parágrafo único. A proposta de transação e a eventual adesão por parte do sujeito passivo não poderão ser invocadas como fundamento jurídico ou prognose de sucesso da tese sustentada por qualquer das partes, e serão compreendidas exclusivamente como medida vantajosa diante das concessões recíprocas.

Vale destacar que somente será possível a celebração da transação se constatada a existência de ação judicial, embargos à execução fiscal ou recurso administrativo pendente de julgamento definitivo, relativamente à tese objeto da transação, na data de publicação do edital.

– Que edital é esse?

Um edital a ser publicado pelo Ministro da Economia, o qual definirá as exigências a serem cumpridas, as reduções ou concessões oferecidas, os prazos e as formas de pagamento admitidas. Logo, quem definirá as regras da transação por adesão no contencioso tributário, seja na seara administrativa, seja na judiciária, será o Ministro da Economia. Devemos aguardar.

Assim, finalizamos a transação.

– Acho que é um dos primeiros capítulos de livro de Direito Tributário a tratar sobre o instituto. Sempre lia ou ouvia nas aulas que a transação não havia sido regulamentada; agora, várias peculiaridades.

Mais um ponto para você estudar para suas provas, mas também, caso advogue na área, para já ir se planejando em como irá encontrar

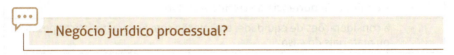

a melhor solução para o seu cliente. De fato, a transação vem para revolucionar o Direito Tributário, como vem fazendo o negócio jurídico processual!

> – Negócio jurídico processual?

Sim! Mas é um assunto para outro capítulo, na parte sobre a execução fiscal, ok? Passemos a estudar a remissão, instituto que iremos, provavelmente, ouvir falar muito em breve!

4. REMISSÃO

> – Também prevista no Direito Civil, nos arts. 385 a 388 do Código Civil de 2002, como pude notar.

No Direito Tributário, temos a previsão da remissão no art. 172 do CTN, consistindo em um perdão, podendo ser total ou parcial, conforme previsto em lei, nos termos do art. 150, § 6º, da CF/1988, bem como do art. 195, § 11, da CF/1988.

> – Professora, a remissão é diferente da anistia?

Sim, primeiramente, a anistia consiste na exclusão do crédito tributário, conforme estudaremos mais adiante. Também consistem em perdão, no entanto, quanto às infrações. Logo, a anistia concede perdão às multas. Já a remissão, consiste no perdão quanto à obrigação tributária principal, isto é, de pagar o tributo.

Veremos mais adiante algumas peculiaridades acerca da anistia.

> – E, por que, seria concedida a remissão?

O art. 172 do CTN prevê cinco possibilidades. Vejamos:

• a situação econômica do sujeito passivo;
• ao erro ou ignorância escusáveis do sujeito passivo, quanto a matéria de fato;
• a diminuta importância do crédito tributário;
• a considerações de equidade, em relação com as características pessoais ou materiais do caso;
• a condições peculiares a determinada região do território da entidade tributante.

– Por conta da redação do parágrafo único do art. 172, que faz menção ao art. 155 do CTN, a remissão, assim como a moratória, não gera direito adquirido?

Pela simples redação, podemos concluir exatamente o que você pontuou. A doutrina de Regina Helena Costa,[44] no entanto, compreende que, uma vez preenchidos os requisitos, o contribuinte terá direito à benesse, pois se trata de um ato administrativo de natureza vinculada, somente podendo vir a ser cassado quando o interessado deixar de observar os requisitos.

5. CONVERSÃO DO DEPÓSITO EM RENDA

– Quando estudamos as hipóteses que ensejam a suspensão da exigibilidade do crédito tributário, vimos sobre o depósito do montante integral. Você, inclusive, havia mencionado que de qualquer forma esse depósito, posteriormente, ensejaria a extinção do crédito tributário, seja quando o contribuinte tivesse razão, procedendo, nesta situação, ao levantamento do valor corrigido, seja quando a Fazenda Pública fosse vencedora na discussão, convertendo o montante depositado em renda.[45]

---

44. COSTA, Regina Helena. *Curso de Direito Tributário: Constituição e Código Tributário Nacional*. 7. ed. rev. e atual. Editora Saraiva: São Paulo, 2017. p. 294.
45. "A jurisprudência consolidou-se, há muito, no sentido de que, caso o pedido venha a ser julgado improcedente, a conversão de depósito em renda da Fazenda Pública há de ser feita obrigatoriamente. Conforme já salientamos, não nos parece que seja assim. Em verdade, consoante o nosso ordenamento jurídico, o pagamento é forma voluntária de extinção de obrigação (art. 304 do CC). Caso assim não ocorra, o credor pode valer-se da execução

CAPÍTULO 7 → Todo crédito tributário chega ao seu fim!

Esse é um exemplo de conversão de depósito em renda, sendo o mais corriqueiro nas provas de concurso. Também vislumbramos a possibilidade a partir da conversão em renda do valor do depósito feito em ação de consignação em pagamento, na qual o contribuinte acaba depositando o valor que compreende ser correto e não o que a Fazenda Pública compreende.

– Nesse caso, portanto, não ocorrerá a suspensão da exigibilidade do crédito tributário, quando o depósito for realizado, certo?!

Não mesmo! Estudaremos oportunamente essa possibilidade de extinção do crédito tributário. Só adianto que poderá ser total ou parcial, sendo que, neste último caso, o valor referente à diferença será cobrado acrescido de juros e correção monetária.

6. PAGAMENTO ANTECIPADO

– Esse ponto é até dispensável para ser estudado, professora. Você abordou bastante sobre o dito pagamento antecipado quando estudamos a parte sobre lançamento por homologação. O sujeito passivo irá proceder ao cálculo do montante devido do tributo, antecipará o pagamento e aguardará o Fisco homologar, seja expressa ou tacitamente.

Tal pagamento antecipado, nos termos do § 1º do art. 150 do CTN, tem o condão de ocasionar a extinção do crédito tributário, sob condição resolutória do consecutivo ato de homologação.

---

forçada, que reveste disciplina própria. Na hipótese de crédito tributário, é a execução fiscal, regrada pela Lei 6.830, de 1980. Desse modo, a nosso ver, vencido o contribuinte em ação na qual efetuou o depósito do tributo impugnado, deve este ser instado a manifestar-se quanto à sua intenção de efetuar o respectivo pagamento, na modalidade "conversão de depósito em renda". Caso não pretenda fazê-lo, optando pelo direito que lhe é assegurado pelo ordenamento jurídico de submeter-se à execução forçada, poderá requerer o levantamento do depósito, cabendo ao Juízo intimar previamente o Fisco dessa postulação. Essa é a oportunidade para o Fisco, em garantia de seu crédito, de requere seja procedida a penhora do valor depositado, viabilizando-se a execução fiscal." (COSTA, Regina Helena. *Curso de Direito Tributário: Constituição e Código Tributário Nacional*. 7. ed. rev. e atual. Editora Saraiva: São Paulo, 2017. p. 286-7.)

539

> – Na parte sobre o pagamento, além do estudo referente ao princípio da irretroatividade, você também tinha me explicado sobre aquela Lei Complementar 118/2005 e a ação de restituição do indébito tributário, cujo prazo prescritivo quinquenal teria como prazo inicial a data da realização do pagamento antecipado.

Muito bem! Ocorrendo, portanto, a homologação, seja tácita ou expressamente, o crédito tributário é extinto, pois teremos que o valor pago antecipadamente terá sido aceito pelo Fisco.

7. CONSIGNAÇÃO EM PAGAMENTO

Primeiramente, importante mencionar que somente extinguirá o crédito tributário a consignação em pagamento julgada procedente. Isso porque será convertida em renda, conforme já mencionado anteriormente, o valor depositado.

> – Então, somente ajuizar a ação de consignação em pagamento não extingue o crédito tributário?

Não extingue! Vamos entender um pouco sobre essa ação.

> – Ok, professora!

A ação de consignação tem como intuito garantir o direito do devedor de pagar a sua dívida tributária, para fins de evitar os efeitos da mora, sendo que o contribuinte depositará o valor que compreende devido.

> – Não o que o Fisco compreende ser devido...

Justamente isso. Em decorrência disso, não tem a virtude de viabilizar a suspensão da exigibilidade do crédito tributário, diferentemente do depósito do montante integral que o Fisco compreende ser o exigido. Tome cuidado com essa diferença básica!

– E quais são as hipóteses aptas a ensejar a consignação em pagamento?

Elas estão contidas no art. 164 do CTN:

> Art. 164. A importância de crédito tributário pode ser consignada judicialmente pelo sujeito passivo, nos casos:
>
> I – de recusa de recebimento, ou subordinação deste ao pagamento de outro tributo ou de penalidade, ou ao cumprimento de obrigação acessória;
>
> II – de subordinação do recebimento ao cumprimento de exigências administrativas sem fundamento legal;
>
> III – de exigência, por mais de uma pessoa jurídica de direito público, de tributo idêntico sobre um mesmo fato gerador.
>
> § 1º. A consignação só pode versar sobre o crédito que o consignante se propõe pagar.
>
> § 2º. Julgada procedente a consignação, o pagamento se reputa efetuado e a importância consignada é convertida em renda; julgada improcedente a consignação no todo ou em parte, cobra-se o crédito acrescido de juros de mora, sem prejuízo das penalidades cabíveis.

– Sobre a hipótese descrita no inciso III, lembro-me sobre o que estudamos na aula sobre os impostos, referente ao IPTU e o ITR, tornando-se cabível manejar a ação de consignação em pagamento quando não se sabe se em face de determinado imóvel incidirá o imposto municipal ou o imposto federal.

Esse é o caso mais emblemático para amparar a propositura de uma ação de consignação em pagamento, vira e mexe temos uma questão de prova cobrando esse caso. Trata-se daquela circunstância compreendida como bitributação.

541

Na situação do inciso I, temos que ocorrendo a recusa por parte da autoridade, de receber o valor, ou por subordinação dessa ao pagamento de outro tributo ou de penalidade, ou ao cumprimento de obrigação acessória, haverá a possibilidade da propositura da ação em consignação. Ou seja, para que seja aceito o pagamento de determinado tributo, se a autoridade compreender que o contribuinte esteja obrigado a pagar todos os demais, estaremos diante de uma exigência ilegal.

> – A segunda situação do art. 164, prevista no inciso II, é fácil de identificar. Penso que se eu quero pagar determinado tributo e há exigências sem fundamento legal, por parte da autoridade administrativa, poderei propor a ação de consignação em pagamento.

Ainda temos outra situação, conforme o Superior Tribunal de Justiça, embora não prevista no art. 164 do CTN.

No julgamento do REsp 667.302/RS, a jurisprudência compreendeu que o contribuinte, no seu direito de pagar o tributo, poderá utilizar-se da ação de consignação em pagamento quando entender que o Fisco está exigindo uma prestação maior que a devida.

> – Caso o contribuinte vença, ou seja, a consignação em pagamento seja julgada procedente – sendo o pedido julgado procedente –, o depósito será convertido em renda e teremos a extinção do crédito tributário. E, se porventura, o contribuinte perder?

No caso de improcedência, o crédito tributário permanecerá existente e serão acrescidos juros, multa e demais encargos legais ao valor do principal.

Outra situação possível é quando ocorrer uma decisão que seja parcialmente procedente, isto é, o depósito realizado pelo contribuinte se mostrar insuficiente para adimplir todo o crédito tributário, no entanto, o referente ao valor depositado será convertido em renda. Quanto à diferença, serão somados juros, multa, entre outros encargos legais, nos termos do art. 164, § 2º, do CTN.

8. DECISÃO JUDICIAL COM TRÂNSITO EM JULGADO

– É aquela decisão da qual não caiba mais nenhum recurso?

Essa é a definição, prevista no art. 5º, XXXVI, da CF/1988. Na seara tributária, essa decisão só tem o condão de extinguir o crédito tributário, logicamente, quando for favorável ao contribuinte. Do contrário, teremos a possibilidade de a Fazenda Pública vir a executar seu crédito tributário.

9. DECISÃO ADMINISTRATIVA IRREFORMÁVEL

Você se recorda de quando lhe expliquei sobre a possibilidade de o sujeito passivo, ao ser notificado da realização do lançamento de ofício ou por declaração, inconformado, apresentar impugnação?

– Sim, sendo que esta possibilidade pode ser exercida no lapso temporal de 30 (trinta) dias, conforme norma federal, ou, caso o ente possua norma com prazo distinto, observando seus preceitos.

A partir da apresentação da impugnação em tempo hábil, conforme o que você relatou, teremos instaurado o processo administrativo tributário. Caso, ao final, a decisão for no sentido de que o lançamento é improcedente, o crédito tributário restará extinto.

Conforme o art. 156, IV, do CTN, a decisão irreformável é aquela compreendida como a definitiva na seara administrativa, da qual não poderá ser proposta mais ação anulatória, formando a coisa julgada administrativa.[46]

---

46. Conforme Maria Sylvia Zanella di Pietro: "No entanto, há que se ter em conta que, sendo muito diversas as funções jurisdicional e administrativa, pela forma como nelas atua o Estado, não se pode simplesmente transpor uma noção, como a de coisa julgada, de um ramo, onde tem pleno fundamento, para outro, em que não se justifica. Na função jurisdicional, o Poder Judiciário atua como terceiro estranho à lide; a relação é trilateral, porque compreende, autor, réu e juiz, não sendo esta parte na relação que vai decidir. Por isso mesmo, a função é imparcial e, como tal, torna-se definitiva, pondo fim ao conflito; por outras

— Essa decisão de improcedência do lançamento pode decorrer em virtude de quê?

Por conta de vícios formais ou materiais presentes neste ato administrativo.

No caso de vício formal, é plenamente possível, conforme o que já estudamos, que um novo lançamento possa vir a ser realizado. Inclusive, é o que prevê o art. 173, II, do CTN:

> Art. 173 do CTN. O direito de a Fazenda Pública constituir o crédito tributário extingue-se após 5 (cinco) anos, contados:
>
> II – da data em que se tornar definitiva a decisão que houver anulado, por vício formal, o lançamento anteriormente efetuado.

— Não consegui compreender essa expressão do art. 156, IV, do CTN: "não mais possa ser objeto de ação anulatória". Pode ser que o Fisco venha a tentar judicialmente a invalidação da decisão administrativa que seja favorável ao contribuinte?

A Ministra Regina Helena Costa[47] diz que tal pensamento é:

> [...] incompatível com o sistema constitucional adotado, uma vez que a Administração Pública aplica a lei aos casos concretos e, assim, soluciona conflitos em que é parte, exercendo controle de legalidade sobre seus atos. Logo, na hipótese, não possui interesse de agir para buscar tal prestação jurisdicional.

---

palavras, ela produz coisa julgada. Na função administrativa, a Administração Pública é parte na relação que aprecia; por isso mesmo se diz que a função é parcial e, partindo do princípio de que ninguém é juiz e parte ao mesmo tempo, a decisão não se torna definitiva, podendo sempre ser apreciada pelo Poder Judiciário, se causar lesão ou ameaça de lesão. Portanto, a expressão 'coisa julgada', no Direito Administrativo, não tem o mesmo sentido que no Direito Judiciário. Ela significa apenas que a decisão se tornou irretratável pela própria Administração." (DI PIETRO, Maria Sylvia Zanella. *Direito Administrativo*, 21. ed. São Paulo: Atlas, 2008. p. 701).

47. COSTA, Regina Helena. *Curso de Direito Tributário: Constituição e Código Tributário Nacional*. 7. ed. rev. e atual. Editora Saraiva: São Paulo, 2017. p. 300.

10. DAÇÃO EM PAGAMENTO DE BENS IMÓVEIS

– Só bens imóveis mesmo, não é, professora?

Conforme o que lhe mencionei anteriormente, sim. É a posição que você deve levar para a prova. Também está prevista no Código Civil, em seu art. 356.

Foi por meio da edição da Lei Complementar 104/2001 que tivemos a inclusão da dação em pagamento de bens imóveis[48] como uma das hipóteses extintivas do crédito tributário, no art. 156 do CTN. No entanto, era indispensável que lei ordinária regulamentasse o assunto.

– Eu me recordo que foi a Lei 13.259/2016, em âmbito federal, que veio a regulamentar a hipótese. Também, a Portaria PGFN 32/2018, a qual dispõe sobre a dação em pagamento e bens imóveis aos créditos tributários da União inscritos em dívida ativa.

Muito bem!

Nos termos do art. 4º, § 1º, da Lei 13.259/2016, ficam vedadas de adesão ao regime as dívidas derivadas do Simples Nacional. Tome cuidado com esse ponto, caso sua prova busque o conhecimento mais específico sobre o tema.

– A dação em pagamento deve cobrir a integralidade do débito, professora?

Conforme a lei, sim, não sendo admitidos pagamentos parciais. No entanto, caso o bem ofertado não cubra o valor do débito, o contribuinte realizará a complementação em dinheiro da diferença faltante.

---

48. Ibid., p. 288. "Ainda poder-se-ia indagar se a hipótese não ofende o disposto no art. 3º do CTN, que, ao definir o conceito de tributo, estabelece por este 'prestação pecuniária compulsória, em moeda ou cujo valor nela se possa exprimir [...]'. Pensamos que seja negativa a resposta. Isso porque a norma em foco apenas admite a extinção da obrigação tributária mediante a dação em pagamento, restando preservada a natureza pecuniária da prestação qualificada como tributo."

> — E se por acaso o bem possuir valor superior ao da dívida?

O contribuinte deverá apresentar renúncia expressa, por meio de instrumento público, referente ao direito de perceber eventual compensação por parte da União referente à diferença. Ou seja, mesmo que o valor do bem seja superior ao da dívida tributária do contribuinte, este não poderá reclamar a diferença existente.

Ademais, a aceitação do bem imóvel pela União dependerá da desistência das ações judiciais, por parte do contribuinte, que estiverem em trâmite para discussão do débito, objeto de parcelamento, e renúncia a todos os direitos em que se embasam as referidas ações. No entanto, mesmo desistindo das ações, as custas processuais e os honorários advocatícios em favor da FGFN deverão ser arcados pelo contribuinte.

> — Professora, se, porventura, o contribuinte tiver realizado o depósito judicial?

Então ocorrerá a imediata conversão do depósito em favor da União, sendo que o imóvel será dado em pagamento para quitação dos eventuais débitos tributários remanescentes.

> — Não sabia de todos esses detalhes sobre a dação em pagamento de bens imóveis na esfera federal.

Se porventura você quiser se aventurar numa eventual prova de concurso da PGFN, tem que dominar esses pontos! Fique ligado, ok?

Agora, vamos para o mais trabalhoso: decadência e prescrição.

> — Já estava sentindo falta dessas suas hipóteses de extinção do crédito tributário. São cheias de detalhes!

Eu as deixei por último, pois sabia que você iria reclamar... rsrsrs

11. DECADÊNCIA

Vamos começar pela primeira situação que antecede a prescrição, ok?

Peço que você tenha muita atenção, tanto em relação à decadência quanto à prescrição, pois são hipóteses de extinção do crédito tributário bem cobradas em provas, não, apenas, sobre esse ponto da matéria, mas também, envolvendo outros, como lançamento tributário (decadência) e execução fiscal (prescrição).

> – Pode deixar, professora! Guardei meu restinho de energia para esses dois últimos pontos do capítulo.

Vamos deixar de lado as recomendações e seguir em frente! Lá no capítulo sobre o nascimento da obrigação tributária, a partir da prática do fato gerador e, no capítulo subsequente, sobre crédito tributário e lançamento, tivemos um parâmetro de como o tributo, de fato, passa a ser exigido.

Mas, para que isso ocorra, há o nascimento da obrigação tributária, posteriormente, o lançamento tributário, que possui a finalidade de constituir o crédito tributário, tornando a obrigação líquida e certa, podendo vir a ser executado caso o contribuinte incorra no inadimplemento. O que vai nos interessar para fins de decadência tributária é o momento anterior ao lançamento tributário.[49]

---

49. "A distinção entre decadência e prescrição na Teoria Geral do Direito fica mais clara quando partimos da distinção entre o direito potestativo e o direito a uma prestação. Direito potestativo é aquele cuja satisfação depende apenas do credor, enquanto direito a uma prestação é aquele cuja satisfação ocorre com uma prestação que depende do devedor. Decadência é a extinção, pelo decurso do tempo, de um direito potestativo; enquanto prescrição é a extinção, pelo decurso do tempo, de um direito a uma prestação – ou como preferem alguns, a extinção da ação que o protege porque se destina a assegurar sua satisfação. O direito – do qual a Fazenda Pública é titular – de constituir o crédito tributário é um direito potestativo. Sua satisfação depende apenas da própria Fazenda Pública, que pode fazer o lançamento mesmo contra a vontade do contribuinte. E a extinção desse direito de fazer o lançamento implica a extinção da própria relação jurídica obrigacional tributária entre o Fisco e o contribuinte; dizendo-se, por isso, que a decadência extingue o crédito tributário. No âmbito tributário, portanto, podemos definir a decadência como a extinção da relação jurídica obrigacional tributária entre o Fisco e o contribuinte pelo decurso de determinado tempo sem que a Fazenda Pública exerça o direito de constituir o crédito tributário. Tempo que é fixado pelo Código Tributário Nacional em 5 (cinco) anos, com início que depende

– Então, a decadência se opera antes do lançamento tributário?

Exatamente! Posteriormente ao lançamento, temos a prescrição. Guarde isso! É a chave para que você possa resolver qualquer questão.

Por isso, dizemos que o prazo para que a autoridade administrativa tributária realize o lançamento tributário, constituindo o crédito tributário, é decadencial, ao passo que o prazo para o ajuizamento da ação de execução fiscal é prescricional.[50]

– Sei que o que há de semelhante entre ambas é que somente leis complementares podem dispor acerca destas duas situações que ensejam a extinção do crédito tributário, nos termos do art. 146, III, b, da CF/1988.

Sim, tanto que o Código Tributário Nacional, prevê sobre ambas.

Embora estejamos dentro do tópico sobre decadência, já que você tocou neste assunto sobre lei complementar, saiba que a Lei 6830/1980 (Lei de Execuções Fiscais) é uma lei ordinária, logo, ela não pode tratar de assuntos pertinentes à lei complementar, certo?

– Certo, professora. E, no nosso caso, sobre decadência e prescrição.

Sobre tributos, isso é, dívida ativa tributária!

– Não entendi!

---

da modalidade de lançamento a ser efetuada." (MACHADO, Hugo de Brito. *Curso de Direito Tributário*. 40. ed., rev. e atual. São Paulo: Malheiros, 2019. p. 223.)

50. "A decadência e a prescrição são expressões de segurança jurídica, fundadas na ideia de que a inércia no exercício de um direito, pelo prazo legalmente assinalado, conduz ao seu perecimento. Figuram entre as categorias jurídicas mais polêmicas quanto à sua conceituação, não sendo diferente no direito tributário, que lhes empresta uma disciplina peculiar, distinta da observada no âmbito do direito privado." (COSTA, Regina Helena. *Curso de Direito Tributário: Constituição e Código Tributário Nacional*. 7. ed. rev. e atual. Editora Saraiva: São Paulo, 2017. p. 294-5.)

CAPÍTULO 7 → Todo crédito tributário chega ao seu fim!

Isso é, não se pode dispor sobre a prescrição... ou melhor dizendo, referente à dívida ativa tributária...[51]

– Significa dizer que nada impede que a Lei de Execuções Fiscais disponha sobre casos referentes à prescrição em relação à dívida ativa não tributária?

Isso mesmo! Nesse sentido é o entendimento do Superior Tribunal de Justiça, o qual merece destaque para uma leitura atenta:

> "PROCESSO CIVIL E TRIBUTÁRIO. EXECUÇÃO FISCAL. PRESCRIÇÃO. ARTS. 2º E 3º DA LEI 6.830/1980. SUSPENSÃO POR 180 (CENTO E OITENTA) DIAS. NORMA APLICÁVEL SOMENTE ÀS DÍVIDAS NAO TRIBUTÁRIAS. FEITO EXECUTIVO AJUIZADO ANTES DA VIGÊNCIA DA LC 118/2005. INTERRUPÇÃO DA PRESCRIÇÃO: [...] 2. A jurisprudência desta Corte é assente quanto à aplicabilidade do art. 2º, 3º, da Lei 6.830/1980 [suspensão da prescrição por 180 (cento e oitenta) dias por ocasião da inscrição em dívida ativa] somente às dívidas de natureza não tributária, devendo ser aplicado o art. 174 do CTN, para as de natureza tributária. No processo de execução fiscal, ajuizado anteriormente à Lei Complementar 118/2005, o despacho que ordena a citação

---

51. Na Lei 4.320/1964, mais precisamente no art. 39, § 2º, a dívida ativa é subdividida em tributária e não tributária. Vide:
"Art. 39. Os créditos da Fazenda Pública, de natureza tributária ou não tributária, serão escriturados como receita do exercício em que forem arrecadados, nas respectivas rubricas orçamentárias. [...] § 2º. Dívida Ativa Tributária é o crédito da Fazenda Pública dessa natureza, proveniente de obrigação legal relativa a tributos e respectivos adicionais e multas, e Dívida Ativa não Tributária são os demais créditos da Fazenda Pública, tais como os provenientes de empréstimos compulsórios, contribuições estabelecidas em lei, multa de qualquer origem ou natureza, exceto as tributárias, foros, laudêmios, alugueis ou taxas de ocupação, custas processuais, preços de serviços prestados por estabelecimentos públicos, indenizações, reposições, restituições, alcances dos responsáveis definitivamente julgados, bem assim os créditos decorrentes de obrigações em moeda estrangeira, de sub-rogação de hipoteca, fiança, aval ou outra garantia, de contratos em geral ou de outras obrigações legais." Percebe-se que a dívida ativa não tributária constitui um rol mais amplo do que a dívida ativa tributária, nos termos do § 2º do art. 39. Ambas poderão ser cobradas na seara administrativa ou judicial. Na segunda opção, ambas observarão o rito da Lei de Execuções Fiscais (Lei 6.830/1980), uma vez que contempla a cobrança de créditos ficais tributários e créditos fiscais não tributários, por meio da Procuradoria da Fazenda de cada ente da Federação.

549

não interrompe o prazo prescricional, pois somente a citação produz esse efeito, devendo prevalecer o disposto no artigo 174 do CTN sobre o artigo 8º, 2º, da Lei 6.830/1980. 3. Reafirmando a jurisprudência do STJ sobre a matéria, a Corte Especial, no julgamento da AI no Ag 1.037.765/SP, Rel. Min. Teori Albino Zavascki, ocorrido em 02/03/2001, acolheu por maioria o incidente para reconhecer a inconstitucionalidade, em relação aos créditos tributários, do 2º do art. 8º da LEF (que cria hipótese de interrupção da prescrição), bem como do 3º do art. 2º da mesma lei (no que se refere à hipótese de suspensão da prescrição), ressaltando que tal reconhecimento da inconstitucionalidade deve ser parcial, sem redução de texto, visto que tais dispositivos preservam sua validade e eficácia em relação a créditos não tributários objeto de execução fiscal (Informativo 465/STJ)". (REsp 1.192.368/MG, rel. Min. Mauro Campbell Marques, 2ª T, j. em 07/04/2011, DJe 15/04/2011.)

Portanto, guarde sempre que lei ordinária não poderá dispor sobre decadência e prescrição! Tanto é que o Supremo Tribunal Federal declarou inconstitucionais os artigos 45 e 46 da Lei 8.212/1991, lei ordinária. Esses dispositivos tratavam sobre os prazos da prescrição e da decadência, referentes às contribuições previdenciárias.[52]

– Logo, pelo CTN ter sido recepcionado como lei complementar, ele poderá?

---

52. "A tese, segundo a qual a fixação de prazos de decadência e de prescrição constitui também matéria privativa de lei complementar, já foi acolhida pelo STJ e pelo STF – que, por isso mesmo, declarou a inconstitucionalidade dos arts. 45 e 46 da Lei 8212. 24.7.1991, que haviam fixado em 10 (dez) anos o prazo para lançamento e o prazo para cobrança de contribuições de seguridade social (STF, Súmula Vinculante 8)." (MACHADO, Hugo de Brito. *Curso de Direito Tributário*. 40. ed., rev. e atual. São Paulo: Malheiros, 2019. p. 224.)
Resta destacar que o Supremo Tribunal Federal, no julgamento do AI no REsp 616.348, no ano de 2007, entendeu que esses artigos em questão são formalmente inconstitucionais. Também o Supremo Tribunal Federal considerou que o art. 5º do Decreto-lei 1569/1977 é inconstitucional para fins de aplicação em matéria de Direito Tributário, uma vez que dispõe sobre hipótese de suspensão de prescrição de créditos que deixariam de ser cobrados em virtude do pífio valor para fins de execução. (STF, RE 816.084 AgR/DF.)

Tanto pode que a decadência está prevista no art. 173 e no § 4º do art. 150, ambos do CTN:

> Art. 173. O direito de a Fazenda Pública constituir o crédito tributário extingue-se após 5 (cinco) anos, contados:
>
> I – do primeiro dia do exercício seguinte àquele em que o lançamento poderia ter sido efetuado;
>
> II – da data em que se tornar definitiva a decisão que houver anulado, por vício formal, o lançamento anteriormente efetuado.
>
> Parágrafo único. O direito a que se refere este artigo extingue-se definitivamente com o decurso do prazo nele previsto, contado a partir da data em que tenha sido iniciada a constituição do crédito tributário pela notificação, ao sujeito passivo, de qualquer medida preparatória indispensável ao lançamento.
>
> Art. 150. O lançamento por homologação, que ocorre quanto aos tributos cuja legislação atribua ao sujeito passivo o dever de antecipar o pagamento sem prévio exame da autoridade administrativa, opera-se pelo ato em que a referida autoridade, tomando conhecimento da atividade assim exercida pelo obrigado, expressamente a homologa.
>
> § 4º. Se a lei não fixar prazo a homologação, será ele de 5 (cinco) anos, a contar a partir da ocorrência do fato gerador; expirado esse prazo sem que a Fazenda Pública tenha se pronunciado, considera-se homologado o lançamento e definitivamente extinto o crédito, salvo se comprovada a ocorrência de dolo, fraude ou simulação.

Luís Eduardo Schoueri[53] explica que:

> Na decadência, o detentor de um direito formativo de outro direito não o exerce, não mais tendo, portanto, o outro direito que dali surgiria. Por exemplo: o detentor de uma debênture conversível em ações tem um prazo para efetuar o pagamento e receber suas ações no lugar da debênture; não exercendo o seu direito no prazo, decai (caduca) o seu direito e ele já não mais o pode exercer.

---

53. SCHOUERI, Luis Eduardo. *Direito Tributário*, 9. ed. São Paulo: Editora Saraiva, 2019. p. 698-9.

– Hum, a partir do conceito do Professos Luís Eduardo Schoueri, pude concluir, juntamente com o que você já havia explicado, que a decadência consiste no prazo que a Administração Tributária possui para constituir o crédito tributário, através do lançamento tributário. Caso perca esse prazo e não constitua o crédito tributário em 5 (cinco) anos, nos termos do *caput* do art. 173 do CTN, ocorrerá a extinção do crédito tributário.[54]

Muito bem!! Gostei da sua conclusão. Objetiva e simples!

Em decorrência disso, temos que diferentemente do Direito Civil, no Direito Tributário, a decadência, por ser uma causa de extinção do crédito tributário, sendo um obstáculo ao nascimento do crédito decaído – já que algo extinto não nasce –, também consiste em um empecilho à sua cobrança.

Ora, como pode-se cobrar algo decaído? O mesmo entendimento é aplicável à prescrição.

– E, por causa disso, também o parcelamento de algo extinto não é viável?

Sim, pois como poderemos viabilizar o parcelamento de um crédito extinto por causa da decadência ou da prescrição? Não há como confessar algo que já estava extinto, conforme entendimento do Superior Tribunal de Justiça, no julgamento do REsp 1.355.947/SP, em sede de repetitivo.

– Mas e se o contribuinte vir a adimplir o crédito decaído ou prescrito?

Nesse caso, estaremos diante de uma situação configurada como pagamento indevido, dando azo ao pedido de restituição de indébito

---

54. Vale destacar uma certa impropriedade presente no Código Tributário Nacional. Perceba que estamos estudando algo que é extinto antes mesmo de sua existência. Ou seja, o crédito tributário, para ser extinto, deve estar constituído por meio do lançamento tributário – algo que não ocorre.

tributário, conforme o que já estudamos no primeiro ponto desse capítulo. Isso no Direito Tributário. Já no Direito Civil, mesmo prescrito, caso o devedor queira saldar sua dívida, ele poderá.

– Estava lendo o art. 173 do CTN e percebi que ele, em regra, somente é aplicável aos tributos lançados de ofício ou por declaração.

No inciso I do art. 173 do CTN, temos a regra geral que, de fato, é aplicável aos tributos sujeitos às modalidades de lançamento que você listou.

O termo inicial, nesses casos, é o primeiro dia do exercício financeiro seguinte àquele em que o lançamento poderia ter sido efetuado.

Suponha que um fato gerador tenha ocorrido no dia 23/09/2013. Pela regra apresentada, temos que o Fisco possui o prazo decadencial de 5 (cinco) anos para realizar o lançamento tributário.

– E qual seria o termo inicial?

Pela redação do dispositivo, o termo inicial consistiria no primeiro dia do exercício financeiro seguinte, ou seja, em 1º de janeiro de 2014.

Já o termo final para que o Fisco constituísse o crédito tributário seria de 5 (cinco) anos após o termo inicial, isto é, em 31 de dezembro de 2018, ocorrendo a decadência em 1º de janeiro de 2019.

Já no parágrafo único, temos uma situação distinta, quando há a antecipação do prazo decadencial. Veja:

> Art. 173, parágrafo único, do CTN. O direito a que se refere este artigo extingue-se definitivamente com o decurso do prazo nele previsto, contado da data em que tenha sido iniciada a constituição do crédito tributário pela notificação, ao sujeito passivo, de qualquer medida preparatória indispensável ao lançamento.

– Como assim, antecipação do prazo decadencial?

Vou exemplificar, tomando como base o que acabei de lhe contar.

Imagine que entre os dias 24/09/2013 e 31/12/2013, o Fisco tenha realizado atos preparatórios com a pretensão de efetuar o lançamento tributário. Esses atos possuem o condão de antecipar o termo inicial da contagem do prazo decadencial.

Assim sendo, o Fisco notificou o devedor em 30/10/2013, sendo essa a data considerada como o termo inicial da contagem, modificando, portanto, o termo final, para fins de realizar o lançamento tributário.

> – O inciso II é aquela situação referente à decisão que houver anulado, por vício formal, o lançamento que já tinha sido realizado. Lembro-me bem da situação que distingue vício formal de vício material, quando estudamos a parte sobre o lançamento tributário. O vício formal é quando ocorre algum problema no procedimento, como autoridade administrativa incompetente para proceder ao lançamento ou cerceamento de defesa do sujeito passivo.

Pois bem, essa situação é bem simples, supondo, novamente, que o fato gerador tenha ocorrido em 23/09/2013 e o lançamento tributário em 20/12/2015, respeitando, assim, o lapso temporal, não ocorrendo a decadência.

O contribuinte foi notificado e apresentou impugnação, na qual afirmou que a autoridade é incompetente para fins de lançar o tributo. Em 10/02/2016, foi proferida uma decisão administrativa reconhecendo o vício formal.

Nesse caso, o Fisco tem até o dia 09/02/2021 para realizar o lançamento do crédito, assim, evitando a decadência tributária.

> – Professora, essa situação é configurada como uma interrupção do prazo decadencial?

Esse é um grande embate doutrinário.

Regina Helena Costa[55] entende que se trata de uma possibilidade de interrupção do prazo decadencial. Para a Ministra do Superior Tribunal de Justiça:

---

55. COSTA, Regina Helena. *Curso de Direito Tributário: Constituição e Código Tributário Nacional.* 7. ed. rev. e atual. Editora Saraiva: São Paulo, 2017. p. 297.

[...] essa norma aponta outro relevante aspecto de distinção entre o regime de decadência disciplinado na lei civil e o estabelecido na lei tributária. No direito privado, "salvo disposição legal em contrário, não se aplicam à decadência as normas que impedem, suspendem ou interrompem a prescrição" (art. 207 da CC). Diversamente, consoante se extrai da norma do art. 173, II, CTN, o prazo decadencial é passível de interrupção, visto que a decisão anulatória do lançamento anteriormente efetuado faz com que recomece a fluir o prazo decadencial.

Bancas de concurso público, como a CESPE, na prova de Procurador Federal de 2004, assim como a FCC, na prova de Procurador do Estado de São Paulo, compreenderam que o prazo decadencial pode vir a ser interrompido, conforme disposto no art. 173, II, do CTN.

– Nos tributos sujeitos a lançamento por ofício e por declaração, o contribuinte é notificado da realização do lançamento. Esse momento, da notificação, contribui em algo para evitar a decadência?

De acordo com o entendimento sumulado do Superior Tribunal de Justiça, quanto aos tributos sujeitos a tais modalidades de lançamento, é indispensável que a notificação regular do contribuinte seja realizada, sendo esse ato, o da notificação do lançamento, que coloca fim ao termo final da decadência, não podendo mais ser operada.

> Súmula 397 do STJ. O contribuinte do IPTU é notificado do lançamento pelo envio do carnê ao seu endereço.

– As mesmas regras são aplicáveis aos tributos sujeitos a lançamento por homologação?

Não, somente aos tributos sujeitos à lançamento por ofício ou por declaração. Em regra, os tributos sujeitos a lançamento por homologação irão observar a regra do § 4º do art. 150 do CTN.[56]

---

56. Art. 150, § 4º, do CTN. "Se a lei não fixar prazo a homologação, será ele de 5 (cinco) anos, a contar a partir da ocorrência do fato gerador; expirado esse prazo sem que a Fazenda Pública tenha se pronunciado, considera-se homologado o lançamento e definitivamente extinto o crédito, salvo se comprovada a ocorrência de dolo, fraude ou simulação."

Segundo tal dispositivo, caso a lei do ente não fixar prazo distinto, será de cinco anos, a contar da ocorrência do fato gerador.

> – Isso significa que a contagem do prazo decadencial de cinco anos começa a contar a partir da data em que foi praticado o fato gerador e não do primeiro dia do exercício seguinte?

Essa é a regra, mas logicamente há exceção. Primeiro, você percebeu que não mencionei "lançamento"?

> – Percebi, sim! Eu me recordo que você tinha me explicado anteriormente que nos tributos sujeitos a lançamento por homologação, o Fisco, na verdade, não lança, pois cabe ao contribuinte verificar o valor a ser recolhido e realizar o pagamento antecipado, cabendo apenas ao Fisco concordar ou não com o que foi apresentado.

Inclusive, há súmula no sentido de que essa declaração do contribuinte (como, por exemplo, as Guias de Informação e Apuração de ICMS – GIA) já constitui o crédito tributário (Súmula 346 do STJ). Caso o contribuinte não realize o pagamento antecipado, a Fazenda Pública já poderá ajuizar ação de execução fiscal, em face do devedor, para fins de cobrança do crédito tributário, dispensando qualquer ato por parte do Fisco.

Por isso que, a partir da prática do fato gerador, pelo contribuinte, o Fisco terá 5 (cinco) anos para homologar o pagamento. Caso passem esses 5 (cinco) anos sem nenhuma manifestação, teremos uma homologação do pagamento antecipado de forma tácita, no entanto, na eventualidade de a Fazenda Pública se pronunciar expressamente com a concordância do que foi apresentado e pago, teremos a homologação expressa.

Durante esse período de 5 (cinco) anos, o Fisco poderá apurar eventuais diferenças referentes ao que foi declarado e pago.

> – Como assim, professora?

Considere que o sujeito passivo declarou e pagou 80 (oitenta), quando na verdade o correto seria 100 (cem). Note que há uma diferença de 20 (vinte). Durante o prazo decadencial de 5 (cinco) anos, contado conforme o art. 150, § 4°, do CTN, o Fisco poderá vir a constituir essa diferença a partir de um lançamento de ofício. Logo, o Fisco terá 5 (cinco) anos decadenciais para constituir o crédito tributário referente à diferença não declarada pelo sujeito passivo, contados a partir da data da prática do fato gerador. Essa é uma situação.

– Se, por exemplo, o sujeito passivo deve 100 (cem), declara 80 (oitenta) e não paga nada deste valor que apure como correto, como é que fica?

Aí nós iremos utilizar a regra do art. 173, I, do CTN.

Ou seja, o prazo decadencial começará, para que o Fisco proceda ao lançamento de ofício, a partir do primeiro dia do exercício financeiro seguinte, não sendo aplicável o disposto no § 4° do art. 150 do CTN. Esse é o entendimento do Superior Tribunal de Justiça no julgamento do EREsp 101.407/SP.

– No final do § 4° do art. 150 do CTN, há as situações consideradas praticadas com dolo, fraude ou simulação. A regra prevista para os tributos sujeitos a lançamento por homologação nesse dispositivo também não é aplicável?

Exatamente. Constatada a presença de dolo, fraude ou simulação, a contagem do prazo decadencial deverá ocorrer conforme disposto no art. 173, I, do CTN, portanto, a partir do primeiro dia do exercício seguinte. Perceba que é como se fosse uma punição ao sujeito passivo que praticou tais condutas, independentemente de ter havido pagamento parcial ou não.

– E se nada for declarado ou pago?

Aí teremos que observar o entendimento sumulado do Superior Tribunal de Justiça:

Súmula 555 do STJ. Quando não houver declaração do débito, o prazo decadencial quinquenal para o Fisco constituir o crédito tributário conta-se exclusivamente na forma do art. 173, I, do CTN, nos casos em que a legislação atribui ao sujeito passivo o dever de antecipar o pagamento sem prévio exame da autoridade administrativa.

Ou seja, também não será aplicável o § 4º do art. 150 do CTN, mas sim o art. 173, I, do CTN.

Para fins de facilitar seu aprendizado, vamos ver como essas situações previstas no art. 173, I, do CTN e no art. 150, § 4º, do CTN, ficam dispostas em uma tabela?

ART. 173, I, CTN	ART. 150, § 4º, DO CTN
(Art. 173 do CTN. O direito de a Fazenda Pública constituir o crédito tributário extingue-se após 5 (cinco) anos, contados: I– do primeiro dia do exercício seguinte àquele em que o lançamento poderia ter sido efetuado);	(Art. 150, § 4º, do CTN. Se a lei não fixar prazo, a homologação será ele de 5 (cinco) anos, a contar da ocorrência do fato gerador; expirado esse prazo sem que a Fazenda Pública tenha se pronunciado, considera-se homologado o lançamento e definitivamente extinto o crédito, salvo se comprovada a ocorrência de dolo, fraude ou simulação).
Tributos sujeitos a lançamento por ofício;	Tributos sujeitos a lançamento por homologação, desde que tenha ocorrido o pagamento antecipado, mesmo que tenha sido realizado o pagamento parcial, conforme entendimento do STJ, no RESP 973.733/SC.
Tributos sujeitos a lançamento por declaração;	
Tributos sujeitos a lançamento por homologação, caso haja comprovação da ocorrência de dolo, fraude ou simulação, independentemente se houve pagamento parcial ou não;	
Tributos sujeitos a lançamento por homologação, sendo que o sujeito passivo tenha declarado parcialmente e nada tenha pagado referente ao valor parcial;	
Tributos sujeitos a lançamento por homologação, quando nenhuma declaração tenha sido feita pelo contribuinte, nos termos da Súmula 555 do STJ.	

– Essa tabela me facilitou bastante a memorização das situações que podem ser previstas no art. 173, I, do CTN e as do art. 150, § 4º, do CTN.

Só para fins de desencargo de consciência, você realmente se recorda daquela "tese dos 5 + 5" do Superior Tribunal de Justiça, não é mesmo? Acho que já mencionei sobre ela umas duas vezes neste livro!

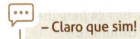
– Claro que sim!

Eba!! Só que preciso tratar dela mais uma vez por conta do estudo da decadência e da prescrição.

Suponha que o fato gerador de um tributo sujeito a lançamento por homologação ocorreu em 16/03/2009, não ocorrendo nenhum pagamento por parte do contribuinte, sendo que, para fins de homologação, o prazo expirasse em 16/03/2014 (art. 150, § 4º, do CTN). Nesse último prazo, em vez de ser homologado, a Administração Tributária passaria a ter mais 5 (cinco) anos para fins de lançar de ofício, sendo aplicável a regra prevista no art. 173, I, do CTN, ou seja, o início do prazo para fins de constituição do crédito começaria em 1º de janeiro de 2015, ocorrendo a decadência, apenas em 1º de janeiro de 2020.

– Então, por essa "tese dos 5 + 5", o Superior Tribunal de Justiça compreendia que o prazo total seria de 10 (dez) anos, conjugando ambos os artigos!

Como você bem sabe, essa tese não é mais aceita. Fique ligado!

– Pode deixar, professora!

Vamos nos aprofundar um pouco mais sobre a prescrição tributária!

12. PRESCRIÇÃO

Como você deve saber, pela simples leitura do art. 174 do CTN, "a ação para a cobrança do crédito tributário é prescrita em 5 (cinco) anos, contados a partir da data da sua constituição definitiva".

> – Hum, entendo que é o decurso do prazo legal sem a exigência do crédito tributário, consistindo em uma sanção ao credor, o Fisco, pela sua inércia!

Exatamente isso! Mas, tenho uma pergunta básica para lhe fazer: o que seria a constituição definitiva do crédito tributário?

> – Ixi , agora você me pegou, professora!

Bom, vamos relembrar alguns pontos já estudados?

> – Sempre bom!

Quando vimos as modalidades de lançamento tributário, verificamos que quanto aos os lançamentos de ofício e por declaração, o termo final do prazo decadencial, aquele para autoridade realizar o lançamento, ocorre com a notificação ao contribuinte.

A partir da notificação do lançamento, o contribuinte, em regra, terá o prazo de 30 (trinta) dias para realizar o pagamento do tributo ou impugnar na esfera administrativa ou até mesmo ficar inerte e não fazer nada.

> – Se o contribuinte pagar, o crédito tributário será extinto! Caso ele impugne, haverá a suspensão da exigibilidade do crédito tributário.

Sabia que você iria se lembrar! Vamos supor que o contribuinte resolva impugnar na esfera administrativa. Teremos, portanto, uma decisão administrativa desfavorável ao contribuinte que será notificado a pagar ou recorrer, em 30 (trinta) dias, ou até mesmo não fazer nada.

CAPÍTULO 7 → Todo crédito tributário chega ao seu fim!

Caso opte por recorrer, permanecerá suspensa a exigibilidade do crédito tributário e haverá outra decisão administrativa. Na eventualidade de ser novamente desfavorável ao contribuinte, será mais uma vez notificado, possuindo a opção de pagar o valor ou ficar inerte.

O interessante é que toda vez que o contribuinte optar por permanecer inerte, após o decurso dos 30 (trinta) dias, ocorrerá a constituição definitiva do crédito tributário, iniciando o prazo prescritivo para a cobrança por parte do Fisco, nos termos da Súmula 622 do STJ. Vide:

> Súmula 622 do STJ. A notificação do auto de infração faz cessar a contagem da decadência para a constituição do crédito tributário; exaurida a instância administrativa com o decurso do prazo para a impugnação ou com a notificação de seu julgamento definitivo e esgotado o prazo concedido pela Administração para o pagamento voluntário, inicia-se o prazo prescricional para a cobrança judicial.

– Professora, entre a notificação do contribuinte e a constituição definitiva, ou seja, após decorridos os 30 (trinta) dias da notificação, não vislumbro nem o prazo da decadência e nem o da prescrição. Está correto?

Sim, inclusive há entendimento do próprio Superior Tribunal de Justiça, por ocasião do julgamento do REsp 1.320.825/RJ, de que o IPVA é constituído pela cientificação do contribuinte, que pode ser por qualquer meio idôneo, como o envio de carnê ou publicação de calendário, sendo o termo inicial do prazo prescricional o dia seguinte à data estipulada para o vencimento do tributo. O mesmo entendimento deu-se no julgamento do REsp 1.658.517, referente ao IPTU.[57]

– Vou ficar ligado nessas situações do início da contagem do prazo, professora!

---

57. Neste julgado o Superior Tribunal de Justiça entendeu que "o parcelamento de ofício da dívida tributária não configura causa interruptiva da contagem da prescrição, uma vez que o contribuinte não anuiu".

Além desse assunto, é importante que você saiba também sobre as causas que ensejam a interrupção da prescrição, previstas no parágrafo único do art. 174 do CTN:

> RT. 174, Parágrafo único. A prescrição se interrompe:
>
> I – pelo despacho do juiz que ordenar a citação em execução fiscal;
>
> II – pelo protesto judicial;
>
> III – por qualquer ato judicial que constitua em mora o devedor;
>
> IV – por qualquer ato inequívoco, ainda que extrajudicial, que importe em reconhecimento do débito pelo devedor.

– Sei que a interrupção da contagem do prazo da prescrição pressupõe que este volte ao início, isto é, acaba por zerá-lo.

Exatamente! Suponha que já havia passado mais de 4 (quatro) anos e o devedor venha a aderir ao parcelamento tributário ou solicite um pedido de compensação tributária, sendo um ato inequívoco extrajudicial que importe em reconhecimento do débito tributário. Por conta disso, o prazo prescricional volta à estaca zero, ou seja, reinicia-se, faltando 5 (cinco) anos para que haja a cobrança do crédito tributário.

– Quanto à primeira situação que enseja a interrupção da prescrição, professora, vi que ocorrerá com o despacho do juiz que ordenar a citação em execução fiscal. Não seria com a efetiva propositura da ação? Ou com a citação válida do devedor?

Não! E, por favor, não se confunda. Primeiramente, você vai guardar que essa regra também está expressamente no art. 240, § 1º, do CPC/2015. Tenho certeza de que você estudou com o professor Mozart em *Diálogos sobre o Processo Civil*. Fácil de se recordar, hein? Anteriormente à edição da Lei Complementar 118/2005,[58] de fato,

---

58. Conforme entendimento do Superior Tribunal de Justiça no julgamento do REsp 999.901, a prescrição, posto referir-se à ação, quando alterada por nova legislação, tem aplicação imediata. Ou seja, é o momento do despacho que manda citar o devedor que deve ser

CAPÍTULO 7 → Todo crédito tributário chega ao seu fim!

era com a efetiva citação do contribuinte que o prazo prescritivo era interrompido.

Ainda sobre essa primeira situação que enseja a interrupção da prescrição, o Superior Tribunal de Justiça, no julgamento do REsp 1.120.295/SP, compreendeu que a interrupção da prescrição com o despacho que ordena a citação retroage à data da propositura da ação, além do que, caso a ação seja proposta dentro do prazo prescricional, uma eventual demora do Poder Judiciário em realizar o despacho não pode prejudicar o Fisco, conforme prevê a Súmula 106 do Superior Tribunal de Justiça.

– Nos outros incisos, os quais tratam sobre os projetos judiciais e a constituição em mora do contribuinte, não vislumbro situações práticas como exemplo.

Isso porque não são considerados como meios usuais para que a Fazenda Pública venha a cobrar o contribuinte. No entanto, alguns comentários devem ser feitos.

Primeiramente, o protesto que ensejará a interrupção do prazo prescricional é exclusivamente o judicial, não sendo admitido o protesto extrajudicial previsto no art. 1º da Lei 9.492/1997. Já em relação à situação do inciso III, qualquer ato judicial do credor que demonstre sua vontade de receber o seu crédito tributário, constituindo em mora ao contribuinte, ocasionará a interrupção do prazo prescricional, como, por exemplo, o arresto de bens.

– Professora, entendi que o parcelamento é uma hipótese que se encaixa perfeitamente na situação descrita do inciso IV, no entanto, tenho algumas dúvidas. Será com o mero pedido de adesão ao parcelamento, realizado pelo contribuinte, que ocorrerá a interrupção do prazo prescricional ou com o deferimento deste pedido?

---

levado em consideração. Se foi proferido, o despacho, antes da alteração legislativa, o marco interruptivo da prescrição ocorrerá apenas com a efetiva citação. No entanto, se o despacho foi proferido após a alteração legislativa, a nova regra que regulará a questão, sendo que a contagem do prazo prescricional será interrompida com a realização do despacho que mandou citar o devedor, independentemente da efetivação da citação.

563

Ótima pergunta! A interrupção do prazo prescricional ocorrerá com o mero pedido, sendo o deferimento do parcelamento uma situação que enseja a suspensão da exigibilidade do crédito tributário. Logo, se um contribuinte pede parcelamento de seus débitos tributários, teremos a interrupção do prazo prescricional, voltando à estaca zero. Pois bem, e com o deferimento do seu pedido, ocorrendo a suspensão da exigibilidade do crédito tributário, teremos a suspensão do prazo prescricional. Ou seja, além da devolução integral do prazo à Fazenda Pública, consequência do mero pedido, haverá um impedimento da fluência do prazo, por conta da suspensão da exigibilidade do crédito tributário.

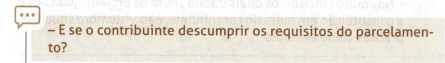

— E se o contribuinte descumprir os requisitos do parcelamento?

Nesse caso o prazo prescricional volta a fluir, já que o crédito tributário voltará a ser exigido, conforme já estudamos anteriormente.

Lembre-se, também, que mesmo que o contribuinte venha, por meio de um parcelamento, a reconhecer a dívida, nada impede que proponha uma ação de restituição, caso vislumbre-se o pagamento de valores indevidos.

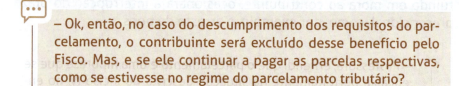

— Ok, então, no caso do descumprimento dos requisitos do parcelamento, o contribuinte será excluído desse benefício pelo Fisco. Mas, e se ele continuar a pagar as parcelas respectivas, como se estivesse no regime do parcelamento tributário?

Então será considerada uma mera liberalidade do contribuinte, não sendo um caso de parcelamento e, consequentemente, não impede o curso do prazo prescricional, conforme o entendimento do Superior Tribunal de Justiça no julgamento do REsp 1.493.115/SP. Logo, se acaso a Fazenda Pública deixasse de cobrar o crédito tributário, após a exclusão do contribuinte do parcelamento, e ocorresse a prescrição, o contribuinte poderia repetir o que pagou posteriormente, segundo o que acabamos de estudar.

CAPÍTULO 7 → Todo crédito tributário chega ao seu fim!

 – Hum, interessante! Outro ponto que tenho dúvida é se o prazo prescricional pode ser suspenso.[59]

Embora não seja uma possibilidade prevista expressamente no Código Tributário Nacional, é viável que haja a suspensão do prazo prescricional no caso de moratória em caráter individual, obtida por meio fraudulento por parte do contribuinte, sendo que durante o lapso temporal, o prazo prescricional se encontrará suspenso, desde a concessão até a anulação. E, lembre-se que as regras aplicáveis à moratória também são aplicáveis à outras situações, como o parcelamento tributário. Logo, caso seja obtido com meios fraudulentos, o prazo prescricional será suspenso.

 – Posso concluir que em todas as situações previstas no art. 151 do CTN, ou seja, as que configuram suspensão da exigibilidade do crédito tributário, também estará suspenso o prazo prescricional?

Pode, sim! Até porque seria irrazoável sancionar o credor que não age por conta de um impedimento legal, ou seja, a Fazenda não pode executar o contribuinte que esteja cumprindo as condições do parcelamento tributário. Logo, não é justo ser punido com o trâmite do prazo prescricional enquanto houver uma situação que enseja a suspensão da exigibilidade do crédito tributário.

---

59. Regina Helena Costa ensina que "a fluência da prescrição tributária, evidentemente, também é passível de suspensão. Para tanto, necessário que se dê uma causa de suspensão da exigibilidade do crédito tributário (art. 151 do CTN) quando a Fazenda Pública já esteja autorizada a ajuizar a ação de execução fiscal. É o que ocorre, por exemplo, quando o contribuinte obtém a concessão liminar da medida ou a antecipação de tutela, ou, mesmo, quando efetua o depósito judicial do montante integral da exigência fiscal (art. 151, II, IV e V do CTN). Nessas hipóteses, a suspensão da exigibilidade do crédito tributário acarretará a suspensão da fluência do prazo prescricional, uma vez que, impedida de promover a cobrança de seu crédito, não se poderá imputar a inércia à Fazenda Pública, pressuposto indispensável ao reconhecimento da prescrição. Portanto, cessada a causa suspensiva, o prazo prescricional retoma seu curso, fluindo pelo tempo restante." (COSTA, Regina Helena. *Curso de Direito Tributário: Constituição e Código Tributário Nacional*. 7. ed. rev. e atual. Editora Saraiva: São Paulo, 2017. p. 299.)

565

Uma outra situação é referente ao art. 8º da Lei 12.514/2011, o qual estabelece que somente pode ser ajuizada a execução quando for cobrado o valor equivalente a quatro anuidades. Assim sendo, o Superior Tribunal de Justiça entendeu que o prazo prescricional somente se inicia quando atingido esse patamar mínimo, nos termos do RESP 1.524.930/RS.

— Sei que não está expresso no CTN, mas eu vislumbrei na Lei de Execuções Fiscais (LEF) uma situação que traz expressamente a suspensão da prescrição...

Muita calma com essa afirmação! Você está se referindo ao art. 2º, § 3º, da Lei 6830/1980, uma lei ordinária. Vamos analisar os pontos, está bem?

Bom, o dispositivo menciona que a inscrição do crédito em dívida ativa suspenderá a prescrição "para todos os efeitos de direito, por 180 (cento e oitenta) dias, ou até a distribuição da execução fiscal, se esta ocorrer antes de findo aquele prazo".

— Exatamente esse dispositivo que li!

Só que você não prestou a atenção. A LEF não é uma lei complementar, logo, não pode dispor sobre prescrição e decadência tributária, conforme entendimento do Superior Tribunal de Justiça no julgamento do REsp 249.262/DF, sendo aplicáveis as regras previstas no próprio CTN! Contudo, nada impede que a redação desse artigo da LEF seja aplicável à dívida ativa não tributária.

— Acho que você já havia comentado sobre isso, professora! Eu que me esqueci.

Um outro assunto referente à execução fiscal e a suspensão do prazo prescricional é quanto ao art. 40 da LEF, o qual menciona a possibilidade de o magistrado suspender a execução fiscal enquanto não for localizado o devedor ou bens sobre os quais possam recair a penhora, não correndo o prazo prescricional.

CAPÍTULO 7 → Todo crédito tributário chega ao seu fim!

– Essa situação enseja um caso de suspensão da prescrição tributária amparada pela lei ordinária. Como isso?

Pois é, uma certa incoerência, até porque o próprio Superior Tribunal de Justiça entende que o art. 40 da LEF e o art. 174 do CTN devem ser interpretados de forma harmônica, conforme o REsp 194.296/SC. Inclusive, há súmula[60] no sentido de que o processo será suspenso por um ano[61] e que, a partir do término desse lapso temporal, inicia-se a prescrição intercorrente, sendo os autos arquivados.

– E essa prescrição intercorrente é de quanto tempo?

O prazo é de 5 (cinco) anos!

– Então após o lapso temporal referente a suspensão do processo de execução, começa o prazo da prescrição intercorrente de cinco anos, totalizando 6 (seis) anos, na verdade?

Sim. E a contagem desse prazo de 5 (cinco) anos é automática, isto é, não precisa intimar a Fazenda Pública. Ou seja, começará a fluir independentemente de petição da exequente ou de pronunciamento judicial sobre. Durante esse lapso temporal de 5 (cinco) anos, o processo, segundo o art. 40, §§ 2º, 3º e 4º, da LEF, estará arquivado, como mencionei, sendo que exaurido o prazo de 5 (cinco) anos, depois de ouvida a Fazenda Pública, o juiz poderá, de ofício, reconhecer a prescrição intercorrente e decretá-la de imediato, demonstrando os marcos legais que foram empregados na contagem do prazo total de 6 (seis) anos.

– Professora, esse prazo da prescrição intercorrente pode vir a ser interrompido?

---

60. Súmula 314 do STJ. "Em execução fiscal, não localizados bens penhoráveis, suspende-se o processo por um ano, findo o qual se inicia o prazo da prescrição quinquenal intercorrente."
61. Conforme o entendimento do Superior Tribunal de Justiça, no julgamento do REsp 1.340.553/RS, o prazo de um ano é imediato após a data em que a Fazenda tem ciência que o devedor não foi localizado ou que não foram encontrados bens do devedor.

567

DIÁLOGOS SOBRE O DIREITO TRIBUTÁRIO 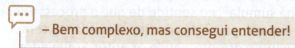 TATIANA SCARANELLO

Pode, desde que haja a efetiva constrição patrimonial e a efetiva citação do executado, não sendo aceito o simples peticionamento em juízo, por parte da exequente, requerendo a penhora sobre bens ou ativos financeiros da executada. Ademais, mesmo que a citação e a penhora ocorram além do prazo da prescrição intercorrente, considera-se essa interrompida, retroagindo à data do protocolo da petição que requereu a determinada providência.

> – Bem complexo, mas consegui entender!

Ainda tem mais!

No mesmo julgado, o Superior Tribunal de Justiça entendeu que a Fazenda Pública, em sua primeira oportunidade de se pronunciar nos autos, conforme o art. 278 do CPC/2015, deverá demonstrar o prejuízo que sofreu, ao alegar nulidade pela ausência de intimação, nos termos do art. 40 da LEF, devendo demonstrar qualquer causa que demande a interrupção ou a suspensão da prescrição.

FIGURA PONTO 1.4: IMPUTAÇÃO EM PAGAMENTO

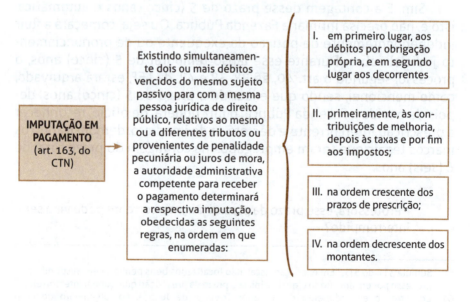

FIGURA PONTO 1.5: EM CASO DE PAGAMENTO MAIOR OU INDEVIDO, VAMOS PARA A REPETIÇÃO DE INDÉBITO TRIBUTÁRIO! (parte 2)

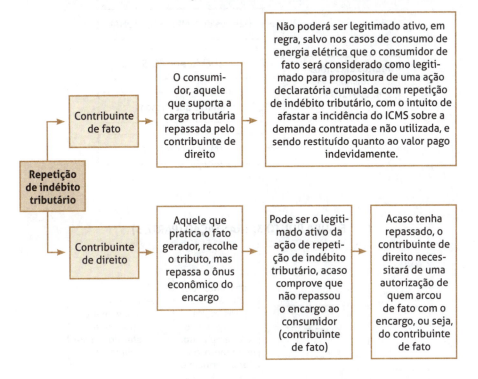

FIGURA PONTO 3: TRANSAÇÃO (PARTE 1)

FIGURA PONTO 3: TRANSAÇÃO (PARTE 2)

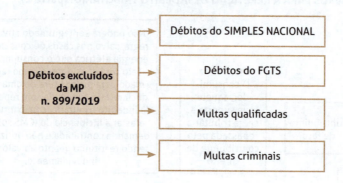

FIGURA PONTO 3: TRANSAÇÃO (PARTE 3)

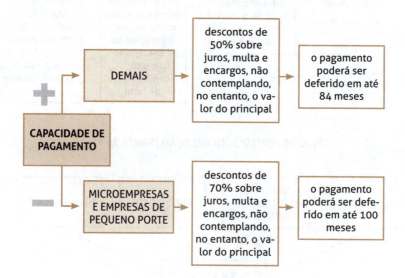

CAPÍTULO 7 → Todo crédito tributário chega ao seu fim!

FIGURA PONTO 11: DECADÊNCIA E PRESCRIÇÃO

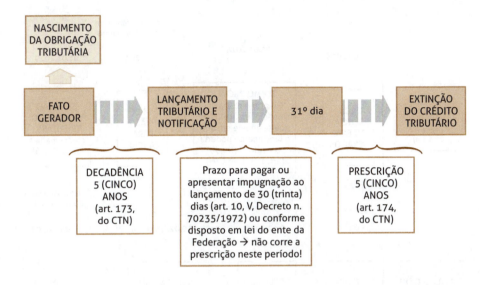

FIGURA PONTO 11: DECADÊNCIA – ESQUEMA ANTECIPAÇÃO DA CONTAGEM

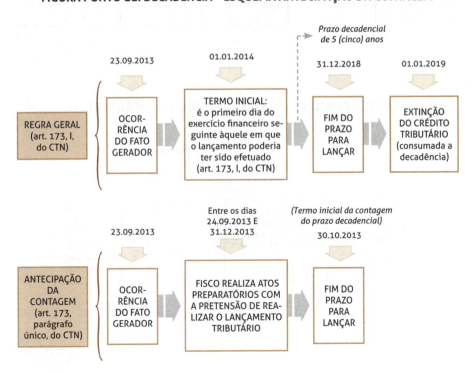

FIGURA PONTO 11: DECADÊNCIA – ESQUEMA ANULAÇÃO DO LANÇAMENTO

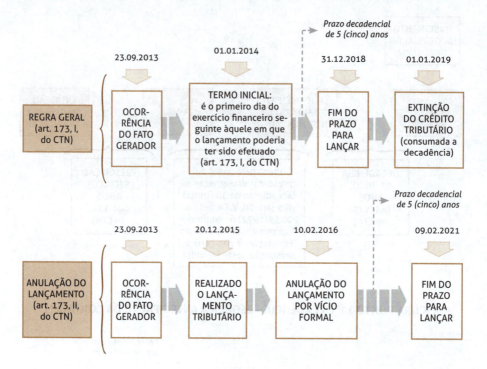

FIGURA PONTO 11: DECADÊNCIA – ESQUEMA REGRA GERAL

CAPÍTULO 7 → Todo crédito tributário chega ao seu fim!

FIGURA PONTO 11: DECADÊNCIA REGRA GERAL

REGRA GERAL	ANTECIPAÇÃO DA CONTAGEM	ANULAÇÃO DO LANÇAMENTO POR VÍCIO FORMAL
1º DIA SEGUINTE (art. 173, I, do CTN)	CONTAGEM A PARTIR DA DATA DO ATO TENDE A LANÇAR O TRIBUTO (art. 173, parágrafo único, do CTN)	5 (CINCO) ANOS DA DATA DA ANULAÇÃO DO LANÇAMENTO POR VÍCIO FORMAL

▶ PLAY

Material Exclusivo: Assista ao vídeo sobre **Transação (Parte 1)**.

▶ PLAY

Material Exclusivo: Assista ao vídeo sobre **Transação (Parte 2)**.

PLAY

Material Exclusivo:
Assista ao vídeo sobre
Transação (Parte 3).

PLAY

Material Exclusivo:
Assista ao vídeo sobre
Transação (Parte 4).

PLAY

Material Exclusivo:
Assista ao vídeo sobre
Resolução de Questões.

CAPÍTULO 8

AN-IS: Exclusão do crédito tributário

> – Professora, já estudamos as situações que ensejam a suspensão da exigibilidade do crédito tributário, assim como a sua extinção. Diante de tudo isso, o que estudaremos agora sobre a sua exclusão? Aliás, em que consiste a exclusão do crédito tributário?

Como você próprio já pode ter percebido, temos mais um mnemônico para facilitar sua memorização quanto às situações, previstas no art. 175 do CTN,[1] que ensejam a exclusão do crédito tributário: AN-IS.[2]

São as duas situações que impedem a constituição do crédito tributário. Em que pese ao fato gerador venha a ocorrer e, consequentemente, o nascimento da obrigação tributária, quando uma dessas duas hipóteses estiver presente, o lançamento tributário será obstado, não surgindo o crédito tributário.

> – E qual a diferença entre isenção e anistia como causas de exclusão do crédito tributário?

Enquanto a isenção exclui o crédito tributário relativo à obrigação principal – isso é, o tributo –, a anistia exclui em relação à penalidade pecuniária – ou seja, a multa. Essas são as principais diferenças entre ambas as hipóteses.

---

1. Art. 175 do CTN. "Excluem o crédito tributário:
   I – a isenção;
   II – a anistia.
   Parágrafo único. A exclusão do crédito tributário não dispensa o cumprimento das obrigações acessórias dependentes da obrigação principal cujo crédito seja excluído, ou dela consequente."
2. Sacha Calmon Navarro Coêlho entende que "com efeito, a isenção não exclui crédito algum, pois é fator impeditivo do nascimento da obrigação tributária, ao subtrair fato, ato ou pessoa da hipótese de incidência da norma impositiva." (COÊLHO, Sacha Calmon Navarro. *Curso de Direito Tributário Brasileiro*. 15. ed. rev. e atual. Rio de Janeiro: Forense, 2016. p. 765.)

– Se a anistia exclui as penalidades pecuniárias, isso significa que o sujeito passivo estará dispensado da apresentação de declarações referentes aos tributos?

Não, isso porque a exclusão do crédito tributário não recai sobre as obrigações acessórias oriundas da obrigação principal. Essas ainda serão exigidas. Tome cuidado com isso! Vale tanto para isenção quanto para anistia.

– Entendi. Como já vimos vários pontos sobre isenção quando do estudo das imunidades, estou mais curioso para estudar a parte da anistia. Podemos começar por ela?

Vamos lá!

1. ANISTIA

A anistia não tem muito segredo. Está prevista no art. 180 do CTN:

> Art. 180 do CTN. A anistia abrange exclusivamente as infrações cometidas anteriormente à vigência da lei que a concede, não se aplicando:
> I – aos atos qualificados em lei como crimes ou contravenções e aos que, mesmo sem essa qualificação, sejam praticados com dolo, fraude ou simulação pelo sujeito passivo ou por terceiro em benefício daquele;
> II – salvo disposição em contrário, às infrações resultantes de conluio entre duas ou mais pessoas naturais ou jurídicas.

– Então, a anistia abarca, apenas, as infrações cometidas anteriormente à vigência da lei que concede esse benefício, conforme o *caput* do artigo mencionado, não contemplando fatos pretéritos?

Isso mesmo! A anistia consiste no perdão de infrações, propiciando, então, a inaplicabilidade da sanção. Percebe-se que há duas limitações temporais quanto à concessão da anistia: 1) somente poderá ser concedida após o cometimento da infração; 2) abarca a prática de atos ocorridos antes do lançamento da penalidade pecuniária.

– Professora, após o lançamento não?

Não, pois, caso contrário, estaríamos diante do instituto da remissão, o qual você já estudou na parte sobre extinção do crédito tributário.

– Muito bem lembrado!

Vale destacar que a anistia pode ser considerada tácita, como bem entende Regina Helena Costa,[3] ocorrendo quando lei tributária benéfica, a qual deixa de definir determinado ato como infração, retroagindo e alcançando ato não definitivamente julgado, nos termos do art. 106, II, a, do CTN.

– Também é imprescindível lei específica para a sua concessão?

Sim, por disposição expressa na Constituição Federal de 1988:

> Art. 150 da CF/1988. Sem prejuízo de outras garantias asseguradas ao contribuinte, é vedado à União, aos Estados, ao Distrito Federal e aos Municípios:
>
> § 6º. Qualquer subsídio ou isenção, redução de base de cálculo, concessão de crédito presumido, anistia ou remissão, relativos a impostos, taxas ou contribuições, só poderá ser concedido mediante lei específica, federal, estadual ou municipal, que regule exclusivamente as matérias acima enumeradas ou o correspondente tributo ou contribuição, sem prejuízo do disposto no art. 155, § 2º, XII, g.

Inclusive, ainda sobre o importante papel da lei quanto à anistia, o art. 195, § 11, da CF/1988[4] veda a concessão de anistia a certas contribuições sociais em montante superior ao fixado em lei complementar.

---

3. COSTA, Regina Helena. *Curso de Direito Tributário: Constituição e Código Tributário Nacional.* 7. ed. rev. e atual. Editora Saraiva: São Paulo, 2017. p. 310.
4. Art. 195 da CF/1988. "A seguridade social será financiada por toda a sociedade, de forma direta e indireta, nos termos da lei, mediante recursos provenientes dos orçamentos da União, dos Estados, do Distrito Federal e dos Municípios, e das seguintes contribuições sociais:
§ 11. É vedada a concessão de remissão ou anistia das contribuições sociais de que tratam os incisos I, a, e II deste artigo, para débitos em montante superior ao fixado em lei complementar."

1.1. Desvendando o art. 180 do CTN

– E quanto ao inciso I do art. 180 do CTN?

A anistia não poderá ser concedida ao indivíduo que cometeu atos considerados pela lei como crimes ou contravenções ou aqueles praticados com dolo, fraude ou simulação pelo sujeito passivo ou por terceiro em benefício daquele. Por isso, mesmo que a conduta não seja configurada como crime ou contravenção, mas seja praticada nos termos da segunda parte do inciso I do art. 180 do CTN, é vedada a concessão da anistia.

No entanto, vale salientar que, embora a conduta seja considerada ilícita, mas despida de simulação, dolo ou fraude, a anistia poderá ser concedida.

– O inciso I do art. 180 do CTN até achei tranquilo, já o inciso II possui uma redação um tanto confusa, não é mesmo?

Bem confusa mesmo! Além da redundância, pois práticas de conluio entre duas ou mais pessoas jurídicas ou naturais poderiam estar configuradas nas situações descritas no inciso I, dado que são situações dotadas de dolo. Outro ponto que você deve ter reparado nesse inciso II está naquela expressão "salvo disposição em contrário".

– Sim, essa expressão sempre me incomoda!

Nesse ponto da matéria, incomoda mesmo, pois acaba por permitir a concessão de anistia caso ocorra situação de conluio.[5]

1.2. As modalidades de anistia

A anistia pode ser classificada em geral ou limitada, nos termos do art. 181 do Código Tributário Nacional.

– O que será a anistia limitada?

---

5. O art. 73 da Lei 4.502/1964 conceitua conluio como "ajuste doloso entre duas ou mais pessoas naturais ou jurídicas, visando qualquer dos efeitos referidos nos arts. 71 e 72", os quais contemplam as situações de sonegação e fraudes tributárias.

CAPÍTULO 8 → AN-IS: Exclusão do crédito tributário

Essa ocorre quando a lei que prevê a concessão da anistia dispõe que tal benefício contemplará, apenas, as infrações relativas a determinado tributo ou limitar o *quantum* da multa até um determinado patamar, além das demais hipóteses previstas nas alíneas do inciso II do art. 181 do CTN.

– E a anistia também pode ser concedida individualmente?

Pode, sim, nos termos do art. 182 do CTN:

> Art. 182 do CTN. A anistia, quando não concedida em caráter geral, é efetivada, em cada caso, por despacho da autoridade administrativa, em requerimento com a qual o interessado faça prova do preenchimento das condições e do cumprimento dos requisitos previstos em lei para sua concessão.
>
> Parágrafo único. O despacho referido neste artigo não gera direito adquirido, aplicando-se, quando cabível, o disposto no artigo 155.

Sobre a anistia concedida em caráter individual, as mesmas regras aplicáveis à isenção concedida em caráter individual serão aplicáveis, conforme estudaremos no próximo tópico.

Ademais, o parágrafo único do art. 182 do CTN menciona que não gerará direito adquirido, a concessão da anistia individual, sendo aplicável, quando cabível, o disposto no art. 155 do CTN,[6] que trata sobre a concessão da moratória em caráter individual.

– Eu me recordo bem desse ponto sobre a moratória em caráter individual, que estudamos na parte sobre suspensão da exigibilidade do crédito tributário, sendo que poderá ser revogada de ofício, quando constatado que o beneficiário não satisfazia ou deixou de satisfazer os requisitos.

---

6. Art. 155 do CTN. "A concessão da moratória em caráter individual não gera direito adquirido e será revogado de ofício, sempre que se apure que o beneficiado não satisfazia ou deixou de satisfazer as condições ou não cumprira ou deixou de cumprir os requisitos para a concessão do favor, cobrando-se o crédito acrescido de juros de mora:
I – com imposição da penalidade cabível, nos casos de dolo ou simulação do beneficiado, ou de terceiro em benefício daquele;
II – sem imposição de penalidade, nos demais casos."

579

Muito bem! Lembre-se que nesse caso será cobrado o valor do tributo, acrescido de juros de mora.

2. ISENÇÃO

Vamos para a segunda parte do mnemônico!

– Esse ponto eu acredito que será bem mais tranquilo, já que estudamos alguns detalhes sobre as isenções na parte sobre imunidades tributárias. Primeiramente, eu me recordo sobre a questão da interpretação literal, prevista no art. 111, I, do CTN,[7] a qual é aplicável à isenção tributária.

Muito bom ter recordado esse assunto, no entanto, temos alguns outros que não foram vistos e preciso que você tenha o máximo de atenção!

– Pode deixar, professora!

Primeiro, temos que a isenção sempre será decorrente de lei, conforme o §6º do art. 150 da CF/1988 e o art. 176 do CTN,[8] consistindo, como você bem sabe, na dispensa legal do pagamento do tributo, sendo vedado que esteja prevista em ato infralegal.

Ademais, nesta lei devem estar previstas as condições e requisitos exigidos para a concessão da isenção, os tributos aos quais se aplicam e, sendo o caso, o prazo de sua duração.

– Sim, eu me recordo disso quando estudamos as diferenças entre isenções e imunidades tributárias!

---

7. Art. 111 do CTN. "Interpreta-se literalmente a legislação tributária que disponha sobre:
   I – suspensão ou exclusão do crédito tributário;
   II – outorga de isenção;
   III – dispensa do cumprimento de obrigações tributárias acessórias."
8. Art. 176 do CTN. "A isenção, ainda quando prevista em contrato, é sempre decorrente de lei que especifique as condições e requisitos exigidos para a sua concessão, os tributos a que se aplica e, sendo o caso, o prazo de sua duração.
   Parágrafo único. A isenção pode ser restrita a determinada região do território da entidade tributante, em função de condições a ela peculiares."

CAPÍTULO 8 → AN-IS: Exclusão do crédito tributário

Perfeito. Você se recorda, então, que a isenção não pode ser considerada como causa de não incidência tributária, até porque temos a ocorrência do fato gerador do tributo, nascendo a respectiva obrigação tributária, impossibilitando, conquanto, o lançamento tributário.

– E no que consiste a expressão disposta no art. 176 do CTN: "isenção prevista em contrato"?

Imagine que determinado município do interior do Estado de São Paulo queira atrair investimentos de empresas, firmando com estas um comprometimento quanto à concessão de isenções tributárias. Esse compromisso não tem a prerrogativa, por si só, de viabilizar a concessão dessas isenções, as quais sempre decorrerão de lei para tanto.

– Ainda sobre o art. 176 do CTN, o parágrafo único menciona algo sobre a concessão da isenção referente a determinada região do território do ente tributante. Tem ligação com aquele princípio da uniformidade geográfica que estudamos na parte sobre limitação ao poder de tributar?

Interessante é que esse art. 176 do CTN, conjugado com o art. 151, I, da CF/1988, pressupõe que – tendo o ente União vindo a conceder isenção referente a um determinado tributo seu – deverá observar o princípio da uniformidade geográfica, o que significa que não poderá ocorrer discriminação quanto aos diferentes pontos do território nacional, exceto quanto à possibilidade da promoção do equilíbrio do desenvolvimento socioeconômico em determinada região.

– Eu me recordo sobre o exemplo que você mencionou quanto à Zona Franca de Manaus!

Um outro ponto importante que, inclusive, já foi questão de primeira fase do Exame de Ordem, é quanto à redação do art. 177 do CTN[9] que veda, em regra, que a isenção seja extensiva às taxas e às

---

9. Art. 177 do CTN. "Salvo disposição de lei em contrário, a isenção não é extensiva:
I – às taxas e às contribuições de melhoria;
II – aos tributos instituídos posteriormente à sua concessão."

581

contribuições de melhoria, salvo se houver disposição de lei em contrário, nem aos tributos instituídos após a concessão.

– E por que essa vedação, professora?

Ora, porque são tributos cuja natureza é contraprestacional. Você se recorda de quando estudamos os tributos em espécie?

– Verdade! São retributivos, porque são instituídos conforme uma atividade estatal prestada, sendo o sujeito passivo beneficiado.

Quanto aos tributos instituídos após a edição de lei concessiva da isenção, em regra, é vedado que sejam contemplados, como mencionei. Mas como você sabe, por conta daquela expressão que nos persegue, "são disposição de lei em contrário", nada impede também que uma lei específica preveja ao contrário, possibilitando que um tributo futuro seja contemplado pela isenção. Esse ponto é bem interessante para fins de prova de concurso público!

2.1. Isenção geral e isenção individual

Nos termos do art. 179 do CTN, temos que a isenção, quando não concedida em caráter geral,[10] será outorgada em caráter individual, por meio de um despacho da autoridade administrativa, a partir de um requerimento apresentado pelo interessado, devendo comprovar que os requisitos necessários para a concessão foram cumpridos. Essa modalidade de isenção é aquela que a lei restringe a amplitude a determinados indivíduos. Portanto, pode-se dizer que ela é de caráter subjetivo ou pessoal.

– Isso significa que se, caso o indivíduo que busca a concessão da isenção individual conseguir provar que preencheu os requisitos previstos em lei, ele terá direito?

---

10. É aquela dotada de caráter objetivo, ou seja, quando o benefício contemplar a generalidade dos sujeitos passivos, sem a necessidade de comprovação de alguma característica pessoal especial ou preenchimento de requisitos.

Exatamente isso! Se acaso comprove que preencheu os requisitos, estaremos diante de um ato administrativo de natureza vinculada, ou seja, a autoridade administrativa é obrigada a realizar o despacho que conceda a isenção tributária ao requerente.

– E, nesse caso, a concessão gerará direito adquirido?

Segundo o § 2º do art. 179 do CTN, "o despacho referido neste artigo não gera direito adquirido, aplicando-se, quando cabível, o disposto no artigo 155".

A Ministra Regina Helena Costa[11] compreende que:

> [...] a afirmativa segundo a qual o despacho da autoridade administrativa, concessivo da isenção, não gera direito adquirido, somente faz sentido se tal concessão for ilegal, o que ensejará a invalidação do ato. O preceito remete ao art. 155 do CTN, relativo à concessão de moratória, que prescreve que esta "não gera direito adquirido e será revogada de ofício, sempre que se apure que o beneficiado não satisfazia ou deixou de satisfazer as condições ou não cumpria ou deixou de cumprir os requisitos para a concessão do favor", cobrando-se o crédito acrescido de juros de mora, com ou sem imposição de penalidade, conforme o caso (incisos I e II). Tal qual na moratória, a concessão de isenção consubstancia ato administrativo vinculado, e sua extinção se dá mediante invalidação ou cassação, e não revogação, forma de extinção de ato discricionário por razões de mérito (oportunidade e conveniência)

Pode-se dizer que essa modalidade de isenção é considerada como onerosa, uma vez que o indivíduo deve preencher requisitos para obtê-la, desde que, cumulativamente, seja por prazo certo determinado.

2.2. Isenção onerosa

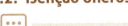
– Essa isenção onerosa é aquela prevista no art. 178 do CTN?

---

11. COSTA, Regina Helena. *Curso de Direito Tributário: Constituição e Código Tributário Nacional*. 7.. ed. rev. e atual. Editora Saraiva: São Paulo, 2017. p. 308-9.

Ela mesma! Temos que, se for concedida por prazo certo e em função de determinadas condições, a isenção será considerada como onerosa, pois para que o indivíduo seja contemplado por tal benesse, deverá suportar algum ônus. Por isso, a regra é que a isenção concedida sob determinadas condições e por prazo certo, isso é, a denominada isenção onerosa, não poderá ser revogada ou modificada, conforme compreende o Supremo Tribunal Federal:

> Súmula 544 do STF. Isenções tributárias concedidas, sob condição onerosa, não podem ser livremente suprimidas.

> – Logo, não pode ser admitida que uma isenção onerosa seja revogada. Até aí, compreendi. O que me gera dúvidas é sobre a revogação da lei que prevê essa isenção onerosa. Na eventualidade de essa lei ser revogada, o que ocorrerá com a isenção?

O que você precisa compreender é que a revogação da lei que prevê a isenção onerosa é algo totalmente distinto da possibilidade da revogação.

O que significa que, embora a lei seja revogada, a isenção onerosa ainda permanecerá. Até porque tal revogação não tem o condão de cassar a isenção conferida ao indivíduo que já preencheu os requisitos. Outrossim, o beneficiário terá o direito de usufruir dessa benesse até findo o prazo estipulado.

2.3. Revogação da isenção e o princípio da anterioridade

Um ponto controvertido é quanto à questão das isenções tributárias e o princípio da anterioridade.

Parte da doutrina[12] compreende que a lei que afasta uma isenção assemelhe-se a um aumento do tributo, não podendo o tributo, o qual

---

12. "Mais uma consideração: a lei ordinária que extingue ou reduz uma isenção somente poderá ser aplicada no exercício vindouro ao de sua entrada em vigor. A razão disso está em que a lei que afasta ou diminui uma isenção tributária assemelha-se, em tudo e por tudo, à que cria ou aumenta um tributo. Afinal, o encargo que acarreta para o contribuinte é o mesmo. Seu patrimônio será, por igual modo, atingido. Depois, a aptidão para tributar compreende a de isentar, como verso e anverso de idêntica medalha [...]. A lei que revoga uma isenção revoga (no todo ou em parte) a lei anterior que mandava tributar (se e quando ocorrido determinado fato). Pois bem, revogada a lei isentante, nem por isso a primitiva lei tributária

estava isento, ser cobrado de imediato, uma vez que esse pensamento seria contrário à segurança jurídica.

Importante é o conhecimento quanto à teoria de Paulo de Barros Carvalho,[13] a qual tem ganhado muitos adeptos. Segundo o nobre Professor e grande tributarista,

> As normas de isenção pertencem à classe das regras de estrutura, que intrometem modificações no âmbito da regra-matriz de incidência tributária. Guardando sua autonomia normativa, a norma de isenção atua sobre a regra-matriz de incidência tributária, investindo contra um ou mais critérios de sua estrutura, mutilando-os, parcialmente. Com efeito, trata-se de encontro de duas normas jurídicas que têm por resultado a inibição da incidência da hipótese tributária sobre os eventos abstratamente qualificados pelo preceito isentivo, ou que tolhe sua consequência, comprometendo-lhe os efeitos prescritivos da conduta. Se o fato é isento, sobre ele não se opera a incidência e, portanto, não há que falar em fato jurídico tributário, tampouco em obrigação tributária. E se a isenção se der pelo consequente, a ocorrência fática encontrar-se-á inibida juridicamente, já que sua eficácia não poderá irradiar-se.

O Supremo Tribunal Federal, com o julgamento do RE 204.062, possuía entendimento no sentido de que uma eventual revogação da isenção não seria semelhante à criação nem à majoração de tributo, consistindo e divergindo da doutrina majoritária.

 – Acredito que esse entendimento mudou, não é mesmo?

Mudou, sim. No RE 564.225 Ag/RS, o ministro Marco Aurélio explanou que o ato de reduzir ou extinguir benefício fiscal, tal como a isenção, na verdade consiste no aumento, indiretamente, do tributo

---

voltará a vigorar. Por quê? Simplesmente porque não há o efeito repristinatório no direito tributário brasileiro [...]. De conseguinte, revogada a lei isentiva, e restabelecido o dever de pagar o tributo – pela nova lei, que o recria –, é inafastável a incidência do princípio da anterioridade, que encerra, para o contribuinte, uma garantia de estabilidade da ordem jurídica." (CARRAZZA, Roque Antonio. *Curso de Direito Constitucional Tributário*. 32. ed. rev., ampl. e atual. São Paulo: Malheiros, 2019. p. 183-5.)

13. CARVALHO, Paulo de Barros. *Direito Tributário, Linguagem e Método*. 6. ed. São Paulo: Noeses, 2015. p. 617.

dentro do mesmo exercício, devendo ser aplicado o princípio da anterioridade. Hugo de Brito Machado[14] explica que:

> [...] a revogação de uma lei que concede isenção equivale à criação de tributo. Por isso deve ser observado o princípio da anterioridade da lei, assegurado pelo art. 150, inciso III, letra "b", da Constituição Federal [...], a irrevogabilidade da isenção passou a depender dos dois requisitos, isso é, de ser por prazo certo e em função de determinada condições.

– Bem interessante essa nova posição do STF. É totalmente compatível com a doutrina majoritária.

2.4. Isenção e a questão da alíquota zero

– Professora, outro ponto muito confuso é se a alíquota zero de determinado tributo corresponderia à uma isenção. Pode-se afirmar que são institutos semelhantes?

Nesse ponto, há uma divergência doutrinária.

– Ixi, lá vem! Já não bastasse ter de saber sobre as divergências entre as Turmas e entre o STF e o STJ!

Ah, meu bem, você não quer ser um juiz? Pois bem, precisa dominar a doutrina também!

– Está certo, professora. Vou ficar quietinho e sem reclamar!

Bom, a Misabel Derzi[15] defende a ideia de que isenção e alíquota zero são a mesma coisa. Para a nobre professora e renomada tribu-

---

14. MACHADO, Hugo de Brito. *Curso de direito tributário*. 31. ed. São Paulo: Malheiros, 2010.
15. "Portanto, defendemos que alíquota zero é o mesmo que isenção. Já registramos que, tecnicamente, existem formas distintas de o legislador negar a tributalidade, vale dizer, conceder isenção, seja pela hipótese, seja pela consequência. Quando a norma concessiva de isenção atua por meio da consequência da norma de tributação, nulificando o dever

tarista, pelo simples fato de a alíquota zero inviabilizar o nascimento da obrigação tributária, corroborando para o não pagamento do tributo, já é o suficiente para qualificá-la como isenção tributária. Ao passo que para Regina Helena Costa, a isenção e a alíquota zero são institutos distintos. Para a Ministra do Superior Tribunal de Justiça, uma das diferenças consiste no fato de que a isenção será concedida mediante previsão em lei, já a alíquota zero poderá ser prevista em ato do Poder Executivo, conforme previsto no art. 153, § 1º, assim como no art. 177, § 4º, I, b – ambos da Constituição Federal de 1988.

Também a Ministra[16] explica que:

> Conquanto, inegavelmente, constituam ambas modalidades de exoneração tributária, o fato é que a isenção – consoante a concepção que adotamos – significa a mutilação da hipótese de incidência tributária, em razão da colidência da norma isentiva com um de seus aspectos. Já a alíquota zero é categoria mais singela, pois traduz a redução de uma das grandezas que compõem o aspecto quantitativo, restando preservada a hipótese de incidência tributária.

2.5. Proibição das isenções heterônomas

– Essa parte eu já sei por conta do princípio previsto no art. 151, III, da CF/1988, que estudamos no ponto correlato.

Lembre-se da seguinte premissa, a qual eu lhe ensinei: "a União não pode instituir isenções sobre tributos que não sejam de sua competência". Em regra, somente o ente político que detém a competência tributária para instituir o seu respectivo tributo poderá conceder isenção em relação a ele.

(seja pela alíquota, seja pela base de cálculo ou pela sujeição passiva), a hipótese ou fato gerador não sai ilesa. Ao contrário, os fatos relativamente aos quais a norma de isenção nulificou o dever, atuando por meio da consequência, são automaticamente ceifados, retirados, alijados da hipótese. Consequentemente, aplicam-se à revogação da alíquota zero os princípios da legalidade e da anterioridade, inerentes à isenção." (DERZI, Misabel Abreu Machado in. BALEEIRO, Aliomar. *Direito Tributário Brasileiro*. Atualizada por Misabel Abreu Machado Derzi. 13. ed. Rio de Janeiro: Forense, 2015. p. 1360.)

16. COSTA, Regina Helena. *Curso de Direito Tributário: Constituição e Código Tributário Nacional*. 7. ed. rev. e atual. Editora Saraiva: São Paulo, 2017. p. 309.

– Isso porque, geralmente, isenções são autônomas, certo?!

Logicamente que há casos excepcionais em que a União poderá conceder isenções heterônomas, desde que tais exceções estejam, também, contempladas na norma constitucional, conforme já estudamos.

– Sim, eu me recordo bem!

Excelente! Fico muito contente que você tem levado a sério estudo e se recorda de vários pontos que tratamos bem no início.

Assim sendo, dou por finalizado o estudo quanto às hipóteses de exclusão do crédito tributário.

– Mais um ponto do Direito Tributário superado com êxito!

FIGURA PONTO 1: EXCLUSÃO DO CRÉDITO TRIBUTÁRIO

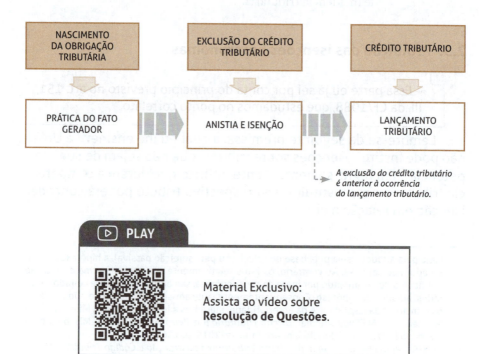

CAPÍTULO 9

Garantias e privilégios do crédito tributário

1. OS PRIVILÉGIOS

– O que significa que o crédito tributário possui privilégios, professora?

Você tem que entender que o crédito tributário, a depender da circunstância, quando comparado com demais créditos, estará em uma posição mais favorável. Portanto, somente falaremos em privilégio do crédito tributário diante de uma cobrança coletiva de créditos.

– Ah, tá! Quando temos, por exemplo, um indivíduo que possui dívidas trabalhistas, com fornecedores e tributárias?

Exatamente isso! Quando temos uma cobrança coletiva de créditos, como em casos de falência, inventário e liquidação de empresa, teremos os privilégios do crédito tributário. Você se recorda do art. 186 do CTN?

– Sim! Nesse dispositivo temos que os créditos oriundos da legislação trabalhista e de acidente do trabalho preferem aos créditos tributários.

1.1. A falência e a recuperação judicial

Muito bem! Essa é a regra quando temos uma situação, digamos, "normal". Mas, como você bem sabe, pois já estudamos isso, a falência possui uma regra própria. Primeiramente, temos os créditos extraconcursais e aqueles provenientes de restituições.

589

– Verdade. Eu me recordo bem disso! Esses créditos extraconcursais são aqueles previstos no art. 84 da Lei 11.101/2005 (Lei de Falências), os quais não entram na ordem de preferência do art. 83.

Esses mesmos. Suponha que, após a decretação de falência, ainda tivemos a prática de fatos geradores de determinados tributos, fora, também, as quantias referentes à obrigatoriedade de repasse à Receita Federal do Brasil e ao INSS, já retidas pelo empregador, que ainda não foram repassadas, conforme o art. 85 da Lei de Falências...

– Interessante essa questão envolvendo a Receita Federal do Brasil, o INSS e o falido.

Pois é. Caso ocorra a retenção de imposto de renda na fonte e da contribuição previdenciária sem ter dado tempo do empregador, denominado falido, ter repassado, ou seja, durante o lapso temporal foi decretada a falência, a Receita e o INSS deverão receber tais valores a título de crédito extraconcursal.

– E quanto à ordem do art. 83 da Lei de Falências?

Como você bem sabe, primeiramente, teremos o adimplemento dos créditos decorrentes da legislação do trabalho até 150 salários-mínimos e de acidente de trabalho. Esta é a primeira classe dos créditos.

Na segunda classe constam os créditos com garantia real até o limite do bem gravado, ou seja, bens penhorados ou hipotecados, por exemplo. Aí, na terceira classe, temos os créditos tributários...

– Nesta classe estão excluídas as multas tributárias!

Exatamente! As multas tributárias ficam na sétima classe, abaixo dos créditos quirografários, preferindo, apenas, os créditos subordinados.

CAPÍTULO 9 → Garantias e privilégios do crédito tributário

Tome cuidado com isso. Vira e mexe essa ordem é cobrada em provas de concurso público ou de Exame de Ordem[1].

Ainda sobre a falência, saiba que quando a Fazenda Pública habilita o crédito tributário no processo falimentar,[2] algo que consiste em uma faculdade, "(...) cessam as atualizações na data da prolação da sentença (...)", conforme entendimento do Superior Tribunal de Justiça no julgamento do REsp. n. 1.660.198/SP.

 – E qual a diferença com a recuperação judicial?

Quando estivermos diante de uma recuperação judicial, a execução fiscal prosseguirá, isso porque o plano de recuperação não contempla os créditos tributários. Vamos ver, na parte sobre execução fiscal que a jurisprudência[3] vem se manifestando acerca da impossibilidade da penhora de bens contemplados no plano de recuperação judicial, em sede de execução fiscal, porque, caso contrário,

---

1. Só tome cuidado, pois em 24 de dezembro de 2020 foi publicada no Diário Oficial da União a Lei 14112/2020, conhecida como "Nova Lei de Falências". Vários dispositivos da Lei 11.101/2005 foram alterados. Um estudo mais minucioso sobre sua relação com o Direito Tributário será realizado no capítulo referente à execução fiscal. Para esse capítulo, importante que você saiba que o art. 83 sofreu algumas alterações. Vide:
"Art. 83, I – os créditos derivados da legislação trabalhista, limitados a 150 (cento e cinquenta) salários-mínimos por credor, e aqueles decorrentes de acidentes de trabalho;
II – os créditos gravados com direito real de garantia até o limite do valor do bem gravado;
III – os créditos tributários, independentemente da sua natureza e do tempo de constituição, exceto os créditos extraconcursais e as multas tributárias (...)"
Perceba que houve um acréscimo ao inciso III, contemplando, dessa forma, os créditos extraconcursais, isto é, aqueles créditos tributários cujos fatos geradores ocorrem após a decretação da falência.
2. Como será estudado no capítulo referente à execução fiscal, o art. 187 do CTN, conjugado com o art. 29 da LEF, pressupõe a autonomia do executivo fiscal. Logo, a Fazenda Pública pode optar por receber seus créditos tributários, se por meio da execução fiscal ou por meio do concurso de credores, no processo falimentar ao habilitar seu crédito na falência. Optando por continuar a execução fiscal, caso já tenha penhorado bens poderá aliená-los em leilão, no entanto, o produto da arrecadação deve ser remetido ao juízo universal da falência. Por outro lado, se durante o trâmite do processo executivo fiscal não tiver ocorrido a penhora, o processo pode prosseguir. Entretanto, os bens não poderão mais ser penhorados, já que deverão ser arrecadados pelo juízo falimentar e lá serem expropriados. Em ambas as situações, deve-se haver respeito à ordem de prioridade dos créditos na falência, conforme o art. 83 da Lei de Falências.
3. Vide o tema 987, no sistema dos repetitivos, do Superior Tribunal de Justiça: "Possibilidade da prática de atos constritivos em face de empresa em recuperação judicial, em sede de execução fiscal".

inviabilizaria a recuperação da empresa. Também verificaremos a alteração trazida pela Lei 14.112, de 24 de dezembro de 2020, no que tange a esse assunto.

– Já estou me preparando mentalmente para o estudo sobre a execução fiscal!

Também, algo que veremos de forma mais detalhada no capítulo sobre a execução fiscal é referente ao art. 187, parágrafo único, do CTN, e no art. 29 da LEF. Ambos os dispositivos conjugados pressupõem existir um concurso de preferências entre as pessoas jurídicas de direito público, quando recair várias penhoras em face de um único bem do executado.

– Seria o caso de haver várias execuções fiscais em face do mesmo devedor, ou seja, uma execução fiscal ajuizada pela União, outra pelo Estado do Pará e outra pelo Município de Belém e apenas um bem penhorável?

É esse cenário mesmo. Só imagine que há, também, uma ação ajuizada por um conselho de profissão, considerado como uma autarquia federal. Nesse caso, como se resolve?

– Penso que, primeiramente, a União terá preferência, posteriormente o Estado, em terceiro lugar o Município e, por fim, a autarquia federal!

Não está correto esse seu raciocínio. Está em desacordo com o entendimento do Superior Tribunal de Justiça! Temos, nesse cenário, que prevalece sempre a União e as suas autarquias.

– Hum, então, compreendo que entre a União e o Estado, prevalece a União. Já entre o Estado do Pará e um conselho de profissão, prevalece o conselho de profissão, por ser uma autarquia federal.

É o teor da Súmula 497 do Superior Tribunal de Justiça. Veja:

Súmula 497, STJ: Os créditos das autarquias federais preferem aos créditos da Fazenda estadual desde que coexistam penhoras sobre o mesmo bem.

– Se há essa preferência entre entes públicos, fico imaginando entre ente público e ente privado...

Esse seu comentário me lembrou de um entendimento recente da jurisprudência sobre o assunto!

O Superior Tribunal de Justiça compreendeu, no julgamento do REsp 1661481, que a execução fiscal possui preferência sobre a execução civil.

– Como assim?

Segundo o Superior Tribunal de Justiça, havendo conflito entre a execução civil e a execução fiscal, com penhora sobre o mesmo bem, a Fazenda Pública tem preferência para receber o produto da alienação, ainda que se manifeste tardiamente no processo, quando já perfectibilizada a arrematação.

No caso concreto tratava-se de uma execução civil por parte de uma instituição financeira. Na visão do Superior Tribunal de Justiça é irrelevante para a solução do caso o fato de o banco ter penhorada antes o bem imóvel do que a Fazenda Pública, isto porque a preferência de créditos fiscais tributários do ente público está prevista nos artigos 186 e 187 do CTN.

– Interessante...

Vale destacar, ainda, que o art. 57 da Lei 11.101/2005[4] não prevê, segundo entendimento do Superior Tribunal de Justiça[5] e do Supremo Tribunal Federal[6], ser indispensável a demonstração de certidão

---

4. Art. 57 da Lei de Falências: "Após a juntada aos autos do plano aprovado pela assembleia-geral de credores ou decorrido o prazo previsto no art. 55 desta Lei sem objeção de credores, o devedor apresentará certidões negativas de débitos tributários nos termos dos arts. 151, 205, 206 da Lei 5.172, de 25 de outubro de 1966 – Código Tributário Nacional".
5. Trata-se do entendimento firmado no julgamento do REsp 1864625.
6. Trata-se do entendimento firmado no julgamento da RCL 43169.

negativa de débitos tributários ou, nos termos do art. 206 do CTN,[7] uma certidão positiva com efeitos de negativa, atestando a existência de débitos tributários que estejam com a exigibilidade suspensa para que a recuperação judicial seja deferida.

Inclusive, na prática, a jurisprudência dos Tribunais de Justiça já vinha dispensando a apresentação da certidão negativa de débitos ou da certidão positiva com efeitos negativos para fins de deferimento do pedido de recuperação judicial.

– Até porque, se fosse exigido sempre, não seria concedida nenhuma recuperação judicial! Rsrs

1.2. Processo de inventário e arrolamento

No art. 189 do Código Tributário Nacional temos que:

> Art. 189. São pagos preferencialmente a quaisquer créditos habilitados em inventário ou arrolamento, ou a outros encargos do monte, os créditos tributários vencidos ou vincendos, a cargo do de cujus ou de seu espólio, exigíveis no decurso do processo de inventário ou arrolamento.

– Quando estudei Direito Civil, a parte de sucessões, aprendi que com o evento morte, temos a abertura da sucessão e, por conta do princípio da *saisine*, consagrado pelo art. 1.784 do CC/2002, o patrimônio do *de cujus* é transferido automaticamente para os seus sucessores.

Boa lembrança do Direito Civil. Na parte de sucessões você deve ter aprendido, também, que é com a partilha, no inventário, que temos a individualização dos bens que cabem a cada sucessor. Já o arrolamento, grosso modo, é um inventário mais simplificado. Esses termos

---

7. Art. 206 do CTN: "Tem os mesmos efeitos previstos no artigo anterior a certidão de que conste a existência de créditos não vencidos, em curso de cobrança executiva em que tenha sido efetivada a penhora, ou cuja exigibilidade esteja suspensa".

do Direito Civil não são tão importantes para nosso estudo referente aos privilégios do crédito tributário.

O que precisamos saber é que, caso o *de cujus* tenha deixado dívidas, entre elas as de natureza tributária, conforme o art. 189 do CTN, os créditos tributários vencidos ou vincendos, a cargo do *de cujus* ou de seu espólio, exigíveis no decurso do processo de inventário ou arrolamento, irão preferir aos demais.

– Bem simples!

Até demais.

1.3. Liquidação judicial ou voluntária

Aqui nesse ponto também é bem simples, basta observar a redação do art. 190 do CTN, o qual menciona que:

> Art. 190. São pagos preferencialmente a quaisquer outros os créditos tributários vencidos ou vincendos, a cargo de pessoas jurídicas de direito privado em liquidação judicial ou voluntária, exigíveis no decurso da liquidação.

Logo, quando temos que o ativo da empresa é transformado em dinheiro para fins de pagamento das dívidas da sociedade, o art. 190 do CTN pressupõe que o crédito tributário possui preferência em face dos demais.

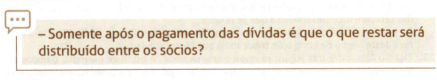
– Somente após o pagamento das dívidas é que o que restar será distribuído entre os sócios?

Sim!

2. AS GARANTIAS DO CRÉDITO TRIBUTÁRIO

Passado o estudo referente aos privilégios, vamos ver um pouco sobre as garantias.

– O que são essas garantias?

595

Conforme nos ensina Regina Helena Costa,[8] "as garantias do crédito tributário, singelamente, são os instrumentos assecuratórios do direito de o Estado exigir tributos".

O teor do art. 183 do CTN[9] pressupõe que se trata de um rol de garantias não exaustivo.

– O que significa isso?

Significa que pela diferença existente entre os diversos tributos, há uma necessidade de garantias diferenciadas, conforme as características essenciais de cada um.[10]

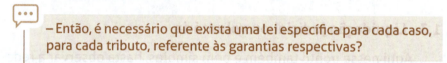
– Então, é necessário que exista uma lei específica para cada caso, para cada tributo, referente às garantias respectivas?

Não. Não é necessária uma lei específica para cada tributo, podendo ser, apenas, uma norma geral, sendo, neste caso, o próprio Código Tributário Nacional.

No entanto, tome cuidado, pois essas garantias são matérias dispostas somente sob reserva de lei, nos termos do art. 141 do CTN,[11]

---

8. COSTA, Regina Helena. *Curso de Direito Tributário*. 7. ed. São Paulo: Saraiva, 2017. p. 324.
9. Art. 183 do CTN. "A enumeração das garantias atribuídas neste Capítulo ao crédito tributário não exclui outras que sejam expressamente previstas em lei, em função da natureza ou das características do tributo a que se refiram.
   Parágrafo único. A natureza das garantias atribuídas ao crédito tributário não altera a natureza deste nem a da obrigação tributária a que corresponda."
10. Ricardo Alexandre traz alguns exemplos em sua obra: "A título de exemplo, o imposto sobre a propriedade territorial rural que tem por fato gerador a propriedade de imóvel localizado em área rural, o que configura uma situação perene, impossível de ser mudada de um instante para outro, de forma que o próprio imóvel serve como garantia para o pagamento do tributo que sobre ele incide. Já o imposto de importação tem por fato gerador a entrada de mercadoria estrangeira no território nacional, uma situação instantânea, que não se protrai no tempo, o que pode justificar a estipulação de garantias específicas. De uma maneira mais simples, se um ilícito relativo a uma importação não é detectado na alfândega, pode ser difícil buscar a recuperação do crédito após a entrada da mercadoria importada no território nacional. Quanto ao ITR, a situação é muito diferente, pois a situação tributada é perene e os elementos necessários para o cálculo do montante do tributo não podem ser alterados rapidamente." (ALEXANDRE, Ricardo. *Direito Tributário*. 11. ed. rev., atual. e ampl., Salvador: Ed. Juspodivm, 2017. p. 582).
11. Art. 141 do CTN. "O crédito tributário regularmente constituído somente se modifica ou extingue, ou tem sua exigibilidade suspensa ou excluída, nos casos previstos nesta Lei, fora

não podendo ser dispensadas pela autoridade administrativa, sob pena de responsabilidade funcional.

– E esse parágrafo único do art. 183 do CTN: "a natureza das garantias atribuídas ao crédito tributário não altera a natureza deste nem a da obrigação tributária a que corresponda"?

Suponha que o contribuinte preste uma garantia real, como hipoteca. Para fins de obter um benefício fiscal. Mesmo com a prestação dessa garantia não há como modificar a natureza do crédito tributário. Ricardo Alexandre[12] menciona, inclusive, que caso uma lei de um determinado ente da Federação traga a possibilidade da concessão de uma garantia por meio da constituição de uma hipoteca, teremos que o crédito tributário, mesmo assim, será crédito tributário, ou seja, não passará a ter natureza de crédito hipotecário.

2.1. Responsabilidade patrimonial

– Já sei, professora. Segundo o art. 184 do CTN[13], temos que o patrimônio e a renda do indivíduo respondem pelas suas obrigações.

Por esse dispositivo, temos que é irrelevante a data da constituição do ônus ou do estabelecimento das referidas cláusulas, sendo que mesmo aqueles que estão gravados com ônus real e cláusulas de inalienabilidade ou impenhorabilidade respondem pelo crédito. Regina Helena Costa[14] menciona que:

---

dos quais não podem ser dispensadas, sob pena de responsabilidade funcional na forma da lei, a sua efetivação ou as respectivas garantias."

12. ALEXANDRE, Ricardo. *Direito Tributário*. 11. ed., rev., atual. e ampl., Salvador: Juspodivm, 2017.p. 582.
13. Art. 184 do CTN. "Sem prejuízo dos privilégios especiais sobre determinados bens, que sejam previstos em lei, responde pelo pagamento do crédito tributário a totalidade dos bens e das rendas, de qualquer origem ou natureza, do sujeito passivo, seu espólio ou sua massa falida, inclusive os gravados por ônus real ou cláusula de inalienabilidade ou impenhorabilidade, seja qual for a data da constituição do ônus ou da cláusula, excetuados unicamente os bens e rendas que a lei declare absolutamente impenhoráveis".
14. COSTA, Regina Helena. *Curso de Direito Tributário*. 7. ed., São Paulo: Saraiva, 2017. p. 326.

O dispositivo demonstra, inequivocamente, a posição favorecida de que desfruta o crédito tributário em relação a créditos de outras naturezas. Isso porque responde pelos créditos tributários o patrimônio total do sujeito passivo, incluindo-se os gravados por ônus real ou cláusula de inalienabilidade ou impenhorabilidade, seja qual for a data da constituição do ônus ou da cláusula. Dessa abrangência escapam apenas os bens e rendas que a lei declare absolutamente impenhorável.

 – No que isso implica, professora?

Nesse caso, teremos uma maior preferência do crédito tributário sobre o crédito civil hipotecário, por exemplo, ainda que a obrigação tributária seja posterior à data da hipoteca, uma vez que independe da data da constituição do ônus. Somente escapam dessa regra, como bem pontuado pela Ministra Regina Helena Costa, os bens considerados absolutamente impenhoráveis.[15]

---

15. Vide: Art. 833 do CPC. "São impenhoráveis:
I – os bens inalienáveis e os declarados, por ato voluntário, não sujeitos à execução;
II – os móveis, os pertences e as utilidades domésticas que guarnecem a residência do executado, salvo os de elevado valor ou os que ultrapassem as necessidades comuns correspondentes a um médio padrão de vida;
III – os vestuários, bem como os pertences de uso pessoal do executado, salvo se de elevado valor;
IV – os vencimentos, os subsídios, os soldos, os salários, as remunerações, os proventos de aposentadoria, as pensões, os pecúlios e os montepios, bem como as quantias recebidas por liberalidade de terceiro e destinadas ao sustento do devedor e de sua família, os ganhos de trabalhador autônomo e os honorários de profissional liberal, ressalvado o § 2º;
V – os livros, as máquinas, as ferramentas, os utensílios, os instrumentos ou outros bens móveis necessários ou úteis ao exercício da profissão do executado;
VI – o seguro de vida;
VII – os materiais necessários para obras em andamento, salvo se essas forem penhoradas;
VIII – a pequena propriedade rural, assim definida em lei, desde que trabalhada pela família;
IX – os recursos públicos recebidos por instituições privadas para aplicação compulsória em educação, saúde ou assistência social;
X – a quantia depositada em caderneta de poupança, até o limite de 40 (quarenta) salários-mínimos;
XI – os recursos públicos do fundo partidário recebidos por partido político, nos termos da lei;
XII – os créditos oriundos de alienação de unidades imobiliárias, sob regime de incorporação imobiliária, vinculados à execução da obra
§1º A impenhorabilidade não é oponível à execução de dívida relativa ao próprio bem, inclusive àquela contraída para sua aquisição.

Do mesmo modo, bens recebidos em doação ou herança, com cláusulas de inalienabilidade ou impenhorabilidade, antes ou depois da obrigação tributária.

2.2. Presunção de fraude

– Professora, a presunção de fraude é referente àquela prevista no art. 185 do CTN?

É, sim!

> Art. 185 do CTN. Presume-se fraudulenta a alienação ou oneração de bens ou rendas, ou seu começo, por sujeito passivo em débito para com a Fazenda Pública, por crédito tributário regularmente inscrito como dívida ativa.
>
> Parágrafo único. O disposto neste artigo não se aplica na hipótese de terem sido reservados, pelo devedor, bens ou rendas suficientes ao total pagamento da dívida inscrita.

– E o que significa?

Pois bem, esse dispositivo em questão teve sua redação alterada por meio da famosa Lei Complementar 118/2005. Entende-se que se o sujeito passivo da obrigação tributária possui débito inscrito e venha a alienar bens ou rendas, tem-se configurada a presunção de fraude, tornando ineficaz o ato praticado.

Mas, tome cuidado, pois somente haverá cabimento da presunção de fraude se a alienação ou oneração dispor o sujeito passivo em situação de insolvabilidade.

---

§2º O disposto nos incisos IV e X do caput não se aplica à hipótese de penhora para pagamento de prestação alimentícia, independentemente de sua origem, bem como às importâncias excedentes a 50 (cinquenta) salários-mínimos mensais, devendo a constrição observar o disposto no art. 528, § 8º, e no art. 529,
§3º Incluem-se na impenhorabilidade prevista no inciso V do caput os equipamentos, os implementos e as máquinas agrícolas pertencentes a pessoa física ou a empresa individual produtora rural, exceto quando tais bens tenham sido objeto de financiamento e estejam vinculados em garantia a negócio jurídico ou quando respondam por dívida de natureza alimentar, trabalhista ou previdenciária."

599

– Então, o momento da possibilidade de estar configurada a presunção de fraude é com a regular inscrição do crédito tributário em dívida ativa e a notificação ao sujeito passivo?!

Sim, por isso deve-se ter cautela, uma vez que no âmbito do processo civil compreendemos que, por meio da Súmula 375 do Superior Tribunal de Justiça, para que a fraude esteja constatada é indispensável que tenha ocorrido o registro da penhora do bem alienado ou de prova da má-fé do terceiro adquirente, regra não aplicável na seara das execuções ficais.

Esse ponto será melhor abordado quando estudarmos a execução fiscal.

2.3. Indisponibilidade de bens

Um outro ponto interessante é o previsto no art. 185-A do CTN:

> Art. 185-A do CTN. Na hipótese de o devedor tributário, devidamente citado, não pagar nem apresentar bens à penhora no prazo legal e não forem encontrados bens penhoráveis, o juiz determinará a indisponibilidade de seus bens e direitos, comunicando a decisão, preferencialmente por meio eletrônico, aos órgãos e entidades que promovem registros de transferência de bens, especialmente ao registro público de imóveis e às autoridades supervisoras do mercado bancário e do mercado de capitais, a fim de que, no âmbito de suas atribuições, façam cumprir a ordem judicial.
>
> §1º A indisponibilidade de que trata o *caput* deste artigo limitar-se-á ao valor total exigível, devendo o juiz determinar o imediato levantamento da indisponibilidade dos bens ou valores que excederem esse limite.
>
> §2º Os órgãos e entidades aos quais se fizer a comunicação de que trata o *caput* deste artigo enviarão imediatamente ao juízo a relação discriminada dos bens e direitos cuja indisponibilidade houverem promovido.

CAPÍTULO 9 → Garantias e privilégios do crédito tributário

– Entendo que se o sujeito passivo não pagar, não apresentar bens à penhora e não forem encontrados bens penhoráveis pelo oficial de justiça, será aplicável a regra deste art. 185-A do CTN. É o mesmo que penhora?

Não se trata de uma nova modalidade de penhora, mas sim uma possibilidade de decretação de indisponibilidade de bens para que uma futura penhora seja realizada.

Na indisponibilidade ocorre a comunicação eletrônica, por parte do magistrado, aos órgãos e às entidades mencionadas no art. 185-A do CTN, assim, satisfazendo o crédito tributário (STJ, REsp 1073094/PR).

– Então, para que essa indisponibilidade de bens seja requerida, é indispensável que tenha ocorrido o exaurimento das diligências em busca de bens penhoráveis?

Sim, inclusive, esse é o entendimento da jurisprudência. Veja a redação da Súmula 560 do Superior Tribunal de Justiça:

> Súmula 560 do STJ. A decretação da indisponibilidade de bens e direitos, na forma do art. 185-A do CTN, pressupõe o exaurimento das diligências na busca por bens penhoráveis, o qual fica caracterizado quando infrutíferos o pedido de constrição sobre ativos financeiros e a expedição de ofícios aos registros públicos do domicílio do executado, ao Denatran ou Detran.

Material Exclusivo: Assista ao vídeo sobre **Correção de Questões**.

601

CAPÍTULO 10

Reforma Tributária e o IBS

Como já havia lhe contato, há algumas propostas de reforma tributária em trâmite no Congresso Nacional, no entanto, a mais avançada é a Proposta de Emenda à Constituição 45.[1]

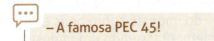
— A famosa PEC 45!

Famosa porque muitos tributaristas de respeito a defendem,[2] ganhando destaque dentre as demais propostas.

Fora a PEC 45/2019, também temos a PEC 110/2019, a qual tramita no Senado Federal, e o Projeto de Lei (PL) 3.887/2020, enviado ao Congresso Nacional em meados de julho de 2020, consistindo na Reforma Tributária do governo federal.

— Essa Reforma Tributária do governo federal já está dando muito o que falar, não é mesmo!?

Muito! Isto porque o governo federal pretender enviar a sua Reforma Tributária em partes ao Congresso Nacional, algo que vem sendo objeto de constantes críticas por parte dos tributaristas e de vários segmentos do setor empresarial.

---

1. Trata-se de uma proposta de emenda à Constituição Federal de 1988, de autoria do Deputado Federal Baleia Rossi, com o intuito de alterar o Sistema Tributário Nacional e dar outras providências. Atualmente, em 19 de novembro de 2019, a situação da proposta é: "Aguardando Parecer do Relator na Comissão Especial destinada a proferir parecer à Proposta de Emenda à Constituição 45-A, de 2019, do Srº Baleia Rossi e outros, que altera o Sistema Tributário Nacional e dá outras providências" (PEC 45/19), conforme informado no *site* da Câmara dos Deputados. Disponível em: https://www.camara.leg.br/proposico-esWeb/fichadetramitacao?idProposicao=2196833. Acesso em: 19 nov. 2019.
2. Cite-se os professores Eduardo Perez Salusse e Eurico Marcos Diniz de Santi.

Mas, antes de estudarmos o PL 3.887/2020, vamos nos aventurar na PEC 45/2019.

> – Combinado, professora!

1. A PROPOSTA DE REFORMA TRIBUTÁRIA DA PEC 45/2019

Vamos iniciar, portanto, com a PEC 45/2019!

Uma das grandes inovações que a reforma tributária traz, por meio da PEC 45/2019, é a instituição do imposto sobre bens e serviços (IBS),[3] por meio de uma lei complementar, sendo um imposto de caráter nacional.

---

3. Importante é a leitura do art. 152-A da CF/88, cuja redação é dada pela PEC 45/2019:
"Art. 152-A. Lei complementar instituirá imposto sobre bens e serviços, que será uniforme em todo o território nacional, cabendo à União, aos Estados, ao Distrito Federal e aos Municípios exercer sua competência exclusivamente por meio da alteração de suas alíquotas.
§1º O imposto sobre bens e serviços:
I – incidirá também sobre:
a) os intangíveis;
b) a cessão e o licenciamento de direitos;
c) a locação de bens;
d) as importações de bens, tangíveis e intangíveis, serviços e direitos;
II – será regulado exclusivamente pela lei complementar referida no caput deste artigo;
III – será não cumulativo, compensando-se o imposto devido em cada operação com aquele incidente nas etapas anteriores;
IV – não será objeto de concessão de isenções, incentivos ou benefícios tributários ou financeiros, inclusive de redução de base de cálculo ou de crédito presumido ou outorgado, ou sob qualquer outra forma que resulte, direta ou indiretamente, em carga tributária menor que a decorrente da aplicação das alíquotas nominais;
V – não incidirá sobre as exportações, assegurada a manutenção dos créditos;
VI – terá alíquota uniforme para todos os bens, tangíveis e intangíveis, serviços e direitos, podendo variar entre Estados, Distrito Federal e Municípios.
§ 2º A alíquota do imposto aplicável a cada operação será formada pela soma das alíquotas fixadas pela União, pelos Estados ou Distrito Federal e pelos Municípios, observado o seguinte:
I – a competência para alteração da alíquota pela União, pelos Estados, pelo Distrito Federal e pelos Municípios será exercida por lei do respectivo ente;
II – na ausência de disposição específica na lei federal, estadual, distrital ou municipal, a alíquota do imposto será a alíquota de referência, fixada nos termos do art. 119 do Ato das Disposições Constitucionais Transitórias.
§ 3º Nas operações interestaduais e intermunicipais:
I – incidirá a alíquota do Estado ou Distrito Federal e do Município de destino;
II – o imposto pertencerá ao Estado ou Distrito Federal e ao Município de destino.

– O que é esse imposto, professora?

Trata-se de um imposto que onera o consumo de bens e de serviços, recaindo integralmente sobre o consumidor, ao compor o preço final do bem ou do serviço adquiridos.

Vale destacar que, enquanto grande parte dos países tributa o consumo por meio de um único imposto não cumulativo sobre o valor adicionado, o IVA, nosso país contempla uma multiplicidade de tributos incidentes sobre a produção e o consumo de bens e serviços.

Você saberia me citar alguns?

– Claro! O imposto sobre serviços (ISS), o imposto sobre a circulação de mercadorias e sobre a prestação de serviços de transporte interestadual, intermunicipal e de comunicação (ICMS), o imposto sobre produtos industrializados (IPI) e os PIS e a COFINS.

Viu, só a quantidade de tributos?

---

§ 4º Os débitos e créditos serão escriturados por estabelecimento e o imposto será apurado e pago de forma centralizada.
§ 5º A receita do imposto sobre bens e serviços será distribuída entre a União, os Estados, o Distrito Federal e os Municípios proporcionalmente ao saldo líquido entre débitos e créditos do imposto atribuível a cada ente, nos termos da lei complementar referida no *caput*.
§ 6º A lei complementar referida no *caput* criará o comitê gestor nacional do imposto sobre bens e serviços, integrado por representantes da União, dos Estados e do Distrito Federal e dos Municípios, a quem caberá:
I – editar o regulamento do imposto, o qual será uniforme em todo o território nacional;
II – gerir a arrecadação centralizada do imposto;
III – estabelecer os critérios para a atuação coordenada da União, dos Estados, do Distrito Federal e dos Municípios na fiscalização do imposto;
IV – operacionalizar a distribuição da receita do imposto, nos termos estabelecidos no parágrafo 5º deste artigo;
V – representar, judicial e extrajudicialmente, a União, os Estados, o Distrito Federal e os Municípios nas matérias relativas ao imposto sobre bens e serviços.
§ 7º A representação judicial e extrajudicial do comitê gestor será exercida de forma coordenada pelos procuradores da Fazenda Nacional, dos Estados e dos Municípios.
§ 8º Cabe à lei complementar disciplinar o processo administrativo do imposto sobre bens e serviços, que será uniforme em todo o território nacional.
§ 9º Excetua-se do disposto no inciso IV do § 1º a devolução parcial, através de mecanismos de transferência de renda, do imposto recolhido pelos contribuintes de baixa renda, nos termos da lei complementar referida no *caput*."

Imagina o nó que não dá na cabeça de um estrangeiro que quer investir no nosso país, a insegurança jurídica é enorme. Sequer sabemos o que pagamos! Por isso, precisamos de um imposto único, segundo essa proposta.

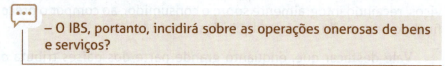

– O IBS, portanto, incidirá sobre as operações onerosas de bens e serviços?

Exatamente isso!

Consideradas como operações onerosas referentes a bens tangíveis ou intangíveis, assim como serviços, incluindo as importações, cessão de licenciamento de direitos a qualquer título e locação de bens. Um ponto importante é referente aos investimentos, os quais são desonerados.

– Como assim?

Suponha que um indivíduo adquira bens para o ativo não circulante, isto é, um investimento que não resultará em uma revenda imediata do bem. Logo, esse indivíduo possuirá direito ao crédito, como verificaremos mais adiante, do IBS que incidiu na operação de aquisição.

Essa situação só reforça mais ainda a característica do IBS de ser um imposto que incide sobre o consumo.

– Hum, interessante. Quanto aos serviços, há atividades que receberão um tratamento tributário diferenciado?

Sim, a depender das características de cada atividade, devendo o tratamento ser detalhado em lei complementar.

Na verdade, o que realmente precisamos saber é que o IBS[4] irá unificar os cinco principais tributos incidentes sobre o consumo: PIS,

---

4. A PEC 45/2019 visa inserir os artigos 116 ao 120 do ADCT. Nestes dispositivos, há menção ao ano de referência, sendo aquele anterior ao início da cobrança do IBS, ou seja,

CAPÍTULO 10 → Reforma Tributária e o IBS

COFINS, IPI, ICMS e ISS. Ou seja, o IBS será considerado como um imposto sobre o valor agregado, o qual será cobrado em todas as etapas de produção e comercialização.

> 💬 – Então, o IBS seria um "imposto único" incidente sobre o consumo?[5]

Basicamente isso! Essa unificação é, a princípio, tida como excelente, pois, como você bem sabe, aqueles tributos que acabei de mencionar são dotados de muita complexidade.

> 💬 – Ô, se são! Penei para compreendê-los, principalmente a COFINS e o ICMS. Mas, professora, unificando esses tributos em um único imposto, o IBS, não haveria uma clara ofensa ao pacto federativo?

Há quem compreenda que sim,[6] entretanto há quem compreenda que o IBS vem a reforçar o pacto federativo. O professor Eduardo Salusse[7] explica que a unificação dos tributos não possui o condão de abolir o pacto federativo:

> Primeiro porque esta unificação não provocaria, como citam alguns, a centralização do poder de instituir e arrecadar o IBS nas mãos do poder central representado pela União Federal. O IBS seria fiscalizado pelos três níveis de federação, de forma organizada e compartilhada, arrecadado por uma entidade provisoriamente chamada Comitê Gestor do IBS, criada por lei de cunho nacional, sob a forma de autarquia federativa ou

---

corresponderá ao ano da publicação do regulamento do imposto, caso seja publicado no primeiro semestre do ano, ou será o ano subsequente ao da publicação do regulamento, se for, o regulamento, publicado no segundo semestre.

5. Vale destacar que o IBS incidirá em qualquer operação de importação, seja de insumo, seja para consumo final.
6. Para a Professora Tathiane Piscitelli, a proposta de reforma tributária ofende o pacto federativo. Vide em: PISCITELLI, Tathiane. Proposta de reforma tributária ofende o pacto federativo. *Valor Econômico*, 2019. Disponível em: <https://valor.globo.com/legislacao/fio-da--meada/post/2019/04/proposta-de-reforma-tributaria-ofende-pacto-federativo.ghtml> . Acesso em: 16 nov. 2019.
7. SALUSSE, Eduardo. O IBS reforça o pacto federativo. *Valor Econômico*, 2019. Disponível em: https://valor.globo.com/legislacao/fio-da-meada/post/2019/04/o-ibs-reforca-o-pacto-federativo.ghtml. Acesso em: 16 nov. 2019.

consórcio associativo entre todos os entes da federação, que transferiria automaticamente para cada ente da federação – inclusive a União Federal – somente a parte que a cada um coubesse.

Aumentaria a independência e reduziria a interferência operada sobre os repasses hoje existentes. É uma garantia adicional aos entes que hoje dependem de repasses de outros entes.

Ademais, os entes federativos continuariam a exercer a sua competência tributária, facultando-lhes, com resultado equivalente ao poder que hoje detém de instituir impostos, a alteração das suas alíquotas, podendo até reduzi-las para zero. De outro lado, os Estados e Distrito Federal passariam a alcançar operações que hoje estão fora de sua competência, tributando serviços antes afeitos à competência tributária exclusiva dos municípios. E os municípios, de igual forma, passariam a exercer competência tributária dos Estados e do Distrito Federal. Há, nestes termos, clara ampliação das suas competências.

– Isso significa que esse modelo proposto respeita a autonomia dos Estados e dos Municípios, principalmente no que concerne à gestão das suas respectivas receitas oriundas da arrecadação do IBS?[8]

Exatamente isso!

– E quanto aos demais tributos, professora?

Bom, a PEC 45/2019 tem como objeto os tributos que acabei de mencionar. Referente aos demais, permanecerão como estão, salvo se forem objeto de uma outra proposta legislativa específica,

---

8. Em relação à distribuição de receita entre os Estados e os Municípios, teremos que uma lei complementar deverá regulamentar. Por exemplo, determinado Estado terá a sua receita atribuível conforme a soma do saldo referente entre débitos e créditos do IBS dos estabelecimentos localizados em seu território, ou seja, temos que se soma a parcela estadual do imposto que incide sobre as vendas realizadas de outros Estados para o Estado em questão, subtraindo-se a parcela do imposto incidente nas vendas realizadas deste Estado em questão para os demais Estados.

principalmente referente à tributação da renda e da folha de pagamentos, já que estamos realmente necessitados de uma reforma tributária mais completa.

– Hum, compreendi... Ainda sobre o IBS, qual seria a base de cálculo desse imposto?

Pela proposta apresentada, a base de cálculo do IBS será o valor da operação, isto é, corresponderá ao preço do bem comercializado ou do serviço prestado, sendo que o IBS não será incluído na sua própria base de cálculo.

– É aquele cálculo "por fora"?

Sim, exatamente isso! Diferentemente do ICMS, que já estudamos, e você bem sabe que o valor do próprio imposto está incluído na sua própria base de cálculo, sendo denominado de um imposto "por dentro".

– Bom saber, pois o próprio imposto em sua base de cálculo acaba onerando ainda mais.

Até porque, quando há esse fenômeno do próprio imposto compor sua própria base de cálculo, a alíquota efetivamente aplicada é considerada maior do que a estabelecida em lei.

Falando em alíquota, teremos a alíquota base do IBS, a qual será aferida nos dois primeiros anos da transição[9] conforme as expectativas para manutenção da mesma arrecadação referente aos tributos substituídos.[10]

---

9. O período de transição será de 10 (dez) anos, conforme a proposta apresentada pela PEC 45/2019. Durante esse lapso temporal, teremos a transição para os contribuintes, sendo que haverá uma progressiva redução referente aos atuais tributos a serem substituídos pelo IBS e, também, uma transição para fins de ajuste na distribuição da receita arrecadada entre os entes federativos.
10. Conforme disposto na PEC 45/2019, as alíquotas de referência em cada ano da transição serão calculadas pelo Tribunal de Contas da União, sendo aprovadas pelo Senado Federal. No que concerne à União, teremos que a alíquota de referência do imposto corresponderá

609

– Isso quer dizer que nos dois primeiros anos a carga tributária referente aos tributos substituídos ficará igual, não ocorrendo nenhum aumento?

Basicamente isso, sendo denominado como período de teste do IBS, cuja alíquota será de 1%, cujo aumento da arrecadação será compensado por meio da redução das alíquotas da COFINS.

Posteriormente a esse lapso temporal, a carga tributária de todos os tributos substituídos será reduzida à fração de 1/8 ao ano, sendo que, ao final do lapso temporal de 10 (dez) anos, esse tempo de transição, somente teremos o IBS.

Perceba que é uma mudança gradativa, a qual não acarretará aumento da carga tributária para os contribuintes, assim como não acarretará a perda de arrecadação de receitas.

Professor Eduardo Salusse[11] menciona que "estima-se, por uma conta simples de proporcionalidade entre PIB e arrecadação atual dos impostos substituídos, que deva ficar em torno de 25% (vinte e cinco por cento), considerando-se o cálculo do tributo 'por fora'".[12]

– Esse seria o lapso temporal de transição para os contribuintes. E como seria referente à distribuição de receitas entre os entes federativos?

Nos termos da proposta apresentada, teríamos que, nos primeiros vinte anos, a serem contados do início da transição, a receita oriunda da arrecadação do IBS será distribuída de modo a repor, para cada ente da Federação, o montante correspondente à redução da receita

---

àquela que repor a perda de receita dos tributos federais substituídos, ou seja, do PIS, da COFINS e do IPI, sendo descontado o ganho de receita oriundo da criação do imposto seletivo, já para os Estados corresponderá àquela que repõe a receita do ICMS, e, finalmente, para os Municípios corresponderá àquela que repor a receita do ISS.

11. SALUSSE, Eduardo. "Reforma tributária: a bola da vez". *Valor Econômico*, 2019. Disponível em: <https://valor.globo.com/legislacao/fio-da-meada/post/2019/08/reforma-tributaria--a-bola-da-vez.ghtml> Acesso em 16: nov. 2019.
12. Vale mencionar que a PEC 110/2019, a qual tramita no Senado Federal, prevê um prazo de seis anos de transição, sendo que, durante um ano, a alíquota de 1% e, posteriormente, durante o lapso temporal restante, cinco anos considerados como uma transição gradual.

arrecadada referente ao ICMS e ao ISS, em cada ano da transição corrigido pela inflação.

Durante esse lapso temporal, teríamos que a diferença entre o valor da receita do IBS a partir da incidência da alíquota de referência e o montante para fins de reposição das receitas do ICMS e do ISS será distribuído pelo critério de destino. Posteriormente, nos próximos 30 anos, teríamos a parcela referente à reposição da perda da receita reduzida progressivamente, numa fração de 1/30 ao ano.

Outro ponto interessante referente à alíquota do IBS é que essa será fixada por meio de lei complementar, no entanto, cada ente da Federação poderá modificar a alíquota correspondente às suas respectivas parcelas do referido imposto por meio de lei local. A esse fenômeno, atribui-se o nome de Federalismo Cooperativo.

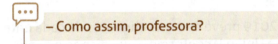

– Como assim, professora?

Aqui é uma grande questão envolvendo o IBS.

Primeiramente, você deve saber que o produto referente à arrecadação do IBS ficará disponível em uma conta centralizadora, na qual serão realizados débitos em nome do ente da Federação de origem da operação e créditos referentes aos entes da Federação de destino das operações.

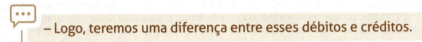

– Logo, teremos uma diferença entre esses débitos e créditos.

Muito bem!

Ocorrendo uma diferença correspondente a um saldo positivo no que tange ao consumo de bens e serviços nos respectivos entes da Federação, o valor deverá ser automaticamente transferido a eles. Isto é, o saldo positivo será transferido à União, aos Estados, ao Distrito Federal e aos Municípios, o qual corresponderá ao imposto sobre o que foi consumido em seus respectivos territórios. No mais, o controle referente a esse saldo será realizado por um Comitê Gestor[13]

---

13. Esse Comitê Gestor do IBS possui algumas funções, dentre as quais a arrecadação e a distribuição das receitas oriundas da arrecadação do imposto, entre a União, Estados, Distrito

do IBS, a ser criado por meio de uma lei complementar, devendo ser composto por representantes de todos os entes da Federação.

 – Mas, o que isso, afinal, tem a ver com a alíquota?

Como você pode perceber, o saldo será remetido aos entes, e nada impede que a União, os Estados, o Distrito Federal e os Municípios alterem a alíquota correspondente às suas respectivas parcelas do IBS por meio de lei ordinária, sendo que a alíquota final do imposto corresponderá à somatória das demais alíquotas de cada ente da Federação.[14]

Ou seja, o IBS possuirá uma alíquota referenciada disposta em lei complementar, mas nada obsta que os demais entes possam realizar tais alterações mencionadas.

No entanto, a PEC 45/2019 prevê como as alíquotas de cada ente serão formadas. Referente à União,[15] conforme o que dispõe o quadro,

---

Federal e Municípios. Também será responsável pela edição de um regulamento do IBS, assim como pela representação extrajudicial e judicial dos entes da Federação quanto às questões referentes ao imposto. Ademais, tal comitê será composto por representantes dos referidos entes. Também o comitê definirá critérios de fiscalização do IBS por parte das três esferas de governo.

14. Interessante, neste ponto, que, sob a óptica dos contribuintes do IBS, estaremos diante de um único imposto, cuja legislação será uniforme e será recolhido de forma centralizada. No entanto, na perspectiva dos entes da Federação, é como se cada um tivesse o seu próprio imposto, isso porque terão autonomia para proceder à fixação da respectiva alíquota. Vale destacar que, caso os entes federativos não editem a referida lei, dispondo sobre suas respectivas alíquotas, a alíquota do IBS será a alíquota de referência. Lembrando que a alíquota, embora possa ser modificada pelo ente federativo, deverá ser uniforme, contemplando todos os bens, não sendo viável fazer distinção entre estes.

15. Art. 159-A. "A alíquota do imposto sobre bens e serviços fixada pela União será formada pela soma das alíquotas singulares vinculadas às seguintes destinações:
I – seguridade social;
II – financiamento do programa do seguro-desemprego e do abono de que trata o § 3º do art. 239;
III – financiamento de programas de desenvolvimento econômico, nos termos do § 1º do art. 239;
IV – Fundo de Participação dos Estados;
V – Fundo de Participação dos Municípios;
VI – programas de financiamento ao setor produtivo das Regiões Norte, Nordeste e Centro-Oeste, nos termos do art. 159, I, 'c';
VII – transferência aos Estados e ao Distrito Federal, proporcionalmente ao valor das respectivas exportações de produtos industrializados;
VIII – manutenção e desenvolvimento do ensino;
IX – ações e serviços públicos de saúde;

CAPÍTULO 10 → Reforma Tributária e o IBS

a alíquota do IBS corresponderá à soma de alíquotas singulares vinculadas às seguintes destinações:

• Seguridade social, sendo a atual destinação da COFINS;
• Financiamento do programa do seguro-desemprego e do abono salarial, consistindo na destinação atual de 60% da receita da arrecadação do PIS;
• Financiamento de programas de desenvolvimento econômico, consistindo na destinação atual de 40% da receita do PIS, transferida ao BNDES;
• Fundo de Participação dos Estados, consistindo na destinação atual de 21,5% da receita do IPI;
• Fundo de Participação dos Municípios, consistindo na destinação atual de 24,5% da receita do IPI;
• Programas de financiamento ao setor produtivo das Regiões Norte, Nordeste e Centro-Oeste, consistindo na destinação atual de 3% da receita do IPI;
• Transferências aos Estados e ao Distrito Federal, proporcionalmente ao valor das respectivas exportações de produtos industrializados, consistindo na destinação atual de 10% da receita do IPI;
• Manutenção e desenvolvimento do ensino, consistindo na destinação atual de 18% da receita do IPI;
• Ações e serviços públicos de saúde, consistindo na destinação atual de 15% da receita corrente líquida resultante da arrecadação do PIS, da COFINS e do IPI;
• Recursos de alocação livre,[16] isto é, não vinculados, correspondente à receita do PIS, da COFINS e do IPI não vinculada às destinações ora mencionadas supra.

– Bem complexo! Mas ainda bem que há tabelinha para facilitar a compreensão.

Estou tentando facilitar ao máximo esse assunto, mas confesso que não está fácil. São novos detalhes bem complexos mesmo, principalmente referente às alíquotas. Mas vamos em frente!

– Vamos!

X – recursos não vinculados, sendo a alíquota singular associada a esta destinação correspondente à diferença entre a alíquota federal do imposto e as alíquotas singulares a que se referem os incisos I a IX deste artigo."

16. Deve-se levar em consideração como recurso não vinculado, isto é, de alocação livre, aquele desvinculado por meio da Desvinculação de Receitas da União (DRU), consoante prevê o art. 76 do ADCT.

613

Quanto às alíquotas dos Estados,[17] temos:

- A transferência aos municípios do Estado, consistindo na destinação atual de 25% da receita do ICMS;
- Ações e serviços públicos de saúde, consistindo na destinação atual de 12% da receita do ICMS, líquida das transferências aos municípios;
- Na manutenção e desenvolvimento do ensino, consistindo na destinação atual de 25% da receita do ICMS, líquida das transferências aos municípios;
- Em outras destinações do ICMS previstas na Constituição do Estado;
- Recursos de alocação livre, correspondentes à receita do ICMS não vinculada às demais destinações ora mencionadas.

Por fim, quanto aos Municípios[18]:

- Referente à manutenção e desenvolvimento do ensino, sendo a destinação atual de 25% da receita do ISS;
- Nas ações e nos serviços públicos de saúde, cuja destinação atual de 15% da receita do ISS;
- Referente à outras destinações do ISS previstas na Lei Orgânica do Município;
- Recursos não vinculados, isto é, de alocação livre, não correspondente às destinações apresentadas.

---

17. "Art. 159-B. A alíquota do imposto sobre bens e serviços fixada pelos Estados e pelo Distrito Federal será formada pela soma das alíquotas singulares vinculadas às seguintes destinações:
   I – manutenção e desenvolvimento do ensino;
   II – ações e serviços públicos de saúde;
   III – transferência aos municípios de cada Estado;
   IV – outras destinações previstas na Constituição do Estado ou do Distrito Federal;
   V – recursos não vinculados, sendo a alíquota singular associada a esta destinação correspondente à diferença entre a alíquota estadual ou distrital do imposto e as alíquotas singulares a que se referem os incisos I a IV deste artigo."
18. "Art. 159-C. A alíquota do imposto sobre bens e serviços fixada pelos Municípios será formada pela soma das alíquotas singulares vinculadas às seguintes destinações:
   I – manutenção e desenvolvimento do ensino;
   II – ações e serviços públicos de saúde;
   III – outras destinações previstas na lei orgânica do Município;
   IV – recursos não vinculados, sendo a alíquota singular associada a esta destinação correspondente à diferença entre a alíquota municipal do imposto e as alíquotas singulares a que se referem os incisos I a III deste artigo."

CAPÍTULO 10 → Reforma Tributária e o IBS

– E quando ao Distrito Federal?

Em relação ao Distrito Federal, levaremos em consideração as destinações do ICMS e do ISS.

Ademais, a proposta prevê que haja maior participação popular no que concerne às possíveis alterações das alíquotas pelos entes, algo muito benéfico, inclusive.

– Bem interessante isso, professora! Até porque, além da garantia popular referente às questões tributárias, vejo que os entes da Federação possuirão certa autonomia a ser exercida, não sendo algo contrário ao pacto federativo.

Saiba que a alíquota aplicada será aquela correspondente a do Estado e do Município de destino, quando temos operações interestaduais e intermunicipais, cabendo, o produto oriundo da incidência dessa alíquota, ao Estado e ao Município onde o destinatário da operação estiver localizado, sendo esse contribuinte do IBS ou consumidor final.[19]

– E esse imposto será não cumulativo, como o ICMS?

Como você viu, não apenas o ICMS é não cumulativo,[20] mas também o PIS, a COFINS e o IPI.

No entanto, são regimes de não cumulatividade bem complexos, algo que denota uma falsa não cumulatividade.[21] O IBS será um

---

19. A tributação no destino dependerá da implementação de uma escrituração individual em cada estabelecimento do contribuinte, embora o pagamento seja unificado, sendo que os créditos e débitos de ambos os estabelecimentos serão consolidados, ocasionando uma única apuração do IBS e, consequentemente, um único recolhimento por contribuinte.
20. Como foi estudado anteriormente, a não cumulatividade do ICMS é fictícia, isto porque, na realidade, não ocorre de fato a devolução de créditos acumulados, assim como o amplo leque de restrições à recuperação de créditos.
21. Hugo de Brito Machado Segundo tece críticas consideráveis ao regime a ser adotado pelo IBS, da tributação indireta. Vide: "Refiro-me à natureza supostamente 'indireta' do IBS, que seria pago 'na verdade' pelo consumidor final, somada ao fato, a ela relacionada, de que

615

imposto não cumulativo,[22] sendo que todas as aquisições, inclusive de ativo imobilizado e de bens de consumo, gerarão direito ao crédito, salvo em relação aos bens e serviços alheios à atividade empresarial, utilizando-se, portanto, de um regime financeiro.[23]

---

o tributo seria 'não cumulativo', gerando créditos de forma ampla. Essas afirmações são feitas por defensores da PEC como solução — vejam só — para os problemas que se lhes apontam. É o que se ouve, por exemplo, quando se lhes objeta que o IBS elevará demasiadamente a carga tributária incidente sobre prestadores de serviços. Dentistas, advogados e contadores que hoje se submetem a 5% de ISS passarão a sofrer a incidência de um IBS de aproximadamente 25%, ao que os apoiadores da proposta replicam: 'mas o crédito será amplo, e quem pagará esse ônus será o consumidor final!'. Prosseguem dizendo que, se o usuário do serviço for um consumidor final, ele pagará a conta; se for outro agente econômico, no caso, por exemplo, de um advogado que presta serviço a uma empresa, esta poderá creditar-se do valor do serviço, IBS incluso, e abater tudo do IBS que tiver a pagar nas operações seguintes. Assim, repete-se, o ônus será transferido ao consumidor final, não recaindo sobre nenhum agente produtivo. São esses pontos, colocados como grandes vantagens, que podem transformar o IBS no pior pesadelo dos contribuintes brasileiros. Isso porque, no Brasil, a tributação dita 'indireta' tem servido de pretexto para se fazer, juridicamente, uma divisão ronceira entre os sujeitos passivos, que os priva da maior parte dos seus direitos inerentes à relação jurídica tributária, notadamente aqueles que dizem respeito ao acesso à jurisdição. E, note-se: justamente por causa dessa crença de que 'tudo se transfere ao consumidor final'. Alude-se a um 'contribuinte de direito', que seria por lei obrigado ao pagamento do tributo, e a um 'contribuinte de fato', que suportaria o ônus correspondente. O problema é que, quando o 'contribuinte de direito' pleiteia algum 'direito' no âmbito da relação tributária, como, por exemplo, a devolução de uma quantia paga de maneira indevida, a administração tributária e o Judiciário afirmam que ele não pode fazê-lo, por ter 'repassado' o ônus ao 'contribuinte de fato', que seria quem 'na verdade' teria pagado o tributo, conforme se interpreta do artigo 166 do CTN. Mas, se o contribuinte dito 'de fato' pleiteia judicialmente o reconhecimento desse mesmo direito, igualmente se lhe nega, ao argumento de que ele não tem relação jurídica com o Fisco. Em suma: no Brasil, o contribuinte 'de fato' não é tão 'só de fato' assim. Em verdade, sua existência tem vários efeitos jurídicos, mas todos destinados a tirar direitos do 'contribuinte de direito', sem atraí-los para si ou transferi-los a qualquer outra pessoa: faz com que evaporem." (SEGUNDO, Hugo de Brito Machado. "IBS pode corrigir ou amplificar problemas da tributação indireta no Brasil". Consultor Jurídico, 2019. Disponível em: <https://www.conjur.com.br/2019-jul-31/consultor-tributario-ibs-corrigir-ou-amplificar-problemas-tributacao-indireta>. Acesso em: 17 nov. 2019.

22. Na verdade, o imposto pago pelo consumidor final, por conta da não cumulatividade, corresponderia à soma do imposto recolhido em cada etapa de produção e comercialização.

23 "Os valores devidos pelos intermediários da cadeia (produtores, indústrias, comércio atacadista e varejista, prestadores de serviços, dentre outros agentes) apurarão o imposto pelo sistema de débito e crédito – não cumulatividade – pelo regime financeiro. Tudo dará crédito, exceto se alheio à atividade da empresa. Logo, a despeito de imaginar uma possível oneração em algumas atividades intermediárias, é fato que economicamente serão barateadas, vez que passarão a dar créditos aos seus adquirentes de forma ampla. Muitas atividades não transferem atualmente este crédito aos adquirentes por força de restrições nas legislações do IPI, PIS, Cofins, ICMS e do ISS. E este aparente 'aumento' de carga será, no mais das vezes, uma verdadeira redução de carga, pois o IBS não será mais custo aos seus adquirentes intermediários." (SALUSSE, Eduardo. "A neutralidade do IBS". Valor Econômico,

CAPÍTULO 10 → Reforma Tributária e o IBS

– Percebi que há, ainda, muita discussão sobre essa questão da não cumulatividade do IBS.

Pois é. Será um assunto muito discutido ainda até que uma determinada reforma tributária seja aprovada mesmo.

– E como funcionará?

Bom, como eu lhe falei sobre a questão das alíquotas do IBS...

Embora os entes federativos possam modificar as alíquotas, o que vai importar para o contribuinte é alíquota total, isto é, a somatória de todas. Suponha que a alíquota federal é 5%, a do Estado de São Paulo 8% e a do Município de Santos 2%, estaremos diante de uma alíquota total de 15% do IBS. Logo, as vendas em Santos e para Santos sofrerão a incidência da alíquota de 15% do IBS. Assim sendo, o contribuinte irá apurar os débitos e os créditos que possui, recolhendo o valor do IBS por meio de um procedimento unificado, através de uma guia única, como ocorre com o regime do SIMPLES Nacional.

Outra questão envolvendo o IBS é que o referido imposto não incidirá sobre as exportações, até porque estamos diante de um imposto sobre o consumo, sendo insensato tributar bens e serviços que sejam consumidos ou prestados fora do território pátrio.

No entanto, interessante saber que os exportadores terão direito ao crédito do imposto incidente na aquisição do bem ou do serviço tributado. Ou seja, o bem ou serviço exportado sem que haja a incidência do IBS[24] possuirá o crédito acumulado, sendo possível o exercício do direito ao ressarcimento em dinheiro no prazo de 60 (sessenta) dias, sendo que o referido valor estará localizado em uma

---

2019. Disponível em: https://valor.globo.com/legislacao/fio-da-meada/post/2019/05/a-neutralidade-do-ibs.ghtml. Acesso em: 17 nov. 2019.

24. Isso porque, na sistemática do IVA, na qual o IBS se fundamenta, utiliza-se o princípio do destino, caracterizado pela desoneração das exportações e incidência do imposto nas importações, sendo que o valor arrecadado competirá ao país de destino, sendo tributado o consumo, e não a produção. Deve-se ter atenção a esta observação, uma vez que consiste na essência do IBS.

617

conta centralizadora da Agência Tributária Nacional, garantindo uma restituição mais célere, ou seja, a quantia não estará disponível nos cofres públicos dos entes da Federação.

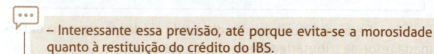

– Interessante essa previsão, até porque evita-se a morosidade quanto à restituição do crédito do IBS.

Embora muitos pontos apresentados sejam positivos, nessa atual sistemática, teríamos, conforme pontua a Professora Tathiane Piscitelli,[25] o fim da seletividade.

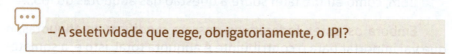

– A seletividade que rege, obrigatoriamente, o IPI?

Não apenas o IPI, mas também o ICMS, lembra? Embora exista aquela discussão sobre a obrigatoriedade ou não referente a este último imposto.

– Verdade, professora!

Pois então, no nosso caso do IBS, como eu já havia lhe falado, teremos uma única alíquota, apenas, a qual incidirá sobre os produtos, independentemente de serem de luxo ou de primeira necessidade.

Ademais, não será possível a concessão de benefícios fiscais.

– Mas por que, professora?

Um dos objetivos da PEC 45/2019 é a extinção da guerra fiscal.

Com a vedação quanto à concessão de benefícios fiscais, setores tidos como privilegiados, sob a sistemática atual, não receberão tratamento diferenciado, algo benéfico para fins de inviabilizar distorções competitivas.

---

25. PISCITELLI, Tathiane. O fim da seletividade na proposta de reforma tributária. Valor Econômico, 2019. Disponível em: < https://valor.globo.com/legislacao/fio-da-meada/post/2019/07/o-fim-da-seletividade-na-proposta-de-reforma-tributaria.ghtml> Acesso em: 17 nov. 2019.

No entanto, a proposta traz uma exceção referente aos mais necessitados. Trata-se da redução do efeito regressivo da tributação do consumo, ao desonerar a cesta básica de alimentos. Assim sendo, promove-se a restituição às famílias de baixa renda, sendo possível a transferência de parcela do imposto incidente sobre suas aquisições.[26]

– Hum, parece ser interessante, mas pode ser um pouco confuso de início.

Também preciso lhe contar que teremos definido, por meio de uma lei complementar, o processo administrativo para fins de solução de conflitos referente ao novo imposto, fora que, para fins de processo judicial, embora seja de competência federal, por estarmos diante de um imposto que corrobora com a autonomia de todos os entes federativos, os procuradores de cada um atuarão conjuntamente, consoante determinação do comitê gestor.

Outra situação interessante que a PEC 45/2019 traz é a criação de um imposto seletivo federal,[27] o qual incidirá sobre bens e serviços, cujo consumo o legislador deseja desestimular, os quais geram externalidades negativas.

– Quais bens, por exemplo?

Como cigarros e bebidas alcoólicas, por exemplo!

---

26. "Para os defensores da proposta, a eliminação integral dos benefícios fiscais é fundamental para conferir maior racionalidade ao sistema tributário e consequente retomada do crescimento econômico do país. Defendem, ainda, que a tributação sobre o consumo não deve ser utilizada como mecanismo de realização de justiça distributiva ou com finalidades estranhas à arrecadação. A justiça fiscal, alegam, deve ser feita na ponta da despesa, com gastos sociais voltados à redução da desigualdade e, ainda, via crédito ao consumidor de baixa renda – mecanismo que se aproxima da nota fiscal paulista, por exemplo, que devolve ao consumidor final uma parcela do ICMS incidente na operação, mediante a inserção do CPF do cidadão na nota fiscal. Há, todavia, muitas falhas nessas ponderações" (PISCITELLI, Tathiane. "O fim da seletividade na proposta de reforma tributária". *Valor Econômico*, 2019. Disponível em: <https://valor.globo.com/legislacao/fio-da-meada/post/2019/07/o--fim-da-seletividade-na-proposta-de-reforma-tributaria.ghtml> Acesso em: 17 nov. 2019).

27. Esta possibilidade advém com o acréscimo que a PEC 45/2019 visa a realizar no art. 154 da CF/1988, quanto ao inciso III. Vide: "Art. 154. A União poderá instituir: III – impostos seletivos, com finalidade extrafiscal, destinados a desestimular o consumo de determinados bens, serviços ou direitos".

– E como seria esse imposto?

Primeiramente, a sua incidência seria monofásica, ocorrendo a tributação apenas em uma etapa do processo de produção, distribuição e nas importações.

Mas vamos voltar ao IBS e às alterações que a PEC 45/2019 visa realizar no texto constitucional!

– Ixi, lá vem!

Uma das principais modificações é que a PEC 45/2019 visa alterar a redação do art. 105 da CF/1988, ao dispor que:

> Compete ao Superior Tribunal de Justiça:
>
> III – julgar, em recurso especial, as causas decididas, em única ou última instância, pelos Tribunais Regionais Federais ou pelos tribunais dos Estados, do Distrito Federal e Territórios, quando a decisão recorrida:
>
> d) contrariar ou negar vigência à lei complementar que disciplina o imposto sobre bens e serviços a que se refere o art. 152-A, ou lhe der interpretação divergente da que lhe haja atribuído outro tribunal.

– A PEC 45/2019 visa acrescentar a alínea *d* no art. 105, III, da CF/1988?! Mas por quê?

Então, a PEC 45/2019 visa a acrescentar o art. 152-A[28] na Constituição Federal de 1988, o qual menciona que o IBS será criado mediante a edição de uma lei complementar de caráter nacional, e não meramente federal. Por isso, caberá ao Superior Tribunal de Justiça a competência para julgamento das questões relativas ao imposto.

---

28. Art. 152-A da PEC 45/2019. "Lei complementar instituirá imposto sobre bens e serviços, que será uniforme em todo o território nacional, cabendo à União, aos Estados, ao Distrito Federal e aos Municípios exercer sua competência exclusivamente por meio da alteração de suas alíquotas."

CAPÍTULO 10 → Reforma Tributária e o IBS

– Interessante, professora.

Mais interessante é a alteração que a PEC 45/2019 visa realizar no art. 109, I, da CF/1988:

> Aos juízes federais compete processar e julgar:
>
> I – as causas em que a União, entidade autárquica, empresa pública federal ou o comitê gestor nacional do imposto sobre bens serviços a que se refere o art. 152-A forem interessados na condição de autores, réus, assistentes ou oponentes, exceto as de falência, as de acidentes de trabalho e as sujeitas à Justiça Eleitoral e à Justiça do Trabalho.

Fora essa alteração, a PEC 45/2019 visa, no art. 146 da CF/1988, alterar o inciso III, alínea d^{29}, cujo intuito é de inserir o IBS entre os tributos contemplados pelo regime do SIMPLES NACIONAL, além de renumerar o parágrafo único do referido dispositivo como § 1º, acrescentando a este o inciso V,[30] possibilitando, ao contribuinte optante do referido regime, caso opte, recolher o IBS de forma segregada, ou seja, permitindo que sua característica de não cumulativo continue a ser exercida.

– Não tinha cogitado sobre essa situação do IBS ser contemplado pelo SIMPLES NACIONAL!

Ainda nessa perspectiva do regime de apuração, no art. 146 da CF/1988 foi inserido o § 2º, o qual menciona que os contribuintes optantes do SIMPLES NACIONAL serão vedados de transferir créditos do IBS a terceiros, assim como de se apropriarem destes.

---

29. "d) definição de tratamento diferenciado e favorecido para as microempresas e para as empresas de pequeno porte, inclusive regimes especiais ou simplificados no caso do imposto previsto no art. 152– A, 155, II, das contribuições sociais previstas no art. 195, I, e §§ 12 e 13 e da contribuição a que se refere o art. 239".
30. "V– o contribuinte poderá optar pelo pagamento do imposto sobre bens e serviços a que se refere o art. 152-A, hipótese em que a parcela a ele relativa não será cobrada pelo regime unificado de que trata este parágrafo."

621

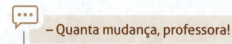
– Quanta mudança, professora!

Ainda tem mais! Teremos que, dos art. 159-A ao art. 159-G, há definições quanto ao sistema de destinação da receita do IBS às finalidades específicas. Tais dispositivos regulam a substituição do atual sistema de vinculação de receitas e partilhas dos cinco tributos substituídos.

Destaque para o art. 159-F, o qual dispõe que "a nenhuma unidade federada poderá ser destinada parcela superior a 20% do montante" do valor das respectivas exportações de produtos industrializados do total desses recursos, "devendo o eventual excedente ser distribuído entre os demais participantes, mantido, em relação a esses, o critério de partilha nele estabelecido", além do que os Estados destinarão aos seus respectivos Municípios o total de 25% destes recursos, observados os critérios previstos no art. 159-G, I e II[31].

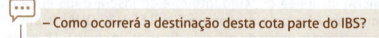
– Como ocorrerá a destinação desta cota parte do IBS?

Conforme o art. 159-G, I e II, teremos que três quartos do referido montante será distribuído proporcionalmente à população de cada Município, sendo que "um quarto, de acordo com o disposto em lei estadual".

Por fim, também teremos alterações no § 2º do art. 198 e inclusão do § 7º no art. 212, referentes às ações e serviços públicos de saúde e à manutenção e ao desenvolvimento do ensino, respectivamente.

– Ufa, que complicada esta reforma!

UFA digo eu!

Terminamos os principais aspectos da PEC 45/2019. Agora, é torcer que seja aprovada a melhor proposta para nosso país, pois, do jeito que está, não há como continuar!

---

31. "Art. 159-G. As parcelas destinadas aos Municípios, nos termos do inciso III do art. 159-B, serão creditadas conforme os seguintes critérios:
I – três quartos na proporção da respectiva população;
II – um quarto, de acordo com o que dispuser lei estadual ou, no caso dos territórios, lei federal."

CAPÍTULO 10 → Reforma Tributária e o IBS

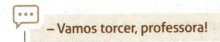
— Vamos torcer, professora!

2. A PROPOSTA DE REFORMA TRIBUTÁRIA DO GOVERNO FEDERAL

Conforme já havia mencionado, a proposta de Reforma Tributária do governo federal é, na verdade, uma "reforma fatiada", pois a intenção do Ministro da Economia, Paulo Guedes, e sua equipe, é enviar por partes ao Congresso Nacional.

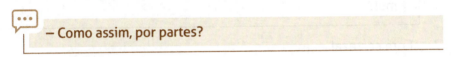
— Como assim, por partes?

Vou lhe explicar melhor!

A proposta do governo federal é dividida em 4 (quatro) fases, por isso que falamos que é uma "reforma fatiada".

A primeira fase, consiste na unificação do PIS e da COFINS a partir da criação da Contribuição Social sobre Operações com Bens e Serviços (CBS), uma espécie de IVA federal, cuja alíquota seria de 12%, incidindo sobre a receita bruta da empresa, em cada operação, e não mais, sobre todas as receitas, algo que na prática, na atual situação, ocorre.

Em relação aos bancos, teríamos uma alíquota de 5,8%.

— A CBS que foi objeto do PL 3887/2020, não é mesmo!?

Exatamente!

O PL 3887/2020 foi enviado em 21 de julho de 2020 à Câmara dos Deputados.

Ocorre que muitas críticas a essa primeira fase são feitas constantemente.

623

Primeiramente, teríamos um aumento da carga tributária consideravelmente para as empresas que prestam serviço para o consumidor final e são intensivos em mão de obra, como, por exemplo, nas áreas da educação, segurança, informática, telecomunicações, hotelaria, serviços médicos e transporte aéreo, uma vez que são atividades que geram poucos créditos para serem compensados.

Lembrando que grande parte está sujeito à alíquota de 3,65% de PIS/COFINS, no sistema atual da cumulatividade, sendo que no da não cumulatividade é de 9,25%.

— E, em decorrência desse aumento da carga tributária, teríamos alguns reajustes para mais no valor desses serviços, não é mesmo!?

Com certeza!

Mas, saiba que a CBS seria não cumulativa, isto é, diferentemente no que ocorre em relação a COFINS, que há os dois sistemas da cumulatividade e da não cumulatividade, com o CBS seria abolido o primeiro. Nesse contexto, seria plenamente possível a obtenção de créditos tributários oriundos de determinadas despesas para fins de compensação tributária, conforme já estudamos anteriormente.

— E isso seria benéfico, professora?

Há quem compreenda que sim, há quem compreenda que não!

Por exemplo, com o fim do regime cumulativo, seria possível projetar um acréscimo de 8,35% na alíquota, para as empresas optantes do regime de lucro presumido, ao passo que para as empresas optantes do regime de lucro real um acréscimo de 2,75% da alíquota.

— Então, realmente, estaremos diante de um aumento da carga tributária!

Para a maior parte das atividades, sim. No entanto, para aquelas que possuam uma margem adicionada de lucro menor, na verdade, o cálculo poderá ser mais próximo do que seria com as alíquotas

CAPÍTULO 10 → Reforma Tributária e o IBS

atualizadas de PIS e COFINS, uma vez que mesmo sendo optante do regime do lucro presumido, seria possível a compensação de créditos e débitos, devido à extinção do Sistema da cumulatividade.

Em que pese essa previsão, as receitas oriundas de prestação de serviços de transporte público coletivo municipal de passageiros serão acobertadas pelo benefício fiscal da isenção, assim como as pessoas jurídicas que não exercem atividade econômica. É o caso de igrejas, partidos políticos, sindicatos, fundações, entidades representativas de classe, serviços sociais autônomos e instituições de assistência social. Também, alguns itens da cesta básica estariam isentos da incidência do CBS, como farinha, leite, legumes, queijos (mozarela, minas, prato, queijo de coalho, ricota, requeijão, provolone, parmesão, queijo fresco não maturado e queijo do reino), carnes bovina, suína, ovina e caprina, café, açúcar, óleo de soja, margarina, manteiga.

Ah, também não ocorreria a incidência do CBS sobre as receitas decorrentes da exportação!

> — Ixi, então, não é uma proposta de Reforma Tributária muito benéfica!

Acalme-se, pois estamos vendo a primeira fase. Não há como tirarmos conclusões precipitadas de uma "reforma fatiada".

> — Mas, não haverá um aumento de tributos, professora?

Segundo o Ministro da Economia, Paulo Guedes, nessa primeira fase, não! No entanto, como já mencionado, estaríamos sim diante de um aumento da carga tributária. Isso é consenso dentre os estudiosos do Direito Tributário, mas como eu mencionei, devemos olhar a proposta como um todo e, não apenas, a primeira fase, a qual foi a única apresentada até então.

> — E as demais fases?

Serão enviadas, segundo o próprio Ministro, oportunamente.

O que sabemos é que está nos planos do governo federal, a tributação sobre os dividendos.

— O que seria isso?

Seria a tributação do imposto de renda da pessoa física (IRPF) sobre o lucro distribuído pelas empresas aos seus acionistas. Atualmente, os dividendos são isentos do IRPF.

Além de obter uma maior arrecadação tributária, o governo federal visa promover, a partir da previsão da tributação dos dividendos, que o lucro reverta à investimento internos, na própria empresa.

For a questão envolvendo os dividendos, também teríamos a previsão do IPI sendo transformado em um imposto seletivo, incidindo sobre cigarros e bebidas. Mais ou menos parecido com a proposta da PEC 45/2019.

— Ah, sim! Eu me recordo. A diferença é que na PEC 45/2019 há a extinção do IPI, pois ele seria unificado, assim como os demais tributos incidentes sobre o consumo, no IBS.

Exatamente!

Continuando os planos do governo federal para a proposta da Reforma Tributária, ainda teríamos a reformulação do IRPF e do IRPJ, Segundo o Ministro da Economia.

O governo federal pretende diminuir as alíquotas do IRPF e acabar com a possibilidade das deduções.

Já quanto ao IRPJ, conforme já mencionei, seria a tributação de lucros e dividendos.

Por fim, a última etapa consiste na desoneração da folha de pagamento das empresas, algo que estimularia a criação de empregos.

No entanto, a conta tem que fechar, não é mesmo!?

— Pois é, ainda mais depois da pandemia da COVID-19 que ocasionou um gasto exacerbado para o governo federal.

Bem colocado!

CAPÍTULO 10 → Reforma Tributária e o IBS

Diante disso, o governo federal pretende criar um imposto sobre transações financeiras eletrônicas, para compensar as perdas que terá com a desoneração da folha de pagamento das empresas. Ocorre que esse referido imposto guarda semelhança com a extinta CPMF, algo que vem causando polêmica.

> – Imagino, professora! Eu mesmo sou contra qualquer aumento de tributos. Até porque, já não suportamos mais a elevadíssima carga tributária desse país. Não dá mais!

Compartilho desse seu pensamento!

Eu, como advogada e estudiosa na área do Direito Tributário, sou contra qualquer aumento de tributos.

Mas, como já mencionei, não tivemos o envio completo da proposta de Reforma Tributária do governo federal.

Devemos aguardar para que a nossa análise seja a mais complete possível. Por isso, não deixe de acompanhar as notas de atualização que irei disponibilizando, juntamente com a Editora Juspodivm, no link do livro!

FIGURA PONTO 1: REFORMA TRIBUTÁRIA (PARTE 1)

Diálogos sobre o Direito Tributário, Tatiana Scaranello. Editora Juspodivm

Material Exclusivo:
Assista ao vídeo sobre
Reforma Tributária (Parte 1).

Material Exclusivo:
Assista ao vídeo sobre
Reforma Tributária (Parte 2).

Material Exclusivo:
Assista ao vídeo sobre
Reforma Tributária (Parte 3).

CAPÍTULO 11

Processo administrativo fiscal (PAF)

Antes de começarmos de verdade o estudo sobre o processo administrativo fiscal, precisamos conhecer os principais princípios vetores que o regem.

1. PRINCIPAIS PRINCÍPIOS

– Já sei que o processo administrativo como um todo busca a verdade real.

Perfeito! Também podemos chamá-lo de princípio da busca da verdade material. Entende-se que a busca da verdade material decorre da legalidade, uma vez que a Administração deve prezar pela descoberta real da ocorrência dos fatos, não agindo a partir de meras presunções. Uma das consequências dessa busca pela verdade material é a possibilidade, no âmbito do processo administrativo tributário, de que sejam produzidas provas de ofício, assim como a análise de documentos juntados ainda que após a fase de impugnação.[1]

Por conta do princípio da busca da verdade material, o art. 16, § 4º, do Decreto 70.235/1972 é relativizado, no que tange à obrigação da juntada da prova documental por ocasião da apresentação da impugnação pelo contribuinte.

---

1. Por conta do princípio da busca da verdade material, o art. 16, § 4º, do Decreto 70.235/1972 é relativizado, no que tange à obrigação da juntada da prova documental por ocasião da apresentação da impugnação pelo contribuinte.

629

– Interessante, professora. Outro princípio que sei que também faz parte do processo administrativo fiscal é o da oficialidade,[2] isso porque o Fisco não precisa aguardar manifestação do contribuinte para tomar providências, podendo agir de ofício.[3]

Bem lembrado. Um outro princípio importante é o da cientificação, o qual pressupõe que antes de instaurado qualquer procedimento em face do contribuinte, ele deverá ser intimado previamente. Esses são os principais princípios vetores do processo administrativo fiscal (PAF). Uma pergunta que eu tenho para lhe fazer: a quem cabe o ônus da prova no PAF?

2. O ÔNUS DA PROVA

– Depois de termos estudado as modalidades de lançamento tributário e todo o restante sobre o crédito tributário, penso que cabe à Administração Pública provar o porquê está cobrando o contribuinte.[4]

---

2. Esse princípio está disposto no art. 7º do Decreto 70.235/72. Vide:
"Art. 7º O procedimento fiscal tem início com:
I – o primeiro ato de ofício, escrito, praticado por servidor competente, cientificado o sujeito passivo da obrigação tributária ou seu preposto;
II – a apreensão de mercadorias, documentos ou livros;
III – o começo de despacho aduaneiro de mercadoria importada".
3. "Saliente-se que o dever de agir de ofício independe da questão de saber se isso atenderá aos interesses arrecadatórios do Estado, ou se beneficiará o cidadão. O dever da autoridade é o de cumprir a lei, pouco importando a quem isso 'beneficiará', sendo um absurdo pretender que tais atos de ofício somente deveriam ser praticados quando desfavoráveis ao cidadão, devendo os que o beneficiam ser praticados apenas quando houver requerimento." (SEGUNDO, Hugo de Brito Machado. *Processo Tributário*. 11. ed. São Paulo: Atlas, 2019. p. 29)
4. "Como já afirmado anteriormente, o ato de lançamento deve ser fundamentado, tendo o Fisco o dever de explicar detalhadamente a ocorrência dos fatos que o justificaram, e ainda comprovar tais afirmações. Ato desacompanhado dessa fundamentação, e dessa comprovação, é nulo, e não gera a tão alegada quanto equivocada 'presunção de validade' do ato administrativo (...) Pode-se afirmar, a propósito, que a presunção de validade do ato administrativo apenas atribui ao cidadão o ônus de impugnar o ato, que, caso não seja impugnado ou caso a impugnação não seja acolhida, pode ser executado." (SEGUNDO, Hugo de Brito Machado. *Processo Tributário*. 11. ed. São Paulo: Atlas, 2019. p. 84-85)

Essa constatação é decorrente da mera leitura do art. 9º do Decreto 70.235/1972:

> Art. 9º A exigência do crédito tributário e a aplicação de penalidade isolada serão formalizados em autos de infração ou notificações de lançamento, distintos para cada tributo ou penalidade, os quais deverão estar instruídos com todos os termos, depoimentos, laudos e demais elementos de prova indispensáveis à comprovação do ilícito.

No mesmo sentido é o entendimento do antigo Conselho de Contribuintes do Ministério da Fazenda[5], atual Conselho Administrativo de Recursos Fiscais (CARF), ao dispor que "cabe à autoridade lançadora provar a ocorrência do fato constitutivo do direito de lançar do Fisco". Também, no mesmo julgado, entende-se que "comprovado o direito de lançar do fisco cabe ao sujeito passivo alegar fatos impeditivos, modificativos ou extintivos, além de alegá-los, comprová-los efetivamente, nos termos do Código de Processo Civil, que estabelece as regras de distribuição do ônus da prova aplicáveis ao PAF, subsidiariamente".

– Então, temos que ao Fisco cabe o ônus de comprovar a ocorrência do fato constitutivo do seu direito de lançar, isto é, de constituir o crédito tributário, ao passo que ao contribuinte cabe provar os fatos impeditivos, modificativos ou extintivos.

Isso mesmo. Não se esqueça disso.

– Mas e aquela situação referente aos livros fiscais que acabam servindo de indícios para fins de tributação?

Boa observação! É aquela situação que verificamos na parte sobre a possibilidade do arbitramento por parte da autoridade administrativa competente.

Uma outra hipótese interessante é quanto à realização de uma declaração equivocada referente ao imposto de renda, por parte do

---

5. Ac. un. da 8ª C do 1º CC, Recurso n. 133271 – Acórdão 108-07.602 – Processo 10120.006617/2002-04. Rel. Ivete Malaquias Pessoa Monteiro – j. em 5.11.2003.

contribuinte. Suponha que ele tenha declarado um valor maior do que o valor que realmente auferiu. Nesse caso, ocorrerá a inversão do ônus da prova, isto é, o Fisco exigirá que o contribuinte realize prova de que não recebeu o valor mais elevado.

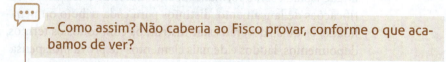

– Como assim? Não caberia ao Fisco provar, conforme o que acabamos de ver?

Nessa situação, não, uma vez que o contribuinte confessou, por meio da declaração, servindo de suporte probatório suficiente para que o Fisco cobre o valor superior previsto na declaração do contribuinte.

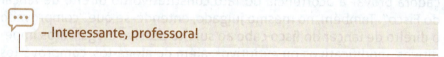

– Interessante, professora!

3. RENÚNCIA À ESFERA ADMINISTRATIVA

Um outro aspecto referente à introdução do processo administrativo fiscal é referente à renúncia à esfera administrativa.

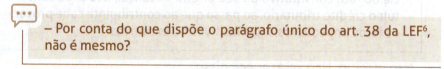

– Por conta do que dispõe o parágrafo único do art. 38 da LEF[6], não é mesmo?

Pois é! Pelo dispositivo citado, não é possível que o contribuinte, simultaneamente, recorra à esfera administrativa e à esfera judicial, uma vez que o ingresso da ação judicial implica renúncia à esfera administrativa. Inclusive, caso o contribuinte ingresse na esfera

---

6. Art. 38 da Lei 6.830/1980. "A discussão judicial da Dívida Ativa da Fazenda Pública só é admissível em execução, na forma desta Lei, salvo as hipóteses de mandado de segurança, ação de repetição do indébito ou ação anulatória do ato declarativo da dívida, esta precedida do depósito preparatório do valor do débito, monetariamente corrigido e acrescido dos juros e multa de mora e demais encargos.
Parágrafo Único – A propositura, pelo contribuinte, da ação prevista neste artigo importa em renúncia ao poder de recorrer na esfera administrativa e desistência do recurso acaso interposto".

administrativa e na judicial, tal situação ensejará desistência do recurso administrativo. No mesmo sentido é o teor da súmula do CARF:

> Súmula CARF 1. Importa renúncia às instâncias administrativas a propositura pelo sujeito passivo de ação judicial por qualquer modalidade processual, antes ou depois do lançamento de ofício, com o mesmo objeto do processo administrativo, sendo cabível apenas a apreciação, pelo órgão de julgamento administrativo, de matéria distinta da constante do processo judicial.

– Essa desistência ocorrerá mesmo que sejam matérias distintas?

Não. Se a matéria judicializada tratar de assunto distinto da que está sendo apreciada em processo administrativo fiscal, não ocorrerá a desistência do recurso administrativo ou qualquer renúncia à esfera administrativa. É o que dispõe a Súmula do CARF que acabei de mencionar.

Também, não importa se ocorreu o lançamento ou não, ou seja, se estaremos diante de uma ação declaratória de inexistência de relação jurídico-tributária ou ação anulatória de lançamento, as quais estudaremos mais adiante, sendo que referente às duas hipóteses teremos configurada uma renúncia à esfera administrativa.

4. IMPUGNAÇÃO ADMINISTRATIVA

– Eu me recordo que você havia explicado que a impugnação na esfera administrativa tem como consequência a suspensão da exigibilidade do crédito tributário, conforme previsto no art. 151, III, do CTN.[7]

---

7. Tanto que é uma das espécies de reclamações administrativas, as quais abarcam a impugnação, os recursos e a manifestação de inconformidade. Ademais, lembre-se de que é inconstitucional a exigência de taxa administrativa no processo administrativo, uma vez que, caso fosse viável a cobrança, limitaria a ampla defesa.

E, em decorrência disso, temos que outra consequência é a possibilidade de o contribuinte obter certidão de regularidade fiscal, nos termos dos arts. 205 e 206 do CTN,[8] como você já viu comigo na parte sobre suspensão da exigibilidade do crédito tributário.

Outra situação é que, apresentada a impugnação, não poderá ser apresentada denúncia por parte do Ministério Público por crime contra a ordem tributária antes que seja decidido, em definitivo, na esfera administrativa, conforme a Súmula Vinculante 24.

Também, para fins de impugnação, importante você se recordar do estudo referente ao lançamento tributário. Como sabe, quando estamos diante de tributos sujeitos a lançamento de ofício ou por declaração, o contribuinte será notificado.[9]

No art. 11 do Decreto 70.235/1972[10] há alguns pontos importantes sobre a notificação do lançamento tributário ao contribuinte, vale a pena a leitura.

– Pode deixar que lerei, professora.

---

8. Vale destacar que a Súmula 29 do antigo Tribunal Federal de Recursos menciona que "os certificados de Quitação e de Regularidade não podem ser negados, enquanto pendente de decisão, na via administrativa, o débito levantado". Segundo entendimento, durante toda litispendência, a parte goza do direito à certidão de regularidade fiscal. "Em outras palavras, o cidadão que tem contra si formalizada a exigência de um crédito tributário, e oferece impugnação administrativa, dando origem a um processo administrativo contencioso, contraditório etc., tem direito a que o crédito em disputa seja considerado como não exigível, fazendo jus a certidões que espelhem essa situação, e que têm os mesmos efeitos de uma certidão negativa." (SEGUNDO, Hugo de Brito Machado. *Processo Tributário*. 11. ed. São Paulo: Atlas, 2019. p. 128)
9. "Mas, como mencionado, com exceção apenas dessa hipótese de valor declarado e não pago pelo próprio contribuinte, no âmbito do lançamento por homologação, em todos os demais casos (lançamento de ofício, ordinário ou revisional, ou lançamento por declaração) a abertura da oportunidade para apresentação de defesa e instauração de processo administrativo contencioso é indispensável. À defesa apresentada pelo sujeito passivo, em tais casos, dá-se o nome de impugnação." (SEGUNDO, Hugo de Brito Machado. *Manual de Direito Tributário*. 9. ed. ref., ampl. e atual. São Paulo: Atlas, 2017. p. 396)
10. Art. 11 do Decreto 70.235/1972. "A notificação de lançamento será expedida pelo órgão que administra o tributo e conterá obrigatoriamente:
I – a qualificação do notificado;
II – o valor do crédito tributário e o prazo para recolhimento ou impugnação;
III – a disposição legal infringida, se for o caso;
IV – a assinatura do chefe do órgão expedidor ou de outro servidor autorizado e a indicação de seu cargo ou função e o número de matrícula.
Parágrafo único. Prescinde de assinatura a notificação de lançamento emitida por processo eletrônico."

CAPÍTULO 11 → Processo administrativo fiscal (PAF)

O mais importante para nós é sabermos que o prazo para apresentação da impugnação pelo contribuinte é de 30 (trinta) dias, contados do recebimento desta notificação,[11] nos termos do art. 15 do Decreto 70.235/1972,[12] sendo o termo inicial a intimação válida do sujeito passivo,[13] sob pena de nulidade. A contagem destes 30 dias ocorre com a exclusão do dia do começo do prazo, incluindo o dia do vencimento, não podendo iniciar e terminar em data que não ocorra o expediente na administração tributária que receberá a impugnação. Ademais, contamos em dias corridos, toma cuidado com isso.

– Essa questão de prazos sempre me confunde bastante em provas.

É mera decoreba! Mas fique atento no que vou lhe passar de informação agora.

---

11. No caso de intimação via postal com aviso de recebimento, o prazo de 30 (trinta) dias para apresentação da impugnação se iniciará a partir da data do recebimento da correspondência prevista no aviso de recebimento e, caso não conste no AR, serão considerados 15 (quinze) dias após a data da expedição da intimação para início da contagem do prazo de 30 (trinta) dias para apresentação da defesa.
12. Art. 15 do Decreto 70.235/1972. "A impugnação, formalizada por escrito e instruída com os documentos em que se fundamentar, será apresentada ao órgão preparador no prazo de trinta dias, contados da data em que for feita a intimação da exigência."
13. A intimação poderá ser realizada pessoalmente, por via postal ou por meio eletrônico, conforme o art. 23 do Decreto 70.235/1972. Conforme o entendimento do Superior Tribunal de Justiça, no julgamento do REsp 963584/RS, inexiste ordem de preferência entre ambas. Caso o sujeito passivo seja uma pessoa jurídica, a Fazenda Pública deverá utilizar, para fins de intimação via postal, o endereço constante no CNPJ (STJ, REsp 998285/PR), sendo que a correspondência com aviso de recebimento poderá ser recepcionada por terceiros, que não seja o representante legal da pessoa jurídica, nos termos do entendimento proferido no julgamento do AI no AREsp 032816/DF), inclusive, em conformidade com o disposto no art. 248, § 2º, do CPC/2015.
Já a intimação via meio eletrônico dependerá de autorização por parte do sujeito passivo, sendo que a própria Fazenda Pública fornecerá ao contribuinte ou responsável um endereço eletrônico para acesso à conta. Para fins de contagem, temos: a) 15 (quinze) dias contados a partir da data que estiver contida no comprovante de entrega do domicílio tributário do contribuinte ou responsável; b) a partir da data que o sujeito passivo realizar a consulta no endereço eletrônico, caso tenha ocorrido antes de esgotado o lapso temporal de 15 (quinze) dias; c) a partir da data que estiver contida no meio magnético ou equivalente que o sujeito passivo utilizar. Tais hipóteses estão previstas no art. 4º da Portaria 574, de 2009, da Receita Federal do Brasil.
Também, é admissível a intimação por edital, nos termos do § 1º do art. 23 do Decreto 70.235/1972.

635

Referente à parte incontroversa, haverá, desde logo, expedição de uma certidão de dívida ativa (CDA). Suponha que o Fisco alega que o contribuinte deve 100, no entanto, na impugnação apresentada, o devedor alega que o correto é que ele deve 80. Logo, continuará a discussão referente à diferença, que é 20, na esfera administrativa, sendo que será emitida uma CDA referente aos 80.

– É mais ou menos o que o Professor Mozart explica sobre o art. 356 do CPC/2015[14] sobre o julgamento antecipado parcial de mérito?

Exatamente! Lá no *Diálogos sobre o CPC*, o Professor Mozart explica que se trata de uma decisão interlocutória de mérito fazendo a função de uma sentença, atacada por agravo de instrumento.[15] Boa lembrança! Só que aqui no processo administrativo tributário, o que é incontroverso, gera a emissão de uma CDA.

– Professora, uma outra dúvida que tenho é se no processo administrativo tributário há a figura da prescrição intercorrente, tal como no processo de execução fiscal, conforme o que estudamos do art. 40 da LEF?

Conforme entendimento do Superior Tribunal de Justiça, no julgamento do REsp 485.738, não é admissível a prescrição intercorrente em processo administrativo tributário. Toma cuidado para não se confundir, ok?

– Ok, professora!

Outra coisa que você deve saber é que, conforme a teoria da eventualidade no processo, toda matéria de defesa deverá ser alegada na impugnação, por conta do art. 17 do Decreto 70.235/1972.

---

14 Art. 356, do CPC/2015. "O juiz decidirá parcialmente o mérito quando um ou mais dos pedidos formulados ou parcela deles:
I – mostrar-se incontroverso."
15. BORBA, Mozart. *Diálogos sobre o CPC*. 6. ed., rev., ampl. e atual. Salvador: Juspodivm, 2019.

CAPÍTULO 11 → Processo administrativo fiscal (PAF)

– Isso quer dizer que se determinada matéria não for questionada, não será levada em consideração para a decisão?

Exatamente!

5. JULGAMENTO DE PRIMEIRA INSTÂNCIA

A impugnação será dirigida à Delegacia da Receita Federal de Julgamento (DRJ), no entanto, a petição da impugnação deverá ser protocolada na Delegacia da Receita Federal (DRF) do domicílio tributário do sujeito passivo, nos termos do art. 15 do Decreto 70.235/1972.

As DRJs são compostas por cinco membros da Receita Federal do Brasil, isto é, somente por servidores públicos.

– Nunca tinha ouvido falar sobre essa Delegacia da Receita Federal de Julgamento!

Como a maioria dos alunos, até porque processo administrativo fiscal é pouco estudado. Mas vamos lá...

Outra situação é referente às decisões da DRJ, as quais deverão conter:

• Relatório resumido;
• Fundamentação expressa com análise de todos os fundamentos de fato e de direito;
• Conclusão, com apreciação de preliminares e mérito;
• Ordem de intimação.

6. OS RECURSOS ADMINISTRATIVOS

Um outro ponto importante referente à DRJ é que o art. 34 do Decreto 70.235/1972 prevê a necessidade de remessa de ofício[16]

---

16. "Na hipótese de decisão de primeiro grau ser prejudicial aos interesses da Fazenda Pública (considerar inválido, total ou parcialmente, o ato impugnado), e dependendo dos valores da disputa, a legislação dos vários entes tributantes geralmente prevê um recurso de ofício, a ser interposto pela própria autoridade julgadora. Não se trata, propriamente, de um

quando a Delegacia desonerar um tributo ou encargo no valor acima de R$ 2.500.000,00.

– Nossa! Que valor elevado. Somente caberá a remessa de ofício no PAF?

Não, também há a possibilidade da interposição de um recurso voluntário, quando a decisão em primeira instância for prejudicial ao impugnante, ao Conselho Administrativo de Recursos Fiscais (CARF), no prazo de 30 (trinta) dias.

– Professora, caberá à DRJ realizar o juízo de admissibilidade desse recurso voluntário?

Não, caberá ao próprio CARF[17-18]!

– Vi que no art. 33 do Decreto 70.235/1972 há menção quanto à necessidade da realização de depósito recursal para fins de interposição do recurso voluntário...

Como já conversamos anteriormente, essa exigência é inconstitucional, tanto que há súmula vinculante do Supremo Tribunal Federal nesse sentido, lembra-se?

– Não...

---

recurso, mas do reexame de ofício da questão." (SEGUNDO, Hugo de Brito Machado. *Manual de Direito Tributário*. 9. ed. São Paulo: Atlas, 2017. p. 398)

17. O CARF é um órgão colegiado composto por representantes da Fazenda Pública e por representantes dos contribuintes. Ademais, neste órgão é possível a sustentação oral.
18. "Uma vez recebido o recurso, de ofício ou voluntário, é este distribuído a um relator, o qual deverá estipular uma data para o julgamento (colocando-o na 'pauta' correspondente). Essa estipulação é da maior importância porque, através dela, a parte ou seu advogado poderão comparecer à sessão respectiva, a fim de sustentar oralmente suas razões de defesa. Na sessão de julgamento, é feito o relatório do processo, através do qual o relator sintetiza a razão de ser da exigência, os argumentos usados na impugnação, os motivos da decisão de primeira instância, as razões recursais e tudo o mais que houver de relevante para o deslinde da causa. Em seguida, representantes da Fazenda e do contribuinte têm direito à sustentação oral. Encerradas as sustentações, inicia-se a fase de discussão entre os conselheiros e votação, iniciando-se esta pelo voto do relator." (SEGUNDO, Hugo de Brito Machado. *Manual de Direito Tributário*. 9. ed. São Paulo: Atlas, 2017. p. 399)

Vou refrescar a sua memória para você nunca errar isso em prova! Veja:

> Súmula Vinculante 21, STF: É inconstitucional a exigência de depósito ou arrolamento prévios de dinheiro ou bens para admissibilidade de recurso administrativo.

– Ah, verdade, professora! Acabei me recordando quando estudamos sobre a suspensão da exigibilidade do crédito tributário.

Ufa! Pensei que todo o meu trabalho tivesse sido em vão... Rsrs

– Nãããão! Estou aprendendo bastante o Direito Tributário, fique tranquila.

Ainda bem!

– Tenho uma pergunta sobre os recursos. Após a apreciação pelo CARF, não há mais nada?

Bom, caso o recurso interposto não seja provido pelo CARF, há a possibilidade da interposição do recurso especial para a Câmara Superior de Recursos Fiscais, no prazo de 15 (quinze) dias, da ciência do acórdão ao interessado da decisão...

– Qual decisão?

Nos termos do art. 37, § 2º, II, "da decisão que der à lei tributária interpretação divergente da que lhe tenha dado outra Câmara, turma de Câmara, turma especial ou a própria Câmara Superior de Recursos Fiscais".

– Então, esse recurso especial tem a função de uniformizar a jurisprudência referente a uma matéria, como ocorre com os embargos de divergência?

Basicamente. Ainda sobre esse recurso especial, tem-se que é necessário o prequestionamento da matéria, além de possuir efeito devolutivo, uma vez que ocorre a devolução das matérias ao conhecimento do Conselho Superior de Recursos Fiscais.

Um outro ponto muito importante é referente à decisão administrativa definitiva.

7. DECISÃO ADMINISTRATIVA DEFINITIVA

– A "coisa julgada administrativa".

Exatamente! Está prevista no art. 45 do Decreto 70.235/1972:

> Art. 45. No caso de decisão definitiva favorável ao sujeito passivo, cumpre à autoridade preparadora exonerá-lo, de ofício, dos gravames decorrentes do litígio.

No mesmo sentido é o art. 156, IX, do CTN:

> Art. 156. Extinguem o crédito tributário:
> IX – a decisão administrativa irreformável, assim entendida a definitiva na órbita administrativa, que não mais possa ser objeto de ação anulatória.

Hugo de Brito Machado Segundo[19] nos ensina que:

> A preclusão administrativa e a impossibilidade de impugnação judicial por parte da administração decorrem, em última análise, de uma questão de atribuição de competência. O Poder Público é composto de órgão, cada um dotado de competência para o exercício de determinadas funções. Quando há decisão administrativa definitiva, tem-se que foi a Administração, através do órgão competente, que decidiu pela validade, ou invalidade, do ato impugnado pelo contribuinte. Assim, outros órgãos, como Procuradorias de Fazenda, Coordenações de Arrecadação etc., simplesmente não têm competência para rever tal decisão, e o ente público por eles integrado não tem interesse de agir para questionar judicialmente um ato dele próprio.

---

19. SEGUNDO, Hugo de Brito Machado. *Manual de Direito Tributário*. 9. ed. São Paulo: Atlas, 2017. p. 400.

CAPÍTULO 11 → Processo administrativo fiscal (PAF)

– Sei que o Superior Tribunal de Justiça também entende que, em observância ao princípio da segurança jurídica, "o administrado não pode ficar à mercê de posterior revisão de decisão definitiva em processo administrativo regularmente prolatada", conforme o REsp 572358/CE!

Mas como você sabe, nada impede que o contribuinte recorra ao Poder Judiciário caso obtenha uma decisão definitiva desfavorável na esfera administrativa.

8. AGRAVAMENTO DA EXIGÊNCIA

Nada impede que durante o processo administrativo fiscal seja proferida uma decisão administrativa que conclua pelo agravamento da infração, nos termos do art. 18, § 3º, do Decreto 70.235/1972[20]. Ou, também, a autoridade mantenha o entendimento referente ao valor devido, no entanto, a justificativa seria por um fundamento diverso do inicial.

– Então, seria o caso, professora, de um contribuinte que esteja devendo um determinado valor por conta de um determinado fundamento, mas, após uma análise mais aprofundada, descobriu-se que, na verdade, o valor devido é em decorrência de outro fundamento?

Sim. Nesse caso, por conta do contraditório e da ampla defesa, será necessária a lavratura de um auto de infração complementar, no qual se devolve ao sujeito passivo a possibilidade de apresentação de impugnação referente ao que foi alterado.

– Ou seja, teremos um novo processo administrativo?

---

20. Art. 18, § 3º, do Decreto 70.235/1972. "Quando, em exames posteriores, diligências ou perícias, realizados no curso do processo, forem verificadas incorreções, omissões ou inexatidões de que resultem agravamento da exigência inicial, inovação ou alteração da fundamentação legal da exigência, será lavrado auto de infração ou emitida notificação de lançamento complementar, devolvendo-se, ao sujeito passivo, prazo para impugnação no concernente à matéria modificada."

641

Correto. É o mesmo pensamento que se deve ter por conta do agravamento de uma decisão, conforme mencionado. Suponha que o Fisco compreendia que determinado contribuinte devia R$ 100.000, só que, após apresentada a impugnação, passou a compreender que o valor devido era de R$ 200.000.[21]

– Agora compreendi.

Muito bem. Vamos iniciar o estudo do processo judicial tributário?

– Execução fiscal?

A própria!

FIGURA PONTO 4: IMPUGNAÇÃO ADMINISTRATIVA

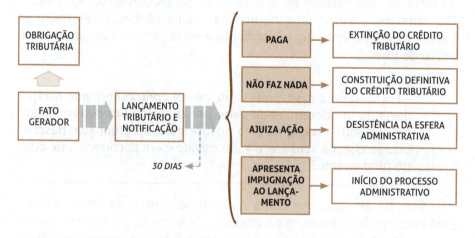

---

21. "Naturalmente, o agravamento da exigência somente será possível enquanto não extinto pela decadência o direito da Fazenda Pública de fazê-lo. Em outras palavras, só pode haver o agravamento da situação do sujeito passivo caso não se tenha consumado a decadência do direito da Fazenda Pública de praticar o ato que consiste no agravamento. Essa ressalva é da maior importância, especialmente porque o processo administrativo não raro se prolonga por período superior ao prazo de decadência do direito de lançar quantias complementares daquela objeto da impugnação." (SEGUNDO, Hugo de Brito Machado. *Manual de Direito Tributário*. 9. ed. São Paulo: Atlas, 2017. p. 402)

FIGURA PONTO 4: IMPUGNAÇÃO ADMINISTRATIVA (PARTE 2)

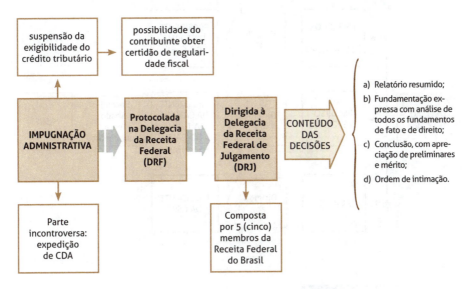

FIGURA PONTO 6: RECURSOS ADMINISTRATIVOS (parte I)

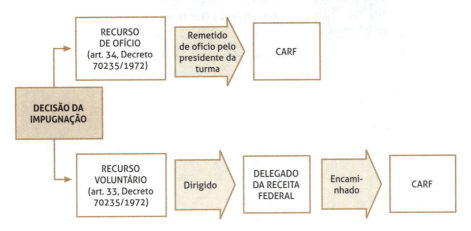

FIGURA PONTO 6: RECURSOS ADMINISTRATIVOS (parte II)

Material Exclusivo: Assista ao vídeo sobre **Correção de Questões**.

CAPÍTULO 12

Ação Cautelar Fiscal e Execução Fiscal

Neste ponto, vamos estudar a execução fiscal, uma ação de iniciativa do Fisco.

– Uma ação exacional!

Muito bem! Fora a execução fiscal, também é de iniciativa do Fisco a ação cautelar fiscal.

– Não conheço a ação cautelar fiscal. Achei que apenas a execução fiscal seria uma ação de iniciativa do Fisco.

Já que você nunca ouviu falar na ação cautelar fiscal, vamos estudá-la antes de adentrarmos na ação de execução fiscal, OK?

– Combinado, professora.

1. AÇÃO CAUTELAR FISCAL

Pois bem, a ação cautelar fiscal foi instituída pela Lei 8.397/1992,[1] a qual prevê, em seu art. 1º, que "o procedimento cautelar fiscal poderá

---

1. Vale a pena a leitura do art. 2º da referida Lei, uma vez que é muito cobrado em provas de concurso. Vide:
"Art. 2º A medida cautelar fiscal poderá ser requerida contra o sujeito passivo de crédito tributário ou não tributário, quando o devedor:
I – sem domicílio certo, intenta ausentar-se ou alienar bens que possui ou deixa de pagar a obrigação no prazo fixado;
II – tendo domicílio certo, ausenta-se ou tenta se ausentar, visando a elidir o adimplemento da obrigação;

ser instaurado após a constituição do crédito, inclusive no curso da execução judicial da Dívida Ativa da União, dos Estados, do Distrito Federal, dos Municípios e respectivas autarquias". Com a decretação da medida cautelar fiscal, haverá, de imediato, a indisponibilidade dos bens do requerido, até que se atinja a satisfação da obrigação.

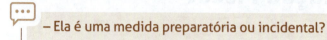

— Ela é uma medida preparatória ou incidental?

Sim, de acordo com a leitura do art. 1º, temos que é um procedimento cautelar fiscal incidental, no entanto, o art. 11 da mesma Lei pressupõe que também seja uma medida cautelar fiscal preparatória. Veja:

> Art. 11. Quando a medida cautelar fiscal for concedida em procedimento preparatório, deverá a Fazenda Pública propor a execução judicial da Dívida Ativa no prazo de 60 (sessenta) dias, contados da data em que a exigência se tornar irrecorrível na esfera administrativa.

— Hum... e qual será o foro competente para a propositura dessa ação?

Será o juízo competente para o ajuizamento da execução judicial da Dívida Ativa da Fazenda Pública, nos termos do art. 5º da Lei 8.397/1992. Conforme entendimento do Superior Tribunal de Justiça no julgamento do REsp 1128139/MS, trata-se de uma obrigatoriedade.

III – caindo em insolvência, aliena ou tenta alienar bens;
IV – contrai ou tenta contrair dívidas que comprometam a liquidez do seu patrimônio;
V – notificado pela Fazenda Pública para que proceda ao recolhimento do crédito fiscal:
a) deixa de pagá-lo no prazo legal, salvo se suspensa sua exigibilidade;
b) põe ou tenta por seus bens em nome de terceiros;
VI – possui débitos, inscritos ou não em Dívida Ativa, que somados ultrapassem trinta por cento do seu patrimônio conhecido;
VII – aliena bens ou direitos sem proceder à devida comunicação ao órgão da Fazenda Pública competente, quando exigível em virtude de lei;
VIII – tem sua inscrição no cadastro de contribuintes declarada inapta, pelo órgão fazendário;
IX – pratica outros atos que dificultem ou impeçam a satisfação do crédito."

– E pode ser proposta a referida ação caso o contribuinte ainda esteja discutindo na esfera administrativa?

Não, segundo entendimento do STJ, no AgRg no REsp 1326042/SC. Até porque o art. 3º da Lei 8.397/1992 menciona que é indispensável que haja prova da constituição do crédito fiscal.

E mais, caso haja suspensão da exigibilidade do crédito tributário, ocorrerá a extinção da ação cautelar fiscal preparatória, bem como a extinção da constrição de bens que foi decretada (STJ, REsp 1186252/MG).

– Bem tranquila a ação cautelar fiscal.

Vamos, de fato, iniciar a execução fiscal.

2. EXECUÇÃO FISCAL

Temos que o processo de execução fiscal é disciplinado pela Lei 6.830/1980 (Lei de Execução Fiscal – LEF), considerado como um processo de execução por quantia certa, fundado em um título extrajudicial.

Sua finalidade é a satisfação do direito da Fazenda Pública, isto é, do seu crédito fiscal, o qual está representado na certidão de dívida ativa (CDA) e não foi adimplido pelo contribuinte.

– Então, aquele crédito tributário, no caso do tributo, devidamente constituído e não pago pelo contribuinte na data do seu vencimento, já que é exigido, será cobrado mediante o rito da Lei 6.830/1980 (LEF)?

Essa é a lógica!

Trata-se de um mecanismo tão importante de recuperação de crédito fiscal para a Fazenda Pública que o Superior Tribunal de Justiça compreendeu, no julgamento do REsp 1661481, que a execução fiscal possui preferência sobre a execução civil.

> – Como assim?

Segundo o Superior Tribunal de Justiça, havendo conflito entre a execução civil e a execução fiscal, com penhora sobre o mesmo bem, a Fazenda Pública tem preferência para receber o produto da alienação, ainda que se manifeste tardiamente no processo, quando já perfectibilizada a arrematação.

No caso concreto tratava-se de uma execução civil por parte de uma instituição financeira. Na visão do Superior Tribunal de Justiça é irrelevante para a solução do caso o fato de o banco ter penhorada antes o bem imóvel do que a Fazenda Pública, isto porque a preferência de créditos fiscais tributários do ente público está prevista nos artigos 186 e 187 do CTN.

> – Interessante...

Não se esqueça de que tanto os créditos fiscais tributários quanto os não tributários são cobrados por meio do rito da LEF.[2]

> – O que são esses créditos fiscais não tributários, professora?

O art. 39 da Lei 4.320/1964 diz que o crédito da Fazenda Pública poderá ser de natureza tributária ou não tributária, assunto que estudaremos de forma mais detalhada na parte do Direito Financeiro. Importante saber que ambos serão inscritos em dívida ativa. Logo, podemos citar como dívida não tributária o foro, o laudêmio, a multa criminal e as multas administrativas, por exemplo.

---

2. O art. 39 da LF 4.320/1964 diz que o crédito da Fazenda Pública poderá ser de natureza tributária ou não tributária, os quais são inscritos em dívida ativa. Logo, podemos citar como dívida não tributária o foro, o laudêmio, a multa criminal e as multas administrativas, por exemplo.
Depois de lançado e constituído definitivamente, o crédito tributário será inscrito em Dívida Ativa (art. 201 do CTN e art. 2º, §2º da LEF).

Para nós, aqui no Direito Tributário, é importante saber que depois de lançado e constituído definitivamente, o crédito fiscal tributário será inscrito em Dívida Ativa (art. 201 do CTN e art. 2º, §2º da LEF)[3].

– Dívida ativa?

Sim! Iremos iniciar o estudo sobre esse ponto agora.

Primeiramente, já saiba que a inscrição em Dívida Ativa faz com que o devedor passe a constar em cadastros de devedores de crédito público.

2.1. Dívida ativa

– Essa dívida regularmente constituída tem presunção relativa de certeza e liquidez, além de ser prova pré-constituída, não é mesmo?

Sim, pois decorre da legalidade que pressupõe o crédito público, no entanto, trata-se de uma presunção relativa, sendo possível que o contribuinte ou terceiro, conforme o art. 204, parágrafo único, do CTN e art. 3º, parágrafo único, da LEF, faça prova em contrário do que alega a Fazenda Pública. Ou seja, ocorre a inversão do ônus da prova, cabendo ao contribuinte ou ao terceiro, demonstrar que o fato gerador não ocorreu ou outra situação capaz de comprovar alguma nulidade no título executivo extrajudicial, a CDA.

Ademais, possui efeito de prova pré-constituída, conforme o art. 204 do CTN e o art. 3º da LEF. Isso significa que não é necessário a dilação probatória, ou seja, é dispensável uma ação de conhecimento para confirmar que certo indivíduo é devedor de determinada quantia.

---

3. No Tema 271, o Superior Tribunal de Justiça consolidou seu entendimento no sentido de que os efeitos da suspensão da exigibilidade devido à "(...) realização do depósito integral do crédito tributário, quer no bojo de ação anulatória, quer no de ação declaratória de inexistência de relação jurídico tributária, ou mesmo no de mandado de segurança, desde que ajuizador anteriormente à execução fiscal, têm o condão de impedir a lavratura do auto de infração, assim como de coibir o ato de inscrição em dívida ativa e o ajuizamento da execução fiscal, a qual, acaso proposta, deverá ser extinta".

Logo, podemos concluir que devido à presunção de certeza e liquidez atribuída à CDA, compete ao executado o ônus de juntar aos autos executório fiscal a cópia de peças do processo administrativo capaz de ilidir tal presunção, nos termos do art. 41, da LEF.

> – Boa explicação, professora!

Na prática, o Superior Tribunal de Justiça, no Tema 103, ao analisar um caso concreto, entendeu que se a execução fiscal foi ajuizada apenas contra a pessoa jurídica, mas o nome do sócio consta da CDA, a ele incumbe o ônus da prova de que não ficou caracterizada nenhuma das circunstâncias previstas no art. 135, do CTN, ou seja, não houve a prática de atos com "excesso de poderes ou infração de lei, contrato social ou estatutos".

> – Isto é, caberá, devido à presunção de certeza e liquidez atribuída à CDA, ao sócio ilidir tal presunção de que tenha agido com excesso de poderes ou infração de lei, contrato social ou estatutos.

Isso mesmo!

Vale mencionar, também, que não é ilidida pela fluência dos juros.

Em sede de processo civil, um dos requisitos da petição inicial é a necessidade de apresentação detalhadamente dos juros. Referente ao processo de execução fiscal, no entanto, o fato de fluírem juros durante o trâmite da demanda executiva ou da cobrança do crédito não implica em iliquidez do título executivo.

> – Agora comecei a me lembrar do livro "Diálogos sobre o CPC", do professor Mozart!

Você irá se lembrar bastante dessa obra incrível do nosso coordenador, pois, na parte de execução fiscal, temos que estar afiados em processo civil!

Voltando às minhas explicações referentes à Dívida Ativa...

CAPÍTULO 12 → Ação Cautelar Fiscal e Execução Fiscal

Não esqueça sobre aquela situação que já estudamos anteriormente, referente ao art. 2º, § 3ª, da LEF,[4] o qual menciona que a inscrição em Dívida Ativa suspende o prazo da prescrição por até 180 dias.

> 💬 – Esse prazo de até 180 dias é referente, apenas, aos créditos fiscais não tributários.

Muito bem! Isso porque a Lei de Execuções Fiscais não é uma lei complementar, portanto, sendo uma lei ordinária não pode dispor sobre regras referentes à prescrição e à decadência do crédito tributário.

> 💬 – Bom saber disso, professora!

Ainda sobre a inscrição do crédito tributário em Dívida Ativa, temos que, segundo o art. 185 do CTN, "(...) presume-se fraudulenta a alienação ou oneração de bens ou rendas, ou seu começo, por sujeito passivo em débito para com a Fazenda Pública, por crédito tributário regularmente inscrito como dívida ativa". Vale destacar que este dispositivo possui redação dada pela Lei Complementar n. 118/2005. Antes da atual previsão, o momento adequado para verificação da ocorrência ou não de fraude era com o ajuizamento da execução e a devida citação do devedor.

Ainda sobre esse dispositivo, o Superior Tribunal de Justiça, no julgamento do AgInt no REsp 1640631/RS, DJ. 14.08.2020, entendeu que a existência de sucessivas alienações e a boa-fé do último adquirente não afastam, por si só, a presunção *jure et jure* de fraude à execução fiscal decorrente da primeira alienação do imóvel por devedor da Fazenda Pública, quando o crédito tributário já se encontrava inscrito como dívida ativa.

> 💬 – Esse art. 185, do CTN é bem cobrado nas provas de concurso!

---

4. Essa suspensão só se aplica para dívida não tributária, pois para falar de prescrição de dívida tributária é preciso que seja lei complementar, nos termos do que diz o art. 146, III, da CF/88.

É bastante, por isso, tenha muita atenção à sua redação e às decisões vinculadas a ele.

– Pode deixar, professora!

E mais, saiba que a inscrição em Dívida Ativa consiste em um ato público, nos termos do art. 198, § 3º, II, do CTN. Logo, a presunção da ocorrência de fraude é a partir deste momento, por conta deste fundamento.

– O que isso significa?

Significa que se ocorrer a inscrição em Dívida Ativa e o contribuinte ou responsável inadimplente tentar vender ou vender ou onerar bens, sem deixar bens suficientes para pagar a dívida, ocorrerá fraude e haverá a desconsideração do negócio jurídico em face do Fisco. Trata-se de uma presunção relativa.

Por conta disso, suponha que durante a celebração de um contrato de compra e venda, caso a certidão de regularidade fiscal exigida apontar débitos inscritos na Dívida Ativa, o referido comprador não deve concluir a compra e venda. No entanto, Leonardo Carneiro da Cunha[5] entende que:

> (...) em princípio, poderia ser tida como desnecessária a aplicação do art. 828 do CPC na execução fiscal tributária, já que, inscrito o crédito em dívida ativa, qualquer alienação, promovida antes mesmo da propositura da execução, é presumida como fraudulenta. Acontece, porém, que é relativa essa presunção prevista no art. 185 do Código Tributário Nacional, admitindo prova em contrário, de sorte a não ser tida como fraudulenta a alienação ou oneração, se for comprovada a boa-fé do terceiro adquirente ou em cujo favor se efetivou a oneração. Já a presunção decorrente do art. 828, § 4º, do CPC é absoluta: alienado o bem, após a averbação ali prevista, presume-se, sem

---

5. CUNHA, Leonardo Carneiro da. A Fazenda Pública em Juízo. 14. ed. Rio de Janeiro: Forense, 2017. p. 436.

possibilidade de prova em contrário, a fraude à execução, não se podendo alegar que o terceiro estava de boa-fé. Enfim, não obstante a regra contida no art. 185 do Código Tributário Nacional, é possível a aplicação do art. 828 do CPC na execução fiscal tributária.

> – Não se aplica a Súmula 375 do STJ,[6] professora?

Todos os alunos questionam exatamente isso. Não se aplica, uma vez que o Código Tributário Nacional é uma lei especial, contemplando, neste caso, os créditos tributários. Tome cuidado!

Feitas as considerações referentes à Dívida Ativa, vamos iniciar o estudo referente ao procedimento da execução fiscal.

> – OK!

2.2. A Certidão de Dívida Ativa (CDA)

Primeiramente, a petição inicial, prevista no art. 6º da LEF:

> Art. 6º – A petição inicial indicará apenas:
> I – o Juiz a quem é dirigida;
> II – o pedido; e
> III – o requerimento para a citação.

Perceba que é uma petição bem simples, devendo estar instruída com a certidão de dívida ativa (CDA), nos termos do § 1º do art. 6º da LEF.

> – Ou seja, basta a CDA para dar início ao processo de execução fiscal?

---

6. Súmula 375 do STJ. "O reconhecimento da fraude à execução depende do registro da penhora do bem alienado ou da prova de má-fé do terceiro adquirente."

Exatamente! Inclusive, "a petição inicial e a Certidão de Dívida Ativa poderão constituir um único documento, preparado inclusive por processo eletrônico", nos termos do § 2º do art. 6º.

> – E o que deve conter na CDA, professora?

Conforme já entendeu o STJ, no julgamento do REsp 815739/RS, a CDA, por ser um título formal, deve prever todos os elementos bem delineados, para que o contribuinte não seja impedido de apresentar uma defesa eficaz. No art. 2º, § 5º, da LEF, há a figura do termo de inscrição em Dívida Ativa,[7] o qual prevê que deve haver, nos termos do inciso I, "o nome do devedor, dos corresponsáveis e, sempre que conhecido, o domicílio ou residência de um e de outros".

Importante saber que a CDA é extraída do termo de inscrição e configura um título executivo extrajudicial.

> – Professora, e se o nome do devedor estiver impreciso?

Desde que seja identificado, o devedor, não será considerado nulo, o título. Por exemplo, meu sobrenome é um pouco diferente e sempre tenho que soletrar quando o menciono. Muitas pessoas acabam escrevendo "ESCARANELO", "SCARAMELO", enfim, mesmo assim, sou identificável, não é mesmo? Mesmo que meu nome esteja escrito errado, quando lido, saberei que é de mim que estão falando. É esse o raciocínio.

> – Não seria melhor identificar por meio do número do CPF ou do RG?

Segundo o Superior Tribunal de Justiça, a falta de CPF, RG e CNPJ na CDA não a torna nula, até porque a própria Lei de Execução Fiscal, conforme o teor da Súmula 558. No entanto, o Superior Tribunal de Justiça entende que se a CDA possui o CPF de uma pessoa homônima, o vício é insanável (REsp 1.279.899/MG).

---

7. A CDA é extraída do termo de inscrição e configura um título executivo extrajudicial.

CAPÍTULO 12 → Ação Cautelar Fiscal e Execução Fiscal

Ainda, o art. 2º, § 5º, inciso II, da LEF, ainda informa que deverá prever "o valor originário da dívida, bem como o termo inicial e a forma de calcular os juros de mora e demais encargos previstos em lei ou contrato". Vale destacar, nesse caso, que a Súmula 559 do STJ dispõe que: "em ações de execução fiscal, é desnecessária a instrução da petição inicial com o demonstrativo de cálculo do débito, por tratar-se de requisito não previsto no art. 6º da Lei 6.830/1980".

> – Bem diferente do processo civil.[8]

Boa constatação. Além dessas exigências, o art. 2º, § 5º, da LEF menciona que o termo de inscrição em dívida ativa deverá conter, também:

> III – a origem, a natureza e o fundamento legal ou contratual da dívida;
>
> IV – a indicação, se for o caso, de estar a dívida sujeita à atualização monetária, bem como o respectivo fundamento legal e o termo inicial para o cálculo;
>
> V – a data e o número da inscrição, no Registro de Dívida Ativa; e
>
> VI – o número do processo administrativo ou do auto de infração, se neles estiver apurado o valor da dívida.

Vale destacar que o encargo legal previsto no Decreto-Lei 1.025/1969 substitui a condenação em honorários.

> – Professora, sempre haverá a necessidade de prévio processo administrativo?

Não. Conforme julgamento do STJ, no AgRg RESP 370.295/SC, a ausência de prévio processo administrativo não implica na nulidade da CDA. No caso específico, tratava-se de um caso referente ao IPTU, sendo que o contribuinte recebeu, em seu domicílio, o carnê para pagamento do imposto municipal.

---

8. Diferentemente das ações previstas no Código de Processo Civil de 2015, em se tratando de execução fiscal, é dispensado o demonstrativo do cálculo.

– E não é obrigatório que conste o processo administrativo, professora?

Não. Somente o número, até porque não está previsto no rol apresentado que seja juntado o processo administrativo.[9] Tome cuidado com esta pegadinha!

No mais, conforme o art. 202, parágrafo único, do CTN "a certidão conterá, além dos requisitos deste artigo, a indicação do livro e da folha da inscrição". Tal requisito é imprescindível para distinguir as inscrições existentes. Já o art. 203 do CTN menciona que, ausentes ou incorretos os requisitos necessários na CDA, será decretada sua nulidade e, consequentemente, nulidade da execução fiscal.

– Essa nulidade somente ocorrerá quando houver prejuízo ao direito de defesa do contribuinte, não é mesmo?

Exatamente! Por exemplo, haverá nulidade da CDA caso haja vício no fundamento do lançamento tributário; no entanto, quanto aos defeitos formais, estes, por si sós, não dão ensejo à decretação da nulidade do título, ensejando a possibilidade de retificação da CDA por conta de erro de transcrição do que consta no processo administrativo.

– E se o fundamento da CDA é julgado inconstitucional, professora? A CDA será nula?

Boa pergunta! Um exemplo que lhe dou é referente ao art. 3º, § 1º, da Lei 9.718/1998, o qual foi considerado inconstitucional pelo

---

9. Sobre o processo administrativo, vide o art. 41 da LEF:
"Art. 41 – O processo administrativo correspondente à inscrição de Dívida Ativa, à execução fiscal ou à ação proposta contra a Fazenda Pública será mantido na repartição competente, dele se extraindo as cópias autenticadas ou certidões que forem requeridas pelas partes ou requisitadas pelo Juiz ou pelo Ministério Público.
Parágrafo Único – Mediante requisição do Juiz à repartição competente, com dia e hora previamente marcados, poderá o processo administrativo ser exibido na sede do Juízo, pelo funcionário para esse fim designado, lavrando o serventuário termo da ocorrência, com indicação, se for o caso, das peças a serem trasladadas."

Supremo Tribunal Federal. Segundo esse dispositivo, a base de cálculo do PIS/COFINS era o faturamento, sendo este sinônimo de receita bruta, algo inconsistente.

Imagine que várias CDAs estavam fundamentadas neste artigo declarado inconstitucional pelo Supremo Tribunal Federal e que, inclusive, ações de execução fiscal já tinham sido ajuizadas. Assim sendo, vários contribuintes questionaram os referidos títulos extrajudiciais, cabendo ao Superior Tribunal de Justiça[10] se pronunciar no sentido de que a declaração de inconstitucionalidade do dispositivo não retira a presunção de certeza e liquidez da CDA.

– Mas e a parte inconstitucional?

Conforme entendimento do Superior Tribunal de Justiça, é possível expurgar a parte inconstitucional, prevista na CDA, e continuar a execução fiscal[11]. Ademais, é um tema questionado em sede de embargos à execução fiscal, até porque durante o trâmite da execução não cabe dilação probatória nem a inversão do ônus da presunção, sendo viável sua tramitação normal.

– Lendo os artigos mais importantes da Lei 6.830/1980, percebi que o art. 2º, § 8º, menciona que "até a decisão de primeira instância, a Certidão de Dívida Ativa poderá ser emendada ou substituída, assegurada ao executado a devolução do prazo para embargos". Qual seria esta decisão de primeira instância?

Pois bem, vamos por partes! Acaso a Fazenda Pública venha a perceber um erro significativo na CDA que, inclusive, dará ensejo à sua anulação, poderá corrigi-lo se até a decisão de primeira instância, e, posteriormente, apresentar uma CDA substitutiva.

---

10. RESP 1.386.229/PE.
11. A declaração de inconstitucionalidade do art. 3º, §1º, da Lei 9718/1998, pelo STF, não afasta automaticamente a presunção de certeza e de liquidez da CDA, motivo pelo qual é vedado extinguir de ofício, por esse motivo, a execução fiscal (Tese julgada sob o rito do art. 543-C do CPC/1973 – Tema 690, do STJ).

Vale mencionar que segundo o entendimento do Superior Tribunal de Justiça, no Tema 249, é possível o prosseguimento da execução fiscal sem a necessidade de emenda ou substituição da CDA, quando, mediante simples cálculo aritmético, se verificar o excesso cobrado pelo Fisco cuja origem é um lançamento fundado em lei posteriormente declarada inconstitucional.

Quanto à referida decisão ora mencionada, nos termos da Súmula 392 do Superior Tribunal de Justiça,[12] trata-se da proferida em embargos apresentados pelo executado à execução fiscal, isto é, uma sentença. Sobre os embargos, iremos estudar mais à frente. No entanto, já lhe adianto que o executado pode ou não apresentá-los...

> – E se, por acaso, o executado não apresentar embargos à execução fiscal?

Nesse caso, o momento limite para que a Fazenda Pública corrija o erro e apresente uma CDA substitutiva é a do auto de arrematação, quando ocorre a expropriação do bem, seja por meio da arrematação em leilão ou por meio de adjudicação ou quando o devedor paga a dívida para liberação do bem. Também, entendemos que a decisão em sede de exceção de pré-executividade deve ser levada em consideração para tanto.

> – É basicamente o que o art. 203 do CTN[13] diz?

Sim! Logo, se ocorrer a emenda da CDA, o prazo de 30 (trinta) dias para que todos os executados (caso seja mais de um, no polo passivo da ação de execução fiscal) oponham embargos à execução fiscal será reaberto. No entanto, somente poderá ser objeto dos embargos aquilo referente ao que foi modificado na CDA.

---

12. Súmula 392 do STJ: "A Fazenda Pública pode substituir a certidão de dívida ativa (CDA) até a prolação da sentença de embargos, quando se tratar de correção de erro material ou formal, vedada a modificação do sujeito passivo da execução".

13. Art. 203 do CTN. "A omissão de quaisquer dos requisitos previstos no artigo anterior, ou o erro a eles relativo, são causas de nulidade da inscrição e do processo de cobrança dela decorrente, mas a nulidade poderá ser sanada até a decisão de primeira instância, mediante substituição da certidão nula, devolvido ao sujeito passivo, acusado ou interessado o prazo para defesa, que somente poderá versar sobre a parte modificada".

– Em tudo pode ser modificada a CDA, professora?

Não! Segundo o entendimento do Superior Tribunal de Justiça[14], somente será possível que a CDA seja modificada no que tange aos erros material ou formal, sendo vedada a alteração da sujeição passiva[15].

Um exemplo é o simples cálculo aritmético para fins de correção do valor do débito, consistindo em mero erro, conforme entendimento do Superior Tribunal de Justiça, no julgamento do REsp 111501/SP.

– Como assim, professora?

Suponha que o executado já tinha falecido antes da inscrição do crédito em dívida ativa, constando seu nome na CDA. Neste caso, a CDA não poderá ser substituída, até porque a alteração para incluir o espólio importa em modificação do sujeito passivo, nos termos do entendimento do Superior Tribunal de Justiça por ocasião do julgamento do AgRg no AREsp 555204/SC. Segundo a jurisprudência, nesse caso, "o redirecionamento da execução contra o espólio só é admitido quando o falecimento do contribuinte ocorrer depois de ele ter sido devidamente citado nos autos da execução fiscal".

---

14. Para o Superior Tribunal de Justiça, no Tema 166, a Fazenda Pública pode substituir a certidão de dívida ativa (CDA) até a prolação da sentença de embargos, quando se tratar de correção de erro material ou formal, vedada a modificação do sujeito passivo da execução.
15. Vale mencionar que o Superior Tribunal de Justiça, no Tema 793, compreendeu que "o entendimento de que o ajuizamento contra a pessoa jurídica cuja falência foi decretada antes do ajuizamento da referida execução fiscal 'constitui mera irregularidade, sanável nos termos do art. 284 do CPC e do art. 2°, §8°, da Lei 6830/1980 não viola a orientação fixada pela Súmula 392 do Superior Tribunal de Justiça, mas tão somente insere o equívoco ora debatido na extensão do que se pode compreender por 'erro material ou formal', e não como 'modificação do sujeito passivo da execução', expressões essas empregadas pelo referido precedente sumular."
Outro entendimento do Superior Tribunal de Justiça, consolidado no Tema 1049, é no sentido de que a execução fiscal pode ser redirecionada em desfavor da empresa sucessora para a cobrança de crédito tributário relativo a fato gerador ocorrido posteriormente à incorporação empresarial e ainda lançado em nome da sucedida, sem a necessidade de modificação da Certidão de Dívida Ativa, quando verificado que esse negócio jurídico não foi informado oportunamente ao fisco.

– Logo, para a jurisprudência, a inclusão do espólio na CDA e, consequentemente, no polo passivo da execução fiscal, somente seria viável após a devida citação do devedor?

Exatamente![16]

Nesse sentido é o entendimento do Superior Tribunal de Justiça no julgamento do AgRg no AREsp 504684/MG, segundo o qual:

> (...) I. A jurisprudência deste Superior Tribunal de Justiça firmou-se no sentido de que o redirecionamento da Execução Fiscal, contra o espólio, somente pode ser levado a efeito quando o falecimento do contribuinte se der após a sua citação, nos autos da Execução Fiscal, não sendo admitido quando o óbito do devedor ocorrer em momento anterior à constrição do crédito tributário.

O mesmo entendimento prevalece quanto a homônimo, não podendo ser substituída a CDA, conforme entendimento do Superior Tribunal de Justiça, no julgamento do REsp 1279899/MG.

Só para finalizarmos esse assunto referente à CDA, conforme o art. 26 da LEF, "se, antes da decisão de primeira instância, a inscrição de Dívida Ativa for, a qualquer título, cancelada, a execução fiscal será extinta, sem qualquer ônus para as partes".

– O que isso significa?

Significa que se o cancelamento se der até a decisão de 1º (primeiro) grau dos embargos à execução, a extinção ocorre sem ônus

---

16. Nesse sentido é o entendimento do Superior Tribunal de Justiça no julgamento do AgRg no AREsp 504684/MG, segundo o qual: "I. A jurisprudência deste Superior Tribunal de Justiça firmou-se no sentido de que o redirecionamento da Execução Fiscal, contra o espólio, somente pode ser levado a efeito quando o falecimento do contribuinte se der após a sua citação, nos autos da Execução Fiscal, não sendo admitido quando o óbito do devedor ocorrer em momento anterior à constrição do crédito tributário".
O mesmo entendimento prevalece quanto a homônimo, não podendo ser substituída a CDA, conforme entendimento do STJ, no julgamento do REsp 1279899/MG.

à Fazenda Pública, isto é, ela não será condenada ao pagamento de honorários advocatícios. Tome cuidado!

Feitas essas considerações, vamos estudar um pouco sobre a competência para o ajuizamento da ação da execução fiscal! Para tanto, é indispensável a ajuda do Código de Processo Civil...

2.3. Competência

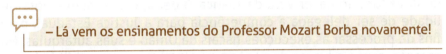
– Lá vem os ensinamentos do Professor Mozart Borba novamente!

Viu só? Processo Civil e Execução Fiscal andam juntinhos. Não há como não nos lembrarmos do "Diálogos sobre o CPC".

Lá no art. 46, § 5º, do CPC, temos que "a execução fiscal será proposta no foro de domicílio do réu, no de sua residência ou no do lugar onde for encontrado". No entanto, deve-se ter uma atenção especial à redação da Súmula 58 do STJ, segundo a qual "proposta a execução fiscal, a posterior mudança de domicílio do executado não desloca a competência já fixada".

Vale destacar que em sede de execução fiscal, estaremos diante de uma competência territorial, isto é, leva-se em consideração o domicílio do devedor, por exemplo. Mas também é competência em relação à matéria.

– Hum, não entendi...

Nos termos do art. 43 do CPC, "determina-se a competência no momento do registro ou da distribuição da petição inicial, sendo irrelevantes as modificações do estado de fato ou de direito ocorridas posteriormente, salvo quando suprimirem órgão judiciário ou alterarem a competência absoluta". Segundo o Professor Mozart Borba,[17] "esse é o famoso princípio da perpetuação da jurisdição (*perpetuario jurisdictionis*)".

---
17. BORBA, Mozart. *Diálogos sobre o CPC*. 6. ed. Salvador: Editora Juspodivm, 2019. p. 811.

— Entendi, professora! Tenho uma dúvida: caso seja um tributo federal, consequentemente, um crédito da União inadimplido, e no domicílio do devedor não tenha Justiça Federal, como essa questão será resolvida?

Como você bem pontuou, em se tratando de tributos federais, há interesse da União, logo, a Justiça Federal é competente, por conta do previsto no art. 109 da CF/88. Ocorrida tal situação, de no domicílio do devedor não haver vara da Justiça Federal, era comum a possibilidade de ser delegada a competência para a Justiça Estadual, para fins de processar as execuções fiscais da União e suas autarquias. No entanto, com o advento da a Lei 13.043/2014, essa possibilidade não existe mais[18].

— E qual seria o fundamento, professora?

A existência do processo eletrônico nos Tribunais Regionais Federais, principalmente, facilitando o amplo acesso do adimplente à ação executória. Com isso, o inadimplente será processado na Justiça Federal que contempla a sua cidade, mesmo que nela não haja sede. Por exemplo, sou de um município de pouco mais de 30 mil habitantes, São Pedro, no interior de São Paulo, embora não resida lá mais. Nesse município não há vara da Fazenda Pública da Justiça Federal. No entanto, São Pedro é contemplado pela de Piracicaba! Assim sendo, caso um cidadão de São Pedro seja devedor de uma quantia a título de COFINS, a ação de execução fiscal será ajuizada na vara da Fazenda Pública da Justiça Federal localizada no município de Piracicaba.

— Mas e quanto à ação de execução fiscal ajuizada em São Pedro, na Justiça Estadual?

---

18. Para o Superior Tribunal de Justiça, a competência do Juízo de direito da comarca do domicílio do devedor para processar e julgar as execuções fiscais é absoluta, persistindo nas ações ajuizadas antes da revogação do art. 15, I, da Lei 5.010/1966 pela Lei 13043/2014. Ademais, para o próprio Superior Tribunal de Justiça, temos que o devedor não possui o direito a ser executado no foro de seu domicílio quando presentes quaisquer das hipóteses previstas no art. 578, parágrafo único do CPC/1973 (art. 46, §5º e 781 do CPC/15).

CAPÍTULO 12 → Ação Cautelar Fiscal e Execução Fiscal

Se ajuizada antes da edição da referida Lei, continuará a tramitar na Justiça Estadual da comarca de São Pedro. Mas lembre-se de que os recursos irão para o TRF.[19]

 – Ok, professora! Já ouvi dizer que o processo falimentar, quando concomitante ao da execução fiscal, não tem o condão de atrair a competência para a Vara das falências.

Sim, conforme previsto no art. 5º da LEF.[20] Por isso, a competência do juízo falimentar,[21] assim como o do inventário ou de qualquer outro em que haja concurso de credores, ao qual a Fazenda Pública não se submete, é afastada, não ocorrendo suspensão da execução fiscal, a princípio. Esse é o entendimento da jurisprudência. No entanto, com a publicação da Lei 14.112/2020, tivemos o acréscimo do art. 7º-A à Lei 11.101/2005[22], sendo que o §4º, inciso V prevê que as execuções fiscais permanecerão suspensas até o encerramento da

---

19. Ainda sobre a competência, importante destacar a Súmula 349 do STJ: "Compete à Justiça Federal ou aos juízes com competência delegada o julgamento das execuções fiscais de contribuições devidas pelo empregador ao FGTS".
20. Art. 5º da Lei 6.830/1980 "A competência para processar e julgar a execução da Dívida Ativa da Fazenda Pública exclui a de qualquer outro Juízo, inclusive o da falência, da concordata, da liquidação, da insolvência ou do inventário".
21. Nesse sentido: STJ, CC n. 116579/DF.
22. A leitura desse dispositivo é de suma importância para fins de prova de concurso e de Exame de Ordem:
    Art. 7º-A. Na falência, após realizadas as intimações e publicado o edital, conforme previsto, respectivamente, no inciso XIII do caput e no § 1º do art. 99 desta Lei, o juiz instaurará, de ofício, para cada Fazenda Pública credora, incidente de classificação de crédito público e determinará a sua intimação eletrônica para que, no prazo de 30 (trinta) dias, apresente diretamente ao administrador judicial ou em juízo, a depender do momento processual, a relação completa de seus créditos inscritos em dívida ativa, acompanhada dos cálculos, da classificação e das informações sobre a situação atual.
    § 1º Para efeito do disposto no caput deste artigo, considera-se Fazenda Pública credora aquela que conste da relação do edital previsto no § 1º do art. 99 desta Lei, ou que, após a intimação prevista no inciso XIII do caput do art. 99 desta Lei, alegue nos autos, no prazo de 15 (quinze) dias, possuir crédito contra o falido.
    § 2º Os créditos não definitivamente constituídos, não inscritos em dívida ativa ou com exigibilidade suspensa poderão ser informados em momento posterior.
    § 3º Encerrado o prazo de que trata o caput deste artigo:
    I – o falido, os demais credores e o administrador judicial disporão do prazo de 15 (quinze) dias para manifestar objeções, limitadamente, sobre os cálculos e a classificação para os fins desta Lei;
    II – a Fazenda Pública, ultrapassado o prazo de que trata o inciso I deste parágrafo, será intimada para prestar, no prazo de 10 (dez) dias, eventuais esclarecimentos a respeito das manifestações previstas no referido inciso;

falência, sem prejuízo da possibilidade de prosseguimento contra os corresponsáveis.

> – Então, isso muda tudo!

A meu ver, sim! Já que estamos diante de uma norma especial sobre falência e recuperação judicial, ela disporá sobre o trâmite. Até porque, se você ler o dispositivo em comento, verificará que há menção quanto à certeza e a liquidez da Certidão de Dívida Ativa, devendo ser respeitada.

III – os créditos serão objeto de reserva integral até o julgamento definitivo quando rejeitados os argumentos apresentados de acordo com o inciso II deste parágrafo;
IV – os créditos incontroversos, desde que exigíveis, serão imediatamente incluídos no quadro-geral de credores, observada a sua classificação;
V – o juiz, anteriormente à homologação do quadro-geral de credores, concederá prazo comum de 10 (dez) dias para que o administrador judicial e a Fazenda Pública titular de crédito objeto de reserva manifestem-se sobre a situação atual desses créditos e, ao final do referido prazo, decidirá acerca da necessidade de mantê-la.
§ 4º Com relação à aplicação do disposto neste artigo, serão observadas as seguintes disposições:
I – a decisão sobre os cálculos e a classificação dos créditos para os fins do disposto nesta Lei, bem como sobre a arrecadação dos bens, a realização do ativo e o pagamento aos credores, competirá ao juízo falimentar;
II – a decisão sobre a existência, a exigibilidade e o valor do crédito, observado o disposto no inciso II do caput do art. 9º desta Lei e as demais regras do processo de falência, bem como sobre o eventual prosseguimento da cobrança contra os corresponsáveis, competirá ao juízo da execução fiscal;
III – a ressalva prevista no art. 76 desta Lei, ainda que o crédito reconhecido não esteja em cobrança judicial mediante execução fiscal, aplicar-se-á, no que couber, ao disposto no inciso II deste parágrafo;
IV – o administrador judicial e o juízo falimentar deverão respeitar a presunção de certeza e liquidez de que trata o art. 3º da Lei nº 6.830, de 22 de setembro de 1980, sem prejuízo do disposto nos incisos II e III deste parágrafo;
V – as execuções fiscais permanecerão suspensas até o encerramento da falência, sem prejuízo da possibilidade de prosseguimento contra os corresponsáveis;
VI – a restituição em dinheiro e a compensação serão preservadas, nos termos dos arts. 86 e 122 desta Lei; e
VII – o disposto no art. 10 desta Lei será aplicado, no que couber, aos créditos retardatários.
§ 5º Na hipótese de não apresentação da relação referida no caput deste artigo no prazo nele estipulado, o incidente será arquivado e a Fazenda Pública credora poderá requerer o desarquivamento, observado, no que couber, o disposto no art. 10 desta Lei.
§ 6º As disposições deste artigo aplicam-se, no que couber, às execuções fiscais e às execuções de ofício que se enquadrem no disposto nos incisos VII e VIII do caput do art. 114 da Constituição Federal.
§ 7º O disposto neste artigo aplica-se, no que couber, aos créditos do Fundo de Garantia do Tempo de Serviço (FGTS).
§ 8º Não haverá condenação em honorários de sucumbência no incidente de que trata este artigo.

No entanto, penso que devemos ter prudência, uma vez que, com certeza, muitos dos dispositivos da novel lei serão apreciados pelo Supremo Tribunal Federal em eventuais ações.

Para a posição anterior à publicação da "Nova Lei de Falências", tínhamos que a execução fiscal somente poderá prosseguir até o momento da penhora do bem.

> – Como assim?

Os arts. 5º e 29 da LEF consagraram o princípio da especialidade do juízo da execução fiscal, afastando a *vis attractiva* dos juízos universais...

> – Ah, o juízo falimentar é um juízo universal. Acho que já vi, inclusive, uma comparação com o Sol, que ele atrai tudo para si.

Também já ouvi essa comparação. No entanto, o crédito tributário, como mencionei, não se sujeita à tal atração, nos termos do art. 187 do CTN. Logo, uma eventual decretação da falência do devedor não acarretará o deslocamento da ação de execução fiscal para o juízo falimentar.

Pois bem, conclui-se que não haverá limitação procedimental e, interessante saber, que por consequência, no art. 29 da LEF há menção quanto à dispensa da habilitação do crédito fiscal no processo falimentar, isso porque o referido artigo dispõe que "a cobrança judicial da dívida ativa da Fazenda Pública não é sujeita a concurso de credores ou habilitação em falência, concordata, liquidação, inventário ou arrolamento".

Ah, e temos um entendimento interessante do Superior Tribunal de Justiça envolvendo execução fiscal e falência[23]...

---

23. Importante que você saiba que foi sancionada a Lei 14112/2020 ("A nova Lei de Falências"), publicada no Diário Oficial da União em 24 de dezembro de 2020. Dentre as novidades, a novel legislação traz a possibilidade de parcelamento e descontos para o adimplemento de dívidas tributárias, além dos próprios credores apresentarem plano de recuperação do devedor. Trata-se de uma norma importante para fins de preservação da empresa.

– Com certeza deve ser bem importante para que você tenha feito essa menção!

É sim! Vamos analisá-lo detalhadamente....

Segundo a 3ª Turma do Superior Tribunal de Justiça, no julgamento do REsp 1857055, o ajuizamento da execução fiscal em momento anterior à decretação da falência do devedor não tira o interesse processual da Fazenda Pública para pleitear a habilitação do crédito no processo falimentar.

– Mas a Fazenda Pública não é impedida de habilitar o seu crédito fiscal tributário?

Não. Se ela quiser, poderá optar em habilitar, conforme entendimento do Superior Tribunal de Justiça no julgamento do REsp 874065/RS.

Sobre esse assunto, temos uma decisão importante do Superior Tribunal de Justiça, no julgamento do REsp 1858840/SP, DJ. 03.11.2020, que determinou a possibilidade da Fazenda Pública de executar e, concomitantemente, habilitar seu crédito no juízo universal.

– Como assim, professora?

O art. 29, da LEF, e o art.187, do CTN, estabelecem que a cobrança judicial do crédito tributário não é sujeita a concurso de credores ou habilitação em falência, recuperação judicial, assim como em inventário ou arrolamento.

A partir dessa constatação, o Superior Tribunal de Justiça compreendeu que as referidas normas não mencionam qualquer proibição para que as Fazendas Públicas também integrem o concurso de credores ou habilitação em falência, recuperação judicial, concordata, inventário ou arrolamento, até porque o processo de execução não representa garantia, sendo que isso só ocorre com a penhora de bens.

CAPÍTULO 12 → Ação Cautelar Fiscal e Execução Fiscal

Desta feita, a Fazenda Pública pode executar o crédito e habilitá--lo, desde que o processo de execução não tenha penhora, ou se tiver, o produto da alienação dos bens penhorados seja repassado ao juízo universal da falência.

> – Com certeza, esse entendimento será cobrado nas provas de concurso público!

Pode apostar que sim!

Vale destacar que referente àquela observação que fiz referente à penhora, ainda prevalece o entendimento previsto na Súmula 44 do extinto Tribunal Federal de Recursos:

> Ajuizada a execução fiscal anteriormente à falência, com penhora realizada antes desta, não ficam os bens penhorados sujeitos à arrecadação do juízo falimentar; proposta a execução contra a massa falida, a penhora far-se-á no rosto dos autos do processo da quebra, citando-se o síndico.

> – Não entendi nada, professora!

Também custei a entender, mas vamos por partes. Suponha que a ação de execução fiscal foi ajuizada contra a massa falida, no entanto, não havia nenhum bem penhorado nos autos. O que faz o exequente? Pede penhora de bens no rosto dos autos do processo falimentar.[24]

> – Em que consiste a penhora no rosto dos autos?

Trata-se de um termo usual, na prática forense, significando que a penhora recairá sobre os direitos do executado, pleiteados em juízo, sendo averbada na capa do processo pelo escrivão.

> – Entendi!

---

24. Trata-se de um termo usual, na prática forense, significando que a penhora recairá sobre os direitos do executado, pleiteados em juízo, sendo averbada na capa do processo pelo escrivão.

Uma outra situação é se houver bem penhorado em execução fiscal, deverá ocorrer a continuidade do processo de expropriação forçada do bem, isto é, até a alienação judicial. No entanto, o valor final arrecadado da alienação realizada no âmbito da execução fiscal não poderá ser disponibilizado ao ente público, devendo ser remetido ao juízo da falência para fins de disponibilização, conforme a ordem de credores, observando a posição preferencial de cada crédito.

– Essa penhora no rosto dos autos do processo falimentar não é igual à habilitação do crédito fiscal tributário?

Não, uma vez que é dispensável qualquer procedimento formal por parte da exequente, sendo imprescindível, apenas, da expedição de mandado de penhora em sede de execução fiscal. Ademais, não dá ensejo à discussão do crédito no juízo da falência, como ocorre em relação aos demais créditos.

– Agora entendi, embora seja muito complexa essa situação.

Só para fazer um gancho com esse assunto, você precisa saber que o deferimento da recuperação judicial não enseja a suspensão da execução fiscal[25], ressalvada a possibilidade da concessão de parcelamento tributário, conforme o art. 6º, § 7º, da Lei 11.101/2005. No entanto, embora a regra seja da não suspensão da execução fiscal por ocasião do deferimento da recuperação judicial, os atos de constrição ou de alienação deverão se submeter ao juízo falimentar.

– Mas, professora, caso a penhora recaia sobre bens que sejam objeto do plano de recuperação judicial, não será ruim para a finalidade principal, que é a recuperação da empresa?

Boa constatação! Por conta disso, levando em consideração o princípio da preservação da empresa, que a 1ª Seção do Superior Tribunal de Justiça determinou que os recursos especiais 1.712.484, 1.694.316 e 1.694.261 sejam julgados sob o rito dos recursos

---

25. O deferimento da recuperação judicial não tem, por si só, o condão de suspender as execuções fiscais (art. 6º, §7º, da Lei 11105/2005, art. 187, do CTN e art. 29, da Lei 6830/1980).

repetitivos, no tema 987, referente à "possibilidade da prática de atos constritivos em face de empresa em recuperação judicial, em sede de execução fiscal". Assim, determinou a suspensão de todos os processos pendentes que versem sobre a questão e tramitem no território nacional. Para mim, o correto é que a penhora, em execução fiscal, não recaia sobre os bens objeto do plano de recuperação judicial, pois, caso contrário, a recuperação da empresa seria inviabilizada.

Por acaso, você ficou sabendo que foi sancionada a "Nova Lei de Falências"?

– Eu não! Você está de brincadeira que temos uma "Nova Lei de Falências"! Nem consegui compreender direito a antiga...

Pois é. Foi um presentão do Natal de 2020!

No dia 24 de dezembro de 2020, véspera de Natal, o presidente da República, Jair Bolsonaro, sancionou a Lei 14.112/2020, a qual tem por objetivo agilizar os processos de recuperação judicial. Tivemos alguns vetos, que poderão ser revistos pelo Congresso Nacional, sendo que alguns dispositivos vetados parcialmente tratavam sobre questões tributárias, cuja justificativa é de que, acaso fossem sancionados, confrontariam as normas orçamentárias e do Código Tributário Nacional, como no caso referente à renúncia de receita.

– Renúncia de receita?

Sim, pois havia previsão no sentido de que as receitas obtidas pelo devedor, na renegociação das dívidas, não poderiam ser computadas para fins do cálculo do PIS/PASEP e da COFINS, consistindo em uma renúncia de receita, sem estimativa do impacto financeiro orçamentário e financeiro e sem cancelamento da despesa obrigatória. Isso nós iremos estudar melhor na parte de Direito Financeiro, fique calmo. Somente estou lhe contando aqui para que saiba que foi objeto de veto.

– Ah sim!

Fora isso, tivemos algumas novidades importantes que são correlacionadas com o Direito Tributário e, mais precisamente, com esse ponto que estamos estudando. Primeiramente, tivemos previsão de parcelamento e de concessão de descontos para dívidas tributárias, fora alteração do art. 83, da Lei 11.101/2005, o qual passa a ter a seguinte redação, quanto ao inciso III, referente aos créditos tributários:

> Art. 83. A classificação dos créditos na falência obedece à seguinte ordem:
>
> III – os créditos tributários, independentemente da sua natureza e do tempo de constituição, exceto os créditos extraconcursais e as multas tributárias.

💬 – Percebi que agora temos "(...) exceto os créditos extraconcursais". Seriam os tributos cujos fatos geradores são praticados após a decretação?

Exatamente isso!

Mas, aqui no ponto referente à execução fiscal, outra observação é imprescindível. O art. 1º, da Lei 14112/2020, acabou alterando o art. 6º da Lei 11101/2005, prevendo que:

> Art. 6º A decretação da falência ou o deferimento do processamento da recuperação judicial implica:
>
> I – suspensão do curso da prescrição das obrigações do devedor sujeitas ao regime desta Lei;
>
> II – suspensão das execuções ajuizadas contra o devedor, inclusive daquelas dos credores particulares do sócio solidário, relativas a créditos ou obrigações sujeitos à recuperação judicial ou à falência;
>
> III – proibição de qualquer forma de retenção, arresto, penhora, sequestro, busca e apreensão e constrição judicial ou extrajudicial sobre os bens do devedor, oriunda de demandas judiciais ou extrajudiciais cujos créditos ou obrigações sujeitem-se à recuperação judicial ou à falência.

Ocorre que o §7º-B, menciona que:

> § 7º-B. O disposto nos incisos I, II e III do caput deste artigo não se aplica às execuções fiscais, admitida, todavia, a competência do juízo da recuperação judicial para determinar a substituição dos atos de constrição que recaiam sobre bens de capital essenciais à manutenção da atividade empresarial até o encerramento da recuperação judicial, a qual será implementada mediante a cooperação jurisdicional, na forma do art. 69 da Lei nº 13.105, de 16 de março de 2015 (Código de Processo Civil), observado o disposto no art. 805 do referido Código.

> – Professora, a partir desse §7º-B, pude concluir que a "Nova Lei de Falências" vem, de fato, a preservar a empresa, uma vez que ela protege os bens de capital que são essenciais à manutenção da atividade empresarial até que a recuperação judicial seja finalizada, já que caberá ao juízo da recuperação judicial determinar a substituição dos atos de constrição que recaiam sobre aqueles.

Exatamente essa é a ideia, conforme expus minha posição ao mencionar o questionamento do Superior Tribunal de Justiça, no Tema 987.

Acredito que o entendimento do STJ irá no sentido do dispositivo em comento da "Nova Lei de Falências". Teremos que aguardar!

> – Professora, por curiosidade, já que estamos conversando sobre a recuperação judicial...

Já até sei sobre o que você está pensando! Sobre a questão da concessão do pedido da recuperação judicial e a apresentação de certidões negativas de débitos tributários. Acertei?

> – Era exatamente sobre isso! Estou impressionado.

Esse tema é interessante porque temos entendimento do Superior Tribunal de Justiça e do Supremo Tribunal Federal que deveremos analisar.

Primeiramente, o Superior Tribunal de Justiça compreendeu, no julgamento do REsp 1864625 que a apresentação de certidões negativas de débitos tributários não constitui requisito obrigatório para a concessão do pedido de recuperação judicial.

Ocorre que em liminar, no julgamento da Rcl 43169, o ministro Luiz Fux, do Supremo Tribunal Federal, decidiu que a concessão da recuperação judicial estaria condicionada à apresentação de certidão negativa de débitos.

– Então, voltou ao entendimento anterior, né?!

Não! O ministro Toffoli acabou revogando a decisão proferida, em liminar, pelo ministro Fux. Para o ministro Dias Toffoli, a 3ª Turma do Superior Tribunal de Justiça

"(...) exerceu um juízo de ponderação entre a exigência do art. 57, da Lei 11101/2005 e os princípios gerais constantes da norma legal, notadamente no seu art. 47, concluindo, assim, pela desproporcionalidade da exigência contida na primeira norma, com os princípios gerais delineados na segunda."

E, acrescentou que "(...) foi olhar a teleologia da Lei 11101/2005, como um todo, e procurar a solução que apresentava menor restrição possível às normas legais que nortearam o instituto da recuperação judicial."

– Então, por enquanto, a decisão do Superior Tribunal de Justiça é a que vale para fins de prova de concurso?

Sim! Por ora, digamos assim, pois nunca se sabe devido à tantas mudanças na jurisprudência, o entendimento do Superior Tribunal de Justiça é o que você deverá ter como base.

Depois, estudaremos um pouco mais sobre a execução fiscal, falência e inventário. Ainda sobre a competência, você precisa saber que, nos termos do entendimento da jurisprudência, é competente a Justiça Federal para processar e julgar execução fiscal promovida por conselho de fiscalização profissional[26], nos termos da Súmula 66 do STJ.

---

26. No Tema 580, o Superior Tribunal de Justiça compreendeu que em execução fiscal ajuizada por conselho de fiscalização profissional, seu representante judicial possui a prerrogativa de ser pessoalmente intimado.

CAPÍTULO 12 → Ação Cautelar Fiscal e Execução Fiscal

– Verdade! As anuidades pagas aos conselhos são tributos.

Outra questão que, vira e mexe, é cobrada em provas é quanto à incompetência dos Juizados Especiais para processar e julgar execuções fiscais, ainda que o valor seja inferior a 60 (sessenta) salários-mínimos, nos termos do art. 3º, § 1º, I, da Lei 10.259/2001. Também, a competência referente à cobrança das contribuições devidas pelo empregador ao FGTS, nos termos da Súmula 349 do Superior Tribunal de Justiça, é da Justiça Federal, embora, como você bem sabe, os valores recolhidos não sejam considerados como de natureza tributária. Outro ponto digno de nota: "é desnecessária a intervenção do Ministério Público nas execuções fiscais", nos termos da Súmula 189 do STJ.

– Bem lembrado, professora. Essa súmula é de extrema importância para fins de prova de promotor de justiça.

Para irmos finalizando a parte sobre competência, conforme o art. 28 da Lei de Execuções Fiscais, "o Juiz, a requerimento das partes, poderá, por conveniência da unidade da garantia da execução, ordenar a reunião de processos contra o mesmo devedor".

– Significa que se trata de uma faculdade do juiz reunir várias execuções fiscais em face do mesmo devedor?

Exatamente! Primeiramente, deve haver requerimento da Fazenda Pública e, posteriormente, caberá ao magistrado reunir ou não as ações, nos termos da Súmula 515 do Superior Tribunal de Justiça[27].

– E qual seria o propósito da reunião das execuções fiscais em face do mesmo executado?

Visa, apenas, facilitar a garantia das execuções.

---

27. Súmula 515 do Superior Tribunal de Justiça. "A reunião de execuções fiscais contra o mesmo devedor constitui faculdade do Juiz".

Passado o tema competência, vamos passar para o estudo referente ao polo passivo da ação de execução fiscal, um tema um pouco complexo!

2.4. Polo passivo

– Já sei que o art. 4º da LEF traz os sujeitos que poderão estar configurados no polo passivo da execução fiscal: o devedor; o fiador; o espólio; a massa; o responsável, nos termos da lei, por dívidas, tributárias ou não, de pessoas físicas ou pessoas jurídicas de direito privado; e os sucessores a qualquer título[28].

Exatamente! Destaque para o § 2º deste mesmo dispositivo, o qual prevê que "à Dívida Ativa da Fazenda Pública, de qualquer natureza, aplicam-se as normas relativas à responsabilidade prevista na legislação tributária, civil e comercial".

– O que significa isso, professora?

Significa que referente ao crédito fiscal não tributário, não é possível, nos termos do entendimento do Superior Tribunal de Justiça,[29] que normas tributárias sejam aplicadas, referente à responsabilidade. Isto é, para a jurisprudência, por exemplo, o art. 135 do CTN não pode ser aplicado aos créditos fiscais não tributários, embora a redação do dispositivo prevê tal possibilidade.

Só tome cuidado, pois com essa afirmação você poderá deduzir, de forma equivocada, que referente aos créditos fiscais não tributários jamais será possível haver a responsabilidade tributária.

– Foi o que pensei.

---

28. Para o Superior Tribunal de Justiça, conforme previsto no Tema 209, o promitente vendedor é parte legítima para figurar no polo passivo da execução fiscal que busca a cobrança de ITR nas hipóteses em que não há registro imobiliário do ato translativo de propriedade.
29. STJ, AgRG no RESP 1.407.182/PR.

CAPÍTULO 12 → Ação Cautelar Fiscal e Execução Fiscal

Pensou errado! Nada impede que outras legislações não tributárias sejam utilizadas, como no caso o próprio Código Civil de 2002.[30]

Voltando ao crédito tributário, saiba que a legitimação para figurar no polo passivo da execução fiscal é realizada pela Certidão de Dívida Ativa (CDA), em regra, salvo se, durante o processo de execução fiscal, ocorrer o redirecionamento em face de uma outra pessoa, como veremos mais adiante.

– Então, caso esteja o nome do devedor ou do responsável na CDA, presume-se a legitimidade para configurar no polo passivo da execução fiscal?

Sim, pois, em regra, participaram de um processo administrativo prévio que apurou a responsabilidade.

– E se o nome de determinada pessoa constar de forma equivocada na CDA?

Nesse caso, caberá a esta pessoa o ônus de provar que não é responsável pelo adimplemento do crédito tributário cobrado. Lembre-se do que já lhe expliquei sobre isso, bem no início desse capítulo... aquele entendimento do Superior Tribunal de Justiça envolvendo o nome de um sócio da pessoa jurídica, o qual constava na CDA[31].

– Já me recordei, professora. Mas por que isso mesmo?

Ora, porque a CDA possui aquelas características já mencionadas quanto à presunção de certeza e de liquidez, por ser precedida de um processo administrativo. Assim sendo, a pessoa deverá, por meio de embargos à execução ou exceção de pré-executividade, caso possua prova pré-constituída, para esta segunda opção, com a finalidade de elidir da presunção de legitimidade do título, CDA.

---

30. STJ, REsp 1.353.826/SP.
31. Na prática, o Superior Tribunal de Justiça, no Tema 103, ao analisar um caso concreto, entendeu que se a execução fiscal foi ajuizada apenas contra a pessoa jurídica, mas o nome do sócio consta da CDA, a ele incumbe o ônus da prova de que não ficou caracterizada nenhuma das circunstâncias previstas no art. 135, do CTN, ou seja, não houve a prática de atos com "excesso de poderes ou infração de lei, contrato social ou estatutos".

— Sempre caberá ao sujeito o ônus da prova?

Nem sempre! Caso, durante a tramitação da execução fiscal, houver a imputação da responsabilidade ao indivíduo, caberá à Fazenda Pública demonstrar a situação que autoriza a responsabilização, cabendo ao magistrado ponderar se, realmente, é caso de redirecionamento da execução fiscal.

Como já estudamos os sujeitos passivos da obrigação tributária em capítulo próprio, vamos verificar alguns pontos específicos sobre o assunto. Você se recorda da massa falida e do espólio?

— Sim, professora! São entes formais despidos de personalidade jurídica.

Mesmo que não possuam personalidade jurídica, podem ocupar o polo passivo de uma execução fiscal, isso porque, conforme entendimento do Superior Tribunal de Justiça, no julgamento do REsp 1.265.548, a massa falida possui capacidade processual até o fim, inclusive, legitimidade ativa para ajuizar demanda com o intuito de defender seus direitos e a posse de seus bens.[32]

— Professora, uma dúvida que tenho: suponha que a execução fiscal tenha sido proposta em face de uma determinada pessoa jurídica, constando-a na CDA. No entanto, esta pessoa jurídica tem sua falência decretada. O que acontece?

Bom, primeiramente, saiba que a mera decretação da falência não extingue a personalidade jurídica, até porque surge a figura da massa falida, a qual já mencionei, que irá suceder processualmente a pessoa jurídica. Consequentemente, durante o trâmite do processo de execução fiscal, será possível a substituição da CDA para que conste que a pessoa jurídica se encontra em processo falimentar.

---

32. Denomina-se de capacidade judiciária.

CAPÍTULO 12 → Ação Cautelar Fiscal e Execução Fiscal

– Não é uma modificação que enseja a substituição do sujeito passivo da obrigação tributária, algo vedado?

Não! Inclusive, é uma faculdade da Fazenda Pública, uma vez que a pessoa jurídica somente será extinta após o encerramento do processo falimentar. Logo, nada obsta que continue contra a pessoa jurídica o processo de execução fiscal com a CDA original. Interessante é que mesmo que a decretação da falência tenha ocorrido antes mesmo do ajuizamento da ação de execução fiscal e da citação da pessoa jurídica, será possível o prosseguimento da ação em face da massa falida, conforme entendimento do STJ, no julgamento do REsp 1192210/RJ.[33]

– E quanto ao espólio?

Como você bem sabe, o art. 131, II e III, do CTN menciona sobre a responsabilidade do espólio e dos herdeiros.

Suponha que o devedor originário já tenha sido citado, ou seja, a ação de execução fiscal já tenha sido ajuizada antes do falecimento, ocorrerá a responsabilidade superveniente dos sucessores, não havendo necessidade de alteração do processo administrativo, até porque a citação do devedor originário tem o condão de chamá-lo ao processo, angularizando a relação processual. Deverá, a Fazenda Pública, requerer o redirecionamento da execução fiscal em face do espólio, sendo desnecessário procedimento incidental de habilitação para tanto. Portanto, a execução fiscal continuará a tramitar em face do espólio.

– Mas, se o falecimento do devedor originário tenha ocorrido antes do ajuizamento da ação de execução fiscal e, logicamente, a sua citação?

Nesse caso, já que a pessoa falecida não existe mais, sendo vedado, nos termos da Súmula 392 do Superior Tribunal de Justiça, que

---

33. Por esse motivo, tem-se que caso a Fazenda Pública constate durante o trâmite da ação de execução fiscal que a falência tenha sido decretada antes do ajuizamento, não ensejará a extinção do processo sem resolução do mérito, sendo viável, apenas, a emenda da inicial para fins de correção.

677

a Fazenda Pública substitua a CDA para modificar o sujeito passivo. No entanto, precisamos ter atenção, caso esteja configurada essa situação.

Se o falecimento tiver ocorrido antes da constituição do crédito tributário, é indispensável que ocorra a notificação do espólio, constando-o como responsável na CDA. Logo, caso o falecimento tenha ocorrido antes da constituição do crédito tributário é indispensável que haja a retificação do lançamento tributário realizado anteriormente, pois a notificação feita em face do devedor originário tem o condão de invalidar o próprio lançamento tributário!

– E se o falecimento tiver ocorrido após a constituição do crédito tributário, isto é, após o encerramento do processo administrativo e antes do ajuizamento da execução fiscal?

Caso tenha ocorrido essa situação, não será possível a mera substituição da CDA. Suponha que o devedor originário faleceu após a constituição do crédito tributário e antes de ajuizada a ação executiva. Concorda comigo que a ação de execução fiscal não poderia ser ajuizada em face do *de cujus*?

– Sim, pois deveria ser ajuizada em face do espólio. Conforme o que você explicou, acontecendo esta situação, a Fazenda Pública deveria incluir o espólio da CDA, retificando, apenas, a inscrição em dívida ativa. Não é mesmo?

Exatamente isso! Nesse caso, o nome do devedor originário continuará constando na CDA, no polo passivo da obrigação, sendo o espólio incluído como responsável tributário. Essa situação pressupõe a garantia de que seja cumprido o disposto no art. 192 do CTN,[34] o qual prevê que somente será possível o julgamento final da partilha se todos os débitos do *de cujus* para com a Fazenda Pública tenham sido

---

34. Art. 192 do CTN. "Nenhuma sentença de julgamento de partilha ou adjudicação será proferida sem prova da quitação de todos os tributos relativos aos bens do espólio, ou às suas rendas."

quitados, até porque, caso não fosse tal garantia, os herdeiros poderiam, mesmo que restassem créditos tributários a serem adimplidos, uma certidão negativa.³⁵

– Então, ocorrendo o ajuizamento da execução fiscal equivocadamente, deverá ser ajuizada uma nova execução fiscal por parte da Fazenda Pública? E a prescrição?

Caso a execução fiscal originária tenha sido ajuizada de forma equivocada, em face do *de cujus*, apenas, não haverá interrupção, nem suspensão da execução fiscal. Desta feita, todos os atos jurídicos já praticados, até então, contra o devedor, deverão ser desconsiderados, sendo que a ação de execução fiscal deverá ser ajuizada dentro do prazo prescricional originário.

Por fim, diferentemente do que ocorre concomitantemente ao processo falimentar, para o Superior Tribunal de Justiça, é viável que a execução fiscal contra o espólio seja imediata, até porque a sua responsabilidade pelos tributos inadimplidos do *de cujus* nasce com a abertura da sucessão, nos termos do art. 131, III, do CTN, conforme entendimento no REsp 1124685/RJ.

– Interessante tudo isso envolvendo o espólio, professora!

Dando continuidade, referente ao polo passivo da execução fiscal, como você bem sabe, nos termos do art. 4º da LEF, podem estar previstos o fiador; o espólio; a massa falida; o responsável tributário, por dívidas tributárias ou não, de pessoas físicas ou pessoas jurídicas de direito privado, bem como os sucessores a qualquer título.

---

35. Deve-se ter cuidado, pois o art. 654 do Código de Processo Civil de 2015 prevê a possibilidade da partilha de bens sem que ocorra o devido adimplemento dos débitos tributários, devendo, apenas, que se encontrem garantidos. Vide:
"Art. 654. Pago o imposto de transmissão a título de morte e juntada aos autos certidão ou informação negativa de dívida para com a Fazenda Pública, o juiz julgará por sentença a partilha.
Parágrafo único. A existência de dívida para com a Fazenda Pública não impedirá o julgamento da partilha, desde que o seu pagamento esteja devidamente garantido".

Referente à responsabilidade, admite-se a superveniência desta, ou seja, durante o trâmite do processo de execução fiscal, sendo que alcançará indivíduos não previstos na CDA.

2.5. Redirecionamento da execução fiscal e incidente de desconsideração da personalidade jurídica

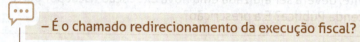

– É o chamado redirecionamento da execução fiscal?

Sim! Ocorrendo uma situação que autorize a responsabilização de determinado indivíduo, ocorrerá o redirecionamento da ação contra ele, já que a responsabilidade surge em momento posterior à formação da CDA. Assim sendo, a Fazenda Pública irá requerer ao magistrado o redirecionamento da execução fiscal, cabendo a este deferir ou não.

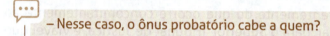

– Nesse caso, o ônus probatório cabe a quem?

À Fazenda Pública cabe demonstrar que é viável o redirecionamento da execução fiscal em face de determinado indivíduo, como, no caso, um sócio da pessoa jurídica. Portanto, tome cuidado, uma vez que estando o nome na CDA, por este título possuir certeza e liquidez, caberá o ônus probatório ao sujeito passivo de comprovar que seu nome não deveria estar lá. Ao contrário do surgimento da responsabilidade superveniente, cabendo à Fazenda Pública provar em juízo.

Temos um entendimento interessante do Superior Tribunal de Justiça sobre o assunto, no Tema 1049, segundo qual:

> A execução fiscal pode ser redirecionada em desfavor da empresa sucessora para cobrança de crédito tributário relativo a fato gerador ocorrido posteriormente à incorporação empresarial e ainda lançado em nome da sucedida, sem a necessidade de modificação da Certidão de Dívida Ativa (CDA), quando verificado que esse negócio jurídico não foi informado oportunamente ao Fisco.

Perceba que, nesse caso, nada impede que haja o redirecionamento em face da sociedade incorporadora tornando desnecessária a alteração da CDA.

– Seria um incidente de desconsideração da personalidade jurídica?

Muita calma nessa hora! rsrs

Primeiramente, precisamos saber o que é a desconsideração da personalidade jurídica. Trata-se de um incidente, quando requerido em petição simples, conforme os requisitos previstos nos arts. 133 a 137 do CPC, o qual não pode ser instaurado de ofício pelo magistrado, consistindo em uma modalidade de intervenção de terceiros.[36]

– Seria porque, no caso da execução fiscal, um outro indivíduo passaria a fazer parte do polo passivo?

Exatamente! No caso, a pessoa jurídica continuaria a fazer parte do polo passivo da execução fiscal, ingressando um terceiro, o sócio-gerente, o qual ostentará a qualidade de parte do processo. Nesse caso, esse indivíduo não participou do processo administrativo que ensejou a inscrição do crédito tributário em dívida ativa, logo, deve ser assegurado o contraditório a este terceiro, algo que é característica da desconsideração da personalidade jurídica.

– Até porque, este terceiro, após sua oportunidade de defesa exercida, poderá vir a sofrer com a constrição do seu patrimônio.

Sim, por isso, ele deve ter seu direito de defesa preservado. Mas eu lhe pergunto: os casos previstos nos arts. 134, VII, e 135, III, do CTN podem ser considerados como aptos a ensejar a desconsideração da personalidade jurídica em face do patrimônio dos sócios, representantes legais, diretores e gerentes, afetando seus respectivos patrimônios pessoais?

---

36. Vale destacar que quando a desconsideração da personalidade jurídica for requerida em incidente, ocorrerá a suspensão do processo, nos termos do art. 134, § 3º, do CPC. No entanto, há a possibilidade de a desconsideração ser requerida na própria petição inicial, sendo que o sócio-gerente será citado em litisconsórcio eventual com a pessoa jurídica. Esta é a principal distinção entre ambas as situações.

– Ixi, agora você me pegou.

Pois é! A jurisprudência é muito controvertida sobre essa situação. Antes de analisarmos as posições do Superior Tribunal de Justiça, passemos a conhecer um pouco do que a doutrina entende referente a esse assunto.

Leonardo Carneiro da Cunha[37] nos ensina que:

> A responsabilidade decorrente do tipo social não se funda em ilícito, em fraude ou abuso, mas tem origem na proposição dos objetivos sociais e na vontade original dos sócios, ao constituírem a sociedade. De igual modo, há situações em que disposições legais específicas atribuem responsabilidade patrimonial direta aos sócios ou apenas ao sócio-gerente e ao administrador. É o caso, por exemplo, do disposto nos arts. 134, VII, e 135, III, do Código Tributário Nacional, que atribuem aos sócios, diretores, gerentes ou representantes responsabilidade patrimonial por dívidas tributárias. Tais hipóteses diferem da desconsideração da personalidade jurídica, que acarreta responsabilidade patrimonial dos administradores e dos sócios quando sua conduta for ilícita, mais especificamente quando a personalidade jurídica da sociedade serviu de instrumento à fraude e ao abuso, podendo ser afastada ou tornada ineficaz para aquela situação, a fim de alcançar o patrimônio do sócio para responder pela dívida. Mesmo nesses casos de responsabilidade do sócio, de que são exemplos as hipóteses previstas nos referidos arts. 134, VII, e 135, III, do CTN, deve-se adotar o incidente de desconsideração da personalidade jurídica (...) Na verdade, o aludido incidente é uma forma de intervenção de terceiro, que, como todas elas, tem por finalidade fazer com que um terceiro passe a atuar no processo, adquirindo a condição de parte. Para que passe a ter responsabilidade e sofra as consequências disso, é preciso que se assegure o contraditório ao terceiro para, somente então, passar a inseri-lo como parte, sobretudo quando se está diante de um processo de execução.

---

37. CUNHA, Leonardo Carneiro da. A Fazenda Pública em Juízo. 14ª ed., rev., atual. e ampl. Rio de Janeiro: Forense, 2017. p. 422 – 423.

CAPÍTULO 12 → Ação Cautelar Fiscal e Execução Fiscal

— Então, professora, penso que o redirecionamento é, na verdade, um incidente de desconsideração da personalidade jurídica.

Eu também penso assim, conforme a doutrina apresentada.[38] Assim sendo, considerando ser uma situação de desconsideração da personalidade jurídica, por conta da prática de uma conduta considerada ilícita, sendo o incidente em questão deferido pelo magistrado, após oportunizado o contraditório, os bens pessoais passarão a se sujeitar à execução, nos termos do previsto no art. 790, VII, do CPC, dado que, além do reconhecimento da conduta ilícita, a decisão que considerar procedente a desconsideração da personalidade jurídica obrigará o sócio-gerente ao pagamento da dívida, isto é, ocorrendo o cumprimento de sentença, conforme disposto no art. 523 do CPC.

— Então, devo levar para a prova a posição de que é aplicável a desconsideração da personalidade jurídica em execução fiscal?

No julgamento do REsp 1.775.269, a 1ª Turma do Superior Tribunal de Justiça compreendeu ser indispensável a instauração da desconsideração da personalidade jurídica quando há o redirecionamento da execução fiscal a pessoa jurídica que integra o mesmo grupo econômico da sociedade originalmente executada. Perceba que o Superior Tribunal de Justiça compreendeu nesse sentido referente à pessoa jurídica integrante do mesmo grupo econômico, mas não quanto à pessoa física.

---

38. "Na execução, a parte demandada é aquela que está no título ou cuja responsabilidade é conhecida legal ou judicialmente. Se o sujeito não está no título e sua responsabilidade depende da aferição e comprovação de elementos subjetivos ou que não constem do título executivo, é preciso que se instaure um incidente cognitivo para que se avalie a presença desses elementos, em contraditório com oportunidade de defesa. Não é possível simplesmente "redirecionar" uma execução sem que sejam apurados os elementos subjetivos da responsabilidade, assegurados o contraditório e a ampla defesa. Exatamente por isso é que se exige que, na execução fiscal, a desconsideração da personalidade jurídica e o "redirecionamento" da execução sejam feitos pelo incidente previsto nos arts. 133 a 137 do CPC. Por aí já se percebe que o incidente de desconsideração da personalidade jurídica deve ser instaurado não apenas nos casos de desconsideração propriamente dita, mas também nas hipóteses em que haja a possibilidade de o sócio responder pelas dívidas da sociedade, seja em razão do regime jurídico a que ela esteja sujeita, seja por causa do exercício da administração feita em desacordo com normas legais, estatutárias ou contratuais." (CUNHA, Leonardo Carneiro da. *A Fazenda Pública em Juízo*. 14. ed. rev., atual. e ampl. Rio de Janeiro: Forense, 2017. p. 423)

– Como assim, professora?

O relator entendeu que:

> (...) o redirecionamento de execução fiscal a pessoa jurídica que integra o mesmo grupo econômico da sociedade empresária originalmente executada, mas que não foi identificada no ato de lançamento (nome na CDA) ou que não se enquadra nas hipóteses dos artigos 134 e 135 do CTN, depende da comprovação do abuso de personalidade, caracterizado pelo desvio de finalidade ou confusão patrimonial, tal como consta do artigo 50 do CC – daí porque, nesse caso, é necessária a instauração do incidente de desconsideração da personalidade da pessoa jurídica devedora.[39]

Logo, para fins de atribuição de responsabilidade tributária aos sócios-gerentes não depende de incidente de desconsideração da personalidade jurídica, uma vez que a responsabilidade dos sócios é atribuída pelo art. 135 do CTN, possuindo características pessoal e subjetiva[40].

No entanto, há uma divergência no próprio Superior Tribunal de Justiça, inclusive, referente à mesma situação envolvendo grupo econômico.

– Não me diga!

Falo sério!

– Não gosto de quando isso ocorre.

---

39. STJ, REsp 1.775.269.
40. Lembre-se de que a simples falta de pagamento do tributo não configura, por si só, nem em tese, circunstância que acarreta a responsabilidade subsidiária do sócio, prevista no art. 135, do CTN. É indispensável, para tanto, que tenha agido com excesso de poderes ou infração à lei, ao contrato social ou ao estatuto da empresa, conforme pacificado, no Superior Tribunal de Justiça, a partir do Tema 97.
Ademais, em execução fiscal de dívida ativa tributária ou não tributária, dissolvida irregularmente a empresa, está legitimado o redirecionamento ao sócio gerente, conforme consta no Tema 630, do Superior Tribunal de Justiça.

CAPÍTULO 12 → Ação Cautelar Fiscal e Execução Fiscal

Pois é! A 2ª Turma possui o entendimento de que há incompatibilidade a instauração do incidente de desconsideração da personalidade jurídica com o procedimento da execução fiscal. Segundo o relator do julgamento do REsp 1786311:

> A desnecessidade de instauração do incidente de desconsideração para o redirecionamento em face dos sócios deve atrair a mesma conclusão ao redirecionamento em face de outra pessoa jurídica quando se evidenciam práticas comuns ou conjunta do fato gerador ou confusão patrimonial.

💬 – Então, referente ao sócio-gerente, a posição pacífica do Superior Tribunal de Justiça é referente à inaplicabilidade do incidente de desconsideração da personalidade jurídica, ao passo que referente à desconsideração envolvendo grupo econômico, há divergência entre a 1ª e a 2ª Turmas?!

Exatamente isso![41] Ademais, para a 2ª Turma, além de ser injusto permitir o incidente de desconsideração da personalidade jurídica no caso de grupos econômicos, e a não permissão referente à figura do sócio-gerente, também dificultaria a satisfação do crédito tributário.

Leonardo Carneiro da Cunha[42] possui posição divergente, a qual é indispensável conhecer para fins de prova. Vide:

> Não é difícil imaginar que possa haver resistência na adoção de tal incidente no âmbito da execução fiscal, ao argumento de que sua instauração poderia frustrar a efetividade da execução, permitindo que o terceiro, ao ser citado, esvazie suas contas bancárias ou desvie seus bens para escapar de eventual ou futura constrição. Tal argumento não deve ser utilizado para afastar a adoção do referido incidente. Primeiro, porque qualquer alienação feita pelo terceiro será ineficaz se sua responsabilidade vier a ser reconhecida (CPC, arts. 137, 790, 792, § 3º). Ademais, é

---

41. Para o relator Min. Francisco Falcão, "nas duas hipóteses há responsabilidade por atuação irregular, em descumprimento das obrigações tributárias, não havendo que se falar em desconsideração da personalidade jurídica, mas sim de imputação de responsabilidade tributária pessoal e direta pelo ilícito." (STJ, REsp 1786311)
42. CUNHA, Leonardo Carneiro da. *A Fazenda Pública em Juízo*. 14. ed. rev., atual. e ampl. Rio de Janeiro: Forense, 2017. p. 425-26.

685

possível, no incidente de desconsideração da personalidade jurídica, haver a concessão de tutela provisória, seja de urgência, seja de evidência. É possível que o juiz, no incidente de desconsideração da personalidade jurídica, conceda tutela provisória, seja de urgência, seja de evidência, desde que presentes seus pressupostos, para já determinar, por exemplo, o bloqueio de ativos do terceiro ou para tornar indisponível algum bem dele, a fim de garantir futura penhora, na eventualidade de vir a ser colhido o incidente e reconhecida sua responsabilidade.

– Sempre bom conhecer a posição da jurisprudência, mas também da doutrina, principalmente para fins de prova de concurso público.

Ainda sobre o redirecionamento da execução fiscal, para irmos finalizando esse assunto, saiba que o Superior Tribunal de Justiça, no julgamento do REsp 1792310, compreendeu que a falência não constitui dissolução irregular da sociedade empresária. Entretanto, sua decretação, isoladamente, não veda o redirecionamento da execução fiscal contra os sócios, pois o pressuposto para que isso ocorra é a prática de atos de infração à lei ou ao contrato social, como já vimos analisando o art. 135, do CTN. E essa infração à lei pode ocorrer no âmbito da existência de crimes falimentares.

– Boa recordação, professora!

Feitas essas considerações quanto ao redirecionamento e ao incidente de desconsideração da personalidade jurídica, vamos entender como esse pessoal todo é chamado ao processo de execução fiscal.

2.6. Citação do executado

Nos termos do art. 7º da LEF,[43] ocorrendo o ajuizamento da ação, o juiz realiza o despacho inicial para citar o executado.

---

43. Art. 7º da LEF. "O despacho do Juiz que deferir a inicial importa em ordem para:
I – citação, pelas sucessivas modalidades previstas no artigo 8º;

CAPÍTULO 12 → Ação Cautelar Fiscal e Execução Fiscal

– Esse despacho do juiz que ordena a citação é aquele que tem o condão de interromper a prescrição?

Sim, conforme o que prevê o art. 174, I, do CTN. Conforme o STJ, no REsp 1.120.295/SP, a interrupção da prescrição com o despacho que ordena a citação retroage à data da propositura da ação, pois se a ação é proposta dentro do prazo prescricional, eventual demora do Poder Judiciário em realizar o despacho não pode prejudicar o Fisco, conforme a Súmula 106 do STJ.[44]

Vale mencionar que o artigo 240, § 1º, do CPC é totalmente compatível com esta regra, pois dispõe que o despacho que ordena a citação retroage à data da propositura da ação.

– Eu me recordo em ter estudado sobre isso na obra do professor Mozart!

Eu lhe falei que você iria se lembrar bastante de "Diálogos sobre o CPC", nesse capítulo!

Voltando à execução fiscal...

Para fins de provas mais elaboradas, você precisa saber que, inicialmente, o Código Tributário Nacional previa que a interrupção da prescrição se dava com a efetiva citação do executado, só que a Lei Complementar 118/2005 alterou a referida norma, prevendo a regra ora vista. Entretanto, alguns questionamentos ainda subsistem.

– Quais, professora?

II – penhora, se não for paga a dívida, nem garantida a execução, por meio de depósito, fiança ou seguro garantia; (Redação dada pela Lei 13.043, de 2014)
III – arresto, se o executado não tiver domicílio ou dele se ocultar;
IV – registro da penhora ou do arresto, independentemente do pagamento de custas ou outras despesas, observado o disposto no artigo 14; e
V – avaliação dos bens penhorados ou arrestados".
44. O artigo 240, § 1º, do CPC é totalmente compatível com esta regra, pois dispõe que o despacho que ordena a citação retroage à data da propositura da ação.

Quando da entrada em vigor da LC 118/2005, por ser uma lei processual, sua incidência deu-se tanto para os processos em curso quanto para os novos processos. Assim sendo, para fins de saber qual regra será aplicável, deve-se levar em consideração a data da realização do despacho que determina a citação.

Caso o despacho seja anterior à vigência da LC 118/2005, a regra antiga será aplicável, isto é, ocorrendo a interrupção da prescrição com a efetiva citação do executado, caso contrário, a regra nova, a qual prevê a interrupção da prescrição a partir do despacho que ordena a citação, ainda que a ação tenha sido ajuizada antes que a LC 118/2005 tenha entrado em vigor, ou seja, quando o despacho de citação tiver sido determinado após a entrada em vigor da referida lei complementar.

> – E quais são as modalidades de citação do executado?

Preferencialmente, o executado será citado pelos Correios com aviso de recebimento. No entanto, a Fazenda Pública pode requerer que seja feita de outra forma.

> – Quando essa citação pelo Correio é considerada como realizada?

Na data da entrega da correspondência no endereço do executado. No entanto, caso seja omitida a data no aviso de recebimento, a citação será considerada como realizada no prazo de 10 (dez) dias após a entrega da carta à agência postal, consoante disposto no art. 8º, II, da Lei de Execuções Fiscais. Só que, se o aviso de recebimento não retornar em até 15 (quinze) dias da efetiva entrega à agência postal, será por meio do oficial de Justiça, a citação, ou por edital. É de extrema importância que você conheça, na literalidade, o art. 8º:

> Art. 8º – O executado será citado para, no prazo de 5 (cinco) dias, pagar a dívida com os juros e multa de mora e encargos indicados na Certidão de Dívida Ativa, ou garantir a execução, observadas as seguintes normas:
>
> I – a citação será feita pelo correio, com aviso de recepção, se a Fazenda Pública não a requerer por outra forma;
>
> II – a citação pelo correio considera-se feita na data da entrega da carta no endereço do executado, ou, se a data for omitida, no aviso de recepção, 10 (dez) dias após a entrega da carta à agência postal;

CAPÍTULO 12 → Ação Cautelar Fiscal e Execução Fiscal

III – se o aviso de recepção não retornar no prazo de 15 (quinze) dias da entrega da carta à agência postal, a citação será feita por Oficial de Justiça ou por edital;

IV – o edital de citação será afixado na sede do Juízo, publicado uma só vez no órgão oficial, gratuitamente, como expediente judiciário, com o prazo de 30 (trinta) dias, e conterá, apenas, a indicação da exequente, o nome do devedor e dos corresponsáveis, a quantia devida, a natureza da dívida, a data e o número da inscrição no Registro da Dívida Ativa, o prazo e o endereço da sede do Juízo.

 – Então, permitida a citação por edital em execução fiscal? Achei que não era!

Muitos alunos acham que não é, mas é sim. Tome cuidado com essa pegadinha na hora da prova. Saiba que somente será realizada quando esgotadas todas as possibilidades para localização do executado, devendo, antes, que o oficial de justiça realize diligências, sendo nula a citação por edital quando tal requisito não for respeitado, conforme entendimento do Superior Tribunal de Justiça, no julgamento do REsp 451030/SP e a Súmula 414 do STJ.

– Mas e se é realizada a tentativa de citação pelos correios com aviso de recebimento e, após, por meio do oficial de justiça?

Nesse caso, já será viável a realização de citação por edital.[45] Esse será afixado na sede do juízo, publicado uma só vez no órgão oficial, gratuitamente, como expediente judiciário, cujo prazo será de 30 (trinta) dias. Conterá a indicação do exequente, assim como o nome do devedor e dos corresponsáveis, a quantia devida, a natureza da dívida, a data e o número da inscrição no registro da dívida ativa, além do endereço da sede do juízo e o referido prazo.

---

45. "Na execução fiscal, a citação por edital não depende desse prévio arresto, bastando que haja apenas o esgotamento dos meios citatórios pessoais. Isso não impede, contudo, que se realize, antes da citação por edital, o arresto de bens; apenas tal arresto não é indispensável, podendo ser realizada a citação por edital independentemente dele." (CUNHA, Leonardo Carneiro da. A Fazenda Pública em Juízo. 14ª ed., rev., atual. e ampl. Rio de Janeiro: Forense, 2017. p. 438)

Se o executado estiver ausente do país, também será citado por edital, com prazo de 60 (sessenta) dias, nos termos do § 1º do art. 8º da LEF.

> – Hum, e com a execução, o executado terá 5 (cinco) dias de prazo para pagamento da dívida com os juros, a multa de mora e os encargos, ou garantir a execução fiscal....

Sim, nesse curto prazo de 5 (cinco) dias. Tome cuidado porque no Código de Processo Civil o prazo é de 3 (três) dias (art. 829 do CPC). Vale destacar que a garantia da execução fiscal[46] será por meio de depósito em dinheiro,[47] assim como através do oferecimento de fiança bancária ou nomeação de bens à penhora[48-49-50], nos termos do art. 9º, sendo observada a ordem do art. 11 da Lei 6.830/1980,

---

46. Segundo Paulo Cesar Conrado, "(...) a penhora se apresenta como espécie de um gênero em cujo bojo se encontram, afora a própria penhora, o depósito, a fiança e o seguro garantia (...)" (CONRADO, Paulo Cesar. Execução Fiscal. 2ª ed. São Paulo: Noeses, 2015. p. 192).
47. Ibidem, p. 193. "Nos termos do parágrafo 3º do art. 9º da Lei n. 6830/80, a garantia da execução, por meio de depósito em dinheiro, fiança bancária ou seguro garantia, produz os mesmos efeitos da penhora. Vale dizer: como sinalizado no item anterior, o depósito, tanto quanto a penhora, representa instrumento apto a assegurar o cumprimento da obrigação exequenda."
48. Vale destacar que os responsáveis também podem nomear bens livres e desembaraçados do devedor, consoante disposto no art. 4º, § 3º, da LEF. No entanto, os bens dos responsáveis ficarão, porém, sujeitos à execução, se os do devedor forem insuficientes à satisfação da dívida.
49. Conforme previsto no § 3º do art. 9º da LEF, o depósito em dinheiro, a fiança bancária ou seguro garantia produzem os mesmos efeitos da penhora.
50. Vide: Art. 9º da LEF. "Em garantia da execução, pelo valor da dívida, juros e multa de mora e encargos indicados na Certidão de Dívida Ativa, o executado poderá:
    I – efetuar depósito em dinheiro, à ordem do Juízo em estabelecimento oficial de crédito, que assegure atualização monetária;
    II – oferecer fiança bancária ou seguro garantia;
    III – nomear bens à penhora, observada a ordem do artigo 11; ou
    IV – indicar à penhora bens oferecidos por terceiros e aceitos pela Fazenda Pública.
    § 1º – O executado só poderá indicar e o terceiro oferecer bem imóvel à penhora com o consentimento expresso do respectivo cônjuge.
    § 2º – Juntar-se-á aos autos a prova do depósito, da fiança bancária, do seguro garantia ou da penhora dos bens do executado ou de terceiros.
    § 3º – A garantia da execução, por meio de depósito em dinheiro, fiança bancária ou seguro garantia, produz os mesmos efeitos da penhora.
    § 4º – Somente o depósito em dinheiro, na forma do artigo 32, faz cessar a responsabilidade pela atualização monetária e juros de mora.
    § 5º – A fiança bancária prevista no inciso II obedecerá às condições preestabelecidas pelo Conselho Monetário Nacional.
    § 6º – O executado poderá pagar parcela da dívida, que julgar incontroversa, e garantir a execução do saldo devedor."

preferencialmente. Se nada fizer, dentro desse lapso temporal, nem sequer nomear bens,[51] a penhora poderá recair em qualquer bem, salvo os impenhoráveis[52-53].

2.7. Penhora e garantia

– Esses bens do art. 11 da LEF são aqueles passíveis de penhora, não é mesmo?

Exato! Tanto é verdade que o dinheiro está na primeira posição. Só tome cuidado, pois a ordem de penhora na execução fiscal é diferente daquela no processo civil,[54] devendo prevalecer o disposto na Lei de Execução Fiscal.

– Verdade. Notei isso!

Bom, vamos iniciar pelo dinheiro. No âmbito da execução fiscal, a penhora de dinheiro ocorrerá mediante o bloqueio da conta corrente do executado. Consiste, na verdade, em uma penhora *on-line*. Ademais, saiba que a penhora *on-line* deve ser requerida pelo exequente, não podendo ocorrer de ofício, conforme o art. 854 do CPC[55]. Leonardo Carneiro da Cunha,[56] inclusive, menciona que:

---

51. Interessante destacar o art. 185-A do CTN, ocorrendo esta situação, ocorrerá a indisponibilidade dos bens e dos direitos do executado, sendo comunicada a decisão, por meio eletrônico, preferencialmente, aos órgãos e às entidades que promovam os registros de transferências de bens, sendo limitada ao valor total exigido. Logo, não poderá, o devedor, alienar os referidos bens indisponíveis.
52. Art. 10 da LEF "Não ocorrendo o pagamento, nem a garantia da execução de que trata o artigo 9º, a penhora poderá recair em qualquer bem do executado, exceto os que a lei declare absolutamente impenhoráveis".
53. Importante remeter seu estudo para a leitura do art. 833 do CPC, o qual prevê o rol de bens considerados como impenhoráveis. Além dos contidos neste dispositivo, temos como impenhoráveis o bem de família, a pequena propriedade rural, crédito do FIES e as demais impenhorabilidades legais.
54. Vide: art. 835 do CPC
55. Vale destacar que o mesmo entendimento é aplicável ao reforço da penhora, o qual não pode ser determinado de ofício pelo juízo, visto ser imprescindível o requerimento do interessado, conforme pressupõe o art. 15, II, da LEF c/c art. 875, do CPC/15. Esse entendimento é consolidado no Tema 260, do Superior Tribunal de Justiça.
56. CUNHA, Leonardo Carneiro da. *A Fazenda Pública em Juízo*. 14. ed. rev., atual. e ampl. Rio de Janeiro: Forense, 2017. p. 441-42.

Na verdade, antes mesmo de ocorrer a penhora de dinheiro em depósito ou em aplicação financeira, o juiz, a requerimento do exequente, sem dar ciência prévia do ato ao executado, determinará o bloqueio dos valores a serem penhorados, tornando-os indisponíveis. Havendo indisponibilidade excessiva, o juiz, de ofício, determinará, no prazo de 24 (vinte e quatro) horas a contar da resposta da instituição financeira, seu cancelamento.

– Então, professora, o valor da conta do executado pode se tornar indisponível antes mesmo da realização da penhora[57]?

Sim, tanto que o executado será intimado, conforme o art. 854 do CPC, na pessoa do seu advogado ou pessoalmente[58], caso não possua um, para que demonstre que a indisponibilidade é excessiva ou que a quantia indisponível é impenhorável, no prazo de 5 (cinco) dias.

– E se o juiz acolher o que o executado alega?

Nesse caso, o magistrado irá determinar o cancelamento da indisponibilidade, devendo a instituição financeira cumprir no prazo de até 24 (vinte e quatro) horas. Caso contrário, se a impugnação do executado for rejeitada ou se ele não se manifestar no lapso temporal de 5 (cinco) dias, esta indisponibilidade será convertida em penhora. Conforme o art. 1015, parágrafo único, caberá agravo de instrumento desta decisão que vir a rejeitar a impugnação do executado.

– Professora, as ações também podem ser penhoradas?

---

57. O Supremo Tribunal Federal, por maioria, compreendeu, no julgamento das ADIs 5881, 5932, 5886, 5890, 5925 e 5931, em 09 de dezembro de 2020, que a Fazenda Pública pode averbar, mas não pode decretar a indisponibilidade de bens sem decisão judicial ou direito ao contraditório, ao declarar inconstitucional o art. 25, da Lei 13606/2018, que permitia a referida medida, ao inserir na Lei 10522/2002 (Lei do Cadin), o art. 20-B. Nesse dispositivo, tínhamos prevista a possibilidade da Fazenda, em caso de inadimplemento do crédito inscrito em dívida ativa, de "averbar, inclusive por meio eletrônico, a certidão de dívida ativa nos órgãos de registro de bens e direitos sujeitos a arresto ou penhora, tornando-os indisponíveis".
58. Em execução fiscal, o executado deve ser intimado pessoalmente sobre a penhora, conforme entende o Superior Tribunal de Justiça.

Sim, conforme o que dispõe o art. 11, VIII, da Lei 6.830/1980, assim como os direitos do executado contra terceiros.

Antes que você me questione, os precatórios também poderão ser penhorados, já que constituem créditos, seja o precatório expedido contra a própria exequente, seja contra outra pessoa jurídica.[59]

– E qual é a ordem após o dinheiro?

Vejamos, a partir da leitura do art. 11 da LEF:

> Art. 11 – A penhora ou arresto de bens obedecerá à seguinte ordem:
>
> I – dinheiro;
>
> II – título da dívida pública, bem como título de crédito, que tenham cotação em bolsa;
>
> III – pedras e metais preciosos;
>
> IV – imóveis;
>
> V – navios e aeronaves;
>
> VI – veículos;
>
> VII – móveis ou semoventes; e
>
> VIII – direitos e ações.
>
> § 1º – Excepcionalmente, a penhora poderá recair sobre estabelecimento comercial, industrial ou agrícola, bem como em plantações ou edifícios em construção.
>
> § 2º – A penhora efetuada em dinheiro será convertida no depósito de que trata o inciso I do artigo 9º.
>
> § 3º – O Juiz ordenará a remoção do bem penhorado para depósito judicial, particular ou da Fazenda Pública exequente, sempre que esta o requerer, em qualquer fase do processo.

---

59. Conforme ensina Paulo Cesar Conrado, "sob a rubrica 'outros direitos' – inciso XI do art. 655 (do Código de Processo Civil de 1973) e inciso XIII do art. 835 (do Código de Processo Civil de 2015) – encontram-se inseridos, dentre outros, os que decorrem de precatório judicial." (CONRADO, Paulo Cesar. *Execução Fiscal*. 2. ed. São Paulo: Noeses, 2015. p. 217).

693

– É uma ordem absoluta?

Esse rol não é absoluto, conforme entendimento do Superior Tribunal de Justiça (REsp 1.337.790/PR), podendo vir a ser penhorado um bem que esteja em uma posição inferior em face do outro, desde que o executado demonstre de forma concreta a superação da ordem, não bastando a justificativa de que a execução deve ser realizada pelo meio menos gravoso, conforme previsto no art. 805 do CPC.

Contudo, a Fazenda Pública poderá recusar o bem dado em penhora que não respeite a ordem do art. 11 da LEF, conforme entendimento do STJ no REsp 1.090.898/SP.

Também, no Tema 578, o Superior Tribunal de Justiça consolidou o seu entendimento no sentido de que na execução fiscal, o devedor não possui o direito subjetivo de alterar a ordem de penhora estabelecida pela lei sem que apresente elementos concretos que justifiquem a incidência do princípio da menor onerosidade[60].

– No §1º há menção da possibilidade de a penhora recair sobre o estabelecimento.

De forma excepcional, estando, inclusive, compatível com o entendimento sumulado do Superior Tribunal de Justiça.[61] Entretanto, saiba que penhorar o estabelecimento significa penhorar a empresa, e sua posterior alienação. Algo que é totalmente incompatível, pois sequer a Fazenda Pública pode requerer a decretação da falência de determinada pessoa jurídica, nem a recuperação judicial. Permitir a penhora do estabelecimento é contrário ao princípio da preservação da empresa em prol da satisfação do crédito tributário. É desproporcional!

---

60. Também, interessante mencionar que é facultado a Fazenda Pública requerer a remoção de bens penhorados (art. 11, §3º, da LEF), cabendo ao juízo, quando demandado, manifestar-se para avaliar a existência de motivos que autorizem o pedido e assegurar que a execução se faça pelo modo menos gravoso.
61. Súmula 451 do STJ: "É legítima a penhora da sede do estabelecimento comercial".

CAPÍTULO 12 → Ação Cautelar Fiscal e Execução Fiscal

– Não tinha pensado dessa forma, professora!

No entanto, nada impede que seja penhorada parte do faturamento da empresa, conforme previsto no art. 835, X, do CPC, sendo uma situação excepcional, se não encontrados outros bens penhoráveis. Conforme o § 1º do art. 866 do CPC, caberá ao magistrado fixar um percentual que propicie a satisfação do crédito sem que torne inviável a prática da atividade empresarial. Ademais, o § 2º do art. 866 do CPC determina que caberá ao juiz nomear o administrador-depositário, "o qual submeterá à aprovação judicial a forma de sua atuação e prestará contas mensalmente, entregando em juízo as quantias recebidas, com os respectivos balancetes mensais (...)".

– Trata-se de uma opção bem melhor do que a penhora do estabelecimento.

Realmente é! Inclusive, o Superior Tribunal de Justiça possui entendimento que prevê ser viável a penhora do faturamento da empresa.[62]

Ocorrida a referida penhora, por não ser equiparada ao depósito em dinheiro, o prazo de 30 (trinta) dias, como será visto adiante, para oposição de embargos à execução fiscal, iniciará com a intimação da penhora, nos termos do art. 16, III, da LEF.

– Não vejo a hora de chegarmos nos embargos à execução fiscal!

Acalme-se, porque ainda falta muita coisa para estudarmos juntos sobre a penhora.

– O que, por exemplo?

---

62. Segundo o Superior Tribunal de Justiça, no julgamento do REsp 415339/SC, "(...) tratando-se de penhora sobre percentual de faturamento, constrição possível em casos excepcionais, e quando da impossibilidade de ser oferecido dinheiro ou outros bens, admite-se que o valor seja integralizado gradativamente, competindo ao administrador o ônus pelo depósito mensal".

695

Referente à penhora de bem imóvel na execução fiscal, por exemplo. Saiba que a Lei 8.009/1990 é observada, não sendo possível a penhora recair, em regra, sobre imóvel residencial de entidade familiar por qualquer dívida.

– Somente poderá recair a penhora, nessa situação, referente aos valores de crédito tributário inadimplido de IPTU, taxas e contribuições em face da função do próprio imóvel, não é mesmo?

Exatamente isso, consoante o art. 3º, IV, da Lei 8.009/1990. Sobre esse assunto, você aprenderá melhor no estudo da disciplina de Direito Civil, OK?

– Certeza que em "Diálogos sobre o Direito Civil"!

Não há dúvidas! Outra coisa que gostaria de mencionar é referente à possibilidade de a Fazenda Pública requerer o reforço de penhora tida como insuficiente. Perceba que a Fazenda que irá requerer, não podendo, o magistrado, deferir de ofício, nos termos do art. 15, II, da LEF. Tome cuidado com isso!

Também, no mesmo dispositivo, temos que é viável que ocorra a substituição do bem penhorado na execução fiscal.

– É a Fazenda Pública quem irá pedir a substituição do bem penhorado?

Não apenas cabe à Fazenda Pública pleitear a substituição, como também, ao próprio executado. Importante conhecer o que a doutrina especializada compreende sobre o assunto[63]:

> A substituição da penhora será, em qualquer fase do processo de execução fiscal, deferida pelo juiz ao executado por depósito em dinheiro, fiança bancária ou seguro garantia, sendo deferida pelo juiz à Fazenda Pública a substituição dos bens

---

63. CUNHA, Leonardo Carneiro da. *A Fazenda Pública em Juízo*. 14. ed. rev., atual. e ampl. Rio de Janeiro: Forense, 2017. p. 444-46.

penhorados por outros, independentemente da ordem enumerada no seu art. 11, bem como o reforço da penhora insuficiente. Na execução fiscal, pode o executado ter deferida em seu favor a substituição do bem penhorado por depósito em dinheiro ou fiança bancária. Pode, ainda, haver substituição do bem por seguro garantia judicial, assim entendido "o contrato pelo qual a companhia seguradora presta a garantia de proteção aos interesses do credor (segurado) relacionados com o adimplemento de uma obrigação (legal ou contratual) do devedor, nos limites da apólice. (...) O art. 15, I, da Lei 6.830/1980 sempre previu a possibilidade de substituição da penhora por fiança bancária. Por força da Lei 13.043/2014, inseriu-se a previsão também no mesmo inciso I do art. 15 da Lei 6.830/1980 da possibilidade de substituição da penhora por seguro garantia. O CPC prevê essa substituição desde que haja acréscimo de 30% (trinta por cento) do valor na fiança ou na apólice do seguro. A exigência não deve ser feita na execução fiscal. O inciso I do art. 15 da Lei 6.830/1980 não prevê os 30% (trinta por cento), não havendo essa exigência no âmbito da execução fiscal.

Quanto ao pleito da Fazenda Pública, deverá ser justificado, a partir de comprovada ineficácia ou inefetividade referente ao bem que tenha sido originariamente penhorado.

– O executado pode pleitear a substituição do bem penhorado por precatórios?

Até pode, embora a Fazenda Pública possa recusar a substituição, conforme prevê a Súmula 406 do Superior Tribunal de Justiça. Isso porque seria uma penhora de crédito e não de dinheiro. Lembrando que o precatório é um crédito.

– Então, para que haja a substituição, é indispensável que a Fazenda Pública consinta?

Não em se tratando de substituição do bem penhorado por depósito de dinheiro ou fiança bancária, conforme entendeu o Superior Tribunal de Justiça no julgamento do AgRg no AREsp 12394/RS.

697

Também, vale a pena conhecer o ponto referente ao seguro garantia judicial. Na visão da jurisprudência pátria, é possível que aquele seja utilizado como caução, em sede de execução fiscal, conforme dispõe o art. 835, §2º, do CPC/2015 c/c art. 9º, II, da LEF. Muito cuidado com isso!

– Interessante, professora!

Outra questão interessante é referente ao concurso de penhoras.

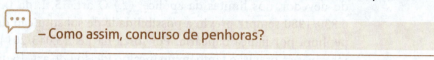
– Como assim, concurso de penhoras?

Nada impede que sobre o mesmo bem recaiam várias penhoras. Suponha que determinado contribuinte deve valores referentes a ICMS, ISS e IR, ou seja, créditos das Fazendas estadual, municipal e federal, respectivamente. Cada uma ajuíza uma execução fiscal para fins de satisfação dos seus respectivos créditos em face do mesmo contribuinte que somente possui um único bem penhorável. Assim sendo, sobre esse mesmo bem recairão as penhoras pleiteadas nas três execuções fiscais.

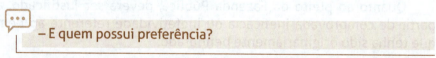
– E quem possui preferência?

Conforme o art. 187 do CTN, a preferência é da União e dos entes federais, em primeiro lugar, ou seja, incluindo as suas autarquias. Posteriormente, os Estados e suas autarquias e, por último, os municípios e suas autarquias. É o teor da Súmula 497 do STJ.[64] Logo, coexistindo penhoras sobre o mesmo bem, esta será a ordem preferencial a ser observada.

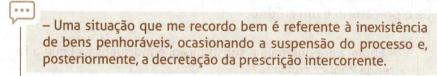
– Uma situação que me recordo bem é referente à inexistência de bens penhoráveis, ocasionando a suspensão do processo e, posteriormente, a decretação da prescrição intercorrente.

---

64. Súmula 497 do STJ: "Os créditos das autarquias federais preferem aos créditos da Fazenda estadual desde que coexistam penhoras sobre o mesmo bem".

CAPÍTULO 12 → Ação Cautelar Fiscal e Execução Fiscal

Ah, ótimo que você se recorda do que estudamos no ponto referente à prescrição intercorrente, na aula sobre a extinção do crédito tributário. Só para fins de constar neste ponto da matéria, caso não sejam localizados bens passíveis de penhora, o magistrado irá suspender a execução fiscal, não correndo o prazo prescricional. Há súmula[65] no sentido de que o processo será suspenso por um ano[66] e que, a partir do término deste lapso temporal, inicia-se a prescrição intercorrente, sendo os autos arquivados.

> – Sim, o prazo da prescrição intercorrente será de cinco anos.

Exatamente! Decorrido esse prazo, teremos a decretação da prescrição intercorrente pelo magistrado. Relembramos de forma bem resumida, já que você se recorda bem da parte estudada sobre a prescrição.

> – Opa se me lembro!

2.8. Embargos à execução fiscal

Por fim, o devedor deve ser intimado pessoalmente da penhora e no mandado de intimação deve constar expressamente o prazo que ele possui para apresentação dos embargos. Os embargos à execução fiscal possuem natureza jurídica de ação, devendo ser distribuído por dependência. Paulo Cesar Conrado[67] explica que:

> (...) falar de embargos significa falar de exercício, pelo executado, de direito de ação. Diversamente do que ocorre na generalidade dos casos, lembre-se de que o direito de que falamos (o direito de ação de embargos, repise-se) tende à veiculação de resistência, oficiando, pragmaticamente, como defesa. Por isso, aliás, sua identificação como um direito secundário: seu

---

65. Súmula 314 do STJ: "Em execução fiscal, não localizados bens penhoráveis, suspende-se o processo por um ano, findo o qual se inicia o prazo da prescrição quinquenal intercorrente".
66. Conforme o entendimento do Superior Tribunal de Justiça, no julgamento do REsp 1.340.553/RS, o prazo de um ano é imediato após a data em que a Fazenda tem ciência que o devedor não foi localizado ou que não foram encontrados bens do devedor.
67. CONRADO, Paulo Cesar. Execução Fiscal. 2. ed. São Paulo: Noeses, 2015. p. 231.

exercício estaria sob a dependência do prévio exercício de um 'outro' direito de ação, justamente o portado pela Fazenda Pública credora. Aí está a razão pela qual se diz, amiúde, que a relação processual instrumentalizadora do direito de ação de embargos é dependente de outra relação – a executiva – tida, essa última, como principal, portanto.

Ademais, é esse o entendimento firmado, pelo Superior Tribunal de Justiça, na ocasião do julgamento do EREsp n. 1.269.060/CE. No mesmo sentido é o entendimento de Hugo de Brito Machado Segundo[68]:

> Esse prazo é contado da data da penhora, e não da data na qual ocorre a juntada aos autos do mandado de intimação. É importante, porém, que, ao ser cientificado da feitura da penhora, o executado seja alertado sobre o início do prazo de trinta dias para interposição dos embargos. A falta desta advertência no termo de penhora, ou mesmo a alusão apenas a 'prazo legal', e não a 'prazo de trinta dias', faz com que não se possa considerar a fluência do prazo.

– Então, no mandado de intimação qual prazo deverá constar?

Aquele previsto no art. 16, da LEF, ou seja, de 30 (trinta) dias. Vide:

> Art. 16, da LEF – O executado oferecerá embargos, no prazo de 30 (trinta) dias, contados:
>
> I – do depósito;
>
> II – da juntada da prova da fiança bancária ou do seguro garantia.

Logo, a contagem do prazo previsto no *caput* do art. 16, da LEF, isto é, de 30 dias, é contado a partir do depósito em dinheiro, quando realizado, ou da juntada aos autos da prova da fiança bancária ou da intimação da penhora. Conjugando com o art. 219 do CPC, tem-se que

---

68. SEGUNDO, Hugo de Brito Machado. *Processo Tributário*. 11. ed. São Paulo: Atlas, 2019. p. 268.

este prazo é computado, apenas, em dias úteis. Leonardo Carneiro da Cunha[69] explica que:

> (...) tal regra aplica-se apenas aos prazos processuais, que são aqueles contados no processo ou dentro dele. Embora os embargos à execução tenham natureza de ação, seu prazo de ajuizamento é processual, pois sua contagem é feita dentro do processo.

– Conclui-se, portanto, que para o executado poder opor embargos à execução fiscal deve ter sido ofertada a garantia ou penhorados bens?

Esta é a regra!

– Ixi, lá vem exceção!

E que exceção com cara de questão de prova. Caso comprovado inequivocadamente que o executado não dispõe de patrimônio para garantia do crédito, em sede de execução fiscal, a exigência da garantia deverá ser afastada, consoante entendimento do Superior Tribunal de Justiça no julgamento do REsp 1.487.772/SE.

Neste caso, pelos embargos à execução possuírem característica de defesa do executado, não permitir que sejam opostos por conta da ausência de garantia seria caso de obstruir o direito de acesso ao Poder Judiciário, assim como negar o contraditório e à ampla defesa ao devedor. Ademais, no art. 5º, XXXV, da CF/88, encontra-se o princípio da inafastabilidade do Poder Judiciário, bem como, no inciso LV, as garantias do contraditório e da ampla defesa, sendo que ambos embasam tal entendimento do Superior Tribunal de Justiça.

Deve-se ter cuidado, no entanto, pois mesmo que o executado seja agraciado com o benefício da justiça gratuita, em regra, deverá prestar garantia para poder opor embargos à execução fiscal. Para que esteja dispensado deste requisito, até mesmo este deverá

---

69. CUNHA, Leonardo Carneiro da. A Fazenda Pública em Juízo. 14. ed. rev., atual. e ampl. Rio de Janeiro: Forense, 2017. p. 457.

demonstrar, inequivocadamente, que não possui bens para nomear à penhora. O entendimento referido ao executado que faz jus ao benefício da justiça gratuita é o proveniente do julgamento do REsp 1437078 do Superior Tribunal de Justiça.

– Achei que sempre seria indispensável a garantia do juízo para fins de embargos à execução.

Esse entendimento mencionado do Superior Tribunal de Justiça está, inclusive, compatível com entendimento antigo referente à possibilidade de a garantia da dívida não ser total para fins da permissão de apresentação de embargos à execução fiscal.

Logo, no âmbito do Superior Tribunal de Justiça, compreende-se que ainda que a garantia ofertada não contemple todo o valor da dívida, o executado poderá opor embargos à execução fiscal, sendo desnecessário, portanto, o reforço da penhora (STJ, REsp 1.127.815/SP).

Leonardo Carneiro da Cunha[70] possui interessante entendimento referente à desnecessidade da garantia do juízo em decorrência da regra prevista no Código de Processo Civil de 2015. Vide:

> Nos termos do § 1º do art. 16 da Lei 6.830/1980, enquanto não garantida a execução, não poderão ser opostos os embargos. Consoante demonstrado no subitem 12.2.1.5.1.3 infra, esse dispositivo não deve mais prevalecer, devendo-se aplicar a mesma regra da execução por quantia certa contra devedor solvente prevista no CPC: independentemente da penhora, depósito ou caução, o executado poderá opor-se à execução por meio de embargos (CPC, art. 914). Significa, então, que os embargos, na execução fiscal, não dependem mais da garantia do juízo, mas seu ajuizamento pode ocorrer até 30 (trinta) dias da intimação da penhora. Em outras palavras, não é necessário que o juízo esteja garantido para que se possa ajuizar os embargos. Segundo dispõe o art. 16 da Lei 6.830/1980, o prazo final para apresentação dos embargos é de 30 (trinta) dias, a contar do depósito, da

---

70. CUNHA, Leonardo Carneiro da. A Fazenda Pública em Juízo. 14. ed. rev., atual. e ampl. Rio de Janeiro: Forense, 2017. p. 458-59.

juntada da prova da fiança bancária ou da intimação da penhora. O que a regra passou a estabelecer, a partir das mudanças operadas no CPC, foi um limite temporal para o oferecimento dos embargos, valendo dizer que eles devem ser apresentados até o final do prazo de 30 (trinta) dias após o depósito, a juntada da carta de fiança ou a intimação da penhora. A penhora não constitui requisito necessário e suficiente ao ajuizamento dos embargos; estes podem, então, ser oferecidos antes mesmo da penhora.

> – Tudo bem, então! Entendi que a regra é que esteja garantida a execução fiscal. Depois de garantida, seja por meio da realização de depósito em dinheiro, seja por meio da prova da fiança bancária concedida ao executado ou da intimação da realização da penhora, é que esse prazo de 30 (trinta) dias úteis para oposição dos embargos à execução fiscal começará a correr?!

Muito bem pontuado! São 30 (trinta) dias úteis, pois utilizamos a regra do art. 219 do CPC para a contagem. Só tome cuidado, pois, no caso do depósito em dinheiro, o Superior Tribunal de Justiça compreende que não basta a realização do depósito, mas é necessário que seja formalizado, reduzindo-se a termo e, posteriormente, o executado será intimado para que sejam apresentados os embargos à execução fiscal, caso ele queira, nos termos do entendimento proferido no julgamento do REsp 1254554/SC.

Outra atenção que lhe faço é quando a penhora recair sobre imóvel de devedor casado. Diante dessa situação, o prazo para opor embargos à execução fiscal é contado a partir da intimação do cônjuge.

> – Não sabia disso, professora!

Um outro caso hipotético muito cobrado nas provas de concurso público: suponha que o executado, citado, não garanta o juízo, quando for indispensável, não realizando depósito em dinheiro e nem nomeando bens à penhora. Diante dessa circunstância, foi expedido um mandado de livre penhora e o oficial de justiça compareceu ao domicílio do devedor para o seu cumprimento, penhorando o veículo do executado e o intimando da realização da penhora. A partir desse

703

momento inicia a contagem do prazo de 30 (trinta) dias úteis para que o executado oponha os embargos.

> – Interessante esse exemplo!

Outra coisa: toma cuidado para você não achar que a penhora do faturamento da empresa será equiparada ao depósito em dinheiro. Isso é um grande equívoco, até porque, conforme já mencionado anteriormente, utilizamos o inciso III do art. 16 da Lei 6.830/1980 para a contagem do prazo, isto é, somente irá se iniciar a partir da intimação da penhora do faturamento, o qual será reduzido a termo.

> – Bem lembrado, professora! E, caso o juiz dispense a necessidade da garantia do juízo?

Nesse caso, o prazo de 30 (trinta) dias úteis inicia-se, conforme entendimento do Superior Tribunal de Justiça, no julgamento do REsp 1440639/PE, a partir da intimação da decisão da dispensa da apresentação de garantia, sendo desnecessário que haja, expressamente, informação quanto ao prazo para embargar.

> – E se ocorrer aquela situação que você mencionou sobre a substituição da Certidão de Dívida Ativa (CDA). Como será a contagem desse prazo?

Caso a CDA seja reapresentada no curso dos embargos, ocorrerá a reabertura do prazo para oposição de embargos, só que somente quanto àquilo que foi substituído. Ou seja, o prazo não é totalmente reaberto, mas tão somente para oposição de embargos contra o que foi modificado.[71]

> – Ah, verdade! Professora, esses embargos à execução fiscal terão efeito suspensivo automático?

---

71. Art. 2º, § 8º, LEF. "Até a decisão de primeira instância, a Certidão de Dívida Ativa poderá ser emendada ou substituída, assegurada ao executado a devolução do prazo para embargos."

CAPÍTULO 12 → Ação Cautelar Fiscal e Execução Fiscal

Via de regra, não. Conforme o art. 919, § 1º, do CPC,[72] os embargos à execução fiscal não serão recebidos com efeito suspensivo automático, ou seja, não suspendem o trâmite da execução fiscal de imediato. Embora essa seja a regra, nada impede que, conforme o dispositivo em destaque, seja conferido efeito suspensivo aos embargos à execução caso o embargante venha a requerer e, se presentes os requisitos da concessão da tutela provisória, de urgência ou de evidência, estando garantida por penhora, a execução, por depósito em dinheiro ou, até mesmo, prestada caução, suficientes.

Portanto, a execução fiscal será suspensa desde que sejam preenchidos os requisitos para a concessão do efeito suspensivo aos embargos à execução, cabendo ao magistrado atribuir tal efeito ou não.

No entanto, deve-se tomar cuidado, pois, se a penhora recair sobre dinheiro ou mediante depósito judicial do valor executado, o efeito suspensivo será automático, uma vez que, com o fim da execução fiscal, o valor depositado em dinheiro, corrigido monetariamente, será devolvido ao depositante ou entregue à Fazenda Pública, ou seja, haverá a extinção do crédito tributário de um jeito ou de outro. Por isso que se deve conjugar o art. 19 com o art. 32, § 2º, da LEF. Logo, somente após o trânsito em julgado, a quantia referente ao depósito realizado ou à penhora em dinheiro que poderá ser levantada.

Leonardo Carneiro da Cunha[73] menciona uma situação em que há a recepção dos embargos à execução fiscal com efeito suspensivo imediato:

> Há, contudo, uma hipótese em que o efeito suspensivo será automático: quando se chega à fase satisfativa da execução. Nesse momento, os embargos à execução fiscal têm efeito suspensivo automático, pois a adjudicação depende do trânsito em julgado da sentença dos embargos. De igual modo, o levantamento da quantia depositada em dinheiro depende do trânsito em julgado da sentença de embargos.

---

72. Como a Lei de Execuções Fiscais não trata sobre o assunto, o Código de Processo Civil que deve ser aplicado ao caso.
73. CUNHA, Leonardo Carneiro da. *A Fazenda Pública em Juízo*. 14. ed. rev., atual. e ampl. Rio de Janeiro: Forense, 2017. p. 461.

– Professora, e se estivermos diante de uma decisão denegatória da concessão do efeito suspensivo?

Conforme o entendimento do Superior Tribunal de Justiça, no julgamento do REsp 1.694.667/PR, desta decisão judicial caberá agravo de instrumento. Tal entendimento jurisprudencial decorre de uma interpretação extensiva do art. 1.1015, X, do CPC, que apenas permite agravo da decisão que concede, revoga ou modifica efeito suspensivo de embargos.

– E o que pode ser alegado em sede de embargos à execução fiscal?

Segundo o art. 16, § 2º, da LEF, "no prazo dos embargos, o executado deverá alegar toda matéria útil à defesa, requerer provas e juntar aos autos os documentos e rol de testemunhas, até três, ou, a critério do juiz, até o dobro desse limite".

Já o § 3º do mesmo artigo menciona que em sede de embargos à execução fiscal não serão admitidas as exceções, assim como reconvenção ou compensação. No entanto, referente à compensação, o Superior Tribunal de Justiça, no julgamento do REsp 970342/RS, passou a compreender que, com o advento da Lei 8.383/1991, é possível que seja alegada em sede de embargos à execução fiscal, desde que não haja dilação probatória, ou seja, deve haver direito líquido e certo ao crédito. Inclusive, é o teor da redação da Súmula 394 do Superior Tribunal de Justiça: "É admissível, em embargos à execução fiscal, compensar os valores de imposto de renda retidos indevidamente na fonte com os valores restituídos apurados na declaração anual".

No Tema 294, o Superior Tribunal de Justiça fixou seu entendimento no sentido de as compensações efetuadas pelo executado poderem ser manipuladas como fundamento de defesa dos embargos à execução fiscal, desde que realizadas antes do ajuizamento do feito executivo e reconhecidas na seara administrativa ou judicial, sendo afastada a vedação prevista no art. 16, §3º, da LEF.

– Até mesmo as exceções?

Então, as exceções de suspeição, incompetência e impedimentos são consideradas como preliminares processuais. Desta feita, serão processadas e julgadas junto aos embargos à execução fiscal. Embora haja doutrina que compreenda matéria a ser alegada em sede de embargos[74]:

> O § 3º do art. 16 da Lei 6.830/1980 prevê que a incompetência relativa, o impedimento e a suspeição sejam alegados por meio de exceções instrumentais. Ocorre, porém, que não há mais exceção instrumental de incompetência relativa. A incompetência, seja absoluta, seja a relativa, deve ser alegada em contestação (CPC, art. 337, II). Nos embargos à execução, o executado deve, igualmente, alegar não só a incompetência absoluta, mas também a relativa (CPC, art. 917, V). Por aí já se percebe que o § 3º do art. 16 da Lei 6.830/1980 foi parcialmente revogado de modo implícito. Como não existe mais a exceção instrumental de incompetência, não se mantém a possibilidade de ser utilizada na execução fiscal. Do contrário, ou seja, caso se entendesse que ainda haveria utilização da exceção de incompetência na execução fiscal, não haveria qualquer procedimento previsto em lei para ser seguido ou estar-se-ia a aplicar o regramento de um Código revogado. A incompetência relativa passou, então, a ser matéria que deve constar dos embargos à execução. O impedimento e a suspeição continuam, porém, a ser alegados em petição específica (CPC, art. 146), sem fazer parte do conteúdo dos embargos à execução. Todas as demais matérias devem ser veiculadas nos embargos à execução fiscal.

Outra questão que pode ser alegada em sede de embargos à execução fiscal é o excesso de execução. Quando o executado alegar tal fato, deverá alegar o valor que compreende ser o correto, devendo, inclusive, apresentar memória de cálculo correspondente, consistindo em um ônus probatório previsto no art. 917, § 3º, do CPC.

---

74. CUNHA, Leonardo Carneiro da. A Fazenda Pública em Juízo. 14. ed. rev., atual. e ampl. Rio de Janeiro: Forense, 2017. p. 464.

– Caso o executado somente alegue o excesso de execução e não demonstre cabalmente o valor que compreenda correto, o que acontece?

Nesse caso, ocorrendo a ausência da demonstração cabal do valor que compreenda ser o correto ou não apresentado o demonstrativo, o juiz rejeitará liminarmente os embargos à execução fiscal, nos termos do art. 917, § 4º, I, do CPC,[75] sem resolução do mérito, se o excesso de execução for o seu único fundamento; ou, conforme o inciso II, "serão processados, se houver outro fundamento, mas o juiz não examinará a alegação de excesso de execução".

– Interessante, professora!

Outro ponto interessante, cuja incidência em provas de concurso público é notória, refere-se quanto à possibilidade da execução por carta, conforme prevê o art. 20 da LEF. Neste caso, os embargos do executado serão oferecidos no juízo deprecado, que os remeterá ao juízo deprecante, para instrução e julgamento.

– Logo, caberá ao juízo deprecante o julgamento dos embargos?

Exatamente isso! Embora caiba ao juízo deprecado, o julgamento dos embargos, quando esses tiverem por objeto vícios ou irregularidades de atos deste próprio juízo, nos termos do parágrafo único do art. 20, da LEF.

– Como ocorre na prática?

---

75. Art. 917 do CPC. "Nos embargos à execução, o executado poderá alegar:
§ 4º Não apontado o valor correto ou não apresentado o demonstrativo, os embargos à execução:
I – serão liminarmente rejeitados, sem resolução de mérito, se o excesso de execução for o seu único fundamento;
II – serão processados, se houver outro fundamento, mas o juiz não examinará a alegação de excesso de execução".

Suponha que o executado mudou seu domicílio, mas como você bem sabe, esse fato não ensejará a modificação da competência do juízo da execução fiscal por conta da *perpetuatio jurisdictionis*. Embora os autos não sejam remetidos ao juízo do novo domicílio do executado, a penhora será realizada por meio de carta precatória, do juízo deprecante ao juízo deprecado, para que sejam penhorados os bens no novo domicílio do executado. Assim sendo, nesta carta precatória, teremos a intimação do executado para que apresente os embargos à execução fiscal.

– E a Fazenda Pública será intimada para impugnar os embargos apresentados[76] pelo executado?

Será, sim. A Fazenda Pública terá o prazo de 30 (trinta) dias para impugnar toda a matéria alegada em sede de embargos à execução fiscal pelo executado.[77] Ademais, somente será designada audiência de instrução e julgamento se a matéria for de fato e de direito. Caso a matéria seja apenas de direito ou de fato e direito, mas com prova exclusivamente documental, o juiz proferirá a sentença dentro de 30 (trinta) dias, conforme consta no parágrafo único do art. 17 da LEF.

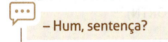
– Hum, sentença?

Sentença, que, em regra, será objeto de apelação, a qual será admitida ou não pelo Tribunal, e não mais pelo juízo de primeiro grau.

---

76. "Os embargos são distribuídos por dependência, autuados em apartado e instruídos com cópias das peças processuais relevantes, sendo certo que tais cópias podem ser declaradas autênticas pelo próprio advogado. Se forem intempestivos, manifestamente protelatórios ou ajuizados mediante petição inicial inepta, devem os embargos ser rejeitados liminarmente pelo juiz. Sendo manifestamente protelatórios os embargos, o juiz, além de rejeitá-los liminarmente, deve impor, em favor do exequente, multa ao embargante no valor de até 20% (vinte por cento) do valor executado." (CUNHA, Leonardo Carneiro da. *A Fazenda Pública em Juízo*. 14. ed. rev., atual. e ampl. Rio de Janeiro: Forense, 2017. p. 467)
77. Art. 17 da LEF. "Recebidos os embargos, o Juiz mandará intimar a Fazenda, para impugná-los no prazo de 30 (trinta) dias, designando, em seguida, audiência de instrução e julgamento.
Parágrafo Único. Não se realizará audiência, se os embargos versarem sobre matéria de direito, ou, sendo de direito e de fato, a prova for exclusivamente documental, caso em que o Juiz proferirá a sentença no prazo de 30 (trinta) dias."

Ademais, a sentença em sede de embargos à execução não possui efeito suspensivo, nos termos do 1.012, §1º, III, do CPC, seja sem resolução de mérito ou que julgue improcedente os embargos, isto é, fazendo prevalecer a cobrança da dívida e a presunção de certeza e liquidez do título.

– Somente, portanto, a sentença que julgue procedentes os embargos à execução terá efeito suspensivo?

Sim, seja a que concorda com a tese apresentada pelo devedor ou que confirma haver vício na Certidão de Dívida Ativa. Tome cuidado com esta informação preciosa, hein?! Por fim, referente à apelação, importante o destaque para o art. 35 da LEF, o qual dispõe não ser necessária a realização da audiência de revisor nos processos de execução fiscal.

– Pode deixar, professora! Mas por que, em regra, apelação?

Ora, porque há exceções que não comportam a apelação, mas sim embargos de declaração e embargos infringentes, como no caso das condenações cujo valor da dívida seja de até 50 (cinquenta) Obrigações Reajustáveis do Tesouro Nacional (ORTN).[78]

– O que são ORTN?

Você não precisa saber de forma detalhada o que são ORTN. Para fins de curiosidade, saiba que a ORTN foi extinta; no entanto, 50 ORTN equivalem a 50 OTN ou 308,5 BTN ou 308,5 Ufir ou R$ 328,27 até o

---

78. Art. 34 da LEF. "Das sentenças de primeira instância proferidas em execuções de valor igual ou inferior a 50 (cinquenta) Obrigações Reajustáveis do Tesouro Nacional – ORTN, só se admitirão embargos infringentes e de declaração.
§ 1º – Para os efeitos deste artigo considerar-se-á o valor da dívida monetariamente atualizado e acrescido de multa e juros de mora e de mais encargos legais, na data da distribuição.
§ 2º – Os embargos infringentes, instruídos, ou não, com documentos novos, serão deduzidos, no prazo de 10 (dez) dias perante o mesmo Juízo, em petição fundamentada.
§ 3º – Ouvido o embargado, no prazo de 10 (dez) dias, serão os autos conclusos ao Juiz, que, dentro de 20 (vinte) dias, os rejeitará ou reformará a sentença".

mês de janeiro do ano de 2001, sendo o valor atualizado via IPCA-E. Logo, abaixo deste valor, não cabe apelação. Por fim, este valor é averiguado no momento da propositura da ação de execução fiscal e não no momento oportuno para oposição dos embargos, nos termos do REsp 1.168.625/MG (Tema 395).

Conforme disposto no § 1º do art. 34 da LEF, "considerar-se-á o valor da dívida monetariamente atualizado e acrescido de multa e juros de mora e de mais encargos legais, na data da distribuição".

> – E qual o prazo para oposição destes embargos?

O prazo é de 10 (dez) dias, devendo ser, o embargado, ouvido no prazo de 10 (dez) dias, sendo que o magistrado deverá decidir em 20 (vinte) dias se rejeitará os embargos infringentes apresentados ou reformará a sentença.

> – Portanto, os embargos infringentes serão julgados pelo juízo de primeiro grau, professora?

Sim!!! Outro dispositivo de suma importância é o art. 33 da LEF, segundo o qual a sentença final de improcedência deverá ser comunicada à repartição competente da Fazenda Pública "para fins de averbação no Registro da Dívida Ativa, a decisão final, transitada em julgado, que der por improcedente a execução, total ou parcialmente".

2.9. Exceção de pré-executividade

> – Sei que a exceção de pré-executividade está prevista em súmula do Superior Tribunal de Justiça.

Ela está prevista na Súmula 393 do Superior Tribunal de Justiça, a qual prevê que "a exceção de pré-executividade é admissível na execução fiscal relativamente às matérias conhecíveis de ofício que não demandem dilação probatória". Assim sendo, podemos afirmar que a exceção de pré-executividade nasceu de uma construção jurisprudencial.

711

– Mas quando é cabível[79-80] e em que consiste?

Suponha que o executado tenha perdido o prazo para opor embargos à execução fiscal. Nesse contexto, mediante simples petição, o executado poderá alegar matéria que não tenha sido alcançada pela preclusão e que possa ser conhecida de ofício pelo juiz, não demandando dilação probatória.

– Então, não é necessário que o executado apresente garantia para apresentação da exceção de pré-executividade?

Não, diferentemente dos embargos à execução fiscal nos quais, em regra, é indispensável a apresentação de garantia para que sejam aceitos.

– Ah, é muito melhor para o executado apresentar a exceção de pré– executividade!

Sem dúvidas, mas como já mencionei, não é qualquer matéria que a exceção poderá abarcar, embora possa ser apresentada em qualquer momento e, também, em qualquer grau de jurisdição.

---

79. "A exceção de pré-executividade é utilizada pelo executado para evitar a constrição de seu patrimônio, já trazendo ao conhecimento do juiz questões cognoscíveis de ofício ou alegação de matéria já pré-constituída, antes mesmo da penhora. Já se viu, contudo, que, antes mesmo de haver a penhora, pode o executado já apresentar seus embargos, esvaziando-se a utilidade da exceção de pré-executividade. De todo modo, nada impede que, por simples petição, o executado já demonstre a inexistência de um pressuposto processual ou, enfim, de uma matéria que possa ser conhecida de ofício pelo juiz. Tal petição deve ser recebida como embargos, devendo o juiz determinar ao executado que a emende para fazer constar os requisitos formais de uma petição inicial, tendo-se por já antecipada a defesa do executado, que somente poderá alegar, posteriormente, alguma matéria não alcançada pela preclusão." (CUNHA, Leonardo Carneiro da. *A Fazenda Pública em Juízo*. 14. ed. rev., atual. e ampl. Rio de Janeiro: Forense, 2017. p. 469).
80. Vale destacar que não cabe exceção de pré-executividade em execução fiscal ajuizada em face de sócio de pessoa jurídica, quando aquele conste como responsável na CDA, dado que, nessa ação é vedada a dilação probatória. Tal entendimento foi fixado no Tema 106, do Superior Tribunal de Justiça.
Por fim, importante mencionar, também, que é viável a fixação de honorários de sucumbência quando a exceção de pré-executividade for acolhida para fins de extinção total ou parcialmente da execução fiscal, conforme previsto no Tema 421, do Superior Tribunal de Justiça.

– Também poderá ser apresentada em segundo grau de jurisdição?

Embora, usualmente, seja apresentada em primeiro grau, constatado vício em segundo grau, nada impede sua apresentação nessa instância.

– Professora, o que exatamente pode-se alegar em sede de exceção de pré-executividade?

Depende. Pode-se alegar, em sede de exceção de pré-executividade, o pagamento, a prescrição e a decadência, desde que não haja dilação probatória para comprovar a alegação feita pelo executado. Guarde essas três situações que podem ser cobradas em provas de concurso público.

Outra situação interessante é que com a apresentação da exceção de pré-executividade, teremos a instauração do contraditório, necessariamente, pois, caso não seja oportunizado à Fazenda Pública que se manifeste referente ao alegado, estaremos diante de uma nulidade, conforme entende o Superior Tribunal de Justiça a partir do julgamento do REsp 1279659/MG.

2.10. Expropriação na execução fiscal

Nos termos do art. 825 do CPC, temos que a expropriação consiste na alienação do bem penhorado, na adjudicação do bem ou na apropriação de frutos ou rendimentos da empresa ou de estabelecimentos e de outros bens.

– Todas essas modalidades podem ser realizadas no âmbito da execução fiscal?

Todas! O art. 23 da LEF trata sobre a alienação, sendo realizada em leilão público. Ademais, a Fazenda Pública e o executado poderão requerer que os bens sejam leiloados englobadamente ou em lotes que indicarem.

— E como funciona o leilão, professora?

Primeiramente, deve ocorrer a publicação de um edital, o qual deve observar o interregno entre a sua publicação e a data do leilão. Esse intervalo deverá ocorrer num período superior de 10 (dez) dias antes da realização da venda e menos de 30 (trinta) dias, nos termos do § 1º do art. 22 da LEF, sob pena de nulidade.

— Na execução fiscal cabe aquela regra do art. 880 do CPC, o qual prevê a possibilidade de o próprio executado, por iniciativa própria ou por meio de um corretor credenciado, tentar alienar os bens?[81]

Não, exatamente porque a regra do art. 23 da LEF dispõe sobre essa necessidade de os bens penhorados serem alienados em leilão público. Embora esse seja o entendimento, temos que, em âmbito de execução fiscal, os bens sejam adjudicados pela Fazenda Pública antes de realizado o leilão,[82] pelo valor da avaliação, se não houver licitante ou, caso contrário, existindo licitantes, poderá adjudicar o bem, com preferência, em igualdade de condições juntamente com a melhor oferta, desde que no prazo de 30 (trinta) dias. Interessante o destaque para o parágrafo único do art. 24 da LEF, o qual menciona que "se o preço da avaliação ou o valor da melhor oferta for superior ao dos créditos da Fazenda Pública, a adjudicação somente será

---

81. Embora existam algumas peculiaridades, compreende-se que os demais dispositivos do Código de Processo Civil são aplicáveis ao processo de execução fiscal no que concerne à adjudicação e à arrematação. Nos termos do art. 882 do CPC, o leilão será, preferencialmente, eletrônico. No entanto, em caso de impossibilidade, será presencial. Vale destacar que o leilão eletrônico não retira o caráter de ser público, devendo observar vários requisitos, como o da autenticidade, segurança e a ampla divulgação.
82. Daniel Amorim Assumpção Neves compreende que a adjudicação do bem penhorado, inclusive, que a adjudicação, no processo de execução por quantia certa, é a forma preferencial, inclusive, em sede de execução fiscal. Segundo o doutrinador, "segue-se, dessa forma, o disposto no art. 24, I, da Lei 6.830/1980, que permite à Fazenda Pública requerer a adjudicação do bem antes do leilão judicial pelo valor da avaliação, caso a execução não seja embargada ou tendo sido rejeitados os embargos (...)" (NEVES, Daniel Amorim Assumpção. *Manual de Direito Processual Civil* – volume único. 8. ed. São Paulo: Juspodivm, 2016. p. 1191).

CAPÍTULO 12 → Ação Cautelar Fiscal e Execução Fiscal

deferida pelo Juiz se a diferença for depositada, pela exequente, à ordem do Juízo, no prazo de 30 (trinta) dias".

O referido dispositivo é muito importante para fins de prova de concurso, portanto, é de suma importância a sua leitura:

> Art. 24 da LEF. A Fazenda Pública poderá adjudicar os bens penhorados:
>
> I – antes do leilão, pelo preço da avaliação, se a execução não for embargada ou se rejeitados os embargos;
>
> II – findo o leilão:
>
> a) se não houver licitante, pelo preço da avaliação;
>
> b) havendo licitantes, com preferência, em igualdade de condições com a melhor oferta, no prazo de 30 (trinta) dias.
>
> Parágrafo Único – Se o preço da avaliação ou o valor da melhor oferta for superior ao dos créditos da Fazenda Pública, a adjudicação somente será deferida pelo Juiz se a diferença for depositada, pela exequente, à ordem do Juízo, no prazo de 30 (trinta) dias.

– Somente a Fazenda Pública poderá adjudicar o bem penhorado?

Não, mas também os indivíduos previstos no art. 876, §§ 5º e 7º, do CPC:[83]

---

83. "Também podem adjudicar o bem penhorado os sujeitos indicados no art. 889, II a VIII, do CPC e os credores concorrentes que hajam penhorado o mesmo bem. De igual modo, podem também adjudicar o bem penhorado o cônjuge, o companheiro, os ascendentes e os descendentes do executado (CPC, art. 876, § 5º). A adjudicação pelo cônjuge ou parentes do executado deve, contudo, ser realizada antes da transferência do bem penhorado para um terceiro arrematante ou para o exequente ou outrem que o adjudique. Enfim, o cônjuge, o companheiro ou o parente do executado pode adjudicar o bem, antes da arrematação. Tais regras aplicam-se à execução fiscal, seja o executado pessoa natural, seja o executado pessoa jurídica. No caso de pessoa jurídica, a adjudicação pode ser feita por cônjuge, companheiro, ascendente ou descendente do sócio-gerente da sociedade por pessoas (...) no caso de penhora de quota social ou de ação de sociedade anônima fechada feita em favor do exequente alheio aos quadros societários, a sociedade será intimada, ficando responsável por informar aos sócios a ocorrência da penhora, a fim de lhes assegurar a preferência na sua adjudicação (CPC, art. 876, § 7º)" (CUNHA, Leonardo Carneiro da. *A Fazenda Pública em Juízo*. 14. ed. rev., atual. e ampl. Rio de Janeiro: Forense, 2017. p. 477-78).

LEGITIMADOS DO ART. 876, §§5º E 7º, DO CPC
a) Credores concorrentes que já tenham penhorado o bem;
b) Credor com garantia real;
c) Cônjuge;
d) Companheiro;
e) Descendentes;
f) Ascendentes;
g) Sócios não devedores, quanto à adjudicação de quota ou de ação da sociedade anônima fechada da qual são partes.

Caso estejamos diante de um concurso de legitimados para adjudicação do mesmo bem, teremos uma licitação incidental ao processo sendo instalada, consoante o § 6º do art. 876 do CPC. A ordem de preferência será a partir daquela proposta de maior valor. Se todas contemplarem o mesmo valor, terá preferência, primeiramente, o cônjuge, o companheiro, os descendentes, os ascendentes, o credor com garantia real e os demais credores.

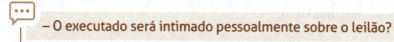

– O executado será intimado pessoalmente sobre o leilão?

Exatamente, conforme a Súmula 121 do Superior Tribunal de Justiça, a qual menciona que o executado deverá ser intimado do dia e da hora da realização do leilão, pessoalmente.

– Falando em processo civil, no art. 903 do CPC, temos que a arrematação será considerada perfeita com a assinatura do auto de arrematação pelo juiz, assim como pelo arrematante e pelo leiloeiro, sendo acabada e irretratável...

E acrescento a essa sua constatação que estará acabada e irretratável, ainda que os embargos à execução sejam julgados procedentes.

– Nossa!

Pois é. Isso porque, conforme o que eu havia contado, os embargos à execução fiscal, em regra, não são recebidos com efeito suspensivo automático, prosseguindo a execução fiscal.

CAPÍTULO 12 → Ação Cautelar Fiscal e Execução Fiscal

– Mas e se depois os embargos forem julgados procedentes?

Mesmo julgados os embargos procedentes, não há como desfazer a venda judicial do bem. Acontecendo tal situação, com o trânsito em julgado, o valor oriundo da alienação judicial do bem será entregue ao executado.[84]

– Complicado isso, professora!

Também acho, mas é assim que entende o Superior Tribunal de Justiça. Embora exista doutrina em sentido contrário, como a de Daniel Amorim Assumpção Neves,[85] o qual remete ao ato de adjudicação provisória do bem penhorado:

> Significa dizer que, logo após a penhora do bem, ainda que o executado insurja contra a execução por meio dos embargos, poderá o exequente ou outro legitimado pedir a adjudicação. Nesse caso, estar-se-á diante de uma adjudicação provisória, porque pendentes de julgamento os embargos à execução, é possível que se demonstre futuramente que não existe o direito exequendo. Apesar de ser definitiva a execução, esse ato de satisfação mantém certa provisoriedade porque, a depender do resultado do julgamento dos embargos à execução, o bem deverá ser restituído ao executado. Parece que nessa situação seria concebível que o exequente se imita na posse do bem adjudicado, aproveitando esse bem e retirando dele os frutos civis, enquanto não se decidirem os embargos à execução. Tendo sucesso o executado-embargante, o bem lhe será devolvido e, no caso contrário, o bem será entregue definitivamente para o sujeito que tinha provisoriamente adjudicado o bem.

– Professora, a penhora do faturamento da empresa é uma espécie de penhora dos frutos e dos rendimentos, não é mesmo?

---
84. Nos termos do art. 32, § 2º, da LEF, o valor arrecadado com a alienação judicial do bem ficará depositado, sendo liberado, apenas, após o trânsito em julgado da sentença dos embargos à execução fiscal, conforme entendeu o Superior Tribunal de Justiça no julgamento do EREsp 734831/MG.
85. NEVES, Daniel Amorim Assumpção. *Manual de Direito Processual Civil* – volume único. 8. ed. São Paulo: Juspodivm, 2016. p. 1198.

717

É sim, tanto que é cabível em sede de execução fiscal. Inclusive, é uma forma menos gravosa ao executado para fins de satisfação do crédito tributário, prevista no art. 825, III, do CPC.

Bom, assim finalizamos a execução fiscal propriamente dita!

– Mais um assunto cheio de detalhes.

Pois é, mas de suma importância para seu aprendizado! Vamos para um outro assunto, um pouco novato ainda no tema processo judicial tributário?

– Outro?! Estou curioso!

3. NEGÓCIO JURÍDICO PROCESSUAL (NJP)

Como a previsão no art. 19, § 12,[86] da Lei 10.522/2002, incluído pela denominada Lei da Liberdade Econômica (Lei 13.874, de 20 de setembro de 2019), e a partir de uma gama de regulamentação, por meio de Portarias, no âmbito da PGFN, tivemos uma clara aproximação entre o contribuinte e a Administração Pública Tributária na seara Federal.

Iniciando pela Portaria PGFN 396/2016, a qual regulamentou o Regime Diferenciado de Cobrança de Créditos (RDCC),[87] passando pela Portaria PGFN 502/2016, com o intuito de reduzir a litigiosidade e, pela Lei 13.606/2018,[88] avançando com a Portaria PGFN 360/2018,[89] norma considerada como um marco inicial para a

---

86. Art. 19, § 12, da Lei 10.522/200. "Os órgãos do Poder Judiciário e as unidades da Procuradoria-Geral da Fazenda Nacional poderão, de comum acordo, realizar mutirões para análise do enquadramento de processos ou de recursos nas hipóteses previstas neste artigo e celebrar negócios processuais com fundamento no disposto no art. 190 da Lei 13.105, de 16 de março de 2015 (Código de Processo Civil)".
87. Art. 1°, Portaria PGFN 396/2016. "O Regime Diferenciado de Cobrança de Créditos – RDCC consiste no conjunto de medidas, administrativas ou judiciais, voltadas à otimização dos processos de trabalho relativos à cobrança da Dívida Ativa ela União, observados critérios de economicidade e racionalidade, visando outorgar maior eficiência à recuperação do crédito inscrito".
88. "Institui o Programa de Regularização Tributária Rural (PRR)."
89. "Autoriza a realização, no âmbito da Procuradoria Geral da Fazenda Nacional, de modalidades específicas de negócio jurídico processual, inclusive calendarização." Interessante destacar que a referida norma acabou prevendo a possibilidade da fixação de calendário

possibilidade da realização de um negócio jurídico processual (NJP), no âmbito da PGFN e, finalmente, a Portaria PGFN 742/2018,[90] aperfeiçoando a matéria no que concerne ao NJP para à dívida ativa da União (DAU).

– É interessante ver essa linha do tempo quanto à regulamentação do NPJ, assim, o assunto fica muito mais detalhado, como veio a ser desenvolvido no âmbito federal.

Sim, e consiste em um grande avanço a possibilidade de a Fazenda Pública celebrar um negócio jurídico processual (NJP) com o contribuinte. É algo que se busca, não apenas por conta do Novo Código de Processo Civil[91], mas também, conforme as práticas instituídas pelos países membros da OCDE. Precisamos, cada vez mais, estimular o diálogo entre o contribuinte que, muitas vezes, é a parte frágil da relação jurídico tributária, principalmente os pequenos, com a Administração Pública Tributária.

– Também acho, professora! A Fazenda Pública tem que assumir um papel de educar o contribuinte e ajudá-lo, não apenas cobrá-lo. Assim, teremos uma prevenção no que tange a essas dívidas tributárias exorbitantes, muitas vezes causadas pelo desconhecimento da legislação tributária, e, obviamente, o excesso da exação tributária.

---

para fins de prática de atos processuais, como: a) o cumprimento de decisões judiciais; b) a confecção ou conferência de cálculos; c) os recursos, inclusive a sua desistência; d) a forma de inclusão do crédito fiscal e FGTS em quadro geral de credores; e) prazos processuais; e f) ordem de realização de atos processuais, inclusive em relação à produção de provas.

90. "Disciplina, nos termos do art. 190 da Lei 13.105, de 16 de março de 2015, e art. 19, § 13, da Lei 10.522, de 19 de julho de 2002, a celebração de negócio jurídico processual – NJP em sede de execução fiscal, para fins de equacionamento de débitos inscritos em dívida ativa da União e do FGTS, e dá outras providências".

91. Vale mencionar que o art. 6º do Código de Processo Civil contempla o princípio da cooperação entre sujeitos do processo, instituindo, em seu art. 190, o negócio jurídico processual (NJP), assim como, no art. 191, a possibilidade de as partes fixarem calendário para a prática de atos processuais. O primeiro dispositivo prevê a possibilidade de "estipular mudanças no procedimento para ajustá-lo às especificidades da causa e convencionar sobre os seus ônus, poderes, faculdades e deveres processuais".

Muito bem! Esse é o espírito que norteia o NJP. Vamos analisá-lo de forma mais detalhada.

Primeiramente, o NJP que estamos tratando é aplicável à dívida ativa da União (DAU), ou seja, aos débitos do contribuinte para com o ente federal. Só que, diferentemente da transação tributária, que estudamos na parte referente à extinção do crédito tributário, regulamentada por meio da MP 899/2019 e pela Portaria PGFN 11956/2019, o NJP não admite a redução do crédito tributário como um todo ou a renúncia de garantias.

 – O que essa Portaria PGFN 742/2018 prevê, então?

Vamos lá:

NJP CONFORME A PORTARIA PGFN 742/2018:
a) Calendarização da execução fiscal;
b) Plano de amortização do débito fiscal;
c) Aceitação, avaliação, substituição e liberação de garantias;
d) Modo de constrição ou alienação de bens.

Logicamente que há condições a serem cumpridas, pelo devedor tributário que busca a celebração do NJP, conforme o art. 3º da referida Portaria PGFN. Veja:

CONDIÇÕES CUMULATIVAS OU ALTERNATIVAS:
a) Confissão dos débitos;
b) depósito em dinheiro das parcelas;
c) oferecimento de outras garantias, se não houver compromisso de gradual substituição por depósito em dinheiro, em prazo certo;
d) quitação de parcela dos débitos inscritos em dívida ativa da União, ajuizados ou não;
e) constrição de parcela sobre faturamento mensal ou de recebíveis futuros;
f) compromisso de garantir ou parcelar, no prazo máximo de 30 (trinta) dias;
g) apresentação de garantia dos administradores da pessoa jurídica devedora;
h) prazo de vigência não superior a 120 meses.

CAPÍTULO 12 → Ação Cautelar Fiscal e Execução Fiscal

– Professora, este NJP dependerá de homologação judicial?

Sim, após cumpridas as condições apresentadas, estando em trâmite o processo de execução fiscal, a própria PGFN deverá formalizar o pedido de homologação judicial nos autos, assim como o requerimento de suspensão do processo.

– Pode ser que o juiz demore para homologar. Sendo assim, o executado será lesado?

Não, isso porque o negócio jurídico processual produzirá efeitos enquanto pendente de homologação judicial.

– Hum, interessante isso.

No art. 12[92] da mencionada Portaria PGFN, há as situações que podem ensejar a rescisão do NJP, como, por exemplo, a prática de qualquer ato tendente ao esvaziamento patrimonial do sujeito passivo,

---

92. Art. 12 da Portaria PGFN 742/2019. "Implicará rescisão do NJP:
I – a falta de pagamento de 2 (duas) amortizações mensais, consecutivas ou não, quando o NJP tiver por objeto estabelecer plano de amortização do débito fiscal;
II – a constatação, pela PGFN, de qualquer ato tendente ao esvaziamento patrimonial do sujeito passivo;
III – a decretação da falência ou de outro mecanismo de liquidação judicial ou extrajudicial;
IV – a concessão de medida cautelar em desfavor da parte devedora, nos termos da Lei 8.397, de 6 de janeiro de 1992;
V – a declaração de inaptidão da inscrição no Cadastro Nacional da Pessoa Jurídica (CNPJ);
VI – o descumprimento ou o cumprimento irregular das demais cláusulas estipuladas no NJP;
VII – a não homologação judicial, quando for o caso;
VIII – a deterioração, a depreciação e o perecimento de bens incluídos no acordo para fins de garantia, caso não haja o seu reforço ou a sua substituição, no prazo de 30 (dias), após a devida intimação.
§ 1º As amortizações pagas com até 30 (trinta) dias de atraso não configurarão inadimplência para fins do inciso I do caput deste artigo.
§ 2º O desfazimento do NJP não implicará a liberação das garantias dadas para assegurar o crédito.
§ 3º Nas hipóteses dos incisos I, II e VI, o devedor será previamente notificado para sanar, no prazo de 15 (quinze) dias, a situação ensejadora de rescisão do NJP.
§ 4º Rescindido o NJP, deverá o Procurador responsável comunicar ao juízo o desfazimento do acordo e pleitear a retomada do curso do processo, com a execução das garantias prestadas e prática dos demais atos executórios do crédito."

constatado pela própria Procuradoria, assim como a decretação da falência do executado, concessão de medida cautelar em desfavor do devedor, fora o descumprimento ou cumprimento irregular das demais cláusulas estipuladas no negócio jurídico processual.

FIGURA PONTO 1: AÇÃO CAUTELAR FISCAL (PARTE 2)

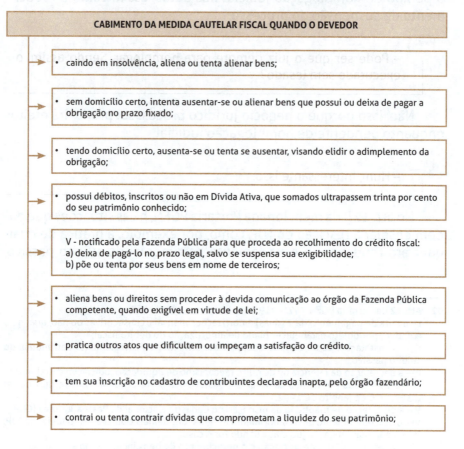

FIGURA PONTO 1: AÇÃO CAUTELAR FISCAL

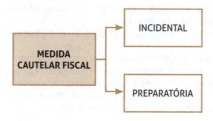

CAPÍTULO 12 → Ação Cautelar Fiscal e Execução Fiscal

Material Exclusivo:
Assista ao vídeo sobre
Negócio Jurídico Processual.

Material Exclusivo:
Assista ao vídeo sobre
Resolução de Questões.

Direito Financeiro

PARTE II

CAPÍTULO 1

Atividade Financeira do Estado e o Direito Financeiro

– Gostou da novidade de termos o "Diálogos sobre o Direito Financeiro"?

– Muito, professora! Tenho muita dificuldade nesta matéria, por isso, esse livro irá facilitar minha vida.

Fico muito contente que você esteja animado para nosso estudo em forma de diálogos! Vamos iniciar, portanto, com uma parte introdutória sobre os conceitos de Atividade Financeira do Estado (AFE) e Direito Financeiro.

– Perfeito! Já vi questões de concurso público cobrando essas definições.

1. ATIVIDADE FINANCEIRA DO ESTADO (AFE) E DIREITO FINANCEIRO

Pois bem, vamos iniciar com a Atividade Financeira do Estado (AFE). Ela deriva da soberania do Estado, abarcando as atividades de criação, obtenção, gestão e despesa de recursos públicos, devendo ser estudada a partir dos elementos receita, despesa, orçamento e crédito, temas que serão detalhados nas próximas unidades.

Assim, a atividade financeira do Estado possui as seguintes características: é um poder-dever atribuído ao Estado, dado que este não poderá subsistir sem atender às necessidades públicas e é um conceito dinâmico, influenciado por aspectos ideológicos e políticos.

727

É, também, objeto de estudo de outras disciplinas. A título de exemplo, a Ciência das Finanças é uma outra área de conhecimento que também estuda a atividade financeira do Estado, mas se diferencia do Direito Financeiro em razão de seu foco.

– E qual seria o foco da Ciência das Finanças, professora?

Para a Ciência das Finanças, a atividade financeira do Estado é um objeto de estudo sobre vários prismas para que o legislador tome conhecimento das consequências das opções legislativas, seja de aumentar ou criar tributos, seja de criar outras formas de arrecadação, como também para que ele atente-se à maneira que se gasta, à vantagem de gastar mais ou menos em determinado período e à priorização de determinadas áreas em detrimento de outras, objetivando refletir sobre as consequências econômicas dessas decisões. Esse é o conjunto de análises feitas pelas Ciências das Finanças. Em resumo, a Ciência das Finanças possui o mesmo objeto de estudo que o Direito Financeiro, mas é uma ciência apenas teórica que fornece elementos para os legisladores e para os administradores atuarem em suas respectivas tomadas de decisão.

– E quanto ao Direito Financeiro?

A disciplina ora estudada consiste no ramo do direito público cujo objeto de estudo é as finanças públicas do Estado, em seu aspecto jurídico, compreendendo as regras e os princípios que estuda a atividade financeira do estatal (AFE), já mencionada acima.

Para tanto, importante ilustrar com uma tabela:

DIREITO FINANCEIRO			
ATIVIDADE FINANCEIRA DE ESTADO (AFE)			
RECEITA PÚBLICA	ORÇAMENTO PÚBLICO	DESPESAS PÚBLICAS	CRÉDITO PÚBLICO

– Logo, o Direito Financeiro é um ramo autônomo em relação ao Direito Tributário?

CAPÍTULO 1 → Atividade Financeira do Estado e o Direito Financeiro

Muito bem! Como é um ramo autônomo, isto é, distinto do Direito Tributário, não pode ser confundindo com aquela ciência, já que possui regramento próprio, inclusive dispositivo próprio na Constituição Federal de 1988 quanto à competência legislativa, mais precisamente, no art. 24, I, e nos artigos 163 ao 169, em relação às finanças públicas. Ademais, o Direito Financeiro estuda tanto as receitas públicas tributárias quanto as receitas públicas não tributárias, ao passo que o Direito Tributário, apenas, as receitas públicas tributárias.

2. COMPETÊNCIA LEGISLATIVA

Neste ponto precisamos fazer aquela pergunta: quem pode legislar sobre Direito Financeiro?

> – Professora, a partir do artigo 24, I e II, CF/88, temos que se trata de uma competência concorrente, de modo que todos os entes federativos podem legislar sobre Direito Financeiro, isto é, a União, o Distrito Federal, os Estados e os Municípios.

Exatamente! Essa competência concorrente pressupõe que a União elaborará as normas gerais, as quais se aplicam a todos os entes da Federação, inclusive à ela própria, e as normas específicas sobre as suas atividades financeiras. Já o Distrito Federal, os Estados e os Municípios, irão observar as normas gerais e elaborarão normas específicas sobre as suas respectivas atividades.

> – Portanto, não podem contrariar as normas gerais, não é mesmo?

Sim, e redigirão normas específicas sobre as suas próprias atividades!

Como você mesmo já sabe, a partir do estudo do Direito Tributário, acaso a União não tenha legislado quanto à norma geral, os demais entes federativos poderão exercer a competência supletiva que permite que legislem sobretudo, até a edição de normas gerais pela União, hipótese na qual deverão adaptar suas normas específicas às normas gerais.

729

– Eu me recordo sobre este ponto quando estudamos o IPVA!

É a mesma situação!

Ademais, é indispensável identificar as denominadas normas gerais e as normas específicas. As normas gerais possuem algumas características marcantes, como: a) atingir todas as pessoas políticas de maneira uniforme; b) fixar princípios e valores máximos e; c) definir diretrizes gerais.

3. PRINCIPAIS NORMAS E PRINCÍPIOS

– Sei que, em Direito Financeiro, a Constituição Federal de 1988 é muito utilizada para fins de estudo...

Muito! Tanto que já separei os dispositivos da Constituição Federal de 1988 que quero que você leia para fins de compreensão da matéria: arts. 31; 48, II; 49, IX, 52, I, II, V a IX e parágrafo único.; 61, II, b; 63, I; 70 a 75; 157 a 169; ADCT arts. 33, 35, 36 e 38.

– Muito obrigado por já ter feito esse trabalho de destacar os principais artigos constitucionais. Isso facilitará bastante meu estudo da lei seca.

Você precisa ler e reler várias vezes estes dispositivos, pois, na maioria das vezes, são cobrados na literalidade. Além disso, ressalta-se a Lei Ordinária n. 4.320/64, que contém normas gerais de Direito Financeiro, e a Lei Complementar n. 101/00, mais conhecida como Lei de Responsabilidade Fiscal (LRF). São as duas normas infraconstitucionais mais importantes do Direito Financeiro, as quais serão abordadas exaustivamente em nosso estudo.

Fora estas normas, também destaco: Lei n. 1.079/50 e o Decreto-Lei 201/67 (crimes de responsabilidade); Lei n. 8.429/92 (improbidade administrativa); Código Penal (arts. 359-A a 359-H = crimes contra as Finanças Públicas).

CAPÍTULO 1 → Atividade Financeira do Estado e o Direito Financeiro

– Ok, já anotei todas essas leis e artigos constitucionais para o estudo da lei seca.

Muito bem!

Fora a importância da legislação, também trago os princípios que irão lhe auxiliar na interpretação destas normas:

a) princípio da legalidade;
b) princípio da economicidade;
c) princípio da transparência;
d) princípio da responsabilidade fiscal.

– O princípio da legalidade, conforme estudamos em Direito Tributário, é uma decorrência lógica do Estado de Direito, não é mesmo?

Exatamente! O Estado não apenas elabora a lei, como também se sujeita à mesma, consistindo na legalidade estrita. Desse modo, no Direito Financeiro, o gasto público deve ser realizado apenas mediante uma prévia autorização legislativa, ou seja, a partir da previsão no orçamento público.

– E o princípio da economicidade?

Este está previsto no artigo 70, da CF/88[1], impondo ao Estado a busca pela eficiência econômica do gasto público, isto é, deve-se buscar o melhor resultado com o menor gasto público. Portanto, o administrador público e o legislador sempre devem considerar esse mandamento em sua regulamentação da atividade financeira do Estado.

---

1. Art. 70, da CF/88. A fiscalização contábil, financeira, orçamentária, operacional e patrimonial da União e das entidades da administração direta e indireta, quanto à legalidade, legitimidade, economicidade, aplicação das subvenções e renúncia de receitas, será exercida pelo Congresso Nacional, mediante controle externo, e pelo sistema de controle interno de cada Poder.

731

— E qual é o objetivo do Gasto Público?

É satisfazer o interesse público, ou seja, uma necessidade pública! Portanto, deve-se sempre haver o questionamento se o gasto público está atendendo ao interesse público. Pelo princípio da economicidade deve-se sempre indagar: qual é a forma mais econômica e eficiente de se atender àquela necessidade pública?

— Então, posso concluir que o princípio da economicidade sempre tem como objetivo o menor gasto público para se chegar ao melhor resultado.

Muito bem!

Outro princípio importante é o da transparência, o qual decorre do princípio da publicidade da atuação do Estado.

Importante mencionar que a transparência pressupõe que o Estado deve mostrar de uma forma que as pessoas compreendam como é, de fato, o gasto público, ou seja, como o orçamento foi planejado e como as finanças públicas estão organizadas.

— Podemos dizer que significa dar uma publicidade qualificada?

Sim, a qual que permita ao cidadão compreender o gasto público para fins de poder realizar o controle social.

Para finalizarmos temos o princípio da responsabilidade fiscal. Este determina que o gasto público e a dívida pública devem ser feitos dentro de limites responsáveis para garantir o equilíbrio das contas públicas.

— Então, posso compreender que responsabilidade fiscal significa ser a atividade financeira organizada e executada de forma que permita a existência de um equilíbrio entre a arrecadação e o gasto?

Bem isso! No entanto, nada obsta que eventuais desequilíbrios pontuais e temporários podem ocorrer.

– Mas, a responsabilidade fiscal, deve ser sempre buscada em toda e qualquer ação do Estado.

Esta é a ideia!

CAPÍTULO 2

Receitas Públicas

– Agora que o negócio vai complicar...

Quem disse? Essa coleção "Diálogos" nasceu para descomplicar, isso sim!

– Eu sei, mas quis dizer que agora que vamos mesmo começar a estudar o Direito Financeiro! Essa parte sobre receitas públicas é a que acho bem complicada.

Fica calmo que você vai tirar de letra. Primeiramente, vamos estudar o conceito de receita pública.

1. CONCEITO

Por receita pública, compreende-se, o ingresso de dinheiro nos cofres públicos, que venha a integrar de forma permanente o patrimônio público, não estando sujeito a devolução.

– Então, não é todo ingresso que pode ser concebido como receita pública, professora?

Exatamente! Isto porque há ingressos provisórios, como os recursos provenientes de operações de crédito, por exemplo.

Uma pegadinha muito contumaz em prova é quanto à indenização por responsabilidade civil recebida pelo Estado em decorrência de um dano causado por um particular ao patrimônio público. Neste caso, trata-se de um mero movimento de caixa, não sendo considerada como receita pública, visto que o dinheiro referente ao ingresso compensa a indenização da diminuição no patrimônio estatal, não acrescendo um elemento novo quanto a esta entrada financeira, embora o valor não esteja sujeito a devolução e ingressa de forma permanente ao patrimônio público.

– Interessante. Já tinha ouvido falar sobre mero movimento de caixa...

Outra diferença que vale a pena ser conhecida é entre receita pública e fluxo de caixa. Enquanto que esta corresponde aos valores repassados à Administração Pública que, em algum momento, terão de ser retirados do erário, como a caução, aquela corresponde ao ingresso de dinheiro nos cofres públicos de forma definitiva, como já mencionei.

Este assunto é de suma importância, dado que foi objeto do informativo 841, do Supremo Tribunal Federal (STF), mais precisamente da ADI 5353 MC-Ref/MG, Rel. Min., Teori Zavascki, plenário, julgado em 28/09/2016. O STF compreendeu que diversas leis estaduais editadas que prevê que o Poder Executivo pode utilizar os valores constantes dos depósitos judiciais não apenas relacionados com os processos em que os Estados sejam parte, mas também provenientes de outros feitos em que estejam litigando somente partes particulares são inconstitucionais por violarem a iniciativa privativa legislativa da União, prevista no art. 22, I, da CF/88, bem como o princípio da separação dos poderes, e a LC federal 151/2015, a qual autoriza, apenas, o levantamento de apenas 70% dos valores que sejam objeto de depósitos vinculados a processos em que tramitam entes federados partes.

2. CLASSIFICAÇÕES

– É neste ponto que eu me enrolo inteiro, até porque, a maioria das questões das provas de concurso público cobra, simplesmente, decoreba.

Você não está errado. Mas é importante compreender e não apenas, decorar! Vamos começar com a classificação relativa à periodicidade da receita.

2.1. Quanto à periodicidade

– Quanto à periodicidade da receita sei que há as receitas ordinárias e as receitas extraordinárias.

Muito bem! Você saberia me dizer qual a diferença entre ambas?

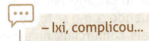
– Ixi, complicou...

Vamos começar com as receitas ordinárias, as quais são aquelas que possuem origem em fontes permanentes, previsíveis e periódicas.

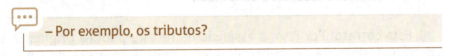
– Por exemplo, os tributos?

Em regra, sim, pois são cobrados durante todo o ano, destinando receitas públicas ordinárias para o Estado, o qual conta com essas receitas de uma forma permanente, previsível e periódica. A partir delas, o Estado consegue organizar sua atividade financeira de forma mais segura, até porque, tais fontes são as que irão produzir receitas públicas de forma previsível.

Por sua vez, as receitas extraordinárias são eventuais e imprevisíveis, pois não integram, regularmente, o orçamento público, ingressando nos cofres públicos de maneira não permanente, mas sim, esporádica.

– Já sei um exemplo de receita pública extraordinária: o imposto extraordinário guerra, previsto no art. 154, II, da CF/88, aceitei?

Acertou! Outros exemplos são as doações e os empréstimos compulsórios.

2.2. Quanto à origem da receita

Outra classificação muito importante é quanto à origem da receita pública. Por esta classificação temos: a) receitas transferidas; b) receitas próprias ou originárias e; c) receitas impróprias ou derivadas.

> 💬 – Sei que os royalties do petróleo são considerados como receita pública originária...

Ótimo exemplo, mas primeiro, você precisa conhecer o conceito de receita pública originária...

A receita pública originária é proveniente do próprio patrimônio do Estado, isto é, da exploração patrimonial, atuando como se fosse um particular ao desempenhar atividades industriais, comerciais, financeiras, econômicas, dentre outas, típicas de uma economia privada.

> 💬 – Então, sua essência é contratual?

Está correto! Por isso, a essência da receita pública originária é contratual, despida de coercibilidade, sujeita às normas do Direito Privado, uma vez que é dotada de rendas oriundas de bens e empresas do Estados, dos preços públicos, dentre outros, como veremos adiante.

Um exemplo, como você bem pontuou, são os *royalties* do petróleo, considerados como compensações financeiras devidas à União, receitas originárias, em decorrência da exploração de seu patrimônio, conforme já entendeu o Supremo Tribunal Federal no julgado do RE 228800, Rel. Min. Sepúlveda Pertence, 1ª T., j. em 25/09/2001, embora sejam transferidas aos Estados e aos Municípios por força do §1º, do art. 20, da CF/88.

> 💬 – Mas os royalties do petróleo são transferidos e mesmo assim são considerados como receitas originárias?

Mesmo diante desta transferência, os royalties não perdem a natureza jurídica de receita originária, não podendo ser confundidos com tributos. Logo, quando transferidos aos Estados, por exemplo, passarão a consistir como receitas originárias dos Estados. Desta feita, caberá ao Tribunal de Contas do Estado fiscalizar a aplicação dos recursos oriundos da exploração de derivados do petróleo.

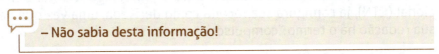
– Não sabia desta informação!

Pois é, fica ligado pois isso já foi cobrado em prova de concurso público!

– Pode deixar, professora!

Com a edição da Lei 12.734/12, a repartição dos *royalties* do petróleo provenientes do polígono do "pré-sal", passou a incluir não apenas os entes produtores deste recurso natural, mas também os demais entes da federação, inclusive os que não são banhados pelo mar territorial. Ocorre que em 2013, o Supremo Tribunal Federal, através do julgamento da ADI 4917, suspendeu cautelarmente os efeitos da lei em comento, sob o argumento de ser gerado um desequilíbrio fiscal nas finanças dos Estados afetados pela nova sistemática de repartição. Destaca-se, também, a Lei 12.858/2013, a qual especificou o destino de parte dos números oriundos dos royalties: saúde e educação. A Lei especificou que 75% dos *royalties* do petróleo e 50% dos Fundo Social provenientes do polígono do "pré-sal" serão destinados à área da saúde.

– E quanto à receita pública derivada?

A receita pública derivada, diferentemente da receita pública originária, é oriunda do patrimônio do entre particular, havendo uma coercibilidade, isto é, o Estado obriga o particular a contribuir, havendo uma unilateralidade na relação.

– Podemos dizer que o tributo é um exemplo de receita pública derivada?

739

Sim, um grande exemplo é a obrigação tributária, que é toda obrigação que surge quando se consuma um fato imponível previsto na legislação tributária.

A própria definição de tributo, no art. 3º do Código Tributário Nacional (CTN), já configura sua receita como derivada, uma vez que na sua redação há o termo "compulsória".

Para fins de facilitar sua compreensão, elaborei um quadro comparativo entre receita pública originária e derivada:

RECEITAS DERIVADAS	RECEITAS ORIGINÁRIAS
Oriundas do patrimônio do particular	Oriundas do patrimônio do Estado
Direito Público	Direito Privado
Provenientes da coercibilidade que o Estado exerce em face do particular	Provenientes da exploração do patrimônio estatal
Unilateralidade na relação	Bilateralidade na relação
Tributos	*Royalties* do petróleo

Eba!! Adoro esses quadros comparativos.

Fico contente! Mas ainda precisamos estudar um pouquinho sobre as receitas transferidas.

Imagina quando um ente público cobra do particular um certo valor referente a um determinado tributo, mas, ao receber esse valor, oriundo da arrecadação tributária, é obrigado a transferir uma parte do que arrecadou para outros entes públicos.

Para o ente público que receber o valor decorrente da transferência, essa receita é considerada com a transferida, porque não é própria e não foi ele quem realizou o constrangimento do particular exigindo a transferência. O que de fato ocorreu foi uma transferência determinada pela própria Constituição Federal de 1988, de um ente público para outro, originando essa terceira origem de receita, que é a receita transferida.

– Bem fácil de compreender!

Mais adiante, estudaremos a transferência de receitas, ok?

– Ok, professora!

Um outro assunto que devemos estudar, envolvendo esta classificação é quanto a diferença entre taxas e tarifas.

Para o Direito Financeiro, assim como para o Direito Tributário, há uma diferença entre tarifa e taxa.

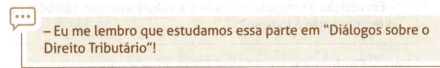
– Eu me lembro que estudamos essa parte em "Diálogos sobre o Direito Tributário"!

Por isso, vale a pena relembrarmos o assunto, uma vez que é comum a ambas as disciplinas.

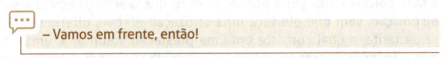
– Vamos em frente, então!

A taxa é um tributo, regime jurídico de direito público, cuja competência é comum dos entes da federação para instituir, em razão do exercício do poder de polícia ou pela utilização efetiva ou potencial de serviços públicos ou postos à disposição do contribuinte (art. 145, II, CF/88 e art. 77, CTN), ao passo que as tarifas só podem derivar da prestação de serviços públicos, cujo regime jurídico é de direito privado, uma vez que não se trata de tributo.

Feitas estas considerações, pode-se concluir que a taxa, obviamente, por ser um tributo, instituída e majorada por lei (natureza legal), consiste em uma receita derivada, ao passo que a tarifa é classificada como uma receita originária, observando os ditames de um contrato administrativo (natureza contratual).

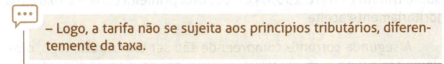
– Logo, a tarifa não se sujeita aos princípios tributários, diferentemente da taxa.

Muito bem! Uma atenção que faço é que não se podem confundir os termos "tarifa" com "preço público". Apesar de bancas tratarem estes termos como sinônimos, na verdade, são distintos. Preço público é o termo utilizado quando o serviço é prestado diretamente pelo Estado, bem como a respectiva cobrança, diferentemente quanto à tarifa, termo utilizado quando a prestação e a cobrança forem realizadas pelo permissionário ou concessionário. Deve-se ter extremo cuidado quanto aos serviços cartorários notariais e de registros que, apesar de serem prestados por particulares, serão remunerados por meio de emolumentos (taxas).

– Em relação à compulsoriedade e a voluntariedade, também há diferenças, não é mesmo?

Pois é. Conforme o art. 3º, do CTN, já mencionado, todo tributo é uma prestação compulsória, por isso, é uma receita derivada, logo, a taxa é dotada de compulsoriedade. Desta feita, o contribuinte pagará a taxa porque é obrigado por lei, mesmo que o serviço esteja à sua disposição, sem que ele faça uma utilização efetiva, diferentemente da tarifa, a qual consiste em uma prestação voluntária, uma vez que o indivíduo somente irá pagar se escolher utilizar determinado serviço que é efetivamente prestado, submetendo-se a um contrato, pelo qual conste que será fornecido um serviço remunerado por uma contraprestação paga por ele.

– Outro ponto questionável em provas de concurso público é quanto à natureza jurídica do pedágio.

E sobre essa situação temos três correntes existentes, as quais devem ser conhecidas.

A primeira compreende que se trata de um tributo, ou seja, uma taxa, uma vez que o pedágio está inserido topograficamente na seção sobre tributos, no art. 150, da CF/88. Esta primeira corrente não é majoritariamente aceita.

A segunda corrente compreende são ser um tributo, logo, o pedágio seria uma tarifa ou preço público, sendo o entendimento adotado pelo Supremo Tribunal Federal no informativo 750. Isto porque, a posição topográfica na CF/88 não é determinante, além do que, interpretando a norma constitucional, tem-se que, apesar de não incidir tributo em face do tráfego de pessoas ou bens, nada obsta que seja cobrado o pedágio, uma espécie jurídica diversa do tributo. Ademais, é viável que haja a remuneração de serviços públicos que não sejam compulsórios por meio de tarifa, como no caso, a utilização de rodovias. O sujeito não é coagido a utilizá-las. Neste sentido, o STF compreende que mesmo que não exista uma estrada alternativa gratuita, a utilização de via com pedágio continua a ser facultativa, podendo, o sujeito, não dirigir seu veículo, mas ir pedalando, a pé, de avião ou outro meio, havendo outras opções.

Por último, a terceira corrente, não encontra amparo na CF/88, uma vez que por ela se houver via alternativa, a cobrança seria por meio de tarifa, caso contrário, por meio de taxa.

2.3. Quanto à categoria econômica

Nos termos do art. 11, da Lei n. 4.320/64[1], quanto à categoria econômica, a receita apresenta duas modalidades: receita de capital e receita corrente. Esta classificação é a mais importante, a qual deve ser bem compreendida, uma vez que repercute no tema "despesas públicas".

– Esta classificação que é um pouco complicada...

É um pouco complicada porque tem que reler várias vezes o dispositivo mencionado, mas fique tranquilo, pois irei explicar detalhadamente sobre.

---

1. Art. 11 - A receita classificar-se-á nas seguintes categorias econômicas: Receitas Correntes e Receitas de Capital.
§ 1º - São Receitas Correntes as receitas tributária, de contribuições, patrimonial, agropecuária, industrial, de serviços e outras e, ainda, as provenientes de recursos financeiros recebidos de outras pessoas de direito público ou privado, quando destinadas a atender despesas classificáveis em Despesas Correntes.
§ 2º - São Receitas de Capital as provenientes da realização de recursos financeiros oriundos de constituição de dívidas; da conversão, em espécie, de bens e direitos; os recursos recebidos de outras pessoas de direito público ou privado, destinados a atender despesas classificáveis em Despesas de Capital e, ainda, o superávit do Orçamento Corrente.

Primeiramente, temos a receita de capital, sendo a destinada a atender as despesas de capital ou o superávit do orçamento corrente, cuja fonte é oriunda de alienação de bens, operações de créditos, amortização de empréstimos, transferência de capital e outras receitas de capital.

Correlacionando a disciplina ora estudada com o Direito Tributário, para a doutrina tributarista majoritária e para a jurisprudência dominante, a classificação dos tributos é pentapartite, neste sentido: STF, AI no AgR 679355/RS, Rel. Min. Ricardo Lewandowski, 1ª T., j. 27.11.2007. Ocorre que para o Direito Financeiro, a posição tripartite é a mais correta, já que os empréstimos compulsórios, nos termos da Lei n. 4.320/64, enquadram-se como operações de crédito, isto é, receitas de capital, e, as contribuições sociais, como verificaremos no próximo ponto, como receitas de contribuições, isto é, receitas correntes. Este assunto, principalmente quanto aos empréstimos compulsórios, é bem polêmico, por se tratar, em Direito Tributário, de um tributo com cláusula de restituição e pela súmula 418, do STF, ter sido superada, a qual mencionava que não se tratava de tributos.

– E qual posição devo levar para as provas de concurso público, professora?

Para as provas de concurso público, principalmente na disciplina de Direito Financeiro, recomenda-se adotar a letra seca da lei para este assunto, embora existam várias divergências, principalmente, doutrinárias.

No mais, o art. 45, da Lei de Responsabilidade Fiscal (LRF) veda a aplicação de receita de capital proveniente da alienação de bens e direitos que integram o patrimônio público para o financiamento de despesa corrente, exceto se destinada aos regimes de previdência social dos servidores público, por meio de lei.

– E o que seria o superávit do orçamento corrente?

Nos termos do §3º, do art. 11, da Lei 4.320/64, o superávit do orçamento corrente é considerado como receita de capital, embora não constitua item da receita orçamentária, sendo o resultado do balanceamento dos totais das receitas e despesas correntes. Ou seja, é o resultado de uma eventual diferença positiva entre todas as receitas correntes e as despesas correntes do entre público ao final do exercício, evitando a contagem dobrada de recursos públicos, por isso, constitui receita de capital.

> – E quanto às receitas correntes?

Já as receitas correntes são destinadas ao atendimento de despesas correntes, as quais serão vistas no próximo capítulo sobre despesas.

São oriundas das seguintes fontes: transferências correntes, receitas tributárias, receitas de contribuição, receita patrimonial, receita agropecuária, receita industrial, receita de serviços e outras receitas.

Dentre as receitas de serviços, podemos destacar: receitas dos serviços de publicidade, de comercialização de fármacos e livros, por exemplo. Já quanto a "outras receitas correntes", juros de mora dos tributos, herança jacente, recebimento da dívida ativa tributária e não tributária, restituições, alienação de bens apreendido, indenizações e multas em geral.

Como mencionado acima, as contribuições especiais, na óptica do Direito Financeiro, constituem receita de contribuições, mas não, receitas tributárias, logo, não são classificadas como tributo. Assim como, as multas tributárias são classificadas como receitas correntes "outras receitas correntes", como bem pontuado, não persistindo a classificação como receita tributária.

> – Neste ponto também teremos quadro comparativo?

Claro! É a essência da coleção "Diálogos'. Formulei um quadro comparativo especialmente para você decorar, pois, de fato, essa classificação é a mais cobrada nas provas de concurso público que gostam de saber se o candidato está atento à literalidade da lei. Vide:

745

RECEITA CORRENTE	RECEITA DE CAPITAL
Transferência corrente	Transferência de capital
Receita de serviços	Alienação de bens
Receita industrial	Amortização de empréstimos
Receita agropecuária	Operação de crédito
Receita patrimonial	Outras receitas de capital
Receita de contribuição	–
Receita tributária	–
Outras receitas correntes	–

— Vou decorar, professora! Não quero mais errar nenhuma questão de prova que cobre receita corrente e receita de capital.

Faz bem...

3. ESTÁGIOS DA RECEITA PÚBLICA

Neste ponto, estudaremos os 4 (quatro) estágios da receita: previsão, lançamento, arrecadação e recolhimento.

— Vamos começar pelo começo!

Claro, né?! Rsrs

3.1. Previsão

Primeiramente, você deverá saber que o Poder Executivo deverá, ao encaminhar o projeto da Lei Orçamentária Anual (LOA), prever uma estimativa de receita a ser arrecadada no exercício seguinte.

— Logo, a fase de previsão nada mais é do que a estimativa de arrecadação da receita feita na LOA.

Exatamente isso! Ademais, deve-se ter atenção a seguinte premissa: as receitas serão sempre previstas ou estimadas, ao passo que as despesas, fixadas.

— Mas a não previsão acarretaria a impossibilidade da arrecadação da receita, professora?

Não! A não previsão não acarreta a impossibilidade da arrecadação da receita. Neste sentido é a súmula 66, do STF, através da qual se exprime que uma receita que não esteja prevista no orçamento poderá ser cobrada. Vide: Súmula 66, do STF. "É legítima a cobrança do tributo que houver sido aumentado após o orçamento, mas antes do início do respectivo exercício financeiro."

No mais, é viável a reestimativa da receita, somente nos casos comprovados de erro ou omissão de ordem técnica ou legal.

Interessante é a leitura do art. 12, da Lei de Responsabilidade Fiscal (LRF):

> "Art. 12, LRF. As previsões de receita observarão as normas técnicas e legais, considerarão os efeitos das alterações na legislação, da variação do índice de preços, do crescimento econômico ou de qualquer outro fator relevante e serão acompanhadas de demonstrativo de sua evolução nos últimos três anos, da projeção para os dois seguintes àquele a que se referirem, e da metodologia de cálculo e premissas utilizadas."

— Não entendi nada, professora!

Vou explicar de forma mais facilitada!

Pela redação do mencionado dispositivo, temos que para as previsões de receitas:

Deverão acompanhar:

a. O demonstrativo de evolução da receita nos últimos 3 (três) anos;

b. A projeção da receita para os próximos 2 (dois) anos;

c. A metodologia de cálculo e as premissas utilizadas.

Observarão:

a. As normas técnicas e legais;

b. As alterações na legislação;

c. A variação do índice de preços;

d. O crescimento econômico;

e. Qualquer outro fator relevante.

– Agora sim! Essas tabelinhas são ótimas para facilitar a compreensão da redação de vários artigos.

Fico contente que minhas tabelinhas lhe ajudam bastante.

Voltando à matéria, saiba que nada obsta que haja a cobrança de tributo mesmo que a respectiva receita não esteja prevista no orçamento, isto porque, a não previsão no orçamento não significa impossibilidade de sua arrecadação, conforme já mencionei, citando, inclusive, a Súmula 66, do STF!

– Não irei me esquecer disso, professora.

Acho bom!

Outro ponto importante é a leitura do §3º, do art. 12, da LRF:

"Art. 12, § 3º O Poder Executivo de cada ente colocará à disposição dos demais Poderes e do Ministério Público, no mínimo trinta dias antes do prazo final para encaminhamento de suas propostas orçamentárias, os estudos e as estimativas das receitas para o exercício subsequente, inclusive da corrente líquida, e as respectivas memórias de cálculo."

CAPÍTULO 2 → Receitas Públicas

Nos termos da redação do parágrafo em destaque, o Ministério Público prescinde de autorização judicial para ter acesso aos dados da estimativa da receita. Muito cuidado com essa pegadinha de prova!

> 💬 – Ficarei atento, professora! As bancas de concurso público adoram confundir o candidato utilizando esta palavra, "prescinde".

Pois é. Muitos alunos bons acabam errando questões por conta disso...

Ainda no mesmo artigo em destaque, temos que a reestimativa da receita somente será admitida por parte do Poder Legislativo, acaso seja comprovado erro ou omissão de ordem técnica ou legal (§1º).

Quanto à imposição de desdobramento das receitas previstas em metas bimestrais de arrecadação, o art. 13, da Lei de Responsabilidade Fiscal, prevê que será realizado em até 30 (trinta) dias após a publicação dos orçamentos, por meio de ato do Poder Executivo, com especificação em separado, quando cabível, das medidas de combate à evasão e à sonegação, da quantidade e valores de ações ajuizadas para cobrança da dívida ativa, bem como da evolução do montante dos créditos tributários passíveis de cobrança administrativa.

> 💬 – Achei um pouco complicado esse ponto...

Ele é meio chatinho porque demanda muita leitura de dispositivos da Lei de Responsabilidade Fiscal, o que realmente é cobrado nas provas de concurso público.

Já o outro ponto é mais tranquilo...

3.2. Lançamento

Após o estágio da previsão, haverá o lançamento da receita.

> 💬 – Este assunto eu tiro de letra por conta do "Diálogos sobre o Direito Tributário"!

Acho bom mesmo, até porque você teve esse assunto de forma bem detalhada no meu livro. Mas, é importante trazermos tal tema para a perspectiva do Direito Financeiro.

Nos termos do art. 53, da Lei n. 4.320/64, "o lançamento da receita é ato da repartição competente, que verifica a procedência do crédito fiscal e a pessoa que lhe é devedora e inscreve o débito desta", portanto, é uma fase que o montante a ser arrecadado é individualizado.

Apesar do nosso estudo não ser o Direito Tributário, indispensável é relembrar, em termos gerais, alguns aspectos importantes que o Código Tributário Nacional (CNT) traz acerca do ato administrativo em comento.

– Acho muito válido relembrar esse tema, professora! Assim, não precisarei voltar ao "Diálogos sobre o Direito Tributário".

Vamos lá, então!

3.2.1. Lançamento tributário

Conforme disposto no art. 142, do Código Tributário Nacional (CTN),

> "compete privativamente à autoridade administrativa constituir o crédito tributário pelo lançamento, assim entendido o procedimento administrativo tendente a verificar a ocorrência do fato gerador da obrigação correspondente, determinar a matéria tributável, calcular o montante do tributo devido, identificar o sujeito passivo e, sendo caso, propor a aplicação da penalidade cabível".

Regina Helena Costa ensina que:

> "Ocorrido o fato descrito na hipótese de incidência tributária, nasce a obrigação de pagar o tributo correspondente e, desse modo, instalado o liame obrigacional, o direito do Fisco de exigi-lo (crédito) e o dever do sujeito passivo de atendê-lo (débito). Entretanto, para que a prestação objeto dessa obrigação

– o tributo – possa ser exigida, impõe-se seja formalizada mediante providência que o Código tributário Nacional denomina lançamento. Portanto, na dicção do Código, o lançamento constitui o crédito tributário, isto é, torna-o exigível e, portanto, passível de cobrança." [2]

No mais, para a ilustre doutrinadora tributarista, o lançamento tributário consiste num ato administrativo, "(...) pois nem sempre impor-se-á uma sequência de atos para que se possa apurar o montante devido e indicar o sujeito passivo da obrigação tributária principal."[3]

Gosto muito quando grandes doutrinadores são citados.

Sim, é muito importante conhecer a doutrina principalmente para fins de prova de segunda fase.

Continuando nosso estudo... esta atividade administrativa é vinculada e obrigatória, possuindo uma natureza jurídica dúplice quanto à eficácia: constitutiva quanto ao crédito tributário e declaratória quanto à obrigação tributária. A doutrina diverge acerca da natureza. Regina Helena Costa adota a posição na qual compreende o lançamento como um ato administrativo declaratório da obrigação tributária, pois:

> "(...) se a obrigação tributária surge com a ocorrência do fato jurídico tributário e, portanto, os respectivos crédito e débito, o lançamento, que lógica e cronologicamente a sucede, nada mais fará que declarar a existência da obrigação, habilitando o correspondente crédito à cobrança."[4]

– Lembro-me que no estudo sobre o Direito Tributário você havia mencionado que o lançamento tributário possui algumas finalidades...

---

2. COSTA, Regina Helena. Curso de Direito Tributário: Constituição e Código Tributário Nacional. 7ª ed., rev., atual. São Paulo: Saraiva, 2017. p. 243-244.
3. COSTA, Regina Helena. Curso de Direito Tributário: Constituição e Código Tributário Nacional. 7ª ed., rev., atual. São Paulo: Saraiva, 2017. p. 243-244.
4. COSTA, Regina Helena. Curso de Direito Tributário: Constituição e Código Tributário Nacional. 7ª ed., rev., atual. São Paulo: Saraiva, 2017. p. 247.

Para você se recordar:

FINALIDADES DO LANÇAMENTO TRIBUTÁRIO
Verificar a ocorrência do fato gerador
Determinar a matéria tributária
Calcular o montante do tributo devido
Identificar o sujeito passivo
Propor, se caso o for, a aplicação da penalidade cabível

E você se recorda das modalidades de lançamento tributário que o Código Tributário Nacional prevê?

– Claro, professora! Lançamento de ofício, lançamento por declaração e lançamento por homologação.

Muito bem!

– O lançamento de ofício[5] é aquele em que o Fisco dispõe de dados suficientes para efetuar a lançamento do tributo, por meio de sua autoridade administrativa, dispensando o auxílio do contribuinte. Temos como exemplo, a maioria das taxas, IPTU e o IPVA.

Estou gostando de ver! Leu com atenção o "Diálogos sobre o Direito Tributário".

---

5. "Art. 149, CTN. O lançamento é efetuado e revisto de ofício pela autoridade administrativa nos seguintes casos:
I - quando a lei assim o determine;
II - quando a declaração não seja prestada, por quem de direito, no prazo e na forma da legislação tributária;
III - quando a pessoa legalmente obrigada, embora tenha prestado declaração nos termos do inciso anterior, deixe de atender, no prazo e na forma da legislação tributária, a pedido de esclarecimento formulado pela autoridade administrativa, recuse-se a prestá-lo ou não o preste satisfatoriamente, a juízo daquela autoridade;
IV - quando se comprove falsidade, erro ou omissão quanto a qualquer elemento definido na legislação tributária como sendo de declaração obrigatória;
V - quando se comprove omissão ou inexatidão, por parte da pessoa legalmente obrigada, no exercício da atividade a que se refere o artigo seguinte;
VI - quando se comprove ação ou omissão do sujeito passivo, ou de terceiro legalmente obrigado, que dê lugar à aplicação de penalidade pecuniária;

CAPÍTULO 2 → Receitas Públicas

Regina Helena Costa assevera uma diferença importante entre lançamento de ofício e auto de infração:

"O auto de infração indica todos os aspectos da situação fática que configura a obrigação principal ou acessória, aponta a infração supostamente cometida e aplica a sanção correspondente, indicando o fundamento legal. O lançamento, por sua vez, visa à formalização do crédito tributário e pode ser efetuado na mesma oportunidade da lavratura do auto de infração, o que ocorre com frequência. Nesse caso, teremos dois atos administrativos, ainda que expedidos na mesma ocasião, integrantes de uma única manifestação da Administração Pública."[6]

💬 – Já o lançamento por declaração (ou misto)[7], por este, compreende-se que é uma ação conjunta entre Fisco e contribuinte. O crédito tributário é constituído por meio das informações que o contribuinte presta ao Fisco sobre o fato gerador. Os tributos aduaneiros, imposto de importação (II) e imposto de exportação (IE), são exemplos que se enquadram nesta regra.

Quanto ao imposto de importação, há uma grande discussão doutrinária acerca da modalidade aplicável. Compreende-se que o lançamento é misto ou por declaração, uma vez que o sujeito passivo presta as informações necessárias à autoridade competente para lançar. Desta feita, o lançamento se perfaz por meio do documento expedido pela autoridade competente diante da apresentação da Declaração de Importação. No mais, há jurisprudência do Superior Tribunal de Justiça que confirma a modalidade aplicável ao imposto.

VII - quando se comprove que o sujeito passivo, ou terceiro em benefício daquele, agiu com dolo, fraude ou simulação;

VIII - quando deva ser apreciado fato não conhecido ou não provado por ocasião do lançamento anterior;

IX - quando se comprove que, no lançamento anterior, ocorreu fraude ou falta funcional da autoridade que o efetuou, ou omissão, pela mesma autoridade, de ato ou formalidade especial."

6. COSTA, Regina Helena. Curso de Direito Tributário: Constituição e Código Tributário Nacional. 7ª ed., rev., atual. São Paulo: Saraiva, 2017. p. 252.

7. "Art. 147, CTN. O lançamento é efetuado com base na declaração do sujeito passivo ou de terceiro, quando um ou outro, na forma da legislação tributária, presta à autoridade administrativa informações sobre matéria de fato, indispensáveis à sua efetivação."

753

"(...)2. Discute-se nos autos a possibilidade de posterior revisão de lançamento do imposto de importação por erro de classificação operada pelo Fisco, que aceitou as declarações do importador quando do desembaraço aduaneiro. 3. Hipótese em que o Tribunal de origem, em conformidade com o conjunto fático-probatório dos autos, concluiu que não houve erro passível de revisão do lançamento. (STJ, AgRg no REsp 1366536/RJ, rel. Min. Humberto Martins, 2ª T, Dje. 14/06/2013).

> – Por fim, o lançamento por homologação[8]. O contribuinte informa ao Fisco todos os dados para a realização do lançamento, cabendo a este a conferência. O ICMS, IPI, PIS/PASEP e COFINS, são exemplos de tributos que se encaixam nesta modalidade de lançamento.

Regina Helena Costa menciona que nesta modalidade de lançamento:

"(...) prescinde-se, nessa hipótese, de atuação administrativa em primeiro momento; o Fisco apenas aguarda a conduta do sujeito passivo, com o respectivo recolhimento do tributo devido, para aí sim, analisá-lo, procedendo ou não à homologação."[9]

Com o intuito de memorizar, segue o quadro sistematizado sobre o tema que acabamos de estudar:

---

8. "Art. 150, CTN. O lançamento por homologação, que ocorre quanto aos tributos cuja legislação atribua ao sujeito passivo o dever de antecipar o pagamento sem prévio exame de autoridade administrativa, opera-se pelo ato em que a referida autoridade, tomando conhecimento da atividade assim exercida pelo obrigado, expressamente a homologa."

9. COSTA, Regina Helena. Curso de Direito Tributário: Constituição e Código Tributário Nacional. 7ª ed., rev., atual. São Paulo: Saraiva, 2017. p. 254.

CAPÍTULO 2 → Receitas Públicas

LANÇAMENTO DE OFÍCIO	LANÇAMENTO MISTO OU POR DECLARAÇÃO	LANÇAMENTO POR HOMOLOGAÇÃO OU AUTOLANÇAMENTO
É aquele em que o Fisco dispõe de dados suficientes para efetuar a lançamento do tributo, por meio de sua autoridade administrativa, dispensando o auxílio do contribuinte.	Compreende-se que é uma ação conjunta entre Fisco e contribuinte. O crédito tributário é constituído por meio das informações que o contribuinte presta ao Fisco sobre o fato gerador.	O contribuinte informa ao Fisco todos os dados para a realização do lançamento, cabendo a este a conferência. O ICMS, IPI, PIS/PASEP e COFINS, são exemplos de tributos que se encaixam nesta modalidade de lançamento.

Quanto às demais receitas, que não se enquadram como receitas tributárias, o art. 52, da Lei 4.320/64 dispõe: "Art. 52. São objeto de lançamento os impostos diretos e quaisquer outras rendas com vencimento determinado em lei, regulamento ou contrato."

3.3. Arrecadação

– Sempre ouço essa palavra "arrecadação", principalmente sobre tributos.

Nesta fase, os contribuintes, a princípio, irão liquidar suas respectivas obrigações para com o Estado, por meio dos agentes arrecadadores. Por isso que você sempre ouve essa palavra referente aos tributos.

– Arrecadação tributária que sempre bate record!

Todo ano! Para o Direito Financeiro, deve-se ter atenção aos regimes adotados em relação às despesas e às receitas. Quanto às receitas públicas, adota-se o regime de caixa, logo, se determinado ente previu arrecadar um determinado montante de tributo em um mês do ano, mas somente arrecadou a terça parte, somente será considerado como receita deste mês a terça parte arrecadada durante este lapso temporal. O restante será receita do respectivo mês de arrecadação. Diferentemente no que concerne às despesas públicas, às quais é

755

atribuído o regime de competência, conforme será visto em capítulo oportuno.

RECEITA PÚBLICA	DESPESA PÚBLICA
Regime de caixa	Regime de competência

3.4. Recolhimento

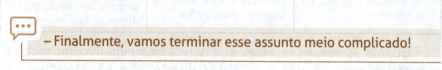

– Finalmente, vamos terminar esse assunto meio complicado!

Ainda estamos começando a estudar "esse assunto meio complicado"... rsrsrs

Já o recolhimento da receita consiste na fase da entrega, por meio dos agentes arrecadadores, aos cofres públicos, sendo depositado todo o numerário arrecadado numa conta única do Tesouro Público, consoante o art. 56, da Lei n. 4.320/64, observando o princípio da unidade de caixa.

> "Art. 56. O recolhimento de todas as receitas far-se-á em estrita observância ao princípio de unidade de tesouraria, vedada qualquer fragmentação para criação de caixas especiais."

4. DÍVIDA ATIVA

Apesar de ser um assunto amplamente estudado na disciplina de Direito Tributário, mais precisamente no ponto sobre "execuções fiscais", para o Direito Financeiro, é importante compreender alguns aspectos sobre.

– Lá em "Diálogos sobre o Direito Tributário" há um capítulo inteiro sobre execuções fiscais que é o meu preferido do livro inteiro! Lembro-me bem sobre esse tema por conta do estudo exaustivo na parte de tributário.

4.1. Conceito

Ótimo! Isso vai facilitar muito o estudo aqui em Direito Financeiro, pois o tema "dívida ativa" faz parte da arrecadação do Estado, isto é, estudamos dentro do assunto "receita pública". Lembre-se que o Estado precisa de dinheiro para funcionar, portanto, irá arrecadar de diversas formas.

Muitas vezes, o Estado deveria arrecadar determinado valor em dinheiro, uma vez que o sujeito deveria ter pagado um montante, mas, por algum motivo, não ocorreu o pagamento, de forma que o Estado acabou não arrecadando.

> – Isso é muito comum, inclusive quanto à arrecadação tributária em época de crise.

Exatamente! Também por conta da elevada carga tributária que assola os pequenos e médios empresários do nosso país, algo que já discutimos em "Diálogos sobre o Direito Tributário" na parte sobre a necessidade de uma Reforma Tributária justa.

Mas, voltando ao que estávamos conversando sobre o Estado não ter arrecadado o valor...

Se era um tributo, que deveria ter sido pago em um determinado prazo e não foi, ou era uma receita originária, por exemplo, o Estado havia locado determinado imóvel, e o locatário não pagou o aluguel. Nestes casos, como não houve o pagamento, isto é, o Estado não arrecadou, teremos que o montante correspondente será inscrito em dívida ativa.

> – Então, existem créditos, ou seja, valores que o ente público deveria receber, mas que não foram efetivamente arrecadados, porque não foram pagos no prazo pelo sujeito passivo da obrigação tributária, no caso dos tributos, ou do locatário, quanto ao aluguel de um imóvel do Estado...

Sim, mas saiba que esses valores não ficarão registrados como receitas, porque não ingressaram para os cofres públicos, sendo registrado como dívida ativa.

Tudo o que for arrecadado normalmente pelo Poder Público em um determinado ano deve ser escriturado, sendo registrado como receita daquele ano, conforme dispõe o art. 39, da Lei 4.320/64[10], diferentemente de quando não ocorre o pagamento.

– Portanto, dívida ativa é o crédito de um ente público que não foi pago quando deveria ter sido.

Boa constatação! Desta forma, teremos a inscrição dos créditos na dívida ativa, correspondendo a uma dívida do particular com o ente público, considerado como um crédito deste.

No Código Tributário Nacional (CTN), destaca-se o art. 204 que dispõe que toda a dívida inscrita é dotada de presunção de certeza e liquidez, possuindo efeito de prova pré-constituída. Você já sabia disso, mas não custava relembrar.

– Sempre bom relembrar, professora!

Logo, todo crédito do ente público, devido, cobrado e não pago, será inscrito em dívida ativa, cuja função é de organizar a execução, a princípio, dos respectivos créditos. Neste sentido é a redação do art. 2º, §1º, da Lei n. 6.830/80.

> "Art. 2º - Constitui Dívida Ativa da Fazenda Pública aquela definida como tributária ou não tributária na Lei nº 4.320, de 17 de março de 1964, com as alterações posteriores, que estatui normas gerais de direito financeiro para elaboração e controle dos orçamentos e balanços da União, dos Estados, dos Municípios e do Distrito Federal.
>
> § 1º - Qualquer valor, cuja cobrança seja atribuída por lei às entidades de que trata o artigo 1º, será considerado Dívida Ativa da Fazenda Pública."

---

10. Art. 39. Os créditos da Fazenda Pública, de natureza tributária ou não tributária, serão escriturados como receita do exercício em que forem arrecadados, nas respectivas rubricas orçamentárias.

CAPÍTULO 2 → Receitas Públicas

Na Lei n. 4.320/64, mais precisamente no art. 39, §2º, a dívida ativa é subdividida em tributária e não tributária. É de extrema importância que você conheça a redação do dispositivo mencionado, uma vez que é muito cobrada em provas de concurso público:

> "Art. 39. Os créditos da Fazenda Pública, de natureza tributária ou não tributária, serão escriturados como receita do exercício em que forem arrecadados, nas respectivas rubricas orçamentárias. (...)
>
> § 2º - Dívida Ativa Tributária é o crédito da Fazenda Pública dessa natureza, proveniente de obrigação legal relativa a tributos e respectivos adicionais e multas, e Dívida Ativa não Tributária são os demais créditos da Fazenda Pública, tais como os provenientes de empréstimos compulsórios, contribuições estabelecidas em lei, multa de qualquer origem ou natureza, exceto as tributárias, foros, laudêmios, alugueis ou taxas de ocupação, custas processuais, preços de serviços prestados por estabelecimentos públicos, indenizações, reposições, restituições, alcances dos responsáveis definitivamente julgados, bem assim os créditos decorrentes de obrigações em moeda estrangeira, de subrogação de hipoteca, fiança, aval ou outra garantia, de contratos em geral ou de outras obrigações legais."

💬 – Pode deixar, professora! É um artigo de lei que irei marcar para ler e reler por diversas vezes.

Ainda você precisa saber que pela redação do artigo em destaque temos que os empréstimos compulsórios e suas respectivas multas, bem como as contribuições especiais e suas respectivas multas e; as multas de qualquer origem, exceto as tributárias, configuram dívida ativa não tributária. Ao passo que os impostos, suas respectivas multas e adicionais, assim como as taxas e a contribuição de melhoria, na mesma sistemática, constituem dívida ativa tributária. Isso porque, para o Direito Financeiro, conforme já estudado anteriormente, os empréstimos compulsórios e as contribuições especiais não são considerados tributos.

Entretanto, sob o rito da Lei de Execuções Fiscais (Lei n. 6.830/80), todos os aspectos referentes às normas de prescrição e decadência tributárias, são aplicáveis a estes, apesar da classificação considerável do Direito Financeiro. Por isso, as normas previstas da Lei de Execuções Fiscais referentes à prescrição e decadência não são aplicáveis à dívida ativa tributária, conforme estudado em Direito Tributário, às quais se aplica o Código Tributário Nacional (CTN). Este é o entendimento do Superior Tribunal de Justiça (STJ):

> "PROCESSO CIVIL E TRIBUTÁRIO. EXECUÇÃO FISCAL. PRESCRIÇÃO. ART. 2º, 3º, DA LEI 6.830/80. SUSPENSÃO POR 180 DIAS. NORMA APLICÁVEL SOMENTE ÀS DÍVIDAS NÃO TRIBUTÁRIAS. FEITO EXECUTIVO AJUIZADO ANTES DA VIGÊNCIA DA LC 118/2005. INTERRUPÇÃO DA PRESCRIÇÃO: CITAÇÃO. MORATÓRIA. SUSPENSÃO. LEIS MUNICIPAIS. SÚMULA 280/STF. (...)2. A jurisprudência desta Corte é assente quanto à aplicabilidade do art. 2º, 3º, da Lei n. 6.830/80 (suspensão da prescrição por 180 dias por ocasião da inscrição em dívida ativa) somente às dívidas de natureza não-tributária, devendo ser aplicado o art. 174 do CTN, para as de natureza tributária. No processo de execução fiscal, ajuizado anteriormente à Lei Complementar 118/2005, o despacho que ordena a citação não interrompe o prazo prescricional, pois somente a citação produz esse efeito, devendo prevalecer o disposto no artigo 174 do CTN sobre o artigo 8º, 2º, da Lei 6.830/80. 3. Reafirmando a jurisprudência do STJ sobre a matéria, a Corte Especial, no julgamento da AI no Ag 1.037.765/SP, Rel. Min. Teori Albino Zavascki, ocorrido em 2.3.2001, acolheu por maioria o incidente para reconhecer a inconstitucionalidade, em relação aos créditos tributários, do 2º do art. 8º da LEF (que cria hipótese de interrupção da prescrição), bem como do 3º do art. 2º da mesma lei (no que se refere à hipótese de suspensão da prescrição), ressaltando que tal reconhecimento da inconstitucionalidade deve ser parcial, sem redução de texto, visto que tais dispositivos preservam sua validade e eficácia em relação a créditos não tributários objeto de execução fiscal (Informativo 465/STJ)". (REsp 1192368/MG, rel. Min. Mauro Campbell Marques, 2ª T, j. em 07/04/2011, DJe 15/04/2011)

💬 – Percebe-se que a dívida ativa não tributária constitui um rol mais amplo do que a dívida ativa tributária, nos termos do §2º, do art. 39.

E ambas poderão ser cobradas na seara administrativa ou judicial. Na segunda opção, ambas observarão o rito da Lei de Execuções Fiscais (Lei n. 6.830/80), uma vez que contempla a cobrança de créditos ficais tributários e créditos fiscais não tributários, por meio da Procuradoria da Fazenda de cada ente da Federação.

No mais, a efetiva arrecadação de todos os tributos constitui um dos requisitos essenciais da gestão responsável, tal como a instituição e a previsão, logo, a cobrança dos créditos em comento, por meio de medidas amigáveis ou ajuizamento de execuções fiscais, nos termos da Lei n. 6.830/80, são instrumentos compatíveis com o que pressupõe o art. 11, da Lei de Responsabilidade Fiscal (Lei Complementar n. 101/2000).

> "Art. 11. Constituem requisitos essenciais da responsabilidade na gestão fiscal a instituição, previsão e efetiva arrecadação de todos os tributos da competência constitucional do ente da Federação."

4.2. Procedimento

– Professora, e como ocorrerá a inscrição em dívida ativa?

A inscrição ocorrerá por meio de um procedimento que previsto no art. 2º, § 5º da Lei 6.830/80 e também no art. 202 do CTN. Importante mencionar que a receita desse crédito será escriturada como dívida ativa daquele exercício.

Quanto ao termo de inscrição de dívida ativa, o art. 202, do Código Tributário Nacional (CTN)[11], possui uma redação muito cobrada nas provas de concurso público, apesar de ser singela e receber

---

11. "Art. 202. O termo de inscrição da dívida ativa, autenticado pela autoridade competente, indicará obrigatoriamente:
I - o nome do devedor e, sendo caso, o dos co-responsáveis, bem como, sempre que possível, o domicílio ou a residência de um e de outros;
II - a quantia devida e a maneira de calcular os juros de mora acrescidos;
III - a origem e natureza do crédito, mencionada especificamente a disposição da lei em que seja fundado;
IV - a data em que foi inscrita;
V - sendo caso, o número do processo administrativo de que se originar o crédito.

muitas críticas por parte da doutrina tributarista, principalmente no que toca ao inciso III, que não contempla as respectivas competências do crédito. Apesar de ser um assunto amplamente estudado na disciplina de Direito Tributário, indispensável correlacioná-lo neste ponto da matéria.

— Pela leitura do art. 2º, § 5º da Lei 6.830/80 (LEF), vi que há alguns requisitos para o termo de inscrição em dívida ativa:

> Art. 2º, § 5º - O Termo de Inscrição de Dívida Ativa deverá conter:
>
> I - o nome do devedor, dos co-responsáveis e, sempre que conhecido, o domicílio ou residência de um e de outros;
>
> II - o valor originário da dívida, bem como o termo inicial e a forma de calcular os juros de mora e demais encargos previstos em lei ou contrato;
>
> III - a origem, a natureza e o fundamento legal ou contratual da dívida;
>
> IV - a indicação, se for o caso, de estar a dívida sujeita à atualização monetária, bem como o respectivo fundamento legal e o termo inicial para o cálculo;
>
> V - a data e o número da inscrição, no Registro de Dívida Ativa; e
>
> VI - o número do processo administrativo ou do auto de infração, se neles estiver apurado o valor da dívida.

No inciso I, da redação do artigo que você destacou, temos a identificação do devedor, aquele que é obrigado a realizar o pagamento do montante. Vale mencionar que deverá ser citado o fundamento legal, a natureza da dívida e toda a origem, a fim de que se entenda qual o tipo de dívida.

Parágrafo único. A certidão conterá, além dos requisitos deste artigo, a indicação do livro e da folha da inscrição."

CAPÍTULO 2 → Receitas Públicas

– Na parte de execução fiscal, lembro-me que li que a partir da inscrição do crédito em dívida ativa, teremos a certidão de dívida ativa (CDA).

Boa lembrança. Lembre-se que o art. 784, IX, do CPC/2015, prevê que a CDA tem força de título executivo extrajudicial. Portanto, conforme já estudamos na parte de Direito Tributário, a Fazenda Pública estará dispensada de ajuizar uma ação de cobrança, podendo iniciar diretamente com a execução do título.

– Tanto que, por conta disso, o magistrado, determinará a citação do devedor para que ele pague o valor contido na CDA, não determinando que conteste.

Se, por acaso, o devedor desejar discutir algo, irá opor embargos à execução, consistindo em uma ação distribuída por dependência.

– Sim, eu me recordo bem da parte de embargos à execução fiscal.

Importante mencionar que uma das possibilidades de cobranças amigáveis é a possibilidade de protesto extrajudicial da certidão de dívida ativa (CDA) por parte da Fazenda Pública, maneira menos onerosa e menos gravosa de cobrança, principalmente no que concerne aos créditos tributários de pífio valor. Atualmente, há previsão legal da possibilidade de protesto de certidões de dívida ativa da União, dos Estados, do Distrito Federal, dos Municípios e das respectivas autarquias e fundações públicas, no parágrafo único, do art. 1º, da Lei n. 9.492/1997. Assim como, a jurisprudência do Supremo Tribunal Federal (STF), no julgamento da ADI 5135, em 09 de novembro de 2016, compreendeu ser legítimo o mecanismo de protesto das certidões de dívida ativa, uma vez que não restringe de forma desproporcional quaisquer direitos fundamentais garantidos aos contribuintes, não constituindo, desta feita, uma sanção política.

– Professora, e quem poderá inscrever o crédito na dívida ativa e emitir a certidão de dívida ativa (CDA)?

763

Somente entes públicos. Portanto, pessoas jurídicas de direito público, como União, Estados, Distrito Federal, Municípios, suas autarquias e fundações públicas, uma vez que decorre do poder-dever da Administração Pública.

5. REPARTIÇÃO DE RECEITAS

– Sei que a repartição de receitas visa a garantir a autonomia dos entes federativos, demandando em uma autonomia política.

Neste ponto, remete-se ao estudo da disciplina de Direito Tributário no que tange às competências tributárias para instituir tributos, nos termos da Constituição Federal de 1988.

UNIÃO	ESTADOS/DF	MUNICÍPIOS/DF
IPI, II, IE, IR, ITR, IOF, IGF, empréstimo compulsório, impostos residuais e extraordinários, taxas, contribuição de melhoria, contribuições especiais, contribuições sociais, CIDE, contribuições corporativas.	IPVA, ICMS, ITCMD, taxas, contribuição de melhoria, contribuições previdenciárias (desde que possua o Regime Próprio de Previdência)	ISS, IPTU, ITBI, taxas, contribuição de melhoria, contribuições previdenciárias (desde que possua o Regime Próprio de Previdência), COSIP.

Apesar da definição quanto à competência tributária mencionada, esta não supriu totalmente as necessidades dos entes da federação, por isso que o sistema de transferência de receitas, a partir da União para os Estados/Distrito Federal e Municípios, e dos Estados para os Municípios é indispensável para minimizar deficiências existentes em cada ente elencado.

– Professora, sei que recentemente tivemos uma alteração importante por meio da Emenda à Constituição n. 108/2020 sobre critérios de distribuição da cota municipal do ICMS.

Isso mesmo! Como você sabe, o ICMS é um imposto de competência estadual. Estudamos de forma bem detalhada na parte sobre impostos. A Constituição Federal de 1988 determina que o Estado deverá repassar 25% da receita arrecadada do ICMS aos Municípios, conforme previsto no art. 158, IV, da CF/88[12].

Antes da alteração, tínhamos a seguinte redação do art. 158, da CF/88:

> Art. 158. Parágrafo único. As parcelas de receita pertencentes aos Municípios, mencionadas no inciso IV, serão creditadas conforme os seguintes critérios:
>
> I - três quartos, no mínimo, na proporção do valor adicionado nas operações relativas à circulação de mercadorias e nas prestações de serviços, realizadas em seus territórios;
>
> II - até um quarto, de acordo com o que dispuser lei estadual ou, no caso dos Territórios, lei federal.

Com a alteração realizada pela EC 108/2020, temos a seguinte situação:

> Art. 158. Parágrafo único. As parcelas de receita pertencentes aos Municípios, mencionadas no inciso IV, serão creditadas conforme os seguintes critérios:
>
> I - 65% (sessenta e cinco por cento), no mínimo, na proporção do valor adicionado nas operações relativas à circulação de mercadorias e nas prestações de serviços, realizadas em seus territórios;
>
> II - até 35% (trinta e cinco por cento), de acordo com o que dispuser lei estadual, observada, obrigatoriamente, a distribuição de, no mínimo, 10 (dez) pontos percentuais com base em indicadores de melhoria nos resultados de aprendizagem e de aumento da equidade, considerado o nível socioeconômico dos educandos.

– Não entendi nada apenas com a leitura deste dispositivo...

---

12. Art. 158, da CF/88. Pertencem aos Municípios:
IV - vinte e cinco por cento do produto da arrecadação do imposto do Estado sobre operações relativas à circulação de mercadorias e sobre prestações de serviços de transporte interestadual e intermunicipal e de comunicação.

Vou explicar!

Os Municípios possuem direito a 25% da receita arrecadada do ICMS. Desses 25%:

> a) 65%, no mínimo, deverão ser repartidos de forma proporcional ao volume de operações de circulação de mercadorias e de prestação de serviços ocorridos nos Municípios, sendo que os que tiverem mais vendas e serviços, receberão mais;

> b) 35%, no máximo, deverão ser repartidos conforme critérios que o Estado definir em lei estadual. No entanto, 10% desses 35% deverão ser repartidos com base em indicadores de melhoria nos resultados de aprendizagem e de aumento da equidade, considerado o nível socioeconômico dos alunos.

Por fim, vale destacar que, nos termos do art. 3º, da EC 108/2020, os Estados possuirão o prazo de 2 (dois) anos, a partir da data da promulgação da EC 108/2020[13], para aprovar lei estadual prevista no inciso II do parágrafo único do art. 158 da Constituição Federal.

– Já estou prevendo que este assunto irá despencar em provas de concurso público!

Pode apostar que sim. Portanto, fique atento.

Continuando nosso assunto referente à repartição de receitas, você precisa saber que será direta ou indireta.

– Como assim, professora?

Por repartição direta, compreende-se aquela que observa, apenas, critérios percentuais, como no caso, a transferência da receita arrecadada do IPVA, a qual observará critérios objetivos, tais como: 50% (cinquenta porcento) da receita será transferida ao município no qual o veículo está licenciado. É um critério objetivo a ser observado quanto à transferência deste importo estadual aos entes municipais

---

13. A EC 108/2020 entrou em vigor na data de sua publicação, em 27 de Agosto de 2020, e produzirá efeitos financeiros a partir de 1º de janeiro de 2021.

CAPÍTULO 2 → Receitas Públicas

localizados no território do respectivo Estado da Federação. Logo, no que concerne à repartição direta, serão desconsiderados critérios subjetivos, como as necessidades municípios, bem como o tamanho de seus respectivos territórios.

Diferentemente é a repartição indireta, através da qual a transferência será realizada por intermédio de um Fundo, sendo observados alguns critérios subjetivos, os quais visam à correção de desigualdades regionais, principalmente. Um exemplo é o Fundo de Participação dos Municípios (FPM), o qual pressupõe o índice populacional e o índice de Desenvolvimento Humano. Outro destaque importante é o Fundo de Manutenção e Desenvolvimento da Educação Básica e de Valorização dos Profissionais da Educação (FUNDEB)[14], criado por intermédio da Emenda Constitucional n. 53/06, que destina recursos à manutenção e ao desenvolvimento da educação básica pública e à remuneração dos trabalhadores da educação, cujos recursos são oriundos dos Estados, dos Municípios e da União.

Aliás, esta Emenda à Constituição n. 108/2020 trouxe a previsão de que o FUNDEB passa a ser permanente, ao acrescentar o art. 212-A[15], à Constituição Federal de 1988.

---

14. Trata-se de um fundo especial, de natureza contábil e de âmbito estadual, totalizando em 27 (vinte e sete) fundos, formado, praticamente, por recursos provenientes dos impostos e transferências dos Estados, Distrito Federal e Municípios.

15. Art. 212-A. Os Estados, o Distrito Federal e os Municípios destinarão parte dos recursos a que se refere o caput do art. 212 desta Constituição à manutenção e ao desenvolvimento do ensino na educação básica e à remuneração condigna de seus profissionais, respeitadas as seguintes disposições:
I - a distribuição dos recursos e de responsabilidades entre o Distrito Federal, os Estados e seus Municípios é assegurada mediante a instituição, no âmbito de cada Estado e do Distrito Federal, de um Fundo de Manutenção e Desenvolvimento da Educação Básica e de Valorização dos Profissionais da Educação (Fundeb), de natureza contábil;
II - os fundos referidos no inciso I do caput deste artigo serão constituídos por 20% (vinte por cento) dos recursos a que se referem os incisos I, II e III do caput do art. 155, o inciso II do caput do art. 157, os incisos II, III e IV do caput do art. 158 e as alíneas "a" e "b" do inciso I e o inciso II do caput do art. 159 desta Constituição;
III - os recursos referidos no inciso II do caput deste artigo serão distribuídos entre cada Estado e seus Municípios, proporcionalmente ao número de alunos das diversas etapas e modalidades da educação básica presencial matriculados nas respectivas redes, nos âmbitos de atuação prioritária, conforme estabelecido nos §§ 2º e 3º do art. 211 desta Constituição, observadas as ponderações referidas na alínea "a" do inciso X do caput e no § 2º deste artigo;
IV - a União complementará os recursos dos fundos a que se refere o inciso II do caput deste artigo;

V - a complementação da União será equivalente a, no mínimo, 23% (vinte e três por cento) do total de recursos a que se refere o inciso II do caput deste artigo, distribuída da seguinte forma:

a) 10 (dez) pontos percentuais no âmbito de cada Estado e do Distrito Federal, sempre que o valor anual por aluno (VAAF), nos termos do inciso III do caput deste artigo, não alcançar o mínimo definido nacionalmente;

b) no mínimo, 10,5 (dez inteiros e cinco décimos) pontos percentuais em cada rede pública de ensino municipal, estadual ou distrital, sempre que o valor anual total por aluno (VAAT), referido no inciso VI do caput deste artigo, não alcançar o mínimo definido nacionalmente;

c) 2,5 (dois inteiros e cinco décimos) pontos percentuais nas redes públicas que, cumpridas condicionalidades de melhoria de gestão previstas em lei, alcançarem evolução de indicadores a serem definidos, de atendimento e melhoria da aprendizagem com redução das desigualdades, nos termos do sistema nacional de avaliação da educação básica;

VI - o VAAT será calculado, na forma da lei de que trata o inciso X do caput deste artigo, com base nos recursos a que se refere o inciso II do caput deste artigo, acrescidos de outras receitas e de transferências vinculadas à educação, observado o disposto no § 1º e consideradas as matrículas nos termos do inciso III do caput deste artigo;

VII - os recursos de que tratam os incisos II e IV do caput deste artigo serão aplicados pelos Estados e pelos Municípios exclusivamente nos respectivos âmbitos de atuação prioritária, conforme estabelecido nos §§ 2º e 3º do art. 211 desta Constituição;

VIII - a vinculação de recursos à manutenção e ao desenvolvimento do ensino estabelecida no art. 212 desta Constituição suportará, no máximo, 30% (trinta por cento) da complementação da União, considerados para os fins deste inciso os valores previstos no inciso V do caput deste artigo;

IX - o disposto no caput do art. 160 desta Constituição aplica-se aos recursos referidos nos incisos II e IV do caput deste artigo, e seu descumprimento pela autoridade competente importará em crime de responsabilidade;

X - a lei disporá, observadas as garantias estabelecidas nos incisos I, II, III e IV do caput e no § 1º do art. 208 e as metas pertinentes do plano nacional de educação, nos termos previstos no art. 214 desta Constituição, sobre:

a) a organização dos fundos referidos no inciso I do caput deste artigo e a distribuição proporcional de seus recursos, as diferenças e as ponderações quanto ao valor anual por aluno entre etapas, modalidades, duração da jornada e tipos de estabelecimento de ensino, observados as respectivas especificidades e os insumos necessários para a garantia de sua qualidade;

b) a forma de cálculo do VAAF decorrente do inciso III do caput deste artigo e do VAAT referido no inciso VI do caput deste artigo;

c) a forma de cálculo para distribuição prevista na alínea "c" do inciso V do caput deste artigo;

d) a transparência, o monitoramento, a fiscalização e o controle interno, externo e social dos fundos referidos no inciso I do caput deste artigo, assegurada a criação, a autonomia, a manutenção e a consolidação de conselhos de acompanhamento e controle social, admitida sua integração aos conselhos de educação;

e) o conteúdo e a periodicidade da avaliação, por parte do órgão responsável, dos efeitos redistributivos, da melhoria dos indicadores educacionais e da ampliação do atendimento;

XI - proporção não inferior a 70% (setenta por cento) de cada fundo referido no inciso I do caput deste artigo, excluídos os recursos de que trata a alínea "c" do inciso V do caput deste artigo, será destinada ao pagamento dos profissionais da educação básica em efetivo exercício, observado, em relação aos recursos previstos na alínea "b" do inciso V do caput deste artigo, o percentual mínimo de 15% (quinze por cento) para despesas de capital;

CAPÍTULO 2 → Receitas Públicas

 — Muito bom, professora! Eu nem sabia o que era o FUNDEB.

Ainda, para facilitar sua compreensão, elaborei duas tabelinhas sobre a transferência direta e a indireta. Vide:

DIRETA	
IRRF retido na fonte	Pertencem aos Estados, DF, Municípios e suas respectivas autarquias e fundações públicas. "Art. 157, CF/88. Pertencem aos Estados e ao Distrito Federal: I - o produto da arrecadação do imposto da União sobre renda e proventos de qualquer natureza, incidente na fonte, sobre rendimentos pagos, a qualquer título, por eles, suas autarquias e pelas fundações que instituírem e mantiverem. Art. 158, CF/88. Pertencem aos Municípios: I - o produto da arrecadação do imposto da União sobre renda e proventos de qualquer natureza, incidente na fonte, sobre rendimentos pagos, a qualquer título, por eles, suas autarquias e pelas fundações que instituírem e mantiverem.
Impostos residuais	20% do produto da arrecadação destes impostos partilhados em favor dos Estados e ao DF (art. 157, II). "Art. 157, CF/88 II - vinte por cento do produto da arrecadação do imposto que a União instituir no exercício da competência que lhe é atribuída pelo art. 154, I."

XII - lei específica disporá sobre o piso salarial profissional nacional para os profissionais do magistério da educação básica pública;
XIII - a utilização dos recursos a que se refere o § 5º do art. 212 desta Constituição para a complementação da União ao Fundeb, referida no inciso V do caput deste artigo, é vedada.
§ 1º O cálculo do VAAT, referido no inciso VI do caput deste artigo, deverá considerar, além dos recursos previstos no inciso II do caput deste artigo, pelo menos, as seguintes disponibilidades:
I - receitas de Estados, do Distrito Federal e de Municípios vinculadas à manutenção e ao desenvolvimento do ensino não integrantes dos fundos referidos no inciso I do caput deste artigo;
II - cotas estaduais e municipais da arrecadação do salário-educação de que trata o § 6º do art. 212 desta Constituição;
III - complementação da União transferida a Estados, ao Distrito Federal e a Municípios nos termos da alínea "a" do inciso V do caput deste artigo.
§ 2º Além das ponderações previstas na alínea "a" do inciso X do caput deste artigo, a lei definirá outras relativas ao nível socioeconômico dos educandos e aos indicadores de disponibilidade de recursos vinculados à educação e de potencial de arrecadação tributária de cada ente federado, bem como seus prazos de implementação.
§ 3º Será destinada à educação infantil a proporção de 50% (cinquenta por cento) dos recursos globais a que se refere a alínea "b" do inciso V do caput deste artigo, nos termos da lei.

DIRETA

IOF ouro (ativo financeiro ou instrumento cambial)	30% destinado ao Estado oriundo e 70% para o Município oriundo. "Art. 153, CF/88. Compete à União instituir impostos sobre: (...) §5º O ouro, quando definido em lei como ativo financeiro ou instrumento cambial, sujeita-se exclusivamente à incidência do imposto de que trata o inciso V do "caput" deste artigo, devido na operação de origem; a alíquota mínima será de um por cento, assegurada a transferência do montante da arrecadação nos seguintes termos: I - trinta por cento para o Estado, o Distrito Federal ou o Território, conforme a origem; II - setenta por cento para o Município de origem."
ITR	50% do produto arrecadado para os Municípios, relativamente aos imóveis nele situados (art. 158, II), embora seja viável a destinação de 100%, por conta da nova redação que a EC n. 42/2003 deu ao dispositivo. Art. 158, CF/88. Pertencem aos Municípios: (...) II - cinquenta por cento do produto da arrecadação do imposto da União sobre a propriedade territorial rural, relativamente aos imóveis neles situados, cabendo a totalidade na hipótese da opção a que se refere o art. 153, § 4º, III."
IPVA	50% do IPVA sobre os veículos automotores licenciados nos territórios respectivos de cada Municipalidade (art. 158, III). "Art. 158, CF/88. Pertencem aos Municípios: (...) III - cinquenta por cento do produto da arrecadação do imposto do Estado sobre a propriedade de veículos automotores licenciados em seus territórios."
ICMS	25% do produto da arrecadação do ICMS (art. 158, IV), cujas parcelas obedecem os seguintes critérios (art. 158, parágrafo único): três quartos (75%) proporcionalmente ao valor adicionado nas operações de circulação de mercadorias e prestação de serviços realizadas nos territórios municipais; até um quarto (25%), conforme lei estadual, mediante autonomia própria dos Estados. "Art. 158, CF/88. Pertencem aos Municípios: (...) IV - vinte e cinco por cento do produto da arrecadação do imposto do Estado sobre operações relativas à circulação de mercadorias e sobre prestações de serviços de transporte interestadual e intermunicipal e de comunicação."
CIDE Combustíveis	29% do produto da arrecadação da CIDE-Combustíveis, ou seja, Contribuição de Intervenção no Domínio Econômico, relativa às atividades de importação ou comercialização de petróleo e seus derivados, gás natural e álcool combustível (art. 177, § 4º, II), devendo os Estados entregarem aos seus respectivos Municípios 25% do valor recebido.

CAPÍTULO 2 → Receitas Públicas

	INDIRETA	
Fundo	**Imposto de Renda**	**IPI**
Fundo de Participação dos Estados (art. 159, I, a, CF/88)	21,5%	21,5%
Fundo de Participação dos Municípios (art. 159, I, b, d e e, CF/88)	24,5%	24,5%
Fundo Constitucional de Financiamento do Nordeste (art. 159, I, c, CF/88)	1,8%	1,8%
Fundo Constitucional de Financiamento do Norte (art. 159, I, c, CF/88)	0,6%	0,6%
Fundo Constitucional de Financiamento do Centro Oeste (art. 159, I, c, CF/88)	0,6%	0,6%
Fundo de Compensação pela Exportação de Produtos Industrializados (art. 159, II, CF/88)	-	IPI – Exportação (10% aos Estados e ao DF proporcionalmente ao valor das exportações imunes de IPI, sendo que 25%, deste valor, é transferido aos Municípios)

Alguns pontos acerca das transferências constitucionais devem ser destacados, uma vez que são de suma importância para as provas de concurso público.

Primeiramente, no que tange ao imposto de renda da pessoa física retido na fonte...

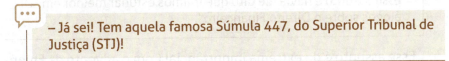
– Já sei! Tem aquela famosa Súmula 447, do Superior Tribunal de Justiça (STJ)!

O Superior Tribunal de Justiça compreende que acaso seja retido indevidamente, será o ente que procedeu à retenção indevida o sujeito que figurará no polo passivo da ação de repetição de indébito tributário. Neste sentido é o teor da Súmula 447, do STJ, a qual você acaba de mencionar: "Os Estados e o Distrito Federal são partes legítimas na ação de restituição de imposto de renda retido na fonte proposta por seus servidores." Também, deve ser excluído do cálculo do valor do imposto de renda remetido aos Fundos municipais e estaduais, o imposto de renda retido na fonte pelos Estados, Distrito Federal e Municípios, nos termos do §1º, do art. 159, da CF/88.

– E quanto à isenção do ICMS e a transferência de 25% do produto arrecadado aos municípios?

Neste caso, a jurisprudência do Supremo Tribunal Federal compreende que a concessão de benefícios e de incentivos fiscais somente poderá ser concedida com a parte que cabe aos Estados, devendo ser preservada a parcela do montante arrecadado que constitucionalmente pertença aos entes municipais. Logo, "(...) o repasse da quota constitucionalmente devida aos municípios não pode sujeitar-se à condição prevista em programa de benefício fiscal de âmbito estadual (...)". Neste sentido: STF, RE 5727629/SC.

Em relação ao imposto de renda e ao imposto sobre produtos industrializados, a concessão de benefícios fiscais, incentivos e isenções, nos termos do recente entendimento do plenário, do Supremo Tribunal, é constitucional, em relação ao Fundo de Participação doe Municípios e respectivas quotas devidas às municipalidades (STF, RE 705423, j. 23.11.2016).

– Outro assunto que está em pauta no Direito Financeiro é no que corresponde à compensação dos Estados pela desoneração das exportações do ICMS... lembro-me que na parte sobre o princípio da vedação à isenção heterônoma você havia mencionado sobre esse assunto e havia me dito que iríamos estudar melhor em "Diálogos sobre o Direito Financeiro".

Esse assunto é de extrema importância! Com o advento da Emenda à Constituição n. 42/2003, o art. 155, §2º, X, a, da CF/88, passou a ter a redação prevendo a imunidade do ICMS sobre operações que destinem mercadorias para o exterior, assim como sobre os serviços prestados a destinatários no exterior, assegurada a manutenção e o aproveitamento do montante do imposto cobrado nas operações e prestações anteriores. Esta imunidade acarretou um elevado custo aos Estados, devendo a União ressarci-los, nos termos do art. 91, do ADCT e do art. 31, da LC 87/96.[16]

Ocorre que a referida compensação inexiste, cuja omissão demandou a propositura de uma ação direta de inconstitucionalidade por omissão n. 25, julgada em 30 de novembro de 2016, na qual o Supremo Tribunal Federal fixou um prazo de 12 (doze) meses para eu o Congresso Nacional editasse lei complementar regularizando tais pendências decorrentes da desoneração das exportações, cabendo ao Tribunal de Contas da União, fixar das regras para os repasses, acaso esgotado o prazo, o Poder Legislativo não tenha editado a referida lei. No mês de maio de 2018, a comissão mista do Congresso Nacional aprovou o relatório do projeto de lei para a compensação dos Estados, porém o texto ainda precisa tramitar nos plenários das duas Casas. Posteriormente, o do Supremo Tribunal Federal, acolheu parcialmente o pedido da União para prorrogar por 12 (doze) meses o prazo para que o Congresso Nacional editasse uma lei complementar regulamentando os repasses de recursos da União para os Estados e o Distrito Federal.

– Pelo jeito, esse assunto ainda vai render bastante.

Ô se vai, ainda mais no cenário pós COVID-19!

Por fim, o último tema a ser abordado neste ponto é quanto ao bloqueio de transferências. É o art. 160, da CF/88 que dispõe sobre o tema:

---

16. "Art. 91, ADCT. A União entregará aos Estados e ao Distrito Federal o montante definido em lei complementar, de acordo com critérios, prazos e condições nela determinados, podendo considerar as exportações para o exterior de produtos primários e semi-elaborados, a relação entre as exportações e as importações, os créditos decorrentes de aquisições destinadas ao ativo permanente e a efetiva manutenção e aproveitamento do crédito do imposto a que se refere o art. 155, § 2º, X, a. (...) § 3º Enquanto não for editada a lei complementar de que trata o caput, em substituição ao sistema de entrega de recursos nele previsto, permanecerá vigente o sistema de entrega de recursos previsto no art. 31 e Anexo da Lei Complementar nº 87, de 13 de setembro de 1996, com a redação dada pela Lei Complementar nº 115, de 26 de dezembro de 2002."
"Art. 31, LC 87/96. Nos exercícios financeiros de 2003 a 2006, a União entregará mensalmente recursos aos Estados e seus Municípios, obedecidos os montantes, os critérios, os prazos e as demais condições fixadas no Anexo desta Lei Complementar."

"Art. 160. É vedada a retenção ou qualquer restrição à entrega e ao emprego dos recursos atribuídos, nesta seção, aos Estados, ao Distrito Federal e aos Municípios, neles compreendidos adicionais e acréscimos relativos a impostos.

Parágrafo único. A vedação prevista neste artigo não impede a União e os Estados de condicionarem a entrega de recursos:

I - ao pagamento de seus créditos, inclusive de suas autarquias;

II - ao cumprimento do disposto no art. 198, § 2º, incisos II e III."

O *caput* dispõe que é vedada a retenção ou a restrição, embora o parágrafo único elenque duas exceções em seus incisos: acaso não haja cumprimento do mínimo de recursos na aplicação da saúde, previsto no art. 198, §2º, II e III, da CF/88 e pagamento de créditos da União, dos Estados ou de suas autarquias.

6. FUNDOS

– O que são Fundos?

Os Fundos consistem na individualização de recursos e na sua vinculação ou alocação a uma área específica, com atribuição e responsabilidade para cumprimento de objetivos específicos, mediante execução de programas com eles relacionados.

– Pode-se dizer que são pessoas jurídicas?

Não! Não são considerados como pessoas jurídicas, órgãos ou unidades orçamentárias, uma vez que consistem como um tipo de gestão de recursos destinado ao atendimento de ações específicas.

Consistem em exceção ao princípio da especificação, uma vez que somente necessitam determinar a fonte das receitas e os respectivos objetivos, sendo prescindível detalhar as atividades em seu orçamento, facilitando a utilização de seus recursos. Também, consistem em exceção ao princípio da unidade da tesouraria, já que há uma individualização prévia da receita, isto porque, as receitas do fundo sequer são levadas ao tesouro para depois serem utilizadas no orçamento.

CAPÍTULO 2 → Receitas Públicas

– Pela leitura do art. 165, §9º, II, CF/88[17], vi que cabe à lei complementar estabelecer condições para a instituição e o funcionamento.

É verdade! Mas tome muito cuidado, pois embora o artigo em destaque traga a necessidade de uma lei complementar para estabelecer condições para a instituição e funcionamento de fundos, a criação poderá ser feita mediante a edição de uma lei ordinária ou por autorização legislativa, nos termos do art. 167, IX, da CF/88[18].

– Ainda bem que você me alertou, professora!

Sim, pois se trata de uma pegadinha muito contumaz em provas de concurso público. Fica alerta, hein?!

– Pode deixar!

O Supremo Tribunal Federal, no julgamento da ADI 1726 MC/DF[19], passou a entender que a exigência de lei complementar geral,

---

17. "Art. 165. Leis de iniciativa do Poder Executivo estabelecerão:
§ 9º Cabe à lei complementar:
II - estabelecer normas de gestão financeira e patrimonial da administração direta e indireta bem como condições para a instituição e funcionamento de fundos."
18. "Art. 167. São vedados: (...)
IX - a instituição de fundos de qualquer natureza, sem prévia autorização legislativa."
19. EMENTA: MEDIDA CAUTELAR EM AÇÃO DIRETA DE INCONSTITUCIONALIDADE. MEDIDA PROVISÓRIA Nº 1.061, DE 11.11.97 (LEI Nº 9.531, DE 10.12.97), QUE CRIA O FUNDO DE GARANTIA PARA PROMOÇÃO DA COMPETITIVIDADE - FGPC. ALEGADA VIOLAÇÃO DOS ARTS. 62 E PAR. ÚNICO, 165, II, III, §§ 5º, I E III, E 9º, E 167, II E IX, DA CONSTITUIÇÃO. 1. A exigência de prévia lei complementar estabelecendo condições gerais para a instituição de fundos, como exige o art. 165, § 9º, II, da Constituição, está suprida pela Lei nº 4.320, de 17.03.64, recepcionada pela Constituição com status de lei complementar; embora a Constituição não se refira aos fundos especiais, estão eles disciplinados nos arts. 71 a 74 desta Lei, que se aplica à espécie: a) o FGPC, criado pelo art. 1º da Lei nº 9.531/97, é fundo especial, que se ajusta à definição do art. 71 da Lei nº 4.320/63; b) as condições para a instituição e o funcionamento dos fundos especiais estão previstas nos arts. 72 a 74 da mesma Lei. 2. A exigência de prévia autorização legislativa para a criação de fundos, prevista no art. 167, IX, da Constituição, é suprida pela edição de medida provisória, que tem força de lei, nos termos do seu art. 62. O argumento de que medida provisória não se presta à criação de fundos fica combalido com a sua conversão em lei, pois, bem ou mal, o Congresso Nacional entendeu supridos os critérios da relevância e da urgência. 3. Não procede a alegação de

para fins de organização quanto a questão dos fundos, se faz presente pela existência da Lei 4.320/64, que atua como norma geral, recepcionada pela Constituição com status de lei complementar.

Outro ponto importante é que a receitas serão especificadas, instituídas em lei ou outra receita qualquer, além de ser vedada a vinculação da receita de impostos a fundos, salvo as exceções constitucionais, logo, nada obsta que a receita de taxas, por exemplo, seja vinculada.

Todo fundo deverá ser vinculado à realização de programas ou serviços, cujo interesse esteja atrelado à Administração Pública. A norma que instituir o fundo adotará formas de controle quanto à aplicação dos recursos do fundo. No mais, todo fundo estará vinculado a determinado órgão da Administração Pública, em regra, à uma autarquia ou à uma fundação pública, além de um plano de prestação de contas, o qual levará em consideração as peculiaridades do referido fundo.

7. RECEITA PÚBLICA E A LEI DE RESPONSABILIDADE FISCAL (LRF)

Sobre este assunto, destacam-se 3 (três) pontos de suma importância nas provas de concurso público, de alta incidência: receita corrente líquida (RCL), gestão fiscal e responsabilidade e; renúncia de receitas.

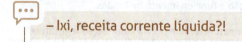
– Ixi, receita corrente líquida?!

---

que a Lei Orçamentária da União para o exercício de 1997 não previu o FGPC, porque o art. 165, § 5º, I, da Constituição, ao determinar que o orçamento deve prever os fundos, só pode referir-se aos fundos existentes, seja porque a Mensagem presidencial é precedida de dados concretos da Administração Pública, seja porque a criação legal de um fundo deve ocorrer antes da sua consignação no orçamento. O fundo criado num exercício tem natureza meramente contábil; não haveria como prever o FGPC numa Lei Orçamentária editada nove antes da sua criação. 4. Medida liminar indeferida em face da ausência dos requisitos para a sua concessão, não divisados dentro dos limites perfunctórios do juízo cautelar. (STF – ADI 1726 MC/DF, Relator: Min. MAURÍCIO CORRÊA, Data de Julgamento: 16/09/1998, Tribunal Pleno, Data de Publicação: 30/04/2004).

Sim, um assunto muito importante que repercutirá em vários pontos dos nossos capítulos de "Diálogos sobre o Direito Financeiro".

– Tá bem, professora, mas que eu acho difícil, eu acho.

Fica calmo que você, com certeza, vai achar fácil depois de estudar comigo!

7.1. Receita Corrente Líquida (RCL)

– Vamos, então, começar por este assunto que me apavora.

Vamos e já com a leitura do dispositivo correlato na Lei de Responsabilidade Fiscal:

> "Art. 2º, IV - Receita corrente líquida: o somatório das receitas tributárias, de contribuições, patrimoniais, industriais, agropecuárias, de serviços, transferências correntes e outras receitas também correntes, deduzidos:
>
> a) na União, os valores transferidos aos Estados e Municípios por determinação constitucional ou legal, e as contribuições mencionadas na alínea a do inciso I e no inciso II do art. 195, e no art. 239 da Constituição;
>
> b) nos Estados, as parcelas entregues aos Municípios por determinação constitucional;
>
> c) na União, nos Estados e nos Municípios, a contribuição dos servidores para o custeio do seu sistema de previdência e assistência social e as receitas provenientes da compensação financeira citada no § 9º do art. 201 da Constituição."

– Esses artigos de lei são pura decoreba!

Por isso que elaboro algumas tabelinhas para lhe ajudar com a memorização:

777

RECEITA CORRENTE LÍQUIDA – SOMATÓRIO
Receita tributária
Receita de contribuição
Receita patrimonial
Receita agropecuária
Receita industrial
Receita de serviços
Transferências correntes
Outras receitas correntes

Logo, há as seguintes deduções, não podendo ser consideradas como receitas correntes líquidas:

UNIÃO	ESTADOS	MUNICÍPIOS
Transferências constitucionais; contribuição previdenciária paga pelos empregados/trabalhadores, valores recebidos a título de contribuição patronal paga pelos empregadores e as receitas provenientes da compensação financeira do art. 201, §9º, da CF/88	Transferências constitucionais; contribuição previdenciária paga pelos servidores, se houver no Estado o Regime Próprio de Previdência e as receitas provenientes da compensação financeira do art. 201, §9º, da CF/88.	Contribuição previdenciária paga pelos servidores, se houver no Município o Regime Próprio de Previdência e as receitas provenientes da compensação financeira citada no art. 201, §9º, da CF/88

– Elas sempre me salvam!

Uma informação importante é que não serão considerados na receita corrente líquida do Distrito Federal e dos Estados do Amapá e de Roraima os recursos recebidos da União para atendimento das despesas de pessoal.

No mais, a receita corrente líquida será apurada somando-se as receitas arrecadadas no mês em referência e nos onze anteriores, excluídas as duplicidades. Esta informação é de suma importância para fins de prova de concurso público.

CAPÍTULO 2 → Receitas Públicas

– E para quais assuntos, que você havia mencionado, a receita corrente líquida será considerada como importante?

A receita corrente líquida será utilizada como base de cálculo na definição da reserva de contingência, na fixação dos limites globais das dívidas consolidadas, na apuração dos limites das despesas com pessoal ativo e inativo e no pagamento de precatórios. Isso já foi cobrado em questão de prova de concurso público. Fica ligado, hein?!

– Pode deixar, professora!

Quanto à reserva de contingência, temos que na Lei Orçamentária Anual deve estar prevista a reserva de contingência, a qual deverá ser calculada mediante a receita corrente líquida.

Em relação à dívida consolidada dos entes federativos, a qual consiste na dívida contraída a longo prazo, em regra, cujos limites foram fixados por parte do Senado Federal, com base na receita corrente líquida, de acordo com o art. 30, §3º, da Lei de Responsabilidade Fiscal. No que concerne aos Estados, Distrito Federal e Municípios, o endividamento de cada um é no limite de 200% e 120% da sua receita corrente líquida, respectivamente, nos termos do art. 3º, da Resolução n. 40/2011, do Senado Federal.

Já no que se refere às despesas com pessoal, o art. 19 da Lei de Responsabilidade Fiscal é firme neste sentido:

> "Art. 19. Para os fins do disposto no caput do art. 169 da Constituição, a despesa total com pessoal, em cada período de apuração e em cada ente da Federação, não poderá exceder os percentuais da receita corrente líquida, a seguir discriminados:
>
> I - União: 50% (cinquenta por cento);
>
> II - Estados: 60% (sessenta por cento);
>
> III - Municípios: 60% (sessenta por cento)."

– Este artigo 19, da Lei de Responsabilidade Fiscal sempre é cobrado em provas de concurso público!

Sempre! Iremos estudá-lo melhor no capítulo referente às despesas públicas. Fique tranquilo porque você não irá errar mais nenhuma questão de prova de concurso público que cobre esse dispositivo.

– Assim espero!

Ademais, vale destacar que com o advento da Emenda à Constituição n. 86/2015, as transferências voluntárias oriundas das emendas individuais impositivas não compõem a base de cálculo da receita corrente líquida para fins de aplicação dos limites de despesa com pessoal. Entretanto, não se pode confundir: embora haja essa exceção, estas transferências voluntárias integram o conceito de receita para outras finalidades.

– Sei, também, que há um ponto envolvendo as parcerias público privadas (PPPs) e a receita corrente líquida (RCL)...

No que concerne às parcerias público privadas, a receita corrente líquida também é utilizada como base de cálculo para apuração do limite das despesas de caráter continuado na contratação destas, nos termos dos artigos 22 e 28, da Lei n. 11.079/2009:

"Art. 22. A União somente poderá contratar parceria público-privada quando a soma das despesas de caráter continuado derivadas do conjunto das parcerias já contratadas não tiver excedido, no ano anterior, a 1% (um por cento) da receita corrente líquida do exercício, e as despesas anuais dos contratos vigentes, nos 10 (dez) anos subsequentes, não excedam a 1% (um por cento) da receita corrente líquida projetada para os respectivos exercícios."

"Art. 28. A União não poderá conceder garantia ou realizar transferência voluntária aos Estados, Distrito Federal e Municípios se a soma das despesas de caráter continuado derivadas do conjunto das parcerias já contratadas por esses entes tiver excedido, no ano anterior, a 5% (cinco por cento) da receita corrente líquida do exercício ou se as despesas anuais dos contratos vigentes nos 10 (dez) anos subsequentes excederem a 5% (cinco por cento) da receita corrente líquida projetada para os respectivos exercícios."

CAPÍTULO 2 → Receitas Públicas

– Ainda bem que você me alertou sobre estes artigos da Lei 11079/2009, pois, sozinho, jamais iria correlacioná-los com o Direito Financeiro, uma vez que a Lei em questão compõe o estudo da disciplina de Direito Administrativo!

Imagina uma questão multidisciplinar?

– Seria de um grau de dificuldade elevado, professora!

Pelo menos, agora, você já sabe sobre!

Por fim, dentre os institutos legais destacados, há a nova sistemática de pagamento de precatórios, tema a ser bem cobrado em provas de concursos públicos, visto que um percentual da receita corrente líquida, incluindo os royalties, é vinculado ao assunto, por conta da Emenda à Constituição 94/2016.

Como o tema "precatórios" faz parte do capítulo referente às despesas públicas, vale a pena, somente, a menção dos §§17 e 18, do art. 100, da CF/88:

> "Art. 100, CF/88. Os pagamentos devidos pelas Fazendas Públicas Federal, Estaduais, Distrital e Municipais, em virtude de sentença judiciária, far-se-ão exclusivamente na ordem cronológica de apresentação dos precatórios e à conta dos créditos respectivos, proibida a designação de casos ou de pessoas nas dotações orçamentárias e nos créditos adicionais abertos para este fim. (...)
>
> §17. A União, os Estados, o Distrito Federal e os Municípios aferirão mensalmente, em base anual, o comprometimento de suas respectivas receitas correntes líquidas com o pagamento de precatórios e obrigações de pequeno valor. (Incluído pela Emenda Constitucional nº 94, de 2016)
>
> §18. Entende-se como receita corrente líquida, para os fins de que trata o § 17, o somatório das receitas tributárias, patrimoniais, industriais, agropecuárias, de contribuições e de serviços, de transferências correntes e outras receitas correntes, incluindo as oriundas do § 1º do art. 20 da Constituição Federal,

verificado no período compreendido pelo segundo mês imediatamente anterior ao de referência e os 11 (onze) meses precedentes, excluídas as duplicidades, e deduzidas:

I - na União, as parcelas entregues aos Estados, ao Distrito Federal e aos Municípios por determinação constitucional;

II - nos Estados, as parcelas entregues aos Municípios por determinação constitucional;

III - na União, nos Estados, no Distrito Federal e nos Municípios, a contribuição dos servidores para custeio de seu sistema de previdência e assistência social e as receitas provenientes da compensação financeira referida no § 9º do art. 201 da Constituição Federal."

– Vamos ter um ponto inteiro sobre precatórios, professora?

Vamos sim. Aguardem!

7.2. Gestão fiscal

Nos termos do já explanado art. 11, da Lei de Responsabilidade Fiscal, constitui requisito essencial da responsabilidade na gestão fiscal a instituição, a previsão e a efetiva arrecadação de todos os tributos da competência constitucional do ente da Federação.

– Com isso, não basta o ente exercer sua competência tributária no que se refere em instituir os tributos previstos na Constituição Federal de 1988, mas também, arrecadar as receitas oriundas deles.

Essa é a ideia! Ademais, estas obrigações são compatíveis com a previsão do art. 162, da CF/88[20] que, pelo qual, deverão ser divulga-

---

20. "Art. 162, CF/88. A União, os Estados, o Distrito Federal e os Municípios divulgarão, até o último dia do mês subsequente ao da arrecadação, os montantes de cada um dos tributos arrecadados, os recursos recebidos, os valores de origem tributária entregues e a entregar e a expressão numérica dos critérios de rateio.
Parágrafo único. Os dados divulgados pela União serão discriminados por Estado e por Município; os dos Estados, por Município."

dos, os resultados da atividade arrecadatória, até o último dia do mês subsequente ao da arrecadação.

– Neste ponto é inevitável não lembrar da não instituição Imposto sobre Grandes Fortunas (IGF), cuja competência tributária para instituir, foi atribuída à União, pela Constituição Federal de 1988.

Sobre este tema, lembre-se que na disciplina de Direito Tributário, temos que a competência tributária possui algumas características:

CARACTERÍSTICAS DA COMPETÊNCIA TRIBUTÁRIA
Indelegável
Irrenunciável
Incaducável
Inalterável por lei infraconstitucional
Facultativa

– Desta feita, não pode a União delegar sua competência para instituir o Imposto sobre Grandes Fortunas a outro ente da Federação, diferentemente do que ocorre em relação à capacidade tributária (art. 7º, do CTN).

Mas, estando a União em débito por nunca ter instituído tal imposto de sua competência, qual seria a sanção que seria aplicável a este ente da Federação? Aliás, seria uma sanção?

– Acredito que sim, professora!

Muito cuidado com isso, pois em agosto de 2019, o Supremo Tribunal Federal concluiu o julgamento de oito ações questionando a constitucionalidade da Lei de Responsabilidade Fiscal[21].

---

21. Ações Diretas de Inconstitucionalidade (ADIs) 2238, 2324, 2256, 2241, 2261, 2365, 2250 e a Arguição de Descumprimento de Preceito Fundamental (ADPF) 24.

Foi questionado o parágrafo único do art. 11, da LRF, o qual enumera os requisitos essenciais da responsabilidade na gestão fiscal para arrecadação de tributos de competência constitucional do ente da Federação e veda a realização de transferências voluntárias para o ente que não observe tais requisitos.

Ademais, o Supremo Tribunal Federal compreendeu que não houve desrespeito ao sistema tributário e de distribuição de receitas, uma vez que a Lei de Responsabilidade Fiscal estabelece requisitos essenciais para essa repartição, cabendo aos estados e municípios criarem também as suas fontes de renda, assim como, não alterou os repasses obrigatórios da União aos entes federados e criou mais rigor para as transferências voluntárias.

Ou seja, para o Supremo Tribunal Federal, o ente que deixar de instituir seus tributos não será penalizado, mas não será beneficiado com uma transferência voluntária.

> – Então, podemos concluir que, na visão do Supremo Tribunal Federal, não se trata de uma sanção, mas sim, que o ente federado que deixar de instituir seus tributos previstos na Constituição Federal de 1988 não fará jus ao benefício da transferência voluntária.

Boa constatação! Até porque, a intenção da Lei de Responsabilidade Fiscal é de evitar o desequilíbrio fiscal e a dependência da União, impedindo que entes federados deixem de editar normas sobre seus tributos para reivindicar transferências voluntárias.

> – E, quanto à União?

Pois é, mas você já se perguntou de quem a União recebe transferência voluntária?

> – De ninguém!

Por isso que a União não deixará de fazer jus ao benefício, até porque não recebe transferência voluntária de ninguém.

– Não tinha pensado nisso, professora!

E é algo tão óbvio, só faltava parar para pensar, não é mesmo?

– Às vezes estou num ritmo tão frenético de estudo que muitas coisas simples me passam desapercebidas.

Isso é normal. Vamos dar continuidade ao estudo com o ponto "renúncia de receitas".

7.3. Renúncia de receitas

Os atos que caracterizam renúncias de receitas estão contemplados no art. 14, da Lei de Responsabilidade Fiscal:

RENÚNCIA DE RECEITA – ART. 14	
Anistia	É o perdão das penalidades, ocorridas antes da lei que conceder a anistia (art. 180, CTN), uma das hipóteses de exclusão do crédito tributário.
Remissão	É o perdão da dívida tributária, após a constituição do crédito tributário (art. 156, IV, CTN).
Subsídio	Tratam-se de auxílios de caráter econômico concedidos pelo Governo aos empresários para o fomento das exportações. Assunto muito estudado na disciplina de Comércio Internacional.
Crédito presumido	É o direito do contribuinte de lançar em sua escrita contábil determinado valor a título de crédito, o qual deverá ser abatido do débito do tributo apurado.
Concessão de isenção em caráter não geral, isto é, isenção individual	Consiste na dispensa legal do pagamento do tributo, uma das hipóteses de exclusão do crédito tributário.
Alteração de alíquota ou modificação de base de cálculo que implique redução discriminada de tributos	Redução de alíquotas e/ou modificação da base de cálculo, de modo que modifique para menor o valor a ser pago.
Outros benefícios que correspondam a tratamentos diferenciados	

785

– Professora, no caso da isenção seria, apenas, a individual?

Sim, a isenção que corresponde à renúncia de receita é aquela que se enquadra como isenção individual, uma vez que a isenção geral não configura, bastando que haja previsão em lei específica, nos termos do art. 150, §6º, da CF/88, bem como a existência do demonstrativo regionalizado do efeito sobre as receitas e as despesas (art. 165, §6º, CF/88). Como será estudado, a isenção geral não precisará observar os requisitos previstos no art. 14, da Lei de Responsabilidade Fiscal.

Em relação às renúncias de receita, o art. 165, §6º, da CF/88, dispõe que:

> "Art. 165, §6º, CF/88. § 6º O projeto de lei orçamentária será acompanhado de demonstrativo regionalizado do efeito, sobre as receitas e despesas, decorrente de isenções, anistias, remissões, subsídios e benefícios de natureza financeira, tributária e creditícia."

Portanto, o projeto de lei orçamentária – e não a lei orçamentária anual - deverá trazer consigo o demonstrativo do impacto da renúncia fiscal no orçamento. Ademais, somente poderão ser concedidos, os benefícios fiscais, por meio de lei específica, nos termos do art. 97, VI, do CTN[22], salvo quanto ao ICMS, nos termos do art. 150, §6º, da CF/88[23], que remete à necessidade de lei específica e de decisão unânime dos Estados para deliberar acerca da matéria, através de convênio, aprovado no âmbito do CONFAZ, nos termos do art. 2º, da LC n. 25/74[24], os quais deverão ser ratificados por meio de Decreto editado pelo chefe do Poder Executivo de cada unidade federativa.

---

22. "Art. 97, VI, CTN - as hipóteses de exclusão, suspensão e extinção de créditos tributários, ou de dispensa ou redução de penalidades."
23. "Art. 150, § 6º, CF/88 Qualquer subsídio ou isenção, redução de base de cálculo, concessão de crédito presumido, anistia ou remissão, relativos a impostos, taxas ou contribuições, só poderá ser concedido mediante lei específica, federal, estadual ou municipal, que regule exclusivamente as matérias acima enumeradas ou o correspondente tributo ou contribuição, sem prejuízo do disposto no art. 155, § 2.º, XII, g."
24. "Art. 2º, LC n. 25/74 - Os convênios a que alude o art. 1º, serão celebrados em reuniões para as quais tenham sido convocados representantes de todos os Estados e do Distrito Federal, sob a presidência de representantes do Governo federal."

CAPÍTULO 2 → Receitas Públicas

 – Verdade! Eu me recordo sobre o estudo do princípio da legalidade, em Direito Tributário.

No que tange aos requisitos do art. 14, da Lei de Responsabilidade Fiscal, destacam-se:

REQUISITOS PARA CONCESSÃO E AMPLIAÇÃO DE BENEFÍCIOS	
Atender ao disposto na lei de diretrizes orçamentárias	
Atender, **pelo menos**, a uma das condições:	Demonstração de que a renúncia foi considerada na estimativa de receita na lei orçamentária e de que não afetará as metas de resultados fiscais previstas no anexo próprio da lei de diretrizes orçamentárias;
	Estar acompanhada de medidas de compensação, no exercício em que deva iniciar sua vigência e nos dois seguintes, por meio do aumento de receita, proveniente da elevação de alíquotas, ampliação da base de cálculo, majoração ou criação de tributo ou contribuição.
Acompanhamento de estimativa do impacto orçamentário-financeiro no exercício em que deva iniciar sua vigência e nos dois seguintes	

Conclui-se que, há dois requisitos obrigatórios: 1. Estimativa do impacto orçamentário-financeiro no exercício vigente e nos dois seguintes e; 2. Atender ao disposto na lei de diretrizes orçamentárias. Também, há requisitos alternativos: 1. Demonstração de que a renúncia foi considerada quando da estimativa da receita na Lei Orçamentária Anual e que não afetará o anexo de metas fiscais ou, 2. Estar acompanhada de medidas de compensação no exercício em que deva iniciar sua vigência e nos dois exercícios subsequentes.

§ 1º - As reuniões se realizarão com a presença de representantes da maioria das Unidades da Federação.
§ 2º - A concessão de benefícios dependerá sempre de decisão unânime dos Estados representados; a sua revogação total ou parcial dependerá de aprovação de quatro quintos, pelo menos, dos representantes presentes.
§ 3º - Dentro de 10 (dez) dias, contados da data final da reunião a que se refere este artigo, a resolução nela adotada será publicada no Diário Oficial da União."

No segundo item dos requisitos alternativos, o benefício fiscal somente entrará em vigor quando implementadas as medidas de compensação, uma vez que não foi considerado na lei orçamentária anual.

– No julgamento daquelas oito ações constitucionais25, sei que o Supremo Tribunal Federal também se pronunciou acerca do art. 14, da Lei de Responsabilidade Fiscal (LRF).

O Supremo Tribunal Federal, ao analisar o artigo 14, inciso II, da LRF, o qual estamos estudando, referente às formas de compensação fiscal que o ente da Federação deverá implementar para fins de compensar com o que deixa de arrecadar devido à concessão de renúncias fiscais, entendeu que se trata de um dispositivo constitucional, uma vez que estabelece a necessidade de uma ação planejada, por parte do ente, exigindo um mínimo de responsabilidade de transparência, medidas importantes para que se evite o seu endividamento voluntário.

– Agora, compreendi tudo!

Apesar de ser estudada em capítulo específico, é indispensável compreender a despesa obrigatória de caráter continuado (DOCC), prevista no art. 17, da Lei de Responsabilidade Fiscal, neste ponto da matéria, uma vez que há algumas diferenças entre esta e a renúncia de receitas quanto às medidas de compensação.

A DOCC consiste em uma despesa corrente, isto é, destinada à manutenção de serviços já existentes, derivada de lei, medida provisória ou de ato administrativo normativo, que se prolonga, por no mínimo, 2 (dois) anos. Diferentemente no que ocorre em relação à renúncia de receita, a DOCC traz requisitos obrigatórios e não, alternativos, os quais serão aplicáveis tanto em casos de aumento de receitas quanto nos casos de diminuição das despesas, a serem viáveis, apenas, com o implemento da medida de compensação.

---

25. Ações Diretas de Inconstitucionalidade (ADIs) 2238, 2324, 2256, 2241, 2261, 2365, 2250 e a Arguição de Descumprimento de Preceito Fundamental (ADPF) 24.

– Achei que não poderia complicar mais!

Fica tranquilo que iremos estudar mais sobre a DOCC no capítulo de despesas públicas.

Ainda, sobre os requisitos quanto à renúncia de receitas, estes não são aplicáveis quanto ao cancelamento do débito, cujo montante seja inferior aos dos respectivos custos de cobrança, assim como em relação à alteração das alíquotas do imposto de importação, do imposto de exportação do imposto sobre produtos industrializados e do imposto sobre operações financeiras.

Por fim, em decorrência da Emenda à Constituição 95/2016, qualquer benefício fiscal a ser concedido deverá ter previsão expressa no orçamento, com o intuito de preservar o equilíbrio fiscal. Sobre o assunto, vale a pena a leitura dos artigos 113 e 114 do Ato das Disposições Transitórias Constitucionais, incluídos pela referida emenda.

> "Art. 113. A proposição legislativa que crie ou altere despesa obrigatória ou renúncia de receita deverá ser acompanhada da estimativa do seu impacto orçamentário e financeiro."

> "Art. 114. A tramitação de proposição elencada no caput do art. 59 da Constituição Federal, ressalvada a referida no seu inciso V, quando acarretar aumento de despesa ou renúncia de receita, será suspensa por até vinte dias, a requerimento de um quinto dos membros da Casa, nos termos regimentais, para análise de sua compatibilidade com o Novo Regime Fiscal."

– Terminamos a parte sobre receitas públicas?

Terminamos! Está pronto para estudar as despesas públicas?

– Estou me preparando psicologicamente...

CAPÍTULO 3

Despesa pública

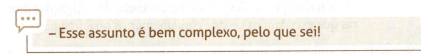
– Esse assunto é bem complexo, pelo que sei!

É um pouco, mas você vai tirar de letra, pois, também, elaborei algumas tabelinhas e esquemas para melhor compreensão.

– Muito bom, professora!

Primeiramente, vamos iniciar com o conceito de despesa pública!

1. CONCEITO

Despesa pública é um conjunto de gastos realizados pelo Poder Público para a consecução de suas atividades principais, desde que consoante com a autorização legislativa existente e com o objetivo de financiar as ações específicas do governo, sempre com o intuito da satisfação das necessidades públicas. Logo, é o conjunto de dispêndios do Estado ou de uma pessoa de direito público com a finalidade de funcionamento dos serviços públicos ou, por meio de uma autorização legislativa, a aplicação de certa quantia, em pecúnia, para a execução de fim a cargo do governo.

– Portanto, conclui-se que a despesa deve ser sempre um dispêndio visando a uma finalidade de interesse público, antecedida de previsão orçamentária, a qual a fixará!

Exatamente isso! Viu como você irá tirar de letra esse assunto?

> – Lendo a Constituição Federal de 1988, sei que há vedação quanto a realização de despesas ou a assunção de obrigações diretas que excedam os créditos orçamentários ou adicionais, nos termos do inciso II, do art. 167:

"Art. 167. São vedados:

II - a realização de despesas ou a assunção de obrigações diretas que excedam os créditos orçamentários ou adicionais."

No mais, há alguns requisitos que as despesas devem observar. Primeiramente, como já pontuado, nenhuma despesa pode ser efetuada sem a prévia autorização, quando da aprovação da lei orçamentária anual, pelo Poder Legislativo, nos termos dos artigos 165, §5º, §6º, §9º, 167 e 169, ambos da CF/88[1].

> – Farei a leitura destes dispositivos, professora!

Faz muito bem, até porque estes dispositivos mencionados sempre são cobrados em provas de concurso público e você precisa conhece-los bem.

---

1. "Art. 165. Leis de iniciativa do Poder Executivo estabelecerão: (...)
§ 5º A lei orçamentária anual compreenderá:
I - o orçamento fiscal referente aos Poderes da União, seus fundos, órgãos e entidades da administração direta e indireta, inclusive fundações instituídas e mantidas pelo Poder Público;
II - o orçamento de investimento das empresas em que a União, direta ou indiretamente, detenha a maioria do capital social com direito a voto;
III - o orçamento da seguridade social, abrangendo todas as entidades e órgãos a ela vinculados, da administração direta ou indireta, bem como os fundos e fundações instituídos e mantidos pelo Poder Público.
§ 6º O projeto de lei orçamentária será acompanhado de demonstrativo regionalizado do efeito, sobre as receitas e despesas, decorrente de isenções, anistias, remissões, subsídios e benefícios de natureza financeira, tributária e creditícia. (...)
§ 9º Cabe à lei complementar:
I - dispor sobre o exercício financeiro, a vigência, os prazos, a elaboração e a organização do plano plurianual, da lei de diretrizes orçamentárias e da lei orçamentária anual;
II - estabelecer normas de gestão financeira e patrimonial da administração direta e indireta bem como condições para a instituição e funcionamento de fundos.
III - dispor sobre critérios para a execução equitativa, além de procedimentos que serão adotados quando houver impedimentos legais e técnicos, cumprimento de restos a pagar e limitação das programações de caráter obrigatório, para a realização do disposto no § 11 do art. 166."

CAPÍTULO 3 → Despesa pública

Outra informação importante é que, também, no que tange às obras, aos serviços, às compras e às alienações, estes serão contratados mediante licitação pública, procedimento que assegure igualdade de condições a todos os participantes, nos termos da Lei n. 8.666/93, devendo ser observada a verba orçamentária disponível, sob pena de nulidade.

No mais, todas as despesas deverão ser documentadas em contratos, nota de empenho, documento que comprove a entrega do material ou da prestação do respectivo serviço, devendo, a despesa, ser empenhada, nos moldes do art. 58, da Lei n. 4.320/64[2].

– E o que é nota de empenho?

Esse é um assunto que veremos mais adiante, acalme-se! Vamos passar para o estudo da classificação das despesas públicas.

– Isso é muito cobrado nas provas de concurso público e acho um pouco complexo.

2. CLASSIFICAÇÃO

Assim como no capítulo sobre as receitas públicas, é indispensável conhecer a classificação das despesas públicas, dado que é um assunto muito cobrado nas provas de concurso público, como você bem pontuou!

2.1. Quanto à origem do recurso

– Sobre esta classificação, sei que se divide em despesas orçamentárias e extraorçamentárias.

Em relação às despesas orçamentárias, estas decorrem de lei orçamentária e dos créditos adicionais, decorrendo do princípio da

---

2. "Art. 58. O empenho de despesa é o ato emanado de autoridade competente que cria para o Estado obrigação de pagamento pendente ou não de implemento de condição."

793

legalidade, uma vez que, como já mencionado anteriormente, toda despesa necessita de autorização legislativa para que seja realizada. Diferentemente é a despesa extraorçamentária, a qual dispensa consignação em lei orçamentária ou em créditos adicionais. Decorre do levantamento de depósitos, cauções, fiança, consignações e outras formas que possuam característica de transitoriedade, como a amortização da antecipação da receita orçamentária.

– É até lógica essa classificação levando em consideração a parte sobre receitas públicas.

Pois é, mas há alguns pontos que você precisa ter uma certa atenção especial.

Primeiramente, temos que a amortização da dívida principal da antecipação de receita orçamentária é uma despesa extraorçamentária, ao passo que o pagamento dos seus juros configura uma despesa orçamentária, já que deverá estar incluído no orçamento.

– Disso eu não sabia!

Que bom que é uma informação nova para você, assim, irá ter mais atenção.

Outra questão importante é quanto ao princípio da legalidade. Em matéria de despesa pública significa que se exige a inclusão da despesa em lei orçamentária para que ela possa ser realizada, com exceção nos casos de restituição de valores ou pagamento de importância recebida a título de caução, depósitos, fiança, consignações, ou seja, advindos de receitas extraorçamentárias que, apesar de não estarem fixados na lei orçamentária, sejam objeto de cumprimento de outras normas jurídicas.

2.2. Competência quanto ao ente

Sobre esta classificação, igualmente no que ocorre em relação às receitas públicas, não há muito o que detalhar. As despesas são consoante os fins e serviços do ente que tem por finalidade atender e consignadas nos respectivos orçamentos.

– É! Se a despesa da União, ela será federal. Bem simples!

Não tem muito segredo. Portanto, passemos à outra classificação.

2.3. Quanto à regularidade

– Esta, também, decorre da lógica das receitas públicas...

Quanto à regularidade, as despesas dividem-se em ordinárias e extraordinárias. Em relação às primeiras, são aquelas voltadas às necessidades públicas cotidianas, determinadas como estáveis, como as destinadas à manutenção da máquina pública, tais como as despesas com pessoal, ao passo que as despesas extraordinárias são as que satisfazem necessidades públicas imprevisíveis, demandando receitas públicas extraordinárias. Um exemplo para ilustra a segunda situação é a eclosão de uma guerra externa, nos termos do art. 167, §3º, da CF/88, a qual demanda a abertura de crédito extraordinário mediante medida provisória.

– A mais importante, para fins de prova de concurso público, é a próxima classificação!

2.4. Quanto à categoria econômica

Exatamente! Isso porque ela requer muita atenção e que você decore alguns aspectos. Não gosto disso, de dizer ao meu aluno que ele deve decorar, no entanto, há alguns assuntos da matéria que o examinador da banca da prova de concurso público acaba exigindo essa aptidão do candidato. Eu sou péssima para decorar...

– Também não gosto, professora!

Não vamos nos lamentar. É hora de encarar de frente esse assunto.

É importante, neste ponto do tema, que você faça a leitura do art. 12, da Lei n. 4.320/64:

"Art. 12. A despesa será classificada nas seguintes categorias econômicas:

DESPESAS CORRENTES

Despesas de Custeio

Transferências Correntes

DESPESAS DE CAPITAL

Investimentos

Inversões Financeiras

Transferências de Capital

§ 1º Classificam-se como Despesas de Custeio as dotações para manutenção de serviços anteriormente criados, inclusive as destinadas a atender a obras de conservação e adaptação de bens imóveis.

§ 2º Classificam-se como Transferências Correntes as dotações para despesas as quais não corresponda contraprestação direta em bens ou serviços, inclusive para contribuições e subvenções destinadas a atender à manutenção de outras entidades de direito público ou privado.

§ 3º Consideram-se subvenções, para os efeitos desta lei, as transferências destinadas a cobrir despesas de custeio das entidades beneficiadas, distinguindo-se como:

I - subvenções sociais, as que se destinem a instituições públicas ou privadas de caráter assistencial ou cultural, sem finalidade lucrativa;

II - subvenções econômicas, as que se destinem a empresas públicas ou privadas de caráter industrial, comercial, agrícola ou pastoril.

§ 4º Classificam-se como investimentos as dotações para o planejamento e a execução de obras, inclusive as destinadas à aquisição de imóveis considerados necessários à realização destas últimas, bem como para os programas especiais de trabalho, aquisição de instalações, equipamentos e material permanente e constituição ou aumento do capital de empresas que não sejam de caráter comercial ou financeiro.

§ 5º Classificam-se como Inversões Financeiras as dotações destinadas a:

I - aquisição de imóveis, ou de bens de capital já em utilização;

II - aquisição de títulos representativos do capital de empresas ou entidades de qualquer espécie, já constituídas, quando a operação não importe aumento do capital;

III - constituição ou aumento do capital de entidades ou empresas que visem a objetivos comerciais ou financeiros, inclusive operações bancárias ou de seguros.

§ 6º São Transferências de Capital as dotações para investimentos ou inversões financeiras que outras pessoas de direito público ou privado devam realizar, independentemente de contraprestação direta em bens ou serviços, constituindo essas transferências auxílios ou contribuições, segundo derivem diretamente da Lei de Orçamento ou de lei especialmente anterior, bem como as dotações para amortização da dívida pública."

– Bem extenso e confuso!

Vou explicar melhor essa classificação. Embora, com certeza, você já tenha encontrado uma certa familiaridade com a parte de receitas públicas...

– Verdade, professora! Não tinha percebido.

Pois bem, vamos iniciar com as despesas correntes.

2.4.1. *Despesas correntes*

As despesas correntes não representam acréscimo patrimonial, uma vez que se referem a serviços realizados pela Administração Pública Direta, Indireta ou por aqueles entes receptores de recursos públicos.

– Ou seja, consistem em despesas propícias à manutenção da máquina...

Tais como despesa com pessoal, pagamento de juros, dentre outras, sendo classificadas como transferências correntes e despesas de custeio!

Primeiramente, na subclassificação, temos as despesas de custeio, as quais consistem em dotações para a manutenção de serviços anteriores criados, inclusive as destinadas a atender a obras de conservação e adaptação de bens imóveis, compreendendo as despesas em que há uma contraprestação ao pagamento que o Estado realiza periodicamente. Dentre elas, podemos citar as relacionadas com a remuneração dos servidores e pagamento de fornecedores, já que há contraprestação, pagamento de obras de conservação e adaptação de bens imóveis, pagamento de serviços de terceiros, pagamento de material de consumo.

– E as transferências correntes?

Em relação às transferências correntes, estas são as despesas que não correspondem contraprestação direta em bens ou serviços, inclusive para contribuições e subvenções destinadas a atender à manifestação de outras entidades de direito público ou privado. Neste rol incluem-se os pensionistas, inativos, o salário família, transferências constitucionais, o pagamento de juros da dívida ativa e as subvenções destinadas à manutenção de outras entidades de direito público ou privado, por exemplo.

Veja uma tabelinha trazendo essa comparação entre ambas:

DESPESAS DE CUSTEIO	TRANSFERÊNCIAS CORRENTES
Há uma contraprestação direta em bens ou serviços em favor do ente que demanda os recursos.	Não há uma contraprestação direta em bens ou serviços em favor do ente que demanda os recursos.

– Professora, amortização da dívida é diferente de pagamento de juros dentro desta classificação?

É sim! Para facilitar sua vida, trouxe um quadro para que você não erre mais em prova:

CAPÍTULO 3 → Despesa pública

AMORTIZAÇÃO DA DÍVIDA	PAGAMENTO DE JUROS
A amortização da dívida consiste no pagamento do principal, ocasionando o aumento no ativo do Estado, logo é considerado como **despesa de capital**.	O pagamento dos juros não reduz a dívida, não proporcionando um incremento no patrimônio. Desta feita, não reduz a dívida, não ocasionando um aumento no ativo no Estado, portanto, é considerado como **despesa corrente**.

– E as subvenções?

Elas são classificadas como sociais e econômicas, nos termos do §3º, do art. 12, da Lei 4.320/64.

SUBVENÇÃO SOCIAL	SUBVENÇÃO ECONÔMICA
Entidade sem fins lucrativos, cuja subvenção deriva de uma previsão na lei orçamentária anual.	Empresa com intuito lucrativo, cuja subvenção deriva de previsão em lei especial.

Ainda sobre o assunto, importante a leitura dos artigos 16 ao 19, da Lei 4320/64[3], para fins de prova de concurso público.

Está gostando de ter tudo esquematizado?

---

3. "Art. 16. Fundamentalmente e nos limites das possibilidades financeiras a concessão de subvenções sociais visará a prestação de serviços essenciais de assistência social, médica e educacional, sempre que a suplementação de recursos de origem privada aplicados a esses objetivos, revelar-se mais econômica.
Parágrafo único. O valor das subvenções, sempre que possível, será calculado com base em unidades de serviços efetivamente prestados ou postos à disposição dos interessados obedecidos os padrões mínimos de eficiência previamente fixados.
Art. 17. Somente à instituição cujas condições de funcionamento forem julgadas satisfatórias pelos órgãos oficiais de fiscalização serão concedidas subvenções.
II) Das Subvenções Econômicas
Art. 18. A cobertura dos déficits de manutenção das empresas públicas, de natureza autárquica ou não, far-se-á mediante subvenções econômicas expressamente incluídas nas despesas correntes do orçamento da União, do Estado, do Município ou do Distrito Federal.
Parágrafo único. Consideram-se, igualmente, como subvenções econômicas:
a) as dotações destinadas a cobrir a diferença entre os preços de mercado e os preços de revenda, pelo Governo, de gêneros alimentícios ou outros materiais;
b) as dotações destinadas ao pagamento de bonificações a produtores de determinados gêneros ou materiais.
Art. 19. A Lei de Orçamento não consignará ajuda financeira, a qualquer título, a empresa de fins lucrativos, salvo quando se tratar de subvenções cuja concessão tenha sido expressamente autorizada em lei especial."

– Adorando, professora! Ainda mais por ter muita dificuldade em Direito Financeiro...

Fiz mais um quadro comparativo para facilitar sua memorização:

DESPESAS CORRENTES	
Despesas de Custeio	**Transferências Correntes**
Pessoal civil	Subvenções sociais
Pessoal militar	Subvenções econômicas
Material de consumo	Inativos
Serviços de terceiros	Pensionistas
Encargos diversos	Salário família e abono familiar
–	Juros da dívida pública
–	Contribuições de previdência social
–	Diversas transferência correntes

Agora não tem mais como errar questões que cobrem esse assunto, hein?!

– Facilitou minha vida, professora! Muito obrigado.

Essa é minha função. Vamos ao estudo das despesas de capital, outra subclassificação tão importante quanto essa.

2.4.2. *Despesas de capital*

A despesa de capital, diferentemente da despesa corrente, ensejará um incremento no patrimônio estatal, isto é, um aumento no patrimônio ou uma redução da dívida.

– Por isso que, a amortização da dívida, ou seja, quando se paga o principal, ocasiona um aumento no ativo do Estado, sendo considerada uma despesa de capital, ao passo que o pagamento dos juros não reduz a dívida, de modo a não incrementar o patrimônio do Estado, configurando, portanto, uma despesa corrente!

CAPÍTULO 3 → Despesa pública

Ótima constatação!

A despesa de capital é classificada em 3 (três) espécies:

ESPÉCIE DE DESPESA DE CAPITAL		
Investimento	**Inversões financeiras**	**Transferências de capital**
Conceito São as dotações destinadas para o planejamento e a execução de obras, inclusive as destinadas à aquisição de imóveis considerados necessários à realização destas últimas, bem como para os programas especiais de trabalho, aquisição de instalações, equipamentos, material permanente e constituição ou aumento do capital de empresas que não sejam de caráter comercial ou financeiro.	São dotações destinadas à aquisição de imóveis ou bens de capital já em utilização; à aquisição de títulos representativos do capital de empresas ou entidades de qualquer espécie, já constituídas, quando a operação não importe aumento do capital e constituição ou aumento do capital de entidades ou empresas que visem a objetivos comerciais ou financeiros, inclusive operações bancárias ou de seguros.	São as dotações destinadas para investimentos ou inversões financeiras que outras pessoas de direito público ou privado devam realizar, independentemente de contraprestação direta em bens ou serviços, constituindo essas transferências auxílios ou contribuições, segundo derivem diretamente da Lei de Orçamento de lei especial anterior, bem como as dotações para amortização da dívida pública.
Exemplos » Obras públicas » Serviços em regime de programação especial » Equipamentos e instalações » Material permanente » Participação em constituição ou aumento de capital de empresas ou entidades industriais ou agrícolas	» Aquisição de imóveis » Participação em constituição ou aumento de capital de empresas ou entidade comerciais ou financeiras » Aquisição de títulos representativos de capital de empresa em funcionamento » Constituição de fundos rotativos » Concessão de empréstimos » Diversas inversões financeiras	» Amortização da dívida pública » Auxílios para obras públicas » Auxílios para equipamentos e instalações » Auxílios para inversões financeiras » Outras contribuições.

— Mais uma vez, facilitando minha vida!

Por fim, não confunda investimento com inversão financeira. Enquanto o investimento pressupõe o efetivo aumento do PIB, uma vez que se trata de construir ou adquirir novos bens que não integravam a economia, na inversão financeira o bem ou o imóvel em questão já se encontrava em utilização, fato que representa na manutenção do PIB.

Exemplos de inversões financeiras: compra de um imóvel, já em uso, para servir de sede de um órgão público e criação de banco central. Exemplos de investimentos: aquisição de uma casa já em utilização para posterior demolição e construção de uma estrada e criação ou aumento de capital de uma empresa agrícola ou industrial.

E, assim, finalizamos a parte referente à classificação da despesa pública.

— Foi bem mais tranquilo do que eu imaginava.

As tabelinhas ajudam bastante!

Vamos a um outro assunto importante sobre esse tema tão importante que estamos estudando: estágios da despesa.

3. ESTÁGIOS DA DESPESA

— Também conhecido, este tema, como fases da despesa pública.

E, também, como ciclo de execução da despesa pública!

— Essa denominação eu desconhecia, professora.

Vale mencionar que por ciclo da despesa pública temos o ciclo reduzido, o qual iremos estudar de agora em diante, e o ciclo amplo, também conhecido como completo ou analítico, o qual consiste na análise de todos os atos que ordinariamente devem ser praticados para que se realize uma despesa pública.

Primeiramente, indispensável mencionar que é necessário previsão de qualquer gasto em autorização orçamentária, seja na Lei orçamentária anual (LOA) ou em créditos adicionais, ressalvadas as despesas extraorçamentárias, consoante já estudado anteriormente.

No caso de contratação de obras, serviços e outras compras, a realização do procedimento licitatório, nos termos da Lei n. 8.666/93, é indispensável. Posteriormente, haverá a fixação da despesa.

 – Esse assunto pode ser cobrado em uma questão interdisciplinar?

Tranquilamente! Tanto que já foi, inclusive. Por isso, preste muita atenção.

Vale destacar, também, que de acordo com o art. 15, da Lei n. 4320/64, a despesa deverá ser discriminada na LOA no mínimo por elementos:

> "Art. 15. Na Lei de Orçamento a discriminação da despesa far-se-á no mínimo por elementos.
>
> § 1º Entende-se por elementos o desdobramento da despesa com pessoal, material, serviços, obras e outros meios de que se serve a administração pública para consecução dos seus fins.
>
> § 2º Para efeito de classificação da despesa, considera-se material permanente o de duração superior a dois anos."

Após sua fixação, a despesa passará por 4 (quatro) estágios: empenho, liquidação, ordem de pagamento e pagamento.

Embora sejam estes estágios reconhecidos pela doutrina e jurisprudências majoritárias, o art. 16 da Lei de Responsabilidade Fiscal (LRF), traz a fase prudencial, a qual antecede a fase de empenho, nos casos em que criação, expansão ou aperfeiçoamento de ação governamental que acarrete aumento da despesa, isto é, não será aplicada à toda e qualquer despesa pública.

No mais, estarão acompanhados de tais aumentos de despesa, nos termos do dispositivo em comento, estimativa do impacto orçamentário-financeiro no exercício em que deva entrar em vigor e nos dois subsequentes e declaração do ordenador da despesa de que o aumento tem adequação orçamentária e financeira com a lei orçamentária anual e compatibilidade com o plano plurianual e com a lei de diretrizes orçamentárias.

> – Neste ponto que descobrirei o que é nota de empenho, então?

Sim!! Primeiro, você tem que saber o que é empenho...

3.1. Ciclo reduzido

3.1.1. *Empenho*

> – E o que é empenho, professora?

Nos termos do art. 58, da Lei n. 4.320/64, empenho de despesa consiste no ato emanado de autoridade competente que cria para o Estado a obrigação de pagamento pendente ou não de implemento de condição. Ou seja, é uma reserva realizada no orçamento a qual ficará vinculada ao motivo que a justificou, não podendo ter destinação diversa.

> – Podemos falar em um "destaque" no orçamento? Acho que eu lhe ouvi mencionando esse termo em suas videoaulas.

Podemos! Sempre me refiro desta forma para fins de melhor compreensão. Isto porque, o art. 60, da mesma lei, pressupõe que toda despesa decorre de prévio empenho, portanto, verifica-se se há dotação orçamentária e, acaso realmente haja, separa-se a quantia correlata para o gasto efetivo a ser realizado, faz-se o referido "destaque", demandando o posterior pagamento. Vale salientar que o montante de determinado empenho não pode exceder o limite dos créditos orçamentários.

> – Pela redação do art. 58, da Lei 4320/64, trata-se, portanto, de uma obrigação para o Estado?

Na verdade, deve-se ter cuidado, pois apesar da redação do mencionado art. 58 trazer como uma obrigação para o Estado, na verdade o empenho é apenas um instrumento contábil, consistindo em uma garantia ao credor de, em cumprindo os termos do pacto firmado com a Administração, receber a importância já reservada a ele. O referido dever nasce para o Estado com a liquidação, tendo em vista que depende do implemento de condição para que possa a Administração realizá-lo.

Logo, se o credor não cumprir com a contraprestação devida, não haverá qualquer obrigação de pagamento pelo Estado. É este o entendimento que a banca CESPE (atual CEBRASPE) adotou na prova de Advogado da União, do ano de 2015.

– Sempre bom saber o que a CEBRASPE pensa!

Quanto aos casos em que há a necessidade da licitação pública, o art. 7º, §2º, da Lei n. 8.666/93, exige uma certa adequação orçamentária anterior à assinatura do contrato administrativo. É indispensável que haja uma reserva orçamentária quando da abertura da licitação, conhecida como "pré-empenho", uma vez que o empenho propriamente dito somente ocorrerá quando a licitação se concretizar através da assinatura do contrato administrativo.

– Mais um ponto digno de uma questão interdisciplinar, envolvendo Direito Financeiro e Direito Administrativo.

Vai ficando esperto e grifando com sua marca texto o livro!

– Já estou fazendo isso desde o primeiro capítulo, professora.

Muito bom! Fico contente em saber que o livro está trazendo várias informações novas e importantes para seu estudo.

Voltando ao empenho...

Para comprová-lo, exige-se logo após, em regra, um documento, denominado de nota de empenho, o qual conterá o nome do credor, assim como a dotação orçamentária, o tipo de empenho, o valor empenhado, o saldo da dotação, a individualização da despesa, a assinatura da autoridade pública e outros requisitos, nos termos do art. 61, da Lei n. 4.320/64.

Quer mais uma informação digna de questão interdisciplinar?

> 💬 – Já estou com o marca-texto na mão!

Nos termos do art. 62, da Lei n. 8.666/93, a nota de empenho poderá substituir o contrato administrativo, criando para a Administração Pública, por conta desta substituição, a obrigação ao pagamento.

> 💬 – Confesso que este dispositivo me passou desapercebido quando fiz a leitura da Lei de Licitações Públicas.

Outra informação importante é que há casos previstos em lei que dispensam a emissão da nota de empenho, entretanto, jamais o empenho será dispensado. Assim, geralmente dispensa-se a nota de empenho em despesas com sentenças judiciais e encargos e juros da dívida ativa.

> 💬 – Já vi isso sendo cobrado em prova de concurso público.

Trata-se de uma pegadinha muito contumaz nas provas. Preste atenção!

Quanto aos tipos de empenho, são três: ordinário, por estimativa e global.

> 💬 – Lá vem a classificação!

É bem simples.

O empenho ordinário é aquele cujo montante é conhecido previamente para despesas normais e o pagamento ocorrerá de uma vez só. Já o empenho por estimativa é cabível nas circunstâncias em que é impossível determinar precisamente o quantum da despesa, embora se tenha uma estimativa aproximada, logo, o montante da despesa é desconhecido. Por fim, o empenho global deduz em um montante conhecido, embora, por conta do objeto ou do serviço contratado, o pagamento será realizado em parcelas, como ocorre no caso dos alugueres.

Nos contratos, cuja a duração ultrapasse o exercício financeiro, o empenho global estará restrito aos créditos orçamentários destinados a um único exercício financeiro, ou seja, a cada exercício será necessário um empenho global referente ao valor do contrato.

– Professora, em sua videoaula, lembro-me que mencionou sobre a anulação do empenho ou algo do tipo.

Que bom que está atento às minhas aulas. Sobre este tema, para fins de lembrança, saiba que poderá ocorrer a anulação do empenho, quando o credor não cumprir com a contraprestação assumida, assim como quando o empenho foi emitido de forma incorreta, devendo ser emitida uma nota de anulação de empenho, a qual tem por objetivo devolver q quantia referente ao saldo orçamentário anulado.

Terminamos a parte referente ao empenho!

– O que vem agora mesmo?! Ah, a liquidação.

3.1.2. Liquidação

A fase de liquidação consiste na verificação do direito adquirido pelo credor, por meio dos títulos e documentos comprobatórios que comprovem o implemento da condição, nos termos do art. 63, da Lei n. 4.320/64.

– Logo, antes de ser paga, toda despesa deverá ser verificada!

Acaso as condições contratuais não tenham sido cumpridas, a Administração Pública deverá proceder à anulação do empenho. Por outro lado, acaso tenham sido cumpridas as condições contratuais, o credor terá o direito de exigir da Administração que efetue o respectivo pagamento.

3.1.3. Ordem de pagamento

Aqui, basta que seja realizado pela autoridade competente, o ordenador da despesa, nos termos do art. 64, da Lei 4.320/64[4].

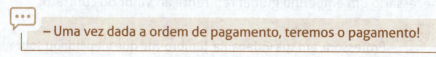
– Uma vez dada a ordem de pagamento, teremos o pagamento!

É a lógica!

3.1.4. Pagamento

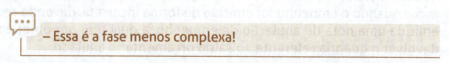
– Essa é a fase menos complexa!

O pagamento é o ato pelo qual a Administração Pública realiza a entrega do quantum correspondente, recebendo, do credor, a devida quitação, após a regular liquidação, conforme o art. 62, da Lei n. 4.320/64.

– Muito simples!

3.2. Ciclo analítico

Você já sabe, conforme mencionei anteriormente, que este ciclo pode ser denominado, também, de ciclo amplo ou completo. Não se esqueça!

---

4. "Art. 64. A ordem de pagamento é o despacho exarado por autoridade competente, determinando que a despesa seja paga.
Parágrafo único. A ordem de pagamento só poderá ser exarada em documentos processados pelos serviços de contabilidade".

CAPÍTULO 3 → Despesa pública

— Pode deixar, professora. Não me esquecerei!

Pois bem, vamos começar a estudá-lo.

3.2.1. Nota de autorização de despesa

O ente que vir a solicitar a despesa ou que solicitará a realização do gasto público deverá expedir a nota de autorização de despesa, consistindo em uma solicitação da despesa com aprovação pelo órgão competente.

Portanto, teremos o ente solicitante que identificará aquilo que realmente precisa, analisando o custo aos cofres públicos, devendo o motivo levar em consideração a necessidade pública. Ou seja, na estrutura organizacional de um órgão público, a autoridade analisará a solicitação e aprovará por meio da expedição da nota de autorização de despesa ou não.

— Comparando com o ciclo anterior, aqui já estaríamos vislumbrando o empenho, professora?

Não! Nesse caso em tela, alguém, que faça parte dos quadros de um órgão público, solicitará uma determinada despesa. Suponha que haja necessidade da aquisição de materiais de escritório. O responsável pela referida análise fará a solicitação da compra deste material específico. Desta feita, a solicitação será encaminhada à autoridade competente que poderá aprovar a despesa, analisando, portanto, a fundamentação apresentada e os dados que acompanham a solicitação.

— Então, com a aprovação da solicitação que a nota de expedição de despesa será emitida?

Sim! E essa nota de expedição de despesa irá realizar uma vinculação do valor necessário a ser gasto.

— E se o Estado desistir da despesa, professora?

Neste caso, se o Estado desistir da realização da despesa, será necessário cancelar a nota de autorização de despesa.

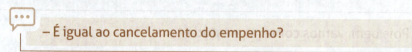
– É igual ao cancelamento do empenho?

Não! Tome muito cuidado, pois ainda sequer chegamos no empenho. No estudo do ciclo analítico algumas fases antecedem esta.

Essa nota de autorização de despesa consiste em uma reserva específica dentro da própria Administração Pública para poder prosseguir na contratação de serviços e aquisição de materiais.

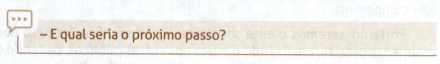
– E qual seria o próximo passo?

3.2.2. Licitação

Está respondida a sua pergunta!

– Direito Administrativo novamente....

Mas não irei exaurir o tema aqui, ok? Isso cabe a "Diálogos sobre o Direito Administrativo". Vamos, apenas, estudar conforme o assunto em questão.

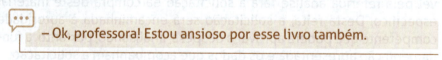
– Ok, professora! Estou ansioso por esse livro também.

Nossa coleção DIÁLOGOS é excelente, né?! Mas, agora, vamos focar no que interessa por aqui.

Uma vez realizada a reserva, ocorrerá a realização de um procedimento licitatório, quando obrigatório.

Portanto, primeiramente, verifica-se se é o caso de realizar licitação, que, como você bem sabe, consiste em um concurso para identificar quem será aquele que irá propor a melhor proposta para o Estado contratar. No meu exemplo, material de escritório.

– Realizada a licitação, ao final, em regra, teremos a adjudicação!

Exatamente! A adjudicação consiste na confirmação em definitivo daquele fornecedor com o qual a Administração Pública deverá contratar. Isto é, acaso a Administração Pública licitante decida contratar, deverá ser feita, a contratação, com aquele fornecedor que teve o objeto da licitação adjudicado.

– E, após a adjudicação, teremos o contrato.

3.2.3. Contrato

Como você bem sabe, o contrato é a documentação do negócio jurídico. Desta feita, realizada a contratação, teremos a execução contratual. E, neste momento, teremos, concomitantemente, a expedição da nota de empenho, ou seja, no momento da contratação.

Desta forma, haverá a vinculação formal da nota de empenho ao que foi contratado.

Como já mencionei anteriormente, durante o estudo do ciclo reduzido, há situações, consideradas como simplificadas, em que ocorrerá a substituição do contrato administrativo pela nota de empenho de despesa.

– No caso tido como exemplo referente ao material escritório?!

Pode ser, desde que seja uma relação simplificada, quando for considerada uma pequena quantidade de material de escritório, sendo dispensável o contrato, podendo ser substituído pela nota de empenho da despesa.

Posteriormente, teremos a liquidação, a ordem de pagamento e o pagamento, conforme já estudado no ciclo reduzido.

– E, acabou?

811

3.2.4. Relatório

Não! Após o pagamento ser realizado, teremos o relatório, o qual consiste em uma documentação com todas as peças do ciclo de despesa, devendo ser encaminhado ao Tribunal de Contas juntamente com todos os demais documentos para que seja realizada a prestação de contas.

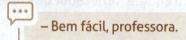

– Bem fácil, professora.

3.3. Suprimento de fundos

Importante que você saiba que, conforme previsto no art. 5º, III, "b", da Lei de Responsabilidade Fiscal (LRF)[5], o suprimento de fundos não atravessa todo este ciclo da despesa.

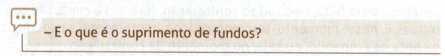

– E o que é o suprimento de fundos?

É o pagamento de pequenas despesas, como no caso o pagamento e transporte por meio de táxi em uma distância reduzida.

Por serem insignificantes, tais pagamentos não atravessam todo o ciclo da despesa.

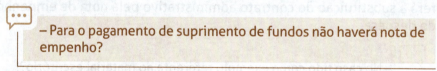

– Para o pagamento de suprimento de fundos não haverá nota de empenho?

Haverá sim. Teremos um a nota de empenho específica para o suprimento de fundos.

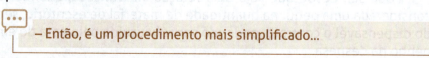

– Então, é um procedimento mais simplificado...

---

5. "Art. 5º O projeto de lei orçamentária anual, elaborado de forma compatível com o plano plurianual, com a lei de diretrizes orçamentárias e com as normas desta Lei Complementar:
III - conterá reserva de contingência, cuja forma de utilização e montante, definido com base na receita corrente líquida, serão estabelecidos na lei de diretrizes orçamentárias, destinada ao:
b) atendimento de passivos contingentes e outros riscos e eventos fiscais imprevistos."

Exatamente isso! Além do pagamento de suprimento de fundos, temos este procedimento mais simplificado quando há a necessidade da realização de despesas emergenciais, como no caso de calamidades públicas, por exemplo, algo que veremos mais adiante.

3.4. Adiantamento

Consiste na entrega do quantum ao servidor, devendo ser sempre precedida de empenho, cujo fim é de realizar despesas expressamente previstas em lei.

Vislumbra-se numa inversão entre as fases da liquidação e do pagamento, dado que o Poder Público, primeiramente, paga para, posteriormente, liquidar a despesa.

– E sempre será possível o adiantamento, professora?

Será vedado o adiantamento ao servidor quando não foi comprovado o último suprimento recebido ou sua prestação de contas tenha sido impugnada ou que tenha sido responsável por dois adiantamentos.

Vide os artigos 68 e 68, ambos da Lei n. 4.320/64:

> "Art. 68. O regime de adiantamento é aplicável aos casos de despesas expressamente definidos em lei e consiste na entrega de numerário a servidor, sempre precedida de empenho na dotação própria para o fim de realizar despesas, que não possam subordinar-se ao processo normal de aplicação.
>
> Art. 69. Não se fará adiantamento a servidor em alcance nem a responsável por dois adiantamentos."

4. REGIME CONTÁBIL

– Sobre este ponto, lembro-me que na parte referente às receitas públicas você havia comentado algo sobre.

Verdade! Bom que você já tem ideia sobre o que estamos falando.

— Mais ou menos. Lembro-me que você havia mencionado que no capítulo referente às despesas públicas eu aprenderia sobre.

Vamos lá, então!

Trata-se de um procedimento para realização dos registros dos fatos, podendo ser classificados como regime de caixa, regime de competência e regime misto.

O art. 35, da Lei n. 4.320/64, dispõe que pertencem ao exercício financeiro as receitas nele arrecadas e as despesas nele legalmente empenhadas, portanto, instituiu, para a receitas, o regime contábil de caixa, ao passo que para as despesas, o regime de competência.

Comparando as receitas públicas e as despesas públicas, temos:

DESPESAS	RECEITAS
Regime de competência	Regime de caixa

— Para o regime de caixa, consideram-se como receitas do exercício as efetivamente recebidas, independentemente de quando seu ingresso estava previsto para acontecer. É isso?

Sim. Desta feita, embora o ingresso da receita tivesse previsto para o mês de fevereiro, caso efetivamente tenha ingressado em maio, será considerada como receita do mês de maio.

Em relação ao regime de competência, este considera o exercício em que a despesa tenha sido empenhada e não o que foi efetivamente paga. Logo, caso tenha sido empenhada em maio de 2018, mas foi paga somente em novembro de 2020, será contabilizada como despesa de maio de 2018, isto é, do mês e ano em que foi empenhada.

Embora esta constitua a regra, há exceções. No caso de uma despesa do exercício de 2018, não paga neste exercício, deverá ser inscrita em restos a pagar em 31.12.2018 para ser paga em 2019. Acaso até 31.12.2019 não tenha sido paga, tal despesa será cancelada, porém, o credor ainda permanecerá no seu direito de receber o montante. Acaso em 01.01.2020 o credo reclamar o valor, a Administração Pública irá proceder ao pagamento com a rubrica "despesas de exercícios anteriores", sendo considerada como despesa normal do orçamento vigente, isto é, de 2020.

Outra exceção é em relação ao pagamento antecipado de uma despesa, como no caso de garantia de um contrato ou fornecimento de produto exclusivo. Desta feita, uma despesa de 2020 poderá ser empenhada, liquidada e paga em 2019, incluída como despesa do exercício anterior.

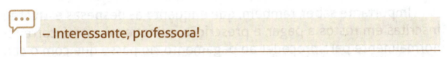
– Interessante, professora!

Outro tema interessante e muito complexo é referente aos restos a pagar.

– Vamos estudá-lo, então!

5. RESTOS A PAGAR

São denominados, também, como resíduos passivos, isto porque consistem em despesas empenhadas e não pagas até 31 de dezembro do respectivo exercício financeiro, conforme o art. 36, da Lei n. 4.320/64.

> "Art. 36. Consideram-se Restos a Pagar as despesas empenhadas mas não pagas até o dia 31 de dezembro distinguindo-se as processadas das não processadas."

– E o que são essas despesas processadas?

Por despesas processadas (restos a pagar processadas) compreende-se aquelas cujo empenho é executado e liquidado, estando prontas para a realização do pagamento, consistindo em dívida pública flutuante. Diferentemente das despesas não processadas (restos a pagar não processados), as quais os contratos e convênios estão em plena execução, porém não estão liquidadas, não havendo direito líquido e certo do credor ao recebimento do quantum referente.

> – Acaso não sejam pagos os valores inscritos em restos a pagar até 31.12 do exercício financeiro subsequente, o que acontecerá?

Estes serão cancelados, dado que é vedada a reinscrição de empenhos em restos a pagar.

Importante saber, também, que enquanto as despesas estiverem inscritas em restos a pagar, a prescrição quinquenal estará correndo normalmente para proceder ao pagamento, ao passo que com o cancelamento dos restos a pagar, haverá a interrupção da prescrição. Os restos a pagar cancelados recebem o nome de restos a pagar com prescrição interrompida.

> – Que interessante!

Nos termos do parágrafo único do art. 36, da Lei n. 4.320/64, em se tratando de créditos com vigência plurianual, os empenhos vinculados a estes que não tenham sido liquidados, só serão computados como restos a pagar no último ano de vigência do crédito. Logo, somente os créditos plurianuais liquidados é que serão inscritos em restos a pagar.

> "Art. 36, Parágrafo único. Os empenhos que sorvem a conta de créditos com vigência plurianual, que não tenham sido liquidados, só serão computados como Restos a Pagar no último ano de vigência do crédito."

> – Professora, e quanto aos restos a pagar ao final de mandato?

Em relação a restos a pagar em final de mandato, o art. 42, da Lei de Responsabilidade Fiscal dispõe ser vedado aos titulares dos Poderes e órgãos nos últimos dois quadrimestres de seus respectivos mandatos, isto é, nos últimos oito meses, que contraiam obrigação de despesa que não possa ser cumprida integralmente dentro dele ou que tenham parcelas a serem pagas no exercício seguinte sem que haja disponibilidade de caixa para este efeito.

> "Art. 42. É vedado ao titular de Poder ou órgão referido no art. 20, nos últimos dois quadrimestres do seu mandato, contrair obrigação de despesa que não possa ser cumprida integralmente dentro dele, ou que tenha parcelas a serem pagas no exercício seguinte sem que haja suficiente disponibilidade de caixa para este efeito."

Ademais, vale destacar que o art. 359-C, do Código Penal dispõe ser crime assumir obrigação no último mandato ou legislatura sem recursos para o seu pagamento.

– Vou fazer a leitura deste dispositivo do Código Penal, pois sinto que será cobrado na minha prova de concurso público.

6. DESPESAS DE EXERCÍCIOS ANTERIORES (DEA)

Acaso despesas que não tenham sido pagas em seus respectivos exercícios, poderão ser pagas em exercícios posteriores, referindo-se a exercícios anteriores, uma vez que, como mencionado, as despesas seguem o regime de competência, não importando quando forem adimplidas, sendo denominadas de despesas de exercícios anteriores (DEA). Vide o art. 37, da Lei n. 4.320/64:

> "Art. 37. As despesas de exercícios encerrados, para as quais o orçamento respectivo consignava crédito próprio, com saldo suficiente para atendê-las, que não se tenham processado na época própria, bem como os Restos a Pagar com prescrição interrompida e os compromissos reconhecidos após o encerramento do exercício correspondente poderão ser pagos à conta de dotação específica consignada no orçamento, discriminada por elementos, obedecida, sempre que possível, a ordem cronológica."

– Bem confusa a redação deste dispositivo.

817

Vou explicar melhor. Nos termos do dispositivo apresentado, há três hipóteses: despesas de exercícios anteriores não processados em época própria; restos a pagar com prescrição interrompida e; compromissos reconhecidos após o encerramento do exercício financeiro.

Seguindo a premissa de que toda despesa deve ser empenhada, embora haja DEA oriunda de empenhos anulados, para que ela seja paga, deverá a despesa correspondente ser empenhada novamente, necessitando de uma autorização orçamentária para tanto, já que o pagamento corre às custas do orçamento vigente.

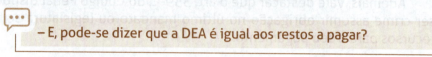

– E, pode-se dizer que a DEA é igual aos restos a pagar?

Há diferenças!

Distinguem-se as despesas de exercícios anteriores e os restos a pagar. A DEA consiste em uma despesa orçamentária, ao passo que os restos a pagar é despesa extraorçamentária. Também, outra diferença crucial é que a DEA é paga mediante receita do exercício em curso, diferentemente dos restos a pagar, cujo pagamento será efetivado mediante receita de exercício anterior.

Para melhor compreensão, vide:

DESPESAS DE EXERCÍCIOS ANTERIORES (DEA)	RESTOS A PAGAR
Despesa orçamentária	Despesa extraorçamentária
Adimplida com receita de exercício em curso	Adimplida com receita do exercício anterior

– Agora eu entendi!

7. ANULAÇÃO DE DESPESAS

Em relação a anulação de despesas orçamentárias, poderão ser anuladas no próprio exercício financeiro em que foram empenhadas ou em exercícios financeiros futuros.

– O que ocorre se a anulação for vislumbrada no próprio exercício financeiro?

Acaso haja a anulação no próprio exercício financeiro, haverá o estorno do valor empenhado, revertendo o valor cancelado ao saldo da respectiva dotação. Diferentemente do que ocorre em relação a anulação após o exercício financeiro, quando o valor já tinha sido pago, a restituição deverá ser classificada como receita orçamentária, ao passo que se a despesa ainda tiver sido paga, inscrita em restos a pagar, o cancelamento ou a baixa também será classificada como receita orçamentária.

8. LIMITAÇÃO DE EMPENHO

– Limitação de empenho?

Esse assunto é de suma importância! Nos termos do art. 9º, da Lei de Responsabilidade Fiscal se verificado, ao final de um bimestre, que a realização da receita poderá não comportar o cumprimento das metas de resultado primário ou nominal estabelecidas no Anexo de Metas Fiscais, os Poderes e o Ministério Público promoverão, por ato próprio e nos montantes necessários, nos 30 (trinta) dias subsequentes, limitação de empenho e movimentação financeira, segundo os critérios fixados pela lei de diretrizes orçamentárias.

Contudo, algumas obrigações não poderão ser objeto de limitação de empenho, nos termos do §2º, do mesmo artigo, tais quais, as despesas que constituam obrigações constitucionais e legais do ente, como as transferências constitucionais, os gastos com a saúde e com a educação, inclusive aquelas destinadas ao pagamento do serviço da dívida, as relativas à inovação e ao desenvolvimento científico e tecnológico custeadas por fundo criado para tal finalidade e as ressalvadas pela lei de diretrizes orçamentárias.

– Irei guardar estas exceções.

Vale mencionar que o §3º do art. 9º possuía a redação no seguinte sentido: "No caso de os Poderes Legislativo e Judiciário e o Ministério Público não promoverem a limitação no prazo estabelecido no caput, é o Poder Executivo autorizado a limitar os valores financeiros segundo os critérios fixados pela lei de diretrizes orçamentárias." O Supremo Tribunal Federal, no julgamento da ADI 2238 entendeu que tal limitação é inconstitucional, em obediência ao princípio da separação dos poderes.

Também, destacam-se os §§ 4º e 5º, do art. 9º, cobrados constantemente nas provas de concurso público:

> "§4º Até o final dos meses de maio, setembro e fevereiro, o Poder Executivo demonstrará e avaliará o cumprimento das metas fiscais de cada quadrimestre, em audiência pública na comissão referida no § 1º do art. 166 da Constituição ou equivalente nas Casas Legislativas estaduais e municipais.
>
> §5º No prazo de noventa dias após o encerramento de cada semestre, o Banco Central do Brasil apresentará, em reunião conjunta das comissões temáticas pertinentes do Congresso Nacional, avaliação do cumprimento dos objetivos e metas das políticas monetária, creditícia e cambial, evidenciando o impacto e o custo fiscal de suas operações e os resultados demonstrados nos balanços."

A limitação de empenho também será obrigatória para que o ente obtenha o resultado primário necessário à recondução da dívida consolidada aos limites legais. No mais, retomando o crescimento das receitas, ainda que parcial, a recomposição das dotações, cujos empenhos foram limitados dar-se-á de forma proporcional às reduções efetivadas.

– E se, por ventura, ocorrer uma situação de calamidade pública?

Na ocorrência de calamidade pública reconhecida pelo Congresso Nacional, no caso da União, ou pelas Assembleias Legislativas, na hipótese dos Estados e Municípios, enquanto perdurar a situação serão dispensados o atingimento dos resultados fiscais e a limitação de empenho prevista no art. 9º, conforme dispõe o art. 65, da Lei de Responsabilidade Fiscal.

9. AUMENTO DA DESPESA

– A despesa poderá ser aumentada, professora?

Com certeza! Isso é bem corriqueiro, diga-se de passagem.

– Mas como será possível que esse aumento ocorra respeitando os preceitos da Lei de Responsabilidade Fiscal?

Toda criação, expansão ou aperfeiçoamento de ação do governo que gere um aumento de despesas, serão acompanhadas, nos termos do art. 16, da Lei de Responsabilidade Fiscal, de estimativa do impacto orçamentário-financeiro no exercício em que deva entrar em vigor e nos dois subsequentes; e declaração do ordenador da despesa de que o aumento tem adequação orçamentária e financeira com a lei orçamentária anual e compatibilidade com o plano plurianual e com a lei de diretrizes orçamentárias. Importante mencionar que tal estimativa será acompanhada das premissas e metodologias de cálculo utilizadas.

– E se não estiver acompanhada desta estimativa?

É considerada lesiva ao patrimônio público a assunção de obrigação relativa à criação, ou expansão, de ação governamental, desacompanhada da respectiva estimativa de impacto orçamentário financeiro, no exercício em que deva entrar em vigor e nos dois subsequentes.

O cumprimento das condições listadas acima constitui requisito para o empenho, assim como para a licitação e a desapropriação de imóveis urbanos, salvo se a lei de diretrizes disciplinar as despesas de pequeno valor que não se subordinarão a tais exigências.

– Então, a despesa deverá ser adequada a lei orçamentária anual e compatível com o plano plurianual?

Boa constatação!

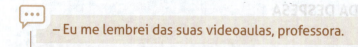

> – Eu me lembrei das suas videoaulas, professora.

Excelente. No entanto, sabe o que significa que deverá ser adequada com a lei orçamentária anual e compatível com o plano plurianual?

> – Eu me esqueci...

Considera-se adequada com a lei orçamentária anual a despesa objeto de dotação específica e suficiente, ou que esteja abrangida por crédito genérico, de forma que somadas todas as despesas da mesma espécie, realizadas e a realizar, previstas no programa de trabalho, não sejam ultrapassados os limites estabelecidos para o exercício. Também, importante conhecer a despesa compatível com o plano plurianual e com as leis orçamentárias anuais: a despesa que se conforme com as diretrizes, objetivos, prioridades e metas previstos nesses instrumentos e não infrinja qualquer de suas disposições.

Feitas essas considerações, vamos estudar a DOCC!

> – Disso eu não me lembro!

10. DESPESA OBRIGATÓRIA DE CARÁTER CONTINUADO (DOCC)

A DOCC é uma despesa corrente, já que é destinada à manutenção dos serviços existentes, derivada de uma lei, medida provisória ou de ato administrativo normativo, a qual se prolonga por no mínimo 2 (dois) anos, isto é, a obrigação legal de sua execução será por um período superior a dois exercícios financeiros.

As exigências estão previstas no art. 17, da Lei de Responsabilidade Fiscal, as quais não se aplicam às despesas de capital, pois como mencionado, a DOCC é uma despesa corrente!

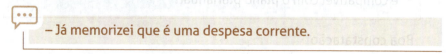

> – Já memorizei que é uma despesa corrente.

CAPÍTULO 3 → Despesa pública

Ótimo!

A prorrogação da despesa criada por prazo determinado é equiparada ao aumento de despesas, nos termos do art. 17, §7º, da Lei de Responsabilidade Fiscal.

O artigo 17, da Lei de Responsabilidade Fiscal traz os seguintes requisitos, os quais, em regra, deverão ser observados:

REQUISITOS
Estimativa do impacto orçamentário-financeiro no exercício presente e nos dois subsequentes;
Compatibilidade com o plano plurianual e com a lei de diretrizes orçamentárias;
Demonstração da origem dos recursos para o seu custeio;
Não afetação das metas de resultados fiscais – anexo de metas fiscais;
Plano de compensação, mediante aumento permanente de receitas ou redução permanente de despesa.

Entretanto, tais requisitos estão dispensados de serem observados nas seguintes situações:

EXCEÇÕES ÀS DOCC
Pagamento do serviço da dívida
Reajustamento geral de remuneração de pessoal

💬 – E, justamente, tais exceções que serão cobradas na prova, aposto!

Como sempre, né?

No mais, a Lei de Responsabilidade Fiscal, no §2º, do art. 17, dispõe que os efeitos financeiros decorrentes da despesa criada ou aumentada deverão ser compensados pelo aumento permanente de receita ou pela redução permanente de despesa. Neste ponto, deve-se ter cautela em não confundir a DOCC e a renúncia de receita já estudada em unidade anterior.

Em relação às medidas de compensação para a DOCC, o aumento de receita ou diminuição da despesa constitui um requisito

823

obrigatório, ao passo que no instituto de renúncia de receita, trata-se de um requisito alternativo, como já estudado. Tanto a DOCC quanto a renúncia de receita só podem ser viabilizadas mediante o implemento da medida de compensação. A Lei orçamentária anual será acompanhada destas medidas de compensação quanto à renúncia de receita quanto à DOCC.

– E quanto às despesas com pessoal, professora?

11. DESPESAS COM PESSOAL

As despesas com pessoal classificam-se como despesas de custeio, compreendendo o somatório dos gastos do ente da Federação com ativos, inativos, pensionistas, relativos a mantados eletivos, cargos, funções ou empregos, civis, militares e de membros de Poder, com qualquer espécies remuneratórias, tais como vencimentos e vantagens, fixas e variáveis, subsídios, proventos da aposentaria, reformas e pensões, inclusive adicionais, gratificações, horas extras e vantagens pessoais de qualquer natureza, bem como encargos sociais e contribuições recolhidas pelo ente às entidades previdenciárias, nos termos do art. 18, da LRF.

– Essa classificação é bem importante!

Importante, também, é saber que a despesa total com pessoal será apurada somando-se a realizada no mês em referência com as dos onze imediatamente anteriores, adotando-se o regime de competência, independentemente de empenho.

Os valores dos contratos de terceirização de mão de obra que se referem à substituição de servidores e empregados públicos serão contabilizados como "outras despesas de pessoal", nos termos do §1º, do art. 18, da Lei de Responsabilidade Fiscal.

– E quanto aos limites? Eles são bem cobrados em provas...

CAPÍTULO 3 → Despesa pública

Em relação aos limites para despesas com pessoal, o art. 19, da Lei de Responsabilidade Fiscal dispõe:

UNIÃO	ESTADOS/ DF	MUNICÍPIOS
Limite máximo que pode gastar: 50% da receita corrente líquida	**Limite máximo que pode gastar:** 60% da receita corrente líquida	**Limite máximo que pode gastar:** 60% da receita corrente líquida
Desse total, cada Poder somente poderá gastar até: **Executivo:** 40,9% **Legislativo e TCU:** 2,5% **Judiciário:** 6% **MPU:** 0,6%	Desse total, cada Poder somente poderá gastar até: **Executivo:** 49% **Legislativo e TCE:** 3% **Judiciário:** 6% **MPE:** 2%	Desse total, cada Poder somente poderá gastar até: **Executivo:** 54% **Legislativo e TCM:** 6% **Judiciário:** não há **MP:** não há

Nos termos da ADI 5449 MC, rel. Min. Teori Zavascki, julgado em 13.03.2016, a Lei de Responsabilidade Fiscal estabelece em seus artigos 19 e 20 que a União, os Estados/DF e os Municípios poderão ter gastos com despesas de pessoal, sendo inconstitucional lei estadual que amplia os limites máximos de gastos com pessoal fixados nestes dispositivos em destaque. O art. 169, da CF/88 dispõe que a despesa com pessoal destes entes não poderá exceder os limites estabelecidos em lei complementar nacional, no caso, a LC 101/2000 (LRF).

– Logo, a legislação estadual, ao fixar os limites de gastos mais generosos, viola os parâmetros normativos contidos na lei complementar em comento, usurpando a competência da União para legislar acerca do assunto.

Boa conclusão!

Vale lembrar que a receita corrente líquida contempla a receita corrente dos entes, excluindo as parcelas que são transferidas por conta da repartição da arrecadação tributária. Será considerada a receita corrente líquida do período do mês atual somados ao 11 (onze) meses imediatamente anteriores para ser verificada a apuração da despesa com pessoal.

Algumas despesas são excluídas do cômputo do gasto com pessoal, conforme dispõe o art. 19, §1º, da LRF.

825

DESPESAS EXCLUÍDAS
Indenização por demissão de servidores ou empregados;
Incentivos à PDV;
Decorrentes de decisão judicial e da competência de período anterior
Em relação a inativos, ainda que por intermédio de fundo específico, custeados por: • Arrecadação de contribuição dos segurados; • Compensação financeira, nos termos do art. 201, §9º, da CF/88; • As despesas com inativos e pensionistas, ainda que adimplidas por meio de unidade gestora única ou fundo constituído exclusivamente para pagamento de proventos de aposentadoria e pensões concedidas aos servidores e seus dependentes, no que tange à parcela custeada por recursos oriundos de transferências destinadas a promover o equilíbrio atuarial do regime de previdência, conforme definido pelo órgão do Poder Executivo federal responsável pela orientação, pela supervisão e pelo acompanhamento dos regimes próprios de previdência social dos servidores públicos.

Vale destacar que a Lei Complementar 178/2021, trouxe uma novidade ao referido artigo. Trata-se do §3º, o qual prevê que na verificação do atendimento dos limites das despesas com pessoal é vedada a dedução da parcela custeada com recursos aportados para a cobertura do déficit financeiro dos regimes de previdência.

O plenário do STF compreendeu no julgamento da ACO 2099 AgR/MA, j. 18.12.2015, que o Estado só poderá sofrer restrições nos cadastros de devedores da União por atos praticados pelo Poder Executivo. Em consequência, atos dos Poderes Legislativo, Judiciário, assim como do Ministério Público, Tribunal de Contas e dos entes da Administração Pública Indireta, como as autarquias e as empresas públicas, não podem gerar sanções contra os Estados, diante da ausência de ingerência direta do Executivo sobre eles.

– Professora, e há despesas que podem ser anuladas?

Há sim! Na verdade, são nulas de pleno direito.

Interessante mencionar que com a crise ocasionada pela pandemia da COVID-19, em 27 de maio de 2020, foi publicada a Lei Complementar 173, a qual alterou o art. 21, da Lei de Responsabilidade Fiscal. A leitura desse dispositivo é imprescindível, pois se trata de tema novo diante do estado de calamidade pública vivenciado:

CAPÍTULO 3 → Despesa pública

Art. 21. É nulo de pleno direito: (Redação dada pela Lei Complementar nº 173, de 2020)

I - o ato que provoque aumento da despesa com pessoal e não atenda:

a) às exigências dos arts. 16 e 17 desta Lei Complementar e o disposto no inciso XIII do caput do art. 37 e no § 1º do art. 169 da Constituição Federal; e (Incluído pela Lei Complementar nº 173, de 2020)

b) ao limite legal de comprometimento aplicado às despesas com pessoal inativo; (Incluído pela Lei Complementar nº 173, de 2020)

II - o ato de que resulte aumento da despesa com pessoal nos 180 (cento e oitenta) dias anteriores ao final do mandato do titular de Poder ou órgão referido no art. 20; (Redação dada pela Lei Complementar nº 173, de 2020)

III - o ato de que resulte aumento da despesa com pessoal que preveja parcelas a serem implementadas em períodos posteriores ao final do mandato do titular de Poder ou órgão referido no art. 20; (Incluído pela Lei Complementar nº 173, de 2020)

IV - a aprovação, a edição ou a sanção, por Chefe do Poder Executivo, por Presidente e demais membros da Mesa ou órgão decisório equivalente do Poder Legislativo, por Presidente de Tribunal do Poder Judiciário e pelo Chefe do Ministério Público, da União e dos Estados, de norma legal contendo plano de alteração, reajuste e reestruturação de carreiras do setor público, ou a edição de ato, por esses agentes, para nomeação de aprovados em concurso público, quando: (Incluído pela Lei Complementar nº 173, de 2020)

a) resultar em aumento da despesa com pessoal nos 180 (cento e oitenta) dias anteriores ao final do mandato do titular do Poder Executivo; ou (Incluído pela Lei Complementar nº 173, de 2020)

b) resultar em aumento da despesa com pessoal que preveja parcelas a serem implementadas em períodos posteriores ao final do mandato do titular do Poder Executivo. (Incluído pela Lei Complementar nº 173, de 2020)

§ 1º As restrições de que tratam os incisos II, III e IV: (Incluído pela Lei Complementar nº 173, de 2020)

I - devem ser aplicadas inclusive durante o período de recondução ou reeleição para o cargo de titular do Poder ou órgão autônomo; e (Incluído pela Lei Complementar nº 173, de 2020)

827

II - aplicam-se somente aos titulares ocupantes de cargo eletivo dos Poderes referidos no art. 20. (Incluído pela Lei Complementar nº 173, de 2020)

§ 2º Para fins do disposto neste artigo, serão considerados atos de nomeação ou de provimento de cargo público aqueles referidos no § 1º do art. 169 da Constituição Federal ou aqueles que, de qualquer modo, acarretem a criação ou o aumento de despesa obrigatória. (Incluído pela Lei Complementar nº 173, de 2020)

– Ainda bem que você me deu esse toque, professora!

Fique tranquilo que, em breve, iremos estudar detalhadamente todas as modificações que a pandemia da COVID-19 ensejou no Direito Financeiro.

Por ora, é importante que você saiba que no que tange à despesa com pessoal, a referida lei complementar passou a tornar nulo, outros casos que tendem a aumentar a despesa com pessoal, além dos já previstos no texto anterior.

– Fico mais tranquilo!

Diante disso, analisando o referido dispositivo em conjunto com outros da Lei de Responsabilidade Fiscal (LRF) e da própria Constituição Federal de 1988, temos que é nulo de pleno direito o ato que provoque aumento da despesa com pessoal e não atenda:

DESPESAS NULAS
As exigências para a criação de despesas obrigatórias de caráter continuado;
As exigências para criação, expansão ou aperfeiçoamento de despesa;
As exigências do art. 169,§1º, da CF/88 que dispõe previsão na LDO;
O percentual de reserva dos cargos e empregos públicos para os portadores de deficiências e os critérios de sua admissão definidos em lei;
O limite de comprometimento aplicado às despesas com pessoal inativo;
O ato que resulte aumento da despesa com pessoal expedido nos 180 dias anteriores ao final do mandato do titular do respectivo poder ou órgão;
Ao ato que promova a vinculação ou equiparação de quaisquer espécies remuneratórias ao salário-mínimo

CAPÍTULO 3 → Despesa pública

– Vou memorizar isso, professora!

Ótimo!

Ainda sobre esse assunto, saiba que, nos termos do entendimento do Supremo Tribunal Federal proferido no julgamento da ADI n. 3599/DF, não há vício de constitucionalidade nas leis que criam cargos públicos sem as respectivas dotações orçamentárias prévias em legislação específica, mesmo que haja exigência expressa no art. 169, §1º, da CF/88. Entretanto, a eficácia da lei ficará condicionada à existência superveniente de dotação orçamentária suficiente para abarcar às despesas geradas, bem como de autorização específica na Lei de Diretrizes Orçamentárias.

No mesmo sentido da jurisprudência apresentada acima, nada impede que seja deferido um aumento na remuneração dos servidores mesmo que não haja previsão na LDO, apesar de ser requisito. Este aumento não será inválido, mas somente não valerá para o exercício financeiro em que foi concedido, e sim, para o seguinte.

– Sempre bom conhecer o entendimento do Supremo Tribunal Federal.

Principalmente para as provas da banca CEBRASPE. Você sabe que essa banca adora cobrar os informativos mais recentes, né? Esteja sempre atento.

– Pode deixar, professora!

Outra informação importante é que a concessão de aumento na remuneração de servidores de sociedade de economia mista e empresas públicas prescinde de autorização específica na Lei de Diretrizes Orçamentárias, bastando que haja prévia dotação orçamentária para tanto.

Quanto ao controle de gastos de pessoal, o prazo para aferição dos limites é o quadrimestre. São divididos em três espécies: limite de alerta, limite prudencial e ultrapassagem do limite.

– No limite de alerta não há uma punição, não é mesmo?

Conforme o art. 59, §1º, II, da LRF, compete ao Tribunal de Contas, quando a despesa de pessoal ultrapassar 90% do limite previsto em lei, realizar o limite de alerta. Nesta fase não há qualquer sanção para o gestor, mas somente uma notificação acerca da situação.

Em relação ao limite prudencial, acaso a despesa com pessoal venha exceder 95% do limite de cada órgão ou Poder, os Tribunais de Contas notificarão o Gestor e, nos termos do art. 22, da LRF, algumas vedações serão observadas:

> "Art. 22. A verificação do cumprimento dos limites estabelecidos nos arts. 19 e 20 será realizada ao final de cada quadrimestre.
>
> Parágrafo único. Se a despesa total com pessoal exceder a 95% (noventa e cinco por cento) do limite, são vedados ao Poder ou órgão referido no art. 20 que houver incorrido no excesso:
>
> I - concessão de vantagem, aumento, reajuste ou adequação de remuneração a qualquer título, salvo os derivados de sentença judicial ou de determinação legal ou contratual, ressalvada a revisão prevista no inciso X do art. 37 da Constituição;
>
> II - criação de cargo, emprego ou função;
>
> III - alteração de estrutura de carreira que implique aumento de despesa;
>
> IV - provimento de cargo público, admissão ou contratação de pessoal a qualquer título, ressalvada a reposição decorrente de aposentadoria ou falecimento de servidores das áreas de educação, saúde e segurança;
>
> V - contratação de hora extra, salvo no caso do disposto no inciso II do § 6º do art. 57 da Constituição e as situações previstas na lei de diretrizes orçamentárias."

Logo, se atingido o percentual de 95%, é vedado ao Poder ou ao órgão:

CAPÍTULO 3 → Despesa pública

VEDAÇÕES

Concessão de aumento ou adequação de remuneração a qualquer título, ressalvada a revisão geral anual da remuneração e os aumentos determinados por lei, contrato ou decisão judicial;
Criação de cargo, emprego ou função pública;
Alteração de estrutura de carreira que implique aumento de despesa;
Provimento de cargo público, admissão ou contratação de pessoal a qualquer título, ressalvada a reposição decorrente de aposentadoria ou falecimento de servidores das áreas de educação, saúde e segurança;
Contratação de hora extra, salvo no caso disposto no inciso II, do§6º do art. 57, da CF/88 (convocação extraordinária do CN em razão de urgência ou de interesse público relevante) e as situações previstas na LDO.

Uma atenção especial que faço é que não será viável a diminuição da remuneração dos cargos em comissão ou a diminuição da jornada de trabalho com o intuito de corrigir os limites de gastos com pessoal.

> 💬 – E ocorrendo a ultrapassagem dos 100%?

No caso de ultrapassagem do limite de 100%, com o intuito de recondução, haverá a eliminação do excedente no prazo de 8 (oito) meses (2 quadrimestres), sendo que, pelo menos, 1/3 no primeiro quadrimestre. Deverão ser adotadas as seguintes medidas para tanto, na respectiva ordem: redução, em pelo menos 20%, das despesas com cargos em comissão e função de confiança; exoneração de servidores não estáveis e; exoneração de servidores estáveis. Ademais, como sanção o ente ou o órgão não poderá receber transferências voluntárias, salvo se destinadas à saúde, à educação e à seguridade social.

Toma cuidado porque a segurança pública não se encontra no rol de exceções! Também, como sanção, não poderá contratar operações de crédito, salvo as destinadas ao pagamento da dívida mobiliária e à redução com pessoal.

Outra sanção é quanto ao recebimento de qualquer garantia de outro ente, algo que está vedado.

831

Tais sanções listadas serão aplicadas após esgotado o prazo para a recondução da despesa, isto é, acaso o limite não seja atingido. Embora, nada obsta que sejam aplicadas de imediato acaso o excesso venha a ocorrer no primeiro quadrimestre do último ano de mandato do chefe do Poder Executivo.

– Você poderia esquematizar, professora?

É pra já!

RECONDUÇÃO
Eliminação do excedente no prazo de dois quadrimestres (oito meses)
De pelo menos 1/3 no primeiro quadrimestre.

MEDIDAS
Redução, em pelo menos, 20% das despesas com cargos em comissão e função de confiança;
Exoneração de servidores não estáveis;
Exoneração de servidores estáveis.

SANÇÕES
Não poderá receber transferências voluntárias, exceto: • Destinadas à saúde; • Destinadas à educação; • Destinadas à assistência social.
Não poderá contratar operações de crédito, exceto: • Destinadas ao pagamento da dívida mobiliária; • Destinadas à redução de despesas com pessoal.
Receber qualquer garantia de outro ente.

– Ficou mais fácil para memorizar. Muito obrigado!

Aqui é o leitor quem manda!

CAPÍTULO 3 → Despesa pública

Ainda sobre esse tema, saiba que a Lei Complementar n. 164, de 18 de dezembro de 2018, acrescentou alguns parágrafos ao art. 23, da LRF[6], os quais vedam a aplicação de sanções ao ente municipal que vir a ultrapassar o limite para despesa total com pessoal quando estiver configurada uma queda significativa da receita por conta de situações especificadas em lei.

Por fim, vale destacar o tema 19 da repercussão geral, cuja tese foi fixada pelo Supremo Tribunal Federal em 25 de setembro de 2019:

> "O não encaminhamento do projeto de lei de revisão anual dos vencimentos dos servidores públicos, previsto no inciso X do art. 37 da CF/88, não gera direito subjetivo a indenização. Deve o Poder Executivo, no entanto, se pronunciar, de forma fundamentada, acerca das razões pelas quais não propôs a revisão."

12. DESPESAS COM SEGURIDADE SOCIAL

Quanto às despesas com seguridade social, isto é, quanto às ações na área de saúde, previdência e assistência social, temos a seguinte premissa: nenhum benefício ou serviço relativo à seguridade social poderá ser criado, majorado ou estendido sem a indicação da fonte de custeio total, atendidas ainda as exigências da LRF. Tais exigências são as contidas no art. 17, da LRF, desta feita, conclui-se que as despesas com seguridade social são, em regra, DOCC.

---

6. Art. 23, da LRF, § 5º As restrições previstas no § 3º deste artigo não se aplicam ao Município em caso de queda de receita real superior a 10% (dez por cento), em comparação ao correspondente quadrimestre do exercício financeiro anterior, devido a: (Incluído pela Lei Complementar nº 164, de 2018)
    I – diminuição das transferências recebidas do Fundo de Participação dos Municípios decorrente de concessão de isenções tributárias pela União; e (Incluído pela Lei Complementar nº 164, de 2018) Produção de efeitos
    II – diminuição das receitas recebidas de royalties e participações especiais. (Incluído pela Lei Complementar nº 164, de 2018)
    § 6º O disposto no § 5º deste artigo só se aplica caso a despesa total com pessoal do quadrimestre vigente não ultrapasse o limite percentual previsto no art. 19 desta Lei Complementar, considerada, para este cálculo, a receita corrente líquida do quadrimestre correspondente do ano anterior atualizada monetariamente. (Incluído pela Lei Complementar nº 164, de 2018)

Entretanto, há exceções à regra quanto à necessidade de previsão dos requisitos previstos no dispositivo em comento.

– Ixi, lá vão as exceções que são cobradas em provas de concurso público!

Para você não errar mais nenhuma questão:

EXCEÇÕES QUANTO AOS REQUISITOS DO ART. 17, DA LRF
Concessão de benefícios a quem satisfaça as condições de habilitação prevista na legislação pertinente;
Expansão quantitativa do atendimento e dos serviços prestados;
Reajustamento de valor do benefício ou serviço, a fim de preservar o seu valor real.

13. TRANSFERÊNCIAS VOLUNTÁRIAS

Consistem na entrega de recursos correntes ou de capital a outro ente da Federação, a título de auxílio, assistência financeira ou cooperação, desde que não decorra de determinação legal, constitucional ou destinados ao Sistema Único de Saúde (SUS), consoante o art. 25, da LRF. Com isso, temos que os recursos destinados aos Fundo de Participação dos Municípios e o Fundo de Participação dos Estados não consistem em transferências voluntárias.

– Lembro-me que já vi um pouco sobre o assunto em outras disciplinas. Sei que tais transferências voluntárias são viabilizadas por meio de convênios, contratos de repasse ou termos de parceria.

Muito bem!

Tratando-se de ações de educação, saúde e assistência social, não se podem aplicar sanções de suspensão de transferências voluntárias a determinado ente.

A Lei de Responsabilidade Fiscal veda a utilização de recursos transferidos em finalidades diversas da pactuada.

CAPÍTULO 3 → Despesa pública

Para que sejam viáveis tais transferências, alguns requisitos devem ser observados, nos termos do §1º, do art. 25, da Lei de Responsabilidade Fiscal:

"Art. 25, § 1º São exigências para a realização de transferência voluntária, além das estabelecidas na lei de diretrizes orçamentárias:

I - existência de dotação específica; (...)

III - observância do disposto no inciso X do art. 167 da Constituição;

IV - comprovação, por parte do beneficiário, de:

a) que se acha em dia quanto ao pagamento de tributos, empréstimos e financiamentos devidos ao ente transferidor, bem como quanto à prestação de contas de recursos anteriormente dele recebidos;

b) cumprimento dos limites constitucionais relativos à educação e à saúde;

c) observância dos limites das dívidas consolidada e mobiliária, de operações de crédito, inclusive por antecipação de receita, de inscrição em Restos a Pagar e de despesa total com pessoal;

d) previsão orçamentária de contrapartida."

REQUISITOS

Haver dotação orçamentária específica;
Não destinada ao pagamento de pessoal;
Beneficiário em dia com o pagamento de tributos, empréstimos e financiamentos devidos ao ente transferidos, assim como com prestação de contas de recursos anteriormente recebidos pelo ente transferidor;
Cumprimento dos limites constitucionais relativos à educação e à saúde;
Observância dos limites da dívida consolidada e mobiliária, bem como de operações de crédito, inclusive por antecipação de receita orçamentária, inscrição em restos a pagar, despesa total com pessoal;
Previsão orçamentária de contrapartida;
Outra exigências previstas na LDO.

835

— Sempre facilita a compreensão da letra seca da lei quando você esquematiza em tabelinhas.

Por isso, sempre as elaboro. Voltando ao tema...

Um ponto importante é que viola disposição da CF/88 o convênio firmado entre Estado e Município com o objetivo de realizar transferências voluntárias de recursos financeiros para pagamento de despesas com professores integrantes da rede pública de ensino, isto porque, trata-se de despesa de pessoal.

Um Estado pode receber transferências voluntárias da União mesmo que uma de suas entidades da administração indireta esteja inadimplente e inscrita em um dos cadastros restritivos federais, em respeito ao princípio da intranscedência das medidas restritivas de direito.

— Esse princípio já foi cobrado em prova de segunda fase de procuradoria. É bem importante!

A situação cobrada é a que irei lhe explicar agora.

Nos termos do julgado da ACO 732/AP, rel. Min. Marco Aurélio, j. em 10.05.2016, se a irregularidade no convênio foi praticada pelo gestor anterior e a gestão atual, que depois que assumiu, tomou todas as medidas para ressarcir o erário e corrigir falhas, como a apresentação de documentos indispensáveis ao órgão fiscalizador, neste caso, o ente em questão não poderá ser incluído nos cadastros de inadimplentes da União, uma vez que pelo princípio da intranscedência subjetiva das sanções proíbe a aplicação de sanções à administrações atuais por atos de gestão praticados por administradores anteriores.

Outras jurisprudências recentes interessantes para fins de prova sobre o assunto são indispensáveis para o estudo. O Superior Tribunal de Justiça compreendeu que se um consórcio público celebrou convênio com a União por meio do qual estão previstos repasses federais, o fato de um dos entes integrantes do consórcio possuir pendências inscritas no CAUC não pode impedir que o consórcio receba os valores prometidos, isso porque trata-se de pessoa jurídica

CAPÍTULO 3 → Despesa pública

distinta dos entes federativos que o integram e, consoante o princípio da intranscedência subjetiva das sanções, as punições impostas não podem superar a dimensão estritamente pessoal do infrator. É o entendimento do REsp1463921/PR, rel. Min. Humberto Martins, j. 10/11/2015.

Também, o Supremo Tribunal Federal compreende ser necessário que se observe o devido processo legal, principalmente a ampla defesa e o contraditório quanto à inscrição de entes públicos em cadastros federais de inadimplência (STF, 1ª T, ACO 732/AP, rel. Min Marco Aurélio, j. 10.05.2016).

14. DESTINAÇÃO DE RECURSOS AO SETOR PRIVADO

Conforme os artigos 26 a 28, da Lei de Responsabilidade Fiscal, para que sejam destinados recursos públicos ao setor privado, indispensável que sejam seguidos determinados requisitos.

> 💬 – Quais?

Esses:

REQUISITOS (ARTS. 26 A 28, DA LRF)
A destinação dos recursos deverá ser precedida de autorização em lei específica;
Atender as condições previstas na Lei de Diretrizes Orçamentárias (LDO);
A destinação deverá estar prevista em dotações da Lei Orçamentária Anual (LOA) ou em créditos adicionais.

Importante destacar o art. 26, da LRF, o qual aborda a destinação de recursos para cobrir necessidades de pessoas físicas ou déficits de pessoas jurídicas:

> "Art. 26. A destinação de recursos para, direta ou indiretamente, cobrir necessidades de pessoas físicas ou déficits de pessoas jurídicas deverá ser autorizada por lei específica, atender às condições estabelecidas na lei de diretrizes orçamentárias e estar prevista no orçamento ou em seus créditos adicionais.

§2º Compreende-se incluída a concessão de empréstimos, financiamentos e refinanciamentos, inclusive as respectivas prorrogações e a composição de dívidas, a concessão de subvenções e a participação em constituição ou aumento de capital."

– Quais são essas subvenções, professora?

As subvenções mencionadas no parágrafo em destaque, consistem em transferências correntes, ao passo que a participação em constituição ou aumento de capital se enquadram em despesas de capital na modalidade de investimento ou inversão financeira, consoante o caso concreto.

– Dando continuidade à leitura dos artigos seguintes, vi que o art. 27 dispõe sobre a concessão de créditos por parte do ente da Federação. Isso é viável?

Isso mesmo! O art. 27, da LRF dispõe acerca da concessão de créditos por ente da Federação à pessoa física ou jurídica que não esteja sob o seu controle direto ou indireto:

> "Art. 27. Na concessão de crédito por ente da Federação a pessoa física, ou jurídica que não esteja sob seu controle direto ou indireto, os encargos financeiros, comissões e despesas congêneres não serão inferiores aos definidos em lei ou ao custo de captação.
>
> Parágrafo único. Dependem de autorização em lei específica as prorrogações e composições de dívidas decorrentes de operações de crédito, bem como a concessão de empréstimos ou financiamentos em desacordo com o caput, sendo o subsídio correspondente consignado na lei orçamentária."

Percebe-se que o *caput* do artigo em destaque traz a regra que os encargos financeiros, as comissões e as despesas congêneres não serão inferiores aos definidos em lei ou ao custo de captação, entretanto, o parágrafo único traz exceção, desde que haja autorização em lei específica, devendo o subsídio correspondente ser consignado em lei orçamentária.

CAPÍTULO 3 → Despesa pública

Quanto ao art. 28, da LRF[7], há a destinação de recursos públicos a instituições do Sistema Financeiro Nacional, havendo proibição expressa quanto a destinação para socorrer instituições do Sistema Financeiro, empresas públicas estatais e instituições financeiras privadas, embora haja exceção acaso vislumbre autorização legislativa para tanto, já que o §2º do mesmo artigo dispõe que o Banco Central do Brasil pode, independentemente de autorização legislativa, conceder às instituições financeiras operações de "redesconto" e empréstimos inferior a trezentos e sessenta dias.

> – Essa parte referente às exceções é um perigo!

Pois é, mas acredito que você esteja bem atento à matéria, não é mesmo?

> – Estou sim, professora. Esse método de aprendizado por meio de diálogos que o Professor Mozart inventou facilitou minha vida!

Que ótimo que você está animado e atento, até porque, vamos iniciar o estudo detalhado referente aos precatórios.

> – Vamos lá!

15. PRECATÓRIOS

Embora seja um assunto muito estudado em outras disciplinas do Direito, é indispensável que, na disciplina de Direito Financeiro, a temática referente aos precatórios seja explorada detalhadamente.

Por isso, vamos iniciar com o seu conceito.

---

7. "Art. 28. Salvo mediante lei específica, não poderão ser utilizados recursos públicos, inclusive de operações de crédito, para socorrer instituições do Sistema Financeiro Nacional, ainda que mediante a concessão de empréstimos de recuperação ou financiamentos para mudança de controle acionário.
    § 1º A prevenção de insolvência e outros riscos ficará a cargo de fundos, e outros mecanismos, constituídos pelas instituições do Sistema Financeiro Nacional, na forma da lei.
    § 2º O disposto no caput não proíbe o Banco Central do Brasil de conceder às instituições financeiras operações de redesconto e de empréstimos de prazo inferior a trezentos e sessenta dias."

15.1. Conceito

Uma vez que os bens da Fazenda Pública são impenhoráveis e inalienáveis, há um sistema próprio de execução e pagamento para que seja satisfeito o crédito do particular reconhecido judicialmente, que se não for adimplido, ensejará à inadimplência, mas não a insolvência.

Logo, acaso um particular obtenha êxito em um processo judicial transitado em julgado em face da Fazenda Pública, suas autarquias e fundações, em regra, uma ordem judicial será expedida, obrigando a Fazenda Pública a incluir em seu orçamento para o próximo exercício financeiro, valor satisfatório para adimplir sua dívida para com o particular. A esta ordem judicial expedida dá-se o nome de precatório, conceituado no caput do art. 100, da CF/88.

> "Art. 100, CF/88. Os pagamentos devidos pelas Fazendas Públicas Federal, Estaduais, Distrital e Municipais, em virtude de sentença judiciária, far-se-ão exclusivamente na ordem cronológica de apresentação dos precatórios e à conta dos créditos respectivos, proibida a designação de casos ou de pessoas nas dotações orçamentárias e nos créditos adicionais abertos para este fim".

O valor a ser pago como precatório consistirá em dívida consolidada do Poder Público, devendo o Poder Executivo enviar o projeto da Lei Orçamentária Anual (LOA) até a data de 31 de agosto, devendo efetuar a quitação até o final do exercício financeiro seguinte.

– Já conhecia esse conceito. Lembro-me que nas aulas sobre a Fazenda Pública em juízo essa temática é muito explorada.

Além desta matéria, também estudamos a temática dos precatórios na disciplina de Direito Constitucional.

Ademais, a jurisprudência, também, gosta de tratar sobre os precatórios.

Algumas posições jurisprudenciais devem ser mencionadas neste ponto, dado que possuem grande incidência nas provas de concurso público.

CAPÍTULO 3 → Despesa pública

Primeiramente, o Superior Tribunal de Justiça no informativo 529 compreendeu que as parcelas vencidas após o trânsito em julgado que decorram do descumprimento de decisão judicial que tenha determinado a implantação de diferenças remuneratórias em folha de pagamento de servidos público deverão ser adimplidas por meio de folha suplementar e, não por precatório.

Entretanto, o Superior Tribunal de Justiça, no informativo 576 compreendeu que no mandado de segurança impetrado por servidor público contra a Fazenda Pública, as parcelas devidas entre a data de impetração e de implementação da concessão da segurança devem ser pagas por meio de precatório, e não via folha suplementar (STJ, REsp 1522973/MG, rel. Min. Malerbi, j. 04/02/2016).

O Supremo Tribunal Federal também compreendeu por ocasião do julgamento do RE 2209060/DF que as empresas públicas que explorem serviços públicos de competência típica do Estado dependentes e não possuir atividade econômica com intuito lucrativo e concorrencial, também são beneficiárias do regime dos precatórios, já que não se submetem exclusivamente ao regime de direito privado. Portanto, tais privilégios não abarcam sociedades de economia mista que executam atividades em regime de concorrência ou que tenham como objetivo distribuir seus lucros aos seus respectivos acionistas, entretanto a mesma situação de exceção às empresas públicas é extensível às sociedades de economia mista.

15.2. Ordem de pagamento

No §2º, do art. 100, da CF/88 há a ordem de pagamento dos precatórios expedidos.

Primeiramente, conforme a redação do dispositivo em comento, serão pagos os créditos alimentares de idosos e portadores de doenças graves, cujo valor será de até três vezes o valor correspondente à requisição de pequeno valor (RPV).

– Posteriormente, serão adimplidos os precatórios de natureza de créditos alimentares e, por fim, os precatórios de créditos ordinários.

"Art. 100, CF/88, § 2º Os débitos de natureza alimentícia cujos titulares, originários ou por sucessão hereditária, tenham 60 (sessenta) anos de idade, ou sejam portadores de doença grave, ou pessoas com deficiência, assim definidos na forma da lei, serão pagos com preferência sobre todos os demais débitos, até o valor equivalente ao triplo fixado em lei para os fins do disposto no § 3º deste artigo, admitido o fracionamento para essa finalidade, sendo que o restante será pago na ordem cronológica de apresentação do precatório. (Redação dada pela Emenda Constitucional nº 94, de 2016)".

Uma atenção especial que faço é que, nos termos da Súmula 655, do Superior Tribunal de Justiça, a exceção prevista no *caput*, do art. 100, da CF/88, em favor dos créditos de natureza alimentar, não dispensa a expedição de precatório, limitando-se a isentá-los da observância da ordem cronológica dos precatórios decorrentes de condenação de outra natureza. Ademais, os créditos de natureza alimentícia gozam de preferência, desvinculados os precatórios da ordem cronológica dos créditos de natureza distinta, nos termos da Súmula 144, do Superior Tribunal de Justiça.

– E quais seriam esses créditos, professora?

Esquematizei em tabelinha para facilitar sua vida! Veja:

CRÉDITOS DE NATUREZA ALIMENTÍCIA
Salários,
Vencimentos.
Proventos,
Pensões e suas complementações,
Benefícios previdenciários,
Indenizações por morte ou invalidez fundadas em responsabilidade civil.

Trata-se de um rol exemplificativo, já que a própria jurisprudência do STJ compreendeu que os honorários advocatícios, sejam contratuais ou sucumbenciais, também possuem natureza alimentícia.

CAPÍTULO 3 → Despesa pública

– Esse assunto referente aos honorários advocatícios já é unânime na jurisprudência, não tem como errar!

Interessante mencionar o entendimento do STJ no informativo 521 de que no caso em que a data de vencimento do precatório comum seja anterior à data de vencimento do precatório de natureza alimentar, o pagamento daquele realizado antes do pagamento deste não representa, por si só, ofensa ao direito de precedência constitucionalmente estabelecido. A estrita observância da ordem cronológica deve ser na respectiva classe.

– Professora, em relação a superprioridade, sei que o STJ possui vários julgados sobre...

No Superior Tribunal Federal, no informativo 698 compreendeu que a limitação de três vezes o valor do RPV é constitucional, pois a superprioridade para créditos alimentares de idosos e portadores de doenças graves possui tal limite valor no §2º, do art. 100, logo, se o valor a receber pelo idoso ou doente for muito elevado, para dele será adimplido por meio da superpreferência e o restante será adimplido na ordem cronológica de apresentação do precatório.

– E qual seria a idade do indivíduo para fazer jus à supreprioridade?

Importante é conhecer o momento que esta idade mencionada no artigo em destaque é considerada para que o sujeito passe a ter a superpreferência. Nos termos da redação do dispositivo em comento, para que a pessoa tenha direito à superpreferência, a verificação da idade de 60 anos ou mais ocorreria na data da expedição do precatório, mesmo que haja um lapso temporal considerável entre o ato da expedição e do pagamento. Por conta disso, no mesmo informativo já informado, o Supremo Tribunal Federal considerou inconstitucional a expressão "na data de expedição do precatório" por violar o princípio da igualdade, devendo a superprioridade contemplar todos os credores que completassem 60 anos de idade enquanto estivesse aguardando o pagamento do precatório de natureza alimentícia.

843

– Logo, acaso o indivíduo complete 60 anos durante o tempo que aguarda para o recebimento precatório, ele possuirá supreprioridade?

Isso mesmo!

Também, importante mencionar que o limite disposto é aplicável a cada precatório individualmente, e não para a totalidade dos precatórios alimentares de titular de um mesmo credor preferencial, ainda que apresentados no mesmo exercício financeiro e perante o mesmo devedor, uma vez que a CF/88 não veda que a o indivíduo maior de 60 anos ou portador de doenças graves participasse da listagem de credor superpreferencial por mais de uma vez, não cabendo ao interprete da lei criar novas restrições não previstas no texto constitucional, conforme entendimento do Superior Tribunal de Justiça no julgamento do RMS 46155/RO, rel. Min. Napoleão Nunes Maia Filho, julgado em 22/09/2015.

Acaso os idosos que esteja situado na fila superpreferencial, mas que venha a falecer sem receber o precatório, seus sucessores deverão ser encaminhados para a fila comum de pagamento, já que o Superior Tribunal de Justiça compreendeu que o direito de preferência dispensado aos maiores de 60 anos não contemplam seus herdeiros, ainda que também sejam idosos, uma vez que o benefício é, apenas, estendido aos credores originários por ser de caráter personalíssimo, consoante disposto no informativo 535, do STJ.

 – Não sabia sobre o caráter personalíssimo.

Essa informação é de extrema importância para fins de prova de concurso público. Tome muito cuidado!

Por fim, o Supremo Tribunal Federal compreendeu, no informativo 739, que é inconstitucional norma da Constituição Estadual que disponha que os recursos recebidos pelo Estado, da União, a título de indenização ou pagamento de débito, sejam destinados ao pagamento de precatórios decorrentes de condenações judiciais, ainda que da mesma origem da indenização ou do pagamento, já que esta previsão geraria uma fila preferencial de precatórios, ofendendo o art. 100, da CF/88.

CAPÍTULO 3 → Despesa pública

— Outra dúvida que tenho é se seria possível o fracionamento, repartição ou quebra do valor da execução para que o credor receba parte do valor devido sem precatório, ou seja, por meio de RPV, e o restante por meio de precatório?

Não, não é viável. A redação do §8º, do art. 100, da CF/88 que veda tais práticas. Entretanto, poderá o credor renunciar ao valor que exceder o quantum de pequeno valor e receber em RPV. Isto é, se o credor tiver 80 salários mínimos para receber da União, ele poderá renunciar a 20 salários mínimos e receber 60 salários mínimos em RPV. Perceba que o credor não receberá os 20 salários mínimos por meio de precatório, já que ele os renunciou.

Aliás, essa situação é bem corriqueira na prática!

— Falando sobre RPV e honorários advocatícios, como ficaria a Fazenda Pública?

Atualmente, o Superior Tribunal de Justiça compreendeu que é possível a execução de honorários advocatícios devidos pela Fazenda Pública por meio de RPV no caso de não excederem o limite expresso no §3º, ainda que o valor principal da condenação seja adimplido por meio de precatórios. Tal possibilidade é viável, uma vez que os honorários advocatícios podem ser executados de forma autônoma, nos próprios autos ou em ação distinta, independentemente do montante principal a ser executado. Os honorários advocatícios, independentemente da natureza, pertencem ao advogado, nos termos dos artigos 23 e 24, §1º, da Lei n. 8906/1994. O mesmo entendimento é contemplado pelo Supremo Tribunal Federal no julgamento de plenário do RE 564132/RS, red. p/ o acordão Min. Carmén Lúcia, julgado em 30/10/2014.

Diante disso, importante que você conheça o assunto que é objeto de súmula vinculante:

> Súmula vinculante 47, STF: "Os honorários advocatícios incluídos na condenação ou destacados do montante principal devido ao credor consubstanciam verba de natureza alimentar cuja satisfação ocorrerá com a expedição de precatório ou

845

requisição de pequeno valor, observada a ordem especial restrita aos créditos desta natureza."

Um ponto importante para correlacionar a este por ora estudado, é se os embargos da Fazenda Pública forem parciais, o valor do montante não questionado torna-se definitivo, sendo possível a expedição de precatório para esta parcela, não configurando a vedação prevista no §8º, do art. 100, da CF/88. Neste sentir é o entendimento do Superior Tribunal de Justiça no julgamento o AgRg no REsp 830823/RS, j. 12/04/2013 e, também, no EREsp 630597/RS, j. 29/08/2011.

– Acho que minhas dúvidas sobre esse ponto referente aos precatórios foram sanadas.

Fico contente!

15.3. Procedimento

– Sei que o juiz irá expedir ofício ao presidente do Tribunal, mediante requerimento do credor, para a inclusão do crédito na classe de pagamento respectiva, configurando um ato administrativo.

E por ser um ato administrativo, isto é, não jurisdicional, admite-se o controle por via do mandado de segurança, podendo, inclusive, o presidente do Tribunal respectivo efetuar a revisão das contas apresentadas para aferir o valor dos precatórios, nos termos do art. 1º - E, da Lei n. 9494/97.

– Verdade, professora! Tanto que há a redação da súmula 311, do STJ, a qual dispõe que: "Os atos do presidente do tribunal que disponham sobre o processamento e pagamento de precatório não tem caráter jurisdicional."

Bem lembrado!

CAPÍTULO 3 → Despesa pública

Também, por ocasião do RMS 27750/SP, a jurisprudência compreendeu que o presidente do Tribunal possui competência para excluir, em sede administrativa, a incidência de juros moratórios e compensatórios, incluídos no cálculo apresentado pela contadoria do Tribunal de origem.

Por conta desta natureza jurídica, não cabe recurso extraordinário contra decisão proferida no processamento de precatórios, nos termos da Súmula 733, do STF.

– Tinha me esquecido desta última súmula.

Ela é bem cobrada nas provas de concurso público. Toma muito cuidado!

Vamos adentar na parte referente à apresentação do precatório...

Quanto ao precatório apresentado até 1º de julho, este deverá ser pago até o final do exercício financeiro seguinte, ao passo que os precatórios apresentados a partir desta data deverão ser incluídos no orçamento subsequente. Portanto, se o precatório for apresentado no período de 01/01/2018 a 01/07/2018, o período de pagamento será de até 31/12/2019, devendo o quantum ser incluído no orçamento daquele exercício financeiro, ao passo que se for apresentado entre 02/07/2018 a 31/12/2018, a inclusão no orçamento é para pagamento até 31/12/2020.

Em relação a incidência de correção monetária e juros de mora, entre o dia em que o precatório é expedido e a data em que é realmente adimplido, um lapso temporal considerável é vislumbrado, portanto, é indispensável que a quantia seja atualizada para evitar uma desvalorização do valor real do crédito por conta inflação, nos termos do §5º, do art. 100, da CF/88.

– Nos termos da Emenda Constitucional 62/2009, o §12, do art. 100, da CF/88 previu que a correção monetária e os juros de mora, quanto aos precatórios pagos em atraso, devem adotar os índices e percentuais aplicáveis à caderneta de poupança (TR)...

847

Pois é, no entanto, o Supremo Tribunal Federal declarou a inconstitucionalidade da expressão "índice oficial de remuneração básica da caderneta de poupança", já que não conseguiria evitar a pera de poder aquisitivo da moeda. Também, declarou inconstitucional por arrastamento o art. 5º, da Lei n. 11960/2009 que deu nova redação ao art. 1º -F, da Lei n. 9494/97.

No mais, entendeu que a TR poderia ser aplicada até 25/03/2015 para os precatórios da administração pública estadual e municipal, ao passo que para a administração pública federal, o TR seria aplicável até 31/12/2013.

Após tais datas, aos precatórios em geral, deve ser aplicado o IPCA-E e aos precatórios tributários, a SELIC. Também, compreendeu que expressão "independentemente de sua natureza", no mesmo dispositivo, é inconstitucional, devendo serem aplicados os mesmos juros de mora incidentes sobre o crédito tributário quanto aos precatórios de natureza tributária. Vide a ADI 4357 QO/DF e ADI 4425, rel. Min. Luiz Fux, j. 25/03/2015.

– Esse entendimento do Supremo Tribunal Federal já foi bem cobrado em provas de concurso público. Essas datas sempre me confundem. Preciso prestar mais atenção!

Toma cuidado!

Voltando ao raciocínio quanto à apresentação do precatório...

Portanto, se o precatório for apresentado no período de 01/01/2018 a 01/07/2018, o período de pagamento será de até 31/12/2019, devendo o quantum ser incluído no orçamento daquele exercício financeiro, ocorrendo a incidência da mora a partir de 01/01/2020, ao passo que se for apresentado entre 02/07/2018 a 31/12/2018, a inclusão no orçamento é para pagamento até 31/12/2020, ocorrendo a incidência da mora a partir de 01/01/2021.

Em caso de vislumbrada a preterição do direito de preferência ou na falta de alocação orçamentária suficiente para satisfação do débito, o presidente do Tribunal pode determinar o sequestro, isto é, o bloqueio dos valores. A jurisprudência do STJ, por ocasião do julgamento do REsp 1069810/RS compreendeu que se tratando de medicamentos, cabe ao juiz adotar medidas eficazes à efetivação de suas decisões, podendo, acaso necessário, determinar o sequestro de valores do devedor, desde que fundamentado, configurando em um ato de natureza satisfativa.

– E se ocorrer um ato omissivo ou comissivo do presidente do Tribunal competente que retardar ou tentar frustrar a liquidação regular de precatórios?

Ocorrendo tal situação, haverá a configuração em crime de responsabilidade, devendo, inclusive, responder perante o CNJ, nos termos do §7º, do art. 100, da CF/88.

Um outro ponto importante é que consoante entende o Superior Tribunal de Justiça no julgamento do AgRg no Ag 125440/SP, não incidem juros moratórios no período compreendido entre a homologação da conta de liquidação e a expedição da requisição do pagamento e o registro do precatório ou RPV, desde que satisfeito o débito no prazo para seu cumprimento.

– Acabei me recordando da súmula vinculante 17:

> Súmula Vinculante 17: "Durante o período previsto no §1º, do art. 100 da Constituição, não incidem juros de mora sobre os precatórios que nele sejam pagos."

Embora a redação da referida súmula vinculante pressuponha que não incidem juros de mora, haverá correção monetária neste período.

Entretanto, o Supremo Tribunal Federal, no informativo 861, compreendeu que incidem os juros da mora no período compreendido entre a data da realização dos cálculos e da requisição de pequeno valor (RPV) ou do precatório (STF, plenário, RE 579431/RS, rel. Min. Marco Aurélio, j. 19/04/2017), ou seja, o período a que o julgado se refere é anterior à requisição, não podendo ser confundido com o período disposto pela súmula vinculante 17. Ademais, a mora do Poder Público quanto ao adimplemento não repercute na incidência de juros compensatórios e os juros moratórios deverão ser pagos por meio da expedição de precatório complementar.

849

> **– Professora, é viável a compensação em sede de precatórios?**

Quanto à compensação de valores de precatórios tratados pelos §§9º e 10, do art. 100, da CF/88, o Supremo Tribunal Federal compreendeu no informativo 698 que são inconstitucionais por configurarem uma superioridade processual à Fazenda Pública, violando a garantia do devido processo legal, do contraditório, da ampla defesa, da coisa julgada, da isonomia e afeta o princípio da separação dos poderes. Também, compreendeu que o regime de compensação obrigatória é inconstitucional, contemplando a requisição de pequeno valor. Tais compensações obrigatórias são válidas até 25/03/2015, posteriormente, desde que haja um consenso entre o credor e a Fazenda Pública (STF, plenário, ADI 4357 QO/DF e ADI 4425 QO/DF, rel. Min. Luiz Fux, j. 25/03/2015).

> **– E quanto à cessão de precatórios?**

A cessão de crédito de precatório ocorre a partir da opção do credor de ceder seu direito creditório a terceiro, permitido no §13, do art. 100, da CF/88. Logo, configura-se como um negócio jurídico entre particulares, dispensando a aquiescência do ente público. Após a realização da cessão, o ato deve ser comunicado tanto ao Tribunal como também ao ente público. Vale salientar que tal cessão corrobora para a perda da qualificação do crédito como alimentício ou RPV.

Por fim, resta mencionar que em caso de inadimplemento no pagamento de precatórios poderá ensejar a intervenção federal ou estadual. No entanto, a jurisprudência compreende que o descumprimento voluntário e intencional de decisão transitada em julgado é pressuposto a ser considerável para ensejar a intervenção federal, entretanto, acaso seja constatado que a inadimplência derivou de dificuldades financeiras, não haverá fundamento para a intervenção.

> **– Terminamos a parte sobre precatórios?**

Terminamos o capítulo sobre despesas públicas.

E aí, achou difícil?

– Difícil é, não vou mentir, mas nosso diálogo facilitou e muito meu aprendizado!

Ótimo! Vamos avançar na matéria, então.

CAPÍTULO 4

Orçamento Público

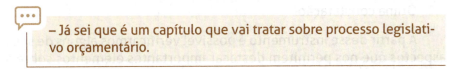
– Já sei que é um capítulo que vai tratar sobre processo legislativo orçamentário.

Vai sim!! Já vai pensando na LOA, na LDA e no PPA. Mas, antes, você precisa "começar do começo", não é mesmo?

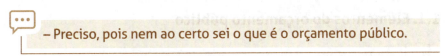
– Preciso, pois nem ao certo sei o que é o orçamento público.

Pois então, tenha paciência. Um degrau de cada vez em Direito Financeiro, ok?!

– Ok, professora!

1. O CONCEITO DE ORÇAMENTO PÚBLICO

Vamos lá, então.

O orçamento público consiste em um instrumento jurídico no qual estão previstas todas as despesas, as receitas, os créditos e as demais matérias de interesse financeiro.

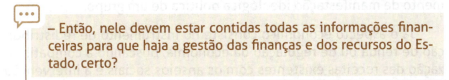
– Então, nele devem estar contidas todas as informações financeiras para que haja a gestão das finanças e dos recursos do Estado, certo?

Exatamente isso! O orçamento público deve, por meio dessas informações financeiras, demonstrar as receitas públicas disponíveis, o conjunto de despesas públicas realizadas ou a realizar, os créditos e empréstimos públicos necessários e demais detalhes em matéria financeira.

– Posso concluir, então, professora, que o orçamento público é indispensável para a organização das finanças públicas!

Ótima constatação!

A partir desse instrumento é possível verificarmos alguns de seus aspectos que nos permitem destacar importantes elementos sobre a atuação do Estado.

1.1. Elementos do orçamento público

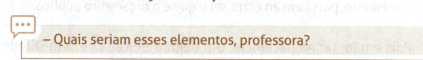
– Quais seriam esses elementos, professora?

Temos os aspectos político, econômico, contábil e o jurídico. Guarde bem esses quatro aspectos, hein?! Vira e mexe são cobrados nas provas de concurso público.

– Pode deixar, professora!

Por ser um instrumento considerado como técnico ou contábil, jurídico, econômico e político, devemos compreender cada um.

O aspecto político do orçamento público refere-se à sua elaboração que reflete na execução de um programa de um governo, representado por um partido que está no poder, tornando-se um instrumento de manifestação ideológica política de um grupo.

Já o aspecto econômico consiste no instrumento de redistribuição de renda ou de regulação da economia, buscando a compatibilização das receitas existentes com os anseios sociais e a intervenção na economia, seja de forma direta ou indireta, consoante os artigos 173 e 174, da CF/88.

Por aspecto contábil ou técnico, compreende-se a necessidade de observar as formalidades, tais como as classificações de receitas e despesas, para que se evite gastos desnecessários e exacerbados, evitando as confusões nas contas públicas, nos termos da Lei de Responsabilidade Fiscal, a qual traça diversas regras contábeis a serem seguidas.

Concluindo, o aspecto jurídico do orçamento, correspondendo ao respeito às normas constitucionais e infraconstitucionais para sua elaboração, observando o processo legislativo.

ASPECTOS DO ORÇAMENTO PÚBLICO			
Aspecto político	Aspecto econômico	Aspecto contábil	Aspecto jurídico

– Bem explicadinho, professora!

1.2. Natureza jurídica do orçamento público

Um outro ponto referente ao orçamento público é quanto à sua natureza jurídica. Esse assunto é alvo de várias discussões doutrinárias.

– Isso é cara de prova de segunda fase!

Já vi sendo cobrado, esse assunto, em prova de primeira fase!

– Ixi...

Por isso, fique atento!

Parcela da doutrina compreende que o orçamento consiste em um mero ato administrativo quanto às despesas, dado que bastaria uma simples operação administrativa para concretizá-lo e, quanto à receita tributária, consistiria em uma lei em sentido material, uma vez que geraria obrigações genéricas e abstratas aos contribuintes.

Outra parcela da doutrina entende que o orçamento público seria um ato-condição na parte referente à receita, uma vez que funcionaria como condição para a deflagração de efeitos nele contidos. Para essa parte da doutrina, não bastaria a previsão legal, mas também a prática de atos jurídicos posteriores que dessem eficácia à lei.

> – Então, há doutrina que compreende que o orçamento público seria um ato-condição, já que sem o orçamento seria inviável de praticar os demais atos administrativos de execução orçamentária- financeira, mais precisamente, de gasto público, ao passo que há outra parcela doutrinária no sentido de que o orçamento público é, na verdade, um mero ato administrativo de organização de finanças.

Basicamente isso!

É importante que você conheça essa divergência, mas saiba que, conforme o art. 165, III, § 5º, 6º e 8º, da CF/88[8], a natureza jurídica do orçamento público é de lei, não consistindo em um ato administrativo.

> – Essa discussão caiu por terra, então?

---

8. Art. 165, da CF/88. Leis de iniciativa do Poder Executivo estabelecerão:
III - os orçamentos anuais.
§ 5º A lei orçamentária anual compreenderá:
I- o orçamento fiscal referente aos Poderes da União, seus fundos, órgãos e entidades da administração direta e indireta, inclusive fundações instituídas e mantidas pelo Poder Público;
II- o orçamento de investimento das empresas em que a União, direta ou indiretamente, detenha a maioria do capital social com direito a voto;
III- o orçamento da seguridade social, abrangendo todas as entidades e órgãos a ela vinculados, da administração direta ou indireta, bem como os fundos e fundações instituídos e mantidos pelo Poder Público.
§ 6º O projeto de lei orçamentária será acompanhado de demonstrativo regionalizado do efeito, sobre as receitas e despesas, decorrente de isenções, anistias, remissões, subsídios e benefícios de natureza financeira, tributária e creditícia.
§ 8º A lei orçamentária anual não conterá dispositivo estranho à previsão da receita e à fixação da despesa, não se incluindo na proibição a autorização para abertura de créditos suplementares e contratação de operações de crédito, ainda que por antecipação de receita, nos termos da lei.

CAPÍTULO 4 → Orçamento Público

Sim, pois estamos diante de uma lei em caráter formal, embora não possua as características de lei em seu sentido material, isto é, de generalidade e abstração, que imponha normas de conduta.

> 💬 – Hum, interessante, professora! O orçamento, portanto, não é lei material, mas apenas formal...

Exatamente! Lei que é aprovada pelo Poder Legislativo em procedimento específico, conforme previsto no art. 166, da CF/88.

> 💬 – Mas, se não é uma lei material, poderia sofrer o controle abstrato?

Por conta disso, o Supremo Tribunal Federal (STF) não aceitava o controle abstrato de leis orçamentárias. Essa era a posição adotada pelo STF. Era...

> 💬 – Por que era e não é mais?

Porque, ao admitir o orçamento como um instrumento que define toda a atividade administrativa e de atuação do Estado, o próprio STF passou a admitir o controle, a partir do julgamento das ADIs 4048 e 4049. Desta feita, atualmente o Supremo Tribunal Federal compreende ser possível o controle de constitucionalidade de leis orçamentárias.

Recentemente, o Supremo Tribunal Federal reafirmou seu entendimento no Informativo 817, compreendendo que é possível a impugnação, em sede de controle abstrato de constitucionalidade, de leis orçamentárias, como a lei orçamentária anual, a lei de diretrizes orçamentárias e a lei de abertura de crédito extraordinário (STF, plenário, ADI 5449 MC-Referendo/RR, rel. Min. Teori Zavascki, j. 10/03/2016).

> 💬 – Isso já foi cobrado em questão de prova de concurso público!

Foi cobrado inúmeras vezes. Fora isso, precisamos estudar de forma detalhada os princípios orçamentários, assunto que tratarei no próximo ponto, após o estudo referente às espécies de orçamentos.

857

> – Professora, eu ouvi falar sobre o orçamento impositivo. O que significaria isso?

Bem, o orçamento, na essência é autorizativo. Isso porque se trata de uma lei em sentido formal, como vimos, que prevê receitas públicas e autoriza a realização de gastos, não criando direitos subjetivos.

> – Hum...ele autoriza a realização de gastos!

Esse era o destaque que gostaria que você fizesse. Muito bem!

> – Então, isso significa que o orçamento não é impositivo. Está um pouco confuso, professora...

Não há, no Brasil, a obrigação da realização dos gastos previstos na lei formal do orçamento público. Por conta disso, o Poder Executivo não está obrigado a cumprir o que consta no orçamento, já que o orçamento apenas traça e indica em que e onde o Poder Executivo brasileiro gastar. Embora, no orçamento, há despesas que devem ser realizadas, compreende-se que esta imposição decorre de normas pré-orçamentárias, como a Constituição Federal de 1988, pois é anterior ao orçamento. Por exemplo, o art. 212, da CF/88, o qual preceitua os gastos com educação anuais, assim como o art. 198, §2º, também da CF/88 que traz expressamente os gastos com saúde. Logo, são normas pré-orçamentárias e impositivas, ao passo que as normas orçamentárias são autorizativas.

> – Interessante essa informação.

Atualmente, temos a Emenda Constitucional n. 108, de 26 de agosto de 2020...

> – O ano de 2020!

Sim, o famoso ano de 2020! Essa Emenda Constitucional tornou permanente o Fundo de Manutenção e Desenvolvimento da Educação Básica e de Valorização dos Profissionais da Educação (FUNDEB).

— Sei que o FUNDEB estava com os dias contados...

Porque ele iria terminar em 2020. Interessante que o FUNDEB é um fundo especial, cuja natureza é contábil, mantido por recursos oriundos da arrecadação tributária de impostos, bem como de transferências dos Estados, Distrito Federal e Municípios. Veja que receita de impostos!

— O que tem isso a vê?

O FUNDEB consiste em uma das principais fontes de fomento da Educação no Brasil, sendo que os entes da Federação listados deverão, obrigatoriamente, utilizar os seus recursos para aplicação na educação infantil e ensino fundamental, no caso dos municípios, e quanto aos estados, no ensino fundamental e no ensino médio.

— Isso significa que há uma obrigatoriedade.

Exatamente! Só para aprofundar um pouco mais referente ao FUNDEB, o art. 212-A, da CF/88, acabou prevendo uma elevação de 10% (dez por cento) para 23% (vinte e três por cento) quanto à participação da União. O mais importante é que a referida Emenda trouxe a previsão de que 15% (quinze por cento) dos recursos mencionados sejam destinados a despesa de capital. Vale salientar que tais mudanças somente ocorrerão a partir de 1º de janeiro de 2021, embora a norma tenha entrado em vigor na data de sua publicação.

Fora a questão envolvendo o FUNDEB, ainda temos a questão envolvendo as Emendas Constitucionais n. 86/2015, 100/2019 e 105/2019.

— Mais emendas!

Sim! Primeiramente, importante é uma análise da EC 86/2015, a qual incluiu novos parágrafos no art. 166, da CF/88, prevendo que algumas despesas fixadas no orçamento seriam impositivas, ou seja, as

859

despesas incluídas no orçamento por meio de emendas individuais dos parlamentares federais.

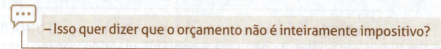
– Isso quer dizer que o orçamento não é inteiramente impositivo?

Exatamente isso! Somente as despesas previstas por essas emendas individuais.

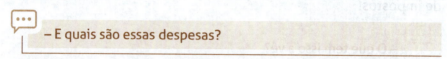
– E quais são essas despesas?

Conforme o que foi aprovado, temos que 1,2% (um inteiro e dois décimos por cento) da Receita Corrente Líquida da União, realizada no exercício anterior seja destinado às Emendas individuais dos parlamentares, sendo que, pelo menos, metade dessa percentagem, seja destinada as ações e serviços de saúde, cujo número será levado em consideração para fins de cumprimento no disposto no inciso I, §2º, do art. 198, da CF/88.

Essa percentagem em destaque deverá ser observada, sendo uma obrigatoriedade da execução orçamentária e financeira das programações decorrentes, salvo impedimentos de ordem técnica, comportando redução, até a mesma proporção incidente sobre o conjunto das despesas discricionárias, na hipótese de não cumprimento da meta de resultado fiscal estabelecida na Lei de Diretrizes Orçamentárias (LDO).

– Professora, então, posso compreender que os gastos oriundos dessas emendas individuais dos parlamentares federais consistem em despesas obrigatórias?

Sim. Inclusive, isso já foi cobrado em provas de concurso público.

Além dessa Emenda Constitucional, importante, também, verificar alguns pontos referentes a emenda constitucional 100/2019, a qual alterou os arts. 165 e 166, da CF/88.

Quanto ao art. 166, esse passou a prever em seu §12, a execução obrigatória da programação orçamentária das bancadas estaduais no

Orçamento da União, correspondendo a até 1% (um por cento) da receita corrente líquida realizada no exercício anterior, sendo que no exercício de 2020 seria de 0,8% (oito décimos) da receita corrente líquida e, a partir do terceiro ano após a publicação da referida Emenda Constitucional, o montante corresponderá ao do exercício anterior, corrigido conforme disposto no art. 107, §1º, II, do ADCT.

– Que complicado!

Pois é, bem chatinha essa parte, mas você tem que saber. Além dessa previsão, o art. 166, §20, da CF/88 previu que se as emendas de bancada disporem sobre o início de investimentos com duração de mais de um exercício financeiro ou cuja execução já tenha sido iniciada, deverá, a cada exercício financeiro até que seja concluída a obra ou o empreendimento, ser objeto de emenda pela mesma bancada estadual, devendo, os órgãos de execução, observar o cronograma para a análise e verificação de eventuais impedimentos das programações e demais procedimentos indispensáveis para a viabilização da execução dos montantes necessários, nos termos da Lei de Diretrizes Orçamentárias (LDO).

Um ponto que merece grande atenção é quanto às transferências obrigatórias da União aos Estados, Distrito Federal e Municípios, para fins de execução dos programas previstos nos orçamentos impositivos. Nesse caso, vale destacar que o montante não integrará a base de cálculo da receita corrente líquida para fins de verificação dos limites da despesa com pessoal, prevista no art. 169, da CF/88, assim como, independerá da inadimplência do ente federativo destinatário do montante transferido.

– Essa informação é muito importante para fins de prova de concurso público, até porque, a parte referente às despesas com pessoal sempre é cobrada.

Também, de tamanha importância é quanto aos restos a pagar.

– Essa Emenda Constitucional também tratou sobre isso?

Tratou! Estabeleceu que os restos a pagar oriundos das programações orçamentárias dos §§11 e 12 poderão ser considerados até o limite de 0,6% (seis décimos por cento) da receita corrente líquida realizada no exercício anterior, para fins de cumprimento da execução financeira, para as programações das emendas individuais e, para as programações das emendas de iniciativa de bancada de parlamentares do Distrito Federal e dos Estados, até o limite e 0,5% (cinco décimos por cento).

> – E houve alguma modificação quanto à Lei de Diretrizes Orçamentárias (LDO)?

Quanto a LDO, o §18, do art. 166, da CF/88, dispõe que sendo verificado que a estimativa da receita e da despesa poderá resultar no não cumprimento da meta de resultado fiscal estabelecida na lei em questão, os montantes destinados às emendas individuais e de bancada poderão ser reduzidos até a mesma proporção da limitação incidente sobre o conjunto das demais despesas discricionárias.

E, para finalizarmos o estudo da Emenda Constitucional n. 100/2019, tivemos que o art. 166, §19, da CF/88, trouxe a previsão do critério para que sejam consideradas equitativas a execução de programações de caráter obrigatório, acaso sejam verificados critérios objetivos e imparciais que venham a atender de maneira igualitária e impessoal as emendas apresentadas.

> – Que venha a Emenda Constitucional n. 105/2019!

Adoro esse seu entusiasmo.

> – Sempre, professora!

Bom, vamos lá então. Essa Emenda à Constituição. Ela acrescentou o art. 166-A à Constituição Federal de 1988, autorizando a transferência de recursos federais aos Estados, ao Distrito Federal e aos Municípios, a partir das emendas ao projeto de lei orçamentária anual (LOA).

– São emendas individuais impositivas?

São! Essas autorizam a alocação de recursos aos entes listados por meio de transferência especial, bem como por meio de transferências com finalidades específicas. Importante que você saiba que o montante dessas transferências não pode ser utilizado para fins de pagamento de despesas com pessoal e com encargos sociais quanto aos ativos e inativos, assim como em relação aos pensionistas e, sequer, aos encargos provenientes a dívida.

– Professora, esses recursos serão utilizados para fins de cálculo quanto ao limite da despesa com pessoa ativo e inativo?

Não. Nem em relação a esse caso que você acaba de mencionar e nem em relação ao endividamento. Portanto, para essas duas situações, os recursos em destaque não integrarão a receita do ente federativo. Toma cuidado com essa informação!

– E o que seria essa transferência especial?

É quando temos recursos que são repassados diretamente ao ente da Federação beneficiado, independentemente de um convênio ou outro instrumento semelhante celebrado, pertencendo ao ente, o montante, a partir da efetiva transferência. Nesse caso, os recursos transferidos serão aplicados em programações finalísticas contempladas na competência do Poder Executivo, desde que, ao menos, 70% (setenta por cento) do montante sejam aplicados em despesas de capital. Você se recorda o que são despesas de capital, não é mesmo?

– Sim, professora! São despesas de capital, consoante o art. 12, da Lei n. 4320/64, os investimentos, as inversões financeiras e as transferências de capital.

Ótimo!!! Ainda sobre essa transferência, saiba que o ente beneficiado poderá celebrar contrato de cooperação técnica para que seja possível subsidiar o acompanhamento da execução orçamentária no que tange aos recursos recebidos.

— E a transferência com finalidade definida?

Nesse caso, temos que os recursos serão vinculados à programação estipulada na emenda parlamentar, sendo indispensável que sejam aplicados nas áreas de competência o ente federal, consoante previsto na Constituição Federal de 1988.

— Bem complexa essa parte, professora!

É mesmo, mas espero que você tenha compreendido, uma vez que daqui várias questões de provas serão formuladas. Vamos passar a estudar outro ponto?

— Vamos, professora!

Vamos para as espécies de orçamentos. Antes, um presente para você:

ORÇAMENTO AUTORIZATIVO	ORÇAMENTO IMPOSITIVO
Previsto na própria lei orçamentária	Comando normativo imposto por leis anteriores ao orçamento.
Não gera direito subjetivo	Gera direito subjetivo por conta de um comando distinto que não seja o orçamentário
O Poder Executivo poderá ou não cumprir o que dispõe a norma do orçamento público, a depender da disponibilidade orçamentária e da vontade política	O Poder Executivo não possui discricionariedade quanto ao cumprimento ou não das normas orçamentárias
Vinculação orçamentária	Vinculação pré-orçamentária

1.3. Espécies de orçamentos

— São quantas espécies, professora?

Conforme o que estudaremos, há 5 (cinco) tipos de orçamento. O primeiro a ser estudado é o orçamento tradicional, seguido pelo

CAPÍTULO 4 → Orçamento Público

orçamento de desempenho, orçamento programa e orçamento base zero ou por estratégia.

> – Já estou pensando em como irei decorar todos eles.

Você não irá decorá-los, mas sim, compreendê-los.

> – Teremos tabelinha?

Ao final da explicação, com certeza!

> -Ebaaa! Já estou mais animado. Vamos em frente.

Primeiramente, temos o orçamento tradicional, aquele que é desvinculado de qualquer planejamento, cujo foco é nas questões contábeis, em detrimento do foco administrativo da gestão, não havendo qualquer meta a ser cumprida ou objetivo a ser alcançado, demonstrando a preocupação do gestor quanto às reais necessidades da população, confirmando ser um orçamento sem qualquer planejamento.

Já o orçamento desempenho pressupõe os resultados, ou seja, um desempenho organizacional, dado que o orçamento estima e autoriza despesas pelos produtos finais, limitadas ao resultado, sem que estejam vinculadas a um planejamento governamental.

> – Por enquanto, está bem tranquilo de entender.

Que ótimo. Vai começar a complicar um pouquinho, mas fique tranquilo.

A terceira espécie é o orçamento programa, modelo adotado através da Lei n. 4320/64, o qual preza por uma organização da atuação estatal, considerando ser um instrumento do planejamento que permite a identificação de programas, projetos e atividades que o governo pretende implementar e realizar, estabelecendo metas,

865

objetivos, custos e resultados, corroborando para a maior transparência envolvendo os gastos públicos.

> – Pelo jeito, esse é mais bem elaborado!

É sim, até porque possui cinco etapas de elaboração: 1. Planejamento, que consiste na definição de objetivos e metas; 2. Programação, especificando as atividades necessárias à consecução dos objetivos; 3. Projeto, estimando os recursos de trabalho necessários; 4. Orçamentação, que consiste na estimação dos cursos e dos recursos necessários e, finalmente; 5. Avaliação dos programas.

> – Interessante...

Ainda sobre essa espécie de orçamento, importante destacar que a lei orçamentária conterá a discriminação, nos termos do art. 2º, da Lei n. 4320/64, da receita e despesa de forma a evidenciar a política econômico-financeira e o programa de trabalho do Governo, obedecidos os princípios de unidade, universalidade e anualidade. Logo, conclui-se que a diretriz prevista na Lei em destaque abrange a eficiência, a eficácia e a efetividade das ações governamentais.

> – Ainda faltam mais duas espécies!

A penúltima espécie é o denominado orçamento base zero ou por estratégia, que na verdade consiste em uma técnica para a elaboração do orçamento programa, cujas características são: reexame crítico dos dispêndios de cada área governamental; exigência de que o administrador, a cada novo exercício, justifique detalhadamente os recursos solicitados, devendo ser realizada sem utilizar o montante dos exercícios anteriores como parâmetro e; criação de alternativas para facilitar a escala de prioridades a serem consideradas para o próximo exercício financeiro.

Por último, o orçamento participativo, muito cobrado nas provas de concursos públicos, o qual deriva de uma participação direta e efetiva da sociedade na elaboração da proposta orçamentária que objetiva atender as necessidades efetivas da população. Entretanto, vale lembrar que a iniciativa formal das leis orçamentárias é ato privativo do Chefe do Poder Executivo, que não está adstrito a seguir as sugestões oriundas da população, embora tem a obrigação de ouvi-la. Logo, elaborar um orçamento sem prévia consulta da população consiste em um ato que infringe o procedimento formal da elaboração do orçamento, passível de controle pelo Poder Judiciário.

> – Nada difícil, professora!

Ótimo você ter me dado esse feedback.

> – Agora, só falta a tabelinha prometida.

Não me esqueci dela!!!

ESPÉCIES DE ORÇAMENTOS				
Orçamento tradicional	Orçamento desempenho	Orçamento programa	Orçamento base zero ou por estratégia	Orçamento participativo

2. PRINCÍPIOS ORÇAMENTÁRIOS

Os princípios orçamentários estão contidos em um rol que pode ser decorado através de dois mnemônicos: PPPUULEEE e NOTA.

PPPUULEEE	NOTA
Precedência;	–
Programação;	Não afetação de imposto;
Proibição de estorno;	Orçamento bruto;
Unidade;	Transparência;
Universalidade;	Anualidade.
Legalidade;	–
Especificação;	–
Equilíbrio orçamentário;	–
Exclusividade.	–

É interessante que estes princípios sejam decorados e compreendidos, uma vez que são muito cobrados nas provas de concurso. Portanto, um estudo mais específico e detalhado de cada um é indispensável.

> – Vamos começar pelo princípio da universalidade, pois sei alguma coisinha sobre ele...

2.1. Princípio da universalidade ou da totalidade

Pois bem, vamos iniciar nosso estudo pelo princípio da universalidade, já que você mencionou sobre ele.

Acabamos de estudar que o orçamento público consiste em um instrumento que permite a organização das finanças públicas. Desta feita, pelo princípio da universalidade, temos que o orçamento deve prever todas as receitas e a autorização de todas as despesas públicas. É o que dispõe o art. 165, § 5º, da CF/88, combinado com os arts. 3º e 6º[9], da Lei nº 4.320/64.

> – Todas?

Essa é a regra, mas claro que temos várias exceções. Há algumas receitas e algumas despesas que não precisam estar previstas no orçamento. Preste muita atenção, pois aqui que mora o perigo para fins de prova!

> – Acho que já resolvi algumas questões que continham as exceções. A primeira é quanto às receitas e despesas extraorçamentárias.

Você poderia me dar exemplos?

---

9. Por esse dispositivo tem-se que todas as despesas e as receitas constarão da lei orçamentária pelos seus totais, sendo vedadas quaisquer deduções.

CAPÍTULO 4 → Orçamento Público

– Sim, professora! São os depósitos recebidos, as cauções recebidas, os pagamentos de restos a pagar, isto é, aquelas despesas que deveriam ser feitas no mesmo exercício em que foram autorizadas, mas não foram realizadas...

Excelente! Estou vendo que você está bem ligado nas explicações. Vai tirar qualquer questão de prova de concurso de letra! Fora essa primeira exceção, também temos as operações de crédito por antecipação de receita (art. 38, da LRF); as emissões de papel moeda; as receitas e as despesas operacionais das estatais, salvo disposição legal em contrário, nos termos dos arts. 107 a 110, da Lei nº 4.320/64; e, por fim, todo tributo criado ou aumentado, após a aprovação do orçamento, devendo, apenas, obedecer ao princípio da anterioridade, nos termos da Súmula 66, do STF[10].

– Bem simples, professora!

Simples, mas você tem que tomar cuidado com essas exceções, uma vez que, como já lhe disse, elas são bem cobradas nas provas de concurso público.

Também, tome cuidado para não confundir esse princípio com o da unidade. Muitas vezes, as provas de concurso público gostam de induzir o candidato ao erro, uma vez que o fundamento de ambos os princípios se encontra no mesmo dispositivo constitucional (art. 165, § 5º, da CF/88).

PRINCÍPIO DA UNIDADE	PRINCÍPIO DA UNIVERSALIDADE
Unidade de programação	Todas as receitas e despesas da Administração devem estar previstas no orçamento

---

10. Súmula 66, do STF. "É legítima a cobrança do tributo que houver sido aumentado após o orçamento, mas antes do início do respectivo exercício financeiro".

2.2. Princípio da anualidade ou periodicidade orçamentária

– Esse é fácil, professora! Entendo que para cada exercício financeiro, segundo esse princípio, deve existir uma lei orçamentária...

A lei orçamentária anual, nos termos dos arts. 165, III, § 5º e 166, da CF/88! Conforme a Lei n, 4.320/64, o exercício financeiro coincide com o ano civil, ou seja, de 1º de janeiro até o dia 31 de dezembro de cada ano.

– A partir disse período que são organizadas as contas públicas, não é mesmo?!

Exatamente! Como você já leu todinho o "Diálogos sobre o Direito Tributário", uma informação importante deve ser destacada. Não confunda esse princípio da anualidade orçamentária com o princípio da anualidade tributária.

– Lembro-me que você fez alguma observação sobre isso mas me esqueci...

Vou refrescar sua memória! Esse princípio da anualidade tributária não está mais em vigor em nosso sistema tributário. Por ele, haveria uma necessidade de a lei tributária ser aprovada pela lei orçamentária. Hoje, temos que mesmo após a aprovação da lei orçamentária, é plenamente possível que haja a instituição ou majoração de tributos, mesmo que não haja previsão da receita a ser arrecadada no orçamento.

– Então, para que um tributo seja criado ou majorado basta que os princípios do Direito Tributário sejam observados, dispensando o respeito aos princípios orçamentários?

Sim! É o teor da Súmula 66, do Supremo Tribunal Federal: "É legítima a cobrança do tributo que houver sido aumentado após o orçamento, mas antes do início do respectivo exercício financeiro".

2.3. Princípio da unidade ou da unicidade

Esse princípio está expresso no art. 2º, da Lei n. 4320/64. Segundo ele, o orçamento deve ser uno, isto é, cada ente da Federação deve elaborar apenas um único orçamento.

– Mas, professora, no art. 165, § 5º, da CF/88 dispõe que a lei orçamentária anual conterá três orçamentos!

São suborçamentos: a) orçamento fiscal; b) orçamento de investimentos e; c) orçamento da seguridade social.

– Não consistiria em uma ofensa ao princípio da unidade?

Não! Isso porque o princípio em questão expressa uma unidade substancial, ou seja, aquela que traz uma orientação política, e não uma unidade documental, formal...

O ORÇAMENTO ANUAL COMPREENDERÁ		
Orçamento fiscal	Orçamento de investimento	Orçamento da seguridade social
Referente aos Poderes da União, seus fundos, órgãos e entidades da Administração direta e indireta, inclusive fundações instituídas e mantidas pelo Poder Público.	Das empresas em que a União, direta ou indiretamente, detenha a maioria do capital social com direito a voto.	Abrangendo todas as entidades e órgãos a ela vinculados, da Administração direta e indireta, bem como os fundos e fundações instituídos e mantidos pelo Poder Público.

– Essa tabelinha é excelente para a memorização.

Que bom que gostou!

2.4. Princípio da exclusividade

Esse princípio é famoso!

871

– Nunca ouvi falar sobre ele...

Segundo o princípio da exclusividade, o orçamento não poderá conter dispositivo estranho à previsão de receita e à fixação de despesa, proibindo-se as chamadas "caudas orçamentárias" ou "orçamentos rabilongos", pelas quais os legisladores inseriam matérias fora do Direito Financeiro, evitando-se o contrabando legislativo, conforme previsto no art. 165, § 8º, da CF/88. Essa é a regra...

– E, lógico que há exceções!

Claro! As exceções são as previstas no texto constitucional e no art. 7º, da Lei n. 4.320/64:

EXCEÇÕES PREVISTAS NO ART. 7º, DA LEI N. 4.320/64
A abertura de crédito suplementar;
Realização de operações de crédito.

Isso despenca em prova de concurso público! Sugiro que você resolva várias questões sobre esse ponto para fixar bem a matéria.

– Pode deixar, professora!

2.5. Princípio da legalidade ou reserva legal

– É um princípio intrínseco à ideia de Estado Democrático, uma vez que traz disposições tanto para o cidadão quanto para o Estado.

Muito bem! Estou orgulhosa de você.

No Direito Financeiro, no que tange ao orçamento público, compreende-se que as finanças públicas não podem ser manejadas sem autorização em lei, nos termos do art. 167, I e II, da CF/88. Inclusive, por conta do princípio do paralelismo das formas, qualquer alteração só poderá ser autorizada por igual instrumento, embora a Emenda à Constituição n. 85/2015 tenha trazido uma exceção, ao permitir que no que tange à ciência, tecnologia e inovação, a transposição, o remanejamento ou a transferência de recursos de uma categoria para outra possa ocorrer sem prévia autorização do Poder Legislativo, nos termos da nova redação do §5º, do art. 167, da CF/88.

– Sei que o próprio Código Penal prevê no art. 359-D que ordenar despesas não autorizada em lei repercute numa pena de reclusão de um a quatro anos...

Ótima correlação! Estava na cara que você é um amante das ciências criminais.

– Eu amo Direito Penal, professora!

Assim como 90% dos meus alunos.... haha

Bom, saiba que, consoante determina o §3º, do art. 167, da CF/88, a medida provisória poderá ser utilizada para a realização de gastos, consistindo na única hipótese de manejo de um instrumento que não seja a lei para tanto. Veja a redação do referido dispositivo constitucional:

> "Art. 167, § 3º, CF/88 A abertura de crédito extraordinário somente será admitida para atender a despesas imprevisíveis e urgentes, como as decorrentes de guerra, comoção interna ou calamidade pública, observado o disposto no art. 62."

– Já vi questão de prova de concurso cobrando a literalidade desse artigo...

Pois é. Ele é bem importante.

Outra informação relevante é que o art. 107, da Lei n. 4320/64 não foi recepcionado pela atual Constituição Federal, uma vez que dispõe ser possível que os orçamentos das autarquias e empresas estatais possam ser aprovados por meio de decreto do Poder Executivo, ou seja, não se sujeitando ao crivo do Poder Legislativo.

– Bom saber!

Ademais, por esse princípio é vedado o início de projetos não incluídos na Lei Orçamentária Anual (LOA) e a realização de despesas ou assunção de obrigações que excedam os créditos orçamentários ou adicionais.

2.6. Princípio do orçamento bruto

– Esse princípio eu nem me arrisco a chutar...

Ele é bem simples. Significa que as receitas e as despesas deverão constar na lei orçamentária pelos seus totais, sendo vedadas deduções, conforme o art. 6º, da Lei n. 4320/64 prevê.

– Continuo a não compreender, professora.

Vou simplificar para você...

Embora a Constituição Federal de 1988 preveja algumas transferências quanto à repartição de receitas, a receita deve ser lançada no orçamento pelo seu valor total a ser arrecadado e a despesa, quanto o valor a ser repartido.

Importante destacar que o §1º, do art. 6º, da Lei 4320/64 prevê que as cotas das receitas que devam ser transferidas de uma entidade a outra, deverão ser incluídas como despesas no orçamento da entidade obrigada a realizar a transferência, e, no orçamento da entidade que as receber, como receita.

Conseguiu entender?

– Sim, bem tranquilo esse princípio.

2.7. Princípio da precedência

Esse também é um princípio muito simples de ser compreendido.

– Já sei! Por ele, a aprovação do orçamento deve ocorrer antes do exercício financeiro a que se refere11.

Exatamente isso! Boa constatação. No entanto, temos exceção...

– Sabia! Bom demais para ser verdade...

A exceção se refere aos créditos adicionais que são autorizados e abertos durante o exercício financeiro.

– Professora, esse princípio não tem nada a ver com o da anterioridade tributária, né?

Nada a ver mesmo!

Você se recorda que quando estudamos os princípios do Direito Tributário na Constituição Federal de 1988 vimos que o princípio da anterioridade tributária veda que os entes da Federação cobrem tributos no mesmo exercício financeiro em que haja sido publicada a lei que os instituiu ou majorou.

– Ah sim, eu me recordo!

Não vou entrar em detalhes sobre o princípio da anterioridade tributária, pois você já estudou comigo. Só recordei para refrescar sua memória.

Passemos a estudar o princípio da especificação!

---

11. No art. 35, §2º, III, do ADCT, temos que o projeto de lei orçamentária da União deverá ser encaminhado até quatro meses antes do encerramento do exercício financeiro. Fora essa previsão quanto ao envio, o projeto deverá ser devolvido para a sanção até o encerramento da sessão legislativa.

2.8. Princípio da especificação, especialização ou discriminação

A regra é que o orçamento não consignará dotações globais para atender às despesas[12], devendo ser feitas discriminação destas por meio de elementos ou por unidades administrativas, consoante previsto nos arts. 13 e 15, da Lei 4320/64.

> – Seria uma vedação ao orçamento genérico?

Sim. Podemos denominar essas dotações globais como orçamento genérico, algo que, em regra, é vedado, devendo, as receitas e as despesas, serem classificadas de forma detalhadas.

> – Em regra....

Entretanto, há exceções que devem ser consideradas quanto à reserva de contingência, pressupondo uma dotação global, genérica, disposta na Lei Orçamentária, destinada a atender passivos contingentes[13] e outras despesas imprevistas, bem como programas especiais de trabalho, possibilitando custeio por dotação global no caso dos programas que por sua natureza não possam cumprir-se subordinadamente às normas gerais de execução da despesa.

2.9. Princípio da não afetação da receita ou não vinculação da receita

Em regra, é vedada a vinculação de receita de impostos a órgão, fundo ou despesa.[14]

> – Lá vem o "em regra" de novo!

---

12. Art. 5º, da Lei 4320/64: "A Lei de Orçamento não consignará dotações globais destinadas a atender indiferentemente a despesas de pessoal, material, serviços de terceiros, transferências ou quaisquer outras, ressalvado o disposto no art. 20 e seu parágrafo".
13. Art. 5º, III, b, da Lei Complementar 101/2000. Vale destacar que o §4º desse dispositivo prevê ser vedado consignar na lei orçamentária crédito com finalidade imprecisa ou com dotação ilimitada.
14. Esse, inclusive, é o entendimento do Supremo Tribunal Federal adotado no julgamento da ADI 553/RJ, rel. Min. Cármen Lúcia, Plenário, j. 13.06.2018.

CAPÍTULO 4 → Orçamento Público

Está esperto, hein?!

Primeiro, saiba que nada impede que as receitas oriundas da arrecadação de taxa, contribuição de melhoria, empréstimos compulsórios e contribuições sociais sejam vinculadas. Aliás, isso você aprende em Direito Tributário, não é mesmo?!

> – Sim, eu me recordo quando estudei em "Diálogos sobre o Direito Tributário"!

Até porque, eu me referi aos impostos e, não, a tributos de uma forma geral. Toma cuidado com essa pegadinha de prova! Até porque, nos termos do art. 16, do CTN, temos que a definição de impostos é referente ao tributo cujo fato gerador de sua obrigação tributária é independente de qualquer atividade estatal específica, no que concerne ao contribuinte.

> – Como assim, professora?

O princípio da não afetação ou não vinculação é correlacionado ao elemento finalístico dos impostos, uma vez que esta espécie tributária não possui vinculação quanto ao fato gerador, o qual não se origina de qualquer atividade estatal específica do contribuinte, assim como quanto ao que é arrecadado, pois as receitas oriundas dos impostos devem ser destinadas à despesas genéricas do Estado, principalmente quanto às despesas relativas aos serviços públicos *uti universe*. Por conta disso, o Supremo Tribunal Federal compreendeu que o Estado não pode vincular receita do ICMS arrecadado ao financiamento de determinado programa social. Entretanto, por ocasião do julgamento da ADI 4102/RJ, rel. Min. Carmen Lúcia, j. 30/10/2014, o Supremo Tribunal Federal julgou parcialmente inconstitucional dispositivo da Constituição do Estado do Rio de Janeiro que previa um percentual mínimo de receita prevista no orçamento anual deveria ser destinado à educação especial, à UERJ e à FAPERJ, isso porque o dispositivo restringe a competência constitucional do Poder Executivo de elaborar a proposta de lei orçamentária, violando o art. 167, IV, da CF/88. Embora tenha compreendido que é constitucional a determinação da Constituição Estadual de que 2% da receita tributária

877

do exercício deve ser destinado à FAPERJ, já que está em consonância com o art. 218, §5º, da CF/88, que faculta aos estados e ao DF vincular parte da receita orçamentária a entidades públicas de fomento ao ensino e à pesquisa científica e tecnológica.

> – Agora, entendi!! E quanto ao esse "em regra"?

Conforme sua observação, esse não é um princípio absoluto, na medida em que admite exceções, como a destinação de recursos para as ações e serviços de saúde. Além destas duas exceções, há outras:

EXCEÇÕES AO PRINCÍPIO
Repartição constitucional de impostos;
Manutenção e desenvolvimento do ensino;
Ações e nos serviços públicos de saúde;
Realização de atividades da administração tributária;
Prestação de garantias às operações de crédito por ARO;
Vinculação de impostos estaduais e municipais para prestação de garantia ou contragarantia à União;
Vinculação de impostos estaduais e municipais para o pagamento de débitos para com a União;
Vinculação de impostos à fundos especiais criados por meio de emenda à Constituição;
Até 0,5% da receita líquida dos Estados e do DF para programa de apoio à inclusão e promoção social;
Até 0,5% da receita líquida dos Estados e do DF para fundos destinados ao financiamento de programas culturais;
Art. 100, §19, CF/88: "Caso o montante total de débitos decorrentes de condenações judiciais em precatórios e obrigações de pequeno valor, em período de 12 (doze) meses, ultrapasse a média do comprometimento percentual da receita corrente líquida nos 5 (cinco) anos imediatamente anteriores, a parcela que exceder esse percentual poderá ser financiada, excetuada dos limites de endividamento de que tratam os incisos VI e VII do art. 52 da Constituição Federal e de quaisquer outros limites de endividamento previstos, não se aplicando a esse financiamento a vedação de vinculação de receita prevista no inciso IV do art. 167 da Constituição Federal."

CAPÍTULO 4 → Orçamento Público

> 💬 – Vou decorar cada uma delas, professora!

Elas sempre são cobradas em prova de concurso público, assim como a diferença entre alocação de recursos e vinculação de receitas.

> 💬 – Nunca ouvi falar sobre isso...

A vinculação de receita de impostos não se confunde com a alocação de recursos para determinados setores. A alocação consiste na destinação de recursos para uma determinada despesa, ou seja, as receitas oriundas de impostos podem ser alocadas para uma determinada despesa, ao passo que a vinculação é uma forma de alocação automática *ex lege*, consistindo, em regra, numa ilegalidade a vinculação de receitas dos impostos.

> 💬 – Professora, e quanto à Desvinculação de Receitas da União (DRU)?

Boa lembrança! Esse é um assunto muito importante para estudarmos nesse ponto.

A Desvinculação de Receita da União (DRU), foi criada por meio da Emenda de Revisão n. 1/93 ("Fundo Nacional de Emergência"), passando por diversas alterações, como destaque para a EC n. 27/2000.

A Emenda Constitucional n. 93/2016, a qual alterou o art. 76, do ADCT, previu a possibilidade de desvinculação de 30% da arrecadação de impostos, contribuições sociais e CIE a órgãos, fundos ou despesas até o ano de 2023. O percentual anterior era de 20%, até 2015.

> 💬 – Essa nova percentagem contempla os eventos futuros?

Não. A nova percentagem é retroativa.

Com o objetivo de afastar determinadas vinculações constitucionais obrigatórias e dar maior mobilidade ao governo para gastar os valores arrecadados com tributos, a DRU foi criada, prorrogada e

879

modificada por meio de diversas Emendas Constitucionais. A Emenda ora mencionada também estendeu tal desvinculação às receitas dos Estados e dos Municípios, com isso, ficam desvinculados de órgão, fundo ou despesa, até 31 de dezembro de 2023, 30% (trinta por cento) das suas receitas relativas a impostos, taxas e multas, já instituídos ou que vierem a ser criados até a referida data, seus adicionais e respectivos acréscimos legais, e outras receitas correntes. Importante fazer a leitura dos arts. 76, 76-A e 76-B, do ADCT que tratam sobre esse assunto referente aos Estados, DF e Municípios.

– Pode deixar, professora. Farei a leitura sim!

Ótimo! Para fins de conclusão, portanto, tais desvinculações têm por objetivo permitir que parcelas das receitas vinculadas pudessem ser geridas e destinadas de maneira livre e flexível pelos governos, propiciando uma alocação mais adequada de recursos orçamentários.

2.10. Princípio da proibição do estorno de verbas

Por este princípio, é vedado o remanejamento, a transposição ou a transferência de recursos de uma categoria de programação para outra ou de um órgão para outro, sem que haja prévia autorização legislativa, bem como a utilização dos recursos do orçamento fiscal e da seguridade social para suprir necessidade ou cobrir déficit de empresas, fundações ou fundos, sem prévia autorização legislativa.

– Lembro-me que você já havia comentado algo sobre, professora!

Sim, eu tinha comentado sobre uma situação que se enquadra como uma exceção a esse princípio.

– Ixi...lá vem mais uma!!

Há a exceção por conta da Emenda à Constituição n. 85/2015 que prevê a possibilidade de transposição, remanejamento ou transferência de recursos de uma categoria de programação, no âmbito das atividades da ciência, tecnologia e inovação, mediante ato do Poder Executivo, sem necessidade da prévia autorização legislativa.

Embora haja essa exceção, importante que você saiba que o art. 167, XI, da CF/88, dispõe no sentido de ser vedada a utilização dos recursos oriundos das contribuições sociais previstas no art. 195, I, a, II para fins de realização de despesas distintas do pagamento dos benefícios, conforme o art. 201, da CF/88, do regime geral de previdência.

2.11. Princípio do equilíbrio orçamentário

– O bom é que o último princípio foi curtinho...

Esse assunto não é tão longo como os demais que já estudamos, embora tenhamos muitas informações importantes. Prometo que esse princípio também será tranquilo. Você já imagina o que ele significa?

– Penso que ele deva envolver o equilíbrio entre as receitas e as despesas.

Exatamente isso! Esse princípio deve ser analisado tanto pelo aspecto contábil, quanto pelo aspecto econômico. Pelo aspecto contábil, o orçamento deve ser aprovado com igualdade entre receitas e despesas, independentemente da origem das receitas. Já pelo aspecto econômico, as despesas são financiadas exclusivamente com receitas próprias, excluindo-se as chamadas receitas creditícias.

Ainda que não contemplado expressamente na Constituição Federal de 1988, esse princípio se apresenta como uma exigência relativa às contas públicas, que deverão apresentar o mesmo montante quando se trata de estimar receitas e despesas.

Entretanto, o art. 168, §8º, da CF/88 prevê expressamente que após a tramitação legislativa, o orçamento pode ser promulgado e publicado com desequilíbrio, por conta de emendas, rejeições ou vetos na Lei Orçamentária Anual.

– Interessante isso!

Uma divisão muito cobrada nas provas de concurso público quanto ao princípio do equilíbrio é em equilíbrio formal e equilíbrio efetivo.

– Em que consiste isso?

O equilíbrio formal, é quando o total de receitas constantes no projeto de lei orçamentária anual somado às operações de crédito é igual ao total de despesas, ao passo que o equilíbrio efetivo consiste no total de receitas do projeto de lei orçamentária anual tornando-se igual ao total de despesas do projeto de lei orçamentária anual, sem consideras as operações de crédito para alcança-lo. Logo, o equilíbrio formal do projeto de lei Orçamentária Anual (LOA), isto é, o total de receita nominal igual ao total de despesa nominal, que o Poder Executivo encaminha para o exame e aprovação do Poder Legislativo, é uma premissa básica de finanças públicas que não consta de norma constitucional expressa.

– Professora, eu já vi em uma questão de concurso público a classificação resultado primário e resultado nominal. Juro que fiquei perdido e nem sabia do que se tratava.

Muito bom você ter tocado nesse assunto. Outra interessante classificação que decorre deste princípio é quanto ao resultado, o qual poderá ser classificado em resultado primário ou resultado nominal. O resultado primário consiste na diferença entre receitas não financeiras e despesas financeiras, as quais consideram as receitas e despesas decorrentes de operações de crédito, juros, amortizações e outros empréstimos, indicará os níveis de gastos orçamentários dos entes federativos e são incompatíveis com suas arrecadações, isto é, se as receitas não financeiras não são capazes de suportas as despesas não financeiras. Já o resultado nominal é a diferença entre as receitas e as despesas públicas, incluindo despesas e receitas financeiras, os efeitos da inflação e da variação cambial, equivalendo ao aumento da dívida pública líquida. Pode ser considerado como a própria necessidade de financiamento do setor público, verificando se haverá ou não a necessidade de empréstimos junto às entidades ou setor privado.

> – E qual a importância disso?

Ora, o resultado primário é um bom indicador da solvência do setor público, pois indica a necessidade, ou não, de utilização de recursos de terceiros para a cobertura de suas despesas, cabendo à Lei de Diretrizes Orçamentárias (LDO) definir o resultado primário a ser obtido com vistas à redução do montante da dívida e das despesas com juros.

> – E, simplesmente, o resultado será divulgado?

Na verdade, o anexo de metas fiscais que estabelecerá metas para receitas, despesas, resultados nominal e primário e o montante da dívida para o exercício a que se refere e para os dois seguintes.

> – Hum... mas, professora, isso quer dizer que o orçamento sempre deverá ter um superávit?

Não!!!!! Interessante é que o art. 167, III, da CF/88, em regra, vedou a realização de operações de crédito que excedam o montante de despesas de capital, consistindo na denominada "regra de ouro", havendo a possibilidade de as operações de crédito superarem os valores de investimentos, mediante autorização do Poder Legislativo, desde que seja por aprovação por maioria absoluta, logo, é possível a existência de um orçamento deficitário.

> – Vou guardar essa informação.

Guarde mesmo, pois ela pode ser cobrada na prova de concurso para induzir o candidato ao erro. Toma muito cuidado com isso, ok?!

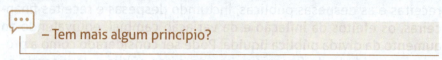
– Tem mais algum princípio?

Opa! Ainda temos alguns pela frente...

– Vamos em frente!

2.12. Princípio da programação

Segundo o princípio da programação, o orçamento não deve conter, apenas, as estimativas para as receitas e despesas do próximo exercício financeiro, mas também, deverá conter a previsão de objetivos e metas relacionados à realização das necessidades públicas.

2.13. Princípio da transparência

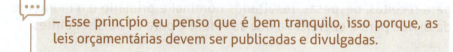
– Esse princípio eu penso que é bem tranquilo, isso porque, as leis orçamentárias devem ser publicadas e divulgadas.

Publicadas e divulgadas de forma clara e precisa, cujo objetivo é o controle social. Assim sendo, o Poder Público publicará até 30 dias após o fim de cada bimestre, o relatório resumido da execução orçamentária.

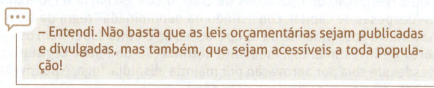
– Entendi. Não basta que as leis orçamentárias sejam publicadas e divulgadas, mas também, que sejam acessíveis a toda população!

Isso mesmo! Além disso, saiba que a União, os Estados, o Distrito Federal e os Municípios, divulgarão até o último dia do mês seguinte ao da arrecadação, os montantes de cada um dos tributos arrecadados, além dos recursos recebidos, os valores de origem tributária entregues e que serão entregues e, nos termos do art. 162, da CF/88, os dados serão discriminados: da União, por Estado e por Município; dos Estados por Município.

No mais, o Supremo Tribunal Federal, no informativo 791, compreendeu que a Lei n. 9755/98, a qual previu que o Tribunal de Contas da União deveria criar uma homepage na internet para divulgar os dados e informações sobre finanças públicas dos entes da federal, constitucional, uma vez que a referida lei atende ao princípio da publicidade e não viola o princípio federativo.

– Vi que na Lei de Responsabilidade Fiscal há alguns artigos que tratam sobre esse princípio.

São artigos importantes, cuja leitura é indispensável. Irei disponibilizá-los no rodapé... aliás, você tem lido o rodapé desse livro?

– Nem me atentei, professora!

Mas, deveria! Sempre há informações importantes, como jurisprudência e artigos da lei, como os da Lei de Responsabilidade Fiscal que você já pode consultar[15].

---

15. "Art. 48. São instrumentos de transparência da gestão fiscal, aos quais será dada ampla divulgação, inclusive em meios eletrônicos de acesso público: os planos, orçamentos e leis de diretrizes orçamentárias; as prestações de contas e o respectivo parecer prévio; o Relatório Resumido da Execução Orçamentária e o Relatório de Gestão Fiscal; e as versões simplificadas desses documentos.
§ 1º A transparência será assegurada também mediante:
I – incentivo à participação popular e realização de audiências públicas, durante os processos de elaboração e discussão dos planos, lei de diretrizes orçamentárias e orçamentos;
II - liberação ao pleno conhecimento e acompanhamento da sociedade, em tempo real, de informações pormenorizadas sobre a execução orçamentária e financeira, em meios eletrônicos de acesso público; e
III – adoção de sistema integrado de administração financeira e controle, que atenda a padrão mínimo de qualidade estabelecido pelo Poder Executivo da União e ao disposto no art. 48-A.
§ 2º A União, os Estados, o Distrito Federal e os Municípios disponibilizarão suas informações e dados contábeis, orçamentários e fiscais conforme periodicidade, formato e sistema estabelecidos pelo órgão central de contabilidade da União, os quais deverão ser divulgados em meio eletrônico de amplo acesso público.

– Prometo que irei começar a notar!

Muito bem! Só para complementar esse assunto, importante que você saiba que a Lei de acesso à informação (Lei n. 12.527/2011) pressupõe que o cidadão poderá solicitar ao Poder Público os dados de interesse coletivo, exceto os confidenciais, sem apresentar justificativa para tanto. A resposta ao cidadão deverá ser dada imediatamente ou em 20 dias prorrogáveis por mais 10 dias. Se o acesso for negado, tal negativa deverá ser apresentada por escrito e fundamentada, para que o cidadão possa recorrer da decisão.

§ 3º Os Estados, o Distrito Federal e os Municípios encaminharão ao Ministério da Fazenda, nos termos e na periodicidade a serem definidos em instrução específica deste órgão, as informações necessárias para a constituição do registro eletrônico centralizado e atualizado das dívidas públicas interna e externa, de que trata o § 4o do art. 32.
§ 4º A inobservância do disposto nos §§ 2o e 3o ensejará as penalidades previstas no § 2o do art. 51
§ 5º Nos casos de envio conforme disposto no § 2o, para todos os efeitos, a União, os Estados, o Distrito Federal e os Municípios cumprem o dever de ampla divulgação a que se refere o caput.
§ 6º Todos os Poderes e órgãos referidos no art. 20, incluídos autarquias, fundações públicas, empresas estatais dependentes e fundos, do ente da Federação devem utilizar sistemas únicos de execução orçamentária e financeira, mantidos e gerenciados pelo Poder Executivo, resguardada a autonomia."
"Art. 48-A. Para os fins a que se refere o inciso II do parágrafo único do art. 48, os entes da Federação disponibilizarão a qualquer pessoa física ou jurídica o acesso a informações referentes a:
I – quanto à despesa: todos os atos praticados pelas unidades gestoras no decorrer da execução da despesa, no momento de sua realização, com a disponibilização mínima dos dados referentes ao número do correspondente processo, ao bem fornecido ou ao serviço prestado, à pessoa física ou jurídica beneficiária do pagamento e, quando for o caso, ao procedimento licitatório realizado;
II – quanto à receita: o lançamento e o recebimento de toda a receita das unidades gestoras, inclusive referente a recursos extraordinários."
"Art. 49. As contas apresentadas pelo Chefe do Poder Executivo ficarão disponíveis, durante todo o exercício, no respectivo Poder Legislativo e no órgão técnico responsável pela sua elaboração, para consulta e apreciação pelos cidadãos e instituições da sociedade.
Parágrafo único. A prestação de contas da União conterá demonstrativos do Tesouro Nacional e das agências financeiras oficiais de fomento, incluído o Banco Nacional de Desenvolvimento Econômico e Social, especificando os empréstimos e financiamentos concedidos com recursos oriundos dos orçamentos fiscal e da seguridade social e, no caso das agências financeiras, avaliação circunstanciada do impacto fiscal de suas atividades no exercício."

3. VEDAÇÕES CONSTITUCIONAIS

– São aquelas contidas no art. 167, da CF/88[16], professora?

As próprias! Faça a leitura desse dispositivo constitucional mencionado, hein?

– Pode deixar!

Primeiramente, temos que é vedado o início de programas ou projetos não incluídos na lei orçamentária anual, assim como a realização de despesas ou assunção de obrigações diretas que excedam os créditos orçamentários ou adicionais.

Importante destacar que o inciso III, do art. 167, da CF/88, é conhecido como "regra de ouro", uma vez que ele veda a realização de

---

16. "Art. 167, da CF/88. São vedados:
I - o início de programas ou projetos não incluídos na lei orçamentária anual;
II - a realização de despesas ou a assunção de obrigações diretas que excedam os créditos orçamentários ou adicionais;
III - a realização de operações de créditos que excedam o montante das despesas de capital, ressalvadas as autorizadas mediante créditos suplementares ou especiais com finalidade precisa, aprovados pelo Poder Legislativo por maioria absoluta;
IV - a vinculação de receita de impostos a órgão, fundo ou despesa, ressalvadas a repartição do produto da arrecadação dos impostos a que se referem os arts. 158 e 159, a destinação de recursos para as ações e serviços públicos de saúde, para manutenção e desenvolvimento do ensino e para realização de atividades da administração tributária, como determinado, respectivamente, pelos arts. 198, § 2º, 212 e 37, XXII, e a prestação de garantias às operações de crédito por antecipação de receita, previstas no art. 165, § 8º, bem como o disposto no § 4º deste artigo;
V - a abertura de crédito suplementar ou especial sem prévia autorização legislativa e sem indicação dos recursos correspondentes;
VI - a transposição, o remanejamento ou a transferência de recursos de uma categoria de programação para outra ou de um órgão para outro, sem prévia autorização legislativa;
VII - a concessão ou utilização de créditos ilimitados;
VIII - a utilização, sem autorização legislativa específica, de recursos dos orçamentos fiscal e da seguridade social para suprir necessidade ou cobrir déficit de empresas, fundações e fundos, inclusive dos mencionados no art. 165, § 5º;
IX - a instituição de fundos de qualquer natureza, sem prévia autorização legislativa;
X - a transferência voluntária de recursos e a concessão de empréstimos, inclusive por antecipação de receita, pelos Governos Federal e Estaduais e suas instituições financeiras, para pagamento de despesas com pessoal ativo, inativo e pensionista, dos Estados, do Distrito Federal e dos Municípios;
XI - a utilização dos recursos provenientes das contribuições sociais de que trata o art. 195, I, a, e II, para a realização de despesas distintas do pagamento de benefícios do regime geral de previdência social de que trata o art. 201."

887

operações de crédito que excedam o montante das despesas de capital, exceto as autorizadas por intermédio de crédito suplementar ou especial, desde que haja uma finalidade precisa e seja aprovada pelo Poder Legislativo por maioria absoluta.

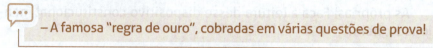

– A famosa "regra de ouro", cobradas em várias questões de prova!

Bem observado. Vira e mexe temos uma assertiva de uma questão de prova de concurso que cobra essa regrinha. Já é bem manjada e, mesmo assim, muitos candidatos erram.

– Não irei errar!

Assim espero!

Só preciso fazer uma observação importante sobre ela...

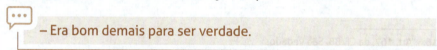

– Era bom demais para ser verdade.

Então, esse ano de 2020 foi bem complicado por conta da pandemia relativa ao COVID-19. Posso afirmar com toda propriedade, pois meu marido, médico do SAMU, foi infectado e passei por poucas e boas, fora que no começo da pandemia, no Brasil, não havia máscaras suficientes para os profissionais da saúde e ele tinha que realizar atendimentos sem o EPI, acredita?

– Essa é a triste realidade dos profissionais da saúde do SUS, professora.

Pois é. Fora toda essa lamentável e triste questão, no âmbito do Direito Financeiro, o governo Federal se viu apertado, assim como os demais. A partir da forte crise, tivemos a edição da Emenda Constitucional 106/2020, a qual trouxe a suspensão da vedação da regra do art. 167, III, da CF/88, ou seja, a "regra de ouro".

– Ou seja, essa emenda permitiu, excepcionalmente, no exercício financeiro de 2020, que o governo realize as operações de crédito que excedam o valor das despesas de capital?

Exatamente isso! Ainda nesse contexto, a referida Emenda Constitucional dispões sobre a obrigação da publicação a cada 30 (trinta) dias de um relatório que contenha os valores e o custo das operações de crédito que foram realizadas durante o lapso temporal do estado de calamidade pública nacional tratado pelo texto da emenda.

– E quem irá publicar esse relatório?

O Ministério da Economia.

Ademais, além do relatório, a referida emenda prevê uma programação orçamentária específica e um controle, a partir da prestação de contas que deverá ser avaliada separadamente no que tange a esse período.

– Algo mais, professora?

A Emenda Constitucional 106/2020 previu a possibilidade da utilização dos recursos oriundos das operações de crédito para fins de pagamento dos juros e dos encargos.

– Mas isso tudo não pode ocasionar irregularidades?

Pode e já estão sendo descobertas inúmeras irregularidades. Infelizmente, muitos políticos estão se aproveitando da crise da pandemia para desviar recursos públicos.

– E o que a referida Emenda diz sobre isso?

No caso de constatadas irregularidades ou de descumprimento dos limites previstos no texto da referida emenda, o Congresso Nacional poderá sustar qualquer decisão do órgão ou da entidade do Poder Executivo relacionadas ao que dispõe a Emenda Constitucional 106/2020.

– São só essas as novidades envolvendo a pandemia do COVID-19, professora?

Não! Mais a frente, iremos verificar que tivemos outras normas que foram editadas para fins de enfrentamento os efeitos ocasionados pelo novo coronavírus.

Dando continuidade ao assunto do tópico, saiba que o art. 12, da LRF dispunha que o montante previsto para as receitas de operação de crédito não poderá ser superior ao das despesas de capital constantes do projeto de lei orçamentária. Entretanto, tal dispositivo não previu a exceção contida no art. 167, III, da CF/88, portanto, foi declarado inconstitucional pelo STF no julgamento da ADI 2238. Logo, conclui-se que a contratação de operação de crédito em montante superior ao das despesas de capital somente poderá ocorrer desde que haja anuência do Poder Legislativo por meio do quórum qualificado da maioria absoluta, isto é, por meio de lei complementar.

Também, há a proibição quanto ao remanejamento, transferência ou transposição de recursos de uma categoria para outra ou de um órgão para outro sem prévia autorização do Poder Legislativo.

– Caso ocorra, teremos tipificado o crime de desvio de verbas do art. 315, do Código Penal, além do ato de improbidade administrativa (art. 10, XI, Lei n. 8429/92).

Muito bem. Estou orgulhosa de você!

Também é vedada a utilização ou concessão de créditos ilimitados. Esta vedação corrobora para a proibição no que concerne aos contratos firmados pela Administração Pública por prazo indeterminado, nos termos do art. 57, §3º, da Lei n. 8666/93.

É proibido, consoante disposto no inciso VIII, a utilização de recursos dos orçamentos fiscal e da seguridade social, sem autorização legislativa específica, para suprir necessidade ou cobrir déficit de empresas, fundações e fundos.

No inciso IX há a proibição da instituição de fundos de qualquer natureza, sem prévia autorização legislativa, ou seja, de uma lei autorizadora para a instituição de fundos, sendo ordinária.

Já o inciso X veda a transferência voluntária de recursos e a concessão de empréstimos, incluindo a antecipação de receitas, pelos governos dos Estados e da União e suas instituições financeiras para pagamento de despesas com pessoal ativo, inativo e pensionistas dos

Municípios, Estados e DF. Isto é, não pode haver empréstimo ou convênio com o fim de corroborar com o pagamento de despesas de custeio.

O inciso XI veda a utilização dos recursos oriundos das contribuições sociais para a realização de despesas, as quais não sejam quanto ao pagamento do Regime Geral de Previdência Social. Logo, tais receitas não podem ser destinadas para a seguridade social como um todo, mas apenas para o custeio dos benefícios do Regime Geral de Previdência Social.

Por último, vale a leitura dos seguintes incisos:

> XII - na forma estabelecida na lei complementar de que trata o § 22 do art. 40, a utilização de recursos de regime próprio de previdência social, incluídos os valores integrantes dos fundos previstos no art. 249, para a realização de despesas distintas do pagamento dos benefícios previdenciários do respectivo fundo vinculado àquele regime e das despesas necessárias à sua organização e ao seu funcionamento; (Incluído pela Emenda Constitucional nº 103, de 2019)

> XIII - a transferência voluntária de recursos, a concessão de avais, as garantias e as subvenções pela União e a concessão de empréstimos e de financiamentos por instituições financeiras federais aos Estados, ao Distrito Federal e aos Municípios na hipótese de descumprimento das regras gerais de organização e de funcionamento de regime próprio de previdência social. (Incluído pela Emenda Constitucional nº 103, de 2019)

– Professora, e quanto às leis orçamentárias?

Vamos estudá-las agora!

4. PROCESSO LEGISLATIVO ORÇAMENTÁRIO

– Processo legislativo orçamentário?

Exato! Você precisa conhecer as particularidades desse tema para compreender as leis orçamentárias, mais precisamente, o Plano Plurianual (PPA), a Lei de Diretrizes Orçamentárias (LDO) e a Lei Orçamentária Anual (LOA).

– Há muitas diferenças em relação às leis mais comuns?

Algumas! Por isso, tenha muita atenção a tudo o que irei lhe explicar.

Primeiramente, vamos iniciar com a elaboração.

4.1. Elaboração

Em termos gerais, temos que os Poderes Judiciário e Legislativo, bem como o Tribunal de Contas, a Defensoria Pública e o Ministério Público elaboram propostas parciais quanto às suas despesas, devendo ser encaminhadas ao Poder Executivo.

– Então, há propostas parciais? Achei que era somente a proposta do Poder Executivo.

Não!! Tome muito cuidado com isso.

– Pode deixar, professora!

Após o recebimento das propostas parciais, por sua vez, o Poder Executivo enviará a proposta final do orçamento ao Poder Legislativo para respectiva votação.

A jurisprudência possui entendimento no sentido de que o Poder Executivo não pode alterar proposta orçamentária, por exemplo, do Poder Judiciário, acaso este tenha observado os limites estipulados na Lei de Diretrizes Orçamentárias, isto porque o Chefe do Poder Executivo consolida o orçamento da forma como lhe foi encaminhado, podendo, entretanto, propor uma emenda modificativa à Comissão Mista Permanente a fim de que o Poder Legislativo discuta a matéria. O Supremo Tribunal Federal já compreendeu no julgamento da ADPF 307 referendo – MC/DF, rel. Min. Dias Toffoli, j. 19.12.2013 que o Governador do Estado não pode reduzir proposta orçamentária da Defensoria Pública elaborada de acordo com a LDO. O mesmo entendimento se encontra no julgamento da ADI 5287/PB, rel. Min. Luiz Fux, j. 18/05/2016.

– Então, analisando esse entendimento do Supremo Tribunal Federal, compreendi que o Poder Executivo, apenas, consolida e um único projeto, todas as propostas recebidas e a sua. Estou certo?

Certíssimo! O Poder Executivo não tem a competência de alterar nada das propostas parciais consolidadas.

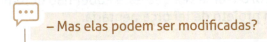
– Mas elas podem ser modificadas?

Podem sim!

– Como?

Você já vai ver!

– E quem tem a iniciativa de iniciar o processo legislativo orçamentário?

4.2. A iniciativa

As leis orçamentárias serão elaboradas sempre por iniciativa privativa e indelegável do Poder Executivo, sendo que sua omissão configurará como crime de responsabilidade. Logo, conclui-se que o Poder Legislativo não tem competência para iniciar um projeto de lei orçamentária. Cuidado com essa pegadinha de questão de concurso!

– Mas o Poder Legislativo tem a iniciativa em matéria tributária...

O Poder Legislativo poderá, por meio de leis tributárias, como você bem lembrou, principalmente as que concedem benefícios fiscais, refletir no orçamento. No entanto, tal possibilidade não fere a competência privativa do Poder Executivo para dispor sobre orçamento, já que o Poder Legislativo detém a competência de iniciativa de lei tributária a qual reduza a receita pública.

– Agora ficou claro, professora.

Que ótimo!

– Eu tenho uma dúvida ainda. Você me disse que a iniciativa é do chefe do Poder Executivo, mas e se ele não fizer nada?

Em caso de omissão do chefe do Poder Executivo, o Poder Legislativo considerará como proposta a lei orçamentária vigente, nos termos do art. 31, da Lei 4320/64, uma vez que este Poder não detém competência para iniciar um projeto de lei orçamentária.

– Pelo jeito, o Poder Legislativo não tem mesmo competência para a iniciativa! Vou guardar bem essa informação.

Cabe mencionar que embora a iniciativa formal seja do chefe do Poder Executivo, como bem pontuado anteriormente, quanto às despesas anuais dos demais Poderes, do Ministério Público e do Tribunal de Contas, receberá destes as propostas parciais. Quanto às propostas parciais do Poder Judiciário e do Ministério Público, deverão obedecer aos limites estipulados conjuntamente com os demais Poderes na Lei de Diretrizes Orçamentárias. Caso contrário, se forem enviadas em desacordo, o Poder Executivo procederá aos ajustes necessários para fins de consolidação da proposta orçamentária anual.

– E se a omissão for por parte daqueles entes mencionados...Ministério Público, etc?

Se a propostas parciais não forem encaminhadas no prazo estabelecido pela LDO, o Poder Executivo irá considerar os valores aprovados na lei orçamentária vigente, para fins de consolidação, ajustados nos termos dos limites estipulados na LDO.

Mais alguma dúvida sobre esse ponto?

– Não, não, professora!!

4.3. A apreciação

A apreciação caberá ao Poder Legislativo, podendo emendar ou rejeitar a lei orçamentária enviada pelo Poder Executivo.

CAPÍTULO 4 → Orçamento Público

> – Penso que como a competência é do Poder Executivo para elaboração, será a Câmara dos Deputados a casa onde se inicia a apreciação...

Está correto seu pensamento! Primeiramente, a Comissão Mista Permanente (CMP) procederá a um parecer prévio quanto ao projeto de lei e suas respectivas emendas, além de parecer quanto aos créditos adicionais. Posteriormente, as duas Casas do Congresso Nacional apreciarão conjuntamente a matéria, sendo a apuração dos votos separada.

> – Ouço muito sobre créditos extraordinários. Será a mesma sistemática?

Em relação aos créditos extraordinários, a tramitação é distinta, uma vez que são objetos de medida provisória. Em outro capítulo, estudaremos esse assunto, fique tranquilo!

> – Outra questão que também tenho dúvidas é quanto as famosas emendas.

No que tange às emendas ao projeto de Lei Orçamentária Anual ou crédito adicional, estas deverão ser compatíveis com o Plano Plurianual e com a Lei de Diretrizes Orçamentárias, além de haver a necessidade da indicação de recursos necessários, admitidos apenas os oriundos de anulação de outras despesas e excluídas as que incidam sobre pessoal, serviço da dívida e transferências tributárias. Tais emendas poderão estar relacionadas à correção de erros e omissões, assim como para maior precisão e clareza ao texto da lei, sendo conhecidas como emendas de redação.

O Supremo Tribunal Federal possui entendimento de que em regra, salvo situações excepcionais e graves, não caberá ao Poder Judiciário interferir na função do Poder Legislativo de definição de receitas e despesas da Administração Pública, sob pena de violação ao princípio da separação dos Poderes, emendando projetos de leis orçamentárias, quando atendidas as condições dispostas no art. 166, §§3º e 4º, da CF/88 (STF, Plenário, ADI 5468/DF, rel. Min. Luiz Fux, j. 28 e 30/06/2016).

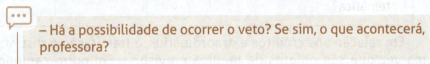
– Hum, interessante!

E, mais: quanto às emendas ao projeto de LDO, estas deverão estar compatíveis com o PPA. Já as emendas ao projeto de PPA, estas não poderão majorar as despesas previstas.

Uma outra informação, para já irmos finalizando esse ponto do processo legislativo orçamentário é que nada obsta que durante a apreciação pelo Poder Legislativo, o Poder Executivo envie mensagem retificadora da proposta ao Congresso Nacional, desde que ocorra antes de não iniciada votação na Comissão Mista Permanente quanto à parte do projeto que se pretende modificar.

– Há a possibilidade de ocorrer o veto? Se sim, o que acontecerá, professora?

Por fim, cabe destacar que é viável o veto ou a rejeição da Lei Orçamentária Anual (LOA), hipótese que ensejará a abertura de créditos adicionais, nos termos do art. 166, §8º, da CF/88.

4.4. A execução

A lei orçamentária após aprovada e publicada entrará em vigor e começará a ser cumprida, devendo o Poder Executivo em até 30 (trinta) dias estabelecer, mediante decreto, a programação financeira e o cronograma mensal de desembolso. No mais, em até 30 (trinta) dias após o final de cada bimestre, o Poder Executivo deverá publicar o Relatório Resumido de Execução Orçamentária (RREO), nos termos dos arts. 52 e 53, da LRF.

– Irei fazer a leitura desses dispositivos que você mencionou.

Eles são bem importantes, já foram cobrados em prova, inclusive! Sobre eles, saiba que o RREO torna público como a atividade financeira do Estado está sendo desenvolvida, isto é, o que realmente foi arrecadado e gasto em relação ao que foi previsto.

No entanto, não se pode confundir o RREO com o Relatório de Gestão Fiscal (RGF), previsto no art. 54, da LRF, o qual será apresentado ao final de cada quadrimestre.

> – Em que consiste o RGF?

O RGF é considerado como o instrumento que pode indicar as medidas corretivas a serem utilizadas no caso de ultrapassarem os limites fixados na Lei de Responsabilidade Fiscal.

Caberá aos órgãos de controle, principalmente aos que exercem o controle externo, como os Tribunais de Contas e o Poder Legislativo, apreciar e julgar se a aplicação de recursos ocorreu nos termos previstos nas leis orçamentárias. Tal controle poderá ocorrer simultaneamente à execução orçamentária.

> – São tantas informações novas...

Eu imagino como deva estar a sua cabeça, mas fique tranquilo porque agora vamos estudar detalhadamente as leis orçamentárias.

> – Eba!! Assunto que sei um pouquinho!

4.5. Plano Plurianual (PPA)

> – O famoso PPA!

Você se arrisca a me dizer em que consiste o PPA?

> – Sei que é uma lei orçamentária que contempla um período de 4 (quatro) anos, professora!

O PPA consiste em uma lei que estabelece o planejamento do governo de maneira estratégica para longo prazo, influenciando a elaboração das demais leis orçamentárias, como a LDO e a LOA.

> – Hum... nunca tinha pensando assim, que o PPA influencia a LDO e a LOA!

Isso porque, nos termos do art. 165, §1º, da CF/88, a lei que instituir o PPA deverá estabelecer as diretrizes, os objetivos e as metas da administração pública federal (DOM) no que concerne as despesas de capital e outras delas decorrentes e para as relativas aos programas de duração continuada, de forma regionalizada.

> – E, quanto ao prazo, acertei?

Acertou sim! O prazo do PPA é de 4 (quatro) anos, o qual se inicia a partir do segundo exercício financeiro do mandato do Chefe do Poder Executivo, se perdurando até o final do primeiro exercício do mandato subsequente.

> – Ou seja, a vigência da lei não coincide com o mandato do Chefe do Poder Executivo?

Não coincide! Toma muito cuidado com essa informação.

> – Pode deixar, professora!

Em relação ao prazo para envio, o art. 169, §9º, I, da CF/88 dispõe que lei complementar abordará sobre o exercício financeiro, vigência, prazos, elaboração e a organização das leis orçamentárias.

> – E essa lei complementar existe, professora?

Embora haja previsão constitucional, a referida lei complementar ainda não foi elaborada, cabendo ao ADCT, em seu art. 35, §2º, I, determinar o prazo.

> – Então, é o ADCT que determina a regra do prazo de envio?

Sim! Quanto ao PPA, tal dispositivo prevê que o projeto respectivo deverá ser encaminhado até 31.08 e devolvido para sanção até 22.12. No que concerne às demais leis orçamentárias, temos que a LDO deverá ser encaminhada até 15.04 e devolvida para sanção até

CAPÍTULO 4 → Orçamento Público

17.07. Por sua vez, a LOA deverá ter seu projeto encaminhado até 31.08 e devolvida para sanção até 22.12. Estes prazos são de extrema importância e muito cobrados em provas de concurso público, portanto, vale a pena sistematiza-los para melhor memorização.

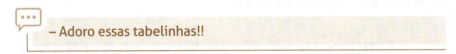
– Adoro essas tabelinhas!!

Memorize com carinho esses prazos, pois como mencionei, são muito cobrados em provas de concurso público:

Lei orçamentária	Encaminhado até	Devolvido para sanção até
PPA	31.08	22.12
LDO	15.04	17.07
LOA	31.08	22.12

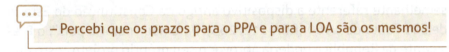
– Percebi que os prazos para o PPA e para a LOA são os mesmos!

Você foi mais rápido do que eu!! Que bom que notou isso. Significa que está atento a tudo o que estamos conversando.

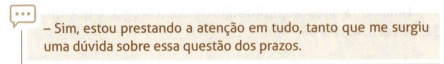
– Sim, estou prestando a atenção em tudo, tanto que me surgiu uma dúvida sobre essa questão dos prazos.

Diga!

Se os prazos forem descumpridos, o que acontecerá?

Primeiramente, uma primeira situação seria o Presidente da República não encaminhar o projeto do PPA ao Congresso. Se isso acontecer, poderá ensejar a sua punição por crime de responsabilidade, nos termos do art. 85, V, da CF/88.

– Ixi...

899

Fora essa situação, no que tange à atividade financeira, teremos que é vedado o início de qualquer atividade que envolva despesa de capital e outras dela decorrentes, bem como as relativas a programas de duração continuada, isto é, a de duração maior de 1 (um) ano, nos termos do art. 165, §1º, da CF/88.

> – Então, toda obra ou serviço que ultrapasse mais de um exercício não poderia ser sequer iniciado sem que houvesse autorização legislativa específica, não é mesmo?

Exatamente. É o que prevê o art. 167, §1º, da CF/88.

> – E se, após enviado o projeto de PPA pelo Presidente da República, o Congresso fica inerte?

O Supremo Tribunal Federal já se pronunciou sobre uma situação semelhante referente a dispositivo antigo da Constituição do Estado de São Paulo de 1969 (RDA 112/263). Para não "parar o país", o Presidente da República poderia aprovar o seu próprio projeto, visto que o Congresso teria a obrigação de aprovar algum Plano, ainda que não concordasse com o projeto recebido.

Uma outra situação, utilizando-se da analogia, é quanto ao art. 32, da Lei n. 4.320/64.

> – Mas esse dispositivo não versa sobre a LOA, professora?

Sim, por isso utilizamos da analogia. Seria uma possível solução de considerar como proposta o orçamento vigente e, por analogia, poderia ser utilizada a interpretação para o PPA.

> – Seria possível haver modificação do PPA durante sua vigência?

Claro que sim! Até porque, o PPA é uma lei, podendo ser modificada pelo mesmo instrumento.

CAPÍTULO 4 → Orçamento Público

– Até porque eu penso que em 4 (quatro) anos muita coisa pode mudar, como por exemplo, o surgimento do COVID-19 que abalou a economia no mundo inteiro.

Bem colocado. A pandemia alterou vários planos de governo e econômicos. Por isso, em decorrência de situações como essa, é plenamente possível que haja uma modificação no PPA, devendo, no entanto, sempre haver a compatibilização com as demais leis orçamentárias.

– Sim, as três leis orçamentárias (PPA, LDO e LOA) devem ser sempre harmônicas entre si.

Fora que as modificações devem ser objeto do mesmo processo legislativo de aprovação das leis orçamentárias.

Com isso, conclui-se o estudo do Plano Plurianual (PPA), sendo importante guardar que consiste em um plano de 4 anos, aprovado como lei formal, o qual traz receitas e despesas de caráter continuado (que superem 1 ano), as despesas de capital.

Para finalizarmos o estudo referente ao PPA, vale a pena ressaltar, dado que constantemente é cobrado em prova, que nenhum investimento cuja execução ultrapasse um exercício financeiro poderá ser iniciado sem prévia inclusão no plano plurianual, ou sem lei que autorize a inclusão, sob pena de crime de responsabilidade, nos termos do art. 167, §1º, da CF/88.

4.6. Lei de Diretrizes Orçamentárias (LDO)

– Em que se diferencia do PPA, professora?

A Lei de Diretrizes Orçamentárias (LDO), nos termos do art. 165, §2º, da CF/88 compreende as metas e prioridades (MP) da Administração Pública Federal, incluindo as despesas de capital para o exercício

901

financeiro subsequente, orientando a elaboração da lei orçamentária anual (LOA), além de dispor sobre alterações na legislação tributárias, estabelecendo a política de aplicação das agências oficiais de fomento. Além disso, a Lei de Responsabilidade Fiscal (LRF) menciona que é papel da LDO dispor sobre equilíbrio entre receitas e despesas, fixar critérios a serem utilizados em cada exercício e quais as formas de limitação de empenho caso a receita prevista não se concretize na lei orçamentária.

– Quanta coisa! Pode-se dizer que a LDO é uma lei que faz uma ligação entre o PPA e a LOA?

Pode sim! Nos termos do art. 165, §2º, da CF/88, temos que a LDO deve dispor sobre:

Conteúdo da LDO, segundo o art. 165, §2º, da CF/88:
a) metas e prioridades da administração pública federal;
b) despesas de capital para o exercício financeiro subsequente;
c) orientação acerca da elaboração da lei orçamentária anual;
d) alterações na legislação tributária;
e) política de aplicação das agências financeiras oficiais de fomento.

Já quanto ao art. 4º, da Lei de Responsabilidade Fiscal (LRF), temos:

Conteúdo da LDO, segundo o art. 4º, da LRF:
a) dispor sobre equilíbrio entre receitas e despesas;
b) fixar critérios e formas de limitação de empenho caso a previsão de receitas não se realize;
c) instituir normas relativas ao controle de custos e à avaliação dos resultados dos programas financiados com recursos dos orçamentos;
d) impor condições e exigências para transferências de recursos a entidades públicas e privadas;
e) previsão dos anexos: anexo de metas fiscais, anexo de riscos fiscais e anexo específico da LDO da União.

CAPÍTULO 4 → Orçamento Público

– E o que são esses anexos, professora?

Vamos analisá-los, ok?

– Ok!

Primeiramente, temos o anexo de metas fiscais que é uma parte destacada da LDO, o qual fixará metas anuais quanto a receitas, despesas, resultados nominais e primários e montante da dívida pública para o próximo exercício e os dois seguintes, junto à avaliação do cumprimento das metas relativas ao ano anterior.

– Nesse anexo, portanto, o legislador deverá analisar as metas do exercício anterior?

Exatamente! Deverá analisar se foram atingidas ou não e qual o resultado disso, além de fixar as metas anuais para o próximo exercício e para os dois seguintes.

– Então, sempre tratará sobre três exercícios quanto às metas!

Fora isso, temos que o anexo de metas fiscais deverá conter:

CONTEÚDO DO ANEXO DE METAS FISCAIS:
I- avaliação do cumprimento das metas relativas ao ano anterior;
II- demonstrativo das metas anuais, instruído com memória e metodologia de cálculo que justifiquem os resultados pretendidos, comparando-as com as fixadas nos três exercícios anteriores e evidenciando a consistência delas com as premissas e os objetivos da política econômica nacional;
III- evolução do patrimônio líquido, também nos últimos três exercícios, destacando a origem e a aplicação dos recursos obtidos com a alienação de ativos;
IV- avaliação da situação financeira e atuarial: a) dos regimes geral de previdência social e próprio dos servidores públicos e do Fundo de Amparo ao Trabalhador; b) dos demais fundos públicos e programas estatais de natureza atuarial;
V- demonstrativo da estimativa e compensação da renúncia de receita e da margem de expansão das despesas obrigatórias de caráter continuado.

> – Penso que esse anexo tem como objetivo a verificação de como andam as contas públicas, isto é, se estão ou não equilibradas, fora a previsão de metas para os três exercícios seguintes com base nos objetivos e políticas públicas fixadas.

Pensou correto! Esse anexo é muito importante porque tem como objetivo principal a garantia do equilíbrio das contas, além de fixar metas com base nas premissas e nos objetivos últimos que a Administração almeja alcançar.

> – Então, a partir desse anexo, a Administração Pública realiza um planejamento de governo....

Tanto é verdade que por conta disso, podemos dizer que a LDO passa a ser considerada como um instrumento de planejamento, no qual serão estabelecidos objetivos e metas para averiguar como estão sendo executadas as atividades no sentido de alcançar ou não os objetivos governamentais almejados. Também, podemos afirmar que o anexo em questão é destinado a averiguar como está a evolução do patrimônio público, uma vez que serão analisados, nos três últimos exercícios, tanto a origem quanto a aplicação de recursos que sejam obtidos com eventual venda de ativos.

> – E, se por acaso, for descumprida a obrigação de fixação de metas fiscais?

O descumprimento dessa obrigação referente à fixação de metas fiscais na LDO sujeita o infrator às penas previstas no art. 5º, da Lei n.º 10.028/2000[17].

---

17. Art. 5º Constitui infração administrativa contra as leis de finanças públicas:
 I – deixar de divulgar ou de enviar ao Poder Legislativo e ao Tribunal de Contas o relatório de gestão fiscal, nos prazos e condições estabelecidos em lei;
 II – propor lei de diretrizes orçamentárias anual que não contenha as metas fiscais na forma da lei;
 III – deixar de expedir ato determinando limitação de empenho e movimentação financeira, nos casos e condições estabelecidos em lei;

CAPÍTULO 4 → Orçamento Público

– E quanto ao anexo de riscos fiscais?

Nesse há uma análise sobre os riscos fiscais, isto é, uma previsão feita pela LDO a respeito de uma possível ocorrência de um fato que poderá afetar o equilíbrio das contas.

– Seria uma forma de identificar os riscos e formas de amenizá-los ou reduzi-los?

Sim, pois na LDO será identificado se existe ou não algum fato possível, provável ou pouco provável que possa afetar o equilíbrio de contas públicas.

– Como a pandemia do COVID-19?

É um bom exemplo! Mas qualquer crise econômica mundial, a qual ainda não tenha atingido o Brasil, mas que poderá afetar e ocasionar diversos efeitos adversos. Assim sendo, devem ser adotadas providências a serem tomadas caso os eventos ocorram de fato.

– Ou seja, essa possibilidade de a ocorrência dos fatos virem a ocorrer deve ser levada em consideração, ponderando qual a chance e qual o possível e provável impacto dessa crise econômica mundial no Brasil e, a partir de uma análise detalhada, quais as providências que serão tomadas acaso venha a se concretizar.

Isso mesmo! Conclui-se que o anexo fiscal trata de previsão feita pela LDO a respeito de ocorrências capazes de afetar o equilíbrio das

---

IV – deixar de ordenar ou de promover, na forma e nos prazos da lei, a execução de medida para a redução do montante da despesa total com pessoal que houver excedido a repartição por Poder do limite máximo.
§1º A infração prevista neste artigo é punida com multa de trinta por cento dos vencimentos anuais do agente que lhe der causa, sendo o pagamento da multa de sua responsabilidade pessoal.
§2º A infração a que se refere este artigo será processada e julgada pelo Tribunal de Contas a que competir a fiscalização contábil, financeira e orçamentária da pessoa jurídica de direito público envolvida.

contas públicas, consistindo em uma análise de riscos concomitantemente com a identificação de soluções e medidas a serem adotadas para minimizá-los ou eliminá-los.

Por fim, temos um anexo específico da União...

> – Ah, verdade!

Nesse anexo deverão ser propostos os objetivos da política monetária, creditícia e a cambial.

> – Tem nexo, até porque quem tem atribuição para definir e executar as políticas monetária, creditícia e cambial no país é a União!

Você é muito perspicaz!

Saiba que esse anexo, também, deve prever metas de inflação do próximo período.

Ademais, esse anexo específico da União tem como objetivo nortear a atuação do Banco Central e a adoção de outras medidas do governo para fins de manutenção da inflação dentro das metas, a fim de possibilitar o desenvolvimento e crescimento da economia e do país.

> – Quanto aos prazos da LDO já decorei conforme a tabelinha que você apresentou sobre o PPA...

Os prazos previstos no art. 35, do ADCT! Não se esqueça que são prazos estipulados para nível federal, devendo, em relação aos demais entes, verificar se há outros prazos fixados. Toma cuidado se você for prestar algum concurso de Procurador do Estado ou do Município, ok?!

> – Ok, professora!

Lembrando que o Presidente da República deverá encaminhar o projeto ao Congresso Nacional até 15/04 de cada ano, que será analisado e aprovado até o dia 17/07, pois a LDO é a base para elaboração da LOA no segundo semestre.

4.7. Lei Orçamentária Anual (LOA)

— Professora, seria o estudo sobre o orçamento?

Quando me refiro à Lei Orçamentária Anual, podemos concluir que, sim, estudaremos sobre o orçamento, isso porque a LOA é a lei que se entende ser o próprio orçamento público, o qual trará autorizações de despesas e previsões de receitas anuais de forma detalhada e específica de tudo aquilo que foi planejado para o próximo exercício financeiro.

— Então, a LOA é, na verdade, a lei que traz a previsão anual, de forma detalhada, de tudo aquilo planejado a título de despesa e de receita para o próximo exercício financeiro?

Sim, só faltou mencionar sobre a previsão do crédito que, na verdade, é um empréstimo, mas como eu ainda não lhe expliquei sobre, vou lhe dar um desconto! Rs rs

Não se esqueça, também, que o próximo exercício financeiro corresponde, de acordo com a Lei 4.320/64, ao período compreendido entre 1º de janeiro e 31 de dezembro, coincidindo com o ano civil.

— Pode deixar, professora!

O interessante é que a LOA traça o plano de governo e, a partir dela, poderemos verificar no que o governo está investindo mais, qual será a prioridade e as principais atividades naquele ano.

— Professora, você havia me dito que a LOA contempla três suborçamentos...

Bem lembrado! Eu havia lhe explicado sobre isso na parte referente aos princípios orçamentários.

Como você sabe, a previsão da LOA está no art. 165, §5º, da CF/88. Esse dispositivo é muito importante pra fins de concurso público!

907

O projeto da LOA será proposto exclusivamente pelo Chefe do Poder Executivo...

— Disso eu também me recordo.

Importante mencionar que o projeto da LOA será encaminhado pelo Presidente da República ao Congresso Nacional para que os deputados federais e os senadores possam apreciar e aprovar.

— Mas, na verdade, o Chefe do Poder Executivo irá realizar a consolidação, não é mesmo? Isso por conta do princípio da unicidade.

Exatamente! Isso porque cada um dos Poderes irá elaborar o seu próprio projeto de lei orçamentária e enviará ao Poder Executivo para que consolide em uma única peça.

— Até porque o orçamento é uno, devendo a LOA ser uma única lei com o orçamento de todos os poderes.

Estou impressionada! Está aprendendo rápido e direitinho. Parabéns!!

— Obrigado!

Diante disso que você concluiu, podemos afirmar, que o orçamento é, portanto, uma unidade organizada em três partes dentro da própria lei que abrange:

a)	orçamento fiscal, o qual consiste em receitas e despesas referentes aos três Poderes da União, aos fundos, órgãos e entidades da administração direta e a indireta, inclusive as fundações instituídas e mantidas pelo Poder Público;
b)	orçamento de investimentos das empresas em que a União, direta ou indiretamente, detenha a maioria do capital social com direito a voto;
c)	orçamento da seguridade social.

CAPÍTULO 4 → Orçamento Público

– Eu me recordo que já estudamos sobre esses três suborçamentos.

Muito bem. Então, vamos dar continuidade...

A Lei de Responsabilidade Fiscal (LRF), por meio do art. 5º, trouxe alguns requisitos à LOA, os quais devem estar contemplados em seu texto:

Requisitos previstos no art. 5º da Lei 101/2000:
a) anexo com demonstrativo de compatibilidade da programação dos orçamentos com os objetivos e metas do anexo de metas fiscais da LDO;
b) previsão do caráter compensatório entre a arrecadação e a renúncia de receita, devendo ser uma previsão específica dessa compensação a fim de manter o equilíbrio orçamentário;
c) previsão para reserva de contingência, isto é, o congelamento de verbas, com o objetivo de garantir imprevistos;
d) dados sobre o refinanciamento da dívida pública.

Uma outra coisa importante que esse dispositivo traz, em seu § 4º, é quanto à vedação em consignar na lei orçamentária crédito com finalidade imprecisa ou com dotação ilimitada.

– E o que significa isso, professora?

Significa que tudo o que estiver, na LOA, como previsão de receita deve estar devidamente indicado como um programa de orçamento, ou seja, não se pode deixar crédito sem uma finalidade, assim como não é possível haver dotação orçamentária, ou seja, autorização de despesa, sem limite de gastos. A previsão de receita deve ser igual às autorizações de despesas.

– Entendi...

Deve-se recordar, também, que a lei orçamentária anual não conterá dispositivo estranho à previsão de receita e à fixação de

909

despesas, não se incluindo na proibição a autorização para abertura de créditos suplementares e contratação de operações de crédito, ainda que por antecipação de receita, nos termos da lei, conforme o §8º, do art. 165, da CF/88. Tal proibição é em decorrência do princípio da exclusividade. Pelo princípio da exclusividade, a LOA poderá autorizar a abertura de créditos adicionais suplementares, embora não seja permitida a autorização quanto aos créditos adicionais especiais e extraordinários.

– Por este princípio veda-se a inclusão de matérias estranhas ao orçamento na LOA, evitando "caudas orçamentárias", "orçamentos rabilongos" ou "outras providências"!

Exatamente!

Ademais, consoante o art. 165, §6º, da CF/88, o projeto de LOA será acompanhado de demonstrativo regionalizado do efeito, sobre as receitas e as despesas, decorrente de isenções, anistias, remissões, subsídios e benefícios de natureza financeira, tributária e creditícia, isto por conta do princípio da transparência orçamentária.

No que tange ao prazo para envio, conforme tabela já apresentada anteriormente, o projeto da LOA deverá ser encaminhado até 31.08, devendo ser devolvido até 22.12, data do encerramento da sessão legislativa. Lembrando que são os mesmos prazos do PPA!

Já em relação à vigência, a lei orçamentária anual terá vigência de um ano, entrando em vigor em 1º de janeiro até 31 de dezembro.

– E se o projeto da LOA não for enviado?

Outro assunto importante é quanto ao não envio da lei orçamentária pelo Executivo, bem como não ocorrência da devolução do projeto aprovado pelo Legislativo e ocorrência de veto ou rejeição do projeto da LOA por este último Poder mencionado.

Em caso da primeira possibilidade, ou seja, não envio pelo Executivo, conforme já mencionado alhures, o Poder Legislativo considerará como proposta a Lei do orçamento vigente, nos termos do art. 31, da Lei n. 4320/64. A Lei n. 1079/50 considerou tal ato como infração político-administrativa do Presidente da República, em seu art. 10, n.1, assim como do Governador do Estado (art. 10, n. 1, c/c art. 74). Já o Prefeito tem sua responsabilidade disposta no art. 4º, V, do Decreto-Lei n 201/67.

Caso ocorra a segunda situação, ou seja, o Poder Legislativo não devolva o projeto aprovado, haverá a execução de x/12 da proposta que ainda estava tramitando, atualização do orçamento em vigor e execução do orçamento a partir do projeto encaminhado ao Legislativo.

Já na última situação, quando ocorre veto ou rejeição do projeto da LOA pelo Poder Legislativo, ocorrerá a abertura de créditos adicionais por meio de projeto de leis orçamentárias, conforme já mencionado anteriormente, nos termos do art. 165, §8º, da CF/88.

Por fim, uma informação muito importante...

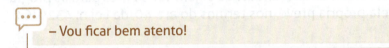

– Vou ficar bem atento!

O Estatuto da Cidade (Lei n. 10257/01), em seu art. 40, §1º, dispõe que o PPA, a LDO e a LOA são instrumentos do planejamento municipal, devendo tais leis incorporar as diretrizes e prioridades do plano diretor, além de dispor quanto ao orçamento participativo, em seu art. 44, uma vez que prevê a participação popular por meio de consultas públicas, debates e audiências quanto as propostas das leis orçamentárias.

– Professora, uma coisa que aprendi é que a organização da atividade financeira do Estado (AFE) se dá com a soma dessas três leis orçamentárias que acabamos de estudar: o plano plurianual, a lei de diretrizes orçamentárias e a lei orçamentária anual. Ambas devem ser harmônicas.

E, portanto, devem ser elaboradas uma em conformidade com as outras!

– Exatamente!

Já que você constatou isso, finalizamos o estudo referente às leis orçamentárias. Podemos dar continuidade com o estudo referente aos créditos adicionais.

– Créditos adicionais?

4.8. Créditos adicionais

Com o decorrer do exercício financeiro, durante a execução orçamentária, é corriqueiro ocorrer ajustes orçamentários, uma vez que é comum que o orçamento não preveja todas as situações possíveis de ocorrer. Por isso, além dos créditos orçamentários, é possível a abertura de créditos adicionais, necessários para quando os créditos previstos na lei orçamentária anual não sejam suficientes para os programas que ela própria prevê, nos termos do art. 40, da Lei n. 4320/64.

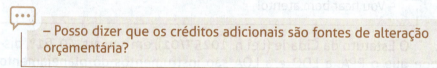
– Posso dizer que os créditos adicionais são fontes de alteração orçamentária?

Sim, bem como o remanejamento, a transposição e a transferência.

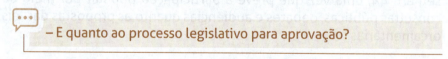
– E quanto ao processo legislativo para aprovação?

Os mesmos trâmites do processo legislativo aplicáveis à LOA são dispensados aos créditos adicionais no que concerne à apreciação e votação, devendo o decreto, medida provisória ou lei que ensejar a abertura, indicar a importância, a espécie a classificação da despesa. Para melhor estudo, preciso que você faça a leitura de alguns dispositivos indicados no rodapé, ok?![18]

---

18. "Art. 166, CF/88. Os projetos de lei relativos ao plano plurianual, às diretrizes orçamentárias, ao orçamento anual e aos créditos adicionais serão apreciados pelas duas Casas do Congresso Nacional, na forma do regimento comum."
"Art. 46, Lei 4320/64. O ato que abrir crédito adicional indicará a importância, a espécie do mesmo e a classificação da despesa, até onde for possível."

CAPÍTULO 4 → Orçamento Público

– Pode deixar, professora!

Quanto à classificação dos créditos adicionais, temos:

CRÉDITO SUPLEMENTAR	CRÉDITO ESPECIAL	CRÉDITO EXTRAORDINÁRIO
É destinado ao reforço da dotação orçamentária já existente	É destinado a despesas que ainda não possuem dotação orçamentária específica	É destinado às despesas urgentes e imprevisíveis (calamidade pública, comoção interna e guerra)

Um alerta que faço é que se deve compreender que "guerra", "comoção interna" e "calamidade pública", nos termos do entendimento da jurisprudência dominante, constituem vetores para a aplicação do art. 167, §3º combinado com o art. 62, §1º, I, 'd', ambos da CF/88, representando situações de extrema gravidade que geram consequências inestimáveis para a paz social e para a ordem pública. Logo, a abertura de crédito extraordinário é embasado em situações norteadas de urgência que demandam a adoção de medidas extraordinárias e imediatas.

– E quanto à iniciativa, professora?

A iniciativa de atos referentes aos créditos adicionais é privativa do Chefe do Poder Executivo, devendo, obrigatoriamente, justificar as razões das novas adições ao orçamento.

Vide a autorização para a abertura de tais créditos:

"Art. 45, LC 101/2000. Observado o disposto no § 5o do art. 5o, a lei orçamentária e as de créditos adicionais só incluirão novos projetos após adequadamente atendidos os em andamento e contempladas as despesas de conservação do patrimônio público, nos termos em que dispuser a lei de diretrizes orçamentárias.
Parágrafo único. O Poder Executivo de cada ente encaminhará ao Legislativo, até a data do envio do projeto de lei de diretrizes orçamentárias, relatório com as informações necessárias ao cumprimento do disposto neste artigo, ao qual será dada ampla divulgação."

913

CRÉDITO SUPLEMENTAR	CRÉDITO ESPECIAL	CRÉDITO EXTRAORDINÁRIO
É indispensável a autorização legislativa, ou seja, por meio de lei, podendo ser previsto na LOA, consistindo em uma exceção ao princípio da exclusividade. Para a abertura deste crédito, após autorização mediante lei, é viável por meio de decreto do Chefe do Poder Executivo, respeitando o limite estabelecido na lei autorizadora.	Também dependem de autorização por intermédio de lei, não podendo constar na LOA, dependendo de recursos disponíveis para a abertura. Para a abertura deste crédito, após autorização mediante lei, é viável por meio de decreto do Chefe do Poder Executivo, respeitando o limite estabelecido na lei autorizadora.	Independem de autorização legislativa. Quanto à abertura, na União ocorrerá por meio de medida provisória, ao passo que nos Estados, Municípios e Distrito Federal, através de decreto executivo.

 – A vigência do crédito será no exercício em que foi aberto?

No que tange à vigência, a do crédito suplementar será no exercício em que foi aberto, bem como aos demais créditos. Entretanto, quanto à possibilidade de prorrogação, para o crédito suplementar é vedado, ao passo que para os créditos especiais e extraordinários é possível para o próximo exercício financeiro, desde que o ato de autorização tenha sido promulgado nos últimos quatro meses do exercício, consistindo em exceção ao princípio da anualidade ou periodicidade.

Para melhor memorização, vide:

	CRÉDITO SUPLEMENTAR	CRÉDITO ESPECIAL	CRÉDITO EXTRAORDINÁRIO
Vigência	No exercício em que foi aberto	No exercício em que foi aberto	No exercício em que foi aberto
Prorrogação	É vedado	É possível a prorrogação para o próximo exercício financeiro, desde que a autorização tenha sido realizada por meio de ato promulgado nos últimos quatro meses do exercício, consistindo em exceção ao princípio da anualidade ou periodicidade.	É possível a prorrogação para o próximo exercício financeiro, desde que a autorização tenha sido realizada por meio de ato promulgado nos últimos quatro meses do exercício, consistindo em exceção ao princípio da anualidade ou periodicidade.

CAPÍTULO 4 → Orçamento Público

– Essas tabelinhas salvam a minha vida, pois essa parte é bem complexa!

Eu sei, por isso, tenho o cuidado de simplificar ao máximo.

Uma informação importante é no sentido de ser indispensável, salvo para os créditos extraordinários, a indicação da fonte de recursos. Logo, para os créditos suplementares e especiais é indispensável que tenham recursos disponíveis para que sejam abertos, consoante disposto no art. 43, da Lei 4320/64[19]. O mesmo dispositivo trata dos recursos aptos para este fim:

> "§ 1º Consideram-se recursos para o fim deste artigo, desde que não comprometidos:
>
> I - o superávit financeiro apurado em balanço patrimonial do exercício anterior;
>
> II - os provenientes de excesso de arrecadação;
>
> III - os resultantes de anulação parcial ou total de dotações orçamentárias ou de créditos adicionais, autorizados em Lei;
>
> IV - o produto de operações de credito autorizadas, em forma que juridicamente possibilite ao poder executivo realiza-las."

– O que seria esse superávit financeiro?

Entende-se por superávit financeiro a diferença positiva entre o ativo financeiro e o passivo financeiro, conjugando-se, ainda, os saldos dos créditos adicionais transferidos e as operações de credito a eles vinculadas. Conforme a Lei, entende-se por excesso de arrecadação, o saldo positivo das diferenças acumuladas mês a mês entre a arrecadação prevista e a realizada, considerando-se, ainda, a tendência do exercício, no mais, deve-se deduzir a referida importância dos créditos extraordinários que tenham sido abertos até a data da edição do decreto de abertura do crédito adicional.

---

19. "Art. 43, da Lei 4320/64. A abertura dos créditos suplementares e especiais depende da existência de recursos disponíveis para ocorrer a despesa e será precedida de exposição justificativa."

DIÁLOGOS SOBRE O DIREITO TRIBUTÁRIO  TATIANA SCARANELLO

Também, destaca-se a reserva de contingência, a qual consiste em uma dotação global, não destinada a determinado programa ou unidade orçamentária, sendo uma exceção ao princípio da especificação, podendo ser utilizada para a abertura de créditos suplementares, verificando a insuficiência de dotações no orçamento ou para a abertura de créditos especiais, para novas dotações.

– Terminamos?

Terminamos!!

UFAA!!!

916

CAPÍTULO 5

Crédito público

– Já sei que crédito público consiste em uma dívida pública.

Foi o que eu mencionei no capítulo anterior. Mas, vamos ao conceito que é cobrado em provas de concurso público.

1. CONCEITO E NATUREZA JURÍDICA

Crédito público consiste na faculdade do Estado de obter, mediante empréstimo, recursos, desde que assuma a obrigação de restituí-lo. Logo, não consiste em uma receita pública, já que não ingressa nos cofres públicos com o intuito permanente, mas sim, temporário.

O Estado pode obter crédito público por meio de duas maneiras: a) contraindo empréstimos de entidades públicas ou privadas, sejam nacionais ou estrangeiras; b) ao emitir título e disponibilizando-os aos tomadores privados de um mercado.

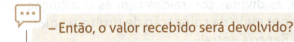
– Então, o valor recebido será devolvido?

Sim. Será devolvido, futuramente, e com acréscimo de juros.

– Nossa!

Pois é. Fora isso, importante você conhecer a natureza jurídica. Trata-se de um contrato administrativo, regido por normas próprias do direito público, cujo intuito é a transferência de valores de uma pessoa física ou jurídica a uma entidade pública com o intuito de uma futura restituição, como já mencionei. Essa é a posição majoritária acerca da natureza jurídica.

917

– Mas, por que é considerado como um contrato regido por normas próprias de direito público?

Porque, basicamente, temos que é necessária autorização legal. Desta feita, o contrato é subordinado ao regime de direito administrativo. Ademais, será objeto de controle pelo Senado Federal.

– Então, posso concluir que o crédito público é empréstimo que o Estado toma por meio de contrato administrativo, sendo autorizado por lei e controlado pelo Senado Federal?!

Exatamente essa conclusão! Já que você está virando um *expert* em matéria de crédito público, vamos passar ao estudo referente às classificações.

– Simbora!

2. CLASSIFICAÇÃO

Quanto à origem, o crédito público se divide em interno e externo. Pelo primeiro, compreende-se o crédito público por aquele que o Estado obtém do âmbito do seu espaço territorial, regido pelo direito público interno, ou seja, as dívidas contraídas com as instituições financeiras brasileiras ou por meio da colocação de títulos no mercado de capitais por meio do Banco Central.

Ao passo que os créditos públicos externos são aqueles celebrados em moeda estrangeira com pessoa estrangeira, como o Fundo Monetário Internacional (FMI), ou títulos colocados à disposição nos mercados internacionais de capital.

– Interessante. Nunca entendi ao certo essa questão envolvendo o FMI.

Pois é. Teve uma época que o Brasil vivia devendo ao FMI. Mas, continuando a nossa classificação...

Quanto à forma ou coercitividade, o crédito público poderá ser voluntário ou forçado, embora algumas provas de concurso público adotem a posição de que o crédito público possa ser, também, semi-obrigatório ou patriótico.

– Ixi!

O crédito forçado, também conhecido como involuntário, é realizado sem a anuência do mutuante, isto é, o Estado obriga-o a conceder empréstimo por ocasião do seu poder de império.

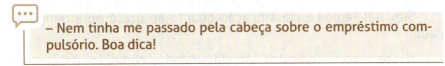
– E qual seria um exemplo de crédito forçado, professora?

O empréstimo compulsório é um exemplo de crédito forçado. Lembrando que para a disciplina do Direito Financeiro, os empréstimos compulsórios não são considerados como tributo, mas receita de capital. Ao passo que para o Supremo Tribunal Federal e para a doutrina de direito tributário majoritária, são tributos!

– Nem tinha me passado pela cabeça sobre o empréstimo compulsório. Boa dica!

Sempre bom dar esses exemplos, assim, você fixa melhor a matéria.

Continuando, quanto aos créditos voluntários, consistem num contrato mútuo ou de aquisição de títulos públicos que representam a dívida ativa entre o Estado e o particular. Logo, o Estado não se utiliza de forma de coação para obtenção de recursos.

O título da dívida pública (TDP), por exemplo, consiste em um documento emitido pelo Poder Público cujo intuito é atender compromissos provenientes de empréstimos, assim como para antecipação de receita, certificando a existência de um valor correspondente, proporcionando o financiamento da dívida pública, a promoção do equilíbrio da moeda e a antecipação de receitas. Trata-se da dívida pública mobiliária, portanto, representada por títulos emitidos pela União, inclusive os do Banco Central, municípios e Estados.

Interessante mencionar que a emissão e o resgate de títulos da dívida pública, por conta do art. 161, IV, da CF/88, depende de lei complementar.

— Eu me lembro de que na parte sobre execução fiscal do "Diálogos sobre o Direito Tributário", li que os títulos da dívida pública podem ser penhorados.

Isso mesmo! Temos que é possível o oferecimento de títulos da dívida pública como penhora em execução fiscal, nos termos do art. 11, II, da Lei n. 6.830/80.

Por fim, o crédito poderá ser semi-obrigatório, ou seja, o Estado coage indiretamente o mutuante a conceder empréstimo, utilizando-se de meios de pressão social, obtido, geralmente, em caso de guerra, tendo como características vantagens financeiras e certa coação indireta.

— Há mais alguma classificação, professora?

Sim, há! Temos a classificação quanto ao prazo ou a temporalidade.

Nesse caso, os créditos são classificados como: longo, curto ou perpétuos.

São considerados como longos quando a devolução pelo Estado é realizada a longo prazo. Já curto quando o Estado tem que efetivar o pagamento em um curto período, ao passo que perpétuos, o Estado não tem previsão de data para o pagamento. Bem óbvio, não?!

— Muito!

Mas, agora, vai complicar um pouquinho. Primeiramente, indispensável conhecer o conceito de dívida pública. Trata-se do resultado do processo de endividamento por meio do qual o Poder Público assumiu compromissos financeiros e obteve recursos com o objetivo de atender necessidades coletivas. No mais, consoante o art. 93, da Lei n. 4320/64, todas as operações de que resultem débitos e créditos de natureza financeira, não compreendidas na execução orçamentária, serão também objeto de registro, individualização e controle contábil.

Nesta perspectiva, a dívida é de curto prazo, inferior a doze meses, visando atender às necessidades momentâneas, ou seja, é considerada como dívida pública flutuante. Com isso, o pagamento da dívida pública flutuante, no exercício corrente, não será precedido de empenho, uma vez que se trata de pagamento de empenho processado, isto é, líquido no exercício anterior ou porque se trata de operações que, pela própria natureza, não são precedidas de empenho.

Nos termos do art. 92, da Lei n. 4320/64, a dívida pública flutuante compreende:

Dívida pública flutuante
a) os restos a pagar, excluídos os serviços da dívida;
b) os serviços da dívida a pagar;
c) os depósitos;
d) os débitos de tesouraria.

Logo, os restos a pagar serão considerados somente os processados. Em relação aos serviços da dívida a pagar, compreende-se as parcelas de amortização e de juros da dívida fundada, já os depósitos são as consignações ou cauções de garantias recebidas em função de execução de obra pública e, por fim, os débitos de tesouraria são os compreendidos como operações de crédito por antecipação de receita orçamentária.

> – E quanto à dívida a longo prazo?

Já a dívida a longo prazo, superior a doze meses para amortização, em regra ou até mesmo sem prazo para pagamento, denomina-se e dívida pública fundada ou consolidada, conforme disposto no art. 98, da Lei n. 4320/64[1]. Interessante é o conceito que a Lei de Responsabilidade Fiscal traz sobre a dívida pública fundada ou consolidada:

---

1. "Art. 98. A dívida fundada compreende os compromissos de exigibilidade superior a doze meses, contraídos para atender a desequilíbrio orçamentário ou a financeiro de obras e serviços públicos.

Art. 29. Para os efeitos desta Lei Complementar, são adotadas as seguintes definições:

I - dívida pública consolidada ou fundada: montante total, apurado sem duplicidade, das obrigações financeiras do ente da Federação, assumidas em virtude de leis, contratos, convênios ou tratados e da realização de operações de crédito, para amortização em prazo superior a doze meses.

– Qual seria um exemplo concreto sobre dívida pública fundada ou consolidada?

Um exemplo é quanto aos precatórios não pagos no orçamento que houverem sido instituídos.

Também são tidas como dívida pública consolidada ou fundada, as operações de crédito de prazo inferior a doze meses cujas receitas tenham constado do orçamento e a dívida relativa à emissão de títulos de responsabilidade do BACEN. Toma cuidado com esse outro exemplo!

No mais, o art. 98, da Lei n. 4320/64, dispõe que as atualizações da dívida fundada deverão ser apropriadas mensalmente, para que sejam demonstrados nas peças contábeis o saldo real da dívida do ente.

– E se não ocorrer o pagamento da dívida fundada?

Nos termos do art. 37, V, 'a', da CF/88, acaso os Estados ou o Distrito Federal, sem motivo de força maior, suspendam o pagamento da dívida fundada por mais de dois anos consecutivos, o ente que der ensejo a tal situação ficará sujeito à intervenção federal. Assim como, o município que deixar de pagar a dívida fundada por mais de dois anos consecutivos, sem motivo de força maior, ficará sujeito à intervenção estadual, nos termos do art. 35, I, da CF/88, ou intervenção federal, acaso seja município de território.

Parágrafo único. A dívida fundada será escriturada com individuação e especificações que permitam verificar, a qualquer momento, a posição dos empréstimos, bem como os respectivos serviços de amortização e juros."

Por último, em relação à competência, será federal, acaso o crédito seja tomado pela União. Estadual, tomado pelos Estados, assim como, municipal, se tomado pelos municípios.

3. O CRÉDITO NA CF/88

– Professora, e quanto à competência para legislar sobre o assunto?

Quanto à competência legislativa, compreende-se ser aplicável o art. 24, da CF/88, o qual dispõe sobre uma competência concorrente quanto aos entes da Federação. À União, por sua vez, caberá a fiscalização das operações de crédito, por força do art. 21, VIII, da CF/88, assim como disporá de competência privativa para legislar sobre política de crédito, nos termos do art. 22, VII, da CF/88.

No mais, caberá ao Congresso Nacional dispor sobre operações de crédito, dívida pública e emissões de curso forçado, consoante prevê o art. 48, II, da CF/88. Conclui-se que é indispensável observar o princípio da legalidade, devendo ser necessária a autorização legislativa, nos termos do art. 165, §8º, da CF/88, para que haja autorização de operações de crédito constando na LOA.

– E seria matéria a ser tratada por lei complementar ou ordinária?

O art. 163, da CF/88, cuja leitura é de extrema importância, menciona ser de competência exclusiva de lei complementar, determinados assuntos. Vide:

"Art. 163. Lei complementar disporá sobre:

I - finanças públicas;

II - dívida pública externa e interna, incluída a das autarquias, fundações e demais entidades controladas pelo poder público;

III - concessão de garantias pelas entidades públicas;

IV - emissão e resgate de títulos da dívida pública;

V - fiscalização das instituições financeiras;

VI - operações de câmbio realizadas por órgãos e entidades da União, dos Estados, do Distrito Federal e dos Municípios;

VII - compatibilização das funções das instituições oficiais de crédito da União, resguardadas as características e condições operacionais plenas das voltadas ao desenvolvimento regional."

Portanto, esse rol de assuntos disposto no art. 163, da CF/88, deve ser contemplado por lei complementar. Guarde isso!

– Pode deixar, professora!

4. OPERAÇÕES DE CRÉDITO E DESPESAS DE CRÉDITO – "REGRA DE OURO"

Conforme já lhe ensinei em capítulo anterior, a regra é que é vedada a realização de operações de crédito que excedam o montante das despesas de capital, entretanto, há exceções dispostas no art. 167, III, da CF/88[2] e art. 44, da Lei de Responsabilidade Fiscal[3].

– Eu me recordo disso. A "regra de ouro" estabelece uma proibição do Estado de obter receitas por meio de empréstimos para custear as despesas correntes.

Boa lembrança! Isso porque, as despesas correntes são contínuas e uma fonte contínua que deverá custeá-las. Logo, as operações de crédito em cada exercício financeiro devem se reportar às despesas de capital, apenas.

---

2. Art. 167, da CF/88. São vedados:
   III - a realização de operações de créditos que excedam o montante das despesas de capital, ressalvadas as autorizadas mediante créditos suplementares ou especiais com finalidade de precisa, aprovados pelo Poder Legislativo por maioria absoluta.
3. Art. 44, da LRF. É vedada a aplicação da receita de capital derivada da alienação de bens e direitos que integram o patrimônio público para o financiamento de despesa corrente, salvo se destinada por lei aos regimes de previdência social, geral e próprio dos servidores públicos.

Um outro ponto importante é que é vedada a concessão de empréstimos pelas instituições financeiras públicas para pagamento de despesas com pessoal ativo e inativo dos estados, do Distrito Federal e dos Municípios.

– Interessante...

Outro ponto digno de nota, consoante já mencionado em capítulo anterior, o Supremo Tribunal Federal, por ocasião do julgamento da ADI 2238-MC, compreendeu dar interpretação conforme à CF/88 do art. 12, §2º, da Lei de Responsabilidade Fiscal, com o intuito de explicitar que a proibição não contempla operações de crédito autorizadas, mediante créditos suplementares ou especiais com finalidade precisa, aprovados pelo Poder Legislativo.

5. OPERAÇÕES DE CRÉDITO

– Professora, ainda não ficou claro o que seria essa operação de crédito, embora eu já compreenda o que significa a tão famosa "regra de ouro".

Bom, a operação de crédito é o compromisso financeiro assumido em razão de mútuo, abertura de crédito, emissão e aceite de título, aquisição financiada de bens, recebimento antecipado de valores provenientes da venda a termo de bens e serviços e, arrendamento mercantil. Equipara-se a operação de crédito a assunção, o reconhecimento ou a confissão de dívidas pelo ente da Federação.

– Complicado isso, professora!

Essa parte é meio chatinha, mas pela redação do art. 35, da Lei de Responsabilidade Fiscal[4], é vedada a realização de operação de

---

4. Art. 35, da LRF. É vedada a realização de operação de crédito entre um ente da Federação, diretamente ou por intermédio de fundo, autarquia, fundação ou empresa estatal

925

crédito entre um ente da Federação diretamente ou por intermédio de fundo, autarquia ou empresa estatal dependente, e outro, mesmo que por meio de novação, refinanciamento ou postergação da dívida anteriormente contraída.

– E há exceção à regra, professora?

Sim, o mesmo dispositivo traz exceções à regra. Vide:

> "§ 1º Excetuam-se da vedação a que se refere o caput as operações entre instituição financeira estatal e outro ente da Federação, inclusive suas entidades da administração indireta, que não se destinem a:
>
> I - financiar, direta ou indiretamente, despesas correntes;
>
> II - refinanciar dívidas não contraídas junto à própria instituição concedente."

Ademais, nos termos do art. 36, da LRF, é proibida a operação de crédito entre uma instituição financeira estatal e o ente da Federação que a controle, na qualidade de beneficiário do empréstimo. Embora o dispositivo em destaque disponha neste sentido, ele não proíbe que a instituição financeira controlada adquira, no mercado, títulos da dívida pública para atender investimentos de seus clientes, assim como os títulos da dívida pública da União para aplicação de recursos públicos.

– Isso tem cheiro de pegadinha de concurso público.

Pois é, fique atento. Além disso, equiparam-se a operações de crédito e estão vedados, consoante o art. 37, da LRF:

a. captação de recursos a título de antecipação de receita de tributo ou contribuição cujo fato gerador ainda não tenha ocorrido, sem prejuízo do disposto no § 7º do art. 150 da

---

dependente, e outro, inclusive suas entidades da administração indireta, ainda que sob a forma de novação, refinanciamento ou postergação de dívida contraída anteriormente.

Constituição, isto é, quanto aos tributos sujeitos à substituição tributária progressiva;

b. recebimento antecipado de valores de empresa em que o Poder Público detenha, direta ou indiretamente, a maioria do capital social com direito a voto, salvo lucros e dividendos, na forma da legislação;

c. assunção direta de compromisso, confissão de dívida ou operação assemelhada, com fornecedor de bens, mercadorias ou serviços, mediante emissão, aceite ou aval de título de crédito, não se aplicando esta vedação a empresas estatais dependentes;

d. assunção de obrigação, sem autorização orçamentária, com fornecedores para pagamento a posteriori de bens e serviços.

– Professora, e de quem é a competência para fins de dispor sobre os limites da dívida pública?

6. COMPETÊNCIA DO SENADO FEDERAL E DO CONGRESSO NACIONAL

A Constituição Federal de 1988 atribui ao Congresso Nacional a competência para dispor sobre moeda, seus limites de emissão e montante da dívida mobiliária federal, consoante disposto no art. 48, XIV.

Em relação ao Senado Federal, o art. 52, da CF/88, dispõe:

"Art. 52. Compete privativamente ao Senado Federal:

V - autorizar operações externas de natureza financeira, de interesse da União, dos Estados, do Distrito Federal, dos Territórios e dos Municípios;

VI - fixar, por proposta do Presidente da República, limites globais para o montante da dívida consolidada da União, dos Estados, do Distrito Federal e dos Municípios;

927

VII - dispor sobre limites globais e condições para as operações de crédito externo e interno da União, dos Estados, do Distrito Federal e dos Municípios, de suas autarquias e demais entidades controladas pelo poder público federal;

VIII - dispor sobre limites e condições para a concessão de garantia da União em operações de crédito externo e interno;

IX - estabelecer limites globais e condições para o montante da dívida mobiliária dos Estados, do Distrito Federal e dos Municípios."

– Estou pensando em como irei memorizar isso...

Com o intuito de facilitar sua memorização, segue o quadro que dispõe sobre as competências do Congresso Nacional e do Senado Federal em relação às dívidas mobiliária e consolidada dos entes:

DÍVIDA			
Mobiliária		Consolidada	
União	Congresso Nacional	União	Senado Federal
Estados	Senado Federal	Estados	Senado Federal
Distrito Federal	Senado Federal	Distrito Federal	Senado Federal
Municípios	Senado Federal	Municípios	Senado Federal

– Você sempre facilita minha vida!

Estou aqui para isso!

Mais uma informação importante é no sentido de que as compras externas, cujo pagamento é à vista, não dependem de autorização do Senado Federal. Guarde isso!

– Pode deixar, professora.

7. CONCESSÃO DE GARANTIA

– Garantia de que?

A garantia consiste em um meio que visa assegurar o direito de terceiro contra eventual inexecução de uma obrigação.

– Hum...

Além da garantia, também temos a contragarantia, a denominada garantia da garantia, ambas sendo concedidas pelos entes federativos uns aos outros para que o crédito seja fortalecido.

Nos termos do at. 40, da LRF, "os entes poderão conceder garantia em operações de crédito internas ou externas, observados o disposto neste artigo, as normas do art. 32 e, no caso da União, também os limites e as condições estabelecidos pelo Senado Federal e as normas emitidas pelo Ministério da Economia acerca da classificação de capacidade de pagamento dos mutuários".

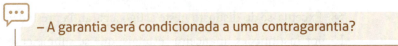
– A garantia será condicionada a uma contragarantia?

Sim! A garantia será condicionada a uma contragarantia, em valor igual ou superior ao da garantia prestada, bem como à adimplência da entidade que a pleitear relativamente a suas obrigações junto ao garantidos e às entidades por este controladas.

Para tanto, deve-se observar: a) não será exigida contragarantia de órgãos e entidades do próprio ente; b) a contragarantia exigida pela União a Estado ou Município, ou pelos Estados aos Municípios, poderá consistir na vinculação de receitas tributárias diretamente arrecadadas e provenientes de transferências constitucionais, com outorga de poderes ao garantidor para retê-las e empregar o respectivo valor na liquidação da dívida vencida.

No caso de operação de crédito junto a organismo financeiro internacional, ou a instituição federal de crédito e fomento para o repasse de recursos externos, a União só prestará garantia a ente que atenda, além dos requisitos que acabei de listar, as exigências legais para o recebimento de transferências voluntárias, nos termos do §2º, do art. 40, da LRF.

929

– E se a garantia for desproporcional?

Será nula a garantia concedida acima dos limites fixados pelo Senado Federal, dispostos na Resolução n. 78, de 1º de julho de 1998.

Também, importante mencionar que é vedado às entidades da administração indireta, inclusive suas empresas controladas e subsidiárias, conceder garantia, ainda que com recursos de fundos, não sendo aplicável tal regra à concessão de garantia por empresa controlada a subsidiária ou controlada sua, nem à prestação de contragarantia nas mesmas condições e; instituição financeira a empresa nacional, nos termos da lei.

– Ok, essa é a regra. Há alguma exceção a isso, professora?

Há! Vale a pena a leitura do §8º, do art. 40, o qual dispõe quanto à exceção das regras dispostas pela Lei de Responsabilidade Fiscal:

> §8º Excetua-se do disposto neste artigo a garantia prestada:
> I - por instituições financeiras estatais, que se submeterão às normas aplicáveis às instituições financeiras privadas, de acordo com a legislação pertinente;
> II - pela União, na forma de lei federal, a empresas de natureza financeira por ela controladas, direta e indiretamente, quanto às operações de seguro de crédito à exportação.

– Eu li no art. 167, §4º, da CF/88 que as receitas oriundas de transferência obrigatória, bem como a vinculação da receita proveniente da arrecadação de impostos dos Estados, DF e Municípios podem servir para a prestação de garantia e contragarantia à União.

Isso porque essa possibilidade enseja uma solidez quando ao pagamento de débitos assumidos com o ente federal.

– Faz sentido!

Ainda sobre esse assunto, no que concerne ao refinanciamento da dívida mobiliária, o art. 29, §4º, da LRF dispõe que o refinanciamento do principal da dívida mobiliária não excederá, ao término de cada exercício financeiro, o montante do final do exercício anterior, somado ao das operações de crédito autorizadas no orçamento para este efeito e efetivamente realizadas, acrescido de atualização monetária.

Logo, o refinanciamento da dívida mobiliária consiste na emissão de títulos para pagamento do principal acrescido de atualização monetária.

– Essa matéria é bem complicada, professora!

Já já estaremos terminando esse capítulo, tenha paciência!

Continuando o assunto, preciso que você tenha ciência em que consiste a conversão do empréstimo.

– Nem tenho ideia do que seja!

É a alteração feita pelo Estado, após a emissão de qualquer das condições fixadas para a obtenção do crédito público, objetivando diminuir a carga anual do encargo que ele tem de suportar, em contrapartida à subscrição.

Temos três modalidades de conversão:

MODALIDADES DE CONVERSÃO DO EMPRÉSTIMO		
Forçada	**Facultativa**	**Obrigatória**
Em que o Estado impõe ao mutuante a substituição do título primitivo por um novo, o qual irá oferecer menor vantagem que o anterior.	O Estado não obriga à substituição do título, uma vez que concede ao mutuante a possibilidade de escolher trocar seu título por outro.	O Estado oferece ao mutuante o direito ao reembolso do valor do título primário, descontados os juros, ou na troca por outro título que ofereça uma vantagem menor.

– Não sei ao certo se o que irei falar se encaixa aqui... já ouvi dizer sobre o repúdio da dívida. Em que consiste isso?

931

O repúdio da dívida é quando o Estado, independentemente da vontade de quem lhe concedeu o empréstimo, cancela a dívida, não realizando o seu adimplemento.

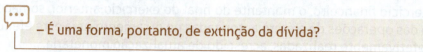
– É uma forma, portanto, de extinção da dívida?

É sim! Há quatro formas de extinção da dívida pública: a) amortização; b) compensação; c) confusão e; d) repúdio.

8. LIMITES PARA O ENDIVIDAMENTO PÚBLICO

A partir da iniciativa do Presidente da República, caberá ao Senado Federal e ao Congresso Nacional a atribuição de fixar os limites globais para as dívidas consolidadas e mobiliárias, respectivamente, nos termos do art. 30, da LRF[5].

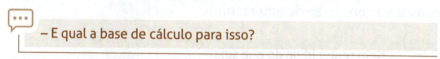
– E qual a base de cálculo para isso?

Por ocasião do art. 8º, da Resolução n. 78, de 1º de julho de 1998, o Senado federal fixou limites com base na receita corrente líquida para os Estados, Distrito Federal e Municípios, não podendo exceder a 25% daquela.

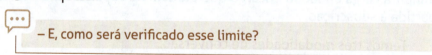
– E, como será verificado esse limite?

A verificação deste limite será realizada ao final de cada quadrimestre. Acaso venha a ser extrapolado, o ente da Federação deverá reconduzir a dívida ao limite até o término dos três quadrimestres subsequentes, conforme o art. 31, da LRF, devendo, no primeiro

---

5. Art. 30, LRF. No prazo de noventa dias após a publicação desta Lei Complementar, o Presidente da República submeterá ao:
I - Senado Federal: proposta de limites globais para o montante da dívida consolidada da União, Estados e Municípios, cumprindo o que estabelece o inciso VI do art. 52 da Constituição, bem como de limites e condições relativos aos incisos VII, VIII e IX do mesmo artigo;
II - Congresso Nacional: projeto de lei que estabeleça limites para o montante da dívida mobiliária federal a que se refere o inciso XIV do art. 48 da Constituição, acompanhado da demonstração de sua adequação aos limites fixados para a dívida consolidada da União, atendido o disposto no inciso I do § 1º deste artigo.

CAPÍTULO 5 → Crédito público

quadrimestre, reduzir em pelo menos 25%. No entanto, acaso o produto interno bruto tenha um declínio expressivo, haverá uma duplicação no prazo, nos termos do art. 66, da LRF.

Quanto a recondução do excesso de despesas com pessoal, haverá a necessidade da eliminação do excedente em dois quadrimestres e redução de pelo menos 1/3 no primeiro quadrimestre.

> – Já ouvi dizer que algumas sanções serão aplicadas, acaso tenha sido extrapolado o limite da dívida...

Acaso fique constatado que o ente tenha extrapolado o limite da dívida, serão aplicáveis sanções enquanto permanecer o excesso: a) proibição de realização de operação de crédito, salvo refinanciamento do principal da dívida mobiliária; b) o dever de obtenção de resultado primário necessário à recondução da dívida ao limite, isto é, limitação do empenho.

> – E, se mesmo assim, os limites legais não tenham sido alcançados pelo ente?

Acaso tenha vencido o prazo e o ente não tenha conseguido regressar aos limites legais, além das sanções mencionadas, enquanto o excesso perdurar, o ente estará impedido de receber transferências voluntárias, exceto as destinadas para a saúde, educação e assistência social. No mais, serão aplicadas de imediato, acaso o excesso venha a ocorrer no primeiro quadrimestre do último ano de mandato do chefe do executivo.

Quanto às sanções em relação ao excesso de despesas com pessoal, somente serão aplicadas quando vislumbrada a redução no prazo de dois quadrimestres e enquanto o excesso perdurar.

Por fim, vale a pena destacar que não poderá o Poder Executivo de determinado estado da Federação sofrer restrições creditícias por conta do descumprimento de limites de gastos com pessoal por parte do Ministério Público, já que o Poder Executivo não tem competência para intervir nas esferas orgânicas do Poder Legislativo e do Ministério Público, por se tratar de órgãos investidos de autonomia institucional, por força e efeito de expressa determinação constitucional.

933

9. OPERAÇÕES DE CRÉDITO POR ANTECIPAÇÃO DE RECEITA ORÇAMENTÁRIA (ARO)

– É a mesma coisa referente à operação de crédito?

Não, é diferente. As operações de crédito por antecipação de receita orçamentária (ARO) possuem a finalidade de atender a insuficiência de caixa durante o exercício financeiro, sendo realizadas com base em receita futura, ainda não concretizada, mas já prevista no orçamento, sendo uma espécie de dívida pública flutuante, devendo ser adimplida no mesmo exercício financeiro que ocorreu o empréstimo.

– Sendo uma dívida, qual será a garantia a ser prestada?

Consoante o art. 167, IV, da CF/88, o ente poderá prestar como garantia as receitas dos impostos. Toma cuidado com isso!

– Pode deixar, professora!

Vale mencionar que se deve verificar a autorização para a contratação, na lei orçamentária, em créditos adicionais ou em lei específica, devendo ser observados os limites e condições fixados pelo Senado Federal. Também, importante destacar que não pode superar as despesas de capital, consoante o art. 167, III, da CF/88, salvo se a operação for liquidada até o dia dez de dezembro. No mais, somente poderá ser realizada a partir do décimo dia do início do exercício financeiro. Deverá ser liquidada, com juros e outros encargos incidentes, até o dia dez de dezembro de cada ano.

– Quanta informação! Há alguma proibição?

Há sim! Conforme o art. 38, da LRF,

> "IV - estará proibida:
>
> a) enquanto existir operação anterior da mesma natureza não integralmente resgatada;
>
> b) no último ano de mandato do Presidente, Governador ou Prefeito Municipal."

CAPÍTULO 5 → Crédito público

Além destas proibições expressas na LRF, o art. 167, X, da CF/88 prevê que estará proibida para o pagamento de despesas com pessoal ativo, inativo ou com pensionista.

10. O NOVO REGIME FISCAL DAS EMENDAS À CONSTITUIÇÃO 95/2016 E 102/2019

> 💬 – Ixi, já imagino o assunto que será tratado por aqui...

Vai imaginando, porque é esse mesmo, ainda mais por conta da crise ocasionada pela COVID-19...

> 💬 – Pelo jeito, teremos várias notas de atualização dessa edição, ao longo de 2021!

Ainda bem que você tocou nesse assunto. Fique bem atento aos e-mails que a Editora Juspodivm irá lhe enviar com as notas de atualização, pois, certamente, escreverei várias durante o ano de 2021 para que você sempre esteja com os estudos em dia, ainda mais sobre esse ponto da disciplina.

> 💬 – Pode deixar, professora!

Mas, sem delongas, nesse ponto iremos estudar o "Novo regime fiscal", o qual foi estabelecido pela Emenda à Constituição 95/2016, a que já estudamos ao longo dos capítulos do nosso livro, e que foi alterada por meio da Emenda à Constituição 102/2019.

> 💬 – E, qual foi a novidade?

Tivemos um teto fixado para o crescimento das despesas por um período de 20 (vinte) anos. No entanto, durante esse lapso temporal não haverá qualquer tipo de limitação quanto aos valores gastos com a dívida pública. Essa previsão, inclusive, está no art. 106, do ADCT.

> 💬 – Pela simples leitura desse dispositivo pude perceber que esse "Novo regime fiscal" alcança os orçamentos fiscal e o da seguridade social.

935

Exatamente isso! Além do que, alcança, também, todos os órgãos e Poderes, a cada exercício financeiro, sendo fixados limites individualizados para despesas primárias, nos termos do art. 107, do ADCT, de diferentes órgãos.

– Como assim?

Contemplará os Tribunais, o Conselho Nacional de Justiça, o Senado Federal, a Câmara dos Deputados, o Tribunal de Contas da União, o Ministério Público da União, o Conselho Nacional do Ministério Público e a Defensoria Pública da União.

– Hum...

Já no art. 107, §6º, do ADCT, há previsão de algumas despesas que serão excluídas da previsão do novo teto. São elas: as transferências de recursos da União para Estados e Municípios; os gastos para a realização de eleições; as verbas para o Fundo de Manutenção e Desenvolvimento da Educação Básica e Valorização dos Profissionais de Educação Básica (FUNDEB) e; as despesas com o aumento do capital de empresas estatais não dependentes. Fora essas exclusões, também temos, as transferências a Estados, Distrito Federal e Municípios de parte dos valores arrecadados com os leilões referentes à exploração do petróleo (EC 102/2019)[6].

Importante mencionar que, para fins de verificação do cumprimento dos limites previstos no art. 107, do ADCT, serão consideradas as despesas primárias pagas, incluídos os restos a pagar pagos e demais operações que afetam o resultado primário no exercício.

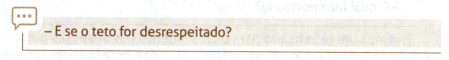
– E se o teto for desrespeitado?

---

6. Art. 107, §6º, V. "Transferências a Estados, Distrito Federal e Municípios de parte dos valores arrecadados com os leilões dos volumes excedentes ao limite a que se refere o § 2º do art. 1º da Lei nº 12.276, de 30 de junho de 2010, e a despesa decorrente da revisão do contrato de cessão onerosa de que trata a mesma Lei. (Incluído pela Emenda Constitucional nº 102, de 2019)".

Nesse caso, teremos algumas vedações a serem aplicadas, nos termos do art. 109, do ADCT. Preparei uma tabelinha para que você visualize melhor:

VEDAÇÕES (ART. 109, DO ADCT)	
a)	concessão, a qualquer título, de vantagem, aumento, reajuste ou adequação de remuneração de membros de Poder ou de órgão, de servidores e empregados públicos e militares, exceto dos derivados de sentença judicial transitada em julgado ou de determinação legal decorrente de atos anteriores à entrada em vigor desta Emenda Constitucional;
b)	criação de cargo, emprego ou função que implique aumento de despesa;
c)	alteração de estrutura de carreira que implique aumento de despesa;
d)	admissão ou contratação de pessoal, a qualquer título, ressalvadas as reposições de cargos de chefia e de direção que não acarretem aumento de despesa e aquelas decorrentes de vacâncias de cargos efetivos ou vitalícios;
e)	realização de concurso público, exceto para as reposições de vacâncias previstas na vedação anterior;
f)	criação ou majoração de auxílios, vantagens, bônus, abonos, verbas de representação ou benefícios de qualquer natureza em favor de membros de Poder, do Ministério Público ou da Defensoria Pública e de servidores e empregados públicos e militares;
g)	criação de despesa obrigatória;
h)	adoção de medida que implique reajuste de despesa obrigatória acima da variação da inflação, observada a preservação do poder aquisitivo referida no inciso IV do caput do art. 7º da Constituição Federal.

– Obrigado, professora!! Essas tabelinhas são sempre muito válidas.

Interessante mencionar que a partir do décimo exercício financeiro, poderá, o Presidente da República rever os critérios uma vez a cada mandato, desde que a proposta de alteração seja prevista em um projeto de lei complementar, conforme previsto no art. 108, do ADCT.

– Não achei tão difícil esse ponto como são os demais, professora!

11. O DIREITO FINANCEIRO E A PANDEMIA

Que bom que você achou tranquila essa parte. Agora, vamos ver algumas novidades da matéria por conta da pandemia.

> – Pelas notícias que tenho acompanhado, muita coisa mudou.

Primeiro é que tivemos a edição do Decreto Legislativo n. 06/2020, o qual reconheceu a ocorrência do estado de calamidade pública ocasionado pela pandemia da COVID-19. A partir disso, tivemos a aprovação da Lei Complementar n. 172, por parte do Congresso Nacional, a qual dispõe sobre a transposição e a transferência de saldos financeiros dispostos nos fundos de saúde dos Estados, do Distrito Federal e dos Municípios, oriundos de repasses federais.

> – Eu me lembro que você distinguiu transposição de transferência!

Excelente. Como você se recorda, vamos dar prosseguimento ao tema. Tanto a transposição quanto a transferências, ambas tratadas pela referida lei complementar em questão, são destinadas, exclusivamente, à realização de ações e serviços públicos de saúde.

> – Tem lógica, né?!

Claro que tem! Mas, ambas, estarão condicionadas ao cumprimento de alguns requisitos:

REQUISITOS:
a) cumprimento dos objetos e dos compromissos previamente estabelecidos em atos normativos específico expedidos pela direção do Sistema Único de Saúde (SUS);
b) inclusão de recursos financeiros transpostos e transferidos na Programação Anual de Saúde e na respectiva LOA, com indicação da nova categoria econômica a ser vinculada;
c) ciência ao respectivo Conselho de Saúde.

Fora esses requisitos, o art. 3º, da mencionada lei complementar, os entes da Federação deverão comprovar a execução do relatório anual de gestão e os valores não serão considerados para fins de repasses financeiros por parte do Ministério da Saúde, nos termos do art. 4º.

Além dessa lei complementar, também foi editada a Lei Complementar n. 173, de 27 de maio de 2020.

– Em que consiste essa lei complementar, professora?

Essa LC 173/2020 estabeleceu o Programa Federativo de Enfrentamento do Coronavírus SARS- CoV-2, a qual entrou em vigor na data da sua publicação, em 27 de maio de 2020, alterando, também a Lei Complementar 101/2000 (Lei de Responsabilidade Fiscal). Ela que suspendeu os prazos de validade dos concursos já homologados até o término do estado de calamidade pública, em âmbito federal, fora o pagamento dos refinanciamentos das dívidas dos municípios com a Previdência Social com vencimento durante o lapso temporal de 1º de março e 31 de dezembro de 2020.

– Seria um "regime fiscal provisório" que essa lei complementar estabeleceu?

Exatamente! O interessante é que, nos termos do art. 1º, §1º, da referida lei complementar, nos apresenta três iniciativas:

INICIATIVAS, CONSTANTES NO ART. 1º, §1º
a) Suspensão imediata do pagamento das dívidas que os Estados, Distrito Federal e Municípios tenham com a União;
b) Reestruturação das operações de crédito que os Estados, Distrito Federal e Municípios tenham contraído junto ao sistema financeiro e instituições multilaterais de crédito; e
c) Entrega de recursos da União, na forma de auxílios financeiro, aos Estados, ao Distrito Federal e aos Municípios, no exercício de 2020, e em ações de enfrentamento ao coronavírus SARS-COV-2 (COVID-19).

Dessa forma, a referida suspensão contemplará os contratos de refinanciamento, mesmo que anteriores a qualquer ato escrito, isto é, anteriores a qualquer celebração de termos aditivos ou instrumentos do gênero.

– Professora, mas o que significa calamidade pública?

Podemos compreender calamidade pública como uma situação extraordinária que pode ser ocasionada por um desastre natural ou humano, sendo reconhecida pelo Poder Público, e que cause danos relevantes à sociedade, como no caso, a pandemia ocasionada pela COVID-19, assim reconhecida a calamidade pública pelo já comentado Decreto Legislativo n. 6/2020.

– E o que foi modificado na Lei de Responsabilidade Fiscal, professora?

Tivemos várias modificações, mas algumas foram bem mais importantes. A Lei Complementar 173/2020 inseriu alguns pontos importantes no art. 65, da Lei de Responsabilidade Fiscal[7], cuja leitura é essencial!

---

7. Art. 65. Na ocorrência de calamidade pública reconhecida pelo Congresso Nacional, no caso da União, ou pelas Assembléias Legislativas, na hipótese dos Estados e Municípios, enquanto perdurar a situação:
I - serão suspensas a contagem dos prazos e as disposições estabelecidas nos arts. 23, 31 e 70;
II - serão dispensados o atingimento dos resultados fiscais e a limitação de empenho prevista no art. 9o.
§ 1º Na ocorrência de calamidade pública reconhecida pelo Congresso Nacional, nos termos de decreto legislativo, em parte ou na integralidade do território nacional e enquanto perdurar a situação, além do previsto nos inciso I e II do caput : (Incluído pela Lei Complementar nº 173, de 2020)
I - serão dispensados os limites, condições e demais restrições aplicáveis à União, aos Estados, ao Distrito Federal e aos Municípios, bem como sua verificação, para: (Incluído pela Lei Complementar nº 173, de 2020)
a) contratação e aditamento de operações de crédito; (Incluído pela Lei Complementar nº 173, de 2020)
b) concessão de garantias; (Incluído pela Lei Complementar nº 173, de 2020)
c) contratação entre entes da Federação; e (Incluído pela Lei Complementar nº 173, de 2020)
d) recebimento de transferências voluntárias; (Incluído pela Lei Complementar nº 173, de 2020)
II - serão dispensados os limites e afastadas as vedações e sanções previstas e decorrentes dos arts. 35, 37 e 42, bem como será dispensado o cumprimento do disposto no parágrafo único do art. 8º desta Lei Complementar, desde que os recursos arrecadados sejam

CAPÍTULO 5 → Crédito público

– Pode deixar, professora!

Essa lei complementar acabou por incluir, no art. 65, da Lei de Responsabilidade Fiscal, algumas flexibilizações da referida norma, embora prezando pela transparência, pelo controle e pela fiscalização. Por exemplo, o §1º, do art. 65, em seu inciso I, prevê que os limites, as condições e as demais restrições aplicáveis aos entes da Federação, assim como sua verificação, serão dispensadas para fins de contratação e adiantamento das operações de crédito, bem como da concessão de garantias, recebimento de transferências voluntárias e contratação entre entes da Federação.

– Mas, isso tudo, enquanto o estado de calamidade pública persistir, não é mesmo?

Exatamente! Tanto é que o §2º, I, alínea b dispõe no sentido de que essas possibilidades de flexibilização serão aplicadas, exclusivamente, aos atos de gestão orçamentária e financeira necessários ao atendimento de despesas relacionadas ao cumprimento do decreto

---

destinados ao combate à calamidade pública; (Incluído pela Lei Complementar nº 173, de 2020)
III - serão afastadas as condições e as vedações previstas nos arts. 14, 16 e 17 desta Lei Complementar, desde que o incentivo ou benefício e a criação ou o aumento da despesa sejam destinados ao combate à calamidade pública. (Incluído pela Lei Complementar nº 173, de 2020)
§ 2º O disposto no § 1º deste artigo, observados os termos estabelecidos no decreto legislativo que reconhecer o estado de calamidade pública: (Incluído pela Lei Complementar nº 173, de 2020)
I - aplicar-se-á exclusivamente: (Incluído pela Lei Complementar nº 173, de 2020)
a) às unidades da Federação atingidas e localizadas no território em que for reconhecido o estado de calamidade pública pelo Congresso Nacional e enquanto perdurar o referido estado de calamidade; (Incluído pela Lei Complementar nº 173, de 2020)
b) aos atos de gestão orçamentária e financeira necessários ao atendimento de despesas relacionadas ao cumprimento do decreto legislativo; (Incluído pela Lei Complementar nº 173, de 2020)
II - não afasta as disposições relativas a transparência, controle e fiscalização. (Incluído pela Lei Complementar nº 173, de 2020)
§ 3º No caso de aditamento de operações de crédito garantidas pela União com amparo no disposto no § 1º deste artigo, a garantia será mantida, não sendo necessária a alteração dos contratos de garantia e de contragarantia vigentes. (Incluído pela Lei Complementar nº 173, de 2020)

legislativo, isto é, no que tange às situações elencadas quanto à saúde pública.

— Interessante, professora!

Ademais, a Lei Complementar n. 173/2020, em seu art. 4º, acabou prevendo a possibilidade da suspensão do pagamento devido no exercício financeiro de 2020, por meio do aditamento contratual realizado pelos entes da Federação.

— Englobando tudo?

Nesse caso, o art. 4º, da Lei Complementar n. 173/2020 acabou contemplando o pagamento do principal e dos demais encargos, como no caso, os juros, oriundos de operações de crédito interno e externo celebrados com o sistema financeiro e as instituições multilaterais de crédito. O interessante é que, conforme disposto no §3º, do art. 65, da Lei de Responsabilidade Fiscal, ocorrendo aditamentos de operações de crédito garantidas pela União, nos termos do §1º, do referido artigo, a garantia será mantida, sendo dispensada a alteração dos contratos de garantia e contragarantia vigentes. Por fim, o art. 4º, §4º, da Lei Complementar 173/2020 dispõe no sentido de que as condições financeiras que estejam em vigor na data da celebração dos termos aditivos serão mantidas, podendo o prazo final da operação ser ampliado por período não superior ao da suspensão dos pagamentos, a critério do Estado, do Distrito Federal ou do Município.

— Além dessas alterações, outras ocorreram em pontos diversos da disciplina?

Sim. Como já mencionei, tivemos alterações no art. 21, da Lei de Responsabilidade Fiscal[8], sendo que a Lei Complementar 173/2020

---

8. Art. 21. É nulo de pleno direito: (Redação dada pela Lei Complementar nº 173, de 2020)
   I - o ato que provoque aumento da despesa com pessoal e não atenda:
   a) às exigências dos arts. 16 e 17 desta Lei Complementar e o disposto no inciso XIII do caput do art. 37 e no § 1º do art. 169 da Constituição Federal; e (Incluído pela Lei Complementar nº 173, de 2020)

trouxe algumas outras possibilidades de nulidade de casos que ensejam o aumento da despesa com pessoal. Ressalto a importância da leitura desse dispositivo, hein?!

– Já o li, quando estudamos as despesas com pessoal, mas irei relê-lo várias vezes, pois penso que será muito cobrado em provas de concurso público.

Ótimo! Fora essas alterações no art. 21, da Lei de Responsabilidade Fiscal, o art. 8º, da Lei Complementar n. 173/2020 acabou prevendo algumas proibições que irão perdurar até 31 de dezembro do exercício financeiro de 2021:

---

b) ao limite legal de comprometimento aplicado às despesas com pessoal inativo; (Incluído pela Lei Complementar nº 173, de 2020)
II - o ato de que resulte aumento da despesa com pessoal nos 180 (cento e oitenta) dias anteriores ao final do mandato do titular de Poder ou órgão referido no art. 20; (Redação dada pela Lei Complementar nº 173, de 2020)
III - o ato de que resulte aumento da despesa com pessoal que preveja parcelas a serem implementadas em períodos posteriores ao final do mandato do titular de Poder ou órgão referido no art. 20; (Incluído pela Lei Complementar nº 173, de 2020)
IV - a aprovação, a edição ou a sanção, por Chefe do Poder Executivo, por Presidente e demais membros da Mesa ou órgão decisório equivalente do Poder Legislativo, por Presidente de Tribunal do Poder Judiciário e pelo Chefe do Ministério Público, da União e dos Estados, de norma legal contendo plano de alteração, reajuste e reestruturação de carreiras do setor público, ou a edição de ato, por esses agentes, para nomeação de aprovados em concurso público, quando: (Incluído pela Lei Complementar nº 173, de 2020)
a) resultar em aumento da despesa com pessoal nos 180 (cento e oitenta) dias anteriores ao final do mandato do titular do Poder Executivo; ou (Incluído pela Lei Complementar nº 173, de 2020)
b) resultar em aumento da despesa com pessoal que preveja parcelas a serem implementadas em períodos posteriores ao final do mandato do titular do Poder Executivo. (Incluído pela Lei Complementar nº 173, de 2020)
§ 1º As restrições de que tratam os incisos II, III e IV: (Incluído pela Lei Complementar nº 173, de 2020)
I - devem ser aplicadas inclusive durante o período de recondução ou reeleição para o cargo de titular do Poder ou órgão autônomo; e (Incluído pela Lei Complementar nº 173, de 2020)
II - aplicam-se somente aos titulares ocupantes de cargo eletivo dos Poderes referidos no art. 20. (Incluído pela Lei Complementar nº 173, de 2020)
§ 2º Para fins do disposto neste artigo, serão considerados atos de nomeação ou de provimento de cargo público aqueles referidos no § 1º do art. 169 da Constituição Federal ou aqueles que, de qualquer modo, acarretem a criação ou o aumento de despesa obrigatória. (Incluído pela Lei Complementar nº 173, de 2020)

PROIBIÇÕES (ART. 8º, DA LEI COMPLEMENTAR N. 173/2020)	
a)	conceder, a qualquer título, vantagem, aumento, reajuste ou adequação de remuneração a membros de Poder ou de órgão, servidores e empregados públicos e militares, exceto quando derivado de sentença judicial transitada em julgado ou de determinação legal anterior à calamidade pública;
b)	criar cargo, emprego ou função que implique aumento de despesa;
c)	alterar estrutura de carreira que implique aumento de despesa;
d)	admitir ou contratar pessoal, a qualquer título, ressalvadas as reposições de cargos de chefia, de direção e de assessoramento que não acarretem aumento de despesa, as reposições decorrentes de vacâncias de cargos efetivos ou vitalícios, as contratações temporárias de que trata o inciso IX do caput do art. 37 da Constituição Federal, as contratações de temporários para prestação de serviço militar e as contratações de alunos de órgãos de formação de militares;
e)	realizar concurso público, exceto para as reposições de vacâncias, previstas no item acima;
f)	criar ou majorar auxílios, vantagens, bônus, abonos, verbas de representação ou benefícios de qualquer natureza, inclusive os de cunho indenizatório, em favor de membros de Poder, do Ministério Público ou da Defensoria Pública e de servidores e empregados públicos e militares, ou ainda de seus dependentes, exceto quando derivado de sentença judicial transitada em julgado ou de determinação legal anterior à calamidade;
g)	criar despesa obrigatória de caráter continuado, ressalvado o disposto nos §§ 1º e 2º;
h)	adotar medida que implique reajuste de despesa obrigatória acima da variação da inflação medida pelo Índice Nacional de Preços ao Consumidor Amplo (IPCA), observada a preservação do poder aquisitivo referida no inciso IV do caput do art. 7º da Constituição Federal;
i)	contar esse tempo como de período aquisitivo necessário exclusivamente para a concessão de anuênios, triênios, quinquênios, licenças-prêmio e demais mecanismos equivalentes que aumentem a despesa com pessoal em decorrência da aquisição de determinado tempo de serviço, sem qualquer prejuízo para o tempo de efetivo exercício, aposentadoria, e quaisquer outros fins.

CAPÍTULO 5 → Crédito público

Vale mencionar que, por força da redação do §1º, do art. 8º, da Lei Complementar 173/2020, são afastadas as proibições contidas nos itens b, d, g e h quanto à aplicação das medidas de combate à calamidade pública referida no *caput* cuja vigência e efeitos não ultrapassem a sua duração.

Além disso, o disposto no item g, por conta do §2º, não se aplica em caso de prévia compensação mediante aumento de receita ou redução de despesa, sendo que em se tratando de despesa obrigatória de caráter continuado, assim compreendida aquela que fixe para o ente a obrigação legal de sua execução por período superior a 2 (dois) exercícios, as medidas de compensação deverão ser permanentes e, acaso não implementada a prévia compensação, a lei ou o ato será ineficaz enquanto não regularizado o vício, sem prejuízo de eventual ação direta de inconstitucionalidade.

Outra exceção é quanto ao disposto no item f, o qual não se aplica aos profissionais de saúde e de assistência social, desde que relacionado a medidas de combate à calamidade pública referida no *caput* do art. 8º, cuja vigência e efeitos não ultrapassem a sua duração.

> 💬 – Quanta informação, professora!

Por fim, para fazermos uma análise completa do art. 8º, temos que tanto a LDO quanto a LOA poderão conter dispositivos e autorizações que versem sobre as vedações previstas neste artigo, desde que seus efeitos somente sejam implementados após o fim do prazo fixado, sendo vedada qualquer cláusula de retroatividade, conforme o §3º.

> 💬 – Finalizamos o estudo dessa lei complementar?

Sim! Em aspectos gerais, essas foram as principais novidades que tivemos.

CAPÍTULO 6

Fiscalização e controle

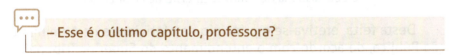
– Esse é o último capítulo, professora?

É sim! Está terminando o "Diálogos sobre o Direito Financeiro", finalmente!

– Que ótimo. Fico contente, pois estou conseguindo aproveitar bem tudo o que você tem me ensinado.

Fico muito contente. Então, vamos deixar de conversa e vamos acabar logo com isso! Rsrs

Nesse capítulo iremos conhecer o conceito de controle, além das modalidades: interno e externo. Também, o objeto de controle previsto na Constituição Federal de 1988 e em outras legislações correlatas. Trata-se de um ponto importante, portanto, vale a pena a atenção!

– Vamos que vamos!

1. CONCEITO E CONTROLE INTERNO

Primeiramente, deve-se ter como premissa básica que a atividade administrativa deve ser exercida nos limites da lei, sendo que as condutas devem ser passíveis de controles por parte de cada Poder, isto é, vigilância, orientação e correção, em relação aos seus próprios atos, consistindo em um verdadeiro controle interno, ou sobre atos praticados por outro, ou seja, um controle externo.

Nesse sentido é o art. 70, da CF/88, o qual dispõe ser:

> "(...) a fiscalização contábil, financeira, orçamentária, operacional e patrimonial da União e das entidades da administração direta e indireta, quanto à legalidade, legitimidade, economicidade, aplicação das subvenções e renúncia de receitas, será exercida pelo Congresso Nacional, mediante controle externo, e pelo sistema de controle interno de cada Poder."

Desta feita, efetiva-se o princípio da efetividade na Administração Pública, de acordo com o entendimento do Superior Tribunal de Justiça por ocasião do MS 9642/DF.

– Professora, na redação do artigo em destaque acima, vi que há menção sobre a legalidade. O que se deve compreender por legalidade nesse caso?

Boa observação! Deve-se compreender por legalidade a análise da atividade da Administração Pública quanto à norma, já a legitimidade é correlacionada à ética, à moralidade, os fins e os princípios. Em relação à economicidade, esta é correlacionada ao custo e benefício quanto à aplicação de recursos públicos.

Ademais, é de extrema importância destacar que o art. 74, da CF/88 impõe que os Poderes Legislativo, Executivo e Judiciário que deve ser mantido um controle interno de sistema integrado.

– O que seria esse controle interno?

Por controle interno ou controle primário, deve-se compreender que consiste na administração interna que cada um dos Poderes exerce interiormente quanto aos seus próprios atos, sendo um controle técnico.

Outro ponto interessante é quanto às finalidades. O próprio art. 74, da CF/88 destaca:

CAPÍTULO 6 → Fiscalização e controle

FINALIDADES (ART. 74, DA CF/88):

a) avaliar o cumprimento das metas dispostas no Plano Plurianual se estão de acordo com a execução;

b) avaliar a execução dos programas governamentais, com o intuito de comprovar a execução de metas, além dos objetivos e a adequação quanto ao gerenciamento;

c) avaliar a execução dos orçamentos da União, com a finalidade de comprovar a conformidade da execução com os limites e as parcelas destinadas em legislação correlata;

d) comprovar a legalidade e avaliação de resultados quanto à eficácia e eficiência de gestão orçamentária, assim como a financeira e a patrimonial, no que concerne aos órgãos e às entidades da Administração Pública federal, bem como a aplicação de recurso público por entidades de direito privado.

– Interessante, professora!

Vale a pena destacar que o controle interno se baseia no critério da hierarquia, já que a intenção é a apuração de irregularidades ou ilegalidades, consoante já mencionado, em âmbito interno, devendo ser dada ciência ao Tribunal de Contas, por meio do superior hierárquico daquele órgão, sob pena de responsabilidade solidária, nos termos do §1º, do art. 74, da CF/88.

Outro ponto digno de nota é quanto à Lei n. 4320/64, a qual dispõe sobre o Sistema de Controle Interno em cada Poder, nos arts. 75 ao 80. Por esta, em seu art. 77, o controle interno é prévio, já que deve ser exercido antes do ato produzir efeitos, bem como, concomitante, isto é, realizado ao longo da execução do ato financeiro e, subsequente. Também, a Lei de Responsabilidade Fiscal, a qual traz o monitoramento das netas fiscais da Lei de Diretrizes Orçamentárias (LDO), além da obrigatoriedade quanto à recondução da despesa de pessoal e da dívida consolidada a seus limites, por exemplo.

– E seria possível a participação popular durante a realização do controle interno?

949

Seria sim! Fruto da democracia brasileira, é a possibilidade da participação social quanto ao exercício do controle da comunidade, previsto na Constituição Federal de 1988 expressamente no art. 74, §2º. Segundo tal dispositivo em comento, qualquer cidadão, partido político, associação ou sindicato é considerado como parte legítima para denunciar irregularidades ou ilegalidades perante o Tribunal de Contas da União.

2. CONTROLE EXTERNO

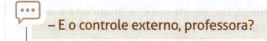
– E o controle externo, professora?

O controle externo é aquele exercido pelo Poder Legislativo de cada ente da Federação. Ou seja, é aquele exercido de fora para dentro.

– Não sabia disso!

Já que é uma informação nova, tente guardá-la, pois sempre é cobrada em provas de concurso público.

– Pode deixar, professora!

Continuando... é interessante destacar que há o controle externo jurisdicional e o parlamentar. O primeiro, controle externo jurisdicional, consiste na verificação da constitucionalidade e legalidade, ou seja, da legitimidade, ao passo que o controle externo parlamentar contempla a legitimidade, mas também, a supervisão político administrativa quanto a probidade de gastos por parte da Administração Pública, bem como o cumprimento da Lei Orçamentária, com auxílio do Tribunal de Contas. Logo, o controle externo parlamentar consiste em um controle político, levando em consideração o interesse público, nos termos do art. 49, X, da CF/88.

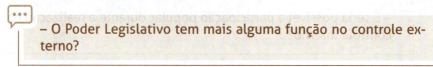
– O Poder Legislativo tem mais alguma função no controle externo?

Tem sim! Também, ao Poder Legislativo cabe a função de julgar anualmente as contas prestadas pelo Poder Executivo, consoante dispõe o art. 49, IX, da CF/88, através da Comissão Mista Permanente, órgão fiscalizador, nos termos do art. 166, §1º, I, da CF/88, a qual irá examinar e emitir um parecer sem caráter conclusivo sobre as contas apresentadas, exercendo um controle retrospectivo, isto é, após o gasto ter sido realizado. Emitido o parecer pela aludida Comissão, ao Congresso, órgão deliberativo, caberá julgar as contas, em sessão conjunta.

– E qual seria o objeto desse controle?

3. OBJETO

Em relação ao objeto do controle, esse compreende tanto a Administração Direta e as autarquias, assim como a Administração Indireta, as entidades de direito privado que recebam verbas governamentais e as empresas que recebam investimento público e as pessoas jurídicas que recebam contribuições parafiscais.

Logo, conclui-se que o critério objetivo utilizado é utilizar recurso público. No mesmo sentido é o art. 87, da Lei n. 13.303/2016, o qual prevê que haverá controle de despesas oriundas de contratos e demais instrumentos que estejam contemplados por tal lei, a qual instituiu o estatuto jurídico da empresa pública, por meio de órgãos de sistema de controle interno e pelo tribunal de contas competente, sendo que as empresas públicas e as sociedades de economia mista ficarão responsáveis pela demonstração da legalidade e da regularidade da despesa e da execução, consoante prevê a CF/88.

– Vou sempre verificar sobre a questão da utilização de recurso público para saber se será objeto de controle ou não. Correto?

Está corretíssimo, até porque, consoante o parágrafo único do art. 70, da Constituição Federal de 1988, as pessoas físicas que utilizem, arrecadem, guardem, gerenciem ou administrem dinheiros, bens ou valores públicos, a qualquer título, também estarão sujeitas à fiscalização.

Ademais, interessante é a redação do art. 5º, da Lei n. 8443/92 (Lei Orgânica do Tribunal de Contas da União), dispositivo que traz o rol de sujeitos que estarão sob controle do Tribunal de Contas. Vide:

> Art. 5º A jurisdição do Tribunal abrange:
>
> I - qualquer pessoa física, órgão ou entidade a que se refere o inciso I do art. 1º desta lei, que utilize, arrecade, guarde, gerencie ou administre dinheiros, bens e valores públicos ou pelos quais a União responda, ou que, em nome desta assuma obrigações de natureza pecuniária;
>
> II - aqueles que derem causa a perda, extravio ou outra irregularidade de que resulte dano ao erário;
>
> III - os dirigentes ou liquidantes das empresas encampadas ou sob intervenção ou que de qualquer modo venham a integrar, provisória ou permanentemente, o patrimônio da União ou de outra entidade pública federal;
>
> IV - os responsáveis pelas contas nacionais das empresas supranacionais de cujo capital social a União participe, de forma direta ou indireta, nos termos do tratado constitutivo.
>
> V - os responsáveis por entidades dotadas de personalidade jurídica de direito privado que recebam contribuições parafiscais e prestem serviço de interesse público ou social;
>
> VI - todos aqueles que lhe devam prestar contas ou cujos atos estejam sujeitos à sua fiscalização por expressa disposição de lei;
>
> VII - os responsáveis pela aplicação de quaisquer recursos repassados pela União, mediante convênio, acordo, ajuste ou outros instrumentos congêneres, a Estado, ao Distrito Federal ou a Município;
>
> VIII - os sucessores dos administradores e responsáveis a que se refere este artigo, até o limite do valor do patrimônio transferido, nos termos do inciso XLV do art. 5º da Constituição Federal;
>
> IX - os representantes da União ou do Poder Público na assembleia geral das empresas estatais e sociedades anônimas de cujo

capital a União ou o Poder Público participem, solidariamente, com os membros dos conselhos fiscal e de administração, pela prática de atos de gestão ruinosa ou liberalidade à custa das respectivas sociedades.

– Já vi esse dispositivo sendo cobrado na literalidade em questão de prova de concurso público.

Por isso, eu o coloquei em destaque. Peço, por gentileza, que o releia diversas vezes, ok?!

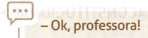
– Ok, professora!

Vale destacar que nos termos do artigo em destaque acima e o caput do art. 70, da CF/88, não basta que a pessoa seja agente público para estar sujeita à fiscalização, mas deve ser responsável pela gestão dos recursos e bens públicos.

Também, neste sentido é a súmula n. 187, do TCU, a qual dispõe que:

> "Sem prejuízo da adoção, pelas autoridades ou pelos órgãos competentes, nas instâncias, próprias e distintas, das medidas administrativas, civis e penais cabíveis, dispensa-se, a juízo do Tribunal de Contas, a tomada de contas especial, quando houver dano ou prejuízo financeiro ou patrimonial, causado por pessoa estranha ao serviço público e sem conluio com servidor da Administração Direta ou Indireta e de Fundação instituída ou mantida pelo Poder Público, e, ainda, de qualquer outra entidade que gerencie recursos públicos, independentemente de sua natureza jurídica ou do nível quantitativo de participação no capital social."

– Também já vi esse assunto sendo cobrado em questão de prova de concurso público!

Outro ponto que vale a pena o destaque, pois também vive sendo cobrado em questões de provas de concurso público, é que se um particular não possui vínculo legal ou convencional com a Administração Pública, em regra, não se sujeitará ao controle exercido pelo Tribunal de Contas, mesmo que venha a causar um dano ao erário, sendo obrigado, apenas, à reparação. Entretanto, o particular poderá estar sujeito à fiscalização, mesmo que despido de vínculo com a Administração Pública, caso venha a causar um dano ao erário em concurso com pessoa que tenha vínculo com a Administração Pública ou se o particular estiver obrigado a prestar contas ao Poder Público, em decorrência de convênio firmado, por exemplo.

4. COMPETÊNCIA CONSTITUCIONAL, INFRACONSTITUCIONAL E DELIBERAÇÕES

– Esse ponto sobre os Tribunais de Contas é novo pra mim, professora. Nunca tinha estudado.

Fique tranquilo que você vai aprender tudo o que é necessário paras as provas que cobram a disciplina de Direito Financeiro.

Dando continuidade, saiba que o art. 71, da CF/88 aborda as competências constitucionais dos Tribunais de Contas, sendo a leitura de suma importância e uma análise mais detalhada do mesmo.

– E quais seriam as competências elencadas nesse dispositivo?

Primeiramente, o Tribunal de Contas possui competência para apreciar as contas prestadas anualmente pelo Presidente da República, mediante parecer prévio. Este parecer prévio, nos termos do inciso I, do art. 71, da CF/88 deverá ser emitido em 60 (sessenta) dias a partir de seu recebimento. Portanto, o Tribunal de Contas, apenas, aprecia as contas do Poder Executivo, mas não as julga, cuja função é típica do Poder Legislativo, em âmbito federal, do Congresso Nacional. Vale salientar que a Câmara dos Deputados realizará a tomada de contas, muito cuidado!

– E o Tribunal de Contas emite um parecer? Que tipo?

Emite sim! O parecer do Tribunal de Contas é meramente opinativo, não sendo vinculante ao Poder Legislativo. Entretanto, no que concerne ao parecer em âmbito municipal, emitido pelo Tribunal de Contas do Município, somente será desconsiderado pelo Poder Legislativo municipal mediante decisão de 2/3 (dois terços) dos membros da Câmara de Vereadores, nos termos do art. 31, §2º, da CF/88. Assim, também, compreende o STF, por ocasião do julgamento dos recursos extraordinários (REs) 848826 e 729744, j. 10.08.2016. Em âmbito estadual e federal, caberá uma maioria simples do Poder Legislativo deixe de prevalecer.

– Professora, como funciona a questão das contas prestadas pelo Chefe do Poder Executivo Federal?

Quanto à prestação de contas realizada pelo Presidente da República, o art. 84, XXIV, da CF/88, dispõe que serão fornecidas, obrigatoriamente ao Poder Legislativo, referentes ao exercício anterior, nos 60 (sessenta) dias seguintes à abertura da sessão legislativa, ou seja, em regra, a sessão legislativa inicia-se em 02 de fevereiro, conforme o caput, do art. 57, da CF/88. Após o recebimento pelo Poder Legislativo, este deverá encaminhar as informações prestadas ao Tribunal de Contas. Nas duas situações deve ser oportunizado o contraditório e a ampla defesa.

Interessante mencionar que nada impede que o Tribunal de Contas, ao apreciar as contas apresentadas pelo Chefe do Poder Executivo, as rejeite, mas que, logo em seguida, o Poder Legislativo as aprove, sendo inviável que o Poder Judiciário modifique o julgamento realizado, sendo possível, apenas, que haja a análise em relação à legalidade, não podendo adentrar ao mérito. Embora seja este o entendimento constitucional, o Poder Judiciário, cada vez mais, possui entendimentos acerca dos julgamentos das contas do Poder Executivo.

– Não sabia disso! Achei que o Poder Legislativo deveria estar vinculado ao entendimento do Tribunal de Contas.

Pois é. Tome muito cuidado com essa observação que fiz.

Tanto é nesse sentido que chamo a atenção para o recente episódio da rejeição das contas por parte do Tribunal de Contas da União, apresentadas pela presidente da República à época, em 07.10.2015. Quanto à esta situação, o Supremo Tribunal Federal no julgamento do MS 33729/DF, entendeu que nesta situação, seguindo o entendimento perfilhado pela Constituição Federal de 1988, as contas deveriam ser julgadas pelo Poder Legislativo.

> – Muito bem. Entretanto, a dúvida que surgiu seria: o julgamento das contas seria de forma conjunta, isto é, pelas duas Casas do Congresso Nacional conjuntamente ou individualmente?

O STF entendeu que uma comissão mista permanente formada por deputados federais e senadores teria a competência para analisar e emitir um parecer sobre as contas anuais apresentadas pelo Presidente da República ao Tribunal de Contas da União. Posteriormente à análise realizada pela comissão mista permanente, o caso seria enviado ao Congresso Nacional que, em uma sessão conjunta de senadores e deputados federais, deveria julgar as contas.

> – Compreendi, professora!

Dando continuidade, em outro inciso do art. 71, da CF/88, mais precisamente o inciso II, também incumbe ao Tribunal de Contas o julgamento das

> "(...) contas dos administradores e demais responsáveis por dinheiros, bens e valores públicos da administração direta e indireta, incluídas as fundações e sociedades instituídas e mantidas pelo Poder Público federal, e as contas daqueles que derem causa a perda, extravio ou outra irregularidade de que resulte prejuízo ao erário público."

Pelo termo "julgar", compreende-se tecnicamente e administrativamente, despindo-se de qualquer tendência jurisdicional. Esta é uma função exclusiva do Tribunal de Contas, não podendo normas de Constituições Estaduais disporem no sentido diverso, atribuindo tal função ao Poder Legislativo, como já analisado pelo Supremo Tribunal Federal por ocasião do julgamento da ADI 1964, rel. Min. Dias Toffoli, j. 04.09.2014.

> – Seria, portanto, competência do Tribunal de Contas julgar as contas apresentadas pelo Presidente da República?

Não!! Toma cuidado com isso!

Note que não se está atribuindo a competência ao Tribunal de Contas quanto ao julgamento das contas do Chefe do Poder Executivo, uma vez que, consoante já explicado alhures, cabe ao Poder Legislativo, exclusivamente. Neste sentido: STF, Reclamação n. 10445, rel. Min. Celso de Mello, j. 12.08.2010.

> – Quase caí na pegadinha...

Quase...

Ainda, preciso que você saiba que em relação ao objeto do controle compreende tanto a Administração direta, assim como a Administração indireta, as entidades de direito privado que recebam verbas governamentais, assim como empresas que recebam investimento público e as pessoas jurídicas que recebam contribuições parafiscais. Logo, conclui-se que o critério objetivo utilizado é utilizar recurso público. No mesmo sentido é o art. 87, da Lei n. 13.303/2016, o qual prevê que haverá controle de despesas oriundas de contratos e demais instrumentos que estejam contemplados por tal lei, a qual instituiu o estatuto jurídico da empresa pública, por meio de órgãos de sistema de controle interno e pelo tribunal de contas competente, sendo que as empresas públicas e as sociedades de economia mista ficarão responsáveis pela demonstração da legalidade e da regularidade da despesa e da execução, consoante prevê a CF/88.

> – Eu me lembro que você já me contou que conforme o parágrafo único do art. 70, da Constituição Federal de 1988, as pessoas físicas que utilizem, arrecadem, guardem, gerenciem ou administrem dinheiros, bens ou valores públicos, a qualquer título, também estarão sujeitas à fiscalização.

Muito bem! Está atento mesmo, hein?!

957

– Sim, professora. Tanto que me recordo do teor da já mencionada súmula n. 187, do TCU!

Ótimo.

Em relação à omissão no dever de prestar contas por qualquer pessoa que seja responsável bens, valores e dinheiros públicos, acaso configurada, estará configurado um ato de improbidade administrativa, consoante dispõe o art. 11, VI, da Lei n. 8.429/92. No mais, o art. 8º da Lei Orgânica do Tribunal de Contas da União autoriza a tomada de contas especial para apuração dos fatos e atos que possam ocasionar lesão ao erário, quando presente a ausência do fornecimento de documentos imprescindíveis que viabilizem a fiscalização.

– Esse ponto pode ser correlacionado com a "Lei da Ficha Limpa"? De que forma?

Quanto à "Lei da Ficha Limpa" (LC n. 135/2010) e o julgamento realizado pelo Tribunal de Contas, aquela incluiu os ordenadores de despesas como sujeitos passíveis de julgamento perante este, dando nova redação ao art. 1º, I, g, da LC 64/90, estabelecendo que os políticos em cargos de mandato, como ordenadores de despesas, mediante suas respectivas prestações de contas deveriam se submetes à análise do Tribunal de Contas. Entretanto, deve-se tomar cuidado, pois as falhas apontadas pelo Tribunal de Contas, isoladamente, não são suficientes para caracterização da inelegibilidade do sujeito, até porque, devem ser enviadas ao Ministério Público Eleitoral as irregularidades encontradas.

Quanto ao julgamento realizado pelo Tribunal de Contas, vide o art. 16, da Lei n. 8.443/92:

> Art. 16. As contas serão julgadas:
>
> I - regulares, quando expressarem, de forma clara e objetiva, a exatidão dos demonstrativos contábeis, a legalidade, a legitimidade e a economicidade dos atos de gestão do responsável;
>
> II - regulares com ressalva, quando evidenciarem impropriedade ou qualquer outra falta de natureza formal de que não resulte dano ao Erário;

III - irregulares, quando comprovada qualquer das seguintes ocorrências:

a) omissão no dever de prestar contas;

b) prática de ato de gestão ilegal, ilegítimo, antieconômico, ou infração à norma legal ou regulamentar de natureza contábil, financeira, orçamentária, operacional ou patrimonial;

c) dano ao Erário decorrente de ato de gestão ilegítimo ao antieconômico;

d) desfalque ou desvio de dinheiros, bens ou valores públicos.

– E como o Tribunal de Contas procede, nesses casos?

O Tribunal de Contas realizará a análise por meio da prestação de contas, assim como por tomada de contas e tomada de contas especial. Normalmente, serão realizadas anualmente, consoante disposto no art. 7º, da Lei Orgânica do Tribunal de Contas. As duas primeiras são encaminhadas ao TCU após o final de cada exercício, ao passo que as tomadas de contas especiais podem ser fruto de conversão de processo de fiscalização que tramite no âmbito do Tribunal de Contas ou encaminhadas por um órgão, consoante dispõem os artigos 8º e 47 da Lei Orgânica do Tribunal de Contas.

– E qual seria a diferença entre as três situações?

Quanto à tomada de contas trata-se de um processo de contas apto a realizar a avaliação da gestão dos responsáveis pelas unidades jurisdicionadas da Administração Direta. Já a tomada de contas especial refere-se a um processo que visa à apuração de responsabilidade por conta da ocorrência de um dano à Administração Pública federal, buscando o ressarcimento adequado, nos termos do art. 3º, da IN TCU 56/2007. Por fim, a prestação de contas visa à avaliação da gestão dos responsáveis pelas unidades jurisdicionadas da Administração Indireta, assim como daquelas não consideradas como integrantes dos quadros da Administração.

– Agora ficou bem claro!

Outro inciso de suma importância do art. 71, da CF/88, é o III, o qual dispõe ser competência do Tribunal de Contas a apreciação, para fins de registro, da legalidade dos atos de admissão de pessoal, a qualquer título,

> "(...) na Administração direta e indireta, incluindo as fundações instituídas e mantidas pelo Poder Público, excetuadas as nomeações para cargos de provimento em comissão, bem como a das concessões de aposentadorias, reformas e pensões, ressalvadas as melhorias posteriores que não alterem o fundamento legal do ato concessório."

Para melhor memorização, vide:

1ª parte do inciso III	2ª parte do inciso III
O Tribunal de Contas deve apreciar toda e qualquer admissão no serviço público, inclusive as por tempo determinado, salvo as nomeações para cargo em comissão, as quais são de livre nomeação e exoneração.	O Tribunal de Contas deverá apreciar as concessões das aposentadorias, reformas e pensões, salvo as melhorias posteriores que não alterem o fundamento legal do ato concessório.

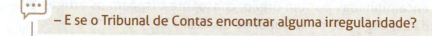

– E se o Tribunal de Contas encontrar alguma irregularidade?

Acaso o Tribunal de Contas verifique tal irregularidade, poderá determinar a nulidade do ato e a punição da autoridade responsável, sendo uma decisão vinculante à Administração Pública e retroativa.

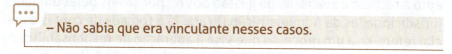

– Não sabia que era vinculante nesses casos.

Agora você já sabe e guarde muito bem essa informação porque ela é fundamental.

– Pode deixar, professora!

Dando continuidade ao estudo, temos incisos IV, V, VI e VII, ambos do art. 71, da CF/88, os quais atribuem ao Tribunal de Contas o poder de fiscalização. Vide:

CAPÍTULO 6 → Fiscalização e controle

IV - realizar, por iniciativa própria, da Câmara dos Deputados, do Senado Federal, de Comissão técnica ou de inquérito, inspeções e auditorias de natureza contábil, financeira, orçamentária, operacional e patrimonial, nas unidades administrativas dos Poderes Legislativo, Executivo e Judiciário, e demais entidades referidas no inciso II;

V - fiscalizar as contas nacionais das empresas supranacionais de cujo capital social a União participe, de forma direta ou indireta, nos termos do tratado constitutivo;

VI - fiscalizar a aplicação de quaisquer recursos repassados pela União mediante convênio, acordo, ajuste ou outros instrumentos congêneres, a Estado, ao Distrito Federal ou a Município;

VII - prestar as informações solicitadas pelo Congresso Nacional, por qualquer de suas Casas, ou por qualquer das respectivas Comissões, sobre a fiscalização contábil, financeira, orçamentária, operacional e patrimonial e sobre resultados de auditorias e inspeções realizadas.

– Não entendi nada rsrs

Vou lhe explicar!

O inciso IV trata sobre as auditorias a serem realizadas de ofício pelo Tribunal de Contas ou por meio de requisição do Senado Federal, da Câmara dos Deputados, da Comissão Técnica ou da Comissão de Inquérito, contemplando questões contábeis, operacionais, financeiras, patrimoniais e orçamentárias. Vide o mnemônico para sua maior facilitação:

COFOP
Contábeis;
Operacionais;
Financeiras;
Orçamentárias;
Patrimoniais.

Vale destacar que o prazo decadencial quinquenal previsto no art. 54, da Lei n. 9784/99 para anulação dos atos administrativos de que decorram efeitos favoráveis ao particular, salvo comprovada má-fé, contados desde a prática, também é aplicável às auditorias realizadas pelo TCU no que concerne ao controle de legalidade, conforme entendimento do STF, MS 31344/DF, rel. Min. Marco Aurélio, j. 23.04.2013.

Já o inciso V trata sobre a fiscalização de empresas supranacionais, sendo competência do TCU fiscalizar tal pessoa jurídica de direito privado, assim como seus gestores.

O inciso VI aborda a fiscalização de recursos repassados pela União mediante convênios, acordo, ajustes ou outros instrumentos aos Estados, Distrito Federal ou aos Municípios, por meio de transferências voluntárias.

Agora você entendeu?

– Entendi sim, professora! Mas, tenho uma pergunta...

Pode mandar!

– Estava tentando resolver algumas questões de concurso público e vi algumas sobre fiscalização de atos e de contratos. Como que o Tribunal de Contas irá proceder nesse caso?

Excelente você ter tocado nesse assunto!

Para finalizar este tópico, importante alguns comentários sobre a fiscalização de atos e de contratos, nos termos do art. 41, da Lei Orgânica do TCU. Verificada uma ilegalidade de algum ato ou de um contrato, o TCU deverá assinalar um prazo oportunizando ao responsável que adote providências para o cumprimento da norma, nos termos do caput, do art. 45, da Lei n. 8443/92, devendo, o Tribunal, indicar expressamente os dispositivos que deverão ser observados.

Especificamente no que tange a um ato administrativo, se os requisitos do art. 71, X, CF/88 e art. 45, §1º, da Lei n. 8443/92, o TCU: a) sustará a execução do ato impugnado; b) comunicará a decisão à

Câmara dos Deputados e ao Senado Federal; c) aplicará ao responsável a multa prevista no art. 58, II, da Lei Orgânica do TCU. Logo, conclui-se que caberá ao próprio Tribunal sustar os atos administrativos. Neste sentido: STF, MS 23550/DF. rel. p/ Acórdão Min. Sepúlveda Pertence, j. 04.04.2001.

Já em relação aos contratos administrativos, acaso o Tribunal de Contas da União não seja acatado pelo responsável, deverá comunicar o fato ao Congresso Nacional, sendo de sua competência a sustação, além de solicitar medidas plausíveis ao Poder Executivo. Acaso o Congresso Nacional ou o Poder Executivo sejam omissos num prazo de 90 (noventa) dias para efetivar as medidas cabíveis, caberá ao TCU decidir quanto à sustação do contrato administrativo.

Portanto:

ATOS ADMINISTRATIVOS	CONTRATOS ADMINISTRATIVOS
Caberá ao TCU: a) sustará a execução do ato impugnado; b) comunicará a decisão à Câmara dos Deputados e ao Senado Federal; c) aplicará ao responsável a multa prevista no art. 58, II, da Lei Orgânica do TCU. Logo, conclui-se que caberá ao próprio Tribunal sustar os atos administrativos.	Acaso o Tribunal de Contas da União não seja acatado pelo responsável, deverá comunicar o fato ao Congresso Nacional, sendo de sua competência a sustação, além de solicitar medidas plausíveis ao Poder Executivo. Acaso o Congresso Nacional ou o Poder Executivo sejam omissos num prazo de 90 (noventa) dias para efetivar as medidas cabíveis, caberá ao TCU decidir quanto à sustação do contrato administrativo.

– Vou memorizar essa tabelinha!

Acho bom! Espero, antes de tudo, que você tenha compreendido o assunto, pois preciso aprofundar um pouco mais no que tange às licitações.

– Eita!

No que concerne às licitações públicas, o Supremo Tribunal Federal já compreendeu que o TCU possui competência para fiscalizar, examinar editais, além de suspender cautelarmente o processo (STF,

MS 24510/DF, rel. Min. Ellen Gracie, j. 19.11.2003), sendo que se constatada fraude comprovada, o TCU deverá declarar a inidoneidade do licitante para participar de licitação em âmbito da Administração Pública Federal por até 5 (cinco) anos, conforme dispõe o art. 46, da Lei Orgânica. Vale lembrar que na Lei n. 8666/93 o art. 87 é de aplicação mais ampla.

— Esse ponto é cheio de detalhes...

São muitos detalhes mesmo. O bom é que já terminamos o estudo! Vamos dar continuidade com a composição do Tribunal de Contas.

— Vamos que vamos!

5. COMPOSIÇÃO

No que concerne ao Tribunal de Contas da União, será composto por 9 (nove) Ministros, conforme dispõe o art. 73, da CF/88. Já os Tribunais de Contas dos Estados e dos Municípios serão formados por 7 (sete) conselheiros (art. 75, parágrafo único, da CF/88).

TRIBUNAL DE CONTAS DA UNIÃO	TRIBUNAIS DE CONTAS DOS ESTADOS E DOS MUNICÍPIOS
9 (nove) Ministros	7 (sete) conselheiros

— Como fica em relação aos Tribunais de Contas dos Estados e dos Municípios?

Deve-se memorizar que os Tribunais de Contas dos Estados e dos Municípios deverão observar as normas dispostas pela Constituição Federal de 1988 ao Tribunal de Contas da União quanto à composição, organização e atribuições de fiscalização.

— Ok!

CAPÍTULO 6 → Fiscalização e controle

Quanto aos Ministros do TCU, o art. 73, §1º, da CF/88 aborda os seguintes requisitos para provimento do cargo:

Se brasileiro;
Possuir mais de 35 (trinta e cinco) anos e menos de 65 (sessenta e cinco) anos de idade;
Ter idoneidade moral e reputação ilibada;
Possuir notórios conhecimentos jurídicos, contábeis, econômicos e financeiros ou de administração pública;
Ter mais de 10 (dez) anos de exercício de função ou de efetiva atividade profissional que exija os conhecimentos mencionados.

Atualmente, quanto à indicação dos membros do TCU, 1/3 (um terço) será escolhido pelo Presidente da República, com aprovação do Senado Federal, sendo dois alternadamente dentre auditores e membros do Ministério Público junto ao Tribunal, indicados em lista tríplice pelo Tribunal de Contas da União, consoante os critérios de antiguidade e merecimento. Os 2/3 (dois terços) restantes serão escolhidos pelo Congresso Nacional.

– E em relação aos Estados, Distrito Federal e Municípios?

Já em âmbito estadual e municipal, os conselheiros dos TCMs e dos TCEs serão escolhidos sendo 3 (três) pelo Governador, submetidos ao crivo da Assembleia Legislativa, e 4 (quatro) pelo Poder Legislativo. Neste sentir é a súmula 653, do STF:

> "No Tribunal de Contas estadual, composto por sete conselheiros, quatro devem ser escolhidos pela Assembleia Legislativa e três pelo Chefe do Poder Executivo estadual, cabendo a este indicar um dentre auditores e outro dentre membros do Ministério Público, e um terceiro à sua livre escolha."

– Professora, e quanto aos impedimentos e às vantagens dos Ministros do TCU?

965

No que tange aos impedimentos e às vantagens, os Ministros do TCU possuirão as mesmas garantias, prerrogativas, impedimentos, vencimentos e vantagens dos Ministros do Superior Tribunal de Justiça (STJ), nos termos do §3º, do art. 73, da CF/88. Já os conselheiros dos TCEs e TCMs terão as mesmas garantias, prerrogativas, impedimentos, vencimentos e vantagens dos Desembargadores do Tribunal de Justiça. O auditor, quando substituto de Ministro ou conselheiro, terá as mesmas garantias e impedimentos atribuídos ao titular, entretanto, fora esta possibilidade, terá as mesmas prerrogativas de juiz federal, em âmbito do TCU, ao passo que em âmbito de TCE e TCM, de juiz de última entrância. Lembrando que o TCU será composto por 3 (três) auditores, consoante o art. 77, *caput*, de sua Lei Orgânica, sendo os mesmos requisitos exigidos para os Ministros.

Interessante é conhecer as garantias (art. 95, CF/88):

Vitaliciedade;
Inamovibilidade;
Irredutibilidade de subsídio.

O parágrafo único do art. 95, da CF/88 dispõe quanto às vedações:

Exercer, ainda que em disponibilidade, outro cargo ou função, salvo uma de magistério;
Receber, a qualquer título ou pretexto, custas ou participação em processo;
Dedicar-se à atividade político-partidária;
Receber, a qualquer título ou pretexto, auxílios ou contribuições de pessoas físicas, entidades públicas ou privadas, ressalvadas as exceções previstas em lei;
Exercer a advocacia no juízo ou no Tribunal do qual se afastou, antes de decorrido três anos do afastamento do cargo por aposentadoria ou exoneração.

– Ufa, era só isso?

CAPÍTULO 6 → Fiscalização e controle

Não! Por último, cabem alguns comentários sobre o Ministério Público junto ao Tribunal de Contas. Primeiramente, será regido por meio de lei de iniciativa do próprio Tribunal de Contas da União, entretanto, as vedações, garantias, direitos e forma de investidura do Ministério Público serão dispensadas ao primeiro, conforme o art. 130, da CF/88.

Vale mencionar que o Ministério Público junto ao Tribunal de Contas atuará, apenas, administrativamente.

Agora sim, terminamos esse ponto.

> – Tudo?

Não! Ainda falta a parte sobre os recursos.

> – Poxa...pensei que já tínhamos finalizado.

Acalme-se. Ainda falta um pouquinho. Tenha paciência!

6. RECURSOS

Quanto à parte recursal, no processo de tomada ou prestação de contas, consoante o art. 32, da Lei Orgânica do TCU, serão cabíveis: a) reconsideração; b) embargos de declaração e; c) revisão.

> – E quando cabe cada um?

Vou lhe explicar por meio de uma tabelinha:

RECURSO DE RECONSIDERAÇÃO	EMBARGOS DE DECLARAÇÃO	RECURSO DE REVISÃO
a) prazo: 15 (quinze) dias;	a) prazo: 10 (dez) dias;	a) prazo: 5 (cinco) anos;
b) poderá ser formulado por escrito uma só vez, pelo responsável ou interessado, ou pelo Ministério Público junto ao Tribunal;	b) cabível para correção de obscuridades, omissão ou contradição da decisão recorrida;	b) é cabível em face de decisão definitiva;
c) possui efeito suspensivo;	c) poderá ser interposto por escrito pelo responsável ou interessado, ou pelo Ministério Público junto ao Tribunal;	c) poderá ser interposto pelo Ministério Público junto ao TCU, pelo interessado responsável ou por seus sucessores;
d) a autoridade que proferir a decisão recorrida irá apreciá-lo	d) terá o condão de suspender os prazos para cumprimento da decisão objeto do embargo;	d) Poderá, só uma vez, ser interposto por meio escrito;
–	e) suspenderá, também, os prazos para interposição de recursos de revisão e de reconsideração.	e) não possui efeito suspensivo;
–	–	f) é fundamentado: f1)erro de cálculo nas contas; f2)falsidade ou insuficiência de documentos em que se tenha fundamentado a decisão recorrida; f3) superveniência de documentos novos com eficácia sobre a prova produzida.
–	–	g) a decisão que dá provimento ao recurso enseja a correção de todo e qualquer erro ou engano apurado.

— Bem tranquilo. Só preciso memorizar essa tabelinha.

Sim!

Fora isso, saiba que o Tribunal de Contas da União não conhecerá recurso intempestivo, considerado como aquele interposto fora do lapso temporal, exceto em razão da superveniência de fatos novos, nos termos do parágrafo único do art.32, da Lei n. 8443/92.

Por fim...

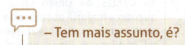
— Tem mais assunto, é?

7. SANÇÕES

Tem sim! Você vai sair um expert daqui.

— Aí sim, professora!

Vamos lá, sem delongas, para acabarmos longo.

— Vamos!

Primeiramente, vale a pena mencionar que, conforme o art. 74, §2º, da CF/88, em respeito ao Princípio Democrático, qualquer cidadão, partido político, associação ou sindicato é sujeito legítimo para denunciar irregularidades ou ilegalidades ao Tribunal de Contas da União, assim como aos Tribunais de Contas dos Estados, do Distrito Federal e dos Municípios, quando existentes.

É de caráter sigiloso a apuração da denúncia feita, enquanto seja comprovada a sua procedência, podendo ser arquivada, quando insubsistente (art. 53, §3º, da Lei n. 8443/92), assegurando a ampla defesa e o contraditório ao denunciado.

As sanções a serem aplicadas pelo TCU são:

Multa (art. 57, Lei n. 8443/92)	Multa (art. 58, Lei n. 8443/92)	Inabilitação para o exercício de cargo ou função de confiança no âmbito da Administração Pública (art. 60, Lei n. 8443/92)
a) De até 100% do valor atualizado do dano causado ao erário, quando o responsável for julgado em débito.	a) contas julgadas irregularmente de que não resulte débitos, nos termos do art. 19, parágrafo único da Lei Orgânica do TCU	a) Por um período de 5 (cinco) a 8 (oito) anos, daquele considerado responsável pelas irregularidades averiguadas e constatadas pelo Tribunal de Contas da União (TCU), quando a maioria absoluta de seus membros, deliberar que tal conduta é digna de ser considerada grave, consoante o art. 60, da Lei Orgânica do Tribunal de Contas da União
	b) ato praticado com grave infração a norma legal ou regulamentar de natureza contábil, financeira, orçamentária, operacional e patrimonial	
	c) ato de gestão ilegítimo ou antieconômico de que resulte injustificado dano ao erário	
	d) não atendimento, no prazo fixado, sem causa justificada, a diligência do relator ou a decisão do Tribunal	
	e) obstrução ao livre-exercício das inspeções e auditorias determinadas	
	f) sonegação de processo, documento ou informação, em inspeções ou auditorias realizadas pelo TCU	
	g) reincidência no descumprimento de determinação do TCU	
	h) não cumprimento de decisão do Tribunal, salvo motivo justificado	

– Podem, os Tribunais de Contas, instituir outras modalidades de multas?

Não!

Os Tribunais de Contas, em respeito ao princípio constitucional da legalidade, não são aptos a instituir outras modalidades de multas, ainda que com o pretexto de regulamentar suas respectivas leis orgânicas.

– E qual será o destino da receita arrecadada por meio da imposição e pagamento dessas multas?

As receitas oriundas das multas impostas pelo Tribunal de Contas da União sempre serão revertidas à União, dado que é a pessoa jurídica à qual está vinculada (STJ, REsp 1288932/RS, rel. Min. Mauro Campbell Marques, 2ª turma, j. 14.02.2012), logo, a titularidade para a cobrança do valor referente à multa caberá à Procuradoria Geral da Fazenda Nacional. No mesmo sentido, os Tribunais de Constas dos Estados.

– Até que gostei de estudar esse ponto, professora, embora seja cheio de detalhes.

O importante é que você aprendeu o que realmente é cobrado nas provas.

Não deixe de praticar fazendo questões já cobradas em concursos públicos, hein?!

– Pode deixar!

Bibliografia

ALEXANDRE, Ricardo. Direito Tributário. 11ª ed., rev., atual. e ampl., Salvador: Ed. Juspodivm, 2017.

ATALIBA, Geraldo. Hipótese de Incidência Tributária. 6ª ed., 16ª tiragem. Editora Malheiros: São Paulo, 2016.

BALEEIRO, Aliomar. Direito Tributário Brasileiro. Atualizada por Misabel Abreu Machado Derzi. 13ª ed., Rio de Janeiro: Forense, 2015.

BARRETO, Paulo Ayres. Contribuições: regime jurídico, destinação e controle. São Paulo: Noeses, 2006.

BORBA, Mozart. Diálogos sobre o CPC. 6ª ed., rev., ampl. e atual. Salvador: Ed. Juspodivm, 2019.

CARRAZZA, Roque Antonio. Curso de Direito Constitucional Tributário.32ª ed., rev., ampl. E atual. São Paulo: Malheiros, 2019.

_____. ICMS. 17ª ed., rev., ampl., São Paulo: Malheiros, 2015.

CARVALHO, Paulo de Barros. Direito Tributário: Linguagem e Método. 6ª ed. São Paulo: Noeses, 2015.

CARVALHO, Paulo de Barros; MARTINS, Ives Gandra da Silva. Guerra Fiscal: Reflexões Sobre a Concessão de Benefícios No Âmbito do ICMS"; São Paulo: Editora Noeses, 2012.

COÊLHO, Sacha Calmon Navarro. Curso de Direito Tributário Brasileiro. 15ª ed. , rev., atual., Rio de Janeiro: Forense, 2016.

CONRADO, Paulo Cesar. Execução Fiscal. 2ª ed. São Paulo: Noeses, 2015.

COSTA, Regina Helena. Curso de Direito Tributário: Constituição e Código Tributário Nacional.7ª ed. rev. e atual. Editora Saraiva: São Paulo, 2017.

CUNHA, Leonardo Carneiro da. A Fazenda Pública em Juízo. 14ª ed., rev., atual. e ampl. Rio de Janeiro: Forense, 2017.

DERZI, Misabel Machado; e COÊLHO, Sacha Calmon Navarro. Direito Tributário Aplicado: Estudos e Pareceres. Belo Horizonte: Del Rey, 1997.

DI PIETRO, Maria Sylvia Zanella. Direito Administrativo, 21 ed. São Paulo: Atlas, 2008.

HARADA, Kiyoshi. ICMS: doutrina e prática. 1ª ed. São Paulo: Editora Atlas, 2017.

JARDIM, Eduardo Marcial Ferreira. Curso de Direito Tributário. São Paulo: Noeses. 2013.

MACHADO, Hugo de Brito. Curso de Direito Tributário. 27ª ed. , São Paulo: Malheiros, 2006.

_____. Curso de direito tributário. 31º ed. São Paulo: Malheiros, 2010.

MAZZUOLLI, Valério de Oliveira. Curso de Direito Internacional Público. 11ª ed., Rio de Janeiro: Forense, 2018.

MELO, José Eduardo Soares de. Contribuições Sociais no Sistema Tributário. 7ª ed., rev., atual. e amp. São Paulo: Malheiros, 2018.

NEVES, Daniel Amorim Assumpção. Manual de Direito Processual Civil – volume único. 8ª ed.; Salvador: Ed. Juspodivm, 2016.

PISCITELLI, Tathiane. O fim da seletividade na proposta de reforma tributária. Valor Econômico, 2019. Disponível em: < https://valor.globo.com/legislacao/fio-da-meada/post/2019/07/o-fim-da-seletividade-na-proposta-de-reforma-tributaria.ghtml> Acesso em 17 de nov. de 2019.

_____. Proposta de reforma tributária ofende o pacto federativo. Valor Econômico, 2019. Disponível em: < https://valor.globo.com/legislacao/fio-da-meada/post/2019/04/proposta-de-reforma-tributaria-ofende-pacto-federativo.ghtml> . Acesso em 16 de nov. de 2019.

SALUSSE, Eduardo. A neutralidade do IBS. Valor Econômico, 2019. Disponível em: https://valor.globo.com/legislacao/fio-da-meada/post/2019/05/a-neutralidade-do-ibs.ghtml . Acesso em 17 de nov. de 2019.

_____. O IBS reforça o pacto federativo. Valor Econômico, 2019. Disponível em: https://valor.globo.com/legislacao/fio-da-meada/post/2019/04/o-ibs-reforca-o-pacto-federativo.ghtml . Acesso em 16 de nov. de 2019.

_____. Reforma tributária: a bola da vez. Valor Econômico, 2019. Disponível em: <https://valor.globo.com/legislacao/fio-da-meada/post/2019/08/reforma-tributaria-a-bola-da-vez.ghtml> Acesso em 16 de nov. de 2019.

SCARANELLO, Tatiana. Sinopse de Direito Aduaneiro. Salvador: Juspodivm, 2021.

SCHOUERI, Luis Eduardo. Direito Tributário, 9ª ed. São Paulo: Saraiva Educação, 2019.

SEGUNDO, Hugo de Brito Machado. IBS pode corrigir ou amplificar problemas da tributação indireta no Brasil. Consultor Jurídico, 2019. Disponível em: < https://www.conjur.com.br/2019-jul-31/consultor-tributario-ibs-corrigir-ou-amplificar-problemas-tributacao-indireta> . Acesso em 17 de nov. de 2019.

_____. Manual de Direito Tributário. 9ª ed. ref. atual e ampl., São Paulo: Atlas, 2017.

_____. Processo Tributário. 11ª ed. São Paulo: Atlas, 2019.